BERICHTE UND FORSCHUNGEN

JAHRBUCH
DES BUNDESINSTITUTS FÜR KULTUR UND GESCHICHTE DER DEUTSCHEN IM ÖSTLICHEN EUROPA

15/2007

BERICHTE UND FORSCHUNGEN

JAHRBUCH
DES BUNDESINSTITUTS FÜR
KULTUR UND GESCHICHTE
DER DEUTSCHEN IM ÖSTLICHEN EUROPA

BAND 15

2007

R. OLDENBOURG VERLAG MÜNCHEN 2008

Redaktion:
Detlef Haberland
Jens Stüben

Bibliografische Information der Deutschen Nationalbibliothek
Die Deutsche Nationalbibliothek verzeichnet diese Publikation in der Deutschen Nationalbibliografie; detaillierte bibliografische Daten sind im Internet über <http://dnb.d-nb.de> abrufbar.

Satz und Layout: TZ-Verlag & Print GmbH, Roßdorf
Druck und Bindung: TZ-Verlag & Print GmbH, Roßdorf

ISBN 978-3-486-58039-6
ISSN 1865-5696

Inhalt

Zu diesem Band

Diese Ausgabe des Jahrbuchs ist Professor Dr. Eckhard Grunewald anlässlich seines Ausscheidens aus dem aktiven Dienst im Bundesinstitut für Kultur und Geschichte der Deutschen im östlichen Europa im Herbst 2006 gewidmet.

Im Jahre 1991 wurde Eckhard Grunewald zum Leiter des Wissenschaftsbereichs Literatur und Sprache des Bundesinstituts berufen. Er bereitete nicht nur die Konzeption des Jahrbuchs *Berichte und Forschungen* vor und leitete dessen Redaktion seit dem ersten Band 1993. Durch ihn hat das Jahrbuch des Bundesinstituts als multidisziplinär strukturiertes Periodikum, das sich speziell mit allen Fragen deutscher Kultur und Geschichte im östlichen Europa befasst, sein Profil bekommen. Ihm ist es zu verdanken, dass das Jahrbuch seinerzeit erfolgreich in die Wissenschaftslandschaft eingefügt werden konnte.

Eckhard Grunewald ist unter anderem auch Herausgeber eines Bandes der Schriftenreihe des Bundesinstituts, *Das Bild der heiligen Hedwig in Mittelalter und Neuzeit* (zusammen mit Nikolaus Gussone). Damit ist ein Schwerpunkt seiner wissenschaftlichen Tätigkeiten genannt: die Literatur Schlesiens mit weit über die Region und das östliche Europa hinaus wirkenden Persönlichkeiten wie Martin Opitz, Joseph Freiherr von Eichendorff bis zu Max Herrmann-Neisse.

Eckhard Grunewalds Engagement trug in vielfacher Weise zur internationalen wie zur regionalen wissenschaftlichen Vernetzung des Bundesinstituts bei. Besonders hervorzuheben sind seine Kooperationen mit den Germanistischen Instituten der Universitäten Breslau/Wrocław und Oldenburg, mit dem Institut für deutsche Kultur und Geschichte Südosteuropas in München, mit der Johannes a Lasco Bibliothek in Emden, dessen wissenschaftlichem Beirat er angehörte, und nicht zuletzt mit der Landesbibliothek in Oldenburg. Ihr war er nicht nur durch sein langjähriges Engagement in der Bibliotheksgesellschaft verbunden, sondern gestaltete in enger Zusammenarbeit mit ihr Ausstellungen wie etwa „Bücherwelten des Barock", die stets ein großes Publikum fanden.

Bald nach seiner Ankunft in Oldenburg hat sich Eckhard Grunewald zur hiesigen Carl von Ossietzky Universität umhabilitiert und über Themen der deutschen Literatur im östlichen Europa und darüber hinaus Vorlesungen und Seminare durchgeführt. Dies hat maßgeblich zur Profilierung des damals noch jungen Bundesinstituts beigetragen und schließlich den Weg zu dessen Anerkennung als „An-Institut" der Universität im Jahre 2000 mit geebnet.

Eckhard Grunewalds Arbeit war und ist stets von wissenschaftlicher Sachlichkeit, Originalität und Professionalität geprägt. Die souveräne Art, mit der er den Wissenschaftsbereich Literatur und Sprache geleitet hat, und seine breit gefächerten fachlichen Aktivitäten haben die Arbeit des Bundesinstituts nach innen und außen nachhaltig positiv geprägt.

Dieses Jahrbuch enthält die ausgearbeiteten Vorträge der Tagung „Aspekte der deutschen Literatur und Kultur vom 17. bis zum 19. Jahrhundert in Mittel- und

Osteuropa", die im Februar 2007 im Bundesinstitut stattfand, sowie einige weitere Beiträge. In diesen Arbeiten spiegeln sich sowohl die weitgespannten Interessen Eckhard Grunewalds wie die regionale, thematische und methodische Bandbreite des Bundesinstituts.

Namens aller Kolleginnen und Kollegen sei herzlicher Dank und Anerkennung für die langjährige, freundschaftliche Zusammenarbeit im Bundesinstitut ausgesprochen. Mit der Widmung dieses Jahrbuchs ist die Hoffnung auf viele weitere Beiträge zur Literatur- und Kulturgeschichte der Deutschen im östlichen Europa aus der Feder von Eckhard Grunewald verbunden.

Oldenburg, im Mai 2008

Prof. Dr. Matthias Weber
Direktor des Bundesinstituts für
Kultur und Geschichte der Deutschen
im östlichen Europa

Grußwort

Eine einzelne Aufgabe, und mag sie noch so umfangreich und anspruchsvoll sein, ist Eckhard Grunewald immer zu wenig gewesen. Vielmehr gehört es zu seinem akademischen Selbstverständnis, immer wieder die klar bemessenen Grenzen seines Schreibtisches und seines Computerbildschirms zu überschreiten. Seit seiner Berufung an das heutige Bundesinstitut für Kultur und Geschichte der Deutschen im östlichen Europa (das seit seiner Gründung zwar den Namen, nicht aber seine wichtige Forschungs- und Vermittlungsaufgabe geändert hat) ist Eckhard Grunewald in der Position eines außerplanmäßigen Professors der Carl von Ossietzky Universität eng verbunden. Als akademischer Lehrer, als Kollege und als Forscher hat er mehr als fünfzehn Jahre lang engagiert seine Freude an der Literatur wie sein umfangreiches Wissen mit Studierenden und Lehrenden der Oldenburger Germanistik geteilt. Unermüdlich hat er in dieser Zeit dafür geworben, die Freuden einer fortgesetzten Lektüre als aufregende Entdeckungsfahrt in die Weiten der menschlichen Einbildungskraft zu begreifen, die durch viele Jahrhunderte führt und selbst entlegene kulturelle Räume miteinander zu verbinden vermag.

Viele Jahrgänge von Oldenburger Studierenden haben unter der ebenso sachkundigen wie abwechslungsreichen Anleitung Eckhard Grunewalds die Geheimnisse der Grimmschen Märchen, die Besonderheiten der ritterlichen Tugenden, die Abgründe romantischer Naturschilderungen oder die Schönheiten der biblischen Sprache entdecken können. Dabei hat er stets demonstriert und vorgelebt, was einen guten Lehrer auszeichnet: die Verbindung von großer Begeisterung für eine Sache mit nüchternem methodischen Eifer, kombiniert mit dem Wunsch, die eigenen Entdeckungen zu teilen und anderen zu denselben intellektuellen Vergnügungen zu verhelfen, die ihm selbst so wichtig sind. In diese Begeisterung hat er stets die Kolleginnen und Kollegen des Faches mit einbezogen – was heute so gern mit den Schlagworten wie „Team-Teaching“ und „Interdisziplinarität“ bezeichnet wird, gehört von Beginn an zum intellektuellen Profil dieses akademischen Lehrers. Zudem hat er an zahlreichen Abschlussprüfungen mitgewirkt und eine stattliche Reihe von Staatsexamens- und Magisterarbeiten wie Dissertationen, insbesondere in der Mediävistik, mitbetreut; das weite thematische Spektrum reicht von den Lebensspuren der heiligen Hedwig über die vielfältigen Variationen der Undine-Sage bis hin in die Gegenwartsliteratur.

Zu würdigen ist gleichermaßen der forschende Philologe und der Wissenschaftsorganisator. Als Mit-Herausgeber der *Aurora*, des Jahrbuches der Eichendorff-Gesellschaft, lenkt Eckhard Grunewald seit vielen Jahren mit sicherer Hand die Geschicke der Eichendorff-Forschung und trägt dafür Sorge, dass bewährte philologische Tugenden und die hermeneutische Neugier im Strudel postmoderner Theoriebildung nicht untergehen. Dass aber die Erträge gewissenhafter philologischer Forschung sinnlich erfahrbar sein und über die Grenzen der Fachwissenschaft hinaus einen großen Kreis interessierter Menschen erreichen können, das hat Eckhard Grunewald immer wieder in publikumswirksamen Ausstellungsprojekten unter Beweis gestellt, die er zusammen mit der Landesbibliothek und dem Museum für Natur und Mensch realisiert hat.

In den Jahren seines Wirkens in Oldenburg hat Eckhard Grunewald stets dankbare und respektvolle Anerkennung von Studierenden und Lehrenden erfahren. Im Namen des Präsidiums der Carl von Ossietzky Universität schließe ich mich nachdrücklich diesem Dank an und verbinde damit den Wunsch, dass wir noch lange an seinem Wissen, an seiner Erfahrung und reichen Schaffenskraft teilhaben dürfen.

Oldenburg, im Februar 2008

Prof. Dr. Sabine Doering
Vizepräsidentin für Studium und Lehre
Carl von Ossietzky Universität Oldenburg

Hans Beelen

Von „Schönster Herr Jesu" bis „Eeuwen geleden" Die Pilgerfahrt einer schlesischen Melodie durch Dänemark und Schweden in die Niederlande

1. Einleitung

Die Überlieferungsgeschichte einer zuerst in Glatz (Kłodzko) aufgezeichneten Melodie zeigt Schlesien von einer unerwarteten Seite als ‚Region in Europa'.[1] Mit diesem Fall von Kulturtransfer von Ostdeutschland aus über Dänemark (2) und Schweden (3) in die Niederlande (4) sind merkwürdige Missverständnisse einhergegangen, deren Aufklärung einen Hinweis auf die bislang rätselhafte Herkunft eines populären niederländischen Weihnachtslieds liefert.

2. Dänemark

Wir schreiben das Jahr 1850 und befinden uns auf der Insel Seeland (Sjælland), in der Stadt Sorø, „einer der sechs Perlen Dänemarks", wie Hans Christian Andersen im Märchen *Ein Stück Perlenschnur* bemerkt. Der Dichter Bernhard Ingemann (1789–1862) empfängt Besuch von seinem Freund Pastor Fenge aus Lynge mit dessen Tochter Johanne. Fenge hat ein deutsches Kirchenblatt mitgebracht, und Vater und Tochter singen Ingemann gemeinsam ein dort abgedrucktes Lied vor[2] (Abb. 1)

Acht Jahre zuvor, im Jahre 1842, war *Schönster Herr Jesu* zum ersten Mal von Hoffmann von Fallersleben und Ernst Richter veröffentlicht worden, nachdem sie es in der Grafschaft Glatz aus dem schlesischen Volksmund aufgezeichnet hatten. Die Begeisterung der beiden deutschen Hymnologen für die Melodie und den Text kann man auch heute noch nachempfinden.

Das in Glatz aufgezeichnete Lied hatte sich schnell im Volksmund verbreitet. Obwohl Hoffmann und Richter dies mit keinem Wort behauptet hatten, war die allgemeine Ansicht, dass sie die seit langem verschollene Melodie einer mittelalterlichen Prozessions- oder Pilgerfahrthymne ausgegraben hatten, die die Kreuzfahrer auf dem Weg ins Heilige Land zu singen pflegten. Im Kirchenblatt, das Fenges zum Besuch mitgebracht hatten, trug das Lied die Überschrift *Alte Kreuzfahrerhymne*.[3]

---

1 Hans Hecker: ‚Schlesien als Region in Europa'. In: Walter Engel, Norbert Honsza (Hg.): Kulturraum Schlesien. Ein europäisches Phänomen. Interdisziplinäre Konferenz, Wrocław/Breslau, 18. – 20. Oktober 1999. Wrocław 2001, S. 19–26; hier besonders S. 26.

2 Schlesische Volkslieder mit Melodien. Aus dem Munde des Volks gesammelt und herausgegeben von Hoffmann von Fallersleben und Ernst Richter. Leipzig 1842, S. 339. Der Titel *Jesus über Alles* stammt wohl vom Dichter des *Liedes der Deutschen* (1841).

3 Der Liedtext wurde ebenfalls – zu einer anderen Melodie – aus den *Melodeyen über die Gesänge und*

Nachdem Vater und Tochter das schlesische Lied gesungen haben, bittet Fenge den befreundeten Schriftsteller, die Melodie mit dänischen Worten zu versehen: „Skriv du nu nogle gode danske ord til denne vidunderlige melodi“ (Schreib‘ du jetzt einige passende dänische Worte zu dieser wunderschönen Melodie).[4] Wenige Wochen später, am 8. September 1850, publiziert Ingemann in *Dansk Kirketidende* folgenden „Pilgrimssang“:[5]

Dejlig er jorden,
prægtig er Guds himmel,
skøn er sjælenes pilgrimsgang!
Gennem de fagre
riger på jorden
gå vi til paradis med sang!

Tider skal komme,
tider skal henrulle,
slægt skal følge slægters gang.
Aldrig forstummer
tonen fra himlen
i sjælens glade pilgrimssang.

Englene sang den
først for markens hyrder,
skønt fra sjæl til sjæl det lød:

Psalmen deß Münsterischen Gesang-Buchs (Münster 1677) überliefert. Vgl. Johannes Zahn: Die Melodien der deutschen evangelischen Kirchenlieder. Hildesheim 1997 (2. Nachdruck der Ausgabe Gütersloh 1889–1893), Nr. 3975 und 3976. Sowohl die Münsteraner wie die schlesische Melodie sind heute in den kirchlichen Gesangbüchern der deutschsprachigen Länder weit verbreitet. *Schönster Herr Jesu* findet sich wieder u.a. in *Gotteslob, Katholisches Gebet- und Gesangbuch* (1975, Nr. 551) und *Evangelisches Gesangbuch* (1993, Nr. 403). Vgl. auch Marco Brandazza: Lieder der verschiedenen Gesangbücher im Vergleich, Vergleich der Melodien in den Katholischen und Reformierten Gesangbüchern der Schweiz. Luzern 2004 (www.musikhochschule.ch/forschung/melodienvergleich, Zugriff am 22.02.2007). Die Liedtexte der Gesangbücher zeigen zahlreiche kleine Varianten. Vgl. zur Entstehung sowie zur kirchlichen und weltlichen Rezeption in Deutschland im 17.–20. Jahrhundert den ausführlichen Liedkommentar von Michael Fischer (Februar 2005) im DFG-Projekt *Freiburger Anthologie – Lyrik und Lied* (www.lyrik-und-lied.de, Zugriff am 26.02.2007), wo die unten beschriebene Kolportierung als mittelalterliche Kreuzfahrerhymne außer Betracht gelassen wird.

4 Zur Entstehungsgeschichte von *Dejlig er jorden* vgl. P. Poulsen: På opdagelse i salmebogen. Kopenhagen 1962, S. 159–162.

5 Zitiert nach *Den Danske Salmebog*. København 2002, Nr. 121, Rubrik: ‚Jul. Jesus fødsel‘ (Nr. 111 in Den Danske Salmebog von 1953). Eine sinngemäße Übersetzung lautet: Herrlich ist die Erde, prachtvoll ist Gottes Himmel, schön ist die Pilgerfahrt der Seele, durch das schöne Erdreich gehen wir zum Paradies mit Sang! Zeitalter werden kommen und vorübergehen, das eine Geschlecht wird dem anderen folgen, nie verstummen die Töne vom Himmel im freudenvollen Pilgrimssang der Seele. Engel sangen dieses Lied zuerst für die Hirten im Felde, von Seele zu Seele klang: Friede auf Erden! Menschen, erfreut euch, der Heiland ist gekommen, uns ist ein ewiger Erlöser geboren!

Fred over jorden!
Menneske, fryd dig,
os er en evig frelser fød!

Den deutschen Liedtext erkennen wir in Ingemanns Fassung kaum wieder. Das mit Naturtopoi versehene Loblied auf Jesus ist unter seinen Händen zu einem Pilgerlied geworden, in dem die vermeintliche Pilgerthematik aufgegriffen wird, um den Gang des singenden Menschen auf Erden auf dem Weg zum Paradies zu beschreiben. Zugleich wird in der letzten Strophe in einer weihnachtlich anmutenden Szenerie mit Engeln und Hirten ein Verlangen nach Frieden zum Ausdruck gebracht.

Dieser Friedenswunsch besaß vor dem Hintergrund des Schleswig-Holsteinischen Krieges (1848–1851) durchaus Aktualität. Ingemann hatte gesehen, wie singende Soldaten auf dem Weg in die Schlacht bei Idstedt (24.–25. Juli 1850) durch Sorø marschierten und war durch die Kriegsnachrichten niedergeschlagen. Kurz nach der Schlacht, bevor er *Dejlig er jorden* verfasste, seufzte er in einem Brief an seine Frau: „Gud give nu, det store fjendskab må have udblødt sig og en retfærdig fred må være tilkæmpet.“ (Gott gebe, dass die große Feindschaft besänftigt und ein gerechter Friede erkämpft werde.)

Außerdem wusste Ingemann als populärer Volkslyriker um die zeitlose Beliebtheit des Weihnachtsfests: aus seiner Feder stammt eine Reihe von klassischen dänischen Weihnachtsliedtexten wie *Julen har bragt velsignet bud* und *I sne står urt og busk i skjul*.[6] Aus dem gleichen Jahr wie *Dejlig er jorden* stammt Ingemanns dänische Version von *Stille Nacht, heilige Nacht*: *Glade jul, Dejlige jul*, auf die norwegische Versionen in Bokmål (*Glade jul, hellige jul*) und Nynorsk (*Glade jol, heilage jol*) zurückgehen.[7]

Als Übersetzer und Bearbeiter von Liedtexten war Ingemann ein Vermittler zwischen dem deutschen und dem skandinavischen Kulturraum. Ebenso wie *Glade jul, Dejlige jul* sollte *Dejlig er jorden* in den nordischen Nachbarländern eine weite Verbreitung finden[8], insbesondere in Schweden.

3. Schweden

Im *Folkhögskolebladet* vom 15. November 1884 publizierte die Schriftstellerin Cecilia Bååth-Holmberg (1857–1920) eine schwedische Übersetzung von *Dejlig er jorden* unter dem Titel *Härlig är jorden*:[9]

6 Vgl. Poulsen: På opdagelse i salmebogen (wie Anm. 4), S. 155. Georg Metz zufolge ist Ingemann für die Dänen ‚despite being somewhat overshadowed by Grundtvig [...] in the minds of many, the Christmas poet‘. (Begleitheft zur CD *A Danish Christmas*, Naxos 8.554627).

7 Øyvind Norheim: ‚The development and spreading of „Stille Nacht“ in Denmark and Norway‘, www.stillenacht.at/de/forschung.asp, Zugriff am 18.10.2007.

8 Nynorsk: *Fager er jordi*; Bokmål: *Deilig er jorden*; Samisch: *Hávski lea eanan*; Finnisch: *Maa on niin kaunis*.

9 Die schwedische Übersetzung folgt dem dänischen Original getreu, lediglich die Reihefolge der letzten drei Zeilen weicht ab. Zitiert nach *Den gamla psalmboken ett urval ur 1695, 1819 och 1937 års psalmböcker*. Under redaktion av Håkan Möller och med inledning av Gunnel Vallquist. Stockholm

Härlig är jorden,
Härlig är Guds himmel,
Skön är själarnas pilgrimsgång.
Genom de fagra
Riken på jorden
Gå vi till paradis med sång.

Tidevarv komma,
Tidevarv försvinna,
Släkten följa släktens gång.
Aldrig förstummas
Tonen från himlen
I själens glada pilgrimssång.

Änglar den sjöngo
Först för markens herdar.
Skönt från själ till själ det ljöd:
Människa, gläd dig,
Frälsarn är kommen,
Frid över jorden Herren bjöd.

Das Lied wurde in Schweden schnell populär, nicht nur gerne zu Weihnachten gehört und gesungen,[10] sondern – wegen der Pilgerthematik – auch bei Bestattungen (wobei die dritte Strophe manchmal weggelassen wird). Einer Untersuchung aus dem Jahre 1997 zufolge ist *Härlig är jorden* ‚den allra vanligaste psalmen vid begravingsgudstjänster i Svenska kyrkan' (das meistgeliebte Lied bei Bestattungsgottesdiensten in der Schwedischen Kirche). In ihrer Studie über schwedische Bestattungshymnen bringt die Lunder Theologin Anna J. Evertsson diese besondere Popularität mit dem hoffnungsvollen, versöhnenden Inhalt in Zusammenhang.[11]

2001, S. 227 (vgl. dort auch den philologischen Textkommentar auf S. 379). Als liturgischer Sang zuerst 1921 erschienen in der Rubrik ‚Pilgrimsvandringen' in der Anlage zum Liedbuch von 1819: Nya psalmer (1921, Nr. 504); in der Rubrik ‚Pilgrims- och hemlandssånger' in *Sionstoner* (1935, Nr. 686), in der Rubrik ‚Gods lov' in *Den svenska psalmboken* (1937, Nr. 21), als Nr. 297 in der Rubrik ‚Pilgrimsvandringen' in den ökumenischen Teilen der Gesangbücher *Psalmbok* (1986), *Cecilia* (1986), *Psalmer och Sånger* (1987), *Segertoner* (1988) sowie *Frälsingsarméns sångbok* (1990); in der Rubrik ‚Jul' im *Finlandssvenska psalmboken* (1986, Nr. 31) und im *Sångboken* (1998, Nr. 50).

10 Ein markantes Beispiel ist die Interpretation der Sängerin Jenny Öhlund, herausgebracht auf der CD *110% svensk jul* (MLPCD 1811). Auch Chordarbietungen auf Schallplatten wie *Julton, En dokumentärinspelning av Julton 1970, Sundsvall/söndag 20. Dec. kl. 19.00* (Cantus LP 14) oder *Kända Psalmer med barnkör under ledning av Lennart Hanning* (Telestar TRS 11173) belegen die althergebrachte Beliebtheit des Lieds.

11 Vgl. Anna J. Evertsson: „Gå vi till paradis med sång". Psalmers funktion i begravningsgudstjänster. Lund 2002 (Bibliotheca Theologiae Practicae 69); Dies.: „...till paradis med sång", Om psalmer i begravingsgudstjänster'. In: RIT, Religionsvetenskaplig InternetTidskrift, 2003, Nr. 6 (November), www.teol.lu.se/rit/pdf/6/aje1.pdf; Zugriff am 22.02.2007. Die Titel dieser Veröffentlichungen spielen auf die letzte Zeile der ersten Strophe an.

So ist es nicht verwunderlich, dass *Härlig är jorden* in der schwedischen Sprache zu einem geflügelten Wort wurde. Der Liedanfang wurde vom Göteborger Regisseur Roy Andersson als – zynischer – Titel eines makabren Kurzfilms aus dem Jahre 1991 verwendet.[12] In dem populären Kinostreifen *Så som i himmelen* (dt. *Wie im Himmel*) findet sich das Lied als Leitmotiv wieder: In diesem Filmdrama aus dem Jahre 2003 wird die erste Strophe vom Kirchenchor im nordschwedischen Heimatdorf des Dirigenten Daniel mehrmals gesungen und bildet ein thematisch passendes Pendant zum ‚himmlischen' Titelsong. Diese und ähnliche Anspielungen belegen die Bekanntheit und Beliebtheit dieses ‚sedan länge kända och ofta sjunga psalmen'.[13]

4. Die Niederlande

In den Niederlanden hat die schlesische Melodie ebenfalls Verbreitung gefunden, und zwar an erster Stelle als beliebtes Weihnachtslied mit dem Titel *Eeuwen geleden*. Hier soll näher auf die älteste Fundstelle, den Autor, die Herkunft und Vorlage sowie auf die Bearbeitungstechnik und die Gattung der niederländischen Fassung eingegangen werden.

Älteste Fundstelle

Die älteste niederländische Fundstelle der Melodie ist ein Mädchenbuch namens *Onder het stroodak*, mit dem die Schriftstellerin Catharina van Hille-Gaerthé im Alter von 34 Jahren im Jahre 1915 debütierte.[14] Die Geschichte dreht sich um das Leben des Landarztes van Arlevoort und seiner Familie, mit den Kindern Else, Josephine, Frits, Eduard und Liesbethje, und umfasst ein gutes Jahr. Der Titel *Onder het stroodak* geht auf das Reetdach des Hauses der Familie zurück.[15]

---

12 *Härlig är jorden*, 16 Minuten, 1991, englischer Titel *World of Glory*, im Jahre 2004 von Cinema 16 auf der DVD European Short Films herausgebracht.

13 Den gamla psalmboken (wie Anm. 9), S. 379. Eine klare Anspielung enthält auch der Titel *Så härlig är jorden* auf dem Album *Snö* (2005) der Sängerin Eva Dahlgren (Capitol 94634183529).

14 Catharina Maria van Hille-Gaerthé (Zwolle 1881 – 's-Gravenhage 1958); Autorin von Kinder- und Jugendbüchern. Eine Lebensbeschreibung (mit Bibliographie) von Annie Salomons in: Jaarboek van de Maatschappij der Nederlandse Letterkunde te Leiden 1963–1964, S. 53–57; siehe auch Sanderien de Jong: Een schrijfstersleven. In: Fredriek Dufour [u. a.] (Hg.): Haagse debatingclub voor vrouwen: honderd haar van Strijd staalt naar Kring tot Gedachtenwisseling 1898–1998. [o. O. 1998], S. 34–37. Eine Lebensbescheibung ihres Gatten, des klassischen Archäologen und Philologen G. E. W. van Hille (1872–1944), durch A. Rutgers van der Loeff in: Jaarboek van de Maatschappij der Nederlandsche Letterkunde te Leiden 1943–1945, S. 103–115.

15 *Onder het stroodak* erlebte von 1915 bis 1953 zwölf Drucke und wurde noch in den 70er Jahren ins Englische übersetzt (*Under the thatched roof.* Transl. by Kate Kortschak, with illustrations by Jan Schaafsma. Honolulu 1973). Online-Publikation seit September 2005 in: Digitale Bibliotheek der Nederlandse Letteren (www.dbnl.org, Zugriff am 27.02.2007). Über *Onder het stroodak* als Vertreter der Gattung ‚Mädchenbuch' vgl. Aukje Holtrop: ‚Alleen voor meisjes (en jongens) – Het meisjesboek'. In: Harry Bekkering [u. a.] (Hg.): De hele Bibelontse berg. De geschiedenis van het kinderboek in Nederland & Vlaanderen van de Middeleeuwen tot heden. Amsterdam 1989, S. 409–424, hier S. 419.

Den stimmungsvollen Höhepunkt des intimen Familienromans bildet der Heiligabend, wo sich die ganze Familie nach gemeinsamem Kirchengang am geschmückten Tisch mit brennenden Kerzen versammelt und unter Orgelbegleitung der Großmutter die uns bekannte schlesische Melodie singt[16] (Abb. 2).

Autor

„Sie alle lauschten dem alten, bekannten Lied, das bereits viele Jahre auf Erden gesungen wurde, und das Großmutter ihren Kindern bereits beigebracht hatte, als sie noch zu klein waren, um die Worte zu lesen":[17] Seit Generationen im familiären Liedschatz der Arlevoorts enthalten, wird *Eeuwen geleden* innerhalb der Erzählillusion des Romans als altes und traditionelles Weihnachtslied präsentiert. Jedoch gibt es Hinweise, romaninterner wie -externer Art, dass die Verfasserin von *Onder het stroodak* zugleich die Autorin des Liedtextes ist.

Erstens ist der Liedtext an einigen Stellen etwas holprig. In der ersten Strophe fällt der lexikalische Akzent des Wortes *hemelsch* (auf der ersten Silbe) nicht mit dem melodischen Akzent (auf der zweiten Silbe) zusammen. Auch das doppelte *t* in *klinkt't zacht* wird der singenden Familie gewisse Artikulationsschwierigkeiten bereitet haben. Heutzutage wird das Lied anders gesungen. Die betonte Anfangssilbe von *hemelsch* wird auf dem ersten Schlag des zweitletzten Taktes realisiert, wobei das Beugungs-*e* vom Adjektiv *hemelsche* entfällt. Das syntaktische *dummy*-Element *'t* in *klinkt't zacht*, das lediglich das Satzsubjekt *Vreed' op aard* antizipiert, ist mittlerweile mit der Endung *–t* von *klinkt* verschmolzen. Die Singweise ist also durch vielfachen Gebrauch natürlicher und fließender geworden, das Lied wurde im Laufe der Zeit ‚zurechtgesungen'.[18] Die genannten Unebenheiten erwecken den Eindruck, dass die Textfassung in *Onder het stroodak* frisch vom Schreibtisch stammt.

Zweitens ist das Lied mit einer einfachen Klavierbegleitung abgedruckt. Wenn *Eeuwen geleden* wirklich alt und dem Leser des Jahres 1915 bekannt gewesen wäre, hätte der Verlag sich diese Mühe sparen können. Die mitgelieferten Noten sind ein augenfälliges Indiz, dass es sich um die Erstveröffentlichung eines neuen und bislang unbekannten Liedes handelt.[19]

---

16 C. M. van Hille-Gaerthé: Onder het stroodak. Met teekeningen van Tjeerd Bottema. Eerste druk. Rotterdam [1915], S. 190f. (zu Rate gezogene Exemplare: Koninklijke Bibliotheek Den Haag, Sign. BJ 20761; UB Amsterdam, Sign. F 92–2075).

17 „zij luisterden allen naar den ouden, bekenden zang, die al zooveel jaren op aarde gezongen was en dien Grootmoeder al geleerd had aan háár kinderen, toen ze nog te klein waren om de woorden te lezen.", C.-M. van Hille-Gaerthé: Onder het Stroodak (wie Anm. 16), S. 189.

18 Vgl. etwa: Kinderen van één Vader, Een liederenbundel voor gezin en school, verteluur, zondagsschool en clubwerk. Geheel vernieuwde uitgave. Samengesteld door H. J. W. Modderman, B. Wierenga-Aalbers [u. a.]. Vierde druk. Amsterdam 1968, Nr. 63: „en hemels licht schijnt overal (…) klinkt zacht en teder".

19 Der Roman enthält außer *Eeuwen geleden* ein weiteres Lied mit Noten: das Lentelied. Die zwei Lieder bilden innerhalb der Erzählung ein kontrastierendes Paar: Die ‚vroolijke' Melodie des Lentelied wird mit ‚blijde stemmen' zum Frühlingsfest gesungen, am Anfang der Geschichte, als der Leser

Die Vermutung, dass van Hille-Gaerthé die Autorin des Liedes ist, wird zudem durch eine Sammlung von Weihnachtsliedern, die im Jahre 1916, ein Jahr nach der Erstausgabe von *Onder het Stroodak*, von Johannes de Heer veröffentlicht wurde, ex negativo bestätigt. De Heer präsentiert seine *Kerstzangbundel* im Vorwort als "flinke, populaire Kerstbundel, waarin men behalve de bekende kerstzangen uit latere tijd, ook de klassieke liederen uit vroegere eeuwen zou terug vinden" (umfangreiches, verbreitetes Weihnachtsliederbuch, in dem man außer den bekannten Weihnachtsliedern der letzten Zeit auch die klassischen Lieder der zurückliegenden Jahrhunderten finden kann).

Um diesem Anspruch auf Vollständigkeit gerecht zu werden, hatte der Herausgeber nach eigenen Angaben "in verschillende openbare en particuliere bibliotheken talrijke Hollandse, Duitse, Engelse en Franse bundels – veel te talrijk om bij name te noemen – doorgesnuffeld" (in mehreren offentlichen und privaten Bibliotheken zahlreiche niederländische, deutsche, englische und französische Liedsammlungen – viel zu zahlreich, um namentlich erwähnt zu werden – durchstöbert).

In der umfangreichen Sammlung tritt *Eeuwen geleden* nicht in Erscheinung. Im Gegenteil, de Heer hat zu der ‚Duitse Silezische melodie' eigenhändig eine Übersetzung von *Schönster Herr Jesu* angefertigt, mit dem Titel: *Dierb're Heer Jezus, Heerser aller scheps'len.*[20] Die Tatsache, dass *Eeuwen geleden* in de Heers Gesangbuch fehlt und dass er zu der gleichen Melodie eine eigene Übersetzung aus dem Deutschen veröffentlicht, zeigt, dass *Eeuwen geleden* vor 1915 gänzlich unbekannt war und dass die älteste Fundstelle in *Onder het Stroodak* die niederländische Erstveröffentlichung des Liedes darstellt.

---

die Hauptpersonen durch die Augen des Nachbarmädchens Eva kennen lernt, das die van Arlevoorts durch ein Loch in der Hecke bei einem kleinen Theaterspiel beobachtet. Das Lentelied ist ein Gegenstück zum ‚plechtige', ‚langzame' Eeuwen geleden, das sieben Monate später im engsten Familienkreis als emotionaler Höhepunkt des intensiv erlebten Weihnachtsfests gesungen wird. Die Musik des Lentelied (versehen mit der Melodieangabe: Norges herlighed) wurde *Norges Melodier* entnommen, der von Edvard Grieg anonym herausgegebenen, in bürgerlichen Kreisen um 1900 sehr beliebten Sammlung norwegischer Volkslieder. Vgl. Norges Melodier, arrangerede for Pianoforte med Text. Kjøbenhavn, Christiania [nach 1876], Nr. 3. Beide ndl. Liedtexte zeigen eine auffällige Vorliebe für Binnenreime (Eeuwen geleden: geleden/getreden; neer/teer; nacht/bracht; kindekijn/zijn; Lentelied: blauwt/woud; bosch/mos; luid/eruit; kruid/gefluit), ein zusätzliches Indiz, dass sie aus der gleichen Feder stammen.

20 De Heers verkürzende und abstrahierende Version, die auf die Naturtopoi der schlesischen Vorlage verzichtet, umfasst drei Strophen: 1. Dierb're Heer Jezus, Heerser aller scheps'len, Godes en Maria's Zoon! U wil ik minnen, U wil ik eren, Onzer zielen vreugd en kroon. 2. Zie, alle schoonheid, Aards en hemels beide Is bij Uwe glans slechts schijn: Niets hier op aarde Heeft zoveel waarde dan de dierb're Jezus-mijn. 3. Dierb're Heer Jezus! Nooit genoeg geprezen, U tij de lof in eeuwigheid; Voor ons geboren, Toen wij verloren, Bracht Gij ons weer zaligheid. Zit. Nach: Kerstzangbundel voor koor en huisgezin, bevattende 254 oorspronkelijke Kerstliederen vanaf de vroegste eeuwen en uit verschillende landen. Bijeenverzameld door Joh. de Heer. Vierde druk. Rotterdam 1979, Nr. 5. Aus der Einordnung in die chronologisch gegliederte Sammlung geht implizit hervor, dass de Heer (ebenso wie Ingemann) der Auffassung war, es mit einem mittelalterlichen Lied zu tun zu haben.

Herkunft und Vorlage

Die Noten von *Eeuwen geleden* sind im Roman mit der Herkunftsbezeichnung: „Melodie van een middeleeuwschen Zweedschen Kerstpsalm“ versehen. Diese Verortung, als Quellenangabe bislang nicht hinterfragt, sondern weitertradiert,[21] liefert einen Hinweis, dass van Hille-Gaerthé der schlesischen Melodie über die schwedische Rezeptionslinie begegnet ist. Die unübliche niederländische Gattungsbezeichnung *kerstpsalm* (statt: *kerstlied*) dürfte eine eigene Lehnübersetzung aus dem Schwedischen sein (*julpsalm*).

Biographische Daten unterstützen diese Vermutung. Skizzen ihrer Kindheit und Jugendzeit in der Ijsselstadt Zwolle, in den 50er Jahren für den *Provinciale Overijsselsche en Zwolsche Courant* geschrieben und postum in Buchform publiziert,[22] zeigen van Hille-Gaerthé als aufgeschlossene Musikliebhaberin. Im Zwoller Musikleben war die ausgebildete Grundschullehrerin seit jungen Jahren besonders aktiv, wir erfahren vom Klavierunterricht, von der Sonntagsschule, die sie als Kind besuchte und an der sie als Erwachsene ehrenamtlich unterrichtete,[23] von einem vierstimmigen Mädchenchor, von Besuchen und Übernachtungen bei Verwandten und Bekannten, wo gerne musiziert und gesungen wurde, von Konzerten, Kammerorgeln und Gesangbüchern, von wöchentlichen Proben und jährlichen Oratorien des Gesangvereins St. Caecilia, in dem sie als Alt mitsang.

Mit ihrem Mann unternahm van Hille-Gaerthé im Sommer gerne Reisen durch Europa.[24] In den *Zwolsche mijmeringen* wird berichtet, wie sie bereits vor ihrer Ehe, im Jahre 1903, Kopenhagen besuchte.[25] Als begeisterte Musikerin und Lehrerin der

---

21 Zunächst von der mit van Hille-Gaerthé befreundeten Komponistin Catharina van Rennes (1858–1940), die im Jahre 1919 eine eigene Bearbeitung für zweistimmigen Chor mit Klavierbegleitung herausgab: In de Kerstdagen, Een bundel geliefde Kerstmelodieën met hollandschen tekst, bewerkt voor tweestemmig Vrouwen- en Kinderkoor met begeleiding van Piano of Orgel, Opus 72. Utrecht 1919, Nr. 1: „Oud-Zweedsche Kerstmelodie“. Jüngere Beispiele: Kinderen van één vader (wie Anm. 18), Nr. 63: „Oude Zweedse melodie“; Midden in de Winternacht, De mooiste bekende en onbekende liedjes rond Kerstmis, Nieuwjaar en Driekoningen. Samenstelling: Ria van Gelder. Purmerend 1996 (Volkskundige Monografieën) : „kerstlied uit Zweden“ (S. 203); CD KRO-Kerstconcert (1997, EMI 4 93031 2): „oud Zweeds kerstlied“; Programmblatt des Weihnachtskonzertes des Heilooer Musikvereins Eensgezind, 16. Dezember 2005: „Zweeds kerstlied“.

22 Catharina van Hille-Gaerthé: Zwolse mijmeringen, Herinneringen aan de jaren 1881–1914. Zwolle 1959.

23 Vgl. auch Annie Salomons (wie Anm. 13), S. 54: „Ze behaalde op den gestelden tijd haar acte lager onderwijs, maar haar ouders stonden haar niet toe naar een betrekking te solliciteren. Al waren ze nog zo verstandig, het ging te zeer tegen de code van dien tijd in, dat een meisje uit hun kring zelf haar brood zou verdienen. Ze heeft daarna in Zwolle nog een acte voor godsdienst-onderwijs gehaald en die mocht ze wel in de practijk gebruiken. Ze gaf les op zondagscholen; ze trok als leidster mee met vacantiekolonies en dat zal ze, ernstig en lief, zeker voortreffelijk hebben gedaan; maar dit alles in alle betekenissen: pro Deo.“

24 Vgl. auch A. Rutgers van der Loeff (Anm. 12), S. 111.

25 Zwolse mijmeringen (Anm. 22), S. 47–48. Erinnerungen an Kopenhagen und Malmö wurden später in der Kurzgeschichte *De Gans „Valdemar“* verarbeitet (In 't midden van de nacht, Kerstverhalen. Leiden 1955, S. 31–39).

Sonntagschule wird sie die skandinavische Liedkultur mit einem geradezu professionellen Interesse beobachtet haben. So erscheint es durchaus möglich, dass ihr das Lied *Härlig är jorden* auf einer Schwedenreise oder durch Vermittlung anderer Skandinavienfreunde begegnet ist.[26]

Ist es dann möglich, die von der Autorin gekannte schwedische Vorlage näher zu bestimmen? Dadurch, dass das Lied zuerst 1915 veröffentlicht wurde, scheiden die Gesangbücher der schwedischen Kirche, die *Härlig är jorden* ja erst ab 1921 aufnehmen, aus.[27] Weil van Hille-Gaerthé die Melodie als mittelalterlich und schwedisch bezeichnet, müsste ihre Vorlage also ein nicht-kirchliches schwedisches Liederbuch gewesen sein, das vor dem Jahr 1915 erschienen ist, und in dem *Härlig är jorden* als mittelalterlich und ursprünglich schwedisch bezeichnet wird.

Unter den zahlreichen schwedischen Liederbüchern, die zu Anfang des 20. Jahrhunderts erschienen sind, gibt es tatsächlich Ausgaben, die diese Kriterien erfüllen. Abbildung 3 zeigt eine Version aus dem *Svensk Söndagsskolsångbok för hem, skolor och barngudstjänster* (1908), deren Satz dem des niederländischen Lieds in *Onder het stroodak* in auffälliger Weise ähnelt. [28] (Abb. 3)

Es fällt ins Auge, dass das Lied auf das Mittelalter datiert wird: „1200-talet“. Weil auf eine weitere Herkunftsbezeichnung verzichtet wurde, konnte aus dieser (oder einer ähnlichen)[29] Ausgabe leicht der Eindruck entstehen, dass die Originalmelodie mittelalterlich war und ursprünglich aus Schweden stammte.

Bearbeitungstechnik und Gattung

Die Biographie, die Quellenangabe und die Quellenlage festigen die Vermutung, dass van Hille-Gaerthé die Musik – vielleicht mit wenigen eigenen Anpassungen – aus einem schwedischen Gesangbuch übernommen hat. Wenn wir nun die Liedtex-

---

26 Die reiche skandinavische Liedkultur wurde um die Jahrhundertwende in den Niederlanden mit Interesse beobachtet. Etwa zur gleichen Zeit wie van Hille-Gaerthé machte der Pastor G. F. Haspels eine Rundreise durch Skandinavien. Nach einem Besuch der Höjskole in Lyngby lobte er den intensiven Gesangsunterricht an dänischen Schulen, auch weil hier mehr als in den Niederlanden das nationale Liedgut gepflegt werde: „Dat op het leerplan der meisjes geen zang voorkwam, gelijk op dat der jongens wel, was hoogst natuurlijk, daar het vanzelf sprak dat zij hun Sangbog for höjskoler og landbrugsskoler – 579 nos., allemaal nationale poëzie! – altijd bij zich hadden. Want die Grundtvigsche geest wordt er niet ingepreekt, maar ingezongen, en dan nog eens ingezongen. Zonder zingen gaat het leven eenvoudig niet.“ Zu seiner großen Freude erhielt er beim Abschied zum Gastgeschenk ein Liederbuch: „En toen ik dan ook afscheid moest nemen, beladen met allerlei boekgeschenken, was het schoonste gastgeschenk, dat de directeur mij wist te geven, een nog bijna nieuw exemplaar van het Sangbog.“ Scandinavische reisschetsen. Nijkerk (1904), S. 17f.

27 Vgl. Anm. 8.

28 Svensk Söndagsskolsångbok för hem, skolor och barngudstjänster. Stockholm 1908. Zitiert nach Svensk söndagsskolsångbok för hem, skolor och barngudstjänster. Stockholm 1929.

29 Erwähnenswert ist auch: Svensk söndagsskolsångbok till bruk för skolor och barngudstjänste, Musik med text. Första upplagan. Stockholm 1910, Nr. 22. Hier werden zu einer *Eeuwen geleden* sehr ähnlichen Begleitung, die als „Pilgrimshymn från 12:te årh.“ bezeichnet wird, *Skönaste Jesus* und *Härlig är jorden* auf einer Doppelseite ohne nähere Angaben zur Herkunft präsentiert.

te vergleichen, stellt sich das niederländische Weihnachtslied nicht als integrale und getreue Übersetzung des schwedischen Lieds da, sondern als freie Umarbeitung der letzten Strophe. Die ersten zwei Strophen von *Härlig är jorden*, die die Pilgerfahrt des Menschen zum Paradies zum Thema haben, wurden nicht berücksichtigt. Stattdessen wurde die weihnachtliche Thematik der dritten Strophe kreativ aufgegriffen und in zwei Strophen erweiternd ausgearbeitet. In der ersten Strophe von *Eeuwen geleden* geht es um die Hirten, die vor Jahrhunderten als erste Menschen von der Geburt Jesu erfuhren und zum Stall zogen. Hinzugefügt wurden die klassischen weihnachtsgeschichtlichen Motive der Mutter und des Kindes. In der zweiten Strophe werden ‚wir' eingeführt, die ebenfalls still um die Krippe herum stehen. Eine auffällige Übereinstimmung bei dem insgesamt sehr freien Umgang mit dem Original besteht darin, dass das schwedische und das niederländische Lied beide in der letzten Zeile mit ‚Frieden auf Erden' enden (nach Lukas-Evangelium 2,14).

Im niederländischen Weihnachtslied liegt der Fokus auf den Hirten, weshalb sich *Eeuwen geleden* der Gattung der sogenannten Hirtenlieder zuordnen lässt. Die *herdersliederen* wurden bereits 1852 von den Brüdern Thijm als eine eigene Gruppe innerhalb der niederländischsprachigen Weihnachtsliedtradition identifiziert.[30] Nicht nur in *Onder het stroodak*, sondern auch in ihren späteren Weihnachtsbüchern *Heilige Kerstnacht* (1928), *Advent* (1949) und *In 't midden van de nacht* (1955) zeigt sich van Hille-Gaerthé von diesem weihnachtlichen Hirtenmotiv übrigens geradezu gefesselt.[31]

---

30 Oude en Nieuwere Kerstliederen benevens gezangen en liederen van andere hoogtijden en heiligedagen, alsook van de Advent en de Vasten, gerangschikt naar de orde van het Kerkelijk Jaar [...]. Ten dienste der zangchoren en katholieke huisgezinnen bewerkt door Jos. Alb. Alberdingk Thijm en Lamb. Joann. Alberdingk Thijm. Amsterdam 1852, S. XX. Beispiele für Hirtenlieder in dieser Sammlung sind Nr. XII („Op, herders, Hij's geboren"), XV („Maan en sterren, luchtgewemel"), XVI („Ziet, broeders, hier den armen stal"), XVIII („Herders, ik boodschap blij van stem"), XXIX („O herders, verlaat uw bokjens en schapen"), XXXIV („Herders, hoe ontwaakt gij niet?"), XXXVI („Als de Heere Jezus was geboren"), XXXVIII („O herders, al zoetjes, maakt geen gedruisch"), XXXIX („Herdersvolk en trouwe dochteren van Bethlehem!"), XLI („De herdertjens lagen bij nachte"), XLIX („Herders, hebt gij niet vernomen"), LXII („O teedre ziel die God mint bovenal") und LXXIX („Kindeken teêr, hoe ligt Gij hier?"). Weitere Beispiele bei E. Bruning: Het Nederlandse kerstlied van de 14ᵉ tot de 20ᵉ eeuw, deel II: Herderslied (Tilburg 1946), der das Hirtenlied auf den französischen pastourel des 16. Jahrhunderts zurückführt. Im Vergleich mit den erzählenden Liedern, die Bruning aufführt, ist *Eeuwen geleden* jedoch kürzer und lyrischer.

31 Vgl. die Kurzgeschichten *Heilige Kerstnacht, De handen van Boës, De herdertjes, Jerome en het schaap, Het eerste kerstkoraal und Dichtbij het Kerstverhaal.* Die Geschichte Het eerste kerstkoraal, über einen Hirtenjungen, der dem Jesuskind als Geschenk ein Lied mitbringt, spielt auf das Gedicht *Der erste Weihnachtschoral* von Max Möller an und ist in diesem Zusammenhang auch liedpoetologisch aufschlussreich: „...een lied behoort aan de Eeuwigheid, een lied leeft verder, veel langer dan hij, die het zingende aan de wereld gaf; een lied heeft een wonderlijke kracht, een lied kan troosten en het is in staat een harde wil te buigen; een lied brengt mensen samen in rouw en vreugde, een lied wekt vriendschap en liefde, een lied zuivert het hart, ook het boze hart. [...] Mensen hebben het gezongen, mensen hebben het opgevangen van elkaar en doorgegeven aan anderen. Later hebben mensen woorden bij het lied gemaakt." (...ein Lied gehört der Ewigkeit, ein Lied lebt weiter, viel länger als derjenige, der es singend der Welt gegeben hat; ein Lied hat eine rätselhafte Kraft, ein Lied kann trösten, und es ist fähig, einen harten Willen zu beugen; ein Lied führt Menschen in Trauer oder

5. Zusammenfassung und Schluss

Das Jesus-Loblied *Schönster Herr Jesu* wurde von Hoffmann von Fallersleben und Ernst Richter aus dem schlesischen Volksmund aufgezeichnet und 1842 zuerst publiziert. Im Jahre 1850 wurde das schlesische Lied aus dem aktuellen Anlass des Schleswig-Holsteinischen Krieges vom dänischen Dichter Bernhard Ingemann zu dem Pilgerfahrtlied *Dejlig er jorden* umgearbeitet, das in ganz Skandinavien bekannt wurde, besonders in Schweden unter dem Titel *Härlig är jorden*, hoffnungsvolles Weihnachtslied und trostreiche Trauerhymne zugleich. Auf der Grundlage der dritten Strophe dieser schwedischen Übersetzung des dänischen Liedes erfolgte 1915 mit *Eeuwen geleden* eine zweite eingreifende Umarbeitung und Übertragung ins Niederländische durch die Kinder- und Jugendbuchautorin Catharina van Hille-Gaerthé, diesmal als weihnachtliches Hirtenlied, dessen Friedenssehnsucht im Jahre 1915 ebenfalls durch die Zeitumstände geprägt sein dürfte.

Diese kleine, aber wechselvolle Tradierungsgeschichte ist in dreierlei Hinsicht bemerkenswert. Erstens stellt sich Schlesien mit diesem Lied einmal wieder als europäisch vernetzter Kulturraum heraus,[32] wobei der Vermittlungsweg im Falle von *Eeuwen geleden* über Dänemark und Schweden in die Niederlande zu führen scheint.[33]

Freude zusammen, ein Lied erzeugt Freundschaft oder Liebe, ein Lied reinigt das Herz, auch das böse Herz. [...] Menschen haben es gesungen, Menschen haben es von einander gehört und weitergegeben. Später haben Menschen zur Melodie einen Text geschrieben.) C. M. van Hille-Gaerthé: Advent, Zeven Kerstvertellingen. Tweede druk. Leiden 1950, S. 17–19; Hervorhebung v. Verf.

32 Auch in der angelsächsischen Welt wurde die schlesische Melodie bekannt, dort wird sie als *Crusaders' Hymn* bezeichnet. Übersetzungen aus dem Deutschen von Joseph August Seiss (*Beautiful Savior! King of Creation!*) und Lilian Stevenson (*Fairest Lord Jesus, Lord of all creation*) in u. a. *The Hymnal 1916* (Nr. 356), *The Church Hymnal Revised* (1920, Nr. 468), *The Book of Common Praise, Revised* (1938, Nr. 604), *The Hymnal 1940* (Nr. 346), *The Hymn Book of the Anglican Church of Canada and the United States of America* (1971, Nr. 46), *The Hymnal 1982* (Nr. 383 und 384), *Hymns for Today's Church, second edition* (1988, Nr. 209), *Common Praise, Anglican Church of Canada* (1998, Nr. 619), *Together in Song, Australian Hymn Book II* (1999, Nr. 203), *Sing Glory: Hymns, Psalms and Songs for a New Century* (1999, Nr. 199), *Complete Common Praise* (1999, Nr. 823) sowie *The Church Hymnal* (Church of Ireland), Fifth Edition (2000, Nr. 88).

33 Damit wurde die schlesische Melodie in den Niederlanden über drei Vermittlungswege rezipiert: Ein Jahr nach van Hille-Gaerthés freier Bearbeitung von *Härlig är jorden* (*Eeuwen geleden*, 1915) übersetzte de Heer *Dierb're Heer Jezus* direkt aus dem Deutschen (vgl. Anm. 20). Im Jahre 1991 veröffentlichte der Theologe und Dichter Willem Barnard (geb. 1920) unter dem Titel *Wij van de aarde* eine freie Bearbeitung nach dem Dänischen: 1. Wij van de aarde zoeken het paradijs, samen op weg zijn wij levenslang. Al wat er goed is, al wat van God is, doet ons verlangen naar zijn land. 2. Engelen zongen 't lied van verlangen voor, wij zingen mee met een aardse stem, zolang wij leven zoeken wij vrede, God roept ons naar Jeruzalem. 3. Wie van de Zoon is weet, wat zijn schoonheid is, vrede en liefde van mens tot mens. Eer aan de Vader, eer op de aarde, met al mijn adem eer ik Hem! (Gezangboek van de Oud-Katholieke Kerk van Nederland. Hilversum 1991 (^{2}2007), Nr. 605). Barnards Fassung verzichtet in der dritten Strophe auf Ingemanns weihnachtliche Motivik und hebt als Liedthema eher die Suche und das Verlangen nach dem Paradies hervor. Mit der Veröffentlichung von *Wij van de aarde* im *Gezangboek* (s. o.) erfolgte in den Niederlanden die erstmalige Akzeptanz der schlesischen Melodie als Kirchenlied (wobei das Wort „samen op weg“ eine klare Anspielung auf ökumenische Bestrebungen ist). Dass die schlesische Melodie ansonsten in den Niederlanden – im Gegensatz zu Deutschland und den skandinavischen Ländern – nicht in

Zweitens: Weil *Eeuwen geleden* auf das schwedische *Härlig är jorden*, und *Härlig är jorden* auf das dänische *Dejlig er jorden* zurückgeht, haben wir es bei *Eeuwen geleden* mit einer bislang unbekannten, indirekten und unbewussten, produktiven Rezeption von Ingemanns Lyrik in den Niederlanden zu tun.[34] Drittens zeigt dieses Beispiel, dass europäischer Kulturtransfer von merkwürdigen Umwegen und Annahmen, wenn nicht Irrtümern begleitet und geleitet sein kann. Während der Däne Ingemann von dem Gedanken inspiriert wurde, eine alte deutsche Kreuzfahrerhymne zu bearbeiten, meinte die Niederländerin van Hille-Gaerthé, es mit einer mittelalterlichen schwedischen Weihnachtsmelodie zu tun zu haben. Von diesen Missverständnissen beflügelt, schufen beide Literaten zu der wunderbaren schlesischen Melodie Liedtexte, die in Skandinavien und in den Niederlanden bis auf den heutigen Tag millionenfach gesungen werden.

---

den Kanon der liturgischen Lieder aufgenommen wurde, dürfte damit zusammenhängen, dass sie hier zuerst über das Mädchenbuch *Onder het stroodak* und über de Heers *Kerstzangbundel* verbreitet wurde. J. de Heers Gesangbuch war laut Vorwort ausdrücklich nicht für den offiziell-liturgischen Gebrauch, sondern für „koor en huisgezin", d. h. für den Gebrauch an Schulen, im Familienkreis usw., gedacht.

34 Bislang galt: „Van Ingemann werden drie romans [ins Niederländische] vertaald, maar niets van de poëzie die hem in Denemarken zo populair maakte." (Drei der Romaane Ingemanns wurden [ins Niederländische] übersetzt, aber nichts von der Lyrik, die ihn in Dänemark so sehr beliebt gemacht hat.) Diederik Grit: Driewerf zalig Noorden, Over literaire betrekkingen tussen de Nederlanden en Scandinavië. Maastricht 1994, S. 118.

287.

Jesus über Alles.

1. Schönster Herr Jesu, Herrscher aller Erden,
Gottes und Mariä Sohn!
Dich will ich lieben, dich will ich ehren,
Meiner Seelen Freud' und Kron'!

2. Schön sind die Wälder, noch schöner sind die Felder
In der schönen Frühlingszeit!
Jesus ist schöner, Jesus ist reiner,
Der unser trauriges Herz erfreut!

3. Schön leucht der Monden, noch schöner leucht die Sonne
Als die Sternlein allzumal!
Jesus leucht schöner, Jesus leucht reiner,
Als die Engel im Himmelssaal!

4. All' die Schönheit Himmels und der Erden
Ist nur gegen ihn als ein Schein!
Keiner auf Erden uns lieber kann werden,
Als der schönste Jesus mein!

5. Jesus ist wahrhaftig hoch von uns geliebet,
Jesus ist wahrhaftig hoch gebenedeit!
Jesus, wir bitten dich, sei uns gnädig
Bis an unsre letzte Zeit!

Aus der Grafschaft Glaz.

1 Schönster Herr Jesu. Aus: Schlesische Volkslieder mit Melodien (1842).

MELODIE VAN EEN MIDDELEEUWSCHEN ZWEEDSCHEN KERSTPSALM:

I.

Eeuwen geleden
Kwamen getreden
Herders in Bethlehems armen stal;
Zacht ziet de Moeder neer
Op 't kindje klein en teer.
't Hemelsche licht schijnt overal.

II.

Kindje in den heil'gen nacht.
Dat ons Gods liefde bracht,
Ook wij staan om uwe kribbe geschaard.
Lief, heilig kindekijn,
Nu wij zoo stille zijn.
Klinkt 't zacht en teeder: „Vrede op aard."

2 Eeuwen geleden. Aus: Onder het Stroodak (1915).

3 Härtig är jorden. Aus: Svensk Söndagsskolsångbok (1908).

Ralf G. Päsler

Text und Textgemeinschaft
Zu mittelniederdeutschen Sammelhandschriften und zur niederdeutschen und niederschlesischen Überlieferung von *Valentin und Namelos*

I.

Der in verschiedenen Versionen vorliegende, anonym überlieferte, gut 2600 Verse umfassende Kurzroman *Valentin und Namelos* ist von der Forschung bislang nur wenig beachtet worden.[1] Doch in Zusammenhang mit seiner Neuausgabe durch Langbroek und Roeleveld 1997[2] und der Edition des sog. *Harteboks*[3] wurden ihm mehrere Untersuchungen gewidmet, von denen sich die eine Gruppe erneut mit den Abhängigkeitsverhältnissen der einzelnen Versionen beschäftigt,[4] während die andere die Fra-

1 Kurze Zusammenfassungen über Inhalt und Forschungsgang bieten: Sabine Schmolinsky: [Art.] ,Valentin und Namelos'. In: Walther Killy (Hg.): Literaturlexikon. Autoren und Werke in deutscher Sprache, Bd. 11. Gütersloh 1991, S. 507f. und – ausführlicher – Hartmut Beckers in Kurt Ruh (ab Bd. 9 Burghart Wachinger) u. a. (Hg.): Die deutsche Literatur des Mittelalters. Verfasserlexikon. Bd. 1–11. Berlin, New York 1978–2004 (im Folgenden zitiert als ^{2}VL + Bandzahl und Jahresangabe); hier ^{2}VL 10 (1999), Sp. 156–161.

2 Valentin und Namelos. Mittelniederdeutsch und Neuhochdeutsch. Hg., übers. u. komm. v. Erika Langbroek u. Annelies Roeleveld unter Mitarb. v. Arend Quak. Amsterdam, Atlanta 1997 (Amsterdamer Publikationen zur Sprache und Literatur 127). Die ältere Edition stammt von Wilhelm Seelmann (Hg.): Valentin und Namelos. Die niederdeutsche Dichtung. Die hochdeutsche Prosa. Die Bruchstücke der mittelniederländischen Dichtung. Nebst einer Einleitung, Bibliographie und Analyse des Romans Valentin & Orson. Norden, Leipzig 1884 (Niederdeutsche Denkmäler IV). – Weitere Ausgaben dieses weit verzweigten Stoffes sind: Willem de Vreese: Een nieuw fragment van Valentijn en Namelos. In: Tijdschrift voor Nederlandse Taal- en Letterenkunde 11 (1892), S. 140–162 (stellt das dritte, Seelmann noch unbekannte mndl. Fragment vor); Werner Wolf: Namnlös och Valentin. Krit. Ausg. mit nebenstehender Vorlage. Uppsala 1934 (altschwedische Version).

3 Het Hartebok. Hs. Hamburg, Staats- und Universitätsbibliothek, 102c in scrinio. Diplomatische editie bezorgd door Erika Langbroek en Annelies Roeleveld met medewerking van Ingrid Biesheuvel en met een codicologische beschrijving door Hans Kienhorst. Hilversum 2001 (Middeleeuwse Verzamelhandschriften uit de Nederlanden VIII), darin S. 37 ein ausführlicher Überblick über die handschriftliche Überlieferung mit den weiteren Ausgaben.

4 Die älteren Studien dazu: Seelmann (Anm. 2), S. XII–XIII; Fritz Karg: Die altschwedische Erzählung von Valentin und Namelos. In: Festschrift Eugen Mogk zum 70. Geburtstag. Halle/S. 1924, S. 197–230; seine Ansicht, dass die schwedische – deren ältester Überlieferungsträger aus dem Jahr 1457 datiert – der mnd. Version vorausgehe, wurde bereits von Gerrit Jan Dieperink: Studien zum Valentin und Namelos. Ein Beitrag zur Geschichte der literarischen Beziehungen zwischen Flandern, Mittel- und Niederdeutschland und Schweden zur Zeit der Hanse. Haarlem 1933 (Nederlandsche Bijdragen op het Gebied van germaansche Philologie en Linguistiek III), hier S. 31–72, sowie von Wolf (Anm. 2), S. LXIV–XCI, mit gewichtigen Argumenten zurückgewiesen und hat sich nicht durchgesetzt. – Bei den jüngeren Untersuchungen handelt es sich um: Erika Langbroek, Annelies

ge der Gewalt und die Möglichkeiten ihrer Einschränkung im „Zivilisationsprozess" thematisiert.[5] Die jüngste Arbeit beschäftigt sich mit dem *Valentin und Namelos* in Zusammenhang mit seiner Mitüberlieferung im *Hartebok*.[6] Langbroek stellt die Frage, ob es sich bei der Zusammenstellung der Texte dieser Handschrift „um eine zufällige Textreihe handelt oder nicht".[7] Sorgfältig untersucht sie die Textfolge und die Abgrenzungen der Texte gegeneinander. Die Ergebnisse werden mit dem materiellen Aufbau der Handschrift – Lagenaufbau und Lagenfolge – in Beziehung gesetzt. Als Orientierungsmarke(n) gelten ihr die von Sarah Westphal ermittelten Kriterien deutschsprachiger literarischer Sammelhandschriften.[8] Größtes Manko von Langbroeks Untersuchung ist die fehlende Problematisierung des Begriffs „Hausbuch" oder des von ihr synonym benutzten „Gebrauchsbuch".[9] Implizit wird lediglich deutlich, dass es sich um Sammelhandschriften handeln muss, deren Textzusammenstellung auf Anhieb keine bestimmbare Sammelabsicht erkennen lassen und somit eine Deutung der Textzusammenstellung – und schließlich auch der Texte selbst sowie der daraus implizit zu erschließenden Rezeption – wenn nicht verhindern so doch erschweren.

In der Tat sind Prinzipien der Textzusammenstellung mancher Sammelhandschrift heute nur noch schwer zu durchschauen. Doch liegt die Irritation beim re-

---

Roeleveld: Wie reimen sich die Nachbarn? Eine Untersuchung nach den ursprünglichen Reimen in ‚Valentin und Namelos' in der Stockholmer Handschrift Cod. Holm. Vu 73. In: Jahrbuch des Vereins für niederdeutsche Sprachforschung 121 (1998), S. 85–131; Dies.: Valentin bekommt einen Gefährten. Ein Vergleich der Reimpaare in den Handschriften S, H und K. In: Amsterdamer Beiträge zur älteren Germanistik 50 (1998), S. 149–165; Annelies Roeleveld, Erika Langbroek, Evert Wattel: Valentin and Namelos discover their parantage. Narrative elements in the family tree of an international medieval tale. In: Pieter van Reenen, August den Hollander, Margot van Mulken (Hg.): Studies in Stemmatology II. Amsterdam, Philadelphia 2004, S. 285–303.

5 Ulrike Zellmann: Doppelte Gewalt. Die niederdeutsche Lesart des Zwillingsromans ‚Valentin und Namelos'. In: Angelika Lehmann-Benz [u. a.] (Hg.): Schnittpunkte. Deutsch-Niederländische Literaturbeziehungen im späten Mittelalter. Münster, New York, München [u.a.] 2003 (Studien zur Geschichte und Kultur Nordwesteuropas 5), S. 145–166, und Markus Kohlmeier: Analyse und Vergleich der Normendarstellung in ausgewählten frühneuhochdeutschen Prosaromanen. Unter besonderer Berücksichtigung der Zivilisationstheorie von Norbert Elias. Frankfurt/M., Berlin, Bern [u.a.] 2001 (Europäische Hochschulschriften 1, 1812), S. 215–229.

6 Erika Langbroek: Das Hartebok: ein Haus- und Gebrauchsbuch? In: Amsterdamer Beiträge zur älteren Germanistik 61 (2006), S. 225–246.

7 Ebd., S. 225.

8 Sarah Westphal: Textual Poetics of German Manuscripts 1300–1500. Columbia 1993; die acht von Langbroek, Hartebok (Anm. 6), gewählten Kriterien sind von ihr S. 227 aufgelistet. Die Stelle, auf die Langbroek verweist, ist jedoch unspezifisch. Es handelt sich hierbei keineswegs um das Resultat von Westphals Studie sondern um deren Einführung in den Forschungsgegenstand und dessen Rekapitulation. Westphal benutzt in der Regel den Begriff ‚Sammelhandschrift', während sie ‚Hausbuch' weitgehend meidet. ‚Hausbuch' ist spezifisch bezogen auf das ‚Hausbuch des Michael Leone'.

9 Zum Terminus ‚Hausbuch' vgl. Dieter H. Meyer in: Reallexikon der Literaturwissenschaft. Neubearbeitung des Reallexikons der Literaturgeschichte. Hg. v. Harald Fricke. Bd. 2. Berlin, New York 2000, S. 12–14; Sachwörterbuch der Mediävistik. Hg. v. Peter Dinzelbacher. Stuttgart 1992, S. 334, und für ein Beispiel sei hingewiesen auf den Artikel ‚Venloer-Geldrisches Hausbuch' von Helmut Tervooren in ²VL 11 (2004), Sp. 1613–1616. Zum ‚Hausbuch des Michael de Leone' vgl. Gisela Kornrumpf in ²VL 6 (1987), Sp. 491–503; spez. Sp. 499–501.

zenten Leser, der häufig ein anderes Textverständnis zugrunde legt, als es der oder die Veranlasser[10] einer solchen Sammelhandschrift taten.

Hier soll der Frage nachgegangen werden, inwiefern die Umgebung eines Textes, nämlich des Kurzromans *Valentin und Namelos*, Einfluss auf dessen (Be-)Deutung hat, soll heißen, wie der Text verstanden wurde bzw. verstanden werden sollte.

Das Vorhandensein eines Textes in einer Sammelhandschrift lässt zuerst einmal den Schluss zu, dass dieser rezipiert wurde, und zwar sehr wahrscheinlich mit einer genauer bestimmbaren Intention. Diese Intention am isolierten Text herauszuarbeiten, führt zu ausschließlich auf diesen Text bezogenen Ergebnissen. Doch sollte die Möglichkeit offengehalten werden, dass in Zusammenhang mit weiteren Texten einer Sammelhandschrift die Wirkabsicht eines Textes verschoben und verändert – im Extremfall sogar ins Gegenteil verkehrt – werden kann. Dies führt zu der Frage, ob mit der Anlage der Handschrift als *ein Buch* auf der einen und des jeweiligen Textes bzw. seiner Bearbeitung auf der anderen Seite auch bestimmte Rezeptionsmodi, also bestimmte Markierungen zur Steuerung der Lesehaltung und -erwartung, mithin also der Intention, vorgegeben werden.

Über diese Untersuchungen am Text hinaus muss der Blick auf die gesamte Handschrift gelenkt werden. Zuerst ist zu fragen, ob äußerlich erkennbare Brüche (z. B. Lagen-, Schreiberwechsel, unterschiedliche Seiteneinrichtung) zwischen den Texten existieren, die auf eine zeitlich versetzte und somit eher auf eine etappenweise vorgenommene oder gar zufällige Zusammenstellung (so genannte ‚Buchbindersynthesen') schließen lassen. Außerdem liefern Format, Schrift, Ausstattung usw. weitere Informationen hinsichtlich Auftraggeber und somit einer näher umreißbaren primären Rezeptionssituation.[11] Ist vom Kodikologischen her Einheitlichkeit zu konstatieren, so ist nach dem Prinzip der Textauswahl und -zusammenstellung zu fragen.[12]

---

10 Prinzipiell sei zwischen Auftraggeber und Schreiber(n) unterschieden, da Identität nicht zwingend vorliegen muss, denn bereits auf dieser Ebene könnten sich unterschiedliches Textverständnis sowohl in Hinblick auf die Textzusammenstellung als auch auf die Textbearbeitung auswirken.

11 Vgl. Johann Peter Gumbert: Zur ‚Typographie' der geschriebenen Seite. In: Hagen Keller, Klaus Grubmüller, Nikolaus Staubach (Hg.): Pragmatische Schriftlichkeit im Mittelalter. Erscheinungsformen und Entwicklungsstufen. München 1992, S. 283–292; Ingeborg Glier: Schatzkammer, Steinbruch, historisches Objekt. Aspekte der handschriftlichen Überlieferung als Zugang zum Textverständnis. In: Gerhard Hahn, Hedda Ragotzky (Hg.): Grundlagen des Verstehens mittelalterlicher Kultur. Literarische Texte und ihr historischer Erkenntniswert. Stuttgart 1992, S. 1–16; Volker Honemann: Zur Entstehung literarischer Überlieferung im späten Mittelalter. Die Situation in einem Nachbargebiet der Musikgeschichte. In: Gestalt und Entstehung musikalischer Quellen im 15. und 16. Jahrhundert. Hg. v. Martin Staehelin. Wiesbaden 1998, S. 225–238; Joachim Heinzle: Handschriftenkultur und Literaturwissenschaft. In: Literaturwissenschaftliches Jahrbuch 45 (2005), S. 1–28.

12 Für das *Hartebok* und die *Stockholmer Sammlung* kann diesbezüglich auf die vorhandenen Arbeiten über *Het Hartebok* (Anm. 3), S. 14–34 sowie von Loek Geeraedts: Die Stockholmer Handschrift Cod. Holm. Vu 73 (Valentin vnde Namelos, De verlorne sone, Flos vnde Blankeflos, Theophilus, ‚Die Buhlschaft auf dem Baume', De deif van brugghe, De segheler). Edition und Untersuchung einer mittelniederdeutschen Sammelhandschrift. Köln, Wien 1984 (Niederdeutsche Studien 32), S. 7–25 sowie Roswitha Wisniewski: Zwei Sammelhandschriften aus Pommern. Besonders zu ‚Marienklage', ‚Theophilus', ‚De segheler'. In: Freimut Löser, Ralf G. Päsler (Hg.): Vom vielfachen

Dass der *Valentin und Namelos* hier besonders geeignet erscheint, liegt in eben seiner Überlieferung begründet. Obwohl inhaltlich nur geringfügig bearbeitet, wird er einem neuen inhaltlichen Konzept eingepasst, das sich darin zeigt, dass eine sprachliche Adaptation an die neue sprachliche Rezeptionslandschaft erfolgt (Niederdeutsch zu Ostmitteldeutsch) sowie eine Anpassung an einen veränderten Rezeptionsmodus (Vers zu Prosa).

II.

Die Überlieferung der Geschichte des Zwillingspaars Valentin und Namelos ist eigentümlich fragmentiert.[13] Dies gilt einerseits ganz materiell, indem Versionen lediglich als Handschriftenfragmente erhalten sind, und andererseits textgeschichtlich, indem, wie es scheint, einige Entwicklungsstufen fehlen bzw. indem eine Textreduktion eingetreten ist. Doch im Einzelnen: Die Anfänge, ob französisch oder niederländisch, sind unklar. Von den Fragmenten der niederländischen Version aus lässt sich die Wanderung des Textes nach Osten einigermaßen sicher verfolgen. Zwei mittelniederdeutsche Textzeugen haben sich erhalten; ihr gesellt sich eine wieder nur fragmentarische mitteldeutsche Version zur Seite, deren Stellung im Überlieferungsgefüge jedoch weiterhin mit Fragezeichen behaftet bleibt. Die gereimte mittelniederdeutsche Version ist Ausgangspunkt für eine schwedische und eine mitteldeutsche Prosafassung. Trotz dieser auf den ersten Blick nicht sehr breiten, dafür aber weit verbreiteten Überlieferung darf angenommen werden, dass der Text im Nord- und Ostseebereich, d. h. im Einflussbereich der Hanse, bekannt war.

Die eigentliche weite Verbreitung fand der Stoff mit dem Übergang in die Volksbuchliteratur[14] zum Ende des 15. Jahrhunderts. Ausgangspunkt ist hier die 1489 in Lyon erschienene französische Fassung *Valentin et Orson*,[15] von der ungewiss ist, inwieweit sie auf möglichen älteren (französischen?) Fassungen beruht oder diese bearbeitet. Sie aber ist die Grundlage z. B. der deutschen, niederländischen, englischen, polnischen Übersetzungen/Bearbeitungen, die sich bis ins 19. Jahrhundert nachweisen lassen.[16] Diese Versionen sollen hier nicht weiter interessieren, da sie einen eigenständigen Überlieferungszweig bilden.

Schriftsinn im Mittelalter. Festschrift für Dietrich Schmidtke. Hamburg 2005 (Schriften zur Mediävistik 4), S. 623–635; hier S. 629–631, hingewiesen werden. Anders stellt sich die Situation für die Breslauer Handschrift dar (s. u.).

13 Vgl. die Literaturangaben in Anm. 2 und 4.

14 Zur Problematik der Bezeichnung „Volksbuch" vgl. Jan-Dirk Müller: Volksbuch/Prosaroman im 15./16. Jahrhundert – Perspektiven der Forschung. In: IASL-Sonderheft 1: Forschungsreferate. Tübingen 1985, S. 1–128; hier S. 1–15.

15 Gedruckt bei Jacques Maillet; vgl. die Beschreibung bei Arthur Dickson: Valentine and Orson. A Study in Late Medieval Romance. New York 1929, S. 280f.

16 Vgl. die Bibliographie bei Seelmann (Anm. 2), S. XXX–XL (Inhaltsangabe ebd. S. XL–LI); ergänzend Dickson (Anm. 15), S. 284–297. Vgl. auch Hinrich Lühmann: Valentin und Orsus. Deutsche Version (1521) und französisches Original (1489). Vergleich und Strukturanalyse. Phil. Diss. Berlin (TU) 1974.

Zu einer endgültigen Klärung der Abhängigkeitsverhältnisse sowohl der Fassungen als auch der Textzeugen ist es nicht gekommen, und sie wird auch so lange nicht erreichbar sein bis ergänzende Funde zusätzliche Untersuchungen ermöglichen. Einigkeit herrscht insoweit, dass französische Stoffherkunft angenommen wird, obwohl sich ein entsprechender Text nicht nachweisen lässt,[17] und dass die mndl. Version die Vorlage für die mnd. war, auf die wiederum die schwedische zurückgeht. Die md. Prosafassung dürfte auf der mnd. Versfassung beruhen. Erwogen wurde, zwischen der mndl. und der mnd. Version eine kürzende niederländische oder niederdeutsche Fassung anzunehmen, ohne dass dies jedoch zwingend wäre.

Die Annahme einer altfranzösischen Urfassung beruht auf der Überlegung, dass ähnliche Stoffe wie z. B. *Flos unde Blankeflos*[18] ebenfalls auf französische Ursprünge zurückgehen und über das Niederländische – meist unter Textkürzungen – ins Mittelniederdeutsche weitergegeben wurden. Doch ist außer der französischen Prosaversion von 1489 keine andere zu belegen; die älteste nachweisbare Texttradition beginnt im Mittelniederländischen. Soweit es deren Fragmente zulassen, war diese Fassung deutlich umfangreicher als die ihr folgende mittelniederdeutsche. Sie ist „einläßlich mit epischer Breite erzählt worden. Demgegenüber ist die mnd. Kurzfassung durch eine weitgehende Reduktion des Epischen auf die bloße äußere Handlungsebene gekennzeichnet".[19] So bleibt zwar die Fabel in allen Fassungen im Wesentlichen gleich, doch fehlt den Personen weitgehend ein Innenleben, was verschiedentlich zu fehlenden Motivationen und Unklarheiten im Handlungsablauf führt.[20]

Die Entstehung der mnd. Fassung stellte man sich seit Seelmann, vor allem aufgrund der sprachlichen Eigenheiten, durch „einen in Brügge weilenden Deutschen [vor], etwa einen Klerk, der nach dem Vorbilde seiner flandrischen Collegen seine Mussestunden der Poesie widmete".[21] Dieses Bild wurde von Wolfgang Stammler aufgegriffen und in zwei wichtigen Publikationen zur mittelnieder-deutschen Literatur vertreten,[22] um schließlich zu einem „Literaturkreis

17 Die in der mnd. Version mehrfach vorkommende Berufung auf französische Quellen (Seelmann [Anm. 2], V. 530, 1654, 1738, 2300, 2532) ist entweder aus der Vorlage übernommen oder eingefügt, um eine entsprechende Stofftradition zu fingieren, und ist deshalb als Beleg bestenfalls bedingt zu gebrauchen.

18 Ed. Otto Decker (Hg.): Flos vnde Blankeflos. Kritische Ausgabe des mittelniederdeutschen Gedichtes. Rostock 1913; vgl. auch Hartmut Beckers in ²VL 2 (1980), Sp. 761–764.

19 Beckers in ²VL 10 (2004), Sp. 159. Vgl. auch Zellmann: Doppelte Gewalt (Anm. 5) S. 151–153.

20 So bleibt z. B. völlig im Dunkeln, weshalb Crisostomus' Mutter und Bischof Frankhart die Zwillinge, die Crisostomus' Frau bereits ein Jahr nach der Hochzeit zur Welt bringt, töten wollen. Möglich sind hier ein ausgelassenes Ehebruchsmotiv oder die nicht völlig geglückte Umwandlung eines Motivs des Kindsmordes; vgl. Erik Kooper: Multiple Births and Multiple Disaster: Twins in Medieval Literature. In: Keith Busby, Norris J. Lacy (Hg.): Conjunctures. Medieval Studies in Jonor of Douglas Kelly. Amsterdam, Atlanta 1994, S. 253–269; spez. S. 256f.

21 Seelmann (Anm. 2), S. XX.

22 Vgl. Wolfgang Stammler: Die deutsche Hanse und die deutsche Literatur. In: Ders.: Kleine Schriften zur Literaturgeschichte des Mittelalters. Berlin 1953, S. 218–238; hier S. 222f. (zuerst erschienen in: Hansische Geschichtsblätter 25 [1919], S. 35–69) und ders.: Geschichte der niederdeutschen Literatur von den ältesten Zeiten bis auf die Gegenwart. Nachdruck der Ausgabe 1920. Darmstadt 1968, S. 47f. – In gewisser Weise positiv rezipiert wird dieses Bild bei H. J. Leloux: Kul-

in Brügge“[23] zu werden. Über diesen ‚Literaturkreis‘ ist jedoch wenig bekannt, Aufzeichnungen darüber, wie dieser ausgesehen haben könnte, exitieren nicht; lediglich eine kleine Anzahl von Handschriften und Texten lassen sich mit ihm – und das auch nur lose – in Verbindung bringen. So wurde gegen dieses Modell inzwischen verschiedentlich Einspruch erhoben.[24] Wernicke etwa wies auf den Alltag in den Hansestädten und -kontoren hin, wozu gerade dieses Bild nicht recht passen will.[25]

Aus sprachhistorischer Sicht hat Geeraedts sich für eine Kölner und damit md. Zwischenstufe entschieden,[26] wohingegen Langbroek und Roeleveld aufgrund erneuter Reimuntersuchungen für eine ostmittelniederländische Vorlage plädieren.[27] Bei genauerem Hinsehen zeigt sich, dass die Verbindungen kaufmännischer und kultureller Art in den Ländern zwischen Brügge und Dortmund außerordentlich vielfältig waren, so dass „ohne sprachliche Anpassungsnot Literatur ausgetauscht werden konnte“[28] und einem weiteren Transfer in Richtung Osten bis nach Livland nichts im Wege stand.[29] Dieser „Literaturtransfer“ scheint sich in einer Reihe von Handschriften zu dokumentieren, zu denen auch jene beiden gehören, die den mnd. *Valentin und Namelos* überliefern.

Zu den merkwürdigen Tatsachen der mnd. Literaturgeschichte gehört, dass es eine große Zahl geistlicher Sammelhandschriften gibt, wohingegen die weltliche poetische Literatur nur in einer kleinen Reihe von Sammelhandschriften überliefert ist.

---

turelles, insbesondere literarisches Interesse der Brügger Osterlinge und niederdeutsche Literatur. In: Jahrbuch des Vereins für niederdeutsche Sprachforschung 96 (1973), S. 18–33.

23 So H. Teske: Der niederdeutsche Literaturkreis in Brügge im Mittelalter. In: Quickborn 32 (1938/39), S. 86–88; vorsichtiger Beckers in ²VL 10 (1999), Sp. 158: „sog. hansischer Literaturkreis in Brügge“.

24 Skepsis äußerte bereits Carl Schröder in seiner Rezension von Seelmanns Ausgabe (Anm. 2) in: Anzeiger für deutsches Altertum und deutsche Literatur 11 (1885), S. 116–122, hier S. 120f.

25 Horst Wernicke: Literarische Rezeptionsbedingungen im Hanseraum aus historischer Sicht. In: Rolf Bräuer (Hg.): Die deutsche Literatur des Mittelalters im europäischen Kontext. Tagung Greifswald, 11.–15. September 1995. Göppingen 1998, S. 135–147; vgl. auch Loek Geeraedts: Literarische Beziehungen zur Zeit der Hanse. Zur Entmythologisierung einer Stammlerschen These. In: P. Sture Ureland (Hg.): Sprachkontakt in der Hanse. Aspekte des Sprachausgleichs im Ostsee- und Nordseeraum. Akten des 7. Internationalen Symposions über Sprachkontakt in Europa. Lübeck 1986. Tübingen 1987, S. 108–121.

26 Geeraedts: Beziehungen (Anm. 25).

27 Langbroek, Roeleveld: Wie reimen sich die Nachbarn? Dies.: Valentin bekommt einen Gefährten (Anm. 4). – Ebenfalls gegen eine Kölner Zwischenstufe Beckers in ²VL 10 (1999), Sp. 157.

28 Zellmann (Anm. 5), S. 148. – Dass dieser Raum literarisch durchaus fruchtbar war und sich hier mancherlei Interdependenzen zeigen, beweist eindrücklich der Band von Helmut Tervooren unter Mitarbeit von Carola Kirschner und Johannes Spicker: Van der Masen tot op den Rijn. Ein Handbuch zur Geschichte der mittelalterlichen Literatur im Raum von Rhein und Maas. Berlin 2006.

29 Vgl. dazu die sogenannte „Livländische Sammlung“ (Staatsbibliothek zu Berlin – Preußischer Kulturbesitz, Ms. germ. oct. 186), wo es Bl. 20v heißt: „scriptum in liuonia per manus iohannis 1431“; zitiert nach K. Schmidt: Zu niederdeutschen Gedichten der Livländischen Sammlung. Elberfeld 1901, S. 3; vgl. die Neuedition der gesamten Handschrift durch Gudrun Sporbeck: Die ‚Livländische Sammlung‘ (Berlin, Ms. germ. 8° 186). Untersuchung und Edition, Magisterarbeit. Münster/W. 1987, S. 7, mit der korrekten Auflösung der Abkürzungen.

Unter diesen Sammelhandschriften, von denen Oesterley 1871 bereits sechs nennt,[30] hat die jüngere Forschung sieben ausgemacht, die nach Anlage und Textverteilung eine eigene Gruppe zu bilden scheinen:

1. *Berliner Sammlung*: Berlin, SBB-PK: Fragm. 2 und 3[31]
2. *Livländische Sammlung*: Berlin, SBB-PK: Ms. germ. oct.186[32]
3. *Danziger Sammlung*: Gdańsk, BGPAN: Ms. 2418[33]
4. *Hartebok*: Hamburg, SUB: in scrinio 102c[34]
5. *Stockholmer Sammlung*: Stockholm, KB: Vu 73[35]
6. *Jütische Sammlung*: Stockholm, KB: Vu 82[36]
7. *Wolfenbütteler Sammlung*: Wolfenbüttel, HAB: Helmst. 1203[37]

Bereits Geeraedts hat auf diesen Umstand hingewiesen und eine Übersicht mit den Übereinstimmungen bzw. Überschneidungen angefertigt.[38] Diesen Gedanken greifen Sporbeck und Krobisch auf[39] und vertiefen ihn. Hinzu treten einige gesonderte Untersuchungen, die die Sammlungsintentionen herauszuarbeiten versuchen, so zur *Wolfenbütteler Sammlung*,[40] der zwar „inhaltliche oder kommunikative Gemeinsamkeiten bei einigen Texten" bescheinigt werden, aber kein „konsequent verfolgtes Anordnungs- oder Auswahlprinzip".[41]

30 Hermann Osterley: Niederdeutsche Dichtung. In: Karl Goedecke: Deutsche Dichtung im Mittelalter. 2. Ausg., vermehrt um Buch XII: Niederdeutsche Dichtung. Dresden 1871 (mit eig. Seitenzählung), hier S. 2f. Er führt auf das *Hartebok*, die *Wolfenbütteler*, die *Stockholmer* und die *Jütische Sammlung* sowie eine Wiener Sammlung auf, bei der es sich um die Österreichische Nationalbibliothek, 2940* handeln muss; die Jahrezahl 1481 sowie der von Osterley mitgeteilte Inhalt stimmen überein, wenn auch Reihenfolge und Blattzählung nicht in Deckung zu bringen sind. Diese Sammlung fällt aus der Aufzählung heraus, weil sie keine epischen Texte enthält, sondern in der Hauptsache Minnereden (vgl. Tervooren [Anm. 28], S. 186).

31 Hartmut Beckers: ‚Flos und Blankeflos' und ‚Von den sechs Farben' in niederdeutsch-ostmitteldeutscher Mischsprache aus dem Weichselmündungsgebiet. In: Zeitschrift für deutsches Altertum und deutsche Literatur 109 (1980), S. 129–146.

32 Sporbeck (Anm. 29).

33 Fragment einer 1462 entstandenen Handschrift folgenden Inhalts: Das andere Land, Flos und Blankflos (Fragm.), Des Kranichhalses neun Grade, ein unbekanntes Gedicht, Der Minne Leben. Eine Edition befindet sich in Vorbereitung.

34 Het Hartebook (Anm. 3).

35 Geeraedts: Die Stockholmer Handschrift (Anm. 12).

36 Ann Thorrson Johansson: Die Børglumer Handschrift Vu 82. Eine kritische Ausgabe. Phil. Diss. Tarragona 1997.

37 Volker Krobisch: Die Wolfenbütteler Sammlung (Cod. Guelf. 1203). Untersuchung und Edition. Köln, Weimar, Wien 1997 (Niederdeutsche Studien 42).

38 Geeraedts: Die Stockholmer Handschrift (Anm. 12), S. 4f. und Geeraedts: Beziehungen (Anm. 25), S. 118f. – Vgl. auch die Übersicht bei Ralf G. Päsler: Zwischen Deutschem Orden und Hanse. Zu den Anfängen literarischen Lebens im spätmittelalterlichen Preußenland. In: Jens Stüben (Hg.): Ostpreußen – Westpreußen – Danzig. Eine historische Literaturlandschaft. München 2007 (Schriften des Bundesinstituts für Kultur und Geschichte der Deutschen im östlichen Europa 30), S. 155–173; hier S. 172f.

39 Sporbeck (Anm. 29), S. 4f. und Krobisch (Anm. 37), S. 148.

40 Krobisch (Anm. 37), S. 148–154.

41 Ebd., S. 154. – Insgesamt sind Krobischs Überlegungen zu den Anordnungsprinzipien der Wolfen-

III.

Die bisherigen Überlegungen zur Textzusammenstellung von Krobisch und Langbroek gehen zu sehr von einem rezenten Textverständnis aus. Sie interpretieren die Texte hinsichtlich spezifischer Aussageintentionen, um diese miteinander zu vergleichen und daraus wiederum einen bestimmten Kompositionswillen abzuleiten. Ein solches Vorgehen stößt schnell an seine Grenzen, da mögliche Verbindungslinien, die außerhalb der jeweiligen Einzelinterpretation liegen, gar nicht erst ins Blickfeld geraten. Mit anderen Worten: die Einzeltexte erfahren zwar eine eingehende Beschäftigung, das *Buch* als Einheit – auch und gerade als *Texteinheit* – ist so aber nie Gegenstand der Betrachtung.

Versuchsweise sollte statt dessen von einem offeneren Verständnis ausgegangen und eine Kommunikationsabsicht angenommen werden, die vornehmlich darauf abzielt, einen Verständigungshorizont herzustellen. Innerhalb dieses Verständigungshorizonts werden Leitkonzepte für eine Gruppe her- und bereitgestellt, die deren Wert- und Normvorstellungen – sei es im Sinne einer Verfestigung bereits bestehender oder prospektiv zu antizipierender – artikulieren.[42] Doch geschieht dies nicht in definitorischer Eindeutigkeit, sondern bestenfalls exemplarisch, etwa in Form von Vorbildern bzw. Vorbildhaftem, denen oder dem nachgelebt werden kann. „Die so genannte höfische Literatur entwirft nämlich keineswegs ein fest umrissenes Programm courtoisen Verhaltens im Sinne einer spezifischen Laienethik, sondern differenzierte und z. T. auch divergierende Handlungscodes".[43] Die höfische oder höfisierende Literatur formuliert so Normen, ohne sie direkt ansprechen zu müssen. Im Zusammenhang einer Sammelhandschrift mit Texten aus divergierenden Gattungen kann das Normenspektrum dann deutlich erweitert werden; es besteht zudem die Möglichkeit, ansonsten Getrenntes nebeneinanderzustellen und auf diese Weise eine Verbindung herzustellen, ohne auch hier sich durch definitorische Eindeutigkeit einzwängen zu müssen.[44]

Welcher Verständigungshorizont ergibt sich aus der Zusammenstellung der *Stockholmer Sammlung* und des *Harteboks*? Und was will dagegen die Breslauer Handschrift?

---

bütteler Handschrift von einer gewissen Ratlosigkeit geprägt; auch die Einführung einer „Textsorte‘ Sammelhandschrift" (S. 152) scheint eher eine Verlegenheitslösung.

42 Vgl. Horst Wenzel: Höfische Geschichte. Literarische Traditionen und Gegenwartsdeutung in den volkssprachlichen Chroniken des hohen und späten Mittelalters. Bern, Frankfurt/M., Las Vegas 1980 (Europäische Hochschulschriften I, 284), spez. S. 17–23, der ein ähnliches Modell entwirft, jedoch an der Textsorte Chronik.

43 Timo Reuvekamp-Felber: Höfische Dichtung. In: Werner Paravicini (Hg.), Jan Hirschbiegel, Jörn Wettlaufer (Bearb.): Höfe und Residenzen im spätmittelalterlichen Reich. Hof und Schrift. Ostfildern 2007, S. 115–127; hier S. 115.

44 Ein solches Konzept der Regelbildung, das noch stark oral geprägten Denkmustern verpflichtet ist, bleibt deutlich offener und flexibler; es besitzt so eher die Möglichkeit der Integration von Andersartigem und Neuem, ist also auch für eine gewisse Fluktuation der Mitglieder einer Gemeinschaft offen.

Zur Beantwortung dieser Frage werden zuerst die Texte der beiden ersten Handschriften aufgelistet und mit einem Index versehen, der schlagwortartig die inhaltliche Ausrichtung eines jeden Textes der Handschriften anzeigt:[45]

Hamburg, SUB: in scrin. 102c (Hartebok)	**Index**	**Stockholm, KB: Vu 73 (Stockholmer Sammlung)**	**Index**
1) Bl. 1r–4v: ‚Von der Geburt Christi'	religiös-erbaulich	A) Bl. 1r–33r: ‚Valentin und Namelos'	höfisierend
2) Bl. 4v–10r: ‚Marien Himmelfahrt'	religiös-erbaulich	B) Bl. 33r–47r: ‚Der verlorene Sohn'	religiös-legendarisch mit ritterlich-höfischen Einschlägen
3) Bl. 11r–23v: ‚Von dem Holz des heiligen Kreuzes'	religiös-erbaulich	C) Bl. 47r–67r: ‚Flos unde Blankeflos'	höfisierend
4) Bl. 24r–27r: ‚Krautgartengedicht'	religiös-allegorisch	D) Bl. 67r–83r: ‚Stockholmer Theophilus-Spiel'	religiös-didaktisch
5) Bl. 27v–29v: ‚Des Kranichhalses neun Grade'	Minnerede	E) Bl. 83v: ‚Buhlschaft auf dem Baume B'	„Grenzbereich zwischen Märe und geistlicher Erzählung"[46]
6) Bl. 29v–31v: ‚Lob der Frauen'	Minnerede	F) Bl. 84r–95v: ‚Der Dieb von Brügge'	Märe mit höfischen Anklängen
7) Bl. 31v–32v: ‚Rosenkranz ULF'	religiös-praktisch	G) Bl. 95v–97v: ‚Die Frau des Seekaufmanns'	Märe (Fragment)
8) Bl. 33r–75v: ‚Valentin und Namelos'	höfisierend	Nachtrag:	
9) Bl. 76r–80v: ‚Die drei Lebenden und die drei Toten' (dt. Reimfassung IV)	religiös-erbaulich	Bl. 98r: Ausgabenverzeichnis	unberücksichtigt
10) Bl. 81v: ‚Ablassgebet', Papst Sixtus IV. zugeschrieben	religiös-praktisch		

Die Zusammenstellung zeigt zunächst, dass es sich um rein literarische Sammelhandschriften handelt, denen der für ein ‚Hausbuch' typische Anteil an Sachliteratur fehlt;[47] allein deshalb ist die Anwendung dieses Terminus auf das *Hartebok* alles andere als glücklich zu nennen.

45 Zu den Inhalten der einzelnen Texte und der hier daraus abgeleiteten Indexierung vgl. zur ersten Orientierung die Editionen sowie die jeweiligen Artikel in ²VL.

46 Jürgen Meier in ²VL 1 (1978), Sp. 1113.

47 Vgl. Anm. 9.

Beiden Handschriften gemeinsam ist ein Schwerpunkt mit höfischer Ausrichtung,[48] verbunden mit einer religiösen Komponente.[49] Interessant ist der hohe Anteil von Mären in der *Stockholmer Sammlung*, die inhaltlich jedoch Verbindungen zu entweder geistlicher bzw. höfischer Stoffwelt aufweisen, während das *Hartebok* einige geistliche Texte aufgenommen hat. Als Schnittpunkt beider Sammlungen gilt eine Ausrichtung an höfischen Stoffen, jedoch mit einer gewissen Reduktion: Am *Valentin und Namelos*, dem je umfangreichsten Text beider Sammlungen, zeigt sich dies besonders deutlich, da hier die höfischen Beschreibungsanteile im Vergleich zur Vorlage deutlich zurückgenommen wurden (siehe oben). Dennoch bleibt die Orientierung auf den Hof bestehen und verbindlich, was durch die beigegebenen Texte unterstützt wird. Speziell das *Hartebok* verstärkt durch die Aufnahme zweier Minnereden diese Ausrichtung, während die *Stockholmer Sammlung* einen zweiten Roman der Gattung aufgenommen hat wie *Valentin und Namelos*, nämlich *Flos unde Blankeflos*. Deutlicher als die *Stockholmer Sammlung* zeigt das *Hartebok* die Verbindung mit geistlicher Thematik.

Da bislang davon ausgegangen wird, dass diese Handschriften für ein stadtbürgerliches Publikum angefertigt wurden, das im Patriziat zu suchen ist, also im Bereich der Hanse besonders stark auf die Fernhandelskaufleute gerichtet erscheint, dürfte also das sich darin ausdrückende Selbstbild auf sie anzuwenden sein.[50] Dieses Selbstbild wird gespeist von einem im christlichen Glauben wurzelnden Bildungs- und Verhaltenskanon, dessen weltliche Orientierungsmarken der Hof und dessen Umgangsformen (nicht nur die Formen der ‚Höflichkeit' und der ‚höfischen Minne', sondern auch die der Machtausübung) bilden. Wie dies in die Lebenspraxis umgesetzt oder wenigstens hineingenommen wurde, hängt von vielen durchaus unterschiedlichen Faktoren ab, die heute zumeist nur näherungsweise rekonstruiert werden können. Auch wenn viele Fragen (noch) offen bleiben müssen, sei versucht, diese Anbindung und den möglichen Verständigungshorizont zu umreißen.[51]

---

48 Texte 5, 6, 8 und A, C sowie mit Einschränkungen B. – Zahlen und Buchstaben für die einzelnen Handschriften nach der obigen Tabelle.

49 Texte 1, 2, 3, 7, 9, 10 und B, D, sowie mit Einschränkung F.

50 Unterstützt wird diese Annahme durch die Verbreitungswege, die die in diesen Handschriften versammelten Texte aufzuweisen haben (s. o.).

51 Im vorliegenden Fall vgl. die – noch keineswegs endgültigen – Überlegungen bei Zellmann (Anm. 5), S. 165f. Bezogen auf die Livländische Sammlung konstatiert Ann Marie Rasmussen: Masculinity and the Minnerede: Berlin, Staatsbibliothek Preußischer Kulturbesitz, Ms. germ. oct. 186 (Livonia, 1431). In: Ludger Lieb, Otto Neudeck (Hg.): Triviale Minne? Konventionalität und Trivialisierung in spätmittelalterlichen Minnereden. Berlin, New York 2006 (Quellen und Forschungen zur Literatur- und Kulturgeschichte 40 [274]), S. 119–138, dass die „Minnereden suggest that late medieval, northern European chivalric youth culture included a cultural model for the knowledge of emotions" (S. 137). Dieses wäre jedoch in Rückbindung an die anderen Texte der Handschrift und möglichst auch an die o. g. Vergleichshandschriften zu hinterfragen.

IV.

Jüngere Untersuchungen, die sich dem *Valentin und Namelos* zugewandt haben, arbeiten besonders die Darstellung der Gewalt heraus.[52] Diese ist insofern auffällig, weil an dem getrennten Zwillingspaar unterschiedliche Sozialisationswege durchgespielt werden. Der eine, Valentin, wächst am Hof auf und lernt von Kindesbeinen an, seine ihm von Natur gegebene Kraft beherrscht und zielgerichtet einzusetzen. Der später von ihm in der Wildnis gefundene und erzogene Namelos lernt dies erst während eines nachgeholten Sozialisationsprozesses. In der Tat sind eine Reihe von Szenen dieses Handlungsabschnitts auffällig,[53] insbesondere diejenige, in der Valentin den soeben gefangenen Namelos mit einem schnell abgebrochenen Ast züchtigt;[54] die spezielle Wirkung dieser Züchtigung wird später verdeutlicht, indem Valentin nur eine Rute erheben muss (V. 1201–1204):[55] „Das Zwillingsmotiv arbeitet mit den Differenzqualitäten des wilden und des gezähmten Körpers als Komplementärgrößen",[56] an denen deutlich gemacht werden soll, dass die von Natur aus mitgegebene Gewaltfähigkeit des Menschen in die Zivilisation mit eingebracht und bei entsprechend bewusstem Einsatz zielgerichtet verwendet werden kann. Diese Zielgerichtetheit führt zu einer angemessen dosierten Gewaltausübung und mündet letzthin in einer effektiven Affektkontrolle. Zellmann sieht hier eine Verbindung zwischen der Lebenswelt der Hansekaufleute, die durch Konkurrenz und Rivalität geprägt sowie – das wäre zu ergänzen – von Raub und Piraterie bedroht ist, und der im *Valentin und Namelos* dargestellten Gewalt und deren Regulierung. Die „Geschichte von der doppelten Gewalt" erscheint somit als „eine willkommene Projektionsfläche" für die Phantasien der mit großen Risiken umgehenden hansischen Fernhandeltreibenden.[57]

Diese Analyse Zellmanns kann somit durchaus als eine Präzisierung der oben angestellten Überlegungen angesehen werden; und ihrer Forderung, die Texte der jeweiligen Handschriften zusammen zu lesen, „um diese in ihrem Verhältnis untereinander sowie in ihrem historischen Kontext von kaufmännischer Stadtkultur im Norden Europas verstehen zu lernen",[58] kann nur zugestimmt werden. Doch erhält der *Valentin und Namelos* seine Ausrichtung auf ein stadtbürgerliches Publikum hier – und darauf sei nachdrücklich hingewiesen – durch seinen Überlieferungszusammenhang.

Dass sich der *Valentin und Namelos* auch anders lesen lässt, belegt die Aufnahme dieses Stoffes, bei gleichzeitiger Umwandlung von einem mnd. Versepos in einen

---

52 So Zellmann (Anm. 5) und Kohlmeier (Anm. 5).

53 Sie sind herausgearbeitet und zusammengestellt bei Zellmann (Anm. 5), S. 157–164. Vgl. auch Kohlmeier (Anm. 5), S. 223–229; Kohlmeier argumentiert, anders als der Titel seiner Arbeit erwarten lässt, hier häufiger an der Versfassung als am Prosaroman (dass dies allerdings ohne größere Probleme möglich ist, dazu vgl. weiter unten).

54 Seelmann (Anm. 2), S. 30, V. 1128–1135. Im Folgenden wird nach dieser Ausgabe zitiert.

55 Zu diesen Szenen vgl. Zellmann (Anm. 5), S. 161–164.

56 Ebd., S. 164.

57 Ebd., S. 165f.; Zitate ebd.

58 Ebd., S. 166.

md. Prosa(kurz)roman, in eine weitere Sammelhandschrift, deren inhaltliche Ausrichtung eine gänzlich andere ist. Diese Prosaversion war einzig überliefert in der heute verschollenen Handschrift R 304 der Breslauer Stadtbibliothek.[59] Die Handschrift bestand aus zwei später zusammengebundenen Teilen A und B folgenden Inhalts:

Teil A:
Bl. 1r–12v: *Die Königin von Frankreich, Cronica*[60]
Bl. 12v–38v: *Valentin und Namelos* (Prosafassung)
Bl. 38v–62r: *Apollonius von Tyrland*[61]
Bl. 62r–98v: Heinrich von Mügeln: *Ungarnchronik*[62]
Bl. 99: leer

Teil B:[63]
Bl. 100r–159r: *Buch von Troja* nach Guido de Columnis (anonyme Übersetzung VI)[64]
Bl. 159v: leer
Bl. 160r–306v: Pribík Pulkava von Radenín: *Chronica Bohemorum*, deutsch.

---

59 Die einzigen ausführlichen Beschreibungen der Handschrift finden sich im Handschriftenarchiv der Berlin-Brandenburgischen Akademie der Wissenschaften (http://bbaw.de/forschung/dtm/HSA/breslau 700298010000.html) von Schoppe vom 20. Juni 1928 (insg. 6 Bll.) sowie bei Helmut Ludwig: Heinrichs von Mügeln Ungarnchronik. Vorarbeiten zu einer kritischen Ausgabe. Phil. Diss. Berlin 1938, S. 62–68. Eine neuere Beschreibung der Handschrift mit weiterer Literatur wurde für den Handschriftencensus (www.handschriftencensus.de) erstellt: http://cgi-host.uni-marburg.de/~mrep/beschreibung.php?id=6344.

60 Sibylle Jeffries in ²VL 11 (2004), Sp. 869f. Ediert ist der Text bei Walter Süssmann: Eine schlesische Fassung der Erzählung ‚Die Königin von Frankreich und der ungetreue Marschall'. In: Beiträge zur Geschichte der deutschen Sprache und Literatur 64 (1940), S. 244–263. – Vgl. Friedrich Heinrich von der Hagen, Johann Gustav Büsching: Literarischer Grundriß zur Geschichte der Deutschen Poesie von den ältesten Zeiten bis in das sechzehnte Jahrhundert. Berlin 1812, S. 163 und S. 207, wo die Bearbeitung des *Apollonius von Tyrland* Heinrich von Neustadt zugeschrieben wird; eine ebenfalls unzutreffende Autorzuschreibung bei Joachim Knape: ‚Historie' in Mittelalter und früher Neuzeit. Begriffs- und gattungsgeschichtliche Untersuchungen im interdisziplinären Kontext. Baden-Baden 1984, S.280.

61 Es handelt sich um eine bislang nicht identifizierte Prosafassung. Eine Anmerkung zur Beschreibung von Schoppe im HSA (Anm. 60) weist – wohl als Vorlage(ntext) – auf Aschaffenburg, Hofbibl., Ms. 33, Bl. 110r–123v (vgl. hierzu Historia Apollonii regis Tyri. Ed. Gareth Schmeling. Leipzig 1988; die Aschaffenburger Hs. dort unter As benutzt). Schoppe schreibt, dass die hier vorliegende Version von denjenigen Versionen stark abweicht, die sich in Griseldis. Apollonius von Tyrus. Aus den Handschriften hg. v. Carl Schröder. Leipzig 1873, finden. – Ein Auszug findet sich bei [S. B. Klose]: [Bericht über] Schummels Uebersetzer Bibliothek. Wittenberg 1774. In: Neue literarische Unterhaltungen 1 (1774), S. 660–692; hier S. 665–668.

62 Chronicon Henrici de Mügeln Germanice conscriptum. Ed. Eugenius Travnik. In: Scriptores rerum Hungaricarum tempore ducum regumque stirpis Arpadianae gestarum [...]. Edendo operi prefuit Emericus Szentpétry. Vol. II. Budapest 1938, S. 105–223.

63 Da dieser Teil nicht zum ursprünglichen Bestand der Handschrift (zu dieser äußern sich alle Beschreibungen der Handschrift Seelmanns [Anm. 2] bis Schoppe [Anm. 60]) und somit auch nicht zur ursprünglichen Konzeption gehört, wird er hier nur der Vollständigkeit halber aufgeführt, bleibt aber im Folgenden unberücksichtigt.

64 Vgl. Karin Schneider in ²VL 1 (1978), Sp. 1101–1104; hier Sp. 1103.

Diese „erste uns bekannte Prosaauflösung eines deutschen Prosaromans“[65] weicht inhaltlich vom mnd. Versroman nicht allzu sehr ab.[66] Die auffallendsten Änderungen finden sich am Anfang und am Schluss (siehe unten). Einige kleinere Stücke, die in der mnd. Fassung isoliert stehen, fehlen oder sind verschoben, um einen flüssigeren Handlungsablauf zu erzeugen. Insbesondere am Schluss finden sich in der Prosaversion einige Erweiterungen.[67] Hinsichtlich der Gewaltdarstellung und deren Lösung konstatiert Zellmann deutliche Unterschiede: So wird Namelos nicht als komplementäre Hälfte zu Valentin verstanden, sondern „Namelos bleibt die dressierte Figur, die er schon beim Auszug aus dem Wald war“.[68] Doch ganz so einfach löst sich das Problem nicht; zwar wird das Thema der doppelten Gewalt in der Prosaversion etwas anders behandelt, aber weder banalisiert noch aufgegeben. Namelos wird schließlich von einem Tier zu einem Menschen und damit seinem Bruder gleichgestellt[69] – er bleibt eben nicht die „dressierte Figur“ (s.o.). Das Gewaltproblem wird in dieser Version also anders behandelt, aber, wie die Interpretationen von Zellmann und Kohlmeier nahelegen, nicht grundsätzlich. Dennoch zeigt sich an der leichten Verschiebung eine mögliche andere Auffassung; wenn dem so wäre, stellte sich die Frage nach dem zeitgenössischen Verständnis des Textes neu.

V.

Die Prosaversion gibt ihr anders ausgerichtetes Textverständnis bereits in der Überschrift kund: „Von eynem konige von Hungern vnd von eynis konigis swester von Frankreich vnde von iren kindern, von den do groß wundir geschach“[70] heißt es dort. Und mit dem Hinweis auf die großen „wundir“ wird auf den Unterhaltungswert gesondert hingewiesen. Somit liegt die Aussage der Prosaversion nicht in der

65 Ludwig Wolff in ¹VL 4 (1953), Sp. 676.

66 Im Überblick vgl. Dieperink (Anm. 4), S. 5–19; vgl. insbesondere dessen Einteilung in 25 Episoden (ebd. S. 5–11).

67 Die wichtigsten sind gegenübergestellt bei Dieperink (Anm. 4), S. 10f.

68 Zellmann (Anm. 5), S. 163 Anm. 79; dort auch die Belegstellen.

69 Nachdem Valentin und Namelos das Geheimnis ihrer Herkunft gelöst haben, fahren sie an den französischen Hof. Da „wundirte“ sich die Tochter des (zu diesem Zeitpunkt bereits verstorbenen) Königs von Frankreich, hier Phyla (Clarina im Versroman), „gar sere, das her nw so menschlichin wer wurdin“ (Seelmann [Anm. 2], S. 102). Vgl. Kohlmeier (Anm. 5), S. 229. Im Grunde läuft Kohlmeiers Interpretation der md. Version auf denselben Befund hinaus wie der Zellmanns für die mnd. Version.

70 Seelmann (Anm. 2), S. 74. – Ähnlich die Überschriften zu den Texten vor und hinter *Valentin und Namelos*: „Das ist eyne cronica von eynem herczogin von osterreich vnd von seynir swester vnd von eyme konige von frankreich / wy is den erging“ (nach Süssmann [Anm. 61], S. 244); und der Apollonius beginnt folgendermaßen: „Das ist dy Chronica von appolonio dem konige von Tyria vnd von sydonis dy sich also / an hebit als hir noch geschribin ist“ (nach Schoppe [Anm. 60], Bl. 2a). Die Ungarische Chronik hat folgende Überschrift in der Breslauer Handschrift: „Hy hebit sich an dy Vngerissche Cronica do mogit ir horen von wanne dy vngern komen seyn vnd was wundirs vnde manheit sy begangin habin vnd was en ouch wedirfaren ist vnd hebit also an“ (Chronicon Henrici de Mügeln [Anm. 63], S. 105 Anm. *).

Reflexion gesellschaftlicher Verhältnisse, sondern in ihrem Wert als Ergänzung zur Vorgeschichte Ungarns. Schon der Anfang ist dahingehend geändert, dass nicht zuerst das französische, sondern das (vor)ungarische Königshaus beschrieben wird:

> In Hungirn was eyn konig gesessin vor aldin joren, ehe denne dy Hungirn yn das land quomen, der konig was genant Crisostomus vnd was gar eyn togundsamer man, clug vnd weyse vnd worhafftig.[71]

Erst dann wird der französische König eingeführt. Aber es wird nicht bloß der „Pippink" des Versromans vorgestellt, sondern der Prosatext unterscheidet genau zwischen jenem Pippin, der Vater Karls des Großen, und jenem, der Karls Großvater war. Von letzterem ist in der Folge die Rede. Diese Einführung also gibt das Textverständnis vor: Es handelt sich jetzt nicht mehr um einen literarischen Text, sondern um eine Beschreibung der ungarischen Vorzeit. Mit diesem anderen Anfang korrespondiert ein ebenfalls verändertes Ende, indem nicht Valentin die Nachfolge König Pyppyns und Namelos die Nachfolge Crisostomus' antritt, sondern der Ritter Blandemer, der Pyppyns Tochter heiratet, wird König von Frankreich, und Crisostomus bleibt König von Pannonien/Ungarn. Die Zwillinge treten die Herrschaft jeweils in den Herkunftsländern ihrer Ehefrauen an. Erst dann stirbt Crisostomus; dessen Nachfolge tritt in der Prosaversion Valentin, nicht Namelos, an.

Diese Änderungen der Prosaversion von *Valentin und Namelos* müssen also in engem Zusammenhang mit der *Ungarischen Chronik* gesehen werden. Sehr wahrscheinlich ist die Apollonius-Bearbeitung aus demselben Grund in die Sammlung aufgenommen,[72] da die Ungarn nach der Mügelnschen Chronik von Süden, aus dem Vorderen Orient, eingewandert waren:

> Do nu dy zungen also verstort waren, alz vor gesagt ist, do zoh her Nemprot der rysz, herre Chana sun, yn ein lant, dasz hyesz Eynlot und heysset nu Persiden. Und het do mit seiner hawsfawen ouch zwen sün: der ein hiesz hunor, der ander Magor, von den die Hewnen komen.[73]

Die Breslauer Handschrift komponiert aus den vier Texten des ursprünglichen Teils A eine weitgespannte Historie der Ungarn: Der eigentlichen Geschichte der Ungarn, der Mügelnschen Chronik, werden drei Stücke vorangestellt, die die Vorgeschichte erweitern und mit der *Königin von Frankreich* sogar etwas wie einen panegyrischen Eingang wählen, der jedoch nicht auf einen Ungarnherrscher, sondern auf

---

71 Seelmann (Anm. 2), S. 74. – Im Weiteren ist in der Prosaversion dann von Pannonien und nicht von Ungarn (wie im Versroman) die Rede.

72 Ähnliches gilt für die Prosafassung der Königin von Frankreich, die ebenfalls ganz im Stile einer Chronik aufgemacht ist. Schon Süssmann (Anm. 61), S. 262, weist auf mögliche historische Verbindungen hin; so wurde der Herzog Leopold von Österreich „in eine ganz besondere Stellung gerückt", um so mit dem Text einen „sagenumwobenen Ahnherrn" Rudolfs IV. von Österreich, für den die Ungarische Chronik verfasst worden war, zu preisen. Weitere Überlegungen und Hinweise bei Jeffries (Anm. 61), Sp. 869.

73 Chronicon Henrici de Mügeln (Anm. 63), S. 107f.; der Text der Breslauer Handschrift wurde nach dem Apparat der Edition wiederhergestellt.

den Adressaten der Ungarnchronik, Herzog Rudolf IV. (Regierungszeit 1358–1365), zielt.[74]

Nun ist die heute verschollene Breslauer Handschrift ausweislich ihres Kolophons 1465 von dem in Waldau bei Liegnitz tätigen Pfarrer Johannes Clemens geschrieben worden,[75] und es dürfte wenig wahrscheinlich sein, dass er als Schreiber (und Kompilator?) oder sein Auftraggeber einem bereits verstorbenen Herzog huldigen wollte. Vielmehr dürfte sich ein Anknüpfungspunkt für die Erstellung der Handschrift in der damaligen, politisch instabilen Situation des Landes finden: Schlesien war zum Spielball machtpolitischer Interessen geworden. Erst unter Georg von Podiebrad trat eine gewisse Beruhigung ein, doch blieben Widerstände bestehen, die schließlich auch zu seinem Sturz führten. 1469 wurde der ungarische König Matthias Corvinus zum böhmischen König und damit auch zum Herrscher über Schlesien ausgerufen. Möglicherweise handelte es sich bei der Breslauer Handschrift um eine Art Werbeschrift für den ungarischen König.[76]

VI.

Sieht man den *Valentin und Namelos* im Kontext der jeweiligen Handschriften, führt dies zu einer stärker historisierten Betrachtungsweise, was nicht ohne Einfluss auf die Interpretation bleibt. Wie dies Zellmann richtig sieht, müssen dann die einzelnen Teile, sprich Texte, der Handschrift in ein Gespräch gebracht,[77] also prozesshaft aufeinander bezogen werden. Hinzuzunehmen sind auch außerliterarische Daten wie Autor- und/oder Schreibernennungen, Entstehungszeit und -ort und ähnliches, sofern sie sich ermitteln lassen, um eine Anbindung an historische Situationen zu ermöglichen. Dass sich daraus vielerlei Probleme ergeben, sollte in die Reflexion mit einfließen, so auch, dass die literarischen Handschriften oft Teil der zur Rekonstruktion eines historischen Kontextes zugrundeliegenden Materialien sind. Der daraus entstehende Gewinn, das dürften die Überlegungen gezeigt haben, ist ein Einblick in „literarische Szenen“, aus denen dann kultur- und speziell literarhistorische Regionen (re)konstruiert werden können.

---

74 Er ist der Adressat der deutschen Version, vgl. Chronicon Henrici de Mügeln (Anm. 63), S. 105.

75 Die Schreibernennung erfolgt in der Handschrift auf Bl. 98v, hier zitiert nach Ludwig (Anm. 60), S. 65: hoc opus completum est in Waldaw per Johannen Clementis filius pistoris in vigilia penthecosten hora decima Anno domini MCCCCLXV. Die Angaben zu Johannes Clemens bei Süssmann (Anm. 61), S. 260.

76 Hier könnten eingehendere Studien zur historischen Situation und zum Umfeld des Schreibers möglicherweise weitere Fortschritte bringen.

77 Zellmann (Anm. 5), S. 166.

Klaus Garber

Von europäischer poeterey
Sprachen- und Literatur-Politik im Europa der Frühen Neuzeit

Aktueller Einstieg

Es ist noch nicht lange her, da machten die baden-württembergische Landesregierung und insbesondere ihr Ministerpräsident von sich reden. Es ging um die Befriedigung von Ansprüchen des Markgräflichen Hauses Baden. Die CDU-geführte Regierung unter Ministerpräsident Oettinger glaubte ihnen nur durch Verkauf mittelalterlicher Handschriften begegnen zu können, die zu dem Kostbarsten zählten, was auf deutschem Boden nach dem Verkauf der Kölner Sammlung Ludwig verblieben war. Der Sachverhalt ist allseits bekannt. Auch, dass die Empörung weltweit anschwoll und die Regierung schließlich zum Rückzug oder doch zum Teilrückzug nötigte. Fachleute aus Freiburg waren nicht unwesentlich an der Aufdeckung von Fakten beteiligt, über die im ministerialen Apparat offensichtlich keine Kenntnis bestand. Der Verlust an Ansehen, den Deutschland als Kulturstaat insbesondere im Ausland hinnehmen musste, ist schwerlich zu überschätzen, aber natürlich materialiter nicht zu beziffern. Und dass er ausgerechnet von einem Bundesland bewirkt wurde, das sich seiner Verdienste um die Belange der Kultur gerne besonders rühmt, gehörte mit zu den Delikatessen am Rande.

Fast zeitgleich wurde die kulturpolitisch interessierte Öffentlichkeit durch eine ganz anders gelagerte und doch im Prinzipiellen vergleichbare Meldung alarmiert, wo nicht geschockt. Das Land Berlin unter einer rot-roten Regierung hatte der Rückgabe eines Bildes von Ernst Kirchner aus der Sammlung der Brücke an die klagenden Erben seine Zustimmung erteilt. Es kam wenig später bei Sotheby's in New York zu einem exorbitanten Preis unter den Hammer. Der seinerzeitige Verkauf, so der lückenlose Indizienbeweis, war jedoch freiwillig und rechtmäßig erfolgt, keinesfalls unter nationalsozialistischem Terror. Die Erben erhielten phantastische Summen für ein Bild, das ihnen seit mehr als sechzig Jahren nicht mehr gehörte, und der weltberühmten Berliner Sammlung war unermesslicher Schaden mit dem Verlust ihres vielleicht bedeutendsten Exponats zugefügt. Einspruch gegen den Handel zu erheben hatten der Senat und der Regierende Bürgermeister sich gescheut. Sie fürchteten antisemitischer Motive bezichtigt zu werden bzw. ihnen auf anderen Feldern Vorschub zu leisten. Eine Landesregierung war erpressbar geworden. Sie hatte sich wiederum nicht hinlänglich sachkundig gemacht. Und sie war Täter wie Opfer in einer immer noch weitgehend ungeklärten, um nicht zu sagen desaströsen Lage im Umgang mit der nationalsozialistischen Vergangenheit bis in die jüngste Gegenwart hinein.

Berichte und Forschungen 15 (2007), S. 43–65

Und ein drittes, schon letztes und wiederum fast beliebig gegriffenes Beispiel. Noch unter der rot-grünen Bundesregierung war ein Revirement der Goethe-Institute im europäischen und zumal im westeuropäischen Ausland eingeleitet worden. Verlagerungen zumal in den ostasiatischen Raum sollten vorgenommen werden und Schließungen bzw. Ausdünnungen in eingeführten Anstalten sollten die Kompensationen erbringen. Wie das zuging? In der isländischen Hauptstadt Reykjavik waren Fassungslosigkeit und Entsetzen angesichts der Schließung so allgemein, dass die Bürger des Landes eine große Spendenaktion starteten, um das geliebte Haus zu retten und nun eben weitgehend in eigene Regie zu nehmen. In Rom stand eine einzigartige über Jahrzehnte gewachsene Bibliothek. Sie flankierte die weltberühmten Bibliotheken der deutschen Forschungsinstitute vor Ort mit eben jener breitgestreuten Literatur, wie sie nur ein nicht auf Spezialisierung angelegtes Haus zu versammeln vermag. Ihr Wachstum ist seit kurzem storniert, der interessierte Leser in Rom findet die neue deutschsprachige Literatur in dem angestammten Quartier nicht mehr vor, und es ist keine Stelle in Sicht, wo Ersatz bereitstände. Vielerorts sind wie in Reykjavik oder Rom die über Jahrzehnte lebendigen Knotenpunkte länderübergreifenden und interkulturellen Austauschs zu Auskunftsbüros zurückgestutzt, besetzt von einer Halb- oder Ganztags-Sekretärin als Repräsentantin deutscher Kultur in den Hauptstädten Europas.

Nun bin ich gewiss nicht eingeladen worden, um als politischer Redner mein Gastrecht zu missbrauchen. Einleitend erinnert werden sollte aber, dass das Verhältnis von Kultur und Politik, wenn abgekürzt so gesprochen werden darf, das an einem Beispiel durch die Jahrhunderte verfolgt werden soll, eines ist, das weder an Aktualität noch an Problematik das geringste eingebüßt hat. Und dass es nötig, ja überlebenswichtig sein könnte, über seine geschichtliche Ausformung zureichend im Bilde zu sein. Und sei es nur, um Alternativen zu wissen, Spielräume zu kennen, die die Geschichte bereithielt, Modelle vor Augen zu haben, an denen anderes zu gewahren ist als bares Versagen von Seiten der Politik. Denn das freilich ist die Prämisse des im Folgenden Vorzutragenden. Über Wahrnehmung, Ansehen, Geltung eines Landes entscheiden kulturelle Faktoren, häufig geknüpft an symbolische Manifestationen, nicht nur immer noch in erheblichem Maße, sondern im medialen Zeitalter vielleicht mehr als je zuvor. Gleichzeitig aber – und nur deshalb ja die erinnerten Beispiele – tut sich ein unverkennbarer Hiat zwischen der Politik und der Kultur, den politischen Machthabern und den Anwälten der Künste und Wissenschaften, auf, der sich vor unseren Augen rapide zu vertiefen droht.

Also gebietet staatsbürgerliches Handeln zur Intervention. Der Frühneuzeitler ist hier im Raum der Wissenschaft so gefragt wie der Vertreter jeder anderen Disziplin einer jeden geschichtlichen Epoche. Seine Chance liegt womöglich darin, dass er Modelle herauszupräparieren vermag, die zum Staunen darüber Veranlassung geben könnten, wie ernst Politiker den Beitrag der Kultur in der Formation von Staat und Gesellschaft nahmen, wie bemüht und beredt Sprecher des gelehrten Standes sein mochten, wenn es darum ging, Zeugnis abzulegen von der innigen Verwobenheit beider Bereiche. Und also zu demonstrieren, dass die staatliche Sphäre unweigerlich Schaden nehmen müsse, wenn die ihr komplementär zugeordnete kulturelle versagte oder nicht pfleglicher Aufmerksamkeit überantwortet blieb. Es geht im Folgenden mit anderen Worten um die Inspektion von einigen Ausprägungen kulturpolitischer Interaktion, mittels derer wir den Aufweis einer gegenwärtigen Krisis über den Umweg der Geschichte und also als Kulturhistoriker zu parieren suchen. Sprache und Literatur und Nation werden die Fixpunkte sein, über die die Operation vor allem verlaufen soll.[1]

Einsatz mit Dante

Auf eine denkwürdige Weise ist der Einsatz der Betrachtung vorgegeben. Das ist im Raum der Geschichte selten der Fall. Und er ist es im vorliegenden auch nur deshalb, weil er sich an einen Namen knüpft, der auf eine wiederum denkwürdige Weise gewiss seiner Zeit verhaftet blieb, sie zugleich aber wenn nicht ins Zeitlose und Ungemessene, so doch in eine ferne Zukunft hinein überschritt. Als Frühneuzeitler ist man gehalten, ständig nach Italien hinüberzublicken, von wo vom 14. bis ins 16. Jahrhundert hinein alle maßgeblichen und Europa in Atem haltenden Anstöße ausgehen. Und das nicht nur in dem Sinne, dass Europa die in Italien erstmals gebahnten Pfade mehr oder weniger phasenversetzt gleichfalls betreten wird. Sondern in dem seltener bedachten und vielleicht noch aufregenderen, dass im Ursprung der neueren intellektuellen und künstlerischen Geschichte Europas Gedanken artikuliert, Formen gezeugt werden, über die so kühn Neuland erobert wird, dass Jahrhunderte zu ihrer Assimilation vonnöten sein können. Dann aber kann es nicht oder doch nicht in erster Linie darum gehen, Einflüssen und Filiationen, ikonographischen Patterns oder intertextuellen Konfigurationen nachzugehen. Gefordert ist vielmehr ein Verfahren der Konstruktion, in dem unter strikter Beobachtung der Regularien geschichtlichen, kulturhistorischen Verfahrens, über die hier gar kein weiteres Wort verlauten soll, doch zugleich der Brückenschlag über die Zeiten hinweg erfolgt. Und dies genauso, wie von den großen Theoretikern der Historie immer wieder als Ziel der Geschichtsschreibung apostrophiert und doch so schwer einzulösen. Versuchs- und probeweise also sei zu einigen dieser Maxime folgenden Lesungen und Betrachtungen eingeladen.[2]

Und wer wäre prädestinierter, die Triftigkeit dieser These im Blick auf unser Thema zu veranschaulichen als die Gestalt Dantes. Er ist nicht im Sinne der Rezeptionsgeschichte, wohl aber im Sinne dessen, was ein Denker wie Walter Benjamin un-

---

1 Die Literatur zu dem Fragenkomplex ist verarbeitet in einer Reihe von Beiträgen zum Thema ‚Das Projekt der Nationalsprache und Nationalliteratur im Europa der Frühen Neuzeit', die einen im Herbst 2008 im Fink-Verlag erscheinenden Sammelband *Literatur und Kultur im Europa der Frühen Neuzeit* eröffnen. Für nähere Informationen sei hiermit generell auf diese Publikation verwiesen.

2 Dazu jetzt mit weiterer Literatur Klaus Garber: Hoffnung im Vergangenen? Die Frühe Neuzeit und das werdende Europa. In: Walter Schmitz in Verb. m. Jürgen Joachimsthaler (Hg.): Zwischeneuropa/Mitteleuropa. Sprache und Literatur in interkulturellen Konstellationen. Akten des Gründungskongresses des Mitteleuropäischen Germanistenverbandes. Dresden 2007 (Veröffentlichungen des Mitteleuropäischen Germanistenverbandes 1), S. 43–57.

ter dem Titel der Urgeschichte umkreiste, der Ahnherr des Europa Jahrhunderte in Atem haltenden Diskurses ‚de volgari eloquentia', des Redens, Traktierens und Dichtens in der Muttersprache. Wie aber das? Eine große muttersprachliche Dichtung hat es doch lange gegeben, im Minnesang, der Heldenepik, der Artusepik und zumal in Frankreich und in Deutschland, in den lyrischen Schöpfungen der Provençalen, der Karls-, Tristan- und Gralsepik Werke von weltliterarischem Rang zeitigend. Diese Emanzipation vom Lateinischen, wie sie sich im hohen Mittelalter vollzieht, erfolgt jedoch so gut wie ohne theoretische oder programmatische Verlautbarungen. Diese setzen, von gelegentlichen Nebenstimmen abgesehen, erst mit Dante ein. Warum aber dieser Zwang zur Begründung, ja zur Deduktion einer Praxis, die doch sehr wohl auf höchstem Niveau auch schon vorher und durchaus ohne sie funktionierte? Ganz offensichtlich, weil Dante seine Argumentation zum einen über das Dichten hinaus auf die Traktatliteratur ausdehnt und also in die Zirkulationssphäre der Wissenschaften einbricht, die wie selbstverständlich allein und ausschließlich über das Lateinische reguliert wurden. Sodann aber im engeren poetologischen Sinn, weil das Dichten in der Volkssprache soeben unter einen neuen Legitimationsdruck mit der Wiederauferstehung der klassischen Studien gerät, Dichten von Rang und Anspruch sich in einem erneuerten Latein vollziehen soll, wie es die Verfechter der reformierten artes liberales und die Angehörigen der neu aus dem Boden schießenden gelehrten Zirkel im Umkreis der Universitäten wie Bologna wollen. Schließlich aber auch, weil mit dem Dichten in der Volkssprache neue kulturpolitische Ambitionen und Hoffnungen sich verknüpfen, um die es uns hier geht.[3]

Wie reizvoll also wäre es, an den entsprechenden Texten zu zeigen, wie eigenwillig und wie kühn der Denker und der Dichter Dante den philosophischen und damit immer auch den theologischen Diskurs nicht anders als den poetischen aus den Schlingen und Fängen des allmächtigen Latein befreit und seine Zeitgenossen zum beherzten Gebrauch ihrer Muttersprache ermuntert. Hier kann nur eine Einladung zur Lektüre dieser völlig singulär in der europäischen Literatur dastehenden Texte erfolgen. Und das soll geschehen, indem die Linien der Danteschen Argumentation zusammen- und zugleich in ihren futurischen Aspekten ausgezogen werden, denn

---

3 Grundlegend von deutscher Seite aus und deshalb neuerlich nachdrücklich zu exponieren: Karl Otto Apel: Die Idee der Sprache in der Tradition des Humanismus von Dante bis Vico. Bonn 1963 (Archiv für Begriffsgeschichte 8). Jetzt von deutscher Seite hervorzuheben: Jürgen Trabant: Europäisches Sprachdenken. Von Platon bis Wittgenstein. München 2006. Der Dantesche Text wird jetzt endlich in einer zweisprachigen kommentierten Ausgabe zugänglich, in der die gesamte einschlägige Literatur aufgeführt ist. Dante Alighieri: Über die Beredsamkeit in der Volkssprache. Übers. v. Francis Cheneval. M. e. Einl. v. Ruedi Imbach u. Irène Rosier-Catach u. e. Komm. v. Ruedi Imbach u. Tiziana Suarez-Nani. Lateinisch–Deutsch. Hamburg 2007 (Dante. Philosophische Werke 3). Vgl. auch die schöne zweisprachige reich kommentierte Edition: Die Gedichte aus Dantes ‚De vulgari eloquentia'. Eine Anthologie provenzalischer, französischer und italienischer Gedichte des Mittelalters. Ausgew., übers. u. eingel. v. Frank-Rutger Hausmann. München 1986 (Klassische Texte des Romanischen Mittelalters in zweisprachigen Ausgaben 27).

wir wollen ja einen Moment lang auch noch im nachdanteschen Italien verweilen und sodann so rasch wie möglich herüberwechseln nach Deutschland.[4]

In dem Traktat mit dem schönen an Platon erinnernden Titel ‚de convivio', das Gastmahl, hat Dante eine schwierige Güterabwägung vorzunehmen und sodann eine Entscheidung zu treffen und zu begründen. Es geht um die Frage der zu wählenden Sprache für die Behandlung von Gegenständen, die im weitesten Sinn in die Zuständigkeit der Philosophie fallen, eigentlich aber alle auf Sprache beruhenden Äußerungen betreffen unter Ausschluss allein der nichtsprachlichen Zeichensysteme. Schon die Exposition dieser Frage ist unerhört, denn selbstverständlich ist bis dato allein das Lateinische zuständig. Dante verschließt sich den Gründen für das Lateinische nicht. Das Lateinische garantiert eine Verständigung über die Grenzen von Ländern und Nationen hinweg. Das Lateinische ist die Koine, die Gemeinsprache der internationalen Gelehrtenschaft, die sich eben durch Lateinbeherrschung definiert und konstituiert. Gerade darin aber tut sich für Dante das Problem auf. Der räumlichen Extension und der ständischen Exklusivität – das gesamte gelehrte Europa wird prinzipiell mit jeder lateinischen Schrift erreicht – steht die soziale Restriktion und Exklusion gegenüber – alle nicht lateinkundigen Schichten werden von der Teilnahme und Teilhabe an der diskursiven Zirkulation ausgeschlossen. Das aber ist unvereinbar mit dem einen Gebot, unter das Dante seine Abhandlung stellt, das der Freigiebigkeit, der recht verstandenen ‚liberalitas'. Sie gebietet, dasjenige, was man selbst an Wissen aufgenommen hat – und Dante selbst hat sich als Autodidakt gebildet – an möglichst viele weiterzugeben, das Leib und Seele speisende Brot mit anderen ohne Ansehen der Person und des Standes zu teilen. Oder um es mit Dantes unvergesslichen, von der Sprache Jesu inspirierten Worten zu sagen:

> O glücklich jene wenigen, die am Tische sitzen, wo man das Brot der Engel ißt, und wie arm sind die daran, die ihre Nahrung mit dem Viehe gemeinsam haben! Doch da jeder Mensch von Natur aus seines Nächsten Freund ist und jedweder Freund mit der Not eines geliebten Freundes Mitleid hat, so sind auch jene, die an einem so erhabenen Tische speisen, nicht ohne Mitleid gegen die Armen, die sie auf der Viehweide Gras und Eicheln essen sehen. Nun aber ist das Mitleid die Mutter der Wohltat, und so reichen auch die Weisen immer mit freigebigem Sinn den wahrhaft Armen aus ihren herrlichen Schätzen und

4 Eine solche, die Danteschen Traktate zusammenführende und in diesem Sinn integrative Lesung vor längerer Zeit vorgenommen von Klaus Garber: Dante: Lingua vulgata – Roma renovata. In: Klaus Garber (Hg.): Nation und Literatur im Europa der Frühen Neuzeit. Tübingen 1989 (Frühe Neuzeit 1), S. 11ff.; ders.: Sozietät und Geistes-Adel: Von Dante zum Jakobiner-Club. In: Klaus Garber, Heinz Wismann unter Mitwirkung von Winfried Siebers (Hg.): Europäische Sozietätsbewegung und demokratische Tradition. Die europäischen Akademien der Frühen Neuzeit zwischen Frührenaissance und Spätaufklärung. 2 Bde. Tübingen 1996 (Frühe Neuzeit 26, 27), S. 1ff. Dazu das Kapitel ‚Die Erfindung der italienischen Nation in den Schriften der Humanisten'. In: Herfried Münkler, Hans Grünberger, Katrin Mayer (Hg.): Nationenbildung. Die Nationalisierung Europas im Diskurs humanistischer Intellektueller. Italien und Deutschland. Berlin 1998 (Politische Ideen 8), S. 75ff. – Es ist immer wieder zu betonen, dass die Grundlagen dieser inzwischen hinlänglich deutlich sich abzeichnenden geschichtlichen Spezifizierung Dantes und des italienischen Frühhumanismus von Konrad Burdach entwickelt wurden. Vgl. Burdach: Rienzo und die geistige Wandlung. Berlin 1913–1928 (Vom Mittelalter zur Reformation II.1).

sind für sie eine lebendig sprudelnde Quelle, deren Wasser der natürliche Durst kühlt [...]. Nun will auch ich, da ich zwar nicht an jenem seligen Tische sitze, aber doch der Weide des gemeinen Haufens entflohen bin, zu den Füßen derer, die daran sitzen, aufheben, was ihnen zu Boden fällt. Wohl kenne ich das armselige Leben derer, die ich hinter mir zurückließ; ich fühle die Süßigkeit dessen, was ich nach und nach auflese, und von Mitleid ergriffen, doch ohne mich zu vergessen, habe ich für jene Armen etwas aufbewahrt [...]. Nunmehr will ich ihnen den Tisch bereiten und ein gemeinsames Gastmahl anrichten.[5]

Das waren im gesamten Mittelalter nie vernommene Worte. Und es waren Worte, die im Umkreis des soeben anhebenden Humanismus für Jahrhunderte nicht wieder zu hören sein werden. Sie entstammten dem Munde eines Dichters und eines Denkers, der sich in seiner epischen Dichtung wie in seinen Traktaten seine eigene Sprache und Gedankenwelt schuf und als solcher wie die Großen der Frühen Neuzeit, ein Cervantes, ein Rabelais, ein Shakespeare, ein Goethe, unassimilierbar blieb, nicht in klassizistische Bahnen gelenkt und kanonisiert zu werden vermochte wie eine Generation später auf die eine oder andere Weise Petrarca hier, Boccaccio dort. Dante war mit anderen Worten nicht kanonfähig und taugte daher nicht als Archeget – eine Rolle, auf die die Humanisten ihrerseits zwingend verwiesen waren. Wenn wir gleichwohl mit den Kennern der Renaissance – dem großen Konrad Burdach an der Spitze – gehalten sind, mit ihm einzusetzen, so eben aus Gründen der inneren Logik, nicht der faktologischen Geltung, sprich Rezeption. Dante ist der Denker wie der Dichter der Volkssprache als homo politicus. Von seinen Theoremen wie seinem poetischen Werk führt der Weg mitten hinein in den Raum der Nation. Ihn umkreist er unaufhörlich, dem politischen Ideal opfert er sein Lebensglück in der Heimatstadt Florenz, sein Werk ist untergründig von dieser visionären Hoffnung durchglüht. Das zu zeigen, wäre einer erneuerten Lesung seiner ‚Monarchia' vorbehalten, die hier nicht vorgenommen werden kann.[6] Wir verharren im Umkreis von Sprache und Literatur, Gastmahl und Dichten in der Volkssprache. Nimmt man sie

---

5 Hier zitiert nach Dante Alighieri: Das Gastmahl. Aus d. Ital. übertr. u. komm. v. Constantin Sauter. M. e. Geleitwort v. Hans Rheinfelder. München 1965 (Die Fundgrube 12), S. 12f. Jetzt mit der gesamten Literatur heranzuziehen die neue kommentierte Ausgabe: Dante Alighieri: Das Gastmahl. Erstes Buch: Übers. v. Thomas Ricklin. Eingel. u. komm. v. Francis Chevenal. Zweites Buch: Übers. u. komm. v. Thomas Ricklin. Drittes Buch: Übers. v. Thomas Ricklin. Komm. v. Francis Cheneval. Viertes Buch: Übers. v. Thomas Ricklin, eingel. u. komm. v. Ruedi Imbach in Zusammenarbeit m. Roland Béhar u. Thomas Ricklin. Hamburg 1996–2004 (Dante Alighieri: Philosophische Werke IV/1–4; Meiners Philosophische Bibliothek 466a–d).

6 Die neue zweisprachige Ausgabe der ‚Monarchia' im Meiner-Verlag liegt noch nicht vor. Leicht greifbar (mit Literatur): Dante Alighieri: Monarchia. Lateinisch/Deutsch. Studienausgabe. Einl., Übers. u. Komm. v. Ruedi Imbach u. Christoph Flüeler. Stuttgart 1989 (Reclams Universalbibliothek 8531). Zur Interpretation neben der oben angegebenen Literatur Klaus Garber: Die Friedens-Utopie im europäischen Humanismus. Versuch einer geschichtlichen Rekonstruktion. In: Modern Languages Notes 101 (1986), S. 516–552; hier S. 518ff. Französische Version in: Jacques Chomarat, André Godin, Jean-Claude Margolin (Hg.): Actes du Colloque International Erasme (Tours 1986). Genève 1990 (Traveaux d'Humanisme et Renaissance 239), S. 393–425; hier S. 394ff. Vgl. monographisch aus dem deutschen Raum etwa auch: Dirk Lüddecke: Das politische Denken Dantes. Überlegungen zur Argumentation der ‚Monarchia' Dante Alighieris. Neuwied 1999 (Politisches Denken 3).

zusammen, so zeichnet sich ab, was der Politik – schwankend und sich verheddernd zwischen universalem Ausgriff im Kaiser- wie im Papsttum und dem kleinkarierten Machtkampf der Geschlechter auf engstem Raum – zu Dantes Leidwesen versagt ist: Einheit zu antizipieren in der einen Volkssprache, die alle Italiener umgreift, in der sie sich über ihre Angelegenheiten verständigen und in deren Medium sie sich als poetisch Geadelte begreifen, sich als Angehörige einer großen, ja einer einzig dastehenden Kulturnation im Spiegel ihrer großen Dichtung schauen dürfen, für die Dante in seinen Kanzonen und auf ganz andere Weise in seiner ‚Comedia' die urbildhaften Muster schafft. Dieser Dante führt mitten hinein in den italienischen Humanismus. Das haben seine Biographen der folgenden Generation, ein Boccaccio, ein Bruni, sogleich begriffen, ging es doch um die Symbiose von Sprache, Literatur und nationaler Autarkie – dem Grundakkord des italienischen wie alsbald des europäischen Humanismus.

Petrarca als Archeget – Zusammenspiel mit Rienzo

Nicht Dante, sondern Petrarca gebührt der Ehrentitel eines Archegeten der europäischen Humanisten, und es nicht zu sehen, wo ihm dieser je streitig gemacht worden wäre.[7] Auch im Umkreis der von uns verfolgten Thematik behauptet er eine zentrale Stellung. Und das aus einem einfachen Grund. Petrarca, eine Generation nach Dante die geschichtliche Bühne betretend, ist der erste unter den neueren Dichtern Europas, der systematisch an einer Wiederbelebung des antiken und zumal des römischen Formenrepertoires arbeitet und dies selbstverständlich in der Sprache eines erneuerten Latein. Das ist eine herkulische Aufgabe, der er sich verschrieben hat, ging es doch um nichts Geringeres als die Implantation des antiken Gedankenguts in das christliche Europa. Man muss so allgemein sprechen, denn Petrarca kennt so wenig wie seine Nachfolger eine Separierung der poetischen Formen im engeren Sinn, gar eine Beschränkung auf jene Trias Lyrik, Epik und Dramatik, wie sie später im 18. Jahrhundert sich formte. Traktat, Brief, Dialog und alle Formen kolloquialen Agierens, Historiographie, mythische Genealogie etc. sind ihm gleich wichtige Formen der Äußerung. Sie sind durch die Antike verbürgt und also zu revitalisieren.

Das ist ein gänzlich anders gelagertes kulturpolitisches Szenario als bei Dante. Und doch gibt es eine Brücke. Auch Petrarca begreift sein Werk, das ihn umtreibt, als ein durch die Politik vermitteltes, weiß sich tätig in geheimer nationaler Mission. Ungezählte Bilder hat er entworfen, die den einsam allein seinem Werk Verschriebenen zeigen:

> Wo wird um Lorbeer, wo um Myrthe gestritten?
> ‚Nackt gehst du, Philosophie, und notbeladen',
> so spricht die Menge, bedacht nur auf Gewinnen.

7 Zu Petrarca zuletzt die Monographie von Karlheinz Stierle: Francesco Petrarca. Ein Intellektueller im Europa des 14. Jahrhunderts. München 2003.

Wenig Gefährten hast du auf andern Pfaden:
nur desto mehr lass, feiner Geist, dich bitten,
zu lassen nicht dein hochgemutes Sinnen!

So der Petrarca gleich zu Beginn im siebten Sonett des Canzoniere, das uns soeben in einer neuen Übersetzung geschenkt wurde.[8] Ungezählte ähnliche Verlautbarungen ließen sich zur Seite stellen. Doch so mannigfach die Posen, so gebieterisch, weil einheitsstiftend der selbstergriffene Auftrag. Die Wiederheraufführung der antiken und zumal der römischen Gestalten, Bilder, Gedanken, Formen, Milieus ist immer auch ein Brückenschlag in die eigene Vergangenheit. An ihnen allen haftet die Erinnerung an einstige Größe, aufs schärfste kontrastierend mit einer schmählichen Gegenwart. Wie Dante hat auch Petrarca Bilder ergreifenden Schmerzes angesichts der Zerrissenheit seines Heimatlandes gestaltet, wie sie sich für ihn im Schisma, dem päpstlichen Exil in Avignon unter der Gewalt des französischen Königs symbolisch verdichtete.[9]

Die mönchische Klausur, die er sich in eiserner Arbeitsdisziplin verordnete, sie war vonnöten und wurde klaglos gewählt, weil nichts weniger als die Geschicke Italiens auf dem Spiel standen. Wenn dann der Ausbruch aus der Zelle erfolgte, der Kontakt zu den fürstlichen Häusern gesucht wurde, so eben nicht nur aus der immer wieder nachgesagten Befriedigung von Eitelkeit und Ruhmsucht. Es galt, für die Erneuerung der Studien zu werben und persönlich für sie einzustehen, knüpfte sich daran doch stets auch die Hoffnung auf eine politische ‚renovatio', ohne die der Begriff der Humanismus leer und konturenlos bleibt.[10]

So ist es eben kein Zufall, sondern der geheimen Intention Petrarcas gemäß, dass sich der inzwischen europaweit berühmte Humanist hinter die tollkühne Aktion Rienzos stellt, ja ihr womöglich zu Teilen seine Worte leiht, als es darum geht, Rom als Zentrum der italischen Nation neu zu installieren und vom Kapitol aus mit Parolen einer Einheit aller Italiener vor das römische Volk zu treten, die zerstrittenen Geschlechter in der Stadt wie die rivalisierenden Fürsten und nicht zuletzt den Papst gleichermaßen herausfordernd.[11] Wiederum ungezählt sind die altrömischen Reminiszenzen in diesen Verlautbarungen. Politische Größe und kultureller Glanz Roms standen Pate bei der Wiedergewinnung nationaler Würde unter den Bedingungen der Moderne, der sich herausformenden Nationalstaaten. Italien, begabt mit einem einzigartigen Erbe, sollte voranschreiten auf dem Weg der Erneuerung antiker Kultur. Petrarca war sich bekanntlich zeitweilig nicht zu schade, einen Versuch zu un-

8 Die Übersetzung stammt von Peter Rau. Sie ist unpubliziert. Ich danke dem ehemaligen Direktor der Hamburger Staats- und Universitätsbibliothek für die freundliche Gabe.

9 Das ist vor allem in dem in Anm. 4 zitierten Werk Burdachs gezeigt worden.

10 Vgl. Konrad Burdach: Reformation, Renaissance, Humanismus. Zwei Abhandlungen über die Grundlage moderner Bildung und Sprachkunst. Berlin 1918. 2. Aufl. 1926 (Reprint Darmstadt 1978).

11 Grundlegend geblieben – auf den von Burdach gebahnten Fährten – Paul Piur: Cola di Rienzo. Darstellung seines Lebens und seines Geistes. Wien 1931.

ternehmen, den böhmischen König und deutschen Kaiser für dieses zu inszenierende nationale Projekt zu gewinnen. Dass es scheiterte, scheitern musste, besagt überhaupt nichts über die Funktion, die den gelehrten Studien, den archäologischen Erkundungen kultureller Größe der Vergangenheit zuerkannt waren. Im Gegenteil. Wie auf andere Weise die nationale Sprache bei Dante repräsentierte die altrömische Kultur zumal in ihrer augusteischen Formation das Versprechen, dass ihre Wiederbelebung langfristig auch eine politische Rekonvaleszenz im Gefolge haben würde.

Vallas metaphorisch-linguistischer Imperialismus

Auch für diesen Aspekt verfügt die Kulturwissenschaft über entsprechende Zeugnisse, den Fachleuten selbstverständlich bekannt, stets jedoch zu erinnern, um geschichtliches Bewusstsein zu festigen und in europäische Bahnen zu lenken. Denn Verlautbarungen wie die hier beizubringenden zirkulierten europaweit. Sie signalisierten, was mit dem von Petrarca in großem Stil eröffneten Projekt zur Debatte stand. In den dreißiger und vierziger Jahren nun des Quattrocento arbeitete Lorenzo da Valla an seinen sechs Büchern von den Schönheiten der lateinischen Sprache.[12] Sie sind ein Grundbuch des europäischen Humanismus. In Deutschland sucht man jedoch bislang eine Übersetzung vergebens. Wie soll sich da ein Bewusstsein vom inneren Gefüge europäischer Traditionen bilden? Inzwischen war die Einbürgerung der Antike-Studien in einem Umfang und einer Intensität auf italienischem Boden vorangeschritten, die zu Petrarcas Zeiten noch undenkbar gewesen war. Lorenzo da Valla konnte sich an eine Analyse der Eigentümlichkeiten der erneuerten lateinischen Sprache machen und die staunenswerte Varietät ihrer Verwendung seinem Publikum darlegen. Das aber geschah mit einem gehörigen Schuss kulturpolitischer Agitation und dies in einer Deutlichkeit, die den Florentiner Gründergestalten gänzlich ferngelegen hätte. Es sind diese das linguistische Werk begleitenden politischen Konnotationen, die uns einen Moment zu beschäftigen haben, nicht zuletzt, weil sie zugleich eine Herausforderung für die Humanisten außerhalb Italiens bargen.

Geschichtlich strukturierte Äußerungen im Umkreis des Humanismus sind in aller Regel ebensowohl binär wie auch mehr oder weniger deutlich erkennbar triadisch organisiert. Auch Valla ist massiv an dem Erweis einstiger politischer und kultureller Größe des eigenen Volkes und einem nachmaligen massiven Verfall imperialen Glanzes beteiligt. Doch in dieses kontrastive Modell sind – vermittelt über die Sprache – Verstrebungen eingezogen, die es erlauben, Gegenwart und vor allem Zukunft anders als im Modus des Niedergangs in den Blick zu nehmen. Die lateinische Sprache war die Sprache eines Weltreichs. Die dem Imperium einverleibten Völkerschaften erlernten mit der Sprache der Römer zugleich deren kulturelle Errungenschaf-

12 Die für die Wirkung Vallas vor allem einschlägigen Vorreden zu seinen sechs Büchern der Elegantiarum Latinae linguae libri VI findet man lateinisch/italienisch neugedruckt in: Prosatori Latini del Quattrocento. A cura di Eugenio Garin. Milano, Napoli 1952 (La letteratura italiana. Storia e testi 13), S. 594–631.

ten und sittlichen Praxen. Sie gewannen Anteil an einer Kultur, die in den Augen ihres humanistischen Nachfahren und Restitutors nur als die höchste Zeugung der Menschheitsgeschichte apostrophiert werden kann. So vermag das von Valla geradezu mit ehernem Griffel herausgemeißelte Gesetz statuiert zu werden, dass politische Siege und Niederlagen nicht unbedingt auch solche auf dem Gebiet der Sprache und Kultur im Gefolge haben. Rom ist in der gesamten alten Welt und zumal in der nachmaligen europäischen Romania als kulturelle Vormacht präsent geblieben. Die Segnungen der römischen Kultur haben sich über den Verfall der politischen Herrschaft hinaus erhalten. In einem übertragenen Sinn herrscht Rom immer noch über die einst unterjochten Länder, die in der Gegenwart und jüngsten Vergangenheit zu Konkurrenten im politischen Mächtespiel aufgestiegen sind, ja wie Spanien oder Frankreich eine Bedrohung für die ihrerseits rivalisierenden Mächte auf italienischem Boden darstellen. In dieser Situation gewinnen die vielzitierten Vallaschen Sätze eine nicht unerhebliche kulturpolitische Sprengkraft. Ich gebe sie sogleich in deutscher Übersetzung:

> Die römische Herrschaft warfen die unterworfenen Stämme und Völker schon bald wie eine unwillkommene Last ab; die Sprache aber hielten sie für süßer als allen Nektar, glänzender als jede Seide und kostbarer als jedes Gold und jede Perle, und hielten sie gewissermaßen wie einen vom Himmel geschickten Gott bei sich zurück. Denn groß ist das Heiligtum der lateinischen Sprache, fürwahr ein göttliches Zeichen, das bei den Fremden, den Barbaren und den Feinden fest und ehrfürchtig durch so viele Jahre bewährt wird, dass wir Römer nicht so sehr darunter leiden dürfen als vielmehr uns freuen und uns, auch wenn uns der Erdkreis zuhört, dessen rühmen müssen. Rom haben wir verloren, verloren haben wir das Reich und die Herrschaft; wenn auch nicht durch unsere als vielmehr durch der Zeiten Schuld; trotzdem aber herrschen wir durch diese glänzendere Herrschaft immer noch auf einem großen Teil der Erde. Italien ist das unsere, unser ist Gallien, unser Spanien, Deutschland, Pannonien, Dalmatien, Illyricum und viele andere Nationen. Denn überall dort ist das römische Reich, wo die römische Sprache ihre Herrschaft ausübt.[13]

Oftmals gehörte, vielzitierte Sätze, gewiss. Und zu Recht. Vermögen sie uns doch eine Ahnung zu vermitteln, welche Hochschätzung Sprache und allen in Sprache erfolgenden Verlautbarungen im Umkreis des Humanismus entgegengebracht wurde,

13 Das vorgelegte Zitat in der zitierten Edition S. 596. Der lateinische Text: „Illud iam pridem, tamquam ingratum onus, gentes nationesque abiecerunt; hunc omni nectare suaviorem, omni serico splendidiorem, omni auro gemmaque pretiosiorem putaverunt, et quasi deum quendam a caelo dimissum apud se retinuerunt. Magnum ergo latini sermonis sacramentum est, magnum profecto numen quod apud peregrinos, apud barbaros, apud hostes, sancte ac religiose per tot saecula custoditur, ut non tam dolendum nobis Romanis quam gaudendum sit atque ipso etiam orbe terrarum exaudiente gloriandum. Amisimus Romam, amisimus regnum atque dominatum; tametsi non nostra sed temporum culpa; verum tamen per hunc splendidiorem dominatum in magna adhuc orbis parte regnamus. Nostra est Italia, nostra Gallia, nostra Hispania, Germania, Pannonia, Dalmatia, Illyricum, multaeque aliae nationes. Ibi namque romanum imperium est ubicumque romana lingua dominatur." Vgl. dazu aus der reichen Literatur beispielsweise als eine der letzten Äußerungen: Alan Fisher: The Project of Humanism and Valla's Imperial Metaphor. In: Journal of Medieval and Renaissance Studies 23 (1993), S. 301–322.

und mehr noch vielleicht, wie sie als eine Macht begriffen wurde, die über Abgründe im Raum der Politik hinwegzutragen vermochte, Energien barg, die der Politik wieder zugeführt, sie reinigen und kräftigen konnten. Wir sind geneigt, solche Worte als typische Illusion von Menschen abzutun, die von Berufs wegen mit Dingen des Geistes befasst sind. Und wenn nicht das, so doch an die Gefahren zu erinnern, die von manipulierter Sprache im Kontext korrupter politischer Systeme drohen; die jüngste Vergangenheit hält erschreckende Beispiele zur Genüge bereit. Nun, was die vermeintliche Weltverlorenheit der Intellektuellen, der Humanisten angeht, so werden wir uns gleich belehren lassen, wie darüber im Raum der Politik gedacht wurde. Was aber die Botschaft betrifft, die da in der Sprache transportiert wurde und ihr als Hoffnung auf Seiten der Humanisten beigesellt war, so oszillierte sie in der Tat beträchtlich. Da mochte einmal das republikanische Rom, zumal in den Worten, die ihm Cicero verliehen hatte, als erneuerungswürdiges Ideal erscheinen – Hans Baron hat das in einem meisterhaften Werk über den Florentiner Bürgerhumanismus gezeigt –, ein andres Mal der königlichen oder fürstlichen Herrschaft das Wort geredet werden.[14] Und wie häufig hatte gerade Petrarca sich dazu verstanden. Nie aber geschah dies, ohne die humanistischen Regularien mitzuliefern, an denen diese ausgerichtet zu sein hätte. Humanistische Fürstenlehre ist immer auch Fürstenspiegel-Literatur.

Und was schließlich den am deutlichsten hervortretenden nationalen Impetus bei Valla betraf, so tut man gut daran, das Metaphorische von dem Aktuellen zu scheiden. Valla wirft sich nicht zum Proklamator imperialer italienischer Kultur in Europa auf. Seine glühende Fürsprache für die lateinische Sprache ist zunächst eine nach innen gewendete. Italien soll ganz im Sinne der großen Vorgänger über das Erbe der Vergangenheit als eine über seine Sprache geeinte Nation wieder zu sich selbst finden, den Aufstieg der nationalen Staaten zumal im Westen seinerseits nachvollziehen und sich seiner Sprache und Kultur als eines Kompasses und einer Richtmarke auf diesem Weg versichert halten. Was aber den außenpolitischen Aspekt angeht, so steht nicht ein Export italienischer, sondern antiker Kultur zur Rede. Italien ist nicht weniger aber auch nicht mehr als ihr bevorzugter Erbe. In dieser Rolle schickt es sich auch in Vallas Worten an, Lehrmeisterin Europas zu werden. Und eben diesem damit einhergehenden Anspruch und Problem haben wir uns nun in einem zweiten Kursus zuzuwenden. Es kann dies hier nur im Blick auf Deutschland geschehen, und auch das nur exemplarisch.[15]

---

14 Vgl. Hans Baron: The Crisis of the Early Italian Renaissance. Civic Humanism and Republican Liberty in an Age of Classicism and Tyranny. Vol. I–II. Princeton, New Jersey 1955. Revised One-Volume Edition With an Epilogue. Princeton, New Jersey 1966. Published in Cooperation with the Newberry Library.

15 Für den europäischen Rundgang sei deshalb verwiesen auf die Abteilung III des oben (Anm. 1) zitierten Sammelbandes *Die Idee der Nationalsprache und Nationalliteratur. Interpretationen prominenter europäischer Texte der Frühen Neuzeit.*

Übergang nach Deutschland – Celtis als nationaler Kultur-Propagator im Medium des Lateins

Knapp fünfzig Jahre nach Valla schickt sich in Deutschland ein von dem humanistischen Projekt begeisterter Redner an, seine Landsleute über die vorwaltende Lage im Blick auf den Stand der humanistischen Studien aufzuklären und Rezepte für die Zukunft zu formulieren. Solche Dokumente tragen immer eine persönliche Handschrift und in diesem Fall ganz besonders. Aber sie sind doch immer auch Indikatoren für die kulturelle Befindlichkeit wenn nicht einer Nation, das wäre zu weit gegriffen, sondern einer Gruppe, vielleicht auch eines regionalen Milieus. Der hier zu Wort sich Meldende spricht vor Studierenden der eben gegründeten Ingolstädter Universität. Er ist da soeben nach längeren Wanderungen durch Deutschland, aber auch durch Polen eingetroffen. Und es wird ihn vor Ort nicht lange halten. Er wird weiter ziehen und endlich den Höhe- und Endpunkt seiner Karriere in der Residenzstadt des Habsburger Kaisers in Wien finden. Die Universitäten und die fürstlichen Höfe sind sein Lebensraum, ganz so wie wir dies von den europäischen Humanisten und insonderheit denen in Italien kennen. Er ist ein typischer Vertreter dieses Standes. Freilich einer, begabt mit Visionen und umgetrieben von Projekten, die ihn denn doch auch wieder als typischen Einzelgänger ausweisen. Die großen Leistungen kommen eben immer nur in dieser Doppelrolle zustande, damals wie heute. Es sind genau jene Figuren, an die sich die geschichtliche Erinnerung bevorzugt heftet. Und so auch im vorliegenden Fall.[16]

Kannte Italien einen Erzhumanisten, der nun freilich zugleich als ungekröntes Haupt Europas agierte, bevor eine zweite Gestalt viel später zu ihm trat, Erasmus, so galt dieser Ehrentitel in Deutschland – der als solcher freilich erst im 19. Jahrhundert geprägt wurde – dem gebürtigen Franken Conrad Celtis. Alle, die sich spätestens seit 1600 zurückwendeten und den Gang der humanistischen Studien auf deutschem Boden bedachten, räumten ihm eine herausragende Stellung ein. Eine solche ist nie nur einem verschriftlichten Werk geschuldet. Sie knüpft sich immer auch an Taten, die sich der Erinnerung eingeschrieben haben. Und das auch dann, wenn der Überhang zwischen Gewolltem und Zuwegegebrachtem ein immenser ist. Auf den ‚kairos', das zur rechten Zeit Gewollte und Artikulierte kommt es an. Davon ist zumindest umrisshaft eine Vorstellung zu vermitteln. Denn eine ergiebigere Quelle für die Situation des Humanismus um 1500 und mit ihr von dem Auftrag, der Sprache und Literatur zugesprochen wurde, dürfte schwerlich namhaft zu machen sein.

---

16 Zu Celtis ist jetzt endlich die langerwartete Arbeit erschienen, die seinem Genie erstmals voll gerecht wird. Vgl. Jörg Robert: Konrad Celtis und das Projekt der deutschen Dichtung. Studien zur humanistischen Konstitution von Poetik, Philosophie, Nation und Ich. Tübingen 2003 (Frühe Neuzeit 76). Ebenfalls von großer Bedeutung auch für Literatur- und Kulturpolitik des Conrad Celtis: Gernot Michael Müller: Die ‚Germania generalis' des Conrad Celtis. Studien mit Edition, Übersetzung und Kommentar. Tübingen 2001 (Frühe Neuzeit 67). Hinzuzunehmen schließlich der mit wichtigen Beiträgen ausgestattete Sammelband: Franz Fuchs (Hg.): Konrad Celtis und Nürnberg. Wiesbaden 2004 (Pirckheimer Jahrbuch für Renaissance- und Humanismusforschung 19).

Vor seinem Publikum in der Ingolstädter Universität entwirft er ein desolates Bild über den Stand der Humaniora auf deutschem Boden. Schlechte Noten à la Pisa sollten also nichts Neues sein für deutsche Ohren. Deutschland hat es nicht geschafft, dem italienischen Beispiel zu folgen und den Vorsprung einzuholen. Es klafft ein kulturelles Gefälle zwischen dem gesegneten Nachbarn jenseits der Alpen und einem im Barbarismus verharrenden Germanien. Die hohen Schulen, bestimmt die moderne Bewegung aufzugreifen und voranzutreiben, bleiben noch in den überkommenen Scholastizismen. Eine Erneuerung des Denkens, der Sprache, der Poesie, eine allfällige Modernisierung gerade auch im Blick auf die öffentlichen kulturellen Aufgaben, deren Wahrnehmung Celtis anmahnt, ist nirgendwo zu gewahren. Nördlich der Alpen herrscht Finsternis in Sachen moderner Bildung. Oder um es in den zuweilen etwas krausen Worten unseres Gewährsmannes zu sagen und dies zugleich wieder auf deutsch, denn natürlich bedient er selbst sich ausschließlich des Lateinischen:

> Ihr müßt – so spricht er seine Zuhörer an – die häßliche Barbarei ablegen und streben nach römischer Bildung. Macht zunichte jene alte, bei griechischen, lateinischen und hebräischen Schriftstellern festgestellte Voreingenommenheit gegen die Deutschen, in der sie uns Trunkenheit, Vertierung, Grausamkeit und was sonst dem Bestialischen und Wahnsinn am nächsten ist, zuschreiben. Zu großer Schmach muß es Euch gereichen, die Geschichte der Griechen und Römer nicht zu kennen, die Höhe aber ist es, in der Lage von Gegend und Land, Gestirnen, Flüssen, Bergen, Altertümern, den Stämmen unseres Vaterlandes und in dem, was die fremden Schriftsteller über uns so sorgfältig gesammelt haben, unbewandert zu sein. [...] Zieht aus, edle Männer, werft von Euch Euer altes Wesen und reinigt Eure Räuberhöhlen [...]. Macht Euch, deutsche Männer, die Sinnesart Eurer Ahnen zu eigen, mit der sie den Römern so oft Furcht und Schrecken eingeflößt haben, wendet Eure Augen zu den Bastionen Deutschlands und fügt seine zerrissenen und auseinandergezogenen Grenzen wieder zusammen. Schämt Euch, unserer Nation Joch und Knechtschaft auferlegt zu haben und auswärtigen und barbarischen Königen Tribut zu bezahlen. Du freies und kräftiges Volk, du edler und tapferer Volksstamm, würdig des römischen Imperiums.[17]

---

17 Eine zweisprachige Celtis-Ausgabe ist nach wie vor dringendes Desiderat. Hier zitiert nach: Conradius Celtis Protucius: Oratio in Ingolstadio publice recitata. Eingel. u. ins Deutsche übertr. v. Rudolf Obermeier. In: Sammelblatt des Historischen Vereins Ingolstadt 62 (1953), S. 3–17. Das vorgelegte Zitat hier S. 10f. Der lateinische Text: Conradus Celtis Protucius: Oratio in Gymnasio in Ingolstadio publice recitata cum carminibus ad orationem pertinentibus. Ed. Iohannes Rupprich. Lipsiae 1932 (Bibliotheca Scriptorum Medii Recentisque Aevorum. Saecula XV–XVI 3). Das Zitat: „Ita et vos accepto Italorum imperio exuta foeda barbarie Romanorum artium affectatores esse debebitis. Tollite veterem illam apud Graecos, Latinos et Hebraeos scriptores Germanorum infamiam, qua illi nobis temulentiam, immanitatem, crudelitatem et, si quid aliud, quod bestiae et insaniae proximum est, ascribunt. Magno vobis pudori ducite Graecorum et Latinorum nescire historias et super omnem impudentiam regionis nostrae et terrae nescire situm, sidera, flumina, montes, antiquitates, nationes, denique, quae peregrini homines de nobis ita scite colllegere [...]. Exuite, generosi viri, exuite et purgate latrocinia, quae illi apud nos tamquam virtuti data commemorant! [...] Induite vetere illos animos, viri Germani, quibus totiens Romanis terrori et formidini fuistis et ad angulos Germaniae oculos convertite limitesque eius laceros et distractos colligite! Pudeat, pudeat nationi nostrae iugum et servitutem imposuisse externisque et barbaris regibus tributa et vectigalia pendere. O liberum et robustum populum, o nobilem et fortem gentem et plane dignam Romano imperio." (S. 3ff.) Vgl. auch den zweisprachigen Auszug aus der Rede des Celtis in: Hedwig He-

Nun, bei solchen Worten wird es dem Einen oder Anderen schaudernd den Rücken herunterlaufen, und wir haben nicht wenig zu tun, mancherlei zurechtzurücken. Zunächst aber: Zustandsschilderungen in gekonnter humanistischer Manier, das heißt durchdrungen von allen Raffinessen, die die vornehmste Disziplin der freien Künste, die Rhetorik, bereithält, sind nie wortwörtlich zu nehmen. Sie sind immer auf das Warum und Wozu zu befragen. Und da liegt es auf der Hand, dass das Neue, zu dem da aufgerufen wird, einen umso dringlicheren Charakter annimmt, je trostloser die Lage ist, von der man seinen Ausgang zu nehmen hat. Vor allem aber: Der Redner, der da ausgestattet zu sein scheint mit den Rezepten, die den Umschwung bewirken sollen, wird er nicht um so verehrungswürdiger sein, je mehr er Hoffnung zu entfachen weiß, ein Ziel für die Zukunft zu benennen? Nicht weniger hat er im Auge, als eine Reform in nationalen Dimensionen zu inaugurieren. Deshalb dürfen diese völkischen Töne nicht irritieren. Der Redner mobilisiert da nur jüngst errungenes, sozusagen modernstes Wissen. Eben ist die ‚Germania' des Tacitus entdeckt worden. So gut wie alles, was die Humanisten fortan über Deutschland und die Deutschen zu sagen haben, entnehmen sie im Wesentlichen diesem Text, der geradezu zum Gründungsdokument des deutschen Humanismus aufrückt. Da wurde ein Bild der Deutschen gezeichnet, das weit entfernt schien von dem defizienten Zustand, den es in der Gegenwart zu beklagen galt. Und das gleichermaßen im Blick auf Sittlichkeit, Tapferkeit, politische Verfasstheit, freie und selbstbestimmte Regulierung aller öffentlichen Belange, wie am Rande auch hinsichtlich der Erfahrenheit in musischen Dingen, dem Gesang, dem Saitenspiel, der erzählerischen Tradierung der Taten von Helden und Göttern. Hier tat sich plötzlich ein Dokument auf, das einen Rückgriff auf die eigene Vergangenheit gestattete, ganz so, wie die Italiener es mit den Zeugnissen ihrer großen Vergangenheit gehalten hatten. Dass es von fremder Hand stammte, dass es des Merkwürdigen übergenug enthielt, was tat es zur Sache, wenn es nur Hilfe in gegenwärtigen Nöten und also Legitimation bereithielt?

Auch hier gilt folglich: Wir dürfen die politische, am Schluss gar die rassistische Aufladung, die im Namen dieses Germanenmythos in späterer Zeit und zumal im 20. Jahrhundert geschah, nicht zurückprojizieren in die Frühzeit, da er ganz anderen Intentionen zu Diensten war. Das wird sofort offenkundig, wenn wir nun fragen, was in deutschem Namen für die von Celtis so emphatisch apostrophierte deutsche Nation denn nun eigentlich erhofft, was kulturpolitisch auf den Weg gebracht werden soll. Da aber tun sich Dimensionen auf, die auch nicht entfernt zu erschöpfen sind, allenfalls in ihrer Großartigkeit und Kühnheit erahnbar gemacht werden können. Celtis ist einer der größten Kulturpolitiker, die Deutschland je gesehen hat. Und deshalb ergreift der Frühneuzeitler gerne die Chance, dies in Erinnerung zu rufen, wenn es darum geht, mitzuwirken an der Stiftung kulturellen Gedächtnisses. Ich denke, es ist erlaubt, zu Namen wie denjenigen von Leibniz im 17. oder Herder im 18. oder Humboldt im 19. oder Borchardt im 20. Jahrhundert zu greifen, um die

---

ger (Hg.): Spätmittelalter – Humanismus – Reformation. Texte und Zeugnisse. Zweiter Teilband: Blütezeit des Humanismus und Reformation. München 1987 (Die deutsche Literatur. Texte und Zeugnisse II/2), S. 4–11.

Höhe und den Rang anzudeuten, mit denen wir es bei Celtis auf der Wende vom 15. zum 16. Jahrhundert zu tun haben.

Celtis verordnet der deutschen Nation, die er als eine ganze vor Augen hat und dies ohne irgendwelche expansionistischen Gelüste, die da vielleicht soeben durchklangen, eine kulturelle Erneuerung von Grund auf. Deutschland soll umgekrempelt und das heißt, die Antike allüberall heimisch werden. Celtis ist fasziniert von dem, was sich seit anderthalb, ja im Grunde seit zweihundert Jahren in Italien abspielt, und dringt darauf, den Vorgang in Deutschland zu wiederholen. Es gehört zum Wesen solcher Gründungsakte, dass bereits Vollzogenes und Existierendes nicht eigentlich in den Blick rückt. Der Anfang ist an Auftreten und Programm des gegenwärtig agierenden Sprechers geknüpft. Eben das begründet die Rolle des Archegeten, die Celtis für sich beansprucht, frisch gekrönt vom Kaiser mit dem Dichterlorbeer und also befugt zum Auftritt aus eigenem Recht und mit eigener Stimme. Die Basis für jedwede Erneuerung auf allen Gebieten ist die sprachliche Kompetenz. Das Lateinische der Alten will beherrscht sein, und wo immer möglich sollten Fertigkeiten im Griechischen und Hebräischen hinzutreten. Die Trias der heiligen Sprachen steht Celtis als das lebenslänglich umworbene Ideal vor Augen. Der Rhetor, den er in seine Rechte, die ihm die Antike verliehen hatte, wiedereinzusetzen sucht, ist zuerst und vor allem ein Sprachenkundiger in Wort und Schrift. Doch agiert dieser nicht allein, sondern im Bündnis mit dem Poeten. Und hier spezifiziert sich das Bild auf der einen Seite, um im gleichen Atemzug die weitesten Dimensionen anzunehmen. Poetische Fertigkeit heißt, schreiben zu können nach dem Muster, das die Alten und de facto die Römer vorgegeben haben. Horaz und Vergil sind die beiden Autoren, in denen sich die Mission Roms erfüllte. Ihnen nachzueifern, blieb Celtis zeitlebens bemüht und empfahl sie daher in seinen programmatischen Verlautbarungen vor allem.

Dieses poetische Erneuerungswerk nebst rhetorischer Grundierung ist nun jedoch in ein geschichts- und kulturpolitisches Modell eingepasst, das ihm seinen Schub verleiht. Die gesamte Ingolstädter Rede des Celtis ist durchzogen von dem Stolz, dass die antike Reichsidee, glanzvoll im Römischen Reich ein letztes Mal politisch verkörpert, auf die Deutschen übergegangen sei. Sie und kein anderes Volk sind berufen, zum Träger des Heiligen Römischen Reichs zu werden. Und dieser Auftrag ist keineswegs an sein Ende gelangt im Zeitalter der werdenden Nationalstaaten. Er erfüllt sich überhaupt erst in dem Maße, in dem die Deutschen sich mit antikem Geist erfüllen. Und so stellt Celtis in einem unerhört kühnen Bogenschlag der bekannten und seit Jahrhunderten in Geltung befindlichen politischen translatio-Konzeption eines Übergangs des letzten antiken, nämlich römischen Weltreichs auf die Deutschen eine poetologische translatio-Version zur Seite. Die Musen sind von den Hebräern und den Griechen weitergezogen zu den Römern und haben in neuerer Zeit Besitz ergriffen von Italien. Nun aber ist es an den Deutschen, die Alten wie die Italiener zu beerben und ihnen ebenbürtig zur Seite zu treten. Ebenbürtig? Ausgestattet mit dem Rechtstitel, das Heilige Römische Reich auf deutschem Boden zu verwirklichen und fortzutragen in die Zukunft, wird von ihnen Höchstes auch in Sachen des Geistes erwartet. Damit aber rühren wir endgültig nun an Zonen, die sich mehr noch als das bislang Angedeutete dem resümierenden Wort versagen und die doch verlauten müssen, wenn anders eine Vorstellung der Bildungs-Utopie sich formen soll, die sich da um 1500 abzeichnet. Celtis, unermüdlich unterwegs, hat davon geträumt, Deutschland in allen Regionen von Keimzellen der erneuerten antiken Bildung durchwachsen zu sehen, ‚sodalitates', wie er sie nannte. In ihnen sollten die den antiken Studien sich Widmenden zusammengeführt werden zu kolloquialem Gespräch, ganz so wie dies in den antiken Akademien, angefangen bei der Platonischen, geschah und wie es in der neueren Zeit auf italienischem Boden wieder Wirklichkeit geworden war. Was er aber den Jüngern der Symposien verschrieb, geadelt durch Sprach- und Redekundigkeit und mündend in der Poesie, grenzte ans Phantastische. Der Poet nämlich wurde in Erinnerung an alte orphische Überlieferungen, die sich kreuzten mit den modernen neuplatonischen, wie sie gleichfalls in Italien soeben wieder eine Heimstatt gefunden hatten, als umfassend Weisheitskundiger exponiert, das Wissen der Theologen und Philosophen nicht anders als der Natur- und Seelenkundigen in sich vereinend und in weisheitsgesättigter Poesie ins Bild und zur Anschauung bringend. Der Poet ist in den Augen von Celtis der Repräsentant des gesamten der Menschheit bis dato verfügbaren Wissens, das er einschmilzt und umformt in die Glut seiner dichterischen Visionen. Seine Stellung ist unvertretbar, weil er über seine rhetorischen Gebilde suggestive Macht hat über die Gemüter der Menschen und als solcher besondere Verantwortung als ihr Erzieher.

Womit wir zurückkehren zu unserem Thema im engeren Sinn. Wenn Horaz wie Vergil für ihn Höchstes bedeuteten, so deshalb, weil sie als Dichter ein öffentliches Amt wahrnahmen. In Horazischer Manier hat Celtis Kaiser Friedrich III. besungen. Von einer ‚Maximilaneis' nach Art der Vergilschen ‚Aeneis' hat er geträumt und sie doch nicht mehr zu schaffen vermocht. Mit Gewissheit aber wäre Maximilian Augustus gleich als Friedenskaiser in der epischen Welt hervorgetreten, und der Dichter hätte ihm als anderer Vergil die Stichworte geliehen für die Ingredienzien, die ein wahres Reich des Friedens auszeichnen, nun nicht länger unter dem Zepter eines römischen, sondern des deutschen Kaisers. Das nicht zuletzt waren die Aufgaben, die einer neuen Sprache und Dichtung aufgetragen waren. So reiht Celtis sich ein in die Geschichte der Verkünder von Ruhm und Ehre der Poesie, wie sie sich an den Titel des Dichters als eines ‚Vates' von alters her knüpften und zu Beginn des Humanismus in Deutschland neuerlich grandios Gestalt annahmen.

Das kulturpolitische Erneuerungswerk im Medium des Deutschen. Opitz und die Fruchtbringende Gesellschaft

Vermissten wir gleichwohl etwas? Mit keinem Wort war hier, mit keinem Wort ist an anderer Stelle die Rede von der deutschen Sprache, der deutschen Poesie. Es ging ausschließlich um die erneuerten antiken Sprachen und die ihnen einzuschreibenden Gehalte. Und das, obgleich es doch seit einem halben Jahrhundert respektable übersetzerische Leistungen auch auf deutschem Boden gab. Und vor allem, obgleich in Italien ein ganzes Jahrhundert lang über Möglichkeit und Rechtmäßigkeit, über Chancen und Visionen eines Dichtens in der Volkssprache gehandelt worden war –

ein anderes großes und hier gar nicht zu berührendes Thema.[18] Fast zeitgleich mit Celtis' Ingolstädter Rede kam in Italien mit einem alsbald berühmten Traktat Pietro Bembos dieser langanhaltende Prozess der Diskussion in gewisser Weise zu einem ersten Abschluss.[19] Nun konnten im Rückgriff auf das Florentiner Dreigestirn, auf Dante, Petrarca und Boccaccio, bereits Regeln für ein Dichten in der Volkssprache entwickelt, die Dichter auf stilistische Normen festgelegt, in diesem Sinne ein nicht länger allein den Alten geschuldeter, sondern ein inneritalienischer Klassizismus statuiert werden.

Nicht die Spur eines Bewusstseins davon bei dem deutschen Redner oder zumindest doch eines manifesten Interesses. Der Übergang von der soeben erst zur Norm erhobenen gereinigten lateinischen Sprache zur deutschen steht schlechterdings nicht auf der Tagesordnung, obgleich Übersetzungen, sogenannte ‚translatien', doch bereits versucht wurden und erste zaghafte Begründungen fanden. Noch befindet sich Deutschland in dieser Situation auf dem gleichen Niveau wie die übrigen Nationen Europas. Italien ist ihnen allen weit vorausgeeilt. Nun aber, in diesen Jahrzehnten, wird zugleich über Deutschlands zukünftige Sonderrolle entschieden.

Ich weiß natürlich um die Sorgen, die die Historiker mit Begriff und Vorstellung eines deutschen Sonderweges haben. Kulturgeschichtlich hat er viel für sich. Und die Weichenstellung erfolgt im 16. Jahrhundert, dem kardinal in die erste Moderne führenden Saeculum.[20] Während alle großen Kulturnationen – und dies keineswegs nur im Westen – im 16. Jahrhundert eine Umstellung von dem antikegeleiteten lateinbasierten Dichten auf die Volkssprachen vornehmen, Italien also zeitversetzt nachfolgen, verabsäumt Deutschland diesen Übergang fast um ein volles Jahrhundert. War es an der Rezeption des von Italien herübergelangenden Humanismus seit der Mitte des 15. Jahrhunderts an vorderster Position beteiligt, so nimmt es hinsichtlich der an antiken und zumal lateinischen Mustern geschulten und auf dieser Basis ins Deutsche transponierten Poesie ein Schlusslicht ein.

Die Gründe liegen auf der Hand, sind bekannt und bedürfen allenfalls weniger Sätze der Erinnerung. Viel entscheidender ist die immer wieder fällige Verständigung über die Konsequenzen. Oder um es etwas anspruchsvoller auszudrücken: Der Umgang mit dem zur Rede stehenden Vorgang entscheidet über den Umgang mit unserer literarischen, unserer kulturellen Überlieferung überhaupt. Natürlich kann man erklären, da Deutschland in den entscheidenden drei Jahrhunderten zwischen Luther und Lessing nichts den westlichen Nachbarstaaten Vergleichbares auf den Weg

---

18 Vgl. aus der überaus reichhaltigen Literatur zuletzt: Arturo Calzona, Francesco Paolo Fiore, Alberto Tenenti, Cesare Vasoli (Ed.): Il volgare come lingua di cultura dal Trecento al Cinquecento. Firenze 2003 (Ingenium 7).

19 Vgl. aus der gleichfalls reichen Literatur etwa den jüngst erschienenen – und auch Dante mehrfach berührenden – Kongressband: ‚Prose della volgar lingua' di Pietro Bembo. A cura di Silvia Morgana, Mario Piotti, Massimo Prada. Milano 2001 (Quaderni di Acme 46).

20 Vgl. Klaus Garber: Nation – Literatur – Politische Mentalität. Beiträge zur Erinnerungskultur in Deutschland. Essays, Reden, Interventionen. München 2004, S. 79ff. (mit reichhaltigen Literaturverzeichnissen).

gebracht habe, tue man gut daran, sich auch als Literarhistoriker auf die beiden letzten Jahrhunderte, das 19. und das 20., zu konzentrieren.[21]

Der Frühneuzeitler wird andere Maßstäbe ins Feld führen als Orientierungen an Gipfelleistungen. Er wird überhaupt dafür Sorge zu tragen haben, dass auch der zünftige Literaturwissenschaftler Abschied von der Vorstellung nimmt, über Literatur werde nur als gelesener entschieden. Sie ist nicht nur ein Objekt des Lesens, sondern immer auch eine kulturelle Potenz. Als solche wird über sie in Urteilen, Wertungen, geschichtlichen Zäsurierungen befunden, die tief hineinreichen in das Bild, das ein Land über sich in kulturellen Belangen besitzt. Auf diesem Feld aber ist der Fachmann nicht weniger gefragt als auf dem des Umgangs mit der Literatur auf dem nie endenden Königsweg der Textexegese. In diesem Sinn sollten die abschließenden Erwägungen verstanden werden.

Das 16. Jahrhundert steht für Deutschland literaturgeschichtlich nicht im Zeichen einer Erneuerung der deutschen Literatur unter den Auspizien der erneuerten lateinischen, wie sie sich phasenversetzt ringsum in Europa vollzieht und hier überall begleitet von eindrucksvollen theoretischen Manifesten, für die wiederum Italien das Muster gegeben hatte. Die ein Vierteljahrhundert nach Celtis' Rede einsetzende Reformation, das wird vielleicht zu selten bedacht, hat ihrerseits ja nicht nur der deutschen Sprache die reichsten Impulse verliehen. Sie hat auch die Stellung des Lateinischen, ja noch des Griechischen unerhört befestigt. Und das vermittelt über die Gründung des Gymnasiums vornehmlich vom Typ des Melanchthon. Die Pflege der lateinischen Sprache und der im lateinischen Idiom verfassten Dichtung, also der nach unserem Wortgebrauch als humanistisch titulierten, hat in der gesamten Frühen Neuzeit im Gymnasium ihre solideste institutionelle Stütze besessen. Über eine vergleichbar ausgeformte Institution verfügte die deutsche Dichtung nicht. Wohl aber ist ihr, als ihre Stunde endlich kam, die Virtuosität, mit der man auf den Gymnasien lateinisch zu dichten gelernt hatte, ungemein zugute gekommen. Das Wunder, dass eine neue und nun deutschsprachige Literatur binnen kürzester Frist auf hohem artistischem Niveau emporwuchs, ist nur über die fast einhundertjährige gymnasial geprägte Vorlaufphase zu erklären. Es ging um nicht weniger, aber schließlich auch um nicht mehr, als das im Lateinischen perfekt beherrschte Repertoire nun auch im Deutschen zu probieren.[22]

Was aber musste zusammenkommen, um den Übergang zum Deutschen schließlich zu bewerkstelligen? Die vorhandene lateinische Infrastruktur war das Wichtigste. Aber es musste sich auch wiederholen, was schon Celtis die Schamröte in die Wangen getrieben hatte: die Wahrnehmung nämlich, dass so wie seinerseits Italien

21 Vgl. Heinz Schlaffer: Eine kurze Geschichte der deutschen Literatur. 2. Aufl. München, Wien 2002.

22 Vgl. Klaus Garber: Späthumanistische Verheißungen im Spannungsfeld von Latinität und nationalem Aufbruch. In: Eckard Keßler, Heinrich C. Kuhn (Hg.): Germania latina – Latinitas teutonica. Politik, Wissenschaft, humanistische Kultur vom spätern Mittelalter bis in unsere Zeit. 2 Bde. München 2003 (Humanistische Bibliothek, Reihe I: Abhandlungen 54), Bd. I, S. 107–142; Wilhelm Kühlmann: Neo-Latin Literature in Modern Germany. In: Max Reinhart (Ed.): Early Modern German Literature 1350–1700. Rochester, N.Y. 2007, S. 281–329.

nun auch die anderen Nationen der deutschen weit vorausgeeilt waren und Deutschland endgültig im Begriffe stand, den Anschluss zu verlieren. Wenn ein Jahrhundert nach Celtis nochmals ein Propagator nun für die erneuerte deutsche Sprache und Dichtung auftrat, wortmächtig und von gleichem Ehrgeiz beseelt wie jener und mit ebenso großem organisatorischem Talent begabt, dann ist es dieser Rundblick über das literarisch im 16. Jahrhundert erwachte Europa, der seiner Rede die aufrüttelnde Kraft vor seinen Landsleuten verleiht. Es ist nur typisch, dass dies nicht bei Hofe oder in adligem oder patrizischem Hause, sondern auf deutschem Boden in einer Bildungsanstalt geschieht, die Rede mit so weitreichenden Konsequenzen zunächst und zuerst also rhetorische Fingerübung konzipiert ist. Der Name des Redners ist wohlbekannt, Martin Opitz. Der Titel seiner Rede indes – *Aristarchus sive de contemptu linguae teutonicae; Aristrarchus oder wider die Verachtung der deutschen Poeterey* – ist vielleicht allzu sehr in den Schatten seines sieben Jahre später erschienenen berühmten *Buches von der deutschen Poeterey* (1624) getreten. Und die Schule in der er sprach, das Schönaichianum im schlesischen Beuthen an der Oder, ist wohl nur den wenigsten noch bekannt, obgleich es für ein gutes Jahrzehnt die Rolle einer in Breslau selbst und darüber hinaus in ganz Schlesien nicht vorhandenen Universität einnahm.[23]

Es war 1617, drei Jahre nach der Gründung des Gymnasiums, also der vornehmste Ort der Bildung, den der blutjunge, eben zwanzigjährige Opitz betreten konnte. Wie sein großer Vorgänger bemüht er gleich mit den ersten Sätzen wiederum das ruhmreiche, ehrfurchtgebietende Walten der alten Germanen. Nun aber in einer Hinsicht, die seinem illustren Vorgänger mit keinem Wort in den Sinn gekommen

23 Die gesamte einschlägige Opitz-Literatur jetzt zusammengefasst von Julian Paulus, Robert Seidel: Opitz-Bibliographie 1800–2002. Heidelberg 2003. Hinzugetreten (unter dem hier verfolgten Aspekt): Winfried Freund: Martin Opitz und sein ‚Buch von der deutschen Poeterey'. In: Norbert Honsza (Hg.): Literatur und Kultur im Querschnitt. Wrocław 2003 (Germanica Wratislaviensia 125), S. 57–75; Nicola Kaminski: Ex bello ars oder Ursprung der ‚Deutschen Poeterey'. Heidelberg 2004 (Beiträge zur Neueren Literaturgeschichte 205); Jörg Robert: Martin Opitz und die Konstitution der deutschen Poetik. Norm, Tradition und Kontinuität zwischen ‚Aristarch' und ‚Buch von der deutschen Poeterey'. In: Euphorion 98 (2004), S. 281–322; Hans-Georg Kemper: Platonismus im Barock. Martin Opitz' Rede über die Dignität der Dichtkunst im ‚Buch von der Deutschen Poeterey' (Kapitel I–IV). – In: Olaf Hildebrand, Thomas Pittrof (Hg.): ‚auf klassischem Boden begeistert'. Antike-Rezeptionen in der deutschen Literatur. [Festschrift für Jochen Schmidt]. Freiburg/Br. 2004 (Reihe Paradeigmata 1), S. 37–66; Ralph Häfner: Das Subjekt der Interpretation. Probleme des Dichtungskommentars bei Martin Opitz. In: Jörg Schönert (Hg.): Geschichte der Hermeneutik und die Methodik der textinterpretierenden Disziplinen. Berlin 2005 (Historia Hermeneutica. Series: Studia 1), S. 97–118; Theodor Verweyen: Parallel Lives: Martin Opitz and Julius Wilhelm Zincgref. In: Reinhart (Anm. 22), S. 823–852; ders: Pluralisierung und Autorität an der Schwelle zur Literaturrevolution um 1600. In: Maske und Mosaik. Poetik, Sprache, Wissen im 16. Jahrhundert. Berlin 2007 (Pluralisierung & Autorität 11), S. 361–396. Zum Schönaichianum neben der in der zitierten Bibliographie aufgeführten Literatur in Kürze (mit der gesamten Literatur): Klaus Garber: Martin Opitz in Vilnius. Die wiederaufgefundene Ekloge ‚Daphnis' und ein neu entdecktes Epithalamium des jungen Opitz in der Universitätsbibliothek zu Vilnius. In: Ders.: Martin Opitz, Paul Fleming und Simon Dach auf der Reise in den Osten. Köln, Wien 2008 (Aus Archiven, Bibliotheken und Museen Mittel- und Osteuropas 4).

war, nämlich als Sprecher und Sachwalter einer edlen wohlgeformten artikulationsreichen deutschen Sprache. Ursprungslegenden sind für alles gut und am meisten für das aktuell auf der Tagesordnung Stehende, in Deutschland nicht anders als in den Ländern ringsum. Sie tragen dazu bei, die jeweilige nationale Sprache und Literatur in einem quasimythischen Ursprung zu fundieren, und statten sie mit der Würde des Uralten, der Geschichte Entrückten aus – der Ersatz für die fehlende römische Inszenierung, wie sie die Italiener vornehmen konnten.

Das ist auch deshalb so wichtig, weil eine Nation in diesem Uranfänglich-Ersten ein heuristisches Unterpfand für seine Einheit besitzt, die ihr im Zeichen der Konfessionalisierung de facto abhanden gekommen ist. Deutschland ist nicht nur seit je seiner Verfassung nach in viele politische Körperschaften gegliedert, sondern inzwischen auch konfessionell offiziell zweigeteilt, tatsächlich im Blick auf die vielen calvinistischen Gravitationszentren jedoch wenigstens dreigeteilt. Noch einmal also kommt dem Einsatz für eine einheitliche, von Dialektizismen und Sonderbildungen gereinigten deutschen Sprache und einer in ihr sich artikulierenden deutschen Dichtung ein ganz erheblicher kultur-, ja nationalpolitischer Überschuss zu. Sprache und Dichtung vermögen sich ungeachtet ihrer vielen heidnischen Ingredienzien zu legitimieren nicht nur im Vorweisen ihrer Schönheit, sondern empfehlen sich zugleich in dem ihnen beigesellten Versprechen der Einung der Glieder einer Nation über die konfessionellen Gräben hinweg.

Dass diese ihre Mitgift indes keine Chimäre ist, dafür hat nun auch der Literaturwissenschaftler wie im Falle Petrarcas so auch im Falle Opitzens und der Seinen Beweismittel an der Hand. Im gleichen Jahr 1617, da Opitz im fernen schlesischen Beuthen seine Rede zur Erneuerung der deutschen Poesie hält, kommen im mitteldeutschen Weimar Fürsten, Adlige, Gelehrte zusammen, um eine kulturpolitische Vereinigung zu gründen, die Fruchtbringende Gesellschaft. Sie ist ebenso wie das Reformwerk des Celtis oder des Opitz inzwischen voll in das Licht der Forschung getreten.[24] Es hat sich bestätigt, was wir frühzeitig in den sechziger Jahren vermuteten, als die sozialgeschichtliche Forschung endlich auch für das 17. Jahrhundert erste Früchte zeitigte: Man trat am Vorabend des Dreißigjährigen Krieges zusammen, weil man eine Überwältigung durch den hochgerüsteten Gegner, wie er sich vor allem in Spanien verkörperte, befürchtete. Und man hoffte, den Kampf von Katholiken und Protestanten auf deutschem Boden, den Bürgerkrieg, wie er sich in Frankreich soeben erschreckend vollzogen hatte, im letzten Moment abwenden zu können. Die Nation sollte vor dem Zerbrechen bewahrt werden.

---

24 Vgl. Klaus Manger (Hg.): Die Fruchtbringer – eine Teutschhertzige Gesellschaft. Heidelberg 2001 (Jenaer Germanistische Forschungen N. F. 10). Dazu die von Martin Bircher und Claus Conermann begründete und jetzt von Conermann im Zusammenwirken mit Gabriele Ball und Andreas Herz herausgegebene Quellen-Dokumentation, die sinnvollerweise zunächst die Unterlagen aus der Köthener Phase der Gesellschaft vereinigt. Der vierte Band dieser Reihe erschien 2006 im Niemeyer-Verlag, Tübingen. Der Dokumentationszeitraum erstreckt sich derzeit bis in das Jahr 1638. Mit weiteren Zweijahresbänden in regelmäßigen Abständen ist zu rechnen. Es handelt sich um die derzeit bedeutendste editorische Maßnahme zum 17. Jahrhundert.

Zu schärfen galt es das Bewusstsein, dass die Deutschen noch vor ihrer Zugehörigkeit zu einer Konfession die Glieder eines Volkes, ja wie der Begriff in den Flugschriften nun auch schon lautete, Glieder einer Nation seien. Und als Unterpfand dieser Einheit fungierten neuerlich die eine Sprache, die als gereinigte und normierte im Medium einer neuen Literatur erfüllt war von dem Versprechen konfessioneller Duldung und nationaler Einung. In diesem Sinn hat das europäische nationalsprachliche und nationalliterarische Projekt im Zeitalter des Konfessionalismus nochmals eine neue Wendung genommen. Man darf sie durchaus als eine Radikalisierung begreifen. Wo der politische Rahmen im Gefolge der konfessionellen Entzweiung zerbrach, boten Sprache und Literatur nach dem Willen ihrer Schöpfer wie ihrer Adressaten, Fürsten, Adligen und hochgestellten städtischen Repräsentanten, ein von Chiffren und Symbolen reich besetztes Terrain erfahrbarer Gemeinsamkeit.[25]

Markierung eines Abschlusses des europäischen Diskurses. Die Stimme Herders

Die Kehrseite des mit so viel Elan auf den Weg gebrachten Projekts? Nun, sie waren den Vorgaben im Kontext des Humanismus geschuldet und vermochten auch im Übergang zum Deutschen nicht abgestreift zu werden. Die national ausgelegte Fruchtbringende Gesellschaft repräsentierte die soziale Bandbreite, auf die die Gründung einer deutschen Literatur nochmals in humanistischen Bahnen zugeschnitten war. Opitz, 1625 als ihr Haupt anerkannt, besiegelte das Bündnis im gleichen Jahr mit einer berühmten Widmungsadresse in seiner ersten selbst zusammengestellten Gedichtsammlung an den Begründer der Gesellschaft Fürst Ludwig von Anhalt-Köthen, der ihn alsbald in die Gesellschaft aufnahm. Gewiss, in den Städten des alten deutschen Sprachraums, wo die Bewegung fast zeitgleich Fuß fasste, von Reval und Riga im Nordosten bis nach Straßburg und dem Oberrhein im Südwesten, von Schlesien bis nach Franken und Schwaben, von Lübeck, Hamburg und Bremen bis nach Basel, Zürich und Bern, nahm die gelehrte bürgerliche Schicht an ihr Teil, Professoren, Pfarrer, Juristen, Ärzte, gelegentlich Patrizier und ganz vereinzelt zünftisch verfasste Angehörige der Mittelschicht. Eine Breitenbewegung vermochte sie ihrer Natur nach nicht zu werden. Und eben dies hat ihr die Literaturgeschichte im 19. wie weit ins 20. Jahrhundert hinein immer wieder vorgeworfen. Sie machte sich zum Anwalt einer mehr oder weniger nebulösen volkstümlichen Literatur bis hin zu der mit Gift besudelten Rede, das ganze auf die Antike und die westlichen Nachbarn gegründete Unternehmen sei ohnedies deutschem oder besser noch germanischem Wesen ungemäß.

---

25 Vgl. zuletzt Klaus Garber: Konfessioneller Fundamentalismus und späthumanistischer Nationalismus. Die europäischen Bürgerkriege in der poetischen Transformation um 1600: Opitzens ‚Trost-Getichte in Widerwärtigkeit des Krieges'. In: Heinz Schilling (Hg.) u. Mitarb. v. Elisabeth Müller-Luckner: Konfessioneller Fundamentalismus. Religion als politischer Faktor im europäischen Mächtesystem um 1600. München 2007 (Schriften des Historischen Kollegs 70), S. 23–46.

Unübersehbar war aber auch, dass die von Opitz und seinen Mitstreitern begründete Richtung die altkatholischen Landschaften nur sehr zögerlich ergriff, die konfessionellen Scheidelinien also nicht wirklich überwunden werden konnten. Soziale wie konfessionelle Barrieren blieben ein Hindernis, um nicht zu sagen ein Ärgernis, der nationalliterarischen Bewegung, die diesen Titel eben nur mit halbem Recht führte. Und so wäre es verlockend, zu den Nachbarn hinüberzuschauen und Vergleiche anzustellen. Verlockend aber auch, dem Gewoge des Für und Wider um die Opitzsche Schöpfung im 17. Jahrhundert selbst zu folgen und die neu im Übergang zum 18. Jahrhundert ins Spiel kommenden Argumente zu mustern. Das alles kann hier gar nicht geschehen, gehört aber unter dem Titel der Kanonisierung von Literatur voll zu unserem Geschäft als Historiker ihres Lebens und Nachlebens in allen Sparten der Gesellschaft.

Stattdessen sei in wenigen Sätzen nochmals eine Station markiert, von der wir glauben, dass sie mit einem gewissen Recht eine letzte auf unserem langen Weg genannt werden dürfte. Natürlich wissen wir, dass in dieser Wahl auch wieder Vorlieben, ja Idiosynkrasien hineinspielen. Aber können, ja sollen wir sie aus unserem historischen Geschäft verbannen? Der junge Herder, im Begriff von Riga sich abzustoßen und aufzubrechen zu neuen Ufern, hat aus seiner östlichen Heimat die Erinnerung an eine vom westlichen Klassizismus weitgehend unberührte Kultur mit auf den Weg genommen. Sie wird er fortan umkreisen, ihre Impulse möchte er produktiv assimilieren und noch einmal einem großen nationalen kulturpolitischen Projekt zuführen. Dreifach aufgetürmt, so der Herder der Fragmente der deutschen Literatur, seien die Hürden, die ihm entgegenstünden: die Gründung der Literatur nach wie vor auf das Lateinische, geschuldet dem Umstand, dass sie immer noch in den Händen von Gelehrten, also Lateinkundigen, liege und diese nicht aufgehört hätten, zuerst und vor allem auf die Höfe zu schauen. Es sind die drei Säulen des Humanismus und damit der bis tief ins 18. Jahrhundert sich erstreckenden Reform, die Herder ins Wanken, wo nicht zum Einsturz bringen möchte. Und dies aus keinem anderen Grund als dem einen und nun wahrlich unverächtlichten, diejenigen Schichten, die an diesem elitären Literatursystem nicht teilnehmen konnten, endlich auch in den Kreislauf der Literatur und ihrer kulturellen Insignien mit einzubeziehen.[26]

Wie Dante zu Anfang gewahrt Herder zu Ende hellsichtig, dass eine Kultur, nein eine Nation Schaden nehmen kann, sofern und solange sich literarisches, kulturelles Handeln dauerhaft auf verschiedenen Etagen abspielt, die Interessen der einen wie der anderen Seite wechselseitig nicht anerkannt und agierend nicht zur Geltung und Befriedigung kommen. Volkskultur – dieser von den Mystizismen der Romantik

26 Die letzte Edition dieses grundlegenden Textes mit Kommentar in: Johann Gottfried Herder: Frühe Schriften 1764–1772. Hg. v. Ulrich Gaier. Frankfurt/M. 1985 (Herder: Werke 1), S. 161ff., Kommentar S. 1004ff. Erlaubt sei abschließend der Verweis auf die Interpretation bei Klaus Garber: Martin Opitz – ‚der Vater der deutschen Dichtung'. Eine kritische Studie zur Wissenschaftsgeschichte der Germanistik. Stuttgart 1976, S. 58ff. Vgl. auch den schönen Beitrag von Hans Wolf Jäger: Herder und die Frühe Neuzeit oder: Vom Sitz im Leben. In: Ders.: Vergnügen und Engagement. Ein gutes Dutzend Miszellen. Bremen 2001, S. 213–225.

und des 19. Jahrhunderts noch gar nicht berührte Begriff – er hält bei Herder den so mühsam erkämpften Titel einer emphatisch bejahten deutschen Sprache fest. Produktiv wie rezeptiv aber sollen Menschen allen Standes an ihr und den ihr entspringenden Zeugungen teilhaben.

Das ist, in einer einzigen Andeutung zusammengefasst, das literatur- und bildungspolitische Ideal, wie es sich am Vorabend der Revolution in den Worten des gewiss größten geschichtlichen Denkers des 18. Jahrhunderts auf deutschem Boden malt. Das humanistische Projekt des alten Europa gelangt damit an sein Ende. War aber das, was fast zeitgleich sich ausformte und nun auch den Deutschen den Ehrentitel einer deutschen Klassik bescherte, fünf Jahrhunderte nach den Italienern, fast drei Jahrhunderte nach den Spaniern, zwei nach den Engländern und weit mehr als einem nach den Franzosen, dasjenige, was der Visionär Herder ins Blickfeld genommen hatte? War es überhaupt in die Wirklichkeit zu überführen? In jedem Fall bezeichnete es noch einmal ein telos kulturellen nationalen Handelns.

Können, dürfen wir es wirklich zulassen, dass unsere Politiker sich dieses Potenzials in Ahnungslosigkeit und Unkenntnis, vielleicht aber auch mit Kalkül, begeben und vermeinen, fern von jenen Impulsen, wie sie der Sprache, der Literatur, den Künsten eignen, ihren nur allzu häufig bizarren Geschäften nachgehen zu dürfen? Über den Verkauf mittelalterlicher Handschriften durch eine Landesregierung werde nicht durch den Blick der Fachreferenten in das Feuilleton, sondern durch den in den Wirtschaftsteil einer Zeitung entschieden, konstatierte Herr Oettinger wohlgemut, bevor er durch eine noch einmal im Sinne der Aufklärung ihre Rechte behauptende Öffentlichkeit gezwungen wurde, einzulenken. Nicht zuletzt dieser schmählichen Rede sollte durch unseren Beitrag ins Wort gefallen werden, auch wenn wir hofften, dass er Stoff zu ein wenig mehr als diesem vordergründigen Ansinnen geboten hätte, das sich eines hoffentlich nicht allzu fernen Tages definitiv erledigt hat.

Detlef Haberland

Performanz und Memoria – Buchjubiläen im Schlesien der Frühen Neuzeit*

I.

Performatives Schreiben und Agieren ist nicht ausschließlich gegenwartsbezogen, sondern durchaus auch mit einem memorialen Aspekt verbunden. Dies gilt vor allem für Texte, die anlässlich von Jubiläen geschrieben werden: Einerseits wendet sich der Verfasser an sein zeitgenössisches Publikum mit klar umrissenen Absichten, andererseits ist sein Gegenstand ein bereits historisches Ereignis, an das aus bestimmten Gründen erinnert werden soll. Es ist die Nachwirkung der Bedeutung eines Ereignisses – oder erst auch der Versuch einer Konstruktion von dessen Signifikanz! –, die das performative Schreiben zu einem memorativen, persuasiven und zugleich plakativen Akt werden lässt.[1]

Die Geschichte des Buches mit seinen zahllosen historischen Verknüpfungen sowie politischen, wirtschaftlich-sozialen, theologischen, wissenschaftlichen und ästhetischen Aspekten wird gern, aber irrtümlich, als rein faktographische Disziplin verstanden, deren Aufgabe es vornehmlich zu sein scheint, Tatsachen festzustellen und sie in Katalogsysteme, Bibliographien, elektronische Dateien und andere Findmittel zu überführen. Damit ist aber keineswegs die Bedeutung des Buches als ein

---

* Herrn wiss. Bibl. Bernhard Kwoka (Martin-Opitz-Bibliothek, Herne), sowie Frau Mag. Weronika Karlak (Universitätsbibliothek Breslau/Wrocław) ist an dieser Stelle herzlich zu danken für die Übermittlung des Materials sowie für die freundliche Mitteilung noch nicht bekannter Texte.

1 Fischer-Lichte führt nichts über historisch verbürgte Realisationen von performativen Akten aus, wie sie etwa in Festumzügen, lebenden Bildern etc. bekannt sind. Sie spart die Frühe Neuzeit als Exempel vollständig aus, obwohl hier, im Anschluss an das Mittelalter, das Performative in Kunst und Alltag wenn nicht als deren dominanter, so doch als außerordentlich wirkungsmächtiger Bestandteil erkennbar ist. Erika Fischer-Lichte: Ästhetik des Performativen. Frankfurt/M. 2004 (edition suhrkamp 2373). Auf die historischen Wurzeln geht sie kurz ein in ihrem Aufsatz: Performance, Inszenierung, Ritual. Zur Klärung kulturwissenschaftlicher Schlüsselbegriffe. In: Jürgen Martschukat, Steffen Patzold (Hg.): Geschichtswissenschaft und „Performative Turn". Ritual, Inszenierung und Performanz vom Mittelalter bis zur Neuzeit. Köln, Weimar, Wien 2003 (Norm und Struktur. Studien zum sozialen Wandel in Mittelalter und Früher Neuzeit 19), S. 33–54. – Im Folgenden wird nicht zwischen ‚Performanz', ‚Performance' und ‚Performativität' unterschieden, da sich der differenzierte Gebrauch auf den Diskurs innerhalb des Poststrukturalismus bezieht. Hier wird von ‚Performanz' gesprochen im Sinne eines handelnden historischen Subjekts und seiner eigenständigen Äußerungen, auch wenn diese im Rahmen eines traditionsgebundenen Diskurses zu verstehen sind. Aktionen wie Festgottesdienste, Rezitation u. ä. und ihre Fixierung als Texte (durch die allein sie der Nachwelt erhalten blieben) verschmelzen zu einem Ganzen. Siehe dazu den Eintrag von Gerald Posselt: ‚Performativität' in: produktive differenzen. forum für differenz- und genderforschung. http://differenzen.univie.ac.at/glossar (Zugang am 15.1.2008). Siehe dazu auch die Einführung in André Bucher: Repräsentation als Performanz. Studien zur Darstellungspraxis der literarischen Moderne (Walter Serner, Robert Müller, Hermann Unger, Joseph Roth und Ernst Weiss). München 2004, S. 9–17.

überaus bedeutender und bis hin zur Entwicklung von Rundfunk und Fernsehen wohl der wichtigste kulturelle und technische Faktor hinsichtlich der Informationsverbreitung angemessen erfasst. Die in ihm fixierte Mitteilung lässt sich natürlich nach Kosten und Gewinn bewerten und stellt in dieser Form auch einen nicht unbeträchtlichen Aspekt der Volkswirtschaft dar.[2]

Aber erst die Programmatik von Verlagen, die Realisation verschiedener Auflagen und Ausgaben, ihre Gestaltung, die Wirkung von Büchern auf Einzelne oder Gruppen, gegebenenfalls sogar auch ihre Nicht-Wahrnehmung, ihre Sammlung im Rahmen bestimmter individueller Vorlieben oder Bedürfnisse – all dies macht das Buch seit jeher als Träger von Gedanken, Systemen oder künstlerischen Äußerungen zum Ausgangspunkt von Auseinandersetzungen und Diskussionen.[3] Klaus Garber bringt diesen Gedanken in einer seiner bibliotheksgeschichtlichen Studien, die dem alten deutschen Sprach- und Kulturraum im Osten Europas gewidmet sind, auf den folgenden Nenner: „Seit es geschriebene und gedruckte Texte gibt, rufen sie nicht nur Ausleger und Deuter auf den Plan, sondern auch Sammler und Bewahrer. Wer also eine derartige Ader in sich verspürt, weiß sich in guter, die Jahrhunderte über verbürgter Gesellschaft."[4] Dabei hat man sich allerdings vor Augen zu halten, dass für das Europa nach 1945, und dies gilt besonders für das östliche Europa, eine ganz besondere Situation besteht: „Das alte Europa ist samt seinen Memorialstätten, den Bauten, kulturellen Milieus, geistigen Landschaften und eben auch den Bibliotheken in den Katastrophen des 20. Jahrhunderts einem Prozess der Ausblutung ausgesetzt gewesen, für den die bekannte Geschichte keine Parallele bereithält."[5] Das Buch – hier exemplifizierend anhand von Bibliotheken angesprochen – ist ein unverzichtbarer Grundbestandteil nicht nur der östlichen, sondern überhaupt der „geistigen Landschaften".

Diese historisch feststehende Tatsache erfordert erneut große Anstrengungen – in diesem Falle auf dem Gebiet des historischen Buchwesens –, um die bereits untergegangene Kultur, die in vielen Bereichen und Aspekten wesentliche Voraussetzungen für Gegenwart und Zukunft bildet, zu erforschen und für künftige Generationen zu überliefern, damit nicht eine vollständige kulturelle retrograde Amnesie eintritt.[6] Die

2 Siehe hierzu prinzipiell in weiten Strecken: Geschichte des deutschen Buchhandels im 19. und 20. Jahrhundert. Im Auftrag des Börsenvereins des Deutschen Buchhandels herausgegeben von der Historischen Kommission. Bd. 1ff. Frankfurt/M. 2001ff.

3 Der Adressat dieser Festschrift hat Leben und Nachleben des Buches am Beispiel der thematischen Vielfalt der Bibliothek des Oldenburger Aufklärers Gerhard Gramberg in einer Ausstellung in der Landesbibliothek Oldenburg visualisiert, die sich in dem Katalog: Bücherwelten des Barock. Eine Ausstellung der Landesbibliothek Oldenburg. Bearb. v. Eckhard Grunewald u. Rudolf Fietz. Oldenburg 1995 (Schriften der Landesbibliothek Oldenburg 30), niederschlug. Siehe dazu auch die Eröffnungsrede zur Ausstellung: Eckhard Grunewald. Bücherwelten des Barock. In: buch und bild. Magazin für Buch- und Graphiksammler 2 (1998), Ausg. 2 (Juli), S. 76–82.

4 Klaus Garber: Das alte Buch im alten Europa. Auf Spurensuche in den Schatzhäusern des alten Kontinents. München 2005, S. 11.

5 Ebd.

6 Es sei nur am Beispiel der Breslauer Museen angedeutet, welche Fülle der Überlieferung vorhanden war und was, trotz vielfacher Verluste, noch immer an staunens-, erforschenswerten und der Präsen-

Möglichkeiten, die sich aus der wissenschaftlichen Beschäftigung mit dem Buchwesen des ausgehenden Mittelalters und der Frühen Neuzeit ergeben, sind bei weitem nicht ausgeschöpft – hier lassen sich noch zahlreiche interdisziplinäre Erkenntnisse zu erwarten. Über die sozialhistorisch dominierten Forschungen der 80er Jahre des 20. Jahrhunderts ist dabei hinauszugehen, um nach Möglichkeit ein differenziertes Gesamtbild zu erhalten. Das gilt besonders für das östliche Europa und hier nicht zuletzt für Schlesien.

Aber nicht nur das historische Buchwesen selbst stellt einen noch immer dringend zu erforschenden kulturellen Bereich dar, sondern auch die je zeitgenössische Reflexion der Bedeutung des Buchdrucks an sich, der Rang der Produkte für Gesellschaft und Kultur und nicht zuletzt für die Entwicklung des Einzelnen. Die Betrachtung dieser Metaebene erlaubt nicht nur Aussagen über die tatsächliche Realisation von kulturellem Mehrwert; sie erlaubt vielmehr eine Annäherung an den gleichsam „kultischen" Charakter von Büchern. Es bedarf an dieser Stelle keines Nachweises über Ansehen und Einfluss des Buches als Träger von geheimem und offen zugänglichem Wissen, als ein selbst heiliges Objekt wie Bibel oder Thora oder als ein kostbares ästhetisches Objekt, das es wert ist gesammelt und vererbt zu werden.

Indem Teile der frühneuzeitlichen Gesellschaft zu bestimmten Jubiläen über die Bedeutung des Buches reflektieren, bestimmen sie dessen Anteil an der „symbolischen Kommunikation" oder am „symbolischen Handeln" innerhalb der Gesellschaft.[7] Das Feiern eines Jubiläums bedeutet die Bereicherung der Festkultur durch einen bestimmten Aspekt. Diesen mittels der Analyse des performativen Akts, wie ihn ein Jubiläum darstellt, zu bestimmen, erweitert die Kenntnis frühneuzeitlicher kultureller und sozialer Interaktions- und Memorialformen. Mit dem Aspekt der Schriftlichkeit sei ein ebenfalls nicht unwichtiger Aspekt angesprochen. Was immer die umrahmenden Feierlichkeiten anlässlich eines Jubiläums gewesen sein mögen, überliefert sind sie nur als Texte. Man muss sich jedoch die wirkliche Welt mit ihren zahlreichen performativen Akten vor Augen halten – seien es Umzüge, öffentliche Bankette, Hinrichtungen, Feuerwerksveranstaltungen –, um die Distanz zu ermes-

---

tation würdigen Objekten vorhanden ist. Besonders sei auf die Sammlungen Thomas Rehdigers verwiesen, der in vielerlei Hinsicht eine der Grundlagen für den kunsthistorischen und bibliothekarischen Reichtum der Odermetropole gelegt hat. Siehe hierzu: Piotr Łukaszewicz (Hg.): Muzea sztuki w dawnym Wrocławiu/Kunstmuseen im alten Breslau. Wrocław/Breslau 1998; Ewa Houszka würdigt in ihrem Beitrag: Prehistoria wrocławskich muzeów/Vorgeschichte der Breslauer Museen (ebd., S. 11–24), ausführlich die Geschichte der Sammlungen Rehdigers.

7 Siehe dazu Martschukat/Patzold: Geschichtswissenschaft und „Performative Turn" (Anm. 1), S. 1–31; hier S. 20f. Die Frühe Neuzeit mit ihren zahlreichen symbolischen Handlungsstrukturen unterschiedlichster Valenz bleibt leider weitestgehend ausgespart. Es kann an dieser Stelle nicht auf die zahlreichen Arbeiten zur frühneuzeitlichen oder speziell barocken Festkultur eingegangen werden; stellvertretend sollen wenigstens genannt werden: Joseph Imorde (Hg.): Barocke Inszenierung. Akten des internationalen Forschungskolloquiums an der Technischen Universität Berlin, 20.–22. Juni 1996. Emsdetten [u. a.] 1999; Richard Alewyn: Das große Welttheater. Die Epoche der höfischen Feste. 2., erw. Aufl. München 1985; Eberhard Fähler: Feuerwerke des Barock. Studien zum öffentlichen Fest und seiner literarischen Deutung vom 16. bis 18. Jahrhundert. Stuttgart 1974.

sen, die zwischen dem heutigen Rezipienten und dem damaligen Akteur/Zuschauer liegt.[8]

Schlesien kann für sich zwar nicht in Anspruch nehmen, zu denjenigen Kernregionen zu gehören, in denen der Buchdruck entstand und von wo aus er sich verbreitete. Es ist auch eine vielbeklagte, aber nichtsdestoweniger zutreffende Tatsache, dass das Fehlen einer Landesuniversität in Schlesien eine noch stärkere Konzentration von Intellektualität und damit die Intensivierung des Buchwesens insgesamt verhindert hat.[9]

Das hatte aber keineswegs zur Folge, dass man in Schlesien am Buch selbst nur wenig interessiert war. Vielmehr ist das Gegenteil richtig. Namen wie Konrad Baumgarten, Georg Baumann, Crispin Scharffenberg und viele andere stehen für erstklassige Druckerzeugnisse, die über die Grenzen Schlesiens hinaus bekannt waren und gesammelt wurden. Die ‚Dynastie der Korns' könnte sogar als eine Allegorie für Allround-Verleger und Händler auf dem internationalen Parkett bezeichnet werden. Persönlichkeiten wie der einzigartige Thomas Rehdiger oder die zahlreichen kirchlichen Würdenträger oder auch spätere Naturwissenschaftler, Ärzte oder Gelehrte an den Gymnasien (hier wären, um wenigstens einige Namen zu nennen, etwa Martin Hanke, Christian Stieff, Ephraim Scheibel oder Pastor Gottlieb Balthasar Scharff aus Schweidnitz, der Herausgeber der ersten Gelehrtenzeitschrift Schlesiens, hervorzuheben!) stehen für eine Region bedeutendster Sammler, Lehrer und Bibliothekare.[10] Das Buchwesen Schlesiens stellt sich also insgesamt als ein ausgesprochen wirkmächtiger kultureller Organismus dar, der keineswegs nur aus sich selbst heraus existierte, sondern der West- und Osteuropa sowie mit Skandinavien, Italien und Ungarn aufs engste verflochten war.

Die Frühe Neuzeit zeichnet sich unter anderem dadurch aus, dass der memoriale Aspekt kulturellen Handelns mindestens in gleichem Maße wahrgenommen wurde wie im Mittelalter. In diesem Zusammenhang kommt dem Sich-Erinnern an den Beginn des Buchdrucks eine wesentliche Rolle zu, die bislang, in epochenübergrei-

---

8 Insofern dürfte die These vom Wechsel einer „Welt als Text" zu einer „Welt als Performance", wie sie Fischer-Lichte vertritt, problematisch sein. Auch von den Happenings des 20. Jahrhunderts bleibt nichts anderes als ein Text und/oder ein Foto. Erika Fischer-Lichte: Grenzgänge und Tauschhandel. Auf dem Wege zu einer performativen Kultur. In: Erika Fischer-Lichte, Friedemann Kreuder, Isabel Pflug (Hg.): Theater seit den 60er Jahren. Grenzgänge der Neo-Avantgarde. Tübingen, Basel 1998, S. 15, 19.

9 Siehe Carsten Rabe: Alma Mater Leopoldina. Kolleg und Universität der Jesuiten in Breslau 1638–1811. Köln, Weimar, Wien 1999 (Neue Forschungen zur schlesischen Geschichte 7).

10 Siehe hierzu die Beiträge von Klaus Garber, Lesław Spichała, Lucyna Harc und Ilpo Tapani Piirainen in Klaus Garber (Hg.): Kulturgeschichte Schlesiens in der Frühen Neuzeit. 2 Bde. Tübingen 2005 (Frühe Neuzeit 111); hier Bd. 1; siehe auch die entsprechenden Beiträge in Klaus Garber: Das alte Buch im alten Europa (Anm. 4). Von einem etwas anderen Standort aus nähert sich Józef Budzyński dem Thema in seinem Aufsatz: Historia książki, druku i bibliotek w nauczanik oraz w działalności kultural no-naukowej starych szkoł Wrocławia w XVII i XVIII W. [Buch-, Druck- und Bibliothekargeschichte im Unterricht und in der kulturell-wissenschaftlichen Wirkung in den Breslauer Schulen im 17. u. 18. Jh.]. In: Andrzej Ładomirski (Hg.): Bibliothecalia Wratislaviensia II. Wrocław 1995 (Acta Universitatis Wratislaviensis, No 1678), S. 129–159.

fender Dimension, praktisch nicht beachtet wurde. In diesem Kontext kann nur eine einzige Region des östlichen Europa betrachtet werden – und es stellt sich heraus, dass bereits die Befunde zu ihr durchaus umfangreich sind.[11] Bevor jedoch die Texte aus Schlesien selbst analysiert werden, soll ein Blick auf die memorialen Anfänge Ausgangspunkte und Tendenzen dieser Texte zeigen.

Schon zu einem erstaunlich frühen Zeitpunkt war verschiedentlich der Beginn des Druckens in chronikalischer Absicht erwähnt worden:[12] 1474 in dem *Fasciculus temporum* des Kölner Karthäusermönchs Werner Rolevinck und im selben Jahr in der Chronik der Päpste und Kaiser von Riccobaldus Ferrariensis, 1483 von Matteo Palmieri in seiner Fortsetzung der Chronik des Eusebius von Cäsarea und im gleichen Jahr von Jakob Philipp Foresti von Bergamo in seinem *Supplementum Chronicarum*. Auch Johannes Trithemius 1486 und Sebastian Brant 1489 erkennen die Bedeutung des Druckens in der neuen quantitativen und qualitativen Art der Verbreitung von Informationen·

Die Inhalte dieser meist kurzen Anmerkungen zum Buchdruck lassen sich dahingehend zusammenfassen (nicht in jedem Text ist immer die gleiche Informationsdichte präsent): Der Buchdruck wird 1440 (!) von Gutenberg in Mainz erfunden, und durch diese Kunst ist es möglich, viel mehr Bücher zu verbreiten als vorher. Nichts sei nützlicher, aber nichts sogar heiliger und göttlicher. Es ist naheliegend, dass in einem Zeitalter, in dem die Buchproduktion vornehmlich auf Theologie, Geschichtsschreibung, Medizin und politische Verlautbarungen beschränkt ist, die Theologie den Primat hat. – In diesen Beispielen ist noch nicht von Buch‚jubiläen' die Rede, aber beachtenswert ist doch, dass man bereits rund ein Menschenalter nach dem Anfang der Druckproduktion das Gefühl hat, man müsste im Zusammenhang mit anderen chronikalischen Ereignissen auf den Beginn dieser technischen Neuerung und auf ihre Implikationen hinweisen.

Auch 1489 erwähnt der Saganer Probst Peter Waynknecht das Drucken; er verbindet die Geschichte der Äbte des Saganer Klosters mit besonders bedeutenden Ereignissen und benutzt dazu offensichtlich unter anderem die Chronik von Rolevinck.[13] Bei ihm tritt zuerst die Festlegung auf den falschen Zeitpunkt[14] und auf den Ort der Erfindung des Buchdrucks auf: „in Maguntia civitate circa annum incarnacionis dominice 1440 aut parum citra vel ultra".[15]

Nur wenige Jahre später heißt es in der Schedelschen *Weltchronik*:

---

11 Die Betrachtung der Buchjubiläen im gesamten deutschen Sprachraum würde sicher noch einen weiteren Blick auf deren kulturelle Bedeutung und Wirkung, vor allem in ihrer regionalen Ausprägung, zulassen; dies kann im Rahmen dieses Beitrages jedoch nicht geleistet werden.

12 Die folgenden Daten nach: Alfred Świerk: Ein frühes, wenig bekanntes Zeugnis über die Erfindung des Buchdrucks. In: Gutenberg Jahrbuch 1971, S. 36–42; hier S. 36f.

13 Ebd., S. 38.

14 1440 befand sich Gutenberg noch in Straßburg; er druckte die 42-zeilige Bibel nicht vor dem Ende des Jahres 1452.

15 Ebd.

KUnst der truckerey hat sich erstlich in teütschem lannd in der statt Mayntz am Rhein gelegen im iar Cristi M.ccc.xl. ereugt. vnnd füroan schier in alle örter der werlt außgespreüßt. dardurch die kostpern schetze schrifftlicher kunst vnd weißheit so in den alten büechern langzeit als der werlt vnbekant in dem grabe der vnwissenheit verborgen gelegen sind herfür an das liecht gelangt haben. also das vil treffenlicher vnd menschlichem geprauch nottürftiger vnd nützlicher büecher so ettwen nicht on kleine kostung zeerzeügen warn. nw zur zeit mit wenig gelts zeerobern sind. vnd wo dies kunst zeitlicher rfunden worden vnnd in wissenheit vnnd geprauch gewesen wer so wern vngezweifelt ettwieuil büecher Titi liuij Tullij vnd Plinij. vnd andrer hohgelerter lewt auß bösschicklichkeit u zeit nicht verlorn worden. Vnd so nw die erfinder yezuzeiten handwercklicher kunst nit wenig lobs wirdig sind. wer kan den außsprechen mit was lob. Preyse. eren vnd rüm die teütschen zeerheben seyen die auß irer erleüchten synreichen schicklichkeit ertrachtet vnd erfunden haben. Dise kunst der truckerey durch die der lang verschloßen prunn vnaußsprechlicher weißheit menschlicher vnnd auch götlicher kunst in die gemayne außgelaytet wirdt.[16]

Neben den schon bekannten Daten ist bemerkenswert, dass der religiöse Aspekt hier gleichsam wie an den Rand gerückt erscheint (mit der Formulierung „vnnd auch“), als sei das Profane überall wie selbstverständlich dominierend.

Wenn ebenfalls nicht feierlich, so wurde doch erneut gegen Ende des 15. Jahrhunderts des Buchdrucks in memorialer Absicht gedacht. In der Koelhoffschen Chronik von 1499 findet man einen Hinweis auf den Buchdruck, der nach Auffassung des Schreibers in erster Linie die „liefde in die vuiricheit der minschen“ befördern helfe, die „sere verloschen is of bevleckt“.[17] Im Folgenden schildert der Schreiber die Vorteile des Buchdrucks, durch den Gebete und Predigten in viel größerer Zahl verbreitet werden könnten. Er legt die Erfindung des Drucks ebenfalls fälschlicherweise in das Jahr 1440[18] und den Druck des ersten Buches, der 42-zeiligen Bibel, ebenso falsch in das Jahr 1450.[19]

Auch der Humanist Joachim Vadian lobt – in didaktischer Hinsicht – die Erfindung des Buchdrucks mit einem Gedicht in einer Ausgabe der *Naturalis Historia* des Plinius von 1511. Sein Text ist, wie Stephan Füssel herausgearbeitet hat, bereits viel kunstvoller gestaltet. In vierfacher Klimax wird an Hermes (hier gleichgesetzt mit dem ägyptischen Gott Toth) erinnert, der als Erfinder der Druckkunst gilt, die als eine geistige Leistung die manuelle bei weitem überstrahle und daher von welthistorischer Bedeutung sei.[20]

---

16 Hartmann Schedel: Weltchronik. Kolorierte Gesamtausgabe von 1493. Einl. u. Komm. v. Stephan Füssel. Köln, London, Madrid [u. a.] 2001, S. CCLII^{v}.

17 Die Koelhoffsche Chronik. In: Die Chroniken der niederrheinischen Städte. Cöln. 3. Bd. Hg. durch die Historische Kommission bei der Königl. Academie der Wissenschaften. Leipzig 1877 (Die Chroniken der deutschen Städte vom 14. bis ins 16. Jahrhundert 14), S. 792.

18 Ebd., S. 793.

19 Ebd.

20 Stephan Füssel: Ein wohlverdientes Lob der Buchdruckerkunst. In: Pirckheimer Jahrbuch. Bd. 11: Humanismus und früher Buchdruck. Akten des interdisziplinären Symposions vom 5./6. Mai 1995 in Frankfurt am Main. Hg. v. Stephan Füssel u. Volker Honemann. Nürnberg 1996, S. 7–14.

Schlesien gehört durch den Beginn des Buchdrucks von 1475 in Breslau immerhin zu den Regionen, in denen sich die Ablösung von der reinen handschriftlichen Verbreitungsform von Texten zu einer vorindustriellen Produktion bereits schon in der Inkunabelzeit entfaltete. Auch wenn in anderen schlesischen Orten erst Jahre später das Drucken beginnt (z. B. Liegnitz 1528, Neisse 1541, Hundsfeld 1543, Görlitz 1545, Brieg 1610, Glatz 1619),[21] so spielt Schlesien für die humanistische Buchkultur im alten deutschen Kultur- und Sprachraum im östlichen Europa insgesamt eine herausragende Rolle: Die Zahl der Buchhändler und Sammler ist beträchtlich und die Zahl und die Qualität der Bibliotheken überaus bedeutend.[22] Schlesiens Anteil an der Papierproduktion, am Buchhandel und allen damit verbundenen Handwerkszweigen ist aus dem humanistischen Europa nicht wegzudenken.[23]

Aber nicht nur außerhalb der Region Schlesien wurde dessen Buchwesen wahrgenommen, sondern auch in Schlesien selbst war man sich seines eigenen Wertes und der Rolle, die man in der kulturellen Welt spielte, sehr wohl bewusst. Allerdings hat es sicher im 16. Jahrhundert, was naheliegend gewesen wäre, keine Feierlichkeiten und Bücher zum hundertsten Jahrestag der Erfindung des Buchdrucks gegeben – mindestens waren sie nicht so prächtig organisiert und durch aufsehenerregende Publikationen popularisiert.[24] Für diese Zurückhaltung dürfte es, auch was Schlesien betrifft, mehrere Gründe geben. Es lässt sich insgesamt von der ersten Hälfte des 16. Jahrhunderts sagen, dass durch die verschiedenen Kriege (mit Frankreich (1521–1538), die Belagerung Wiens durch Soliman II. bis 1532 sowie durch die konfessionellen Unruhen (Einführung der Reformation in Skandinavien, 1530 Augsburgische Konfession, 1531 Loslösung der anglikanischen Kirche von Rom, 1541 Reformation in

---

21 Siehe dazu Verf.: Schlesien. In: Lexikon des gesamten Buchwesens. 2., völlig neu bearb. Aufl. LGB². Hg. v. Severin Corsten, Stephan Füssel, Günther Pflug. Bd. VI. Stuttgart 2003, S. 549–555; hier S. 549–551.

22 Es fehlt, trotz einer beträchtlich ausgebreiteten historischen Darstellung und neueren Forschung von deutscher und polnischer Seite zum schlesischen Buchwesen – schon vom 17. Jahrhundert an erregte es die Aufmerksamkeit der gebildeten Welt –, noch immer eine differenzierte Geschichtsschreibung dieses unersetzlichen Kulturzweiges. Ein Überblick über die jetzt schon Jahrhunderte dauernde Beschäftigung mit diesem Thema wird gegeben durch eine in Arbeit befindliche kommentierte Bibliographie des Verfassers zur Forschungsgeschichte des schlesischen Buchwesens, die etwa vom Beginn des 17. Jahrhunderts bis zur Gegenwart reicht und deutsche, polnische und tschechische Titel bietet und eine Übersicht von der Papierherstellung bis zum Leserverhalten erlaubt.

23 Zu diesem Thema siehe den vom Verfasser herausgegebenen Band: Buch- und Wissenstransfer in Ostmittel- und Südosteuropa in der Frühen Neuzeit. München 2007 (Schriften des Bundesinstituts für Kultur und Geschichte der Deutschen im östlichen Europa 34); in ihm werden zahlreiche Aspekte der Buchgeschichte im östlichen Europa von der Papierproduktion bis zum Leseverhalten untersucht.

24 1540 soll mindestens der Drucker Hans Lufft in Wittenberg des Jubiläums gedacht haben; ein Beleg dafür konnte jedoch noch nicht aufgefunden werden. – Die Tatsache, dass Luther dem Buchdruck, dem er selbst so viel verdankte, positiv gegenüberstand, erleichterte in vielen protestantisch geprägten Gemeinwesen die Einrichtung von Offizinen und die Verbreitung der Produkte. Allgemein dazu Otto Clemen: Luthers Lob der Buchdruckerkunst. Zur 500. Gutenbergfeier. Zwickau i.S. 1939.

Genf, deren Schatten gleichwohl weiter zurückreichen)[25] und nicht zuletzt alle damit in Verbindung stehenden sozialen Umschichtungen, die nicht immer friedlich vonstatten gingen (Stichworte sind dafür: Bundschuh, Deutscher Bauernkrieg, Pfälzischer Bauernkrieg), ein Klima der Unsicherheit geschaffen wurde.

Auch Schlesien machte hier keine Ausnahme. Ferdinands I. Reise nach Schlesien 1538 hatte den Zweck, von den schlesischen Fürsten eine finanzielle Unterstützung zur Eroberung Ungarns zu erhalten. Überdies waren Schwenckfelder und Wiedertäufer in Schlesien aktiv und erzeugten eine innere Unruhe.[26] Überdies und nicht zuletzt war die Entwicklung akademischer Gymnasien noch nicht so weit fortgeschritten, dass die Ausgestaltung von Festakten und Feierlichkeiten (wie später etwa durch das Jesuitentheater) eine breitere Öffentlichkeit für die Feier von Jubiläen hätte erreichen können, geschweige denn, dass diese in sie einbezogen werden konnte. All dies dürfte dazu beigetragen haben, dass nicht nur in Schlesien, sondern überhaupt die Neigung wohl gering war, über die Bewältigung der alltäglichen Schwierigkeiten hinaus eines Jubiläums zu gedenken, dessen attraktive Visualisierung für die breite Masse der Illiteraten schwer zu bewerkstelligen gewesen wäre.

Eine Vorstellung von der Art solcher Feste gibt eine Beschreibung von dem Festakt, den Nikolaus Schill, Buchdrucker in Lauban, allerdings erst 1740, veranstaltete:

> Um 10 Uhr besagten Tages [14. Juni 1740] wurde auf dem Raths-Thurme mit Paucken und Trompeten deßwegen Music gemacht, und das Danck-Lied: Lobet GOtt unsern Herren, abgeblasen; nachmahls die von ihm erbetenen Gäste mit einem Gastmahl tractiret, wobey eine auf diese Jubel-Freude neuverfertigte geistl. Cantate von dem Herrn Directore Chori Musices, herrn Chr. Gottfried Helmunden aufgeführet worden. Zugleich wurde Herr Schillen in 3 Carminibus von Herrn D. Gemeinhardten, der dasigen Druckerey constituirten Censore, Hrn. M. Guden Diac. dem jüngern, und Hrn. Gottlieb Kriegein, S. S. Theol. Studioso aus Leipzig gratuliret.[27]

Es ist ersichtlich, dass die Allgemeinheit lediglich mit etwas Musik vom Ratsturm ergötzt wurde, die eigentliche Feier mit Gesang (und wahrscheinlich auch gelehrten Reden) aber nur für einen kleinen, geladenen Kreis bestimmt war, von dem gewiss sein konnte, dass die Gäste die dargebotenen Einlagen auch zu goutieren verstanden.

---

25 Heinz Schilling: Die Konfessionalisierung im Reich. Religiöser und gesellschaftlicher Wandel in Deutschland zwischen 1555 und 1620. In: Historische Zeitschrift 246 (1988), S. 1–45.

26 Siehe dazu Ludwig Petry, Josef Joachim Menzel (Hg.): Geschichte Schlesiens. Bd. 2: Die Habsburger Zeit 1526–1740. 2., durchges. Aufl. Sigmaringen 1988 (Geschichte Schlesiens), S. 11f. Insgesamt gärte es in dieser brisanten Zeit natürlich auch in Schlesien. Siehe dazu Norbert Conrads (Hg.): Schlesien. Berlin 1994 (Deutsche Geschichte im Osten Europas), S. 206–209.

27 O. V.: Kurtze Nachricht, wie das in diesem 1740 Jahre gefällige Buchdrucker-Jubilaeum in einigen Orten des Marggraffthums Ober-Lausitz feyerlich begangen worden. In: Singularia / historico-literaria / Lusatica, / Oder / Historische und Gelehrte / Merckwürdigkeiten / Derer / Beyden Marggrafthumer / Ober- und Nieder-Lausitz, / Worinnen / Verschiedene zur Erläuterung der Lausitzi- / schen Staats-Kirchen- und Lehns-Verfassung, auch / zur Historie dienliche Nachrichten communiciret, / So wohl auch / Die in dieser Provintz heraus gekommne / Gelehrte Schrifften und Neuigkeiten / recensiret werden, / Sammt einigen Anmerckungen. / 24. Slg. Leipzig, Budißin 1740, S. 726–734; hier S. 732f. OLB, Görlitz, Sign. L V 2.

Als man sich nach dem konfliktreichen 16. Jahrhundert dann doch im 17., das allerdings auch nicht weniger Gewaltpotential beinhaltete, allerorten im deutschen Sprachraum des 200. Jahrestages des Druckens bewusst wurde, schloss sich auch Schlesien nicht aus. Feierliche Begängnisse[28] fanden 1640 etwa in Leipzig, Halle und Dresden statt.

Und erst recht 1740, jetzt, unter ganz anderen allgemeinhistorischen und mentalitätsgeschichtlichen Voraussetzungen unter anderem in Leipzig,[29] Magdeburg,[30] Gotha, Erfurt, Dresden, Hamburg, Frankfurt an der Oder und Görlitz.[31] Der Görlitzer Pfarrer Christian Knauthe schrieb zu dem letztgenannten Jubeljahr: „Es ist fast keine nahmhaffte Stadt in Teutschland, in welcher nicht in diesem Jahre etwas von der Buchdruckerey zum Vorschein komme."[32] Auch Schlesien hatte 1640 und 1740 einen bedeutenden Anteil an diesen Feierlichkeiten.

Das Jahr 1804 steht für Breslau und Schlesien sogar im Zeichen eines dreifachen Jubiläums: Der Rektor des Elisabeth-Gymnasiums Johann Ephraim Scheibel schreibt eine Geschichte der Stadtbuchdruckerei in Breslau, ausdrücklich gedacht als „Beitrag zur allgemeinen Geschichte der Buchdruckerkunst".[33] Das Werk ist als wissenschaftliche Würdigung anlässlich des 300. Jahrestages des Druckbeginns von Konrad Baumgarten, des 250. der Gründung der Offizin Chrispin Scharffenbergs und des 215. der Übergabe dieser Offizin an Georg Baumann d. Ä. gedacht – also eine Kumulation von Jubiläen, die für die performative Ausrichtung des Werkes gerade recht ist.

Das Jahr 1840 sieht ebenfalls noch einmal Feiern. Aber kaum noch bringen einzelne Städte entsprechende Erinnerungswerke heraus. Vielmehr ist der Memorialcharakter konzentriert und monumentalisiert: Karl Falkensteins *Geschichte der Buchdruckerkunst in ihrer Entstehung und Ausbildung*, im Untertitel zwar ein „Denkmal zur vierten

---

28 Die folgende Nennung von Städten stellt keine vollständige Liste der Orte dar, in denen Gedenkschriften erschienen.

29 In Leipzig erschien: Die so nöthig als nützliche Buchdruckerkunst und Schriftgießerey, mit ihren Schriften, Formaten und allen dazu gehörigen Instrumenten abgebildet auch klärlich beschrieben, und nebst einer kurzgefaßten Erzählung vom Ursprung und Fortgang der Buchdruckerkunst, überhaupt, insonderheit von den vornehmsten Buchdruckern in Leipzig und andern Orten Teutschlandes im 300 Jahre nach Erfindung derselben ans Licht gestellet. Mit einer Vorrede Herrn Johann Erhard Kappens [...]. 2 Bde. Leipzig 1740. Dieses Werk ist zugleich ein Lexikon zum Buchwesen. Im zweiten Teil sind angehängt „Ehren-Gedichte" auf die Buchdruckerkunst.

30 Samuel Walther: Oratio secularis in laudem typographiae jussu ephororum in schola Magdeburgica Anno MDCCXL a.d. XXIX. Nov. [...] habita. Magdeburg [1740].

31 Zu Görlitz siehe unten S. 84f.

32 Annales Typographici Lusatiae Superioris oder Geschichte der Ober-Lausitzischen Buchdruckereyen, Darinnen von denen An- und Einrichtungen, glücklich- und unglücklichen Schicksaalen der Buchdruckereyen in Ober-Lausitz, derselben Drucker-Herren, und denen aus selbigen ans Licht erschienenen Schrifften gehandelt wird, Als ein Beytrag zu der Buchdrucker-Historie, mitgetheilet von Christian Knauthe. Lauban [1740], unpag. S. 7. Reprint hg. v. R[einhold] Olesch. Köln, Wien 1980 (Slavistische Forschungen 30).

33 [Johann Ephraim Scheibel]: Geschichte der seit dreihundert Jahren in Breslau befindlichen Stadtbuchdruckerey als ein Beitrag zur allgemeinen Geschichte der Buchdruckerkunst. Breslau 1804.

Säcular-Feier der Erfindung der Typographie“ genannt (Leipzig 1840), stellt aber eher ein ‚Coffeetable-book‘ dar, das zwar pompös aufgemacht, aber von beträchtlicher sachlicher Dürftigkeit ist und eine Reihe von Fehlern enthält, besonders was das östliche Europa und Schlesien betrifft.

Das 500. Jubeljahr, das sei noch am Rande erwähnt, fällt in das zweite Kriegsjahr 1940, und da erübrigt es sich von selbst, das „Am deutschen Wesen soll die Welt genesen“ allzu laut hinauszurufen. Das entsprechende Jahrbuch der Gutenberg-Gesellschaft stellt denn auch folgerichtig eher eine umfangreiche Sammlung verschiedenartiger wissenschaftlicher Beiträge dar, die thematisch wie auch in internationalen Bezügen die Breite des Buchwesens zu erfassen suchen.[34] Zurück nach Schlesien.

II.

Aufschlussreich für die Würdigung dieser die Moderne in Europa einleitenden Technik ist die Art und Weise, in welcher Weise dies geschah. Es erschienen nicht nur einige Gelegenheitsgedichte. Vielmehr haben auch in Schlesien sowohl 1640 als auch 1740 große Feiern aus Anlass dieses Jubiläums stattgefunden. Weder ihre Geschichte und Umstände noch die der Jubiläen in anderen deutschen Städten sind bisher separat oder im Kontext einer Mediengeschichte des deutschen Sprachraumes wahrgenommen worden.[35] Einige Schriften, die die damalige Situation reflektieren, seien im Folgenden vorgestellt.

Der Sammelband von 1640 hat natürlich noch späthumanistischen Charakter: *Carmina Secularia De Typographia, ante annos ipsos ducentos â Germanis inventâ. Curabat pariter atque imprimebat Georgius Baumann Typographus Vratislaviensis, Anno Christiano 1640.*[36] Georg Baumann tritt bei dieser Gelegenheit nicht nur als Leiter der Breslauer Stadtbuchdruckerei in Erscheinung, sondern auch als Herausgeber, also in handwerklich-gelehrter Doppelfunktion. Er preist in seiner Vorrede zunächst Gott für die erwiesene Gnade, die „gantze Christenheit“ der Druckkunst genießen zu lassen.[37] Dann aber erweist er dem Rat der Stadt Breslau den schuldigen Respekt und erklärt, dass er „E. Gestr. diese Lobgetichte [...] billich zuschreiben / vnnd mein danckbares Gemüth erweisen wollen.“[38]

Aus Anlass des Jubiläums stellt Baumann eine Reihe lateinischer und deutscher Gedichte bedeutender gelehrter Vertreter des schlesischen Geisteslebens zusammen. Es finden sich hier Texte unter anderem von Nikolaus Henel, Abraham von Franckenberg, Elias Major, Heinrich Klose, Christoph Köler und Andreas Tscherning, die

---

34 Gutenberg Jahrbuch 1940. Festschrift zur Fünfhundert Jahrfeier der Erfindung der Buchdruckkunst. Vol. 15.

35 Soweit zu sehen, streift nur Olesch in seinem Vorwort zum Reprint von Knauthes *Annales Typographici* (Anm. 32) das Datum 1740 für den deutschen Sprachraum.

36 Benutzt wurde das Exemplar der Universitätsbibliothek Breslau, Sign. 443819.

37 Ebd., unpag. S. 2.

38 Ebd., unpag. S. 3.

nicht nur Auskunft über die Haltung des jeweiligen Verfassers zum Buchdruck geben, sondern ein Panorama der intellektuellen Potenz dieser Region bieten. Bereits Henel schlägt als erster Beiträger den Ton an, der für das ganze Jubiläum bestimmend ist:

Id verò inventum haut alii, Germania mater,
Quám tibi debetur: laus ea tota tua est.[39]

Es ist das ganze Deutschland, von dem diese wirkmächtige Erfindung ausgeht, die für alle, die sich dieser segensreichen Technik bedienen, einen Gewinn darstellt:

Inventum postquam est, idque haut sine numine divum,
Caelato scriptos exprimere aere libros,
Doctrina et melior mox efflorescere caepit,
Religioque suas alma reclusit opes.[40]

Christophorus Schlegel, Prediger und Professor am Elisabethanum, bringt zugleich einen missionarischen Gesichtspunkt in das Lob der Druckkunst hinein:

Dir / höchster GOtt / dem Geber aller Gaben
Sey mit erfrewter Zungen
Lob / Ehr‘ und Preiß gesungen:
Weil wir durch deine Gunst
Nunmehr die Drucker-Kunst
Zur Kirchen Nutz / zum Dienst der Weißheit haben.
Laß ferner deine Ehr‘ /
Und alle gute Lehr‘
In jedem Theil der Erden
Wohl außgebreitet werden
Durch jetzt gerühmter Gabe Dienst.[41]

Der Opitzianer Andreas Tscherning ist gleich mit zwei Beiträgen in dem Sammelwerk vertreten. Sein *Lob der Buchdruckerey* umfasst elf Seiten[42] und kann an dieser Stelle nicht angemessen gewürdigt werden. Sein kurzes Gedicht *An Hn. Georg Baumann. Buchdrucker in Breßlaw* aber ist insofern ein poetisches Horsd‘œuvre, als es den Sinn des Buchdrucks auf einen naheliegenden Punkt bringt:

Ihr erhebt die Welt zu Ehren /
Pflantzet vnser Eigenthum.
Zwar es wil der erste Rhum
Einem der da schreibt gehören /
Dann ist alles eure Ziehr.
Ein Poet durch seine Lieder
Holet vns vom Tode wieder /
Den Poeten aber Ihr.[43]

---

39 Ebd., unpag. S. 5.
40 Ebd., unpag. S. 4.
41 Ebd., unpag. S. 13.
42 Ebd., unpag. S. 49ff.
43 Ebd., unpag. S. 38.

Mit seinen Worten wird die Verschränkung von Geist und Handwerk nachdrücklich herausgestellt, auch was ihre Wertigkeit betrifft; ähnliche Gedanken breitet er, viel umfangreicher allerdings, in seinem zweiten Gedicht aus.

III.

1740 erschienen in Breslau gleich zwei Sammelwerke anlässlich des Jubiläums. Im Titel des einen Sammelbandes sind die Feierlichkeiten aufgezählt, die stattgefunden hatten: In den drei evangelischen Hauptkirchen Breslaus wurden am Johannisfest (also im Juni) Gottesdienste mit thematisch ausgerichteten Predigten abgehalten, in den Gymnasien wurden allegorische Festspiele aufgeführt, und auch die übrige Welt gedachte des Ereignisses mit „gelehrten Federn" und Konzerten. Damit wird, memorierend, deutlich herausgestellt, dass man dieses Ereignis in der Odermetropole würdig zu begehen wusste.

Ein Festgedicht in zwölf Strophen wird vom Inspektor der evangelischen Schulen Breslaus, Christian Stieff, als Einzeldruck herausgegeben und einer einzelnen Persönlichkeit zugeeignet, nämlich dem für die Stadt bedeutenden Samuel Graß: *Ueber das / Durch Göttliche Gnade den 24. Junii Anno 1740. / glücklich eingetretene / Dritte Jubel-Fest / Der von Deutscher Nation / Ruhmwürdig-erfundenen Löblichen / Buchdrucker-Kunst, / Wolte / Bey angestelltem allgemeinem Frolocken / Auch sein hierüber geschöpftes Vergnügen bezeugen, / Und bey solcher Gelegenheit / Dem Wohl-Edlen, Großachtbaren / und Hochgelahrten / Herrn Samuel Graß, / Philos. & Medic. Doctori und berühmtem Practico, / Der Kayserl. Academiae Naturae Curiosorum / Würdigem Mitgliede, / und Wohlverordnetem Physico der Stadt Breßlau, / Als dermaligem Erben, Besitzer und Fortsetzer / Der in Breßlau sich befindenden / Baumannischen Buchdruckerey, / alles gesegnete fortwährende Wachsthum / In gegenwärtigen Zeiten von hertzen anerwünschen / Christian Stieff, / Der Breßlauischen Evangelischen Schulen Inspector, des Elisabetanischen Gymnasii Rector, / wie auch Theologiae Exegeticae, Historiarum und Physicae Prof. Publicus, obgedachter / Buchdruckerey Censor, und der Königl. Preußischen Societät der Wissen- / schafften Mitglied.*[44] Dieser Graß verbindet in sich drei Charakteristika, die seine Person preisenswert machen: die öffentliche Funktion als erster Stadtarzt der Stadt Breslau, die individuelle Gelehrsamkeit als Mitglied der Leopoldina und eine regionale, aber auch grenzüberschreitende Marktbeherrschung als Erbe und Besitzer der Baumannschen Buchdruckerei.[45]

Zusätzlich erscheint ein Sammelband von Stieff, der mit demselben Gedicht eingeleitet wird. Gerade der Casual-Charakter des Gedichtes macht es zu einem sensiblen Messinstrument für kulturelle Befindlichkeiten. Das Gedicht beginnt nicht etwa

---

44 Benutzt wurde das Exemplar Universitätsbibliothek Breslau, Sign. 564084.

45 Siehe zu ihm Claudia A. Zonta: Schlesische Studenten an italienischen Universitäten. Eine prosopographische Studie zur frühneuzeitlichen Bildungsgeschichte. Köln, Weimar, Wien 2004 (Neue Forschungen zur schlesischen Geschichte. Eine Schriftenreihe des Historischen Instituts der Universität Stuttgart 10), S. 241.

sofort mit einem Lob der Buchdruckerkunst, sondern mit einer scharfen interkulturellen und historischen Abgrenzung:

> Bemoostes Morgenland, das sieben Wunderwercke
> Zum Denckmahl höchster Kunst, zum Zeichen gröster Stärcke,
> Mit Zeit- und Geld-Verlust vergeblich auferbaut;
> Und du, erhabnes Rom, du Haubt von vielen Reichen,
> Dem nichts an Macht und Glantz war weyland zu vergleichen,
> Man aber itzt nicht mehr ihm selbsten ähnlich schaut.
> Erhebt euch beyderseits aus Moder und Ruinen,
> Und, wo es möglich ist, seht eure Wunder an!
> Seht und begreifft nunmehr: was ewig hat geschienen,
> Zermalmt das Alterthum und frisst der Zeiten Zahn.[46]

Die sieben Weltwunder eines Orients, dem an prominenter Stelle assonierend das Nichts als Vanitas zugesprochen wird, gelten im Angesicht der Zeit tatsächlich nichts. Auch Rom, das hier personifiziert für die Antike steht, besteht nur noch aus „Moder und Ruinen". Die Zeit und der Prozess des Alterns „zermalmen" deren Ruhm und Glanz. Sie gelten aber auch nichts gegenüber der Gegenwart, die mit ganz anderen Errungenschaften aufzuwarten hat. Um dies dem Leser so recht eingängig vor Augen zu stellen, wird die vergebliche Dominanz von Morgenland und Antike durch ein naturwissenschaftliches Experiment noch deutlicher formuliert:

> Ihr Feinde neuer Zeit, bey denen nichts wil gelten,
> Als was man alt, verjährt und fabelhaft mag schelten,
> Legt alte Wunderwerck' auf eine Schal' anher:
> Laßt auf der andern, Druck, Compaß und Pulver liegen:
> Alsdenn schaut, ob die Drey nicht alles überwiegen?
> Ob ihre Nutzbarkeit nicht mehr, als jener, schwer?
> Der Druck hat uns das Licht der Weisheit aufgestecket,
> Des Pulvers Donner-Kraft zerdrümmert Felß und Stein;
> Die Nadel des Magnets hat neues Land entdecket,
> Sonst wird America nicht unsre Sclavin seyn.[47]

Weisheit durch das gedruckte und massenhaft verbreitete Buch, europäische Expansion und militärische Suprematie werden im Sinne des frühen Rationalismus umgedeutet zu Gradmessern des zivilisatorischen Fortschritts gegenüber einem kulturellen Zusammenhang, den man heute durch die interkulturelle Forschung, ausgehend von der Reisegeschichtsforschung, unter dem Vorzeichen des ‚Kulturaustauschs' (aber auch unter dem der kulturellen Abgrenzung) zu sehen gewohnt ist: den Konnex zwischen Europa und dem Orient.

Aber noch ein zweites ist in diesem Kontext von Bedeutung. In Strophe zehn heißt es:

---

46 Stieff (Anm. 44), unpag. S. 1.

47 Ebd.

Und du, O Schlesien, zeig' an zu deinen Ehren,
Dass wir nicht an den Rand der Christenheit gehören,
wie aus dem Scaliger ein Bouhours nachgeträumt;
Zeig' an, daß man bereits seit Dritthalbhundert Jahren
Mit guter Bücher Druck in Breßlau fortgefahren,
Und man die Wissenschafft zu fördern nie versäumt.
Was Baumgart erst versucht, dem Lybisch nachgegangen,
Was Dyon fortgesetzt, und Winckler wohlgethan,
Was ferner Scharffenberg und Baumann unterfangen,
Sind Sachen, welche selbst der Neid nicht läugnen kan.[48]

Diese Verse lassen aufhorchen: Denn 1740 hat sich offensichtlich schon längst ein Unbehagen an der politisch-kulturellen Wirklichkeit breitgemacht, dem man glaubte, nur mit nachdrücklicher Memoria und performativen Aktionen abhelfen zu können: Es ist das erwachende Bewusstsein eines schleichenden Bedeutungsverlustes Schlesiens, wie er sich seit der Verlagerung von Handelswegen entwickelt hat. Schon 1718 hat Johann Christian Günther in seinem Abschiedsgedicht an Daniel Gottlob von Niecksch und Roseneck diesen Prozess ahnungsvoll mit folgenden Worten charakterisiert:

Es ahnt mir Schlesien verliere seine Schwäne,
Jch seh' sie, seh ich recht, vorlängst nach Norden fliehn,
Und fürchte, wenn ich gleich vom Brocksen nichts erwähne,
Es wird uns Amthors Klang mit Scham-Röth überziehn.
Erhalt, Gelehrter Nicksch! dem werthen Vaterlande
Den von der Väter Kunst uns angeerbten Ruhm [...].[49]

Angedeutet ist auch hier schon, trotz steigendem Wohlstand und erlangter religiöser Freiheit, der Verlust der Bedeutung Schlesiens, das wichtige wirtschaftliche und kulturelle Positionen an Leipzig und Hamburg abgeben sollte, eine Entwicklung, die sich bis ins 19. Jahrhundert fortsetzte. Für Stieff bleibt abschließend, wie in den programmatischen Formulierungen vom Untergang der Vergangenheit und von der Vorherrschaft der Gegenwart durch die neuen Erfindungen schon angedeutet, ein anderer tröstlicher Aspekt, der seine Gültigkeit für ihn nicht verloren hat:

So bleibt der Weisheit Quell auf ewig unverschlossen,
Und die Gelehrsamkeit kan nimmer untergehn.[50]

Die zweite Festschrift von 1740 wird von dem Theologen Johann Friedrich Burg zusammengestellt: *Breßlauisches Jubel-Gedächtnüß der vor Dreyhundert Jahren erfun-*

---

48 Ebd., unpag. S. 3.

49 Johann Christian Günther: Werke. Hg. v. Reiner Bölhoff. Frankfurt/M. 1998 (Bibliothek der Frühen Neuzeit 2, 10), S. 463–469; hier S. 467.

50 Stieff (Anm. 44), unpag. S. 4. Auch die anderen Gedichtbeiträge dieses Sammelbandes sind in einem ähnlichen Tenor verfasst, was nur exemplarisch an den Versen des juristischen Kandidaten Johann Christian Gerbhardt gezeigt sein mag: „VErfallnes Rom! gestürtzt Athen! / [...] Doch kennt man itzt kaum euren Werth; / Weil Asch' und Moder hat den besten Kern verzehrt; [...] Entflieh, verwüstes Alterthum! / Dein Wissen reicht nicht zu." Ebd., S. 31.

denen Buchdruckerkunst, in einer vollständigen Sammlung alles desjenigen, wodurch im Jahre Siebenzehn hundert und vierzig in den Drey Evangelischen Haupt- und Pfarr-Kirchen der Stadt Breslau am Feste Johannis in denen ordentlichen Predigten, und zuvorher in beyden Evangelischen Gymnasiis daselbst, auch sonst von andern gelehrten Federn, bey der offentlich darüber angestellten Freuden-Bezeugung der in Breßlau über Zweyhundert Jahre schon blühenden Baumannischen Buchdruckerey das danckbare Andencken dieser edlen Erfindung zum Preise GOttes einstimmig erneuert worden.[51] Burg war schon vor seiner Ernennung zum Oberkonsistorialrat des Breslauer Bezirks und vor Erscheinen seines schlesischen Gesangbuches 1742 ein bedeutender Mann. In ihm vereinigten sich gemäßigtes Aufklärungsdenken mit Loyalität zu Schlesien und dann zu Preußen.[52]

Es ist daher unübersehbar, dass es für sein Engagement in Sachen Buchdruck nicht nur eine theologische Begründung gibt („zum Lobe Gottes", wie es auf dem Titelblatt heißt), sondern noch eine weitere: Burg hebt in seiner Einleitung auf die eigenständige kulturhistorische Bedeutung im Rahmen der Länder des Reiches ab: Aus den Feiern und Aktivitäten des Jahres 1640 werde deutlich, „wie diese alle [die daran beteiligt waren] es vor eine Ehre unserer Stadt und Landes gehalten, daß die Buchdruckerey von dem Anfange des sechszehenden Jahrhunderts an auch in den Mauren dieser Stadt ihren ruhigen Platz gefunden."[53] Da Burg den Buchdruck in Breslau noch mit Baumgarten 1503 beginnen lassen muss, bringt er zum Ruhm dieses Standorts vor, dass Petrus Kirstenius der erste in Deutschland gewesen sei, der mit arabischen Lettern gedruckt habe.[54]

Damit wird der Buchdruck zu einem Instrument regionalen Regierens und Sich-Behauptens gegenüber den Hegemonialmächten Preußen und Österreich – und zwar *bevor* Friedrich der Große im Ersten Schlesischen Krieg den Zusammenhang Preußens mit Schlesien militärisch entschied. Burgs Kompendium ist durch seinen nachdrücklich, weil mehrfach herausgestrichenen memorialen Charakter – nicht nur seine Predigt zum 24. Juni 1740 wird abgedruckt, sondern auch David Raschkes Predigt zu St. Maria-Magdalena, Gottlieb Jachmanns Predigt zu St. Bernhardin, der Choral zu St. Elisabeth, die Serenade der Baumannischen Offizin, die Arien des Konzerts der „Kunstverwandten" der Baumannschen Erben – geradezu monumental. Und schließlich fügt er noch Johann Gottlieb Deichsels *Germanum Typographiae Decus* von 1740, Christian Runges *Incunabula Typographiae* aus demselben Jahr und die *Carmina Secularia* 1640 an. Wenn der Chor der Wissenschaften dann in seiner Serenade am Schluß ausführt:

> Dir [Gutenberg] dancket die Andacht entzückter Gemüther,
> Daß deine Verfügung die herrlichsten Güther
> Den Menschen durch Pressen und Firniß geschenckt.
> *Laß unter den Kaysern aus Habsburgs Geschlechte,*

---

51 Benutzt wurde das Exemplar Universitätsbibliothek Breslau, Sign. 537823/3.

52 Siehe zu ihm und dem von ihm herausgegebenen Gesangbuch Christian-Erdmann Schott: Geschichte der schlesischen Provinzialgesangbücher (1742–1950). Würzburg 1997, S. 11–30.

53 Burg (Anm. 51), Vorrede, unpag. S. 9.

54 Ebd., unpag. S. 10.

> *Und unter den Klugen Beschirmern der Rechte,*
> *Den Kunst-Schatz in meinem Gefilde bestehn;*
> O laß doch die Folge der spätesten Zeiten,
> Mit neuen und lieblichen Thönen der Sayten,
> den mercklichen Jubel-Tag danckbar begehn[55] –

dann wird nur zu deutlich, dass bei aller politischen Klugheit die Eigenständigkeit als hohes Gut betrachtet wird. Dessen vorsichtige Formulierung instrumentalisiert einen kulturellen Akt, der zunächst mit der „großen Politik" nichts zu tun hat.

Das gleiche Jahr 1740 sieht in Breslau auch entsprechende Feiern, deren eine in dem Schulaktus *Germanvm Typographiae Decvs in Actv Pvblico ob Distribvenda Magnifici Senatvs Praemia Solemni Die XVI. Ivnii A. C. M DCCXL. a Inventvte Gymnasii Elisabetani Selecta Considerandvm significat Johann Gottlieb Deichsel, Pro-R. Prof. & Bibliothec. Elisab.* ihren schriftlichen Niederschlag gefunden hat.[56] Die Figur der Inventio gibt dem gleichsam weltumspannenden Spiel (u. a. mit den Figuren Barbarus, Peregrinator, Europaeus) ihren universalistischen Duktus:

> Frisch auf! entbrannter Fleiß, du Stütze meiner Kraft;
> Vollführe das mit mir, was Menschen Nutzen schafft:
> Daß sie aus Eigennutz, in Eitelkeit und Lüsten,
> Durch blinden Unverstand ihr Wohlseyn nicht verwüsten.[57]

Die göttliche Gabe der Intelligenz wird erst später genannt, hier ist es bereits und an erster Stelle ein aufklärerischer Gedanke, mit dem der Zuschauer/Leser in das Spiel eingeführt wird, dass nämlich die gesellschaftliche Wohlfahrt durch „blinden Unverstand" zunichte gemacht wird. Ähnlich redet auch die Typographia: „Die Zeit rückt immer näher herbey, in welcher, wie alle Menschen, die sich nur etwas um die nöchstnöthige Verbesserung ihres Verstandes und Willens bekümmern; also gantz besonders meine Kunstverwandte, dem Allerhöchsten vor mich mit freudigem Jubel-Geschrey zu dancken haben."[58] Verstand und Willen stehen an erster Stelle, um die irdischen Geschäfte zu betreiben, und dann erst wird dem „Allerhöchsten" gedankt, auch wenn das später noch als die Hauptsache herausgestellt wird. Das lateinisch-deutsche Wechselspiel wird von dem Monolog eines Encomiastes abgeschlossen,[59] der erneut „Nutzen" und „Einfluß" des Buchdrucks hervorhebt und in seitenlanger Rede auf die vielfältigen sozialen und kulturellen Vorteile hinweist; „nützlich" ist der sprachliche Basso continuo, der seinen Ausführungen unterlegt ist. Der Lobredner hebt natürlich in didaktischer Absicht auf die Funktionen des Buches ab und führt letztlich aus:

> Derowegen können wir, da der Nutzen dieser edelen Kunst Bücher zu drucken sich täglich allenthalben zeiget, die Feinde derselben und ihre Thorheit verlachen. Denn indem sie den

---

55 Ebd., S. 87f.; Hervorhebung vom Verf.
56 Benutzt wurde das Exemplar Universitätsbibliothek Breslau, Sign. 440145.
57 Ebd., S. 7.
58 Ebd., S. 17.
59 Ebd., S. 46–50.

> Nutzen derselben verderben und zu nichte machen wollen, so geben sie vor, daß solche Kunst die Welt mit einer Menge unnützer Bücher beschwere. Allein da weit mehr nützliche als unnützliche gedrucket sind, so lehret mich die Kenntniß guter Bucher, die Spreu von dem Waitzen, die Schlacken von dem Silber zu unterscheiden.[60]

Aufklärerische Kritikfähigkeit wird so auf die Ebene der Schüler übertragen und soll ihnen Ansporn zur Wertschätzung gedruckter Informationen vermitteln.[61]

Das Maria-Magdalena-Gymnasium steht hinter dem Elisabethanum nicht zurück, ja es spielt sogar den Vorreiter. Auch hier wird ein entsprechendes Schuldrama, schon gut zwei Jahre vor dem eigentlichen Jubeljahr, aufgeführt: *Incvnabvla Typographiae Nvnc Qvasi Memoriae Secvlaris Praelvdia Magnifici Senatvs Praemiis Solennia A Bonae Spei ivventvte Gymnasii M. Magdalenei Anno MDCCXXXVII. Die XIX Decembris Exhibenda Significat Christianvs Rvngivs, Ejusd. Gymn. Pro-Rect. & Prof.*[62] Als Grund für die vorzeitige Aktivität gibt Runge wie folgt an:

> Sed levia haec futura opinatus, Originem Artis Typographicae praemittendam duxi, cujus tertium Seculum a Termino suo, ist est, Anno MDCCXL. prope abesse, constare inter omnes haud dubito. Itaque, cum postea id mihi faciendi haud facile detur occasio, neque etiam spes inchoare longas consultum judicem; Terminum quodammodo antevertere, & Praeludia quaedam utriusque Memoriae secularis agere malui. Accedit, illo ipso Anno seculari, aut paulo ante, ut fama est, Scripta hujus generis longe praestantiora in lucem exitura, ita ut ipse, si tale quid inposterum auderem, actum agere, aut Crambem bis coctam viderer apponere.[63]

Das weitgespannte Programm dieser Aufführung erweist sich bereits im Eingang, da die Zeit (Tempus) als Figur den Ewigkeitswert der kulturellen Errungenschaften preist, die erst mit der Welt selbst untergehen würden. Auch hier wird die Feder (Calligraphia) vor den Druck gestellt, ist also der Inventio am nächsten: „Wenn ich nicht schriebe, köntest du nicht drucken; und ist meine Feder ruhig, so must du gleichfalls Feyertage halten, und also hast du mir die Arbeit und den Unterhalt zu dancken."[64]

---

60 Ebd., S. 50.

61 Während das jesuitische Schuldrama die Ideale der Gegenreformation zu verbreiten suchte, war die Intention der protestantischen Stücke, den Schülern das Verständnis für den „reinen lateinischen Stil" zu vermitteln; die Aufführung von Dramen bis ins 18. Jahrhundert hinein ist belegt, dann – wie zu schließen ist – mit anderen Schwerpunkten. Siehe dazu Konrad Gajek (Hg.): Das Breslauer Schultheater im 17. und 18. Jahrhundert. Einladungsschriften zu den Schulactus und Szenare zu den Aufführungen *förmlicher Comödien* an den protestantischen Gymnasien. Tübingen 1994 (Rara ex Bibliothecis Silesiis 3), S. 9*, 11* und 16*f.

62 Benutzt wurde das Exemplar Universitätsbibliothek Breslau, Sign. 440145 (a).

63 Ebd., S. 52. Er fügt in der Fußnote zu diesem Text Folgendes an, was ihm schon an künftigen, wohl in Vorbereitung befindlichen Publikationen bekannt ist: „Hageri & Gesneri die so nöthig als nützliche Buchdrucker-Kunst 2. Theile. Leipz. 1740. 8. Lesseri Typographia jubilans, Leipz. 1740. 8. Clessenii Drittes Jubel-Fest der Buchdrucker-Kunst, nebst Herrn D. Schmidts Predigten, Gotha 1740. 8. Wolffii Monumenta Typographica II. Tomis, Hamb. 1740. 8. Prosperi Marchandi Histoire de l' Origine & des premiers Progres de l' Imprimerie, Hagae 1740. 4. maj. Leichii de Origine & Incrementis Typographiae Lipsiensis Liber, Lips. 1740. &c." Ebd.

64 Ebd., S. 59.

Neu ist, dass im Folgenden die Städte Mainz, Straßburg und Köln aufreten und um den Ruhm der Erfindung streiten. Aber auch noch Breslau erscheint. Da die Stadt bekanntermaßen nicht mit der Stadt Gutenbergs und seiner Nachfolger konkurrieren kann, bleibt nur, den Ruhm der Stadt zu erweisen, indem die besten Drucker wie Winkler, Baumgarten, Dyon und Baumann genannt werden. Dies lässt sich als ein performativer Akt der Selbstvergewisserung verstehen.[65] In einem weiteren Schritt wird Schlesien (auch als Figur) einbezogen: Ein Wanderer berichtet, wie das Drucken allenthalben die Gelehrsamkeit und die Künste fördert, und unterhält sich mit Schlesien darüber.[66] Dies alles zielt auf die Bewussthaltung des regionalen Stolzes, mit erheblichen Leistungen an dieser bahnbrechenden Technik teilhaben zu können.

Die Fama weiterhin fügt die verschiedenen Ausführungen in einem übergreifenden Gedanken, der freilich so neu wieder nicht ist, zusammen:

> Gantz Deutschland, und ohne Zweifel auch andere Länder, werden alsdenn [1740] das dreyhundert-jährige Gedächtnis der ersten Erfindung mit einem allgemeinen Danck-Opfer begehen, davon ihr vielen in offentlichen Schrifften werdet zu lesen bekommen. Nehmet ihr alsdenn gleichfalls Theil an dieser Freude, und erkennet das Göttliche Geschencke der Edlen Buchdrucker-Kunst mit geziemender Ehrfurcht und Danck-Erkenntligkeit.[67]

Um dem Ganzen nun noch einen Abglanz der staatlichen Ehrung zu geben, wird abschließend das Privileg Ferdinands I. für den Breslauer Drucker Andreas Winkler von 1546 wiedergegeben.[68] Der memorial-performative Charakter dieser Schrift kann kaum besser als durch diese dreiteilige Klimax zum Ausdruck gebracht werden.

Kein eigenes Programm gibt es in Görlitz. Doch hier entsteht aus der Feder des rührigen Christian Knauthe[69] ein gelehrtes Werk, das ausdrücklich mit dem Jubiläum verbunden ist: *Historischer Abriß / Von dem / Anfang und Wachsthum der / Gelehrsamkeit / In Ober-Lausitz, / Und wie / Die Ober-Lausitzischen / Buchdruckereyen / Derselben gedienet, / bey Gelegenheit des Dritten / Buchdrucker-Jubel-Festes / 1740. / entworffen / von / Christian Knauthen, Gorl.*[70] Ist schon, wie oben beschrieben, der eigentliche Festakt in Lauban eine ‚geschlossene Veranstaltung' des Buchdruckers Schill, so nimmt Knauthe den Aspekt der Öffentlichkeit noch weiter zurück, indem er einen „Abriß" zu einer Wissenschaftsgeschichte veröffentlicht, den ebenfalls nur ein kleiner Kreis zur Kenntnis nehmen kann, und zwar durch Lesen im privaten Rahmen (und allenfalls durch Diskussion). Knauthe schreibt:

> Ja es haben sich dieselben [die Gelehrten] bemühet, nicht allein den Ursprung der Kunst gnau [!] zu untersuchen, sondern auch von einer und der andern Buchdruckerey zu be-

65 Ebd., S. 84–93.
66 Ebd., S. 93–99.
67 Ebd., S. 109.
68 Ebd., S. 111f.
69 Zu Knauthe siehe die Einleitung von Olesch (Anm. 32), S. V f., v. a. mit ausführlichen biographischen Hinweisen in Fußnote 4.
70 Leipzig, Görlitz o. J.

richten, was sie durch Lieferung guter Bücher der Religion und der Gelehrsamkeit vor Nutzen geschaffet. Und aus dieser Absicht sind auch gegenwärtige Zeilen aufgesetzet worden. Sie stellen zwar nur einen kurtzen Abriß von einer Historie der Gelahrtheit in Ober-Lausitz dar: sie können aber vielleicht als ein Grund-Riß zu Aufführung eines grössern Gebäudes dienen.[71]

Knauthe verbindet also den impliziten Lobpreis über die weltbewegende Technik mit der Forderung nach Erforschung, umfassender Darstellung und Wirkung – also gleichsam ein aufklärerisches Programm für die regionale Kulturgeschichtsschreibung. – Einen Eindruck möglicher Aktivitäten gibt der Beitrag *Kurtze Nachricht, wie das in diesem 1740 Jahre gefällige Buchdrucker-Jubilaeum in einigen Orten des Marggraffthums Ober-Lausitz feyerlich begangen worden.*[72] Selbst von den Orten, aus denen keine Nachrichten vorliegen, nimmt der Verfasser an, dass die „Herren Besitzer der Officinen daselbst zum wenigsten die allgemeine Freude ihrerseits mit inbrünstigem Dancke u. Lobe GOttes vergesellschaftet haben."[73] Das Schlagwort von der „allgemeinen Freude ihrerseits" und der „Vergesellschaftung" andererseits illustriert den intendierten Vorgang einer allgemeinen memorialen Bewusstseinserweiterung. Im Zusammenhang mit der Art der Feiern, wie sie oben durch das Zitat von der Feier in Lauban deutlich wurde, heißt dies, dass die kulturhistorischen Eckwerte der Druckgeschichte auch denjenigen vermittelt werden sollten, die nicht unbedingt zum engeren Kreis der Nutznießer gehörten. Wiederholbarkeit, Repräsentanz und Öffentlichkeit gehören in jedem Falle noch zu den festen Bestandteilen der vorrevolutionären Gesellschaften.

Auch Brieg hat seinen Anteil an dem Geschehen von 1740. Hier ist es der Pfarrer Johann Kaspar Lessel, der eine entsprechende Predigt hält: *Die Edle Buchdrucker-Kunst / Als ein von Gott geschencktes Hülffs-Mittel zur Fortplantzung des Glaubens, Im Jahr Christi 1740. den 24. Junii Bey dem dritten Jubel-Feste, Welches, Nach Erfindung dieser Kunst, derselben Verwandten fast in gantz Deutschland Und also mit ihnen auch Der Käyserl. Privilegirte Buchdrucker / In der Käyser- und Königl. Stadt Brieg Veranstaltet, Auf gesuchte und erhaltene gnädige Erlaubniß in einer besonder Denck- und Danck-Predigt / in der Stadt- und Pfarr-Kirche zu St. Nicolai daselbst, Nach Veranlassung des ordentl. Fest-Tags-Evangelii Betrachtet Und auf wiederhohltes Begehren dem Druck überlassen Von Johann Caspar Lessel, Superintendenten im Briegischen Fürstenthum, des Käyser- und Königl. Consistorii Assessore und vorerwehnter Kirchen Pastore.*[74] Er hebt in seiner Predigt unter anderem auf das Doppeljubiläum des 210. Jahrestages der Augsburgischen Konfession 1530 sowie des 300. der Erfindung des Buchdrucks ab.[75] Lessel schafft eine enge Verbindung, indem er betont, dass das gedruckte Buch nicht allein den „Witz der Menschen ungemein hat erhöhet",[76] sondern dass

71 Ebd., unpag. S. (*)2 f.

72 In: Singularia / historico-literaria / Lusatica (Anm. 27).

73 Ebd., S. 733.

74 Brieg o. J. Benutzt wurde das Exemplar Universitätsbibliothek Breslau, Sign. 537825.

75 Ebd., S. 6f.

76 Ebd., S. 19.

neben die theologischen Gründe (Verbreitung des Wortes Gottes etc.) auch eine soziale Funktion tritt: „Soll aber diese Edle Buchdrucker-Kunst einem Lande und Orte würcklich ein so gesegnetes Hülffs Mittel seyn und werden, so muß auch ein ieglicher Stand hierbey das seine Gebührende thun. Obrigkeiten müssen dieselbe in ihre Länder und Gebiethe gern und willig aufnehmen. Sie ist ein Vehiculum Sapientiae & Religionis.“[77] Hiermit schlägt er eine Brücke zur Religionsfreiheit. Freiheit der Religionsausübung und Freiheit der Meinungsbildung – dies sind die Säulen, auf denen nach Lessel die künftige soziale Wohlfahrt ruht. Sie schweißen vor allem in Schlesien diejenigen zusammen, die unter entsprechenden Einschränkungen zu leiden haben. Lessels Intention ist also neben dem theologischen Prodesse auch die soziale Verbesserung.

IV.

Wenigstens als Überblick soll das Jahr 1840 mit den Ereignissen in Schlesien betrachtet werden. Der Tod des preußischen Königs Friedrich Wilhelm III. am 7. Juni 1840 machte alle öffentlichen Feiern wegen der ausgerufenen Staatstrauer zunichte. Immerhin kam aber eine beträchtliche Anzahl von privaten Feiern – etwa durch die Oberlausitzische Gesellschaft der Wissenschaften zu Görlitz und des Kornschen Verlags in Breslau – zustande, eine Unterstützungskasse für invalide Buchdrucker wurde eröffnet und eine nicht geringe Anzahl von Schriften erschien.[78] Insgesamt aber ändert sich an der Thematik der Feste kaum etwas: Predigten, Festgedichte, Konzerte und Ausstellungen wurden zu Feierlichkeiten arrangiert. Und zwar wohl unter dem Gesichtspunkt, „daß unser in der geistigen Cultur so vorgeschrittenes Jahrhundert den vorangegangenen nicht nachstehen werde.“[79] Mangels neuer Konzeptionen – welche hätten dies auch sein können? – wird auf den Kontext ‚geistiger Fortschritt‘ gesetzt, ohne dass recht deutlich würde, wie dieser im Gegensatz zum 18. Jahrhundert in Bezug auf den Buchdruck aussehen könnte.

Neben übergreifenden Feiern hat es wohl immer wieder auch die Präsentation einzelner Firmen gegeben, die das Jubiläum für eine Selbstdarstellung nutzten. So zu sehen in der *Denkschrift am 400ten Jubel-Jahres-Tage der Erfindung der Buchdrucker-Kunst und dem Funfzigsten der Glätzer Offizin in der Familie Pompejus. Ein kleiner Beitrag zum großen Ganzen.*[80] Neben einer allgemeinen Geschichte des Buchdrucks wird dem Leser vor allem eine Geschichte der Glatzer Offizin und Buchdruckerei geboten. Die Ausstattung (Zierleisten) ist geradezu pompös, der Text der Geschichte der Druckerei vergleichsweise bescheiden, so dass sich der Eindruck ergibt,

77 Ebd., S. 39.

78 Darüber wird berichtet in: Das vierte Säkularfest der Erfindung der Buchdruckerkunst in Schlesien. In: Schlesische Provinzial-Blätter 113 (Januar bis Juni 1841), S. 558–562.

79 So der Verfasser des in Anmerkung 78 genannten Artikels. Ebd., S. 558.

80 [Glatz] 1840.

dass letztlich das technische Niveau und Vermögen dieses Unternehmens im Vordergrund stehen soll.

V.

Iterabilität und Korporalisierung als Aspekte der Performanz[81] sind also, wenn auch in unterschiedlicher Form, Grundbestandteile der verschiedenen Festivitäten und der durch sie entstandenen Schriften. Sie zielen, auch durch die Einbeziehung des Publikums und der Leser, auf die Bewusstmachung und nachdrückliche Betonung der regionalen Kulturgeschichte. Am Beispiel der Festlichkeiten zu den Jubiläen der Erfindung des Buchdrucks zeigt sich, dass unter der Hand auch andere Themen transportiert werden, nicht zuletzt solche, die das Bewusstsein einer regionalen Eigenständigkeit vorsichtig ansprechen. Es erweist sich darüber hinaus, dass die Geschichte dieser Jubiläen in Schlesien eine nicht zu unterschätzende Ressource für die Erkenntnis regionaler Besonderheiten, aber auch für deren zunehmende Eingliederung in nationale Bezüge ist. Insgesamt ist die Geschichte des Buchdrucks, unter Einschluss sekundärer Aktionen und Publikationen wie die in diesem Beitrag skizzierten, mehr als nur ein Nachvollzug von Fakten. Sie ist einer der Parameter, durch die regionale Kulturgeschichte in ihren vielfältigen Bezügen erst wirklich zum Sprechen gebracht wird.

---

81 Hier kann nur pauschal auf die Beiträge bei Sybille Krämer (Hg.): Performativität und Medialität. München 2004, verwiesen werden.

Stefan Sienerth

Eigentümliche Beleuchtung der Zeitzustände. Zur siebenbürgisch-deutschen Briefliteratur im 18. Jahrhundert

I.

Zu den schriftlichen Zeugnissen im 18. Jahrhundert, die aufgrund ihres ästhetischen Wertes auch im Zusammenhang mit den siebenbürgisch-deutschen literarischen Überlieferungen dieser Epoche betrachtet werden können, gehört die überaus umfangreiche Korrespondenz, die in ihrer Gänze bislang noch nicht erschlossen und beschrieben worden ist. Sie sollte sowohl wegen ihrer literarischen Qualitäten als auch ihrer kulturhistorischen Bedeutung in einer Geschichte der siebenbürgisch-deutschen Literatur nicht übergangen werden, enthält sie doch wie kaum ein anderes literarisches Genre dieses Jahrhunderts eine Fülle von Informationen über jene Zeit, nicht zuletzt von literaturhistorischer Relevanz.

Die zahlreich erhaltene Korrespondenz ist zunächst eine „wertvolle, freilich mit der nötigen Vorsicht zu benützende Quelle für die Geschichte“[1] der Epoche. Dies ist von siebenbürgischen Kulturhistorikern bereits Ende des 19. Jahrhunderts erkannt worden, denen bewusst war, dass die Zuschriften der siebenbürgisch-deutschen Eliten zwar kein großes historisches Bild des Zeitalters entwerfen, wohl aber dass die „kleinen Pinselstriche und lebhaften Farben eines unbefangenen brieflichen Ergusses dazu dienen können, [...] die Kulturzustände jener Zeit [...] uns deutlicher und lebendiger vor die Seele zu führen“.[2] Von den Briefen fällt, könnte dem hinzugefügt werden, durch die unmittelbar am Geschehen Beteiligten eine eigentümliche Beleuchtung auf Erscheinungen und Vorgänge jener Jahre. Darüber hinaus gewährt die Korrespondenz Einblick in den Alltag der Schreibenden, bringt deren Gedanken, Empfindungen, Erfahrungen und Erkenntnisse zum Ausdruck und vermittelt mitunter gehaltvolle Nachrichten über die Empfänger.

Dadurch dass viele der Schreiber mit ihren Zuschriften auch literarischen Ehrgeiz verbanden, erweisen sich die Briefe der siebenbürgisch-deutschen Intellektuellen nicht allein als typische schriftliche Kommunikationsform des Zeitalters, sondern auch als wichtige literarische Dokumente des Jahrhunderts.[3] Da der Briefroman in der siebenbürgisch-deutschen Literatur jener Jahre gänzlich fehlt, kommt der

1 Friedrich Wilhelm Seraphin: Aus den Briefen der Familie v. Heydendorff (1737–1853). In: Archiv des Vereins für Siebenbürgische Landeskunde (fortan: Archiv) 25 (1894–1896), S. VIII. Vgl. auch: Alexandru Duţu, Edgar Hösch, Norbert Oellers (Hg.): Brief und Briefwechsel in Mittel- und Osteuropa im 18. und 19. Jahrhundert. Essen 1989 (Studien zur Geschichte der Kulturbeziehungen in Mittel- und Osteuropa 7,1), S. 9ff.

2 Heinrich Wittstock: Aus Briefen des M. Georg Haner. In: Archiv 16 (1881), H. 3, S. 607.

3 Vgl. Duţu, Hösch, Oellers: Brief (Anm. 1), S. 26.

Briefliteratur daher eine Art Ersatzfunktion zu. Sie stellt eine neue, bis dahin in der deutschsprachigen Literatur Siebenbürgens kaum gepflegte Form der Selbstaussprache dar und ist, mehr noch als die Lyrik dieser Zeit, eine dem Persönlichen sich öffnende Schreibart, die zur Überwindung der in amtlichen, wissenschaftlichen, aber auch in den anderen literarischen Gattungen verwendeten Ausdrucksgewohnheiten führte und neue literarische Wahrnehmungs-, Denk- und Artikulationsmöglichkeiten in Siebenbürgen heimisch machte.

Veröffentlicht wurde bislang vor allem die Korrespondenz hoher siebenbürgisch-sächsischer Würdenträger und Theologen.[4] Den Briefen der siebenbürgisch-sächsischen Literaten, die den bis heute bekannten Textkorpus um zahlreiche weitere Zeugnisse ergänzen könnten, ist bisher nur wenig oder kaum Aufmerksamkeit geschenkt worden. Bekannt machen konnte ich in den letzten Jahrzehnten besonders aus Hermannstädter Archiven mehrere Zuschriften bedeutender siebenbürgisch-deutscher Schriftsteller des 18. Jahrhunderts,[5] auf die hier zusammenfassend hingewiesen werden soll.

II.

Chronologisch gesehen, gehören an den Anfang dieser Betrachtungen die Briefe zweier herausragender siebenbürgisch-sächsischer Intellektuellen, deren Zuschriften gleichsam die beiden Richtungen vorzeichnen, die die Entwicklung der Briefliteratur im Laufe des 18. Jahrhunderts in Siebenbürgen einschlagen wird. Zur ersten gehören die lateinisch geschriebenen Briefe Georg Haners (1672–1740), Magister der freien Künste und Superintendent der evangelischen Kirche Siebenbürgens, die dieser in den Jahren 1713 bis 1740 an den Ober-Neudorfer Pfarrer Johann Ziegler sandte.[6] Sie verraten sowohl in ihrem sprachlichen Ausdruck als auch in ihrer Haltung den Gelehrten des ausklingenden Barockzeitalters. Der geschliffene, aber etwas hausba-

---

4 Vgl. u. a. Seraphin: Aus den Briefen (Anm. 1); Julius Groß: Aus den Briefen des Gubernialsekretärs Johann Theodor v. Herrmann. In: Archiv 23 (1890), H. 1, S. 73–190; Heinrich Herbert: Briefe an den Freiherrn Samuel von Brukenthal. In: Archiv 31 (1903), H. 1; Wittstock: Haner (Anm. 2).

5 Vgl. Stefan Sienerth: Pietismus in Siebenbürgen. Die Briefe des Sachsenkomes Andreas Teutsch an August Hermann Francke. In: Anton Schwob, Horst Fassel (Hg.): Deutsche Sprache und Literatur in Südosteuropa – Archivierung und Dokumentation. München 1996 (Veröffentlichungen des Südostdeutschen Kulturwerks B, 66), S. 218–236; Ders.: „… und die Furcht vor der falschen Meynung". Briefe von Johann Samuel Keßler an Gottfried Salmen. In: Neue Literatur 36 (1985), H. 5, S. 69–77 und H. 6, S. 73–81; Ders.: „Mein Herz fängt an zu schmelzen". Briefe von Daniel Georg Neugeboren an Friedrich Georg Salmen. In: Ebd. 37 (1986), H. 6, S. 73–78 und H. 7, S. 69–81; Ders.: Die Briefe Georg von Arankas an Johann Michael Ballmann. In: Forschungen zur Volks- und Landeskunde 28 (1985), H. 2, S. 68–75. Diese Beiträge wurden zwischenzeitlich nebst Textauszügen aus den Briefen im ersten Band meiner *Studien und Aufsätze zur Geschichte der deutschen Literatur und Sprachwissenschaft in Südosteuropa* (München 2008, S. 180–242) nachgedruckt. Vgl. darüber hinaus auch Ders.: „Dank für die güthige Erinnerung". Eine Zuschrift von Susanna Katharina Keßler an Gottfried Salmen. In: Neue Literatur 37 (1986), H. 5, S. 68–71; Ders.: „Dem Gefühl der wärmsten Liebe". Aus den Briefen von Friedrich Georg Salmen an seine Eltern. In: Ebd. 37 (1986), H. 9, S. 71–81.

6 Wittstock: Haner (Anm. 2), S. 607.

ckene Stil, der sich mit Vorliebe mit Zitaten und Redewendungen aus den Schriften der lateinischen und griechischen Klassiker schmückt, lässt einen Mann von solider Bildung erkennen, der sich in bester Wittenberger theologischer und wissenschaftlicher Tradition befindet und diese auch mit allen nur möglichen Mitteln gegen die Anstürme der neuen religiösen Denkrichtungen zu verteidigen sucht. Kirchengeschichtliche Darstellung, so wie Haner sie mit Vorliebe betrieb, hatte die Aufgabe, in einer Zeit des Umbruchs auf ein theologisches Erbe hinzuweisen, für das es sich – seiner Meinung nach – lohnen würde, einzutreten und es gegen jedwelche Erneuerungsversuche zu verteidigen.[7] Dieser Einstellung des siebenbürgisch-deutschen Kirchenhistorikers und Würdenträgers wird man im 18. Jahrhundert auch in der Korrespondenz anderer sächsischer Theologen und Gelehrten begegnen.

Demgegenüber wandte sich der Hermannstädter Königsrichter Andreas Teutsch in seinen Briefen an August Hermann Francke (1663–1727), den führenden Repräsentanten des Hallenser Pietistenkreises, den erneuernden Tendenzen im europäischen Geistesleben zu.[8] Die von mir im Hermannstädter Staatsarchiv entdeckten sieben umfangreichen Zuschriften,[9] die Teutsch vom 21. Januar 1708 bis zum 27. Juli 1712 an den „Hochgelahrten Herrn H. August Herrmann Francken“, der Heiligen Schrift Professor an der königlichen Universität zu Halle und Pfarrer zu Glauchen,[10] schickte, enthalten eine ganze Reihe von Daten, die das Wissen über den Einfluss des Pietismus in Siebenbürgen, vor allem was die politischen und gesellschaftlichen Implikationen dieser religiösen Bewegung im Leben der Siebenbürger Sachsen anlangt, erweitern.

---

7 Vgl. auch Ludwig Binder: Tendenzen und Aufgaben der siebenbürgischen Kirchengeschichtsschreibung. In: Zeitschrift für Siebenbürgische Landeskunde 5 (1982), H. 2, S. 188.

8 Diese Briefe konnten wir in einer Fotokopie einsehen, die das Hermannstädter Staatsarchiv besitzt (Signatur: FG 1–51/Nr. 280).

9 Die Originale der Briefe sind im Besitz der Preußischen Staatsbibliothek Berlin. Die Kopien wurden 1939 den siebenbürgischen Forschern durch die Vermittlung des Zentralvorstands des Gustav Adolf Vereins Leipzig zugestellt, weil man wohl der Ansicht war, dass man in Hermannstadt – im Unterschied zu Berlin oder Halle, wo aus der reichhaltigen Korrespondenz Franckes die paar Zuschriften des siebenbürgischen Königsrichters kaum jemand sonderlich zur Kenntnis genommen hätte – an diesem Briefwechsel bestimmt interessierter sei. Die Sympathiebekundungen Andreas Teutsch' für den Pietismus waren den siebenbürgischen Wissenschaftlern nicht unbekannt. Spätestens seit Hermann Jekeli (1878–1933), der *Quellen zur Geschichte des Pietismus in Siebenbürgen* (Mediasch 1922) veröffentlicht hatte, sind Einfluss und Spuren der pietistischen Glaubensrichtung bei den Siebenbürger Sachsen in der Geschichtsschreibung, vor allem in den kirchen- und schulgeschichtlichen Beiträgen von Friedrich Teutsch (1852–1933), immer wieder kenntlich gemacht worden. Möglicherweise waren die Kopien der Briefe für einen sächsischen Forscher bestimmt, der sich nach dem Tod von Hermann Jekeli und Friedrich Teutsch – beide starben im Jahre 1933 – des Pietismus in Siebenbürgen erneut annehmen wollte, nicht zuletzt weil diese Historiker von der Existenz dieser Briefe wahrscheinlich nichts gewusst hatten. Zu den neueren Forschungen zum siebenbürgisch-sächsischen Pietismus vgl. auch: Daniel Zikeli: „Ach schläfst du Siebenbürgen noch?“. Der siebenbürgisch-sächsische Pfarrer Markus Fronius (1659–1713). Studien zu Leben und Werk. Phil. Diss. Basel 2001. Über Hermann Jekelis Auseinandersetzung mit dem Pietismus in Siebenbürgen vgl. auch Dietmar Plajer: Hermann Jekelis Dienst für unsere Kirche. In: Hermann Pitters (Hg.): Denken und Dienen. Theologische und historische Aufsätze als Freundesgabe für Prof. D. Dr. Paul Philippi zum 65. Geburtstag. 2., durchges. Aufl. Hermannstadt 2003, S. 184f.

10 So lautete die Anrede. Vgl. Brief vom 27. Juli 1712.

Wie kaum ein anderer siebenbürgisch-deutscher Autor am Anfang des 18. Jahrhunderts plädierte Andreas Teutsch nach der Befreiung seines Landes von der türkischen Herrschaft und dessen Übertritt in den Machtbereich der Habsburger für eine radikale Erneuerung des gesamten gesellschaftlichen, kirchlichen und schulischen Lebens. So gesehen, erhält auch seine Lyrik und seine Tätigkeit als Herausgeber und Förderer des Hermannstädter Schulwesens eine politische Dimension, ist Ausdruck eines einheitlichen Wollens.

Devot und sich der zeitüblichen Anredeformeln und -floskeln bedienend, richtete Andreas Teutsch, damals noch Bürgermeister von Hermannstadt – er sollte erst zwei Jahre später Hermannstädter Königsrichter und Sachsengraf werden und damit das höchste politische und administrative Amt, das seine Landsleute zu vergeben hatten, bekleiden –, am 12. Januar 1708 sein erstes Schreiben an „August Herman Francken, der Heil. Schrifft Prof. Publ[icus] Ordin[arius] bey der königl. Universität zu Halle und Pastori zu Glaucha etc. etc.", seinen „Hochgeehrtisten H[errn] Gönner".[11]

Die kriegerischen Auseinandersetzungen in Siebenbürgen hätten Teutsch daran gehindert, sich früher an Francke zu wenden. Nachdem Siebenbürgen 1691 durch das sogenannte Leopoldinische Diplom von der türkischen Oberhoheit losgekommen und dem Reich der Habsburger angeschlossen worden war, brachen 1703 unter der Führung von Franz Rákoczi II. die gegen die Österreicher gerichteten Kurrutzenkriege aus, die bis 1711 anhielten.

Teutsch habe sich als Unbekannter – heißt es im Brief – und dazu noch aus „diesem äußersten Winkel Europae" nicht getraut, den viel beschäftigten, damals schon über die Grenzen Halles und Preußens hinaus bekannt und berühmt gewordenen Mann anzuschreiben. Von zwei jungen Siebenbürgern, die in Halle studierten, habe Teutsch jedoch erfahren, dass Francke auch die Briefe ihm Unbekannter gern annehme und trotz vielfacher Beanspruchung und einer ausgedehnten Korrespondenz, die in alle Kontinente gehe, auch beantworte. Andreas Teutsch mag es nicht wenig verwundert haben, dass er – freilich zunächst erst nach etwa einem Jahr, dann aber ziemlich regelmäßig – Antwort auf seine Briefe erhielt.

Die Zuschriften Franckes an Teutsch liegen im Hermannstädter Staatsarchiv, wo unter anderem auch eine nur handschriftlich überlieferte historische Arbeit von Teutsch (*Historia regni sive principatus Transylvaniae*) aufbewahrt wird,[12] nicht auf. Es ist anzunehmen, dass die Antwortschreiben Franckes verloren gegangen sind, vermutlich hat sie Andreas Teutsch selbst vernichtet, als die Kampagne des siebenbürgischen Bischofs Lukas Graffius und des österreichischen Generals Graf Steinville gegen die Pietisten in Siebenbürgen begann. Diese Vermutung wird auch dadurch gestützt, dass Andreas Teutsch die Briefe an Francke nicht dem damals öffentlichen Postverkehr anvertraute, sondern sie gleichgesinnten Landsleuten übergab, etwa siebenbürgischen Stipendiaten der Universität Halle oder Johann Hoßmann von Rothenfelss in der kaiserlichen Hofkanzlei zu Wien, einem Freund und Vertrauten von Teutsch

11 Briefzitate werden in der Schreibweise des jeweiligen Verfassers wiedergegeben.

12 Sie trägt die Signatur: A 1–5/83. Möglicherweise handelt es sich um eine Abschrift von fremder Hand.

und Pietist wie er, dessen Sohn ebenfalls in Halle studierte. Von Wien aus sind die Briefe, die über diesen Weg befördert wurden, jedoch unverzüglich und direkt an Francke weitergeleitet worden und nicht – wie das im Schriftverkehr mit Francke zuweilen gepflegt wurde – etwa über Berlin und den dortigen Vertrauten und Helfer Franckes, den Freiherrn Carl Hildebrand von Canstein. Der umfangreiche Briefwechsel Cansteins mit Francke – rund 1000 Briefe von Canstein sind überliefert –, den Peter Schicketanz 1972 als ersten Band einer weitgespannten Dokumentation zur Geschichte des Pietismus der Forschung zugänglich machte, enthält zwar so manche Nachricht über Siebenbürgen und die dortigen Bestrebungen und Schwierigkeiten der Anhänger von Francke, doch keinen Hinweis auf Andreas Teutsch.[13]

Auch bei Teutsch hatte wie bei Francke eine tiefe religiöse und weltanschauliche Krise seinem Leben eine Wende gegeben. Zwar hat Teutsch – im Unterschied zu Francke, der über seine 1690/91 in Erfurt erfolgte „Erweckung" und „Bekehrung" einen Bericht niederschrieb[14] – hierüber ausführlicher nicht berichtet, doch in den Briefen an Francke spricht er immer wieder von einem Wandel, der sich in seinem Innern vollzogen und sein Welt- und Menschenbild verändert habe. Ich habe, bekennt Teutsch voll Reue bereits im ersten Schreiben an Francke, „meine größte Lebenszeit und besonders das Academische Leben leider in finsternüß und irrthumb zubracht" (Brief vom 12. Januar 1708). Während seiner Studien in Wittenberg und Utrecht habe er „die wahre Weißheit und Gottesfurcht nicht suchen können". Erst Schriften von Philipp Jakob Spener (1635–1705) und anderen Theologen hätten ihn „aufgewecket" und ihn zur Erkenntnis gebracht, dass „bey den überhäuften Anfechtungen", die sein Beruf ihm bereite, „kein Trost als bey Gott zu finden sey". Weil er aber in seiner Jugend um die wahre Erkenntnis gebracht worden sei, wolle Teutsch zahlreichen siebenbürgischen Jugendlichen diese Irrwege ersparen: „Gibt mir Gott die Gelegenheit, einigen jungen Leuten mehrers etwaß rathen zu können, so sollen sie, ob Gott will, zu Halle studieren" (ebenda).

Mit den in Halle studierenden Siebenbürgern erhoffte sich Teutsch, das darniederliegende Schulwesen der Siebenbürger Sachsen von Grund auf zu erneuern. Das war zu der Zeit – wie dies auch Marcus Fronius in Kronstadt, unabhängig von den pietistischen Bestrebungen Teutschs, erkannt hatte[15] – eine nicht zu umgehende Notwendigkeit, denn durch die „vielen Räubereien", die die Kriegsverheerungen der vorausgegangenen Jahre und Jahrzehnte ermöglicht hatten, waren die „Leute frech und zumal die Jugend wild und unbändig" geworden.[16] Die Schulen der Siebenbürger Sachsen, fügt Teutsch dem hinzu, „sein auß Vielen ursachen mehr officinae vanitatus et negoitiarum als pietatis et eruditionis" (Brief vom 12. Januar 1708).

---

13 Siehe Peter Schicketanz (Hg.): Der Briefwechsel Carl Hildebrand von Cansteins mit August Hermann Francke. Berlin, New York 1972.

14 Siehe: Selbstzeugnisse August Hermann Franckes. Aus Verkündigung und Lebensberichten ausgew. u. eingel. v. Erich Beyreuther. Marburg an der Lahn 1963, S. 18ff.

15 Vgl. Zikeli: Fronius (Anm. 9), S. 317–324.

16 Marcus Fronius: Visitations-Büchlein. Ein Beitrag zur Kirchen- und Sitten-Geschichte des Burzenlandes. Hg. von Eugen von Trauschenfels. Kronstadt 1868, aus der Vorrede ohne Seitenangabe.

Durch die in Halle studierenden Siebenbürger, durch Schriften, die sich Teutsch von Francke erbat und auch erhielt, ist Teutsch über die Hallischen Stiftungen und Schulanstalten ziemlich eingehend informiert worden. Ihm war sowohl die Apotheke des Waisenhauses, von wo er sich als ausgebildeter Arzt Arzneien für sich und seine ungarischen adligen Freunde und Bekannte zuschicken ließ (Brief vom 23. November 1711), als auch die Druckerei der Stiftung bekannt, die ihn gelegentlich mit Büchern versorgte (Brief vom 12. Januar 1708). In den Beständen der Hermannstädter Brukenthal-Bibliothek hat sich neben einer ganzen Reihe früher Francke-Drucke – beispielsweise die *Segens-vollen Fußstapfen des noch lebenden und waltenden liebreichen und getreuen Gottes*, Halle 1709 (dritte Auflage, erste 1701) und der *Einleitung zur Lesung der Heil. Schrift / Insonderheit des Neuen Testaments*, Halle 1710 – auch ein *Kurtzer Bericht Von der Gegenwärtigen Verfassung Des Paedagogii Regii zu Glaucha vor Halle / Zum Dienst derer / welche Nachfrage zu thun pflegen*, allerdings aus dem Jahr 1720, erhalten. Darin ist unter anderem zu lesen, und solche Sätze wie der folgende haben Teutsch bestimmt angesprochen:

> Es ist ein besonderes Stück des grossen und fast allgemeinen Verderbens in der Christenheit, daß für die Bestellung der Schulen nicht allenthalben recht gesorget wird: und der daher entstehende Schade ist desto empfindlicher, weil Schulen die eigentlichen Pflantzgarten eines Landes sind; und in denselben diejenigen zubereitet werden sollen, welche ins künftige die wichtigsten Aemter in allen Ständen bedienen müssen.[17]

Es war die Mischung von strenger Gläubigkeit, Ordnung und Zucht auf der einen Seite – die Forscherin Magdalene Maier-Petersen bezeichnet in ihrer ausführlichen Arbeit *Der „Fingerzeig Gottes" und die „Zeichen der Zeit"* dieses Erziehungsprinzip als das der „totalen Lenkung"[18] – und die nach Ständen gegliederte, auf das praktische Leben hin orientierte Ausbildung auf der anderen, die Teutsch – wie viele andere Anhänger und Bewunderer des Hallischen Erziehungsmodells in der ganzen Welt – so faszinierte. Nicht nur, dass Teutsch immer mehr siebenbürgische Jugendliche zum Studium nach Halle schickte[19] – darunter waren außer sächsischen Jugendlichen,

---

17 August Hermann Francke: Kurzer Bericht Von der Gegenwärtigen Verfassung Des Paedagogii Regii zu Glaucha vor Halle / Zum Dienst derer / welche Nachfrage zu thun pflegen. Halle 1720, S. 12.

18 Magdalene Maier-Petersen: Der „Fingerzeig Gottes" und die „Zeichen der Zeit". Pietistische Religiosität auf dem Weg zu bürgerlicher Identitätsfindung, untersucht an Selbstzeugnissen von Spener, Francke und Oetinger. Stuttgart 1984, S. 289. Als weiterführende Literatur zu diesem Fragenkreis siehe u. a.: Heinrich Bornkamm, Friedrich Heyer, Alfred Schindler (Hg.): Der Pietismus in Gestalten und Wirkungen. Martin Schmidt zum 60. Geburtstag. Bielefeld 1975 (Arbeiten zur Geschichte des Pietismus 14); Martin Greschat (Hg.): Zur neueren Pietismusforschung. Darmstadt 1977 (Wege der Forschung 440); Wolfgang Martens: Literatur und Frömmigkeit in der Zeit der frühen Aufklärung. Tübingen 1989 (Studien und Texte zur Sozialgeschichte der Literatur 25).

19 Nach Jekeli: Quellen (Anm. 9), S. 10, studierten von 1697 bis 1714 rund 50 siebenbürgisch-sächsische Studenten in Halle. Friedrich Teutschs Behauptung, zwischen 1695 und 1737 sollen es 15 „Ungarn und Siebenbürger" gewesen sein, die als „Informatoren oder Schüler mit dem Waisenhaus in Halle [...] in Verbindung gestanden" haben, bedarf der Korrektur. Vgl. Friedrich Teutsch: Siebenbürger in Halle. In: Korrespondenzblatt des Vereins für siebenbürgische Landeskunde 2 (1879), H. 7, S. 66.

die aus bürgerlichen, bäuerlichen und intellektuellen Kreisen kamen, auch ungarische Adligensöhne wie der Sohn des kaiserlichen Oberinspektors des Bergwerks- und Münzwesens in Siebenbürgen, Samuel Köleséri von Kerester (Brief vom 22. Mai 1709), der sich in Halle für ein politisches Amt ausbilden lassen wollte –, Teutsch wollte in Hermannstadt auch ein „nach der Hallischen Method eingerichtetes Gymnasium" haben (Brief vom 6. Januar 1709), wie es deren um 1700 bereits in mehreren europäischen Städten von Amsterdam bis Moskau gab. Nach dem Vorbild des „Englischen Hauses" – so benannt nach den zahlreichen englischen Zöglingen, die in den Hallischen Stiftungen Quartier bezogen – wollte Teutsch in Halle sogar ein „Siebenbürgisches Seminarium" errichten, was aber, da es möglicherweise Schwierigkeiten mit der Finanzierung gab und wohl auch der Andrang der Studenten ausblieb, ein frommer Wunsch blieb (Brief vom 27. Juli 1712).

Teutsch bezeichnete es als seine „größte zeitliche Freude", wenn er erleben dürfe, dass ein „rechtschaffener Schulmann von Halle" nach Hermannstadt delegiert werden könnte (Brief vom 22. Mai 1709). Francke kam diesem in den Briefen von Teutsch geäußerten Anliegen nach und schickte 1711 sogar zwei Lehrer nach Hermannstadt: Christian Voigt aus Halle und Johann Baptist Habermann aus Wien. Diese sollten dem stark heruntergekommenen Unterricht neuen Auftrieb und dem Hermannstädter Gymnasium den Charakter einer höheren Lehranstalt verleihen. Anfangs war die weltliche und geistliche Obrigkeit der Siebenbürger Sachsen mit den von beiden Lehrern unterbreiteten Vorschlägen einverstanden, nicht zuletzt auch weil sie hoffte, den siebenbürgischen Studenten in Zeiten äußerster materieller Not das kostspielige Auslandsstudium ersparen und den großen Bedarf an Lehrern in den heimischen Schulen rascher decken zu können. Je mehr die Anhänglichkeit gegenüber Voigt und Habermann wuchs, desto stärker erregten sie den Widerwillen jener sächsischen Kreise, die, zum Großteil an der Wittenberger Universität ausgebildet, der lutherischen Orthodoxie beipflichteten. Durch ihre Vortragsmethoden und die von ihnen gegründete Buchhandlung – sie war eine der ersten in Siebenbürgen und bot vorwiegend pietistische Lektüre an – erregten sie jedoch vor allem bei den österreichischen Behörden Anstoß, die darin eine Gefahr für ihre eigenen Interessen witterten und deshalb die beiden Lehrer, nach einer bloß zweijährigen Tätigkeit, zur Abdankung und zum Verlassen des Landes zwangen.[20] In den letzten Briefen von Teutsch an Francke ist neben Freudensäußerungen über das bereits Erreichte auch von „Verdrießlichkeiten und Hinterungen" die Rede, von denen er zwar wenig bemerke, die aber „heimlich" vorbereitet würden (Brief vom 27. Juli 1712).

Mit der Vertreibung der beiden Lehrer und dem Abbruch der Korrespondenz zwischen Teutsch und Francke hörte der pietistische Einfluss in Siebenbürgen jedoch nicht auf. Wenn auch die kirchliche Obrigkeit bis ins vierte Jahrzehnt des 18. Jahrhunderts immer wieder kritisch Stellung zum Pietismus nahm, ist der Einfluss dieser Glaubensrichtung vor allem im Schulwesen der Siebenbürger Sachsen unverkennbar geblieben.

---

20 Vgl. auch Jekeli: Quellen (Anm. 9), S. 72ff.

Doch weder darauf noch auf Teutschs eigene religiöse Dichtungen kann hier weiter eingegangen werden. Auch die Spuren, die der Pietismus in der Dichtung der Siebenbürger Sachsen hinterlassen hat, können in diesem Rahmen nicht detailliert verfolgt werden. Zumindest erwähnt werden sollte jedoch die Tatsache, dass sich Andreas Teutsch auch als Schriftsteller und Herausgeber betätigt hat. In seinen Briefen hatte er Francke darüber unterrichtet, dass, weil Siebenbürgen „in geistlich und leiblichem Verderben biß über die ohren" stecke, er als Bürgermeister und später als Komes immer wieder versucht habe, auf politischem und gesellschaftlichem Gebiet Änderungen vorzunehmen. In seinen „publicis functionibus" habe er jedoch „nichts fruchtbarliches thun" können, der prekäre Zustand des Landes mache jedwelchen ernstgemeinten Versuch, die Lage zum Guten zu wenden, zunichte, dass man hierbei „alle Hoffnung verlieren" müsse. Doch er könne die Hände nicht in den Schoß legen – es hätte der pietistischen Weltauffassung, die auf Weltveränderung aus war, auch widersprochen –, und weil er ständig „etwas [...] versuchen" wolle, habe er „etliche kleine Büchlein" verlegt und diese „dem gemeinen Mann in die Hände" gelegt, in der Zuversicht, „ob so vielleicht noch iemand" für eine Änderung sowohl der Menschen als auch der Verhältnisse „möchte gewonnen werden können" (Brief vom 12. Januar 1708). Zu diesem Zweck gab Teutsch 1707 in Hermannstadt, noch bevor er an Francke geschrieben hatte, seinen *Kurzen und einfältigen Unterricht, wie man die Heilige Schrift zu seiner wahren Erbauung lesen solle* heraus und verfasste seine *Davidischen Harffen*, eine Psalmenparaphrasierung nach dem König David, die er im selben Jahr in Hermannstadt drucken ließ.[21] Diese Texte, in denen er das eigene religiöse Erleben auf das vorgeprägte Sprachmaterial zu übertragen versuchte, sind nach Teutschs Vorbericht in „einigen wenigen mehrenteils betrübten Nebenstunden"[22] entstanden, die sich der auf verantwortungsvollem Posten stehende Mann von seinen Amtsgeschäften abringen konnte. Abgesehen von der religiösen Befriedigung, die sie gewähren sollten, waren es auch die Lehrhaftigkeit und Verbindlichkeit der Davidischen Psalmen, die den siebenbürgischen Dichter zu seinem Werk anregten. Daraus könne der Reiche „den rechten Brauch des Reichthums" lernen, der Arme aber finde darin „Trost in seiner Armuth". Damit sein Büchlein sich auch in weiten Kreisen wirksam erweise, bediene sich der Autor – heißt es weiter im Vorbericht – keiner „poetisch verblühmten weither-gesuchten oder geschmückten Redens Arten"[23], sondern einer einfachen, eingängigen und überzeugenden Sprache.

Die pietistische Episode blieb auch für die umfangreiche Briefliteratur der Siebenbürger Sachsen, nicht ohne Bedeutung. Zunächst hatte der Pietismus, in seinem

---

21 Vgl. hierüber auch Stefan Sienerth: Geschichte der siebenbürgisch-deutschen Literatur im achtzehnten Jahrhundert. Klausenburg 1990, S. 70f.

22 Andreas Teutsch: Davidische Harffen / oder Des Heiligen Königes und Propheten Davids mehriste Psalmen / Auf gewisse / bey denen Evangelisch-christlichen Gemeinden Aug. Conf. gebräuchliche Melodeyen gesetzet [...]. Hermannstadt 1707. Das Exemplar, das ich einsehen konnte, wird im Kronstädter Staatsarchiv aufbewahrt und trägt die Signatur I–13269. Aus dem Vorbericht, ohne Seitenangabe.

23 Ebd.

Protest gegen die rationalistische Gefühlskälte der lutherischen Orthodoxie, auch die Distanz zwischen den Menschen verringert. Obgleich Teutsch in seinen Briefen an Francke auf den förmlichen Umgang nie verzichtet, sind seine Zuschriften, im Unterschied etwa zur trocknen und unpersönlichen Korrespondenz des evangelischen Bischofs Georg Haner, menschlich anrührend und haben eine ganz persönliche Note. Teutsch schämt sich nicht, seinem Gegenüber, auch wenn Francke damals zu den berühmtesten Männern Europas gehörte, seine Gedanken und Empfindungen preiszugeben, von der eigenen Gotteserfahrung und inneren Erweckung zu sprechen. Damit nimmt er in vielem bereits die Briefliteratur vorweg, die in der zweiten Hälfte des 18. Jahrhunderts in Anlehnung an die Poesie der Empfindsamkeit auch in Siebenbürgen vorherrschend wurde.[24]

III.

In siebenbürgischen Archiven aufbewahrte Abschriften sowie in sächsischen Druckereien herausgegebene Bücher sind ein Beweis dafür, dass man sich beim Abfassen der eigenen Korrespondenz sogenannter Briefsteller bediente, die die hierfür nötigen Anweisungen enthielten.[25] Zwei Schriften scheinen uns in diesem Zusammenhang hervorhebenswert. So bewahrt das Hermannstädter Staatsarchiv die Abschrift eines „Wohl-Informirten" Briefstellers, der Anleitungen beinhaltet, „wie ein Brieff geschickt abzufaßen" sei, nebst „deutlichen Exempeln, zu besonderem Nutzen der Studierenden Jugend auf Gymnasii und andern Schulen".[26] Mit Nachdruck stellt der Verfasser des 1709 erschienenen Wegweisers, Christian Juncker oder Duncker aus Dresden, Lehrer an einem Erfurter Gymnasium, als wichtigste Forderung für einen Brief hin, dass er in deutscher Sprache abgefasst, glaubwürdig sein und jedweder Schwulst vermieden werden müsse. Modellcharakter hatten auch Gellerts *Briefe, welche derselbe bey seinem Leben heraus gegeben hat*, die der Hermannstädter Petrus Barth 1780 nachdruckte,[27] um sie auch den siebenbürgischen Lesern zur Verfügung und Befolgung bereitzustellen und ihnen stilistische Paradestücke zu liefern. Nach Gellert, der seine Briefe nach Schreibanlässen gruppierte und sie somit für jeden und zu jeder Zeit abrufbar machte, sollte der Brief eine angeregte Unterhaltung mit dem Empfänger anstreben. Voraussetzung war die seelische Hingabe, die rückhaltlose Offenheit und Aufrichtigkeit sowie der unbedingte Ernst des Absenders. So konnte der Briefverkehr das Publikum ersetzen und Freundschaft sowohl zu einem der stärksten Gefühlserlebnisse als auch zur Zuflucht vor der Enge des Alltags, ja zum Ersatz für politische Erfüllung werden. Von Gellert wurde jedoch nicht allein der Aufbau und

24 Siehe ausführlicher hierüber Sienerth: Geschichte (Anm. 21), S. 110ff.

25 Vgl. hierüber auch Duțu, Hösch, Oellers: Brief (Anm. 1), S. 9ff.

26 Siehe: Der wohl-Informirte Briefsteller oder Gründliche Anweisung wie ein Brieff geschickt abzufaßen [...] gezeiget von Christian Juncker [Duncker], Leibzig, 1709, Hermannstadt Staatsarchiv, Sign.: Mss. varia I–440.

27 Das in der Brukenthal-Bibliothek in Hermannstadt aufbewahrte Exemplar trägt die Signatur I–21.275.

die Art der Ausführung der Briefe übernommen, sondern auch dessen empfindsamfromme, schwärmerisch-enthusiastische Haltung, die sich auf der Ebene des Stils durch eine nicht immer geglückte Mischung von klischeebeladener Altklugheit und lyrischer Ergriffenheit manifestiert.

Aus der Sicht der Absender und Adressaten betrachtet, erweisen sich die erhaltenen Zuschriften als ausschließlich der Bildungsschicht zugehörig. Es überwiegen, quantitativ gesehen, Briefe, die an ausländischen Hochschulen studierende Siebenbürger an ihre Angehörigen zu Hause sandten. Für sie bildete die Korrespondenz die einzige Kommunikationsform mit den Bekannten und Verwandten von daheim. In den überlieferten Briefen der siebenbürgisch-deutschen Studenten berichten die Schreibenden über ihre „Lage, Absichten und Aussichten", ihre „Beziehungen zur [...] Heimat und zu der fremdländischen Umgebung"[28] und nicht zuletzt über ihre Studien und deren Fortgang. Auf diese Weise lassen sie den Leser Einblick nehmen „in das Treiben der sächsischen Studenten, wie es sich Tag um Tag abspielte, in ihre Umwelt und auch in die Zeitverhältnisse".[29]

Die Welt des sächsischen Patriziats und des Beamtenadels führen die von Vertretern der Familien Heydendorff, Herrmann, Brukenthal und anderen verfassten Briefe vor Augen, Familien, die zu den mächtigsten und einflussreichsten Geschlechtern im Ausgang des 18. und beginnenden 19. Jahrhunderts in Siebenbürgen gehörten.

Nicht weniger als 400 Briefe wurden auf dem Dachboden eines Mediascher Patrizierhauses gefunden. Daraus hat Friedrich Wilhelm Seraphin eine Auswahl getroffen und sie im *Archiv des Vereins für Siebenbürgische Landeskunde* veröffentlicht.[30] Sie sind zunächst für die Familiengeschichte der Heydendorffs und darüber hinaus für die „Geschichte des ganzen sächsischen Volkes, ja Siebenbürgens von Wert".[31] Diese Zuschriften umfassen eine Zeitspanne von mehr als hundert Jahren (1737–1853), wobei schwerpunktmäßig die zweite Hälfte des 18. Jahrhunderts am stärksten vertreten ist, als dieses Genre auch europaweit die Zeit seiner größten Wirkung erlebte.

Kulturgeschichtlich sind die in Briefform angestellten Beobachtungen und Betrachtungen Michael Conrad von Heydendorffs zu politischen und gesellschaftlichen Geschehnissen der Zeit am interessantesten. Dieser vielseitig und „geistig hervorragende Mann", der mit „den Besten seines Volkes und seiner Zeit befreundet"[32] war, gehört zu den bekanntesten Chronisten der Epoche und war auch ein ausgezeichneter Briefschreiber. Auf mancher seiner Zuschriften, aber auch auf denen sei-

---

28 Georg Adolf Schuller: Siebenbürgisch-sächsische Studenten auf deutschen Hochschulen am Anfang des 18. Jahrhunderts. In: Kalender des Siebenbürger Volksfreundes, 1932, S. 58; vgl. ders.: Die Rheinreise eines sächsischen Studenten vor hundert Jahren. In: Neuer Volkskalender 1909, S. 183–197; Julius Duldner: Aus den Briefen eines sächsischen Studenten von der Universität Jena 1740–1741. In: Kirchliche Blätter, 4 (6. Febr. 1907), S. 328f.

29 Schuller: Siebenbürgisch-sächsische Studenten (Anm. 28), S. 58.

30 Seraphin: Aus den Briefen (Anm. 1), S. VIII.

31 Ebd.

32 Ebd., S. IX.

nes Bruders, des Generals Carl von Heydendorff (1735–1797), und seines Sohnes Johann Peter von Heydendorff (1765–1836) scheint ein „schwacher Abglanz von dem Schimmer“[33] der klassischen deutschen Literaturepoche zu liegen.

Dieser Befund gilt auch für die Korrespondenz des Gubernialbeamten Johann Theodor von Herrmann (1743–1790), des Sekretärs Samuel von Brukenthals,[34] sowie für einen bedeutenden Teil der Korrespondenz, die aus dem Umkreis des Gouverneurs herrührt. Die mehr als 1200 Briefe, die von rund 400 Absendern in der Zeitspanne von 1759 bis 1798 an Brukenthal geschickt wurden, sind, wie es bei der vielfältigen Tätigkeit des Gouverneurs eigentlich zu erwarten war, verschiedenen Inhalts. Die mitgeteilten Zuschriften beziehen sich auf Brukenthals Arbeit als Sammler und Förderer siebenbürgischer wirtschaftlicher und kultureller Bestrebungen und beleuchten darüber hinaus die „Geschichte jener Tage in ausgiebiger Weise“.[35] Auch diese Korrespondenz zeigt, dass man damals die Feder gern im Briefverkehr übte, der

> ebenso wohl dem literarischen Drang wie dem Neuigkeitsverlangen entsprach. Dabei tritt in fast erstaunlicher Weise eine verhältnismäßig große Gewandtheit des Ausdruckes und eine Ausrundung und Glättung des Stils hervor, die ebenso wohl von sorgfältiger Arbeit, wie von der in der Schule geweckten und durch eigene Weiterbildung vermehrten Freude an einem guten Deutsch zeugt.[36]

Demgegenüber lassen die Briefe, die von Frauen verfasst wurden, mit wenigen Ausnahmen, zu denen außer Susanna Katharina Keßler auch Maria Elisabetha von Straußenburg[37] gezählt werden muss, ein fast beschämendes kulturelles Niveau erkennen, das sich durch den Mangel an Bildung und Schreiberfahrung erklären lässt.[38]

IV.

Obwohl sie infolge ihres besonderen Inhalts und der nationalen Zugehörigkeit der Partner nur bedingt in diesen Zusammenhang gehören, soll dennoch auf die auf Deutsch geführte Korrespondenz zwischen dem ungarischen Gelehrten Georg (György) von Aranka (1737–1817) und dem sächsischen Historiker und Geographen Johann Michael Ballmann (1765–1804) kurz hingewiesen werden. Die durch die Briefe belegte Freundschaft zwischen zwei siebenbürgischen Wissenschaftlern verschiedener nationaler Zugehörigkeit sowie die tolerante Haltung, von der sie sich in

---

33 Ebd., S. X.

34 Groß: Herrmann (Anm. 4), S. 73–190.

35 Herbert: Brukenthal (Anm. 4), S. 10.

36 Georg Adolf Schuller: Hermannstadt um die Mitte des 18. Jahrhunderts. Ein kulturgeschichtliches Bild. In: Archiv 34 (1907), H. 3, S. 342.

37 Marie Klein: Maria Elisabetha von Straußenburg. Ein siebenbürgisch-sächsisches Frauenbild aus dem 18. Jahrhundert. Sonderabdruck aus dem *Kalender des Siebenbürger Volksfreundes*, 1906, S. 3.

38 Vgl. hierüber auch Oskar Wittstock: Eine sächsische Familie des 18. Jahrhunderts. In: Bilder aus der vaterländischen Geschichte. Hg. v. Friedrich Teutsch. 2. Bd. Hermannstadt 1899, S. 123.

ihren Forschungsbestrebungen leiten ließen, sind nicht nur für das Zeitalter der Aufklärung, sondern allgemein bemerkens- und bedenkenswert. Die Forderung nach Menschlichkeit und gegenseitiger Duldung, nach gemeinsamer Erforschung der siebenbürgischen Geschichte, wie sie von den nach 1780 in Siebenbürgen gegründeten übernationalen Gesellschaften angestrebt wurde, hat sich auch auf den Briefwechsel zwischen Aranka und Ballmann ausgewirkt.[39]

Die 22 deutsch abgefassten Zuschriften Arankas – die Antwortschreiben Ballmanns waren mir nicht zugänglich – sind wissenschafts- und kulturhistorisch von Bedeutung. Sie handeln hauptsächlich über die Herkunft der Szekler, ein damals und auch nachher umstrittenes Problem siebenbürgischer Geschichte. Kein Wunder, dass Joseph Trausch, der wie auch andere Historiker an einer Klärung dieser Frage interessiert war, bedauerte, dass der Briefwechsel Ballmanns mit Aranka nicht veröffentlicht worden sei.[40]

Der Briefwechsel zwischen Aranka und Ballmann setzt am 11. Juli 1798 ein und erstreckt sich mit kurzen Unterbrechungen bis zum 7. April 1802. Es ist die Zeit, in der die Ideen der Aufklärung in Siebenbürgen, obwohl durch die restaurativen Tendenzen der nachjosephinischen Periode vielfach eingeschränkt, noch wirksam waren. Obgleich sich seit dem Aufstand unter Horia, Cloşca und Crişan und dem Klausenburger Landtag aus dem Jahr 1790, wo die Union Siebenbürgens mit Ungarn zur Sprache gebracht wurde, die nationalen Auseinandersetzungen in Siebenbürgen zuspitzten, wurde zwischen einzelnen Wissenschaftlern eine Beziehung angestrebt, die sich jenseits der nationalen Belange zu verwirklichen hatte. Aranka hat auf die Notwendigkeit eines solchen Verhältnisses bereits im zweiten Brief an Ballmann hingewiesen:

> Das zweite Was ich von Ihnen bitte, ist: daß Sie an mir keinen Ungern; daß ist eine von der, mit der Sächsischen Nation in der Opposition stehende Parthey; interessierte Person sehen mögen. Wir sein nicht in dem Landtage, wo die Intereße[n] der Nationen equilibrirt werden: sondern privat Leite und Patrioten. (Brief vom 12. August 1798)

Von nachhaltigem Einfluss auf Beziehungen, die auf solcher Grundlage geschlossen wurden, waren auch die Ideen der Französischen Revolution, obwohl oder gerade weil sie um 1800 im Habsburgerreich vielfach unterdrückt wurden.[41] Nicht zufällig schließt die *Allgemeine Weltgeschichte im Grundrisse* von Ballmann, die jedoch

39 Siehe Sienerth: Die Briefe Georgs von Aranka an Johann Michael Ballmann (Anm. 5), S. 68ff.

40 Joseph Trausch: Schriftsteller-Lexikon oder biographisch-literärische Denk-Blätter der Siebenbürger Deutschen. Bd. I. Kronstadt 1868, S. 55. Über Ballmann siehe außerdem: M. G. Czoppelt: Biographie merkwürdiger Siebenbürger A. Johann Michael Ballmann. In: Siebenbuergische Provinzialblaetter 1 (1805), S. 253–268. Dieser Aufsatz wurde von Trausch wörtlich übernommen und ergänzt; Franz Obert: Sächsische Lebensbilder. Wien 1896, S. 8–22; Thomas Nägler: Zu den Anfängen der modernen sächsischen Geschichtsschreibung: Johann Michael Ballmann. In: Volkszeitung, 14.12.1965; Ders.: Johann Michael Ballmann (Siebenbürgische Historiker XIII). In: Die Woche, 11.11.1977.

41 Vgl. Karl Benda: Politische Strömungen in Siebenbürgen während der zweiten Hälfte des 18. Jahrhunderts. In: Zeitschrift für Siebenbürgische Landeskunde 2 (1979), H. 2, S. 192–196.

nicht gedruckt wurde, mit dem Satz: „*Frankreich* insbesondere hat durch seine, im J[ahr] 1789 begonnene Staatsumwälzung u[nd] ihre Folgen Europa in vieler Rücksicht eine andere Gestalt gegeben."[42] Wir erfahren, dass Ballmann mit Aranka eine Korrespondenz unterhält, auch aus einem Brief, den er am 30. November 1798 an Johann Filtsch (1753–1836), den Herausgeber der *Siebenbürgischen Quartalschrift* (1790–1801), sandte, in dem es heißt:

> Gegenwärtig beschäftigt mich eine literarische Corespondenz mit dem Tabular-Assessor Herrn von Aranka über die ehemalige Jurisdiction der seklerischen Ober-Grafen in einigen sächsischen Kreisen. Wir haben schon manch bogenlange und von zahlreichen Beilagen begleitete Briefe gewechselt, ohne uns über die Auflösung des eigentlichen Knotens vereinigen zu können, weil wir noch immer von verschiedenen Grundsätzen ausgehen.[43]

Aranka nahm die von Ballmann in der *Siebenbürgischen Quartalschrift* veröffentlichten Beiträge[44] zum Anlass, um ihm besondere „Archiwahrische" als auch „antiquarische Gelehrsamkeit" zu bescheinigen. Gleichzeitig versicherte er Ballmann, dass er seine Arbeiten „ungemein hochschäze" und ermunterte ihn, weiter zu forschen, um „ein neues Licht [...] in die Siebenbürgische Geschichte [zu] bringen" (11. Juli 1798).

Als Ballmann diese Briefe erhielt, war Aranka auch den sächsischen Wissenschaftlern und Schriftstellern kein Unbekannter mehr. Er gehörte zu den bedeutendsten Anregern und Gründern der 1793 ins Leben gerufenen „Gesellschaft zur Beförderung der inländischen Gelehrsamkeit", wie es in Ballmanns *Statistischer Landeskunde Siebenbürgens im Grundrisse* heißt[45], und hatte sich vor allem in seiner Heimatstadt Neumarkt (Tîrgu-Mureş, Maros-Vásárhély) als Förderer wissenschaftlicher und literarischer Unternehmungen in der Muttersprache einen Namen gemacht.[46]

In seinem Antwortschreiben hat Ballmann Aranka nicht nur über seine weiteren Forschungsvorhaben unterrichtet, sondern wohl auch über sein schweres Gehörleiden, das ihm seit 1793 zu schaffen, ihn für den Unterricht am Mediascher Gymnasium zeitweilig untauglich machte und ihn dazu zwang, den Umgang mit Menschen zu meiden und sich ganz seiner wissenschaftlichen Arbeit zu widmen. Dies und anderes mehr dürfte Aranka bereits aus dem ersten Brief Ballmanns erfahren haben, bekennt er doch, er habe nach dessen Lektüre das „Glück" gehabt, außer dem „gelehrten Mann" nun auch „einen ehrlichen Mann" und „guten Freund" kennen zu lernen (12. August 1798).

Trotz unterschiedlicher sozialer Stellung – Aranka war Adliger und hoher Staatsbeamter, Ballmann hingegen geriet des Öfteren infolge seiner Krankheit und fehlen-

42 Johann Michael Ballmann: Allgemeine Weltgeschichte im Grundrisse, S. 60; Hermannstadt Staatsarchiv, Sign. Mss. varia 11–734. Die Sperrung im Text ist kursiv wiedergegeben.

43 Hier zitiert nach Trausch: Schriftsteller-Lexikon (Anm. 40), S. 54f.

44 Ebd., S. 51ff.

45 Siehe Johann Michael Ballmann: Statistische Landeskunde Siebenbuergens im Grundrisse. Ein Versuch. Erstes Heft. Hermannstadt 1801, S. 117.

46 Vgl. auch Conrad von Wurzbach: Biographisches Lexikon des Kaiserthums Oesterreich. I. Theil. Wien 1856, S. 58.

der Arbeit in Geldnot, sodass seine Freunde und Verehrer, später auch Aranka selbst (27. Mai 1799), ihn auch materiell unterstützen mussten[47] – entwickelte sich aus dieser zunächst nur von wissenschaftlichen Interessen bestimmten Beziehung ein inniges menschliches Verhältnis.

Im Mittelpunkt dieses Briefwechsels stehen freilich Fragen, die die eigenen Forschungen betreffen, an denen die Briefpartner Anteil nahmen, wofür sie sich gegenseitig Unterstützung gewährten, indem sie einander Bücher und Urkunden ausliehen und um ungeteilte objektive Meinung baten. Sie gingen dabei von der Voraussetzung aus – Aranka hebt dies auch in einem Brief hervor –, dass „Nationalvorurtheile" die wissenschaftliche Arbeit nicht beeinträchtigen sollten; in der Geschichte der jeweiligen Nation dürfe nur die „bloße Warheit" gesucht werden (12. August 1798). Das hinderte sie jedoch nicht, im Falle unterschiedlicher Auffassung über ein strittiges Problem unverhohlen die eigene Ansicht zu verteidigen, die ungenügend begründete Hypothese des Gegners zurückzuweisen und die eigene Theorie mit zusätzlichen Argumenten zu untermauern. „Ich finde" – schreibt Aranka am 2. März 1800 – „Ihre Meinung ungegründet: es steht Ihnen frei, sie zu begründen: Darf ich Sie bitten mir ihre Gegengründe so frei" mitzuteilen, „wie ich es gemacht habe? So werden Sie mir die größte Freundschaft erweisen." Ein von solchen Positionen unterhaltener wissenschaftlicher Dialog führte schließlich zu einer Annäherung bis dahin weit auseinander liegender Standpunkte, wenn auch nicht zu einer endgültigen Lösung. Freudig konstatiert Aranka am 26. Juli 1800:

> Wir seyn also in der Hauptfrage eins, die Neben Fragen sind noch nicht ausgemacht: wäre es nicht gut jetzt weiter auf die Erörterungen von ‚Nebenfragen' einzugehen?

Dazu ist es eigentlich kaum noch gekommen. Die Gründe waren im Falle Arankas „theils neue Umstände, theils Beschäftigungen, theils ‚Gesundheits Umstände'", besonders aber seine eingehende Auseinandersetzung mit der Philosophie Immanuel Kants, von dessen Anschauungen er so stark erfasst worden war, dass – wie er betont – „alle [seine] Kräfte sonst zu nichts brauchen" konnte „als zu philosophischen Gedanken" (25. November 1801). Auch ein paar Monate später heißt es: „Ich bin noch immer in der philosophischen" Arbeit „vertieft. Ich schreibe gar eine kleine und gedrängte Idee der Practischen Philosophie. Aber das will meine eigene nicht Kants Idee seyn; und in der ungrischen Sprache" (7. April 1802).

Diese Neuorientierung der schriftstellerischen Interessen Arankas lief den Neigungen Ballmanns keineswegs zuwider, im Gegenteil, sie hätte zusätzliche Kontakte ergeben können, hatte Ballmann doch selbst zwischen 1790 und 1792 in Tübingen hauptsächlich philosophische und theologische Vorlesungen gehört und war – wie es auch seine nachgelassenen Schriften und seine Tätigkeit als Lehrer unter anderem der Philosophie am Mediascher Gymnasium beweisen – auch auf diesem Gebiet recht bewandert.[48] Dass er dennoch in seinen Briefen nicht näher auf Arankas

---

47 Vgl. auch Obert: Sächsische Lebensbilder (Anm. 40), S. 19.

48 Siehe in diesem Zusammenhang auch Ballmanns *Allgemeine Weltgeschichte im Grundrisse*, S. 59. Vgl. Anm. 42.

neue Beschäftigung einging, hängt wohl in erster Linie damit zusammen, dass sein Hauptinteresse Fragen der siebenbürgischen Wissenschaft galt. Dieser Umstand ist aber auch auf die Verschlechterung seines Gesundheitszustandes zurückzuführen, der seinem Leben im Alter von nur 39 Jahren ein frühzeitiges Ende setzte.

V.

Nicht weniger als vierzehn umfangreiche Briefe sandte der junge Daniel Georg Neugeboren (1759–1822), der bedeutende Aufklärer und spätere Superintendent der evangelischen Kirche A. B. in Siebenbürgen, an seinen Freund Friedrich Georg Salmen (gest. 1793), Sohn des Großschenker Königsrichters, den er während ihrer gemeinsam verbrachten Lehrzeit am Hermannstädter Gymnasium kennen gelernt hatte.

Neugeborens Lebensgeschichte zerfällt in zwei deutlich voneinander abhebbare Perioden. Während seiner Studienzeit und der Tätigkeit als Lehrer und Rektor des Hermannstädter Gymnasiums – bis 1799 – gehörte er jener literatur-, kunst- und wissenschaftsbeflissenen Gesellschaft (1777–1787) um den Gouverneur Samuel von Brukenthal (1721–1803) an, aus deren Reihen die bekanntesten Schriften der siebenbürgisch-deutschen Aufklärung hervorgegangen sind. Den schriftstellerischen Ertrag dieses Kreises versuchte vor allem die *Siebenbürgische Quartalschrift* (1790–1801) fruchtbar zu machen, in deren erster Nummer Neugeboren seine grundlegende und in die Zukunft weisende Bestandsaufnahme *Ueber die Lage und die Hindernisse der Schriftstellerei in Siebenbürgen*[49] veröffentlichte.

Nachdem Neugeboren 1799 in den geistlichen Stand übergetreten war – zuerst Pfarrer in Reußmarkt, 1805 in Mühlbach und von 1806 bis 1822 Bischof –, widmete er sich vorwiegend theologischen und administrativen Fragen. Diese Etappe seines Wirkens spielt in der siebenbürgischen Literaturgeschichtsschreibung verständlicherweise eine bloß sekundäre Rolle. Desto eingehender hat sich diese hingegen mit der Lebensgeschichte und dem schriftstellerischen Werk des jungen Neugeboren beschäftigt.[50] Von diesen Untersuchungen kommt jenen von Heinrich Neugeboren, einem Enkel des Schriftstellers, eine Sonderstellung zu, da sie anhand zahlreicher, bis dahin unerschlossener Dokumente und Briefe die Biographie und den schriftstellerischen Werdegang des Autors sachgetreu und detailliert nachzeichnen.

---

49 Vgl. Siebenbürgische Quartalschrift 1 (1790), erstes Quartal, S. 2ff.

50 Heinrich N[eugeboren]: Daniel Georg Neugeboren. In: Vierteljahrschrift für die Seelenlehre 1 (1859), H. 1, S. 65–88, S. 129–143, S. 209–227; Ders.: Drei deutsche Arbeiten eines 14jährigen Gymnasiasten vor 100 Jahren. In: Schul- und Kirchen-Bote für das Sachsenland 5 (1870), H. 1, S. 15–18; Ders.: Daniel Georg Neugeboren. Ein Lebens- und Charakterbild. In: Archiv des Vereins für siebenbürgische Landeskunde 15 (1880), H. 2, S. 296–393; o. Verf.: Ein Zug zum Lebensbilde des Bischofs D. G. Neugeboren aus seinen Werdejahren. In: Kirchliche Blätter 14 (1922), H. 8, S. 57–59; Carl Göllner, Heinz Stănescu (Hg.): Aufklärung. Schrifttum der Siebenbürger Sachsen und Banater Schwaben. Bukarest 1974, S. 285ff.

Die vierzehn Zuschriften Neugeborens an Salmen, die ich im Nachlass der Familie Salmen[51] entdeckte, sind nicht nur länger als die von Heinrich Neugeboren mitgeteilten,[52] sondern auch von höherem literaturgeschichtlichen Wert. Die Briefe sind auch ein Beleg für das verzweigte Kommunikationssystem, das zwischen den Schriftstellern des ausgehenden 18. Jahrhunderts in Siebenbürgen bestanden hat. Sie können auch dazu beitragen, einige der literatur- und kulturgeschichtlichen Zusammenhänge zu verdeutlichen, denen die schmalen, jedoch nicht unbedeutenden dichterischen Werke von Johann Samuel Keßler (1771–1796) und Susanna Katharina Keßler (1767–1831) zum Teil ihre Entstehung und Beschaffenheit verdanken.

Kennen gelernt haben sich die späteren Freunde und Briefpartner wohl während ihrer gemeinsam verbrachten Ausbildungszeit am Hermannstädter Gymnasium. Der in ärmlichen Verhältnissen aufgewachsene Neugeboren, der wegen seiner Armut und der beruflichen Interessen der Eltern seine Gymnasialstudien unterbrechen musste und nur dank dem Einsatz und der Überredungskunst seiner Lehrer sie wieder aufnehmen und abschließen konnte, übte aufgrund seiner Intelligenz und seines für sein Alter ungewöhnlich reichen Wissens auf seine Mitschüler einen großen Reiz aus. Zu seinen Verehrern gehörte auch der aus Großschenk stammende Friedrich Georg Salmen. Wenn auch weniger begabt und bei weitem nicht so informiert wie der Freund, war Salmen nicht minder bildungsbeflissen. Der Leitgedanke der Freunde hieß Aufklärung durch Wissenschaft und Literatur, vielseitiges Interesse für die siebenbürgische und die Kultur anderer Länder und Völker. Zusammen mit weiteren sieben Kommilitonen gründeten Neugeboren und Salmen 1776 am Hermannstädter Gymnasium eine „Gelehrte Gesellschaft", die sich zum Ziel setzte, „die Gelehrsamkeit zu suchen", die wissenschaftlichen Kenntnisse der Mitglieder zu vermehren, sowohl für die Ausbildung des „Verstandes" als auch des „Herzens" Sorge zu tragen.[53]

Die Verbindung zwischen den Freunden wurde auch nach dem Abschluss des Gymnasiums aufrechterhalten. Neugeboren ging 1778 nach Bellovar. Neben seiner Arbeit als Hofmeister fand er nebenher auch genügend Zeit, seine wissenschaftlichen und künstlerischen Neigungen zu pflegen. Bei Kurzböck in Wien gab er 1779 und 1780 das Werk Johann Bethlens *Comentarii de rebus Transsilvanicis* mit zahlreichen Anmerkungen neu heraus, dem er auch eine detaillierte Inhaltsangabe beifügte. Auch beabsichtigte er, Wolfgang Bethlens Geschichtswerk und den *Siebenbürgischen Würgengel* von Mathias Miles für den Druck vorzubereiten, wozu er aber offenbar nicht mehr gekommen ist.[54] In diesen Jahren war der Briefverkehr mit Salmen besonders rege. Von Salmen, der in der Zeitspanne 1778–1783 abwechselnd in Hermannstadt, Großschenk, Neumarkt (Tîrgu-Mureş) und auf einem Gut neben Engyed (Aiud)

51 Siehe „Fondul Martin Friedrich von Salmen", der im Hermannstädter Staatsarchiv aufbewahrt wird, vor allem Nr. 353, pag. 16.

52 Vgl. N[eugeboren]: Neugeboren (Anm. 50), S. 73ff.

53 O. Verf.: Neugeboren (Anm. 50).

54 Siehe auch Hermann Jekeli: Die Bischöfe der evangelischen Kirche A. B. in Siebenbürgen. I. Teil: Die Bischöfe der Jahre 1553–1867. Mit e. Vorw. v. Paul Philippi. Köln, Wien 1978, S. 154ff. (Unveränd. Nachdr. d. Ausg. 1933), S. 229.

lebte und vorwiegend als Schreiber im Dienste des Grafen Zejko tätig war, erbat sich Neugeboren historische, ökonomische, kirchliche und militärische Nachrichten für seine vaterländischen Studien. Salmen schickte ihm auch Abschriften aus siebenbürgischen Geschichtsbüchern und Dokumentensammlungen, ebenso Zeichnungen und Abdrücke von Münzen. Er hat auch den in der Fremde weilenden Freund, der sich nach Lehrern und ehemaligen Kollegen erkundigte sowie nach siebenbürgischen und speziell Hermannstädtischen Nachrichten, des Öfteren informiert.

Beide Freunde hatten vereinbart, ihre Studien gemeinsam an der Leipziger Universität fortzusetzen, die sich damals eines guten Rufes unter den Gelehrten erfreute. Ihrem Vorhaben widersetzte sich jedoch ein Beschluss der österreichischen Regierung, wonach ab 1764 keine ausländische Universität besucht werden durfte und ab 1771 der Besuch nur calvinistischen und lutherischen Theologiestudenten gestattet wurde.[55] Neugeboren, der sich für ein Theologiestudium entschied, ging 1782 nach Leipzig, widmete sich aber außer theologischen und altphilologischen Fächern den damals sich stark entwickelnden naturwissenschaftlichen Disziplinen (Mathematik, Experimentalphysik und Naturgeschichte). Auch hat er während seines Aufenthaltes in Leipzig die historischen und musischen Fächer nicht vernachlässigt. Für seine Arbeit *De gente Bathorea Commentarius* (1783) erhielt er sogar den Preis der Leipziger Jablonowsky-Gesellschaft. Darüber hinaus hat er sein ästhetisches Vermögen durch – wie er schreibt – ein „tiefes Studium“ und durch „fortgesetzte Betrachtung der Werke des Geschmacks und der Meisterstücke in den schönen Künsten“[56] weiter auszubilden versucht. Zu diesen rechnete er außer den Arbeiten der griechischen und römischen Antike namentlich auch die Schriften der Zeitgenossen Ewald von Kleist, Salomon Geßner, des Ästhetikers Johann Georg Sulzer neben anderen. Salmen hingegen, der die Laufbahn eines Staatsbeamten einschlagen wollte, durfte die Universität Leipzig nicht beziehen und musste mit Wien vorliebnehmen. Er kam zwar auch nach Leipzig, inskribierte jedoch nicht an der Universität,[57] da sein Vater ihm dies brieflich verbot. Weil er den Zorn der österreichischen Behörden fürchtete, blieb Salmen nichts anderes übrig, als sich vom Freunde zu trennen und seine Studien in Wien zu vervollkommnen. In Wien scheint Salmen keinen geregelten Universitätsstudien nachgegangen zu sein. Vielmehr hat er seinen Aufenthalt, wohl auch hier dem Rat Neugeborens folgend, der über die wissenschaftliche Kompetenz der Wiener Professoren genau Bescheid wusste, zu intensivem Selbststudium genutzt. Neugeboren machte ihn auch darauf aufmerksam, wie er sich in der Hauptstadt des Habsburgerreiches zu verhalten habe, vor allem während der Audienz bei Kaiser Joseph II. und im Umgang mit bestimmten Menschen, um nicht ein Opfer des gut organisierten Wiener Spitzelsystems zu werden. Der erfahrene und informierte Freund aus Leipzig rät ihm auch, die Bibliotheken und Lektürekabinette zu besuchen und

55 Vgl. Göllner, Stănescu: Aufklärung (Anm. 50), S. 12.

56 N[eugeboren]: Ein Leben und Charakterbild (Anm. 50), S. 305.

57 Vgl. Theodor Fabini, Friedrich Teutsch: Die Studierenden aus Ungarn und Siebenbürgen auf der Universität Leipzig von der Gründung derselben 1409 bis 1872. In: Archiv 10 (1872), H. 1, S. 386–417; vor allem S. 403.

sich nur gute Bücher anzuschaffen. Auf alle Fälle solle er „keine von den fliegenden Broschüren, die der Hunger müßiger Spötter und die Gewinnssucht der Buchhändler in Wien täglich erzeuget", kaufen (Brief vom 27. September 1783). Welche Bücher zu einer guten „Handbibliothek" gezählt werden müssen, schildert Neugeboren ebenfalls in einer der Zuschriften (15. November 1783), die nicht nur die Vielseitigkeit seiner Bildung dokumentiert, sondern auch für die Rezeptionsgeschichte des ausgehenden 18. Jahrhunderts belangvoll ist. Der künftige Gelehrte, Theologe und Schulmann schlug dem Freund zum Ankauf freilich in erster Linie Werke vor, die man „ein Leben lang" gebrauchen konnte, Lexika, Enzyklopädien und Nachschlagewerke. Es folgen die Schriften der griechischen und römischen Autoren sowie zahlreiche Werke in Französisch, der damals ersten Kultursprache Europas. Von den zeitgenössischen deutschen Schriftstellern empfiehlt er Salmen vor allem Gellert, Rabener, Geßner, Gleim, Kleist, Wieland und sogar Goethe, dessen Schriften er aber zu der Kategorie jener Bücher zählt, die, sollte das Geld nicht ausreichen, entbehrlich seien (Brief vom 15. November 1783). Um die Mitte des Jahres 1784 kehrten Neugeboren und Salmen zusammen nach Hermannstadt zurück. Aus der Zeit danach sind keine Briefe erhalten geblieben.

VI.

Obwohl der musisch veranlagte Freund Friedrich Georg Salmen dichterisch selbst nicht hervorgetreten ist, lassen die 88 Briefe, die er als Student aus Leipzig und Wien nach Hause an die Eltern schickte, eine für jene Zeit nicht gerade alltägliche Beobachtungsgabe und Sprachgewandtheit erkennen.

Zeitgeschichtlich relevant sind vor allem jene Passagen der Briefe, in denen Friedrich Georg Salmen Bezug nimmt auf die Verhältnisse in seiner größeren und kleineren Heimat, ebenso seine Berichte über seinen Aufenthalt in Leipzig und Wien und nicht zuletzt die Schilderungen seiner Audienz beim Kaiser Joseph II.

Salmen hatte sich Anfang des Jahres 1783 von Siebenbürgen aufgemacht und war über Wien nach Leipzig gegangen, um dort sein Studium zu beginnen und womöglich auch abzuschließen. Zwei Gründe waren ausschlaggebend für die Wahl des Studienortes gewesen. Zum einen war es der gute Ruf, dessen sich die Professoren der Leipziger Universität in der damaligen Gelehrtenwelt erfreuten, zum anderen, dass der verehrte und bildungsbeflissene Daniel Georg Neugeboren, der „vortreffliche Jüngling", „Freund der Tugend und reiner Sitten" und „Liebling der Musen" (Brief vom 15. Mai 1783), bereits ein Jahr vorher an dieser Universität immatrikuliert worden war. Auch die Eltern scheinen anfangs diese Entscheidung unterstützt zu haben, hatte doch kein geringerer als der damalige Gouverneur Siebenbürgens Samuel von Brukenthal (1777–1787) im vertraulichen Gespräch gegenüber Salmens Vater geäußert, in Leipzig könne man in einem halben Jahr so viel lernen wie in Wien in drei Jahren (Brief vom 26. April 1783). Um jedoch außerhalb der Habsburgermonarchie studieren zu dürfen, bedurfte es einer Sondergenehmigung von höchster Stelle, um die Salmen beim Grafen Bánffy, dem Leiter der Siebenbürgischen Kanzlei in

Wien, ansuchte, die er jedoch nicht erhielt, weil der Besuch ausländischer nichttheologischer Hochschulen um die Zeit den Bewohnern der Monarchie nicht gestattet wurde. In der Hoffnung, diese Genehmigung vielleicht aufgrund der Intervention Brukenthals dennoch zu erhalten, zu dem der Vater als Königsrichter von Großschenk in guten Beziehungen stand, ging Salmen nach Leipzig, konnte dort aber nicht lange bleiben, weil ihn der Vater in einem Brief auf die verhängnisvollen Folgen eines solchen Schrittes aufmerksam machte.

Arg enttäuscht, des freundschaftlichen Umganges mit Neugeboren beraubt, von den Wiener Professoren kaum angetan, hielt es Salmen in der Donaumetropole weniger als ein Jahr aus und kehrte schon im Frühsommer des Jahres 1784 zusammen mit Neugeboren nach Hermannstadt zurück. Er hegte die Absicht, sich mit Hilfe einer gut ausgestatteten Privatbibliothek die nötige Bildung anzueignen. Von den Büchern, die ihm Neugeboren zum Ankauf vorgeschlagen hatte, hat Salmen, da ihm hierfür die nötigen Geldmittel fehlten, nur einen kleinen Teil nach Siebenbürgen mitgenommen. Auch hat ihm sein Beruf als Kanzlist beim Siebenbürgischen Gubernium und später als Steuereinnehmer in Großschenk wohl wenig Zeit gelassen, um seinen musischen und wissenschaftlichen Beschäftigungen nachzugehen. Dennoch hat er hierauf nicht gänzlich verzichtet und sich zusammen mit seiner schriftstellerisch tätigen Frau Susanna Katharina, geb. Keßler, Schwester des Lyrikers Johann Samuel Keßler, von der unten noch die Rede sein wird, abseits vom Treiben des Alltags eine Existenz aufgebaut, in der seine früheren Interessen wohl auch weiterhin präsent geblieben sind.

Von Susanna Katharina, geb. Keßler, verheiratete Salmen, enthält der Nachlass der Familie Salmen eine kurze Zuschrift, die sie an ihren Schwager Gottfried Salmen (gest. 1829) richtete, der auch der Empfänger der Briefe ihres Bruders war. Es handelt sich um einen Nachtrag zu einem Schreiben vom 29. Oktober 1788 ihres Gatten an seinen Bruder Gottfried, in dem sich die Verfasserin als sprachgewandte Briefschreiberin und interessierte -leserin erweist.

Susanna Katharina Keßler – unter diesem Namen ist sie in die regionale Literaturgeschichtsschreibung eingegangen – wird allgemein als die erste siebenbürgisch-deutsche Schriftstellerin bezeichnet.[58] Ihre an den Bruder gerichteten Briefe, die dessen Gedichten beigedruckt wurden und denen sie diese Einschätzung verdankt, belegen eine überdurchschnittliche Sprachbegabung und veranlassten Egon Hajek sogar zur Behauptung, sie seien „beinahe bedeutender als ihres Bruders Gedichte".[59] Außer kurzen Hinweisen auf ihre Biographie und das Leben ihrer Tochter, deren Erziehung sie sich nach dem Tode ihres Gatten Friedrich Georg Salmen widmete, enthalten die Zuschriften an den Bruder jedoch kaum konkrete Angaben über ihr Leben. Die Korrespondenz wird größtenteils ausgefüllt mit „schönen Gedanken, die aus dem

---

58 Siehe über sie auch [A.] S[chulleru]s: Aus den Briefen einer sächsischen Pfarrerin vor hundert Jahren. In: Kirchliche Blätter, 23. Juni 1897, H. 8, S. 70–72; Egon Hajek: Johann Samuel Keßler und seine Schwester Susanna Katharina. In: Die Karpathen 5 (1912), H. 13, S. 385–392 und H. 4 (1913), S. 434–439.

59 Ebd., S. 385.

eigenen gedrückten Gemütsleben der Schwester quellend dem innerlich ringenden Bruder in der liebenden Teilnahme Trost und Halt bieten wollen".[60] Wenn auch ihre Zuschriften in dieser Richtung keine besonderen Aufschlüsse erteilen, drängt sich dennoch die Vermutung auf, dass die Schwester auch von den dichterischen Versuchen Keßlers Kenntnis hatte. Ihr feines Sprachgefühl deutet auf eine intensive Lektüre der erfahrenen Briefschreiberin und auf eine eingehende Auseinandersetzung mit Literatur seit ihrer frühesten Jugend hin.

VII.

In den nachgelassenen Schriften von Susanna Katharinas Schwiegervater Martin Friedrich von Salmen (gest. 1787, Großschenker Königsrichter und Vizegespan von Fogarasch), die im Hermannstädter Staatsarchiv aufgehoben werden,[61] habe ich neun umfangreiche Briefe entdeckt, die Johann Samuel Keßler in den Jahren 1788 bis 1793, als er sich noch in Siebenbürgen aufhielt, an seinen Freund Gottfried Salmen, den Bruder seines Schwagers Friedrich Georg Salmen, richtete, die unser Wissen um die Lebensgeschichte Keßlers und die Voraussetzungen seines lyrischen Werkes um manchen bemerkenswerten Zug bereichern können.

Was die Literaturgeschichtsschreibung bislang an gesicherten Daten über Leben und Werk des frühverstorbenen Johann Samuel Keßler besaß, stützt sich größtenteils auf die Vorrede seines Freundes und Herausgebers, des reformierten Kandidaten der Theologie J. P. Le Pique aus Alzey. Von ihm erfuhr man, dass der in Hermannstadt geborene Keßler aus eigener Entscheidung bereits in jugendlichem Alter die Militärlaufbahn eingeschlagen, zunächst in einem Grenzregiment in der Nähe seiner Geburtsstadt gedient habe, dann aber zu einer Infanterieeinheit übergewechselt sei, mit der er am Koalitionskrieg gegen das revolutionäre Frankreich teilnahm. In einer der Schlachten wurde Keßler verwundet und starb, erst vierundzwanzigjährig, 1796 im bayrischen Kloster Eberach.

Sein einziges Werk gab Le Pique postum, ohne den Namen des Verfassers zu nennen, zuerst 1797 in Mannheim unter dem Titel *Papiere aus dem Nachlasse eines kaiserlichen Offiziers* heraus. Das Bändchen, das auch die Briefe der Schwester des Dichters, Susanna Katharina, verehelichte Salmen, enthält, erlebte im selben Jahr eine vermehrte Neuauflage in Wien, in deren Nachbemerkung Le Pique auch den Namen des Autors nannte.

Das schmale Werk dieses Frühvollendeten, das die „neuere lyrische Dichtung der Siebenbürger Sachsen"[62] eröffnet, hat die regionale Literaturforschung wie kaum das

60 S[chulleru]s: Aus den Briefen (Anm. 58), S. 70.

61 Unter der Nummer 382, pac. 18.

62 Alfred Kittner: Sänger der Verbrüderung zwischen den Menschen. Zum 200. Geburtstag Johann Samuel Kesslers. In: Neuer Weg, 18.9.1971.

eines anderen Dichters des 18. Jahrhunderts interessiert. Joseph Trausch,[63] Adolf Schullerus,[64] Egon Hajek,[65] Gottlieb Brandsch[66] u. a. Kenner der Lyrik Keßlers, die sich vor allem anlässlich des 200. Geburtstages des Dichters zu seinem Werk äußerten,[67] konnten zwar dazu wesentliche Angaben machen, jedoch die Kenntnisse über die Biographie des Autors kaum oder wie im Falle Schullerus'[68] nur geringfügig erweitern.

Die Korrespondenz setzt 1788 ein, in jenem Jahr, als die Schwester Keßlers Friedrich Georg Salmen aus Großschenk heiratete und die beiden Briefpartner einander vermutlich erst kennen gelernt haben. Der Anlass mag außer Familienbindung und Generationszugehörigkeit – Gottfried Salmen dürfte nur ein, zwei Jahre älter gewesen sein – auch eine ähnliche Welt- und Lebenseinstellung und vor allem Keßlers Absicht gewesen sein, selbst auch jenen Beruf zu ergreifen, für den sich der Freund zwei Jahre vorher entschieden hatte.[69] In kurzer Zeit entwickelte sich aus diesem zunächst umstands- und interessebedingten Verhältnis ein Bündnis zwischen zwei jungen Menschen, die einander durch gleiches Tun und freundschaftliche Gefühle verbunden waren. Es war eines jener schwärmerischen Bündnisse der Empfindsamkeit, wie sie uns aus der Literatur des 18. Jahrhunderts hinlänglich bekannt sind. Als beliebte Form der schriftlichen Mitteilung der Zeit bot die Korrespondenz, die von vornherein nicht für die Öffentlichkeit bestimmt war, die Möglichkeit, Intimes zu notieren, eigne Gedanken und Gefühle überschwänglich zu äußern.

Die Briefe Keßlers gewähren zunächst einen Einblick in die Lebensgeschichte des Autors, obwohl Betrachtungen über Freundschaft, Liebe, Treue, Ehre, Ruhm, Moral usw. den Großteil ihrer Inhalte ausmachen. Ohne sie direkt zu benennen, erfahren wir von den prägenden Erlebnissen seiner Kindheit und Jugend. „Du weist" – schreibt Keßler im Brief vom 23. Juli 1792 –

63 Joseph Trausch: Schriftsteller-Lexikon der Siebenbürger Deutschen. 2. Bd. Kronstadt 1870, S. 254ff.

64 Adolf Schullerus: Johann Samuel Keßler 1771–1796. In: Korrespondenzblatt des Vereins für siebenbürgische Landeskunde (fortan: Korrespondenzblatt) 20 (1897), H. 6, S. 76–78; Ders.: Eine Jahrhundertfeier siebenbürgisch-deutscher Dichtung. In: Kirchliche Blätter, 19.5.1897, S. 31ff.; Ders.: Nochmals Johann Samuel Kessler. In: Korrespondenzblatt 34 (1911), H. 1, S. 1–6.

65 Egon Hajek: Johann Samuel Keßler und seine Schwester Susanna Katharina. In: Die Karpathen 5 (1912), H. 13, S. 385–392 und 6 (1913), H. 4, S. 434–439.

66 Gottlieb Brandsch: Ein Gedicht Johann Samuel Keßlers als Volkslied bis zur Gegenwart im Volksmund. In: Siebenbürgische Vierteljahrsschrift 64 (1941), H. 3–4, S. 234–239.

67 Vgl. Kittner: Sänger (Anm. 62); ebenso den ungezeichneten Aufsatz: Dichter und Soldat. Zu Johann Samuel Keßlers 200. Geburtstag. In: Hermannstädter Zeitung, 10.9.1971; Heinz Stănescu: „Du glaubst mich glücklich ..." Zu Johann Samuel Keßlers 200. Geburtstag. In: Karpatenrundschau, 10.9.1971; Ders.: Johann Samuel Kessler. In: Korrespondenzblatt, dritte Folge 1 (1971), H. 3, S. 99–101; Ders.: Johann Samuel Keßler (1771–1796). In: Volk und Kultur 23 (1971), H. 10, S. 48–50; Göllner, Stănescu: Aufklärung (Anm. 50), S. 309–316.

68 Schullerus: Nochmals Johann Samuel Keßler (Anm. 64), S. 5ff.

69 Im Nachlass von Martin Friedrich Salmen befinden sich auch Briefe, die Gottfried an den Vater richtete (siehe Nummer 260, pac. 13), denen wir diese Nachricht entnehmen.

> ich bin ohne Vater aufgewachsen, ich habe von Ihm nichts geerbt als ein wenig Ehrlichkeit, meine arme Mutter war zu schwach mich zu erziehen; ich bekam von ihr nichts, als ein gutes Herz, das ich einsog, meine ersten Lehrer waren elende Leute, meine Gesellschafter ein Auswurf schlechter Leute, an die ich nie ohne Mitleid gedenke, bloss ein angebohrener Stolz, mich nicht von andern in den Schulen übertreffen zu laßen, trennte mich manchmal von ihnen.

Unter dem Einfluss der Lektüre besann er sich; ein glücklicher Zufall, von dem wir allerdings keine Einzelheiten erfahren, hat ihm die Trennung von „unedlen und kleinsinnigen Menschen"[70] erleichtert. Hinfort scheint Keßler vor allem um eine sinnvolle Lebensführung bemüht gewesen zu sein. Das Streben nach sowie die Aussicht auf Ruhm und eine gesicherte materielle Existenz veranlassten Keßler, dem die Mittel für ein Studium offensichtlich fehlten, die Offizierslaufbahn einzuschlagen. Im Unterschied zu Gottfried Salmen, der nach anfänglichen Zweifeln allmählich in der Offizierskarriere seine Lebenserfüllung erblickte,[71] trat Keßler den Beruf mit sehr gemischten Gefühlen an. Bereits im ersten Brief (11. Oktober 1788), den er Salmen schickte, betont Keßler: „Ich wählte meinen jezigen Stand nicht, Pflicht war es mir, einigen Freunden zu folgen, die es nicht recht überdachten, ich erfüllte die Pflicht". Diese nicht allein gefasste Entscheidung rief eine tiefgehende weltanschauliche und seelische Krise hervor:

> Gott schuf mich um zu leben, um vollkommener zu werden, und um meinem Nächsten zu nuzen, wählte ich mir nun einen Stand der mir zuwider ist und mein Leben bitter macht […], bilde ich meine Seele nicht aus daß sie vollkommener wird so kann ich meinem Nächsten auch nichts nüzen und so verfehle ich die gantze Absicht des Schöpfers. (Ebenda)

Keßlers religiöse Weltsicht, die ihm hauptsächlich im Elternhaus anerzogen wurde, sowie die vorwiegend durch Lektüre angeeigneten moralischen Wertbegriffe kollidierten immer wieder mit der Wirklichkeit des militärischen Lebens. Mehrmals musste er die Erfahrung machen, dass die landläufige Vorstellung von der moralischen Integrität der Offiziere falsch war, dass manche durch Verlogenheit, trübe Machenschaften, Ehr- und Skrupellosigkeit gekennzeichnet waren und notfalls auch vor gemeinen Mordanschlägen nicht zurückschreckten, was Keßler sogar am eignen Leibe feststellen musste. So nimmt es nicht wunder, dass in den Briefen den Klagen über den Soldaten- und Offiziersstand ein breiter Raum reserviert worden ist. Seine nächste Umgebung erfüllte den Autor mit zunehmendem Unbehagen, das zeitweilig nur durch den berufsbedingten Aufenthalt in der freien Natur überwunden werden konnte. „Ich bin einen Monath auf dem Gebirg gestanden" – schreibt Keßler im Brief vom 30. November 1792 –

---

70 So äußert sich auch Le Pique sehr allgemein über diese Jugenderfahrungen Keßlers. Hier zitiert nach: Göllner, Stănescu: Aufklärung (Anm. 50), S. 309.

71 Wie dem Attestat des Jahres 1827 (Oktober) zu entnehmen ist, das Gottfried Salmen ausgestellt wurde, begann er seine militärische Laufbahn „im August 1786 bey Prinz Eugen von Savoyen 5-ten Dragoner Regimente" in Sächsisch-Regen. Er wurde 1825 Major und starb 1829 als Obristwachtmeister (siehe: Fondul „Martin Friedrich Salmen", Nummer 373, pac. 18).

u[nd] habe kaum Menschen als meine Wachten gesehn. Keinen Menschen – und mir war wohl – in mich gekehrt und einsam, ohne eine einzige sogenannte Freude dieses Lebens (ausser Gottes schöne Wunder zu sehn) hatte ich Gelegenheit mein Herz zu durchgehen und zu prüfen.

Auf die Dauer konnte das Naturerlebnis keinen Ersatz für missleidige Erfahrungen im Umgang mit den Menschen bieten, sodass der Autor in zunehmende Isolierung geriet und des Öfteren von Schwermut befallen wurde. „Warum war mir so wohl in der Einsamkeit" – fragt er in demselben Brief – „und zwischen Menschen ward mirs heute unausstehlich [...] Oh Bruder! ich habe manchmal grausame Stunden, die Schwermuth stürzt mit aller ihrer Macht über meine Seele, ich denke zu ersticken, zu vergehn!"

All dies hatte zur Folge, dass der Autor die durch Erziehung und Lektüre vermittelte Vernunftgläubigkeit der Welt anzweifelte und sich zum Fürsprecher zügelloser Leidenschaftlichkeit machte, was ihn allerdings nicht davon abhielt, die läuternde Macht der Liebe anzuerkennen.

Eine solche Entwicklung lässt sich wohl auch durch die Tatsache erklären, dass der an Literaturfragen interessierte Keßler von dem im deutschen Kulturgebiet bereits vollzogenen Übergang des aufklärerischen Rationalismus zur Empfindsamkeit und zum Sturm und Drang Kenntnis gehabt haben mag. Eindeutiges Zeichen dieses Wandels ist die Art, wie Keßler mit den Moralisten abrechnet und wie er das Recht auf Sinnlichkeit verteidigt. Die mitunter derben und bei diesem Autor wohl kaum zu vermutenden Ausdrücke, die seine Unzufriedenheit und seinen Unmut wiedergeben, deuten ebenfalls auf eine enge Fühlungnahme mit dem Sturm und Drang hin (Brief vom 15. April 1792).

In seinen Briefen erweist sich Keßler somit als ein Dichter, der erkennbar in seiner Zeit lebte und an ihr litt, dessen Erziehung durch die Wertnormen des aufklärerischen Zeitalters geprägt worden war, der jedoch eine unverhohlene Sympathie für die Lebensauffassung der Empfindsamkeit und des Sturm und Drang bezeugte. Die Briefe enthalten in nuce auch Keßlers dichterische Konzeption. Es lässt sich nämlich feststellen, dass sich seine Gedichte hauptsächlich um zwei Themenkreise gruppieren lassen, die bereits in den Briefen vielfach erörtert wurden. Der erste umschließt das Naturerlebnis, dessen Ausbildung vorwiegend in die Zeit seines siebenbürgischen Aufenthaltes zurückreicht, da Gedichte wie *An den Mond, Die Saat, Der Bach* und andere, die sich in dieser Richtung zuordnen lassen und eine langjährige Auseinandersetzung mit dem Gegenstand belegen. Vornehmlich in diesen Gedichten erweist sich Keßler als „später Geistesverwandter der Dichter des Göttinger Hains, vor allem Höltys, mit dem er die sanfte Naturbetrachtung"[72] gemein hat. Eine „fühlende Seele" wertherscher Prägung offenbart sich in diesen formell untadeligen, melodiösen Versen, in denen die „leidenschaftlichen Wallungen des Sturmes und Dranges in gedämpfter Abgetöntheit erscheinen".[73] Der zweite Themenkreis, der in den restlichen

72 Kittner: Sänger (Anm. 62).
73 Ebd.

der insgesamt elf Gedichte Keßlers – so viele waren uns bisher durch den Band überliefert – behandelt wird, ist das Problem des Krieges und all seiner negativen Begleiterscheinungen. Bereits als Soldat und junger Offizier in Siebenbürgen hatte er die ersten Kontakte mit dieser ihm widerwärtigen Wirklichkeit des militärischen Lebens gehabt, sodass die Fronterlebnisse nur eine Steigerung der schon vorher gemachten Erfahrungen sind. Das beweist seine von Anfang an deutlich hervortretende, humanistische und christlich-religiöse Einstellung in seinen Briefen, die er angesichts der Schrecknisse der Schlachten, an denen er teilnahm, zu einer ausgesprochenen Antikriegshaltung entwickelte.

Carsten Lange

Romantische Unterwasserwelten. Darstellungen des Unterwasserraums von Novalis bis Hans Christian Andersen

I.

Die literarische Romantik kennt zahlreiche mit dem Element Wasser verbundene Frauengestalten, von denen Friedrich de la Motte Fouqués Undine, Hans Christian Andersens kleine Seejungfrau und Brentanos Loreley nur die bekanntesten sind. In vielfältiger Weise adaptiert, verwandelt und verfremdet haben diese Wasserwesen bis heute überlebt und ihren Platz im kulturellen Horizont unserer Zeit verteidigt. Sie finden nach wie vor Eingang in Kinderbücher und begegnen uns in Fantasy-Romanen und Disney-Filmen. Neben zahllosen Textsammlungen existiert inzwischen auch eine Fülle literaturwissenschaftlicher und volkskundlicher Forschungsarbeiten zum Motiv der Wasserfrau, denen hier keine weitere Studie hinzugefügt werden soll. Das Interesse der folgenden Untersuchung gilt mehr dem Lebensraum der literarischen Meeresbewohner als ihnen selbst: Wie werden in der Dichtung, die die Literaturwissenschaft als ‚Epoche der Romantik' zusammenfasst, Unterwasserräume ästhetisch konstruiert, welche erzähltechnische Funktion kommt ihnen zu, welche Symbolisierungen verknüpfen sich mit ihrem Erscheinen?

Methodisch ist einer solchen Untersuchung vorauszuschicken, dass sie für den vorliegenden Zeitraum im Wesentlichen als Imaginationsgeschichte eines Ortes zu begreifen ist, der kein Erlebnis- oder Erfahrungsraum der zeitgenössischen Autoren sein konnte. Versorgen uns heute die Fotografien und Filme der Tiefseeforschung mit Bildern vom Meeresgrund, vermitteln moderne Großaquarien durch die Glasscheibe eine unmittelbare Anschauung dessen, was sich unter Wasser abspielt, speisen sich die Vorstellungen von der Unterwasserwelt um 1800 im Wesentlichen aus der Phantasie. Zwar sind Blicke auf die Meeresoberfläche und durch transparentes Wasser hindurch in die Tiefe ein empirisches Faktum, das die ästhetische Aneignung des Urelements nachhaltig prägt; aber die Reise auf den Grund von Flüssen, Seen und Ozeanen kann nur als Imaginationsleistung erfolgen. Kein Dichter der Zeit kennt das Unterwasserreich aus eigener Anschauung, im Unterschied etwa zum berühmten romantischen Bergwerk. Trotz verschiedener Tauchexperimente existiert um 1800 kein naturwissenschaftlicher Diskurs über die Unterwasserwelt. Die Entwicklung von Tauchglocken und Unterwasserfahrzeugen erreicht erst Mitte des 19. Jahrhunderts ein ernstzunehmendes Stadium. Und wer um 1800 taucht, tut dies, um Schätze aus Wracks zu bergen, nicht um ein exotisches Naturparadies zu bewundern.[1] Inter-

1 Zur technisch-naturwissenschaftlichen Entwicklung des Tauchens vgl. Robert Sténuit: Geschichte des Tauchens. In: Handbuch Tauchen. München [u. a.] 1996, S. 13ff.

ferenzen zwischen technikgeschichtlichen und ästhetisch-imaginativen Entwicklungen spielen somit für dieses Raummotiv eine geringe Rolle – dies wiederum im Unterschied zum Luftraum, dessen literarische Darstellung sich ab der Goethezeit unter dem Eindruck der ersten Heißluftballonflüge stark veränderte.[2]

Methodische Zugänge, die die Gestaltung des Unterwasserraums auf seinen Realitätsstatus hin untersuchen oder in eine irgendwie mimetisch geartete Fragestellung einbinden, scheinen daher wenig sinnvoll.[3] Erzählte Reisen in die Meereswelt erfolgen vielmehr unter dem Eindruck eines diffusen Gemischs aus religiösen, naturphilosophischen, mythischen und vor allem literarischen Vorstellungen. An Einflussgrößen seien hier nur stichwortartig notiert: Paracelsus' Buch über die Elementargeister mit seinen Verweisen auf die Staufenberg-Sage; das im 17. Jahrhundert von Athanasius Kircher vorgelegte Werk *Mundus subterraneus*; Grimmelshausens humoristische Schilderung einer Unterwasserfahrt im *Simplicissimus* (1669); der Ende des 18. Jahrhunderts populäre Neptunismus, der davon ausging, die Erde sei ursprünglich von einem Urozean bedeckt gewesen. Schließlich (und sicher nicht zuletzt) brachte die Hinwendung zu lokalen Sagen und volkstümlichen Geschichten, die zum poetologischen Programm und zur literarischen Praxis der Romantik gehörte, reichlich Nährstoff für Unterwasserphantasien mit sich. Die Legenden über die Städte Vineta und Rungholt, die im Mittelalter von der Ost- bzw. Nordsee verschluckt worden sein sollen, berichten von unheimlichem Glockengeläut und schimmernden Häuserfassaden unter den Wellen.[4] Auch in den Sagensammlungen der Brüder Grimm finden sich wiederholt Schilderungen, wie Wassermänner und -frauen arme Bauern oder Ammen in ihre Behausungen führen. Durchweg erwartet die Besucher auf dem Grund der Seen und Flüsse der Anblick edler Palastarchitekturen und unermesslicher Reichtümer.[5] Diese vielfältigen Traditionen wirken im Hintergrund an der Entstehung romantischer Wasserwelten mit, werden dabei aber jeweils in eigenständige literarische Bezugssysteme eingebunden, die den Meeresgrund zu einem Bild für die Seele, die Poesie oder eine ‚höhere' Realität umfunktionieren.

---

2 Vgl. Christoph Asendorf: Bewegliche Fluchtpunkte. Der Blick von oben und die moderne Raumanschauung. In: Christa Maar, Hubert Burda (Hg.): Iconic Worlds. Neue Bilderwelten und Wissensräume. Köln 2006, S. 19ff.

3 Die theoretisch-methodisch unreflektierte Vermischung von literarisch-imaginativen und technikgeschichtlichen Zugängen zum Unterwasserraum ist ein Manko der Arbeit von Beate Otto: Unterwasser-Literatur. Von Wasserfrauen und Wassermännern. Würzburg 2001 (Epistemata. Würzburger wissenschaftliche Schriften 348).

4 Zu diesen bis heute umstrittenen Städten existieren viele populärwissenschaftliche (und meist ebenso umstrittene) Publikationen. Vgl. exemplarisch: Ingrid und P. Werner Lange: Vineta. Atlantis des Nordens. Leipzig [u. a.] 1988 sowie Hans Peter Duerr: Rungholt. Die Suche nach einer versunkenen Stadt. Frankfurt/M., Leipzig 2005.

5 Vgl. Jacob und Wilhelm Grimm: Deutsche Sagen. Erster Teil. In: Werke. Forschungsausgabe. Hg. v. Ludwig Erich Schmitt. Bd. 46: Deutsche Sagen. Erster Teil. Neu hg. v. Leander Petzoldt. Hildesheim [u. a.] 2005 [Nachdruck der Ausgabe Berlin 1816]. Darin beispielsweise: 52. Der Wassermann und der Bauer (S. 67f.); 58. Der Dönges-See (S. 72f.); 65. Vor den Nixen hilft Dosten und Dorant (S. 81ff.).

Eine nicht an mimetischen, sondern an imaginativen Kategorien orientierte Untersuchung des Unterwasserraums bietet damit die besondere Chance, symbolische Besetzungen eines zwar real vorhandenen, aber um 1800 faktisch kaum bekannten oder überhaupt wahrnehmbaren Raums aufzudecken. Damit lassen sich nicht allein Erkenntnisse über den Einsatz eines Motivs in einem spezifischen literaturgeschichtlichen Abschnitt gewinnen, sondern auch Aussagen über historische Formen individueller oder kollektiver Wunschbilder machen:

> Für eine ‚Kulturgeschichte des Wassers' reicht es deswegen nicht hin, nur die Motiv- und Imaginationstypen des Wassers zu erfassen (Leben als Schiffahrt, der Taucher, die schöne Wasserleiche etc.). Diese müssen vielmehr mit der Bildungsgeschichte von Subjektivität, insbesondere von Gefühls- und Imaginationsformen verbunden werden (Affekte, Wunsch und Begehren, Traum, Phantasie, Bildung des Unbewussten).[6]

Ein solches Vorhaben sieht sich damit aber auch vor das Problem gestellt, dass der traditionsreiche und seit frühester Zeit vorhandene Symbolgehalt von Meer und Wasser (man denke nur an die alten Sintflutgeschichten) in seiner Phänomenologie, Funktion und Wertung ein überaus komplexes Gebilde darstellt.[7] Dies gilt im Kleinen bereits für die Unterwasserdarstellung um 1800, die sich nur mit Mühe und unter Ausklammerung von Gegenbeispielen auf eine Formel bringen lässt. So legt sich die 2003 erschienene Untersuchung von Monika Schmitz-Emans, bis dato die umfassendste zum Wasserreich in der Literatur, auf den Aspekt des Fremden fest. Sie folgt der Leitfrage, inwieweit die interpretierten Texte eine „literarische Auseinandersetzung mit dem Befremdlichen darstellen" und dabei in Beziehung „zum Motivkreis der Wasserwesen und Elementargeister, insbesondere der Wasserfrauen", treten.[8] Die These, die Wasserwelt diene als ambivalente Projektionsfläche für die Angst vor und Lust an dem Fremden, bestätigt sich in weit reichenden Textanalysen und legt damit sicherlich eine Grundtendenz literarischer Unterwasservorstellungen frei. Dennoch können die Ausführungen von Schmitz-Emans durch Beispiele romantischen Schreibens ergänzt werden, in denen das Unterwasserreich nicht als fremde, sondern als vertraute Sphäre semantisiert wird. In Brentanos Werk etwa erscheinen beide Zuschreibungen in enger motivischer Nähe: In den Rheingedichten stellen Strom und Loreley phantasmatische Gefahren dar, die, wie Schmitz-Emans klar herausarbeitet, letztlich dem Inneren der Flussreisenden entspringen.[9] Derselbe Strom aber birgt in Brentanos *Rheinmärchen* ein sagenhaftes Reich, von dem aus die Oberflächenwelt als das Andere wahrgenommen wird. Hier kehrt sich die Perspektive um, und die Tiefe

---

6 Hartmut Böhme: Umriß einer Kulturgeschichte des Wassers. Eine Einleitung. In: Ders. (Hg.): Kulturgeschichte des Wassers, Frankfurt/M. 1988 (ST 1486), S. 24.

7 Vgl. ebd., S. 19.

8 Monika Schmitz-Emans: Seetiefen und Seelentiefen. Literarische Spiegelungen innerer und äußerer Fremde. Würzburg 2003 (Saarbrücker Beiträge zur vergleichenden Literatur- und Kulturwissenschaft 22), S. 33.

9 Vgl. ebd., S. 220ff.

fungiert als eigentliche Heimat.[10] Die Erscheinung und Bewertung des Unterwasserraums in einem Text variiert in Abhängigkeit von poetologischen Konzepten, formalen Gestaltungsvorlieben, Gattung und intertextuellen Bezügen. Die nachfolgenden Untersuchungen versuchen daher, die Fixierung des Motivs auf eine einmalige Bedeutung zu vermeiden, seine semantische und formalästhetische Bandbreite zu erschließen und – wo vorhanden – auch Widersprüchliches zu thematisieren.

II.

Die in der romantischen Literatur verstärkt auftretenden Unterwasserphantasien können historisch im Kontext der generellen Subjektivierung und Ästhetisierung von Natur verortet werden. Sie sind Teil eines langen Prozesses, der mit Beginn der Neuzeit einsetzt und im Lauf des 18. Jahrhunderts mit der ‚Konstituierung' des bürgerlichen Subjekts eine neue Dimension erlangt.[11] Den Wandel der Naturwahrnehmung speziell im Bereich von Meer und Küstenlandschaft hat der französische Historiker Alain Corbin anhand unterschiedlichster Dokumente herausgearbeitet.[12] Ihm zufolge macht die aus der Bibel und der antiken Mythologie übernommene Geringschätzung des Meeres ab etwa 1700 einer Aufwertung des wilden Elements Platz. Aus naturwissenschaftlichen Traktaten, philosophischen Abhandlungen, Reiseberichten, fiktiven Texten und aus Gemälden spricht nun ein neuer Geist: Der Blick aufs Meer dient dem ästhetischen Genuss, Seefahrten nach Italien und Griechenland fungieren als bedeutsame Bildungsreisen, und die Küste wird zu einem Schauplatz geselliger Begegnungen umstilisiert, bis um 1800 in ganz Europa eine blühende Kultur der Seebäder entsteht. Die nach wie vor als Bedrohung wahrgenommene elementare Gewalt des Ozeans sowie seine für das Subjekt unbegreifliche Weite und Tiefe werden durch die aufklärerischen Konzepte des Erhabenen rationalisiert.[13] Der Bann, den Mythen und christliche Theologie über das Meer verhängt haben, ist gebrochen.

Das literaturgeschichtliche Pendant dieser Entwicklung besteht in der Ablösung des barocken, christlich-allegorischen Topos von der Fahrt auf dem sturmumtosten Meer des Lebens durch die Ästhetisierung von Wasserflächen zur Bühne heiterer,

10 Eine Analyse der *Rheinmärchen* fehlt dementsprechend in Schmitz-Emans' ansonsten ausgedehntem Gang durch die Literaturgeschichte der Wasserwelt; mehr zu Brentano weiter unten.

11 Zur Entwicklungsgeschichte moderner Subjektivität liegt eine inzwischen unüberschaubare Fülle an Literatur aus verschiedensten wissenschaftlichen Disziplinen vor. Einen interdisziplinären Überblick bietet der Sammelband von Richard van Dülmen (Hg.): Entdeckung des Ich. Die Geschichte der Individualisierung vom Mittelalter bis zur Gegenwart. Köln 2001.

12 Vgl. Alain Corbin: Meereslust. Das Abendland und die Entdeckung der Küste 1750–1840. Berlin 1990 [frz. Orig. 1988].

13 Vgl. dazu Joachim Grage: Chaotischer Abgrund und erhabene Weite. Das Meer in der skandinavischen Dichtung des 17. und 18. Jahrhunderts. Göttingen 2000 (Palaestra. Untersuchungen aus der deutschen und skandinavischen Philologie 311), S. 200ff. Grages Studie bestätigt anhand der skandinavischen Literatur den von Corbin mit französischen, deutschen und englischen Dokumenten belegten Wandel in der Meereswahrnehmung.

geselliger Bootsfahrten.[14] Die Lyrik des 18. Jahrhunderts kennt zahlreiche Situationen, in denen statt des gefährlichen Meeres Flüsse und Seen als ‚zahme' Landschaftselemente ästhetisches Vergnügen bereiten. Die bei der Kahnfahrt vorbeiziehende Umgebung aus Bäumen und Bergen spiegelt sich im Wasser und gibt Anlass, die Harmonie der Natur zu feiern. Die Bootsfahrt wird zu einem Medium bürgerlicher Gefühlskultur: Ausflüge zu Wasser dienen als Kulisse für Liebesbekundungen, Freundschaftsschwüre sowie für Reflexionen über die Jahreszeiten und andere Gesetzmäßigkeiten der Natur. Dort, wo einer das Wasser allein bereist, ist er dennoch nicht einsam – die Schönheit der Landschaft oder die Gedanken an die Geliebte begleiten den Bootsfahrer und geben ihm auf dem Wasser ein Gefühl des Aufgehobenseins.[15] Was unter der Wasseroberfläche existiert, erweckt kein Interesse.

In der Literatur um 1800 ändert sich das Bild, wobei mit solchen Veränderungen natürlich immer nur vorherrschende Tendenzen gemeint sein können, keine apodiktischen Einschnitte im Sinne einer schematischen Epocheneinteilung. Bereits beim frühen Goethe lassen sich Beispiele finden, die auf eine veränderte Bedeutung der Kahnfahrt hinweisen. In dem 1775 verfassten, 1789 erstmals gedruckten Gedicht *Auf dem See* erfreut sich das lyrische Ich, frei von allen gesellschaftlichen Bezügen, der schöpferischen Inspiration, die die Natur ihm, dem einsamen Individuum, vermittelt. In diese Situation mischt sich aber für einen Moment eine Bedrohung, die zugleich von unten und von innen kommt:

> Aug, mein Aug was sinkst du nieder?
> Goldne Träume kommt ihr wieder?
> Weg du Traum so Gold du bist,
> Hier auch Lieb und Leben ist.[16]

Unschwer zu erkennen ist, wie das irritierende Gefühl rasch, noch in derselben Strophe, wieder abgewehrt wird. Die Wendung des Blicks nach unten und innen, in den „goldenen Traum" hinein, wird bei Goethe zugunsten des „Hier", des Realitätsprinzips könnte man sagen, verdrängt.

Einen Schritt weiter geht Goethes Ballade *Der Fischer*, die 1778 entstand und die Gefahr von unten durch das Auftauchen einer Wasserfrau inszeniert. Mit verführerischen Worten über die Geheimnisse der Tiefe vermag das fremde Wesen den Fischer ins Wasser zu locken:

---

14 Vgl. Bernhard Blume: Die Kahnfahrt. Ein Beitrag zur Motivgeschichte des 18. Jahrhunderts. In: Ders.: Existenz und Dichtung. Essays und Aufsätze. Ausgewählt von Egon Schwarz. Frankfurt/M. 1980, S. 195–236, hier S. 196f.

15 Eine umfangreiche Zusammenstellung und Deutung des Kahnfahrtmotivs im 18. Jahrhundert findet sich ebd., S. 197ff.

16 Johann Wolfgang Goethe: Auf dem See. In: Sämtliche Werke nach Epochen seines Schaffens. Münchner Ausgabe. Hg. v. Karl Richter in Zusammenarbeit mit Herbert G. Göpfert, Norbert Miller und Gerhard Sauder. Bd. 3.2: Italien und Weimar 1786–1790. Hg. v. Hans J. Becker, Hans-Georg Dewitz, Norbert Miller, Gerhard H. Müller, John Neubauer, Hartmut Reinhardt und Irmtraut Schmid. München 1990, S. 21.

Ach wüßtest du wie's Fischlein ist
So wohlig auf dem Grund,
Du stiegst herunter wie du bist,
Und würdest erst gesund.[17]

Zur Überredungsstrategie der Nixe gehört auch, dass sie der Spiegelung der Oberfläche im Wasser eine neuartige Bedeutung beimisst. Nicht mehr das Wohlgefallen an der Verdopplung der Oberfläche, sondern die Mystifizierung der Tiefe bestimmt hier den Einsatz des Spiegel-Motivs:

Labt sich die liebe Sonne nicht
Der Mond sich nicht im Meer?
Kehrt wellenatmend ihr Gesicht
Nicht doppelt schöner her?
Lockt dich der tiefe Himmel nicht,
Das feucht verklärte Blau?
Lockt dich dein eigen Angesicht
Nicht her in ewgen Tau?[18]

Welche Raumbezirke mit den semantisch doppeldeutigen Formulierungen „der tiefe Himmel“ und „Das feucht verklärte Blau“ gemeint sind, ist unklar. Die Opposition von oben und unten löst sich auf, Himmel und Wasser vermischen sich und verleiten den Fischer dazu, sein Heil in der Tiefe zu vermuten.[19] Die berühmte Schlusswendung „Halb zog sie ihn halb sank er hin“[20] pointiert, wie sich äußerer Zwang und innere Bereitschaft zum Versinken hier vermischen. Die Unterwasserwelt erhält damit – wie sich schon in dem Gedicht *Auf dem See* abzeichnete – eine psychologische Komponente, die durch den Verweis auf den Narziss-Mythos vertieft wird. Der Fischer sieht sich beim Blick auf das Wasser mit seinem eigenen erotischen Begehren konfrontiert.[21] Wie aber die Welt unter Wasser aussieht, darüber schweigt sich das Gedicht aus. Die Rede der Nixe bleibt bei vagen Andeutungen, und der Fischer erleidet offensichtlich einen raschen Ertrinkungstod, sodass ihm – und dem Leser – ein Blick auf die Geheimnisse der Tiefsee verwehrt bleibt.

Während die Tiefe in den beiden Gedichten Goethes einerseits einen starken Reiz auf das Seelenleben des Subjekts ausübt, sie andererseits aber nicht explizit beschrieben wird, verhält es sich in Schillers Ballade *Der Taucher* (1798) genau umgekehrt: Die Schrecken der Meereswelt werden von dem Jüngling, der den Becher des Königs aus den Fluten hervorholt, ausführlich geschildert. Sie bleiben aber eine Sphäre der

---

17 Johann Wolfgang Goethe: Der Fischer. In: Sämtliche Werke nach Epochen seines Schaffens. Münchner Ausgabe. Hg. v. Karl Richter in Zusammenarbeit m. Herbert G. Göpfert, Norbert Miller u. Gerhard Sauder. Bd. 2.1: Erstes Weimarer Jahrzehnt 1775–1786. Hg. v. Hartmut Reinhardt. München 1987, S. 42.

18 Ebd.

19 Vgl. Schmitz-Emans: Seetiefen (Anm. 8), S. 219.

20 Goethe: Der Fischer (Anm. 17), S. 42.

21 Zu einer psychoanalytischen Lesart des Gedichts vgl. Hartmut Böhme: Eros und Tod im Wasser – „Bändigen und Entlassen der Elemente“. Das Wasser bei Goethe. In: Ders. (Hg.): Kulturgeschichte des Wassers. Frankfurt/M. 1988 (ST 1486), S. 212f.

Sinn- und Formlosigkeit, die niemals in Korrespondenz mit der menschlichen Seele treten könnte:

> Schwarz wimmelten da, in grausem Gemisch,
> Zu scheußlichen Klumpen geballt,
> Der stachlichte Roche, der Klippenfisch,
> Des Hammers greuliche Ungestalt,
> Und dräuend wies mir die grimmigen Zähne
> Der entsetzliche Hay, des Meeres Hyäne.[22]

Schillers Ballade folgt in der Darstellung und Bewertung des Unterwasserraums der meeresfeindlichen Naturkunde des 17. Jahrhunderts – die Geschichte vom Taucher ist möglicherweise durch eine Episode in Kirchers *Mundus subterraneus* inspiriert.[23] Die Tiefsee offenbart sich dem Subjekt in einer Ordnungslosigkeit, die den Verstand übersteigt und jeglicher Vernunft spottet. Schillers Text zielt damit in eine ganz andere Richtung als die naturmagischen Balladen Goethes. Nicht das Geheimnis und seine Anziehungskraft auf die Seele werden hier thematisiert, sondern das Fehlverhalten des Unvernünftigen. Das abgründige Meer dient als Schauplatz einer Lehrgeschichte über die menschliche Vermessenheit und als Demonstrationsobjekt für die Grenzen des Begreifbaren und Bewältigbaren: Bei seinem zweiten Tauchgang ertrinkt der Jüngling.[24]

III.

Goethes *Fischer* hat in den romantischen Unterwasserdarstellungen zweifellos tiefere Spuren hinterlassen als Schillers *Taucher*. Wo Schillers Gedicht in aller Deutlichkeit die Schrecken des Meeres beim Namen nennt, vorführt und dann als etwas Abseitiges für immer in der Tiefe belässt, schimmert in Goethes Gedicht die Möglichkeit einer wunderbaren Wasserwelt durch, die nicht nur den Fischer, sondern auch den Leser lockt. An diesem Punkt – der visuellen *Vorstellung* der Tiefe, die Goethes Gedicht auslässt – beginnt sich die Imagination in romantischen Texten zu entfalten. Die räumliche Grenzüberschreitung ist zugleich eine der Vorstellungskraft. Die berühmte und häufig zitierte Formel von Novalis, „Nach Innen geht der geheimnißvolle Weg",[25] lässt sich auch für die vorliegende Fragestellung noch einmal sinnvoll zitieren und ergänzen: Der

22 Friedrich Schiller: Der Taucher. In: Schillers Werke. Nationalausgabe. Begründet v. Julius Petersen, fortgeführt v. Lieselotte Blumenthal u. Benno von Wiese. Hg. im Auftrag der Stiftung Weimarer Klassik u. des Schiller-Nationalmuseums Marbach v. Norbert Oellers. Bd. 2, 1: Gedichte. Hg. v. Norbert Oellers. Weimar 1983, S. 266–271; hier S. 270.

23 Vgl. Peter-André Alt: Schiller. Leben – Werk – Zeit. Bd. 2. München 2000, S. 351.

24 Zu dieser Deutung des *Tauchers* und zum Verhältnis der Ballade zu Goethes Gedichten vgl. ebd., S. 351ff.

25 Novalis: Vermischte Bemerkungen. In: Schriften. Die Werke Friedrich von Hardenbergs. Hg. v. Paul Kluckhohn u. Richard Samuel. Bd. 2: Das philosophische Werk I. Hg. v. Richard Samuel in Zusammenarbeit m. Hans-Joachim Mähl u. Gerhard Schulz. 2., nach den Handschriften erg., erw. u. verb. Aufl. Darmstadt 1965, S. 412–470; hier S. 418.

Weg geht nach innen und unten. In der Romantik dient die Tiefe als universelle Metapher für ein Realitätskonzept, das hinter (oder unter) der vertrauten Wirklichkeit eine unsichtbare Welt des Wunderbaren, Rätselhaften, des Geheimnisses annimmt. Die Tiefe bildet einen Imaginationsraum und dient dabei oftmals auch als Repräsentation der Phantasie an sich. Auf das Menschenbild romantischer Literatur bezogen, besagt das Raumbild der Tiefe, dass unter dem Bewussten und Rationalen eine Schicht des Unbewussten, Triebhaften wahrgenommen und thematisiert wird. In den Erzähltexten realisiert sich dieses Konzept häufig durch eine topische Strukturierung des Handlungsraums, in der vertikale oder horizontale Achsen vertraute Bereiche mit Orten des Fremdartigen konfrontieren. Das Gebirge, der tiefe Wald, das Bergwerk, aber auch architektonische Gebilde wie die Ruine, der Keller oder das verborgene Zimmer werden zu Chiffren eines Fremden im Inneren des Subjekts. Der Schauplatz wird zu einer Manifestation psychischer Zustände und Prozesse.[26]

In diese Topik reiht sich der Unterwasserraum ein. Das Fremdartige, nicht Sichtbare und daher eben nur Vorstellbare der Unterwasserwelt reizt die Phantasie und ermöglicht symbolische Zuschreibungen. Die Wasseroberfläche spiegelt nicht mehr einfach nur die bekannte Oberfläche, sondern sie wird durchlässig für einen Blick in eine imaginäre Welt. Die zahlreichen Begegnungen mit dem unterseeischen Reich, die in romantischen Texten teils ausführlich, teils beiläufig geschildert werden, radikalisieren und erweitern die schon in Goethes *Fischer*-Gedicht angelegte psychologische Bildlichkeit: Fragen von Vernunft und Wahnsinn, Realität und Phantasie, Alltag und Wunderbarem verbinden sich mit dem Blick oder gar Gang ins Wasser. Sind aus kulturgeschichtlicher Sicht seit jeher seelisches Leben und Erleben mit dem Element Wasser verknüpft,[27] entwickeln die romantischen Erzählungen daraus ein ausgefeiltes räumliches Chiffrensystem, in dem die Tiefe des Wassers als Tiefe der Seele semantisiert wird, um damit einen Bereich des Un- oder Vorbewussten zu visualisieren. Der Meeresgrund ist ein Bezirk der Träume und Phantasien, der verlorenen Erinnerungen oder zukünftigen Bestimmungen, der Erkenntnis oder des Irrsinns. Solche semantischen Zuschreibungen variieren je nach Werk, bisweilen sogar innerhalb eines Textes. Es häufen sich Situationen, in denen unheimliche Begegnungen auf und unter dem Wasser ablaufen. In ihnen lauert die Tiefe als Schlund – man denke an Brentanos Rheinlyrik oder an das Eingangsbild in Eichendorffs Roman *Ahnung und Gegenwart* mit der Beschwörung des Donauwirbels. In diesen vertikalen Arrangements entspricht der Wasserstrudel exakt dem drohenden Abgrund, dem so viele romantische Helden ausgesetzt sind, wenn sie an Schluchten oder auf Dächern und Türmen umherklettern – das Schwanken des Bootes gleicht dem Höhenschwindel, Schiffbruch und Ertrinken dem Sturz in den Abgrund, der in dieser Raumordnung

26 Vgl. zur Psychologisierung der literarischen Raumgestaltung in der Romantik: Carsten Lange: Architekturen der Psyche. Raumdarstellung in der Literatur der Romantik. Würzburg 2007 (Epistemata. Würzburger wissenschaftliche Schriften 562), S. 37ff. (dort auch weitere Literaturhinweise).

27 Vgl. Böhme: Umriß (Anm. 6), S. 23f.; vgl. zu Seefahrt und Schiffbruch als Metaphern für den Lebensweg des Menschen Hans Blumenberg: Schiffbruch mit Zuschauer. Paradigma einer Daseinsmetapher. Frankfurt/M. 1979 (SW 289).

als bildliche Darstellung eines psychischen Abgrunds zu lesen ist.[28] Zugleich aber kann die romantische Sehnsucht nicht von dem Wasser und seiner Tiefe lassen. Die ambivalente Meereswelt fungiert oft auch als ein vertikales Supplement der Oberfläche mit positiven Eigenschaften oder zumindest einer fundamentalen Bedeutsamkeit für die agierenden Figuren.

Die in romantischen Texten oft verrätselte, durch symbolisch-allegorische Verweise oder Spiegelungen entworfene Gleichung von Wassertiefe und Seelentiefe hat in aller Deutlichkeit Heinrich Heine in seiner *Nordsee*-Prosa 1826 ausgesprochen:

> Ich liebe das Meer, wie meine Seele.
> Oft wird mir sogar zu Muthe, als sey das Meer eigentlich meine Seele selbst; und wie es im Meere verborgene Wasserpflanzen giebt, die nur im Augenblick des Aufblühens an dessen Oberfläche heraufschwimmen, und im Augenblick des Verblühens wieder hinabtauchen: so kommen zuweilen auch wunderbare Blumenbilder heraufgeschwommen aus der Tiefe meiner Seele, und duften und leuchten und verschwinden wieder [...].[29]

Nicht selten bringt Heine, zugleich faszinierter und distanzierter Rezipient der Romantik, mit verblüffender Einfachheit auf den Punkt, was sich in den romantischen Erzählstrukturen als komplexes Metaphern- und Chiffrensystem darstellt, hier die Gleichsetzung von Meer und Seele. Heines Stilisierung der räumlichen wie seelischen Tiefe zur Quelle schöner, poetischer Bilder liefert im Grunde eine Zusammenfassung der romantischen Unterwasserdarstellung. Seine anschließenden Ausführungen über versunkene Städte und Glockenklänge aus der Tiefe bezeugen den ‚romantischen' Blick, mit dem der Autor der *Reisebilder* hier das Wasser betrachtet. Keineswegs aber beginnt erst mit diesem Zitat und seiner Rezeption durch Hans Christian Andersen die literarische Verwandlung des Meeres in einen seelischen Raum, wie der frühe Aufsatz von Anni Carlsson, eine der wenigen Abhandlungen zum Thema, behauptet:

> Mit dem Märchen ‚Die kleine Seejungfrau' hat Andersen der Dichtung eine neue Dimension eröffnet: den „Meeresgrund", dessen nie geschaute Tiefen von den Vorstellungen des Seelengrundes erfüllt werden. [...] Vor ihm hatte schon Heinrich Heine die gleiche Symbolbeziehung geknüpft, und sicher hat Andersen Heines Betrachtung ‚Norderney' vom Jahre 1826 gelesen [...].[30]

Die zahlreichen, im Folgenden vorzustellenden Unterwasserszenen um 1800 widersprechen der These, erst Andersen habe mit seinem berühmten Märchen eine Motivreihe begründet. Das Werk des Dänen markiert eher, wie zu zeigen sein wird, einen Schlusspunkt in der Entwicklung literarischer Unterwasserbilder.

---

28 Vgl. zum Schiffbruch-Motiv der Romantik Bernhard Blume: Das Bild des Schiffbruchs in der Romantik. In: Ders.: Existenz und Dichtung (Anm. 14), S. 237–257, hier S. 237ff.

29 Heinrich Heine: Die Nordsee. Dritte Abtheilung. In: Historisch-kritische Gesamtausgabe der Werke. Hg. v. Manfred Windfuhr. Bd. 6: Briefe aus Berlin. Über Polen. Reisebilder I/II (Prosa). Bearb. v. Jost Hermand. Hamburg 1973, S. 139–167; hier S. 150.

30 Anni Carlsson: Der Meeresgrund in der neueren Dichtung. Abwandlungen eines symbolischen Motivs von H. C. Andersen bis Th. Mann. In: Deutsche Vierteljahrsschrift für Literaturwissenschaft und Geistesgeschichte 28 (1954), S. 221–233; hier S. 223.

IV.

Bei einer Elbfahrt sieht Anselmus, die Hauptfigur in E. T. A. Hoffmanns Novelle *Der goldene Topf* (1814), die Spiegelung eines Feuerwerks im Wasser. Er hält dieses optische Phänomen für die Goldschlange Serpentina, eine Abgesandte des poetischen Reiches Atlantis, die ihm schon einmal mit ihren Schwestern in einem Holunderbaum erschienen war:

> Der Student Anselmus saß in sich gekehrt bei dem rudernden Schiffer, als er nun aber den Wiederschein der in der Luft herumsprühenden und knisternden Funken und Flammen im Wasser sah, da war es ihm, als zögen die goldnen Schlänglein wieder durch die Flut. Alles was er unter dem Holunderbaum seltsames geschaut, trat wieder lebendig in Sinn und Gedanken, und aufs neue ergriff ihn die unaussprechliche Sehnsucht, das glühende Verlangen, welches dort seine Brust in krampfhaft schmerzvollem Entzücken erschüttert.[31]

Mit dem für ihn typischen Vokabular („Sehnsucht", „Verlangen") erzählt Hoffmann von der Begegnung eines Jünglings mit einem höheren Wesen, das die romantische Sehnsucht entfacht. Im vorliegenden Fall scheint das Liebesobjekt unter der Wasseroberfläche zu residieren. Zugleich – ebenfalls typisch für Hoffmanns Phantastik – wertet die Sichtweise der anderen Bootsinsassen, deren Blick für die Wirklichkeit nicht getrübt ist, Anselmus' Beobachtung als ein Trugbild, sodass Hauptfigur und Leser im Ungewissen bleiben, welche Realitätsordnung dem Ereignis zugrunde liegt. Hausen tatsächlich unbekannte Mächte im Wasser oder beruht alles nur auf Einbildung und Sinnestäuschung?[32] Anselmus' Begleiter jedenfalls hindern den als wahnsinnig dastehenden Studenten daran, ins Wasser zu springen. Die Elbe, kurzzeitig Schauplatz einer wundersamen Erscheinung, erhält ihre realistischen Attribute zurück.[33]

Auch in Achim von Arnims Roman *Gräfin Dolores* (1810) schaut die Hauptperson bei einer Bootsfahrt durch sizilianische Grotten ins Wasser und wird auf diese Weise zum Zeugen einer Gegenwelt. Das Wasser ist so transparent, dass der Blick bis auf den Meeresgrund reicht:

> da sah sie die wandernden Züge der geselligen kleinen Fische, ihr blitzschnelles Drehen, das drehende Fortbewegen der Seesterne, der Medusen sternartiges, formloses Nichts; wie Muscheln und Krabben gesellig bei einander lagen, halb in Moosen versteckt, größere

---

31 E. T. A. Hoffmann: Der goldene Topf. In: Sämtliche Werke in sechs Bänden. Hg. v. Hartmut Steinecke, Wulf Segebrecht u. a. Bd. 2/I: Fantasiestücke in Callot's Manier. Werke 1814. Hg. v. Hartmut Steinecke unter Mitarbeit v. Gerhard Allroggen u. Wulf Segebrecht. Frankfurt/M. 1993 (Bibliothek deutscher Klassiker 98), S. 229–321; hier S. 238.

32 Zu dieser Unschlüssigkeit als zentraler Kategorie phantastischen Erzählens vgl. Tzvetan Todorov: Einführung in die fantastische Literatur. Frankfurt/M. 1975 (Literatur als Kunst), S. 40.

33 Heinrich Heine hat diese Szene des *Goldenen Topfs* in seinem Gedicht *Seegespenst* von 1826 imitiert und offenbar als eine Reflexion seines Verhältnisses zur Romantik angelegt: Das lyrische Ich erblickt eine Unterwasserstadt mitsamt einem lang gesuchten, verloren geglaubten, nun endlich gefundenen Mädchen, wird dann aber von einem Matrosen am Sprung ins Wasser gehindert. Erneut spiegelt auch diese Reminiszenz an Hoffmanns Anselmus Heines ambivalente, Nähe und Distanz vermischende Haltung zur Romantik.

Krabben trugen die kleineren mütterlich auf ihren Armen in Sicherheit, wenn zuweilen Delphinen an die Oberfläche rauschten. Aus dieser fremden Welt, die für das Schrecken der umgebenden entschädigen wollte, drangen plötzlich Sirenen hervor, schöne schwimmende Mädchen, die gar anmutig eine Einladung absangen:

Auf der Erde ist es schwül,
In den Wassern ist es kühl,
Sonne, Mond und alle Sterne
Stürzen sich hinein so gerne,
Denn im Wasser wirds so klar,
Wies auf Erden traurig war.[...][34]

Der Wortlaut des Gesangs, der sich über mehrere Strophen fortsetzt, weist die Sirenen scheinbar als Verwandte der Wasserfrau aus dem *Fischer*-Gedicht aus. Auch dort warb die Nixe für ihre Welt, indem sie die Anziehungskraft des Wassers auf die Gestirne betonte. Doch Arnims intertextueller Bezug auf Goethes Ballade erfolgt als ein ironischer, denn die Sirenen entpuppen sich als gewöhnliche Schwimmerinnen, die Angestellte eines sonderbaren Erlebnisparks sind, den der Prinz von Palagonien, Gastgeber der Gräfin, hier errichtet hat. Das Auftauchen der Sirenen ist inszeniert. Arnim nimmt der Begegnung mit der Unterwasserwelt das Riskante und wendet sie ins Humorvolle, Spielerische. Dies gilt schon für die Beschreibung des Meeresbodens: Beinahe wie in einem Aquarium bietet die zwar nach wie vor „fremde Welt" ein doch Vertrauen einflößendes Schauspiel aus schönen Formen und Bewegungen, das die Gräfin, wie es im Text explizit heißt, für die „Schrecken der umgebenden [Welt] entschädigen wollte". Arnim malt in aller Leichtigkeit aus, was Goethe bei Andeutungen beließ: eine wunderbare Gegenwelt auf dem Meeresgrunde.

Ganz unironisch, aber ebenso ästhetisch reizvoll stellt sich das Unterwasserreich in Fouqués berühmtem Märchen *Undine* (1811) dar. Nach ihrer Hochzeit mit dem Ritter Huldbrand schildert Undine in bunten Farben ihre Heimat. Diese Rede befremdet ihren Gatten, erlaubt dem Leser aber Einblicke in eine Welt, die nicht ausschließlich Andersartigkeit und Fremdheit repräsentiert:

> In klingenden Kristallgewölben, durch die der Himmel mit Sonn' und Sternen hereinsieht, wohnt sich's schön; hohe Korallenbäume mit blau und roten Früchten leuchten in den Gärten; über reinlichen Meeressand wandelt man und über schöne, bunte Muscheln, und was die alte Welt des also Schönen besaß, daß die heutige nicht mehr sich dran zu freuen würdig ist, das überzogen die Fluten mit ihren heimlichen Silberschleiern, und unten prangen nun die edlen Denkmale, hoch und ernst und anmutig betaut vom liebenden Gewässer, das aus ihnen schöne Moosblumen und kränzende Schilfbüschel hervorlockt. Die aber dorten wohnen, sind gar hold und lieblich anzuschauen, meist schöner als die Menschen sind.[35]

34 Achim von Arnim: Armut, Reichtum, Schuld und Buße der Gräfin Dolores. In: Werke in sechs Bänden. Hg. v. Roswitha Burwick, Jürgen Knaack u. a. Bd. 1: Hollin's Liebeleben. Gräfin Dolores. Hg. v. Paul Michael Lützeler. Frankfurt/M. 1989 (Bibliothek deutscher Klassiker 39), S. 101–684; hier S. 564.

35 Friedrich de la Motte Fouqué: Undine. Stuttgart 1983 (RUB 491), S. 43f.

Aus diesen Worten Undines spricht nicht nur die Liebe einer Meerfrau zu ihrer Heimat, sondern auch die Begeisterung eines Autors für imaginäre Welten. Fouqué ist offenbar wichtig, eine lebendige Anschauung vom Meeresgrund zu liefern, auch wenn dies nur mittelbar, als Bericht Undines, stattfindet. So wie Fouqué die bei Paracelsus geschilderte Staufenberg-Sage, die ihm als Vorlage diente, nach zeitgenössischen literarischen Mustern umschreibt und erweitert,[36] funktionalisiert er auch die Meereswelt nach romantischen Prinzipien. Die Tiefe bildet nicht mehr allein den Kontrast, sondern auch eine Ergänzung zu der vertrauten Oberfläche. Denn was die Welt oben einst an schönen Schätzen besaß, dann aber verloren und vergessen hat, wird unten aufbewahrt und verehrt – die versunkenen Denkmäler sind mit Moosblumen geschmückt. Der Vertikalordnung romantischer Raumdarstellung entsprechend steht die Tiefe somit für die Imagination und die Poesie,[37] aber auch für die Erinnerung. Das metaphorische Modell des menschlichen Bewusstseins, in dem Erinnerungen ‚aus der Tiefe aufsteigen', klingt hier an (wie in Heines *Nordsee*), wird dann allerdings in der Erzählung nicht weiter ausgebaut. Huldbrand entspricht zu wenig dem Typus des romantischen Jünglings, als dass die Tiefe für ihn irgendeine Form der Selbsterkenntnis bereithalten könnte. Zwar packt ihn bei Undines Worten kurz ein „seltsamer Schauder",[38] er verharmlost sie dann aber als bloße Neckereien. Die „unheimliche Ahnung",[39] dass Undine mit ihrer Enthüllung eine Wahrheit ausgesprochen haben könnte, weicht der rationalen Erklärung, das Mädchen neige eben zu einer lebhaften Phantasie.[40] Der Leser aber blickt für einen Moment durch Undines Augen in ein Zauberreich, das ihm als symbolisch aufgeladene Erweiterung der bekannten Welt glaubhaft und bedeutungsvoll erscheint. Aus diesen kurzen Beispielen wird ersichtlich, wie sich die schöpferische Einbildungskraft in einen neuen Bezirk vorwagt und die per se fremde, ‚unmenschliche' Sphäre umwertet. Ob als Schauplatz des Wunderbaren im *Goldenen Topf*, als ästhetisches Spektakel in *Gräfin Dolores* oder als bunte Märchenwelt in *Undine*, in allen Fällen gewinnt der Unterwasserraum eine ästhetische Kontur und symbolische Funktion. Er ist Element einer vertikal arrangierten Raumgestaltung und visualisiert die romantische Sehnsucht nach einer anderen Wirklichkeit.

---

36 Vgl. dazu Eckhard Grunewald: Undine kommt. Zur Genese eines romantischen Märchens. In: Aurora 63 (2003), S. 85–97; hier S. 96f.

37 Vgl. Schmitz-Emans: Seetiefen (Anm. 8), S. 115.

38 Fouqué: Undine (Anm. 35), S. 44.

39 Ebd., S. 46.

40 Die Erzählung ist hier wie an anderen Stellen konzeptionell nicht konsistent. Der Ritter hat vor der Rede Undines bereits so viel Phantastisches erlebt und als real akzeptiert (die Verwandlung eines Baches in einen Mann, eine schwarze Kreatur mit Menschenstimme), dass er als Vertreter einer rationalen Weltsicht eigentlich nicht mehr in Betracht kommen kann. Der Text pendelt damit seltsam unentschieden zwischen reinem Märchen (übernatürliche Ereignisse gelten allen als selbstverständlich) und Phantastik (übernatürliche Ereignisse und rationale Erklärungen ringen miteinander).

V.

Dass die Tiefe des Wassers als Spielart einer generellen Faszination für die räumliche Tiefe, namentlich die des Bergwerks, zu begreifen ist, führt in aller Deutlichkeit Hoffmanns Novelle *Die Bergwerke zu Falun* (1819) vor. Die Hauptfigur Elis, ein Matrose, der sich anschickt, Bergmann zu werden, träumt von der Verwandlung des Meeres in eine Höhle:

> Es war ihm, als schwämme er in einem schönen Schiff mit vollen Segeln auf dem spiegelblanken Meer, und über ihm wölbte sich ein dunkler Wolkenhimmel. Doch wie er nun in die Wellen hinabschaute, erkannte er bald, daß das, was er für das Meer gehalten, eine feste durchsichtige funkelnde Masse war, in deren Schimmer das ganze Schiff auf wunderbare Weise zerfloß, so daß er auf dem Krystallboden stand, und über sich ein Gewölbe von schwarz flimmerndem Gestein erblickte. Gestein war das nämlich, was er erst für den Wolkenhimmel gehalten. Von unbekannter Macht fort getrieben, schritt er vorwärts, aber in dem Augenblick regte sich alles um ihn her, und wie kräuselnde Wogen erhoben sich aus dem Boden wunderbare Blumen und Pflanzen von blinkendem Metall, die ihre Blüten und Blätter aus der tiefsten Tiefe emporrankten, und auf anmutige Weise in einander verschlangen.[41]

Wasser- und Steinwelt schieben sich ineinander, so dass die unterirdischen Pflanzen wie von Strömungen bewegt erscheinen. Vom „Strukturprinzip der Metamorphose“[42] bestimmt, überlagern sich zweierlei Tiefenräume – Meer und Berginneres –, um gemeinsam einen Gegenpol zur vertrauten Oberflächenwelt – zum Schiffsdeck und Bergarbeiterdorf – zu etablieren: „Venusberg und Meer sind identische Symbolfelder.“[43] In diesem zweifachen Unterreich tummeln sich „holde jungfräuliche Gestalten“, die ein „unbeschreibliches Gefühl von Schmerz und Wollust“[44] in Elis auslösen und damit seine Initiation in die Welt der romantischen Sehnsucht bewirken. Elis hat einen Blick in die Tiefe seiner eigenen Seele getan, in ein Reich des Wunderbaren, das ihm mit den vorher nicht gekannten psychischen Schichten seines Ich zugleich die Geheimnisse der romantischen Kunst offenbart. Metamorphosen des Raums, wie sie sich in Elis' Traum abspielen, können neben der Ästhetisierung als ein weiteres Gestaltungsmittel romantischer Unterwasserdarstellungen festgehalten werden. Der Verwandlungsprozess steigert sich im Lauf des

---

41 E. T. A. Hoffmann: Die Bergwerke zu Falun. In: Sämtliche Werke in sechs Bänden. Hg. v. Hartmut Steinecke, Wulf Segebrecht [u. a.] Bd. 4: Die Serapionsbrüder. Hg. v. Wulf Segebrecht unter Mitarbeit v. Ursula Segebrecht. Frankfurt/M. 2001 (Bibliothek deutscher Klassiker 175), S. 208–239; hier S. 216.

42 Manfred Engel: Naturphilosophisches Wissen und romantische Literatur – am Beispiel von Traumtheorie und Traumdichtung in der Romantik. In: Lutz Danneberg, Friedrich Vollhardt (Hg.): Wissen in Literatur im 19. Jahrhundert. Tübingen 2002, S. 65–91; hier S. 86.

43 Hartmut Böhme: Romantische Adoleszenzkrisen. Zur Psychodynamik der Venuskult-Novellen von Tieck, Eichendorff und E. T. A. Hoffmann. In: Klaus Bohnen, Sven-Aage Jørgensen [u. a.] (Hg.): Literatur und Psychoanalyse. Kopenhagen, München 1981 (Kopenhagener Kolloquien zur deutschen Literatur 3), S. 133–176; hier S. 140.

44 Hoffmann: Bergwerke (Anm. 41), S. 217.

Traums: Elis wirft sich auf den Kristallboden, aber der „wich unter ihm, und er schwebte wie in schimmerndem Äther."[45] Nach der Vertauschung des Meeres mit einer Höhle versetzt diese zweite Metamorphose Elis schlussendlich in eine Sphäre der Ortlosigkeit, in der die Orientierung gänzlich verloren gegangen ist. Seit der antiken Philosophie verbindet sich mit dem Äther das Konzept eines fünften Elements, das die anderen vier in sich aufnimmt und zu einer höheren Ganzheit zusammenfügt.[46] Die Auflösung der Grenzen, die die Elemente und ihre Raumbezirke voneinander scheiden, durch einen allumfassenden Äther dient bei Hoffmann der Konstruktion eines ‚wunderbaren' innerlichen Raums. In dem Maße, in dem die mimetische Raumdarstellung zurücktritt und der Ort zunehmend irreale Züge annimmt, wird er zu einem Misch- oder Zwischenraum mit bildlicher Aussagekraft. Elis dringt in eine nicht mehr lokalisierbare Schicht seines Bewusstseins vor, erlebt in diesem Moment das Wunderbare und damit den Beginn seiner eigentlichen Bestimmung, die Schätze der mysteriösen Königin der Tiefe zu bergen.

Hoffmanns Novelle steht unter dem Einfluss von Novalis' Roman *Heinrich von Ofterdingen* (erschienen postum 1802), der mit seinen Themen, Motiven und Gestaltungsmitteln das romantische Schreiben nachhaltig geprägt hat, nicht zuletzt durch seine berühmte Poetisierung des Bergwerks. Auch in Novalis' Roman findet sich eine zunächst gar nicht so leicht zu identifizierende, weil sehr eigenwillige Unterwasserdarstellung, die die Prinzipien der Ästhetisierung, Psychologisierung und Metamorphose kombiniert. Im sechsten Kapitel träumt der Titelheld Heinrich den Tod seiner Geliebten Mathilde. Diesmal ist es eine Frau, die im Kahn sitzt und von den Tiefen verschlungen wird:

> Ein tiefer blauer Strom schimmerte aus der grünen Ebene herauf. Auf der glatten Fläche schwamm ein Kahn. Mathilde saß und ruderte. Sie war mit Kränzen geschmückt, sang ein einfaches Lied, und sah nach ihm mit süßer Wehmuth herüber. Seine Brust war beklommen. Er wußte nicht warum. Der Himmel war heiter, die Flut ruhig. Ihr himmlisches Gesicht spiegelte sich in den Wellen.[47]

Soweit eine friedliche Kahnfahrtidylle, wie sie aus der Literatur des 18. Jahrhunderts vertraut ist und von Novalis übrigens in seiner ganz frühen Lyrik in mehreren Gedichten erprobt wurde – reine Stilübungen, die noch nicht die individuelle ästhetische Handschrift und gedankliche Konzeption des Romans oder auch des Gedichtzyklus *Hymnen an die Nacht* aufweisen.[48] Die Spiegelung von Mathildes Gesicht auf der ruhigen Wasseroberfläche zitiert den Topos der empfindsamen Bootsfahrt und gaukelt Harmlosigkeit vor, wo tatsächlich eine Gefahr lauert. Heinrichs Traum setzt sich fort:

---

45 Ebd.

46 Vgl. zur Rolle des Äthers innerhalb der Elementenlehre Gernot Böhme, Hartmut Böhme: Feuer, Wasser, Erde, Luft. Eine Kulturgeschichte der Elemente. München 2004 (Beck'sche Reihe 1565), S. 143ff.

47 Novalis: Heinrich von Ofterdingen. In: Schriften (Anm. 25). Bd. 1: Das dichterische Werk. Hg. v. Paul Kluckhohn u. Richard Samuel unter Mitarbeit v. Heinz Ritter u. Gerhard Schulz. 3., nach den Handschriften erg., erw. u. verb. Aufl. Darmstadt 1977, S. 195–334; hier S. 278.

48 Vgl. Blume: Das Bild des Schiffbruchs (Anm. 28), S. 238.

> Auf einmal fing der Kahn an sich umzudrehen. Er rief ihr ängstlich zu. Sie lächelte und legte das Ruder in den Kahn, der sich immerwährend drehte. Eine ungeheure Bangigkeit ergriff ihn. Er stürzte sich in den Strom; aber er konnte nicht fort, das Wasser trug ihn. Sie winkte, sie schien ihm etwas sagen zu wollen, der Kahn schöpfte schon Wasser; doch lächelte sie mit einer unsäglichen Innigkeit, und sah heiter in den Wirbel hinein. Auf einmal zog es sie hinunter. Eine leise Luft strich über den Strom, der eben so ruhig und glänzend floß, wie vorher.[49]

Abrupt wandelt sich die Idylle in ein Untergangsszenario, das mit dem Strudel ein beliebtes romantisches Motiv einsetzt. Der Traumcharakter der Textstelle basiert vor allem auf der unklaren Erzählperspektive. Die auktoriale Sicht (der Panoramablick zu Beginn der Szene), die Blickrichtung Mathildes (Spiegelung im Wasser) und Heinrichs Perspektive aus der Ferne schieben sich ineinander und hinterlassen den Leser desorientiert. Das Raumbild „bleibt konturlos, ungegliedert, offen: es wirkt traumhaft."[50]

Diese Desorientierung dient als Vorbereitung einer völligen Auflösung fester Raumbezüge im weiteren Fortgang des Traums. Heinrich verliert (noch immer innerhalb seines Traums) das Bewusstsein und kommt in einer fremden Gegend zu sich, durch die er „[g]edankenlos" wandert: „Sein Gemüth war verschwunden", lautet eine Formulierung, die diesen Fremdraum als einen Ort des Unbewussten markiert, in dem es Heinrich aber zunehmend „wohl und heymathlich" wird.[51] Die überall sprechende Natur und die Wiederbegegnung mit Mathilde, die Heinrich enthüllt, dass sich beide nun bei ihren Eltern, also gewissermaßen im Jenseits, befänden, weisen das fremde Land als raumzeitliche Sphäre des goldenen Zeitalters aus – als Zwischenraum, in der der Tod überwunden und die Einheit mit der Natur wiederhergestellt ist, als utopisches Reich der Poesie letztlich, dem Novalis in seinen literarischen wie theoretischen Schriften allenthalben nachspürt. Verblüffend nun ist die Lokalisierung des Ganzen:

> Heinrich weinte. Er drückte sie an sich. – Wo ist der Strom? rief er mit Thränen. – Siehst du nicht seine blauen Wellen über uns? Er sah hinauf, und der blaue Strom floß leise über ihrem Haupte.[52]

Das traditionelle Motiv des versinkenden Kahns wird in eine Raumkonstruktion überführt, in der sich die herkömmlichen Ordnungsmuster aufgelöst haben. Eine Oberflächenwelt – ein Land voller Bäume und Blumen, ja sogar mit einem eigenen Bach – befindet sich *unter* der Wasseroberfläche. Der Strom bildet den Himmel und umgekehrt: Der Himmel in diesem fremden Land ist die Unterseite einer Wasseroberfläche. Räumlich wirkt diese Situation wie eine wechselseitige Inversion und damit Durchdringung von oben und unten, oder, um es mit einer paradoxen Wendung der Spiegelmetapher auszudrücken: Die Wasseroberfläche fungiert als ein zweiseiti-

---

49 Novalis: Heinrich von Ofterdingen (Anm. 47), S. 278.

50 Eberhard Haufe: Die Aufhebung der Zeit im Heinrich von Ofterdingen. In: Joachim Müller (Hg.): Gestaltung, Umgestaltung. Festschrift zum 75. Geburtstag von Hermann August Korff. Leipzig 1957, S. 178–188; hier S. 181.

51 Novalis: Heinrich von Ofterdingen (Anm. 47), S. 278.

52 Ebd., S. 278f.

ger Spiegel, der die Oberflächenwelt samt Himmel in die Tiefe holt – und umgekehrt. Anders als die bisher vorgestellten Textbeispiele will dieser Romanausschnitt nicht die Unterwasserwelt an sich, ein Naturreich aus Korallen, Fischen und wie auch immer gearteten märchenhaften Bewohnern ausmalen. Er will einen unmöglichen Zwischenraum, einen Nicht-Ort im Wortsinne der Utopie kreieren, der im Unbewussten Heinrichs existiert: in seinem Traum, innerhalb seines Traums dann in seinem „gedankenlosen" Gemüt. Alle Verbindungen zu realistischen Raumkoordinaten sind gekappt. Ähnliches bewirkt das Schweben im Äther in Hoffmanns Novelle. Eine solche Inversion von oben und unten und damit eine gewisse räumliche Orientierungslosigkeit empfindet übrigens auch Gräfin Dolores beim Blick in die Tiefe: „sie [...] sah ins klare Wasser, das durch die eigentümliche Beleuchtung der Höhle bis zum tiefsten Grunde alles durchscheinen ließ, als wäre es zu einer hellen Luft geworden, in der die Barke schwebte".[53]

Gemeinsam ist diesen Beispielen eine Lust am Entwerfen imaginärer Orte, die mit den Gesetzen der physikalisch-realistischen Raumwahrnehmung brechen. Die Unterwasserdarstellung wird zu einem Medium für die Andeutung einer anderen Realität und zugleich zum Spielplatz experimenteller Raumkonstruktionen.[54] Der so entstehende Phantasie-Raum kann zwar mit übergreifenden symbolischen oder ideengeschichtlichen Konzepten erklärt werden, bezieht seine fremdartig-faszinierende Wirkung aber im Wesentlichen aus seiner imaginativen Originalität. Die oben angedeutete Interpretation, die Unterwassersituation im *Ofterdingen* deute auf das goldene Zeitalter voraus, ließe sich zweifellos durch vielerlei Bezüge zum weiteren Verlauf des Romans[55] oder zum theoretischen Werk des Autors[56] vertiefen. Doch solche ‚Übersetzungen' in einen Begriff oder eine Idee allein würdigen nicht die ästhetische Besonderheit der Romanpassage. Gerhard Schulz hat dies am Beispiel der betreffenden Textstelle erläutert:

> In Szenen wie der eben zitierten liegt wohl die eigentliche, tiefste, weil zugleich ästhetisch originellste und ansprechendste Kraft des Romans, gehen sie doch – wie alle bedeutende Sprachkunst etwas Ungesagtes in sich bewahrend – über das intellektuell Bestimmbare der anderen Erzählungen wie der vom Sänger Arion, vom König in Atlantis oder über die Vereinigung von Eros und Freya durch das Werk der Fabel hinaus.[57]

---

53 Arnim: Gräfin Dolores (Anm. 34), S. 564.

54 Dieser Befund zur Raumgestaltung stützt, was Jürgen Daiber allgemein in den Werken von Novalis nachweisen konnte: Der Autor überträgt die chemischen Experimentaltechniken der „Mischung und Auflösung" auf Inhalt und Formstruktur seiner literarischen Texte. Vgl. Jürgen Daiber: Experimentalphysik des Geistes. Novalis und das romantische Experiment. Göttingen 2001, S. 233ff.

55 Vgl. beispielsweise Peter-André Alt: Der Schlaf der Vernunft. Literatur und Traum in der Kulturgeschichte der Neuzeit. München 2002, S. 248 (Mathildes Tod und die Wiederbegegnung der Liebenden nehmen den geplanten zweiten Teil des Romans voraus).

56 Vgl. Hans-Joachim Mähl: Die Idee des goldenen Zeitalters im Werk des Novalis. Studien zur Wesensbestimmung der frühromantischen Utopie und zu ihren ideengeschichtlichen Voraussetzungen. 2., unveränd. Aufl. Tübingen 1994, S. 397ff. (hier ausführliche Erläuterungen zur metaphysischen Bedeutung von Wasser und Meer im Werk von Novalis).

57 Gerhard Schulz: Novalis: Heinrich von Ofterdingen. In: Interpretationen. Romane des 19. Jahrhunderts. Stuttgart 1992 (RUB 8418), S. 109–143; hier S. 137.

Ob die bemerkenswerte Vorstellung eines ‚Wasserhimmels' im *Ofterdingen* auf konkrete Vorbilder zurückgeht, ist nicht bekannt. Hier sei in aller Vorsicht nur die Vermutung geäußert, dass Novalis bei der Konstruktion seines Zwischenraums durch theologische Diskurse, die sich um eine Textstelle in der Genesis ranken, inspiriert worden sein könnte. In 1. Mose 1,7 heißt es: „Da machte Gott die Feste und schied das Wasser unter der Feste von dem Wasser über der Feste." Diese Formulierung, die suggeriert, dass der Himmel aus Wasser besteht, hat schon Luther irritiert[58] und in der Frühen Neuzeit zu verschiedenen Theorien über die Sintflut und ihre Folgen geführt.[59] Der Einfluss dieser Diskurse auf die Literatur bedarf noch einer genaueren Erforschung; das geologisch diffuse ‚Himmelsgewässer' im *Ofterdingen* jedenfalls dokumentiert erneut, in welchem Grad imaginative Originalität den Entwurf romantischer Unterwasserräume lenkt.

Die These, dass literarische Unterwasserbeschreibungen in erster Instanz von der imaginativen Freiheit abhängen, die ein Autor sich gewährt, kann durch ein wenig bekanntes Beispiel der unmittelbaren *Ofterdingen*-Rezeption erhärtet werden. Dieses Beispiel findet sich bei Eichendorff, was insofern überrascht, als Eichendorff eher für stereotype Landschaftstableaus denn für abseitige Schauplätze wie die Unterwasserwelt bekannt ist. In den Vorarbeiten zum *Marmorbild* ahmt der Dichter die Szene aus Novalis' Roman zunächst nach, verwirft sie dann aber aus poetologischen Gründen wieder. In Eichendorffs Fall lassen sich damit Reiz und Problematik eines reinen Imaginationsraums deutlich ablesen. Die seit einigen Jahren vorliegende historisch-kritische Ausgabe der Erzählungen Eichendorffs dokumentiert anhand der Textzeugen sehr genau den Schaffensprozess des *Marmorbilds*. Nirgends hat der Autor so ausgiebig beinahe surrealistische Farb- und Formschilderungen erprobt wie in diesen Entwürfen. Die frühesten Textstufen bestehen aus bloßen Aneinanderreihungen von Traumsequenzen, aus denen sich nur zögerlich Geschichte und Handlungsstruktur der Novelle entwickeln. Ein Entwurf, der vermutlich 1807/08 entstand, beschreibt eine solche Traumsequenz, die von einer Kahnfahrt auf fremden Gewässern handelt. Beständig verwandeln sich die Personen und die Umgebung rund um Florio, der feststellen muss, dass er in ein seltsames Zwischenreich geraten ist:

> Da [...] rückten die Ufer, u. Berge u. Lande immer weiter u. weiter, der Strom breitete sich plötzlich nach allen Seyten unermeßlich aus, bis alles ein großes unübersehliches Meer ward. Florio wußte nicht, wie ihm geschah, er blikte über sich. Da sah er über sich hin den Strom, auf dem er gefahren war, blau u. krystallen wegfließen, u. die Heymath und alle Land matt durchschimmern. Bertha schiffte in einem Nachen drüber hin, u. blikte still [...] die Fluth hinunter. Unter sich sah er die Gluth des Morgens in tausend Farben auf dem Meere entzunden, [...] ein himmlisches Singen [...] aus der Tiefe wurde immer stärker u. stärker u. zitterte durch alle Wellen. Florio [...] kannte sich selbst nicht mehr, er wurde selbst zu Gesang, er langte nach dem blauen Strome hinauf, aber der Nachen fieng

58 Vgl. Grage: Chaotischer Abgrund (Anm. 13), S. 90ff. Hier auch Beispiele für die Vorstellung von einem „Himmelswasser" in skandinavischen Schöpfungsepen des 17. Jahrhunderts.

59 Vgl. Corbin: Meereslust (Anm. 12), S. 14ff.

an zu kreisen, u. drehte sich immer schneller u. schneller, die Gloke der Waldkapelle tönte von oben immer leiser u. leiser nach, und so versank er in die flammenden Wogen.[60]

Eichendorff wiederholt und steigert die Szene aus dem *Ofterdingen*: Florios Fahrt auf dem Wasser findet zugleich unter dem Wasser statt, seine Geliebte Bertha gleitet über ihn hinweg, versinkt dann aber wiederum im Strudel, und irgendwo existiert zudem noch eine Waldkapelle – all das erzeugt eine solche Verwirrung, dass kein geordnetes Raumbild entstehen kann. Dass dieser Traum als Einblick in Florios verwirrtes Seelenleben konzipiert ist, zeigt die Formulierung „Florio [...] kannte sich selbst nicht mehr“, die an die Zustandsbeschreibung Heinrichs erinnert. Auflösung der Persönlichkeit und der Raumstrukturen bedingen sich hier gegenseitig. Beide Textpassagen parallelisieren Meeresgrund und psychische Tiefenregion.

Derart kühne Vorstellungen wie „er wurde selbst zu Gesang“ und „flammende Wogen“ haben in Eichendorffs ruhig dahinströmender Prosa Seltenheitswert und waren dem Autor nach dem Schreibprozess offenbar selbst so fremd, dass er von einer Veröffentlichung in dieser Form absah. Jahre der Überarbeitung haben den seitenlangen Fiebertraum Florios zu einem kurzen Absatz eingeschmolzen:

da war es ihm, als führe er mit schwanenweißen Seegeln einsam auf einem mondbeglänzten Meere. Leise schlugen die Wellen an das Schiff, viele Syrenen tauchten aus dem Waßer, die alle aussahen, wie das schöne Mädchen mit dem Blumenkranze vom vorigen Abend. Sie sang so wunderbar, traurig und ohne Ende, als müße er vor Wemuth untergehen. Das Schiff neigte sich, [...] und sank langsam immer tiefer und tiefer – da wachte er erschrocken auf.[61]

So lautet die Version im letzten, für die Endfassung maßgeblichen Textzeugen, der im Oktober 1817 die lange und mühselige Arbeit am *Marmorbild* zu einem Abschluss bringt. Der in der Raumkonstruktion und überhaupt der gesamten sprachlichen Gestaltung radikale Versuch wird entschärft und in eine überschaubare, relativ konventionelle Traumbeschreibung überführt. Sowohl das Schiffbruch- als auch das Sirenenmotiv sind dem zeitgenössischen Leser geläufig und im Kontext der Gesamthandlung leicht als Symbole erotischer Verführung entschlüsselbar.[62] Eichendorff belässt es bei einem gemäßigten Szenario wie in Goethes *Der Fischer*. Die schon in der Vorbildszene des *Ofterdingen* angelegte Unverständlichkeit und uneindeuti-

60 Joseph von Eichendorff: Das Marmorbild. Textzeugen. In: Historisch-kritische Ausgabe. Begründet von Wilhelm Kosch u. August Sauer. Fortgeführt u. hg. v. Hermann Kunisch u. Helmut Koopmann. Bd. V/2: Erzählungen. Erster Teil. Kommentar. Hg. v. Karl Konrad Polheim. Tübingen 2000, S. 39f. Die Textwiedergabe erfolgt hier der besseren Lesbarkeit wegen vereinfacht, indem die vom Herausgeber diakritisch gekennzeichneten Hinzufügungen Eichendorffs ohne Kennzeichnung integriert werden. Von Eichendorff wieder getilgte Textstellen dagegen werden hier nicht eigens aufgeführt, sondern durch Auslassungszeichen markiert.

61 Ebd., S. 114.

62 Einen ausführlichen Überblick über die Verbreitung des Sirenenmotivs in der europäischen Literatur gibt Rainer Grübel: Sirenen und Kometen. Axiologie und Geschichte der Motive Wasserfrau und Haarstern in slavischen und anderen europäischen Literaturen. Frankfurt/M. [u. a.] 1995 (Slavische Literaturen. Texte und Abhandlungen 9), S. 39ff.

ge Symbolik, die Eichendorff im Entwurf erprobt, sagen ihm später nicht mehr zu. Nicht nur die allzu freie Phantastik der Traumbilder, auch deren religiöse Vagheit passt nicht mehr in Eichendorffs literarisches Konzept. Auf der poetologischen Ebene spiegelt dieser Wandel den Durchbruch des Autors zu einem eigenen Stil, der biographisch mit der Loslösung vom Loeben-Kreis und damit auch einer gewissen Distanz zu Novalis' Werken einhergeht.[63] Auf der Ebene einer Imaginationsgeschichte von Unterwasserwelten zeigt das Beispiel noch einmal, gewissermaßen als Gegenprobe zur Szene im *Ofterdingen*, wie Darstellung und Funktion nicht-mimetischer Räume von der ästhetischen Experimentierlust und der Bereitschaft zum freien Phantasieren abhängen.

VI.

Anders als Eichendorff überlässt sich Brentano ungebremst seiner Lust an phantastischen Raumgestaltungen. Nicht nur in den explizit als Märchen gekennzeichneten Prosatexten, auch in den Gedichten, Dramen und Briefen Brentanos verbinden sich Märchenmotive mit empirischen Gegebenheiten zu einer ästhetizistischen Gegenwelt der Blumen, Schätze und Kunstobjekte. Die Romantisierung des Rheins in der Lyrik sowie in den 1810–12 entstandenen *Rheinmärchen* führt dies eindrücklich vor Augen. In mehrfacher Hinsicht bildet Goethes *Fischer*-Ballade, ein Lieblingsgedicht Brentanos, auf das er immer wieder anspielt,[64] den Ausgangspunkt für seine Motivketten aus Bootsfahrt, Meerjungfrau und Unterwasserwelt. Gedichte wie *Auf dem Rhein* folgen Goethes Ballade, indem sie die Variante des bedrohlichen Wasserstrudels durchspielen.[65] In seinen Briefen feiert Brentano dagegen den Schiffbruch und das Abtauchen auf den Meeresgrund als Metapher für ein Leben abseits gesellschaftlicher Zwänge in einem Reich der Künste und der Phantasie.[66] In den *Rheinmärchen* schließlich entfaltet der Dichter das Motiv in all seinen Facetten. Es ertrinkt, wer es verdient: Der hässliche Prinz Rattenkahl, dem die holde Prinzessin Ameleya versprochen ist, verschwindet im Strudel, damit sodann der Müller Radlauf, Held des Märchens, die Schöne in die Arme schließen kann. Für Radlauf dagegen öffnet sich mit dem Kentern ein magischer Zugang ins Königreich auf dem Grunde, das ihm später gar als rechtmäßiges Erbe zuerkannt wird. Radlauf berichtet:

---

63 Vgl. dazu Klaus Köhnke: Eichendorff und Novalis. In: Aurora 45 (1985), S. 63–90; hier S. 69ff.

64 In der Urfassung der *Chronica des fahrenden Schülers* (entstanden zwischen 1802 und 1806) lässt Brentano den namenlosen Fischer mit dem ebenfalls durch Goethe populär gewordenen König von Thule in einem Unterwasserverlies einsitzen, in dem auch die Sagenfiguren Peter von Staufenberg und Raimund von Poitier ihr Dasein fristen. Auch in seinen Briefen zitiert Brentano immer wieder aus den erwähnten Gedichten Goethes.

65 Einen Vergleich zwischen Goethes *Auf dem See* und Brentanos *Auf dem Rhein* führt Blume durch. Vgl. Blume: Das Bild des Schiffbruchs (Anm. 28), S. 247f. Zu Brentanos Rheinlyrik generell vgl. die ältere, aber noch immer lesenswerte Studie von Emil Staiger: Die Zeit als Einbildungskraft des Dichters. Untersuchungen zu Gedichten von Brentano, Goethe und Keller. 2. Aufl. Zürich 1953, S. 44ff.

66 Vgl. Lange: Architekturen der Psyche (Anm. 26), S. 267ff.

Wir waren in diesem Augenblicke einigen Felsen sehr nah, zwischen welchen der See einen heftigen Wirbel bildet, und indem die rudernden Knappen von demselben mit Gewalt ablencken wollten, schrien sie laut auf, ei sieh da, da ist die schöne Hexe wieder, die uns so lange schlafen gemacht, ich wendete meine Augen nach dem Fels da sah ich eine wunderschöne junge Frau sitzen, ganz schwarz ihr Röcklein, Weiß ihr Schleier, blond ihre Haare, und in tiefster Trauer, sie weinte heftig, und kämmte ihre langen Haare. Die Knappen aber hörten nicht auf, sie zu verhöhnen, da ward der Sturm immer wilder, das Schiff, ward mitten in den Strudel geworfen und begann sich wie eine Spindel zu drehen.[67]

Statt zu ertrinken, findet sich der Held in einer faszinierenden Kunstwelt wieder:

Als ich hinab gesuncken, stand ich in einer Grünen Laube von Wasserbinsen geflochten, die vier Pfähle worauf sie ruhte waren vier Korallen Bäume, rings herum standen sieben Wasserlilien, und auf jeder saß eine sehr traurige Jungfrau, in der Mitte aber war dasselbe holdseelige Weib, das ich auf dem Felsen gesehen hatte, als unser Boot unterging.[68]

Die Loreley führt ihren Gast daraufhin durch ein Reich blühender Unterwasserpflanzen und phantastischer Architekturen. Die Projektion der Menschenwelt und ihrer Baukunst auf den Grund des Flusses, wie sie auch in den Sagengeschichten begegnet, verbindet sich bruchlos mit Beschreibungen submariner Natur – eine Verbindung, die die Sagen so nicht kennen:

wir waren unter einem gläsernen Gewölbe, über uns sahen wir das Wasser mit Millionen bunten Fischen, die sich mit ihren bunten glänzenden Schuppen an das Glas anlegten und mit ihren Goldaugen hereinsahen, so daß die ganze Decke, wie tausend Regenbogen durcheinander schimmerte. [...]

Auf der einen Seite des Kreises schlummerten alle Mägdlein, auf der anderen alle Knaben, tief unten aber stand auf der einen Seite ein schönes Bett von lauter Korallen, darauf schlummerte die Prinzessin Ameley, auf der andern Seite stand ein Bett von Felsenstein mit Goldsand gefüllt, darauf schlummerte der alte Vater Rhein ein gar ehrwürdiger großer und starker Greis, sein langer Grüner Schilfbart hing von seinem Lager herab über eine artige gläserne Wiege [...].[69]

Originell und detailverliebt kombiniert Brentano Glasarchitektur mit Korallenmobiliar. Die Farbenpracht und Anmutigkeit der Fische und des Sandes sind offensichtlich der kurzen Textstelle aus Fouqués *Undine* abgeschaut, hier aber erheblich ausgedehnt. Umfang und ästhetischer Reichtum der Schilderungen legen nahe, in diesem, dem gewöhnlichen Landbewohner verborgenen Teil des Rheins den eigentlichen Hauptdarsteller des Märchens zu sehen. Der Boden des Stroms verliert seine Befremdlichkeit und stellt sich im Gegenteil sogar als die tatsächliche Heimat Radlaufs heraus; die Loreley, so erfährt man, ist Radlaufs Mutter. Im narrativen Schema

67 Clemens Brentano: <Das Rheinmährchen>. In: Sämtliche Werke und Briefe. Historisch-kritische Ausgabe veranstaltet vom Freien Deutschen Hochstift. Hg. v. Jürgen Behrens, Wolfgang Frühwald [u. a.] Bd. 17: Die Mährchen vom Rhein. Hg. v. Brigitte Schillbach. Stuttgart [u. a.] 1983, S. 13–331; hier S. 139.

68 Ebd., S. 141.

69 Ebd., S. 105f.

von Unterwasserbesuch und Erkenntnis über die eigene Herkunft verbirgt sich in der ansonsten ganz unpsychologisch gehaltenen Märchenerzählung ein typisch romantisches Identitätskonzept. Auch für Radlauf hält der Gang in die Tiefe Selbsterkenntnis und Initiation in ein poetisches Dasein bereit.

Die vertikalen Zuordnungen des Vertrauten und Fremden sind in den *Rheinmärchen* auf den Kopf gestellt. Symptomatisch für diesen Perspektivwechsel – hier durchaus im wörtlichen Sinne zu verstehen – ist die Episode, in der Radlaufs Goldfisch von unten hinauf zur Wasseroberfläche blickt und über sich einen Kahn mit zwei Knaben wahrnimmt, die die Loreley um ihre Gunst bitten:

> Die Sonne ließ eben ihre ersten Strahlen in den Rhein niedersincken, der wie ein fließendes Gold zitterte, man sah die Felsen oben, und die Städte, und die Berge und die Menschen und die Schiffe; man sah an der Felsenwand das ganze Haus der Frau Lureley hinauf bis an den blauen Himmel, wo die Vögel hin und her schwebten, man sah den Reiher niederstürzen und einen vorwitzigen Fisch holen; ein Schifflein zog oben, und darauf fuhren zwei Knaben, der eine freudig mit braunen Haaren, der andre traurig mit schwarzen Haaren, als sie an dem Fels waren riefen sie
> Lureley, Lureley,
> Es fahren zwey Freunde vorbei![70]

Es entbehrt nicht der Ironie, wenn sich die beiden Schiffer, wie viele ihrer Vorgänger, vor der schrecklichen Tiefe fürchten, während unter ihnen doch nur der harmlose Goldfisch hinaufschaut. Die vertikale Konfrontation zweier Welten löst sich durch solche spielerischen Umkehrungen zunehmend auf. Die Inversion und Verwirrung der Raumordnung, die bereits an verschiedenen Unterwasserdarstellungen aufgezeigt wurde, lassen sich auch in Brentanos phantastischer Rheindarstellung nachweisen. Auffällig ist, wie die Beschreibungen sowohl der Unter- als auch der Überwasserszenen von Transparenz- und Durchlässigkeitsbildern beherrscht sind. In kaum einer Passage der *Rheinmärchen* fehlen die Gestirne, die nicht nur beständig schöne Lichtreflexe auf die Wasseroberfläche zaubern, sondern auch den Boden des Flusses mit einem magischen Leuchten überziehen. Der Goldfisch schwärmt:

> sieh da gieng der Mond auf und ergoß sein erquickendes Licht von den Rebenhügeln hinab bis auf den Grund des Rheins, und die Fluth schimmerte unter und ober mir, wie ein fließender Schmaragd, meine goldnen Flosfedern schimmerten [...].[71]

Dieser „Rhein, der unter dem blauen Sternhimmel, wie eine herrliche Gruft voll Edelsteinen hinaus schimmerte",[72] empfängt die Himmelskörper und verwandelt sie in seinem flüssigen Inneren in Kunstschätze. Die zahllosen Vergleiche und Metaphern, die überwiegend aus dem Bereich der Edelmetalle und Schmucksteine stammen, erschaffen zusammen mit den Glasdächern der Korallenpaläste und „Wellen, die wie zwei Mauren von Kristall fest neben uns hinliefen",[73] einen transparenten

---

70 Ebd., S. 112f.
71 Ebd., S. 98.
72 Ebd., S. 102.
73 Ebd., S. 143.

Raum, in dem das Licht von oben in der Tiefe aufgefangen, vervielfältigt, letztlich potenziert wird. Das schon aus den anderen Unterwasserdarstellungen bekannte Zusammentreffen von Himmel und Wasser pointiert Brentano in einem Gedicht, das von den personifizierten Flüssen gemeinsam gesungen wird:

> Himmel oben, Himmel unten,
> Stern und Mond in Wellen lacht
> Und in Traum und Lust gewunden
> Spiegelt sich die fromme Nacht.[74]

Luft und Wasser, „zwei die Materialität transzendierende Existenzweisen",[75] begegnen sich und verwandeln die empirischen Gegebenheiten des Rheins in einen irrealen Raum. Die Verwischung räumlicher Grenzen und die Spiegelung des Himmels in die Tiefe ähneln den Träumen Heinrich von Ofterdingens oder Florios, aber noch stärker als dort sind diese Gestaltungsmittel in den *Rheinmärchen* rein literarische Figuren, die keinem naturphilosophischen oder religiösen Ideengebäude, sondern allein dem ästhetischen Bewusstsein des Autors entspringen.[76] Die „Sehnsucht nach einem kosmischen Paradies"[77], die sich in der Verschmelzung empirisch getrennter Raumbereiche artikuliert, ist identisch mit der Sehnsucht nach einer Poesiewelt. Anders als der metaphysische, mit symbolischem Ernst aufgeladene Unterwasserschauplatz im *Ofterdingen*, der in seiner Phänomenologie vielleicht auf den biblischen Wasserhimmel zurückgeht, ähnelt Brentanos phantastisches Paradies im Rhein eher der Schilderung eines Unterwasserbesuchs, den der Held in Grimmelshausens *Simplicissimus* unternimmt. Sowohl der mit „Rubinen / Diamanten / Saphiren und andern dergleichen Steinen"[78] übersäte Boden des Meeres, in das der Protagonist steigt, als auch die humorvoll verzerrte Spiegelung der Menschenwelt dürften Brentano, dessen Vorliebe für die Barockliteratur bekannt ist, angeregt haben:

> da sahe man hie und dort gewaltige Schroeffen viel Meil wegs hoch in die Hoehe ragen / welche vor das Wasser hinauß giengen und lustige Jnsulen trugen; diese waren rund herumb mit allerhand lustigen und wunderbarlichen Meergewaechsen geziert / und von mancherley seltzamen kriechenden / stehenden und gehenden Creaturen bewohnet; gleichsam als wie der Erdboden mit Menschen und Thieren / die Fische aber deren wir groß und klein und von unzahlbarer Art ein grosse Menge hin und wider ueber uns im Wasser herumb *vagiren* sahen / ermahneten mich allerdings an so vielerley Voegel / die sich Fruehlingszeit und im Herbst bey uns in der Lufft erlustiren; und weil es eben Vollmon und ein helle Zeit war (dann die Sonn war damals ueber unserm *Horizont*, also daß ich damals mit

74 Ebd., S. 98.

75 Gertrude Cepl-Kaufmann, Antje Johanning: Mythos Rhein. Zur Kulturgeschichte eines Stromes. Darmstadt 2003, S. 87.

76 Vgl. zum radikal ästhetisch geprägten Bewusstsein des Autors Karl Heinz Bohrer: Der romantische Brief. Die Entstehung ästhetischer Subjektivität. München, Wien 1987, S. 62ff.

77 Cepl-Kaufmann, Johanning: Mythos Rhein (Anm. 75), S. 87.

78 Hans Jacob Christoffel von Grimmelshausen: Der abentheuerliche Simplicissimus Teutsch. In: Werke I/1. Hg. v. Dieter Breuer. Frankfurt/M. 1989 (Bibliothek deutscher Klassiker 44), S. 9–699; hier S. 511.

> unsern *antipodibus* Nacht / die Europeer aber Tag hatten) konte ich durch das Wasser hinauff den Mond und das Gestirn sampt dem *Polo antarctico* sehen / dessen ich mich wol verwundern musste; [...].[79]

Die Übereinstimmungen zwischen dieser Meereswelt und Brentanos Märchen sind erkennbar. Der Blick gleitet auch hier durch das klare Wasser hinauf zu den Gestirnen, und die Verwandtschaft zwischen Vögeln und Fischen wird auch in den *Rheinmärchen* aufgebaut, wenn letztere in den Korallenbäumen schweben oder durch die Palastfenster lugen.[80] Die Inversion von oben und unten wird von Grimmelshausen in satirischer Absicht eingesetzt, sie hält der barocken Gesellschaft im Sinne der verkehrten Welt einen Spiegel vor. Solche Elemente einer Gesellschaftssatire wirken in den Perspektivverschiebungen der *Rheinmärchen* noch nach, rücken dort aber angesichts der ästhetisch-imaginativen Dimension der Unterwasserwelt an den Rand.

Geht man bei der Suche nach konkreten Darstellungen von Unterwasserwelten literaturgeschichtlich noch weiter zurück als bis zu Grimmelshausen, gelangt man schließlich zu Ovids *Metamorphosen*. Die Analogie von Fischen und Vögeln, die Grimmelshausen, Brentano und später noch Hans Christian Andersen (s. unten) für ihre Perspektivvertauschungen nutzen, hat ihre erste literarische Gestaltung in der Sintflutgeschichte gefunden, die im Ersten Buch der *Metamorphosen* erzählt wird. Anders als die Sintflutdarstellung in der Bibel, die es bei einem Panoramablick über die geflutete Erde belässt, imaginiert Ovid mit einer kaum zu verkennenden Lust an der Umkehrung und Auflösung bestehender Ordnungen anschauliche Bilder einer untergegangenen Welt:

> Nirgend erschien durch Grenzen das Meer und die Erde gesondert:
> Offene See war alles, und flutete sonder Gestad' auf.
> Einer erklimmt den Hügel voll Angst; der andere rudert
> Dort im gebogenen Kahn, wo er jüngst Pflugstiere gelenket.
> Über die Saaten hinweg und das eingesunkene Landhaus
> Schiffen sie dort und fangen den Fisch in dem Wipfel der Ulme.
>
> [...]
>
> Nereus' Töchter erstaunen, die Hain', und die Städt', und die Häuser
> Unter den Wellen zu sehn; in dem Bergwald hausen Delphine,
> Springen in hohem Gezweig' und stoßen an bebende Eichen.[81]

Man wird wohl behaupten können, dass diese Textpassage zu den frühesten literarischen Imaginationen einer Unterwasserwelt überhaupt gehört. In der konkreten Visualisierung der Fische zwischen versunkenen Bäumen und Häusern artikuliert sich über die gedanklich-philosophischen Grundlagen des Textes hinaus (Verwand-

---

79 Ebd.

80 Ähnlichkeiten zwischen der Passage im *Simplicissimus* und romantischen Unterwasserwelten nimmt auch Schmitz-Emans wahr. Vgl. Schmitz-Emans: Seetiefen (Anm. 8), S. 77.

81 Publius Ovidius Naso: Metamorphosen. In der Übertragung von Johann Heinrich Voß. Frankfurt/M. 1990 (it 1237), S. 19.

lung als Seinsprinzip, Bestrafung der Menschheit etc.) ein ästhetisches Moment. Die Überflutung wird zum Anlass und Medium literarischer Phantasie.[82]

Noch in Hans Christian Andersens weltbekanntem Märchen *Die kleine Seejungfrau* (1837) leben Imaginationen aus Ovids Flutgeschichte weiter. Es ist verführerisch, Andersens Märchen als eine Art Fortsetzung der *Rheinmärchen* zu lesen. Nicht nur der Zauber der Unterwasserpaläste kehrt hier in gleicher Tonlage zurück, auch die Entscheidung, große Teile der Handlung aus der Sicht der Wasserbewohner darzustellen, teilt der dänische Autor mit dem deutschen. Genau genommen radikalisiert er die Perspektivumkehrung noch, indem im Mittelpunkt das Schicksal der Meerjungfrau steht, nicht das eines Menschen. Doch die *Rheinmärchen* sind erst 1846 publiziert worden, sodass ein Einfluss auf Andersen auszuschließen ist. Wenn *Die kleine Seejungfrau* hier als Schlusspunkt einer Motivreihe vorgeschlagen wird, so nicht, um eine geradlinige Entwicklung zu behaupten, die in dieser Weise sicherlich nicht existiert. Wenn Andersen das Verhältnis von Oberfläche und Wasserwelt verändert, zeigt dies nicht unbedingt eine Reaktion oder gar bewusste Absage an das romantische Konzept des Fremden an; derartige Kausalitäten sind zu konstruiert. Strukturell fällt die Verschiebung aber deutlich ins Auge: Andersens Märchen eignet sich die Perspektive der Meeresbewohner an, ohne aber in einer Umkehrung das Reich der Menschen als das Fremde, das Andere, zu stilisieren. Nicht nur besitzen die Meerjungfrau und ihre Familie reiche Kenntnis über die Landbewohner, auch der Erzähler entwirft Tiefe und Festland als analoge Welten.[83] Dass der Erzähler zwar der Menschenwelt angehört, signalisieren die in der Exposition des Märchens verwendeten Lokaladverbien „hier" für die Oberflächenwelt und „dort" für den Meeresgrund; dass er aber von Anfang an bei seinen Lesern um Sympathie für das submarine Reich wirbt, entnimmt man dem beinahe didaktischen Tonfall, der wie in einem Lehrbuch einen unbekannten Sachverhalt verständlich machen will:

> Weit draußen im Meer ist das Wasser so blau wie die Blätter der schönsten Kornblume und so klar wie das reinste Glas. Aber es ist sehr tief, tiefer als irgendein Ankertau reicht. Viele Kirchentürme müßten aufeinandergestellt werden, um vom Grund bis über das Wasser zu reichen. Dort unten wohnt das Meervolk.
>
> Nun muß man aber nicht glauben, daß da nur der nackte weiße Sandboden sei, nein, da wachsen die sonderbarsten Bäume und Pflanzen, die so geschmeidig in Stiel und Blättern sind, daß sie sich bei der geringsten Bewegung des Wassers rühren, gerade als ob sie lebten. Alle Fische, kleine und große, schlüpfen zwischen den Zweigen hindurch, wie hier oben in der Luft die Vögel. An der allertiefsten Stelle liegt des Meerkönigs Schloß. Die Mauern sind aus Korallen und die langen, spitzen Fenster aus allerklarstem Bernstein, aber

---

82 In seiner postmodernen *Metamorphosen*-Adaption macht Christoph Ransmayr dieses ästhetische Moment deutlich, indem er es forciert: „In den kahlen Alleen, durch Säulengänge und Arkaden glitten Delphine dahin; auf den Dachfirsten wuchsen Seeanemonen, auf Schornsteinen Korallen. Flundern tarnten sich im Staub der Straßen. Wie zu einem Fest der Wiederkehr der Vögel, die Schwarm um Schwarm in die Tiefe sanken, wehten an den Häusern Fahnen aus Algen und Tang." Christoph Ransmayr: Die letzte Welt. 9. Aufl. Frankfurt/M. 1998 (Fischer Taschenbuch 9538), S. 164.

83 Vgl. Schmitz-Emans: Seetiefen (Anm. 8), S. 152.

das Dach ist aus Muschelschalen, die sich öffnen und schließen, je nachdem das Wasser strömt.[84]

Das Inventar dieser Meereswelt ähnelt verblüffend dem der *Rheinmärchen*: Glas und Korallen, Unterseepflanzen und Schlossarchitektur ergeben eine harmonische Einheit. Im Unterschied aber zu Brentano, der den Leser viel unvermittelter in eine phantastische Parallelwelt versetzt und diese dann als die eigentliche behauptet, entwirft Andersen ein Panorama, das den Leser behutsam mit einem neuen Bezirk der Welt vertraut macht. Hier spricht ein Märchenerzähler zu Kindern, die vielleicht noch Angst haben könnten vor dem, was in der Tiefe haust. Allenthalben knüpft er an Bekanntes an: Die Farbe des Wassers entspricht der der Kornblume, die Meerestiefe wird durch übereinander gestapelte Kirchtürme veranschaulicht, das Verhalten der Fische mit dem von Vögeln verglichen.[85] Die Paläste oben und unten, so zeigt sich im Verlauf des Märchens, ähneln sich in ihrer Beschreibung, auch die höfische Gesellschaftsform ist bei Menschen und Nixen identisch aufgebaut. Die verborgene Nachbarschaft beider Reiche zeigt sich nicht zuletzt daran, dass in Anlehnung an *Undine* (von Andersen sehr geschätzt) auf dem Meeresgrund die verlorenen Reichtümer der Oberfläche aufbewahrt werden. Die Meerjungfrau ist seit ihrer frühen Kindheit im Besitz einer in die Tiefe gesunkenen Marmorstatue, die einen schönen Jüngling zeigt – für die Nixe das romantische Urbild des später begehrten Prinzen. Der Garten, mit dem sie das Kunstwerk verschönt, spiegelt nicht nur die Faszination des Meeresvolks für die Menschen, sondern in symbolischer Weise auch das tragische Schicksal der Protagonistin. Eine „rosenrote Trauerweide" wirft einen Schatten auf die Statue, der aussieht, „als ob Spitze und Wurzeln miteinander spielten, als wollten sie sich küssen."[86] Die Baumart mit ihrem sprechenden Namen, hier mit einer verfremdeten, aber dafür umso bedeutungsvolleren Farbe versehen, weist mit dem Schattenspiel nicht nur auf die Liebe, sondern auch auf deren Scheitern voraus.

Die Aufhebung der polaren Trennung von Oben und Unten und die Angleichung beider Sphären, die den angeführten Beispielen zu entnehmen ist, bedeutet aber keineswegs den Verzicht auf räumliche Dichotomien generell. Das Besondere an Andersens Märchen ist, dass die Polarisierung in vertraute und fremde Räume *innerhalb* des Unterseereiches stattfindet. Es ist der Wohnort der Meerhexe mit ihrem schrecklichen Polypenwald, der die Funktion des fremden Raumbezirks übernimmt.[87] Die Hexe ist es, die der Seejungfrau durch einen Zaubertrank die Verwandlung in einen Menschen ermöglicht, sie also gewissermaßen ihrer heimatlichen Sphäre entfremdet. Schrecklichen Gefahren muss die Heldin trotzen, will sie ihr Ziel erreichen:

---

84 Hans Christian Andersen: Die kleine Seejungfrau. In: Sämtliche Märchen und Geschichten. Bd. 1. Leipzig, Weimar 1982, S. 67–90; hier S. 67.

85 Zur imaginationsgeschichtlichen Urszene des Fisch-Vogel-Vergleichs in den *Metamorphosen* s. oben.

86 Andersen: Die kleine Seejungfrau (Anm. 84), S. 69.

87 Parallelen zwischen dem Ausflug der Meerjungfrau ins Gebiet der Meerhexe und den Reisen romantischer Protagonisten in die Fremde sieht Schmitz-Emans: Seetiefen (Anm. 8), S. 151, Anm. 251.

Mitten durch diese zermalmenden Wirbel mußte sie gehen, um in den Bereich der Meerhexe zu kommen; und der Weg führte eine lange Strecke über heißbrodelnden Schlamm, den die Hexe ihr Torfmoor nannte. Dahinter lag ihr Haus, mitten in einem seltsamen Wald. Alle Bäume und Büsche waren Polypen, halb Tier und halb Pflanze; sie sahen aus wie hundertköpfige Schlangen, die aus der Erde hervorwuchsen. Alle Zweige waren lange schleimige Arme, mit Fingern wie geschmeidige Würmer; und sie bewegten sich Glied für Glied von der Wurzel bis zur äußersten Spitze.[88]

Fast wortgleich kehrt hier mit der „Wurzel" und der „Spitze" die Beschreibung der Trauerweide zurück, ein Zerrbild ihrer anmutigen Bewegung und zugleich ein Hinweis, wie kurz der Weg vom unschuldigen Kindheitsgarten in die Abgründe der Welt sein kann. Man kann diesen Ort, „wo sich große Wasserschlangen wälzten und ihren häßlichen weißgelben Bauch zeigten",[89] durchaus als sexuell konnotierte Sphäre deuten und die Zauberhandlungen der Hexe mit ihrer „großen, schwammigen Brust"[90] als Einweihungsrituale in eine Welt erotischen Begehrens begreifen. Wie eine böse Karikatur des Gartens mit der Statue wirkt der Hexenwald auch dadurch, dass die Polypenarme an sich klammern, was ihnen von oben in die Fänge gerät: „Schiffsruder und Kisten hielten sie fest, auch Skelette von Landtieren und ein Meerweibchen, das sie gefangen und erdrosselt hatten".[91] Dies ist die düstere Variante der Statuenliebe und der Faszination für die Menschenwelt. Andersens Märchenreich vereint Licht- und Schattenseiten und wirkt damit umfassender und eigenständiger als bisherige romantische Unterwasserwelten, deren Funktion sich oftmals darin erschöpfte, Gegenstück des Bekannten zu sein.

Trotz dieses generellen Unterschieds enthält aber auch *Die kleine Seejungfrau* Darstellungen, die Wasser und Himmel zusammenbringen. Bei der Beschreibung des Meeresbodens kehrt für einen Moment die Verunsicherung der Raumbezüge zurück, die so viele Unterwasserdarstellungen der Romantik beherrscht: „Über allem dort unten lag ein eigentümlicher blauer Schimmer; man hätte eher glauben mögen, daß man hoch oben in der Luft stehe und nur Himmel über und unter sich sehe, als daß man auf dem Grund des Meeres sei."[92] „Himmel oben, Himmel unten" hieß das bei Brentano, und es ruft das Schweben im Äther bei Hoffmann und Arnim oder den eigentümlichen Wasserhimmel bei Novalis und Eichendorff in Erinnerung. Angesichts dieser im Text schon früh bemühten Verwandtschaft von Tiefsee und Himmel erscheint dann die Verwandlung der Meerjungfrau in einen Luftgeist nach ihrem Tod nicht mehr ganz so überraschend und unmotiviert, wie in der Forschung gelegentlich dargestellt.[93] Andersens Unterwassermärchen, so ließe sich zusammenfassen, basiert in vielerlei Hinsicht auf Motiven und Darstellungsformen, die die

88 Andersen: Die kleine Seejungfrau (Anm. 84), S. 79.
89 Ebd., S. 80.
90 Ebd.
91 Ebd.
92 Ebd., S. 68.
93 Vgl. zu dieser Verwandlung als „fremde Zutat" die Bemerkungen von Schmitz-Emans: Seetiefen (Anm. 8), S. 154, Anm. 255.

deutsche Romantik entwickelt hat. Zugleich verbinden sich diese Komponenten bei Andersen zu einer eigenständigen, man möchte sagen: organischen Welt. Die in der Romantik vor dem Hintergrund komplexer ästhetischer und psychologischer Konzepte entstandene Symbolik des Meeresgrunds kommt in Andersens Klassiker in einer solch einfachen Klarheit daher, dass dem Dänen vielleicht gelungen ist, was ein großes Ziel der romantischen Dichtkunst war: einen modernen Mythos zu schaffen. Hält man sich vor Augen, wie die Seejungfrau und ihr Reich in der hohen wie der trivialen Literatur, in Film, Theater und Comic, generell im kulturellen Gedächtnis fortleben, kommt man nicht umhin, in diesem Text zumindest wirkungsgeschichtlich den Höhepunkt romantischer Unterwasserpoesie zu sehen.

VII.

Die Analysen romantischer Erzähltexte haben bestimmte Konstanten in der Darstellungsweise und Funktionalisierung der Räume unter Wasser hervortreten lassen: Die Handlungsschauplätze werden entmimetisiert, weil sie Reiche des Wunderbaren, der ästhetischen Utopie oder Bezirke des Unbewussten visualisieren sollen. Hintergrund der Metamorphosen und Inversionen können, abhängig vom poetologischen Grundkonzept eines Werks oder Autors, Verunsicherung des Lesers, Hinterfragung der sichtbaren Realität oder das Herbeizaubern einer kosmischen Harmonie sein. Die Parallelen in den hier untersuchten Texten lassen zu, mit gebührender Vorsicht von einer epochentypischen Vorliebe romantischer Literatur für die Ästhetisierung und symbolische Aufladung des Unterwasserraums zu sprechen. Ein kurzer Blick in spätere Epochen bestätigt, dass sich zwar das Motiv der Wasserfrau auch in nachromantischer Zeit großer Beliebtheit erfreut, die konkrete Darstellung von Unterwasserwelten aber in der mit anderen Darstellungsabsichten und -formen verbundenen realistischen Literatur des 19. Jahrhunderts weitgehend verschwindet. Im phantastischen Abenteuerroman, und hier sind natürlich an erster Stelle die Romane von Jules Verne zu nennen, leben die Unterwasserreiche allerdings weiter. In dem 1869 erschienenen Klassiker *20.000 Meilen unter den Meeren* führen die Tauchfahrten des Unterseeboots „Nautilus“ erneut in eine Tiefe voller Wunder und Gefahren. Der eigenwillige Kapitän Nemo hat der Welt oben, von der er bitter enttäuscht ist, den Rücken gekehrt und den Meeresgrund als Exil gewählt. Insofern verkörpert die Tiefsee auch hier eine Art Gegenwelt zum menschlichen Treiben über Wasser. Aber mit den romantischen Konzepten literarischer Weltdarstellung haben die bei Verne geschilderten Exkursionen in phantastische Räume wenig gemein. Knüpfen sich an das Auftreten und die Funktion romantischer Unterwasserszenen Fragen der Imagination und Individuation, kreisen Vernes Romane um die technische und organisatorische Bezwingung ‚unzivilisierter‘ Welten. Indem sie auf Vermessung, Benennung und Bewältigung des räumlich Unbekannten abzielen, beerben sie eher die Gattung der Reiseberichte und exotischen Abenteuerromane des 18. Jahrhunderts als die imaginären Seelenlandschaften romantischer Erzähltexte. Eine exemplarische Passage aus *20.000 Meilen unter den Meeren* mag dies vorführen. Der Ich-Erzähler, Gast auf der „Nautilus“, erblickt das erste Mal die Wunder des Meeres:

> Jetzt trennten uns nur noch zwei Kristallscheiben vom Wasser. Zuerst ließ mich der Gedanke, dieses zerbrechliche Glas könnte zerbersten, schaudern; doch dann sah ich, daß es in stabile Kupferrahmen eingefaßt war, was ihm eine fast unendliche Widerstandskraft gab. Das Meer war im Umkreis von zwei Kilometern um die „Nautilus“ herum durchsichtig geworden. Welch wundervolles Schauspiel! Mit welchen Worten sollte man es beschreiben! Wie die Lichteffekte schildern, die in den durchleuchteten Fluten entstanden, wie ihre sanften, von unten nach oben ineinander übergehenden Farbnuancen wiedergeben! Das Meer ist ja bekanntlich durchsichtig, und man weiß auch, daß es weitaus klarer ist als Quellwasser. Die mineralischen und organischen Schwebestoffe, die im Meerwasser gelöst sind, erhöhen sogar noch seine Transparenz.[94]

Die mit großer Emotion vorgetragene Beteuerung, keine Worte für das Geschaute finden zu können, wird durch den nahtlosen Wechsel in die Wissenschaftssprache konterkariert. Dies ist die Sprache und Denkweise, mit der den Wundern und Herausforderungen begegnet wird: Weder der Anblick selbst noch irgendeine Wirkung auf die seelische Befindlichkeit werden in Worte gefasst. Stattdessen geht es um die Zuverlässigkeit der Technik (die Widerstandskraft der Glasscheiben) und die physikalische und biochemische Beschaffenheit der fremden Welt (die Vokabeln „Lichteffekte“, „Farbnuancen“ und „Schwebestoffe“ signalisieren, dass die Meerestiefe eher in naturwissenschaftlichen als ästhetischen Kategorien erfasst wird). Nicht Metaphern und Personifikationen, sondern Formeln und Begriffe erläutern die faszinierende Transparenz des Wassers. Die Distanz zwischen Mensch und Meereswelt, die die romantische Literatur mittels symbolischer Verweise und Korrespondenzen einzuschmelzen versucht, bleibt bei Verne stets erhalten, symptomatisch fixiert in der Bemerkung des Erzählers: „[...] und wir kamen uns vor, als verfolgten wir das Treiben in einem riesigen Aquarium.“[95]

Die Literatur des 20. Jahrhunderts greift, wo sie es tut, zumeist in ironisch gebrochener Form auf romantische Unterwasserdarstellungen zurück. Wiederum nur exemplarisch sei hier auf Thomas Manns Roman *Doktor Faustus* (1947) verwiesen, der neben vielem anderen auch eine Auseinandersetzung mit der deutschen Romantik und ihrem kulturellen Erbe darstellt. Adrian Leverkühn ist der Sohn eines Mannes, der, vereinfacht gesagt, die Romantik verkörpert. Als Nachfahre des ‚romantischen Geistes‘ (wie Thomas Mann ihn konstruiert) hat Adrian Leverkühn gewissermaßen auch die romantische Unterwasserwelt geerbt. Im 27. Kapitel gibt der Erzähler Zeitblom, Freund und Chronist Adrian Leverkühns, die Schilderung einer Tiefseefahrt wieder, die Adrian in einer Tauchglocke wirklich erlebt haben will. Die „Wunder der Meerestiefe, die Tollheiten des Lebens dort unten, wohin kein Sonnenstrahl dringt“, werden von Leverkühn „im Stil eigener Anschauung und persönlichen

94 Jules Verne: 20.000 Meilen unter den Meeren. Neue ungekürzte Übersetzung von Martin Schoske. Frankfurt/M. 2003 (Fischer Taschenbuch 15714), S. 159.

95 Ebd.

Dabeigewesenseins"[96] geschildert, entspringen aber offensichtlich den vom Wahnsinn infizierten Phantastereien eines, der sich mit dem Teufel eingelassen hat. Sowohl die unglaubwürdige Authentizitätsbehauptung des Erlebten als auch der Tonfall des Berichts zeigen die ironische Rahmung der Unterwasserdarstellung an:

> Die volkstümliche Neugier, mit der die abstrusen Kreaturen des Abgrundes das Haus der Gäste umdrängt hatten, war unbeschreiblich gewesen – und unbeschreiblich, was da in verwirrtem Flitzen an tollen Geheimfratzen des Organischen, an räuberischen Mäulern, schamlosen Gebissen, Teleskopaugen, an Papierbootfischen, Silberbeilen mit aufwärts gerichteten Glotzern, Kiel- und Flossenfüßern, bis zwei Meter lang, vor den Fenstern der Gondel vorüberhuschte. Selbst die willenlos in der Flut schwebenden, fangarmigen Ungeheuer aus Schleim, die Staatsquallen, Polypen und Skyphomedusen, schienen von krampfig zappelnder Erregung ergriffen gewesen zu sein.[97]

Teile dieser und weiterer Beschreibungen hat Thomas Mann nachweislich aus Andersens *Die kleine Seejungfrau* übernommen, die dem gesamten Roman als Subtext zugrunde liegt.[98] Hinter dieser intertextuellen Beziehung steht nicht nur eine Reverenz Thomas Manns an eines seiner Lieblingsmärchen, sondern eine Reflexion des imaginären Status romantischer Unterwasserdarstellungen (oder romantischer Märchenwelten) überhaupt, die zu der bereits erwähnten Auseinandersetzung mit dem romantischen ‚Erbe' gehört. Spielerisch und ironisch verzerrt erforscht Thomas Mann an dieser Stelle seines Romans das Verhältnis romantischer Traumwelten zu Realitätsverkennung und Größenwahn.

Zu Beginn dieser Studie wurde angedeutet, wie die literarische Darstellung von Unterwasserräumen an kulturgeschichtliche Fragenkomplexe anzuschließen wäre. In welcher Weise wirken die imaginären Reisen in die Tiefe, die zeitlich vor den realen stattfinden, auf die naturwissenschaftliche Wahrnehmung, Erforschung, Konstruktion der Meereswelt ein? Als Ausblick und Anreiz soll hier abschließend aus einem Buch des berühmten Meeresforschers Jacques Cousteau zitiert werden. Das 1963 unter dem Titel *The Living Sea* erschienene Buch schildert die persönlichen Erfahrungen des Pioniers bei seinen ersten Tauchgängen in den 1950er Jahren. Motivik und sprachliche Bilder lassen eine romantische Erbschaft erkennen. Zunächst entwirft Cousteau durch zahlreiche Vergleiche eine Analogie zwischen Menschen- und Meereswelt und verleiht letzterer so eine würdevolle Feierlichkeit. Die in den Korallen hausenden Lebewesen wirken auf den Taucher „wie Statisten bei einer Opernaufführung in den Seitenkulissen."[99] „Die einheimische Tierwelt war in ihrem Sonn-

---

96 Thomas Mann: Doktor Faustus. Das Leben des deutschen Tonsetzers Adrian Leverkühn erzählt von einem Freunde. In: Gesammelte Werke in Einzelbänden. Frankfurter Ausgabe. Hg. v. Peter de Mendelssohn. Bd. 6. Frankfurt/M. 1980, S. 358.

97 Ebd., S. 361.

98 Vgl. dazu die spannende Studie von Michael Maar: Geister und Kunst. Neuigkeiten aus dem Zauberberg. Frankfurt/M. 1997 (Fischer Taschenbuch 13374), S. 108ff.; außerdem Carlsson: Der Meeresgrund (Anm. 30), S. 221ff.; Schmitz-Emans: Seetiefen (Anm. 8), S. 278ff.

99 Jacques-Yves Cousteau: Das lebende Meer. Klagenfurt o. J. [ca. 1963], S. 15.

tagsstaat unterwegs",[100] heißt es sodann. Selbst die ansonsten überaus gefährlichen Muränen fungieren heute nur als „Conciergen dieser Riffstadt, und die vorbeispazierenden Mieter hatten keine Angst vor ihnen."[101] Anders als die mit „volkstümlicher" Einfältigkeit geschlagenen Tiefseebewohner in Adrian Leverkühns Vision erscheinen die fremdartigen Lebewesen hier als beinahe zivilisierte Nachbarn des Menschen. Cousteau projiziert die Bedeutung, die dieser initiatorische Tauchgang für ihn besitzt, auf die Umgebung (ob bereits beim Tauchgang selbst oder erst retrospektiv im Schreibakt, bleibt offen). Doch wie in Andersens Märchen lauert hinter dem anmutigen „Königreich"[102] ein zweiter, abgründiger Bereich, der in Wortwahl und Wirkung dem Schattenreich der Meerhexe gleicht. Cousteau modelliert seinen Abstieg in die Tiefe nach den Mustern einer romantischen Grenzerfahrung:

> Die graue Sandbank in sechzig Meter Tiefe war die Grenze der Vernunft; hinter diesem kritischen Punkt begann der Wahnsinn. Die Gefahr wurde zur Wollust. Hinter meinen Schläfen hämmerte es. Ich streckte meine Arme wie ein Schlafwandler aus, ruderte mit den Flossen und glitt über die Grenze hinweg.
> Hunderte von Spazierstöcken ragten aus dem schwindelerregenden Wall heraus. Ich ließ mich langsam entlang einer Schreckenswand mit lebenden Gebilden hinabsinken. Hexenköpfe starrten mich an. Bleiche gallertartige Geschwülste wuchsen auf Riesenschwämmen, die mit Spinngewebe geschmückt waren. Soweit ich hinunterblicken konnte, hafteten längs dieses Walls unzählige Völkerschaften. Aber ich widerstand ihnen. In etwas mehr als siebzig Meter brachte ich mich wieder in die richtige Schwimmlage.[103]

Eine Analyse dieser Textstelle erübrigt sich hier, käme doch nur zum Vorschein, was schon die Untersuchungen zu den romantischen Erzähltexten ergeben haben. Man möge getrost zurückblättern und die Parallelen feststellen. Sicherlich darf Cousteau, mit seinen Büchern und Filmen auch eine Art moderner Mythos, nicht als typischer Naturwissenschaftler gelten; er ist auch und nicht zuletzt ein Schriftsteller. Dennoch mag er als Beispiel und Beleg dafür dienen, dass in der Wahrnehmung des Unterwasserraums noch heute fortlebt, was in der Romantik als reine Phantasie entstanden ist: die Erfahrung ästhetischen Reichtums sowie die Selbstbefragung des menschlichen Subjekts im Angesicht einer Welt, die nicht die seine ist.

---

100 Ebd.
101 Ebd.
102 Ebd., S. 16.
103 Ebd., S. 17f.

Uwe Meves

Die „Berlinische Gesellschaft für deutsche Sprache" und die ‚Nibelungensüchtigen und Minneliederlichen' um 1815

Im Wintersemester 2006/2007 eröffnete Eckhard Grunewald mit einem lebendigen und anregenden Vortrag über *Das Nibelungenlied. Vom vergessenen Heldengedicht zum verdrängten Nationalepos* die öffentliche Vorlesungsreihe *Klassiker der deutschen Literatur* an der Carl von Ossietzky Universität.[1] Und gab dabei zu erkennen, dass er durchaus nicht zu den ‚Nibelungensüchtigen' zu zählen ist. Die folgenden Bemerkungen knüpfen an die in dem Vortrag behandelte Thematik an, beschränken sich aber auf eine kleine Momentaufnahme aus der Zeit, in der die Rezeptions- und Wirkungsgeschichte des *Nibelungenliedes* sozusagen ‚in Fahrt' kam.

Am 9. November 1814, wenige Tage nach der Eröffnung des Wiener Kongresses, trafen sich in Berlin – zusammengeführt durch „verwandte Gefühle für das deutsche Vaterland und gleiche Liebe für deutsche Sprache" – „Professor Bucher, Prediger Heineke, Professor Th. Heinsius, Dr. Jahn, Dr. Krause, Hofrath Wolke und Professor Zeune", um die Gründung der in der Tradition aufklärerischer Sprachpflege und Sprachreinigung stehenden „Berlinischen Gesellschaft für deutsche Sprache" (4. Januar 1815) vorzubereiten.[2] Ihre Vorsteher meldeten Ende Januar 1815 dem Berliner Polizeipräsidium die Gründung der Gesellschaft, die sich die Anfertigung einer Sprachlehre, eines Wörterbuches, einer Geschichte der deutschen Sprache, insbesondere aber „zweckmäßige[r] und wohlfeile[r] Schul- und Lehr-Bücher der Deutschen Sprache" zum Ziel setzte.[3] Die einheimischen Mitglieder unterrichteten vorwiegend an Berliner Gymnasien und vergleichbaren Erziehungsanstalten. Viele von ihnen hatten bei Friedrich August Wolf Klassische Philologie studiert oder waren an reformpädagogischen Initiativen beteiligt. Dank Hartmut Schmidts Untersuchung wissen wir über die personelle Zusammensetzung der Gesellschaft, ihre Zielsetzung(en) und Aktivitäten in den ersten Jahren ihres Bestehens recht gut Bescheid. Fast keine Beachtung gefunden hat jedoch ein Literaturzirkel, eine Art ‚*Nibelungenlied*-Arbeitsge-

---

1 Eine gekürzte und leicht veränderte Fassung des Vortrags mit dem Titel *Die Deutschen und ihr Nibelungenlied* ist abgedruckt in: Carl von Ossietzky Universität Oldenburg Uni Info 33 (2006), Nr. 9, S. 6.

2 Berichtbuch der Gesellschaft für das Jahr 1815, zitiert nach John Koch: Die ehemalige Berlinische Gesellschaft für deutsche Sprache und ihre Büchersammlung. Berlin 1894 (Wissenschaftliche Beilage zum Jahresbericht des Dorotheenstädtischen Realgymnasiums zu Berlin. Ostern 1894), S. 4.

3 Zitiert nach Hartmut Schmidt: Die Berlinische Gesellschaft für deutsche Sprache an der Schwelle der germanistischen Sprachwissenschaft. In: Zeitschrift für Germanistik 4 (1983), S. 278–289, hier S. 280.

Berichte und Forschungen 15 (2007), S. 143–151

meinschaft', zu der sich bereits Anfang 1815 sieben Mitglieder der neu gegründeten Gesellschaft zusammenfanden.[4] Dieser Gruppe gehörten an:

- der ,Turnvater' Friedrich Ludwig Jahn (1778–1852),

- Johann August Zeune (1778–1853), Leiter der ersten Berliner Blindenanstalt und Professor für Erdkunde an der Berliner Universität, der im Herbst 1815 den Vorsitz der Gesellschaft übernahm,

- Friedrich Heinrich Wilhelm Lange (1779–1854), Lehrer am Friedrich-Wilhelm- und am Friedrichs-Werderschen Gymnasium in Berlin, hatte sich als Herodot-Übersetzer einen Namen gemacht. Er war Mitglied des Deutschen Bundes, folgte 1814 August Leopold Bucher als Redakteur des *Preußischen Correspondenten* nach und wirkte dann zunächst als Schulrat in Koblenz,

- Karl Heinrich Ludwig Giesebrecht (1782–1832) unterrichtete von 1812 an am Berlinisch-Köllnischen Gymnasium zum Grauen Kloster, an dem er im Herbst 1814 die *Nibelungenlied*-Lektüre einführte,

- Georg Ludwig Walch (1785–1838), lehrte von 1811 bis 1815 als Professor der lateinischen und griechischen Sprache ebenfalls am Berlinisch-Köllnischen Gymnasium zum Grauen Kloster,

- Karl Wilhelm Göttling (1739–1869), Schüler Franz Passows am Weimarer Gymnasium, setzte nach der Teilnahme als Freiwilliger am Befreiungskrieg 1814 seine philologischen Studien auf Anraten Passows bei Friedrich August Wolf und Philipp August Boeckh in Berlin fort. Im selben Jahr erschien in Rudolstadt seine Schrift *Über das Geschichtliche im Nibelungenliede*, 1816 sein Werk *Nibelungen und Gibelinen*,[5]

---

4 Jörg Jochen Müller verwechselt diesen Zirkel mit dem Gründungsausschuss (Germanistik – eine Form bürgerlicher Opposition. In: J. J. Müller [Hg.]: Germanistik und deutsche Nation 1806–1848. Zur Konstitution bürgerlichen Bewußtseins. Stuttgart 1974 [Literaturwissenschaft und Sozialwissenschaft 2], S. 1–112; hier S. 85). Bei Schmidt: Gesellschaft (Anm. 3) und Andreas Michael Schaffry (An der Schwelle zur Wissenschaft. Ideologische Funktionen und gesellschaftliche Relevanz bei der Organisierung des Diskurses „Altdeutsche Literatur" zwischen 1790 und 1815. München 1995 [Cursus 12]) wird diese Gruppe nicht erwähnt. Genannt wird sie bei Otfrid Ehrismann: Nibelungenlied 1755 – 1920. Regesten und Kommentare zu Forschung und Rezeption. Gießen 1986 (Beiträge zur deutschen Philologie 62), S. 185 und bei Lothar Bluhm: Die Brüder Grimm und der Beginn der Deutschen Philologie. Eine Studie zu Kommunikation und Wissenschaftsbildung im frühen 19. Jahrhundert. Hildesheim 1997 (Spolia Berolinensia 11), S. 364, Anm. 167. Ich stütze mich im Folgenden auf meinen die Thematik übergreifenden Beitrag: Die Aufnahme der altdeutschen Literatur und Sprache in die amtliche Bildungsplanung für das höhere Schulwesen in der neuhumanistischen Reformperiode in Preußen und ihre schulische Umsetzung. In: Uwe Meves (Hg.): Ausgewählte Beiträge zur Geschichte der Germanistik und des Deutschunterrichts im 19. und 20. Jahrhundert. Hildesheim 2004 (Spolia Berolinensia 24), S. 171–277. Dort sind auch eingehendere Ausführungen zu den hier erwähnten Personen zu finden.

5 Siehe dazu Bluhm (Anm. 4), S. 360–379.

– Franz Passow (1786–1833), der seit Beginn seiner Lehrertätigkeit 1807 in Weimar tatkräftig insbesondere für den Griechisch-, aber auch für den Deutschunterricht eingetreten war. 1810 übernahm er bei der im neuhumanistischen Sinn betriebenen Reorganisation des Conradinums in Jenkau bei Danzig das Amt des für den Lehrplan verantwortlichen Direktors und führte, zugleich mit der Aufwertung des Deutschunterrichts, 1812 die Aufnahme des *Nibelungenliedes* in den Lehrplan ein. Nach der Auflösung der Reformanstalt widmete er sich im Winter 1814 in Berlin vorrangig der Erweiterung und Vertiefung seiner altphilologischen Studien und besuchte die Vorlesungen des von ihm hochgeschätzten Friedrich August Wolf.[6]

Mit Ausnahme von Jahn und Zeune handelt es sich bei dieser ‚*Nibelungenlied*-Arbeitsgemeinschaft' um Personen, die Klassische Philologie studiert hatten, als Lehrer die alten Sprachen unterrichteten und sogar – wie Passow bereits 1815 in Breslau, Göttling in Jena (1831) und Walch in Greifswald (1831) – zu ordentlichen Professoren in diesem Fach aufstiegen. In dem Berliner Freundeskreis las Passow gemeinsam mit seinem ehemaligen Schüler Göttling Sophokles, mit seinem Lehrer-Kollegen Walch Nonnos und suchte

> nun so fleißig, so arbeitsam zu sein wie möglich [...]; mit der größern Neigung aber wende ich mich zu recht strengen, dürren, mühseligen philol. Studien, die erst an einem sehr fernen Ziel lohnend werden können; [...] – daß mir dabei Fouqués Dichtungen und das Nibelungenlied (soviel man hier auch gegen die Nibe*lungensüchtigen* und Minne*liederlichen* witzeln soll) werth und oft erquicklich bleiben, das bedarf hoffentlich keiner Versicherung.[7]

In dieser Zeit nahm Passow seinen in Jenkau gefassten Plan, sich mit dem *Nibelungenlied* wissenschaftlich zu beschäftigen, wieder auf und gab mit Veranlassung dazu,

> daß sich zu diesem Zwecke sieben Freunde verbunden haben, Jahn, Zeune, Friedr. Lange, Giesebrecht, Walch, Göttling und ich. Wir versammeln uns wöchentlich einmal zu gegenseitiger Mittheilung und Prüfung unserer Ansichten und Resultate, und werden zu seiner Zeit die wesentlichsten Ergebnisse dieser gesellschaftlichen Bestrebungen öffentlich machen. In den nächsten Wochen erscheint von Zeune eine sehr bequeme und zweckmäßige Ausgabe der Urschrift des Nibelungenliedes.[8]

Die unmittelbar anschließenden Bemerkungen Passows geben einen höchst aufschlussreichen Einblick in die öffentliche kontroverse Diskussion über die altdeutsche Dichtung, ihre Befürworter und Gegner und deren Motive:

> Hier thut ein ernstliches Hervorheben des alten Heldengesanges sehr Noth, denn der Gegner, die das Lied durchaus nicht angesehen haben, sind nicht wenige, und diese we-

6 Zu Passow siehe insbesondere Wolfhart Unte: Franz Passow. Ein Breslauer Gelehrter der Goethezeit. In: Jahrbuch der Schlesischen Friedrich-Wilhelms-Universität zu Breslau 33 (1992), S. 103–150; Meves: Aufnahme (Anm. 4), S. 223–233.

7 F. Passow an Frau von Voigt, Berlin, 3. Februar 1815. In: Albrecht Wachler (Hg.): Franz Passow's Leben und Briefe. Eingel. v. Dr. Ludwig Wachler. Breslau 1839, S. 199. Sperrungen im Original sind hier stets kursiv wiedergegeben.

8 F. Passow an Frau von Voigt, Berlin, 2. März 1815. In: Ebd., S. 202f.

nigen sind sehr unverschämt, womit sie es allerdings in Ermangelung aller Gründe zwingen müssen. Man hört von beabsichtigter Zurückführung zur Barbarei und zum Heidenthum von Nibelungensüchtigen und Minneliederlichen u. s. w., und besonders die werthe Geistlichkeit wittert höchst verdächtige, gegen Kirche und Staat gerichtete Bestrebungen hinter der Verbreitung eines Liedes, das sie für viel zu geringfügig achten, als daß man wirklich auf diese sein Denken und Forschen richten könne. Desto besser gelingt seine Verbreitung von unten herauf durch die Schulen und die akademischen Vorträge, und obgleich der Minister Schuckmann selbst zu den eifrigen Gegnern gehört, so ist er doch zu billig, um die Einführung auf öffentlichen Schulen irgend zu hindern.[9]

Für die ‚*Nibelungenlied*-Arbeitsgemeinschaft' musste die öffentliche Auseinandersetzung über die Bedeutung und den Stellenwert des *Nibelungenliedes* von besonderer Brisanz sein, war doch eines ihrer Mitglieder, Johann August Zeune, einer der Hauptbeteiligten.[10] Zudem berief sich Zeune in der Vorrede seiner *Nibelungenlied*-Ausgabe von 1815 – die nicht nur ausdrücklich „zum Gebrauch für Schulen" konzipiert war, sondern auch tatsächlich Eingang in den Unterricht fand – auf Jahn, Giesebrecht und Passow als „Richterstimmen"[11] in dieser Kontroverse, die hier nur stichwortartig in Erinnerung gerufen werden soll.

Zeune hatte sich bereits seit 1810 wiederholt in Schriften und Vorträgen für die Einführung des *Nibelungenliedes* „in das heutige Leben" allgemein und in den Schulunterricht speziell eingesetzt, wobei er sich – allerdings zu Unrecht – für den Ersten hielt, der seine Stimme öffentlich für die schulische *Nibelungenlied*-Lektüre erhoben habe.[12] Der besondere Wert dieser Dichtung für den Jugendunterricht beruhte für ihn in „Mark und Saft des Inhalts", in der „gründliche[n] Einsicht in andere teutsche Mundarten", in „Sprach- und Sachkenntnisse[n]".[13] Durch die publizistische Bekanntmachung gleichlautender Forderungen wie durch laufende Mitteilungen der Schulen, in denen das *Nibelungenlied* bereits in den Unterricht aufgenommen war, warb er öffentlichkeitswirksam für sein Anliegen. Seine 1814 erschienene Übersetzung sollte das *Nibelungenlied* zu einem „Volksbuch für Bürger und Landmann" machen.[14] Zugleich erhoffte er sich, dass diese Übersetzung „als Schulbuch, Lehrern und Schülern nützlich werden" könne. Wie stark Zeunes Eintreten für das *Nibelungenlied* von den politischen Ereignissen in dieser bewegten Zeit beeinflusst war, illustriert am deutlichsten der 1814 unter dem Titel *Der fremde Götzendienst* publizierte einleitende Vortrag seiner öffentlichen Berliner *Nibelungenlied*-Vorlesungen von 1812/13. In dieser agitatorischen, bis zu religiösem Pathos gesteigerten Rede über-

9 Ebd., S. 203.

10 Zu Zeune und seinen historisch-politischen Schriften siehe Schaffry (Anm. 4), S. 175–199; Meves: Aufnahme (Anm. 4), S. 244–258.

11 August Zeune: Das Nibelungenlied. Die Urschrift nach den besten Lesarten neu bearbeitet, und mit Einleit[!] und Wortbuch zum Gebrauch für Schulen versehen. Berlin 1815, vor S. I.

12 Etwas über das Nibelungenlied. In: Anzeiger zu Idunna und Hermode, Nr. 21, 18. November 1812.

13 Thuiskon. Ueber Teutschlands Einheit. Von dem Verfasser der Gea. Berlin 1810, S. 31–33.

14 Siehe die Ankündigung seiner Übertragung des Nibelungenliedes in den Berlinischen Nachrichten vom 11. Dezember 1813, Nr. 148.

schlägt sich geradezu Zeunes Hass auf Napoleon. Fremde, insbesondere französische Einflüsse werden ausnahmslos als Verfälschung deutschen Wesens angeprangert, das *Nibelungenlied* als von fremdem Stoff und fremder Form unverfälschter „Spiegel der Deutschheit" gepriesen.[15]

Gegen den Chor der *Nibelungenlied*-Befürworter und Vermittler erhob August von Kotzebue, russischer Staatsrat und Generalkonsul in Königsberg, seine Stimme, wobei er sich „der Zeunerschen modernen Verdeutschung" bediente.[16] Kotzebue, zu dieser Zeit auch Leiter des Königsberger Theaters, begründete sein Eingreifen in die *Nibelungenlied*-Diskussion mit der „Parteiwuth" und „Proselytenmacherei"[17] derjenigen, die sich für die Einführung des *Nibelungenliedes* in den Schulunterricht einsetzten, wie „Friedrich [!] Schlegel und mehrere Andere" (S. 145).[18] Für ihn war das *Nibelungenlied* ein „alberne[s] Maehrchen", in dem „nur überall die gemeinste, gröbste Sinnlichkeit" herrsche (S. 148). In politischer Hinsicht bedeutete die *Nibelungenlied*-Lektüre an den Schulen nach Kotzebue nichts anderes, als „der lieben Schuljugend Napoleons Grundsätze [zu] predigen" (S. 145). Zur Begründung diente ihm der ausschließlich als gewalttätiger Eroberer vorgestellte ‚Held' Siegfried, dessen Auftreten sich in nichts von demjenigen Napoleons unterscheide. Nicht besser bestellt war es nach Kotzebues Ansicht mit dem poetischen Wert dieser Dichtung: „erhabene Gedanken, Charactere oder Bilder" suche man vergebens (S. 158). Seine ‚Wertschätzung' des *Nibelungenliedes* drückte er bildkräftig in einer Schlusspointe aus: „Wenn mir aber Jemand den Verfasser des Nibelungen-Liedes als einen Homer aufdringen will, so ist das eben so viel, als verlangte er von mir, ich hätte einen unförmlichen Steinhaufen an der Landstraße dem Coliseum in Rom gleich achten sollen" (S. 159).

---

15 Der fremde Götzendienst. Eine Vorlesung als Einleitung zu dem Vortrage über das Nibelungenlied zu Berlin im Christmond 1813. Gedruckt am Rhein im zweiten Jahr der deutschen Freiheit, S. 34. Die Vorrede verfasste Zeune in „Berlin, am Tage, als Feldmarschall Blücher bei Laon siegte" (S. 4). Blücher hatte Napoleon am 9./10. März 1814 eine schwere Niederlage zugefügt.

16 August von Kotzebue: Das Nibelungen-Lied. In: Ders. (Hg.): Politische Flugblätter. Bd. 1. Königsberg 1814, S. 145–159; das Zitat S. 145. Die folgenden Seitenangaben im fortlaufenden Text betreffen diesen Artikel.

17 August von Kotzebue: Nachschrift des Herausgebers. In: Ebd., S. 259.

18 Kotzebue verwechselt Friedrich mit August Wilhelm Schlegel, der programmatisch gefordert hatte, das Nibelungenlied als „ein Hauptbuch bey der Erziehung der deutschen Jugend" zu verwenden (Aus einer noch ungedruckten historischen Untersuchung über das Lied der Nibelungen. In: Deutsches Museum. Bd. 1. Wien 1812, S. 9–36; das Zitat S. 20. Kotzebue dürften dabei auch die Beiträge Friedrich August Gottholds (siehe Meves: Aufnahme [Anm. 4], S. 212–222) und Karl Besseldts, der kurz zuvor eine Vorlesungsreihe über das Nibelungenlied in Königsberg gehalten hatte (siehe Meves: Aufnahme [Anm. 4], S. 222f., 231–233), vor Augen gestanden haben. Gegen Kotzebues Kritik erschien noch im gleichen Jahr in Königsberg eine leider nicht mehr auffindbare anonyme Flugschrift mit dem ironischen Titel *Lustiges Sendschreiben über des Herrn v. Kotzebue traurige Ansichten von dem Nibelungenliede. Ans Licht gestellt durch einen ernsthaften Spassvogel zu Königsberg i. Pr.* (1814). Kotzebue entgegnete darauf in offenbar gleicher Tonlage mit der ebenfalls nicht mehr auffindbaren Schrift *Kotzebue und die Nibelungen. An den ernsthaften Spassmacher zu Königsberg i. Pr. in einem lustigen Sendschreiben über Hn. v. Kotzebue traur. Ansichten v. d. Nibelungenliede* (Königsberg 1814). Siehe dazu Meves: Aufnahme (Anm. 4), S. 222f.

Kotzebues Kritik bildete den Auftakt zu einer sich in mehreren Folgen abspielenden Kontroverse mit Mitgliedern des Berliner *Nibelungenlied*-Zirkels. Zeunes Antwort[19] war zunächst ganz darauf abgestellt, die von Kotzebue am *Nibelungenlied* kritisierten Punkte auch bei Homer nachzuweisen, worauf Kotzebue ihm in seiner *Nachschrift* entgegenhielt, das hieße bloß Fehler durch Fehler beschönigen (S. 260). Ebenso wie er, Kotzebue, „in Sachen des Geschmacks" (S. 262) bereit sei, andere Meinungen zu akzeptieren, bestehe er darauf, dass man ihm „nicht Geringschätzung beweise, weil er „k e i n Verehrer" des *Nibelungenliedes* sei (S. 263). Die politisch motivierte Ablehnung der schulischen Vermittlung des *Nibelungenliedes* spielte jetzt keine Rolle mehr. Zeune wandte sich daraufhin erneut mit einem Brief (vom 12. Juni 1816) an Kotzebue, den dieser wiederum in seiner Entgegnung *Mein letztes Wort über das Nibelungenlied* veröffentlichte.[20] Kotzebue zeigte sich darin durchaus bereit, die von Zeune angeführte Bedeutung der geschichtlichen Grundlage des *Nibelungenliedes* und den Stellenwert der altdeutschen Sprache anzuerkennen. Seinen Geschmack allerdings könne er „nun einmal nicht ändern [...]. Ich verlange ja auch nichts weiter, als dass die Herren Nibelungisten uns ihre Geschmäcke nicht so vornehm aufdringen sollen" (S. 86).

Der Kritik Kotzebues an der „Parteiwuth" schloß sich der Berlin-Korrespondent des *Morgenblatts für gebildete Stände* an.[21] Bereits im Jahr zuvor hatte er die gewaltsame Art, mit der Zeune in seiner *Nibelungenlied*-Vorlesung im Winter 1812 „Liebe" für diese Dichtung zu erzielen gesucht habe, verantwortlich für die Reaktion der Gegenseite gemacht:[22]

> Dies Zuweitgehen reizt die Gegner, man erzählt sich schon viele lustige Witzspiele über das Ganze, über das Verdrängen des Homer aus den Schulen u.s.w. Die folgenden Reime amusieren jetzt die Widerpartei.
>
> Niebelungen!
> Nie gelungen,
> Nur gezwungen
> Mit den Zungen,
> Lebt ihr in der Kunst!
>
> Niebelungen!
> Wie gedungen
> Preisen Jungen.
> Starke Lungen,
> Euch mit Modesbrunst!

19 Schreiben des Herrn Professors Zeune (Vorsteher der Blinden-Anstalt in Berlin) an den Herausgeber, über das Nibelungen-Lied. In: Kotzebue: Nibelungen-Lied (Anm. 16), S. 252–259.

20 A. v. Kotzebue (Hg.): Politische Flugblätter. Bd. 2. Königsberg 1816, S. 85–87.

21 Korrespondenz-Nachrichten. Berlin, 5. July. In: Morgenblatt für gebildete Stände Nr. 179 vom 28. Juli 1814, S. 716.

22 Korrespondenz-Nachrichten. Berlin, 26. Januar. In: Morgenblatt für gebildete Stände Nr. 41 vom 17. Februar 1813, S. 164.

Niebelungen!
Was gesungen
Und erschwungen,
Heißt verklungen,
Und *Homer* nur Dunst!

Iliade,
I, wie Schade!
Doch du grade
Brauchst nicht Gnade,
Brauchst nicht Lärm und Gunst.

Der Vorwurf, die Befürworter der altdeutschen Lektüre wollten Homer bzw. der antiken Literatur ihren Platz in der Schule streitig machen, verallgemeinert unzutreffenderweise deren Ansinnen. Selbst in Zeunes *Der fremde Götzendienst* von 1814 ist davon nicht die Rede. Und für Franz Passow wäre dies ganz unvorstellbar gewesen.

1815 griff dieser in die Auseinandersetzung zwischen Kotzebue und Zeune mit einem eigenen, *Homeromastiges und Nibelungenpeitschen* überschriebenen Artikel ein, dessen Publikationsort, das *Tagesblatt der Geschichte*, das enge Zusammenwirken der Mitglieder dieser ‚*Nibelungenlied*-Arbeitsgemeinschaft' verdeutlicht.[23] Mitherausgeber dieser Zeitung, des Nachfolgers des von Niebuhr und Schleiermacher gegründeten *Preußischen Correspondenten*, war Friedrich Lange, ebenfalls Mitglied des Berliner *Nibelungenlied*-Zirkels. Angesichts der „inneren und äußeren Uebereinstimmungen zwischen der Hellenischen und der deutschen Ilias" erschien Passow das Auftreten von *Nibelungenlied*-Kritikern, den „Nibelungenpeitschen", nicht verwunderlich, hatten doch auch bei den Hellenen vereinzelt Kritiker der Homerischen Gesänge (die „Homeromastiges", „Homerosgeißeln") ihre Stimme erhoben. Wie diese dem Spott der Nachwelt anheimgefallen seien, so werde es nach Passows Überzeugung auch den „Nibelungenpeitschen" ergehen. Auf Kotzebues Kritik ging Passow nicht ein, da er sie durch Zeunes Entgegnung als erledigt ansah. Er hielt derartige Angriffe für ungefährlich, „so lange Ernst und Gründlichkeit die Forschungen über altdeutsche Dichtkunst bezeichnet" und die Verehrer des *Nibelungenliedes* „wie bisher vermeiden, was seine Gegner um ihrer selbst willen vermeiden sollten, leere anmaaßliche Behauptungen, […] kalten Spott, der Mangel an Gründen verräth, und rohes Schmähen". Passow richtete diese Vorwürfe direkt an die Adresse der *Nibelungen*-Gegner, warnte dabei aber indirekt die eigene ‚Partei', sich durch solches Vorgehen von der „Stimmfähigkeit" auszuschließen. Mit einem Zitat aus einem Artikel zum *Nibelungenlied* im *Morgenblatt für gebildete Stände* vom 9. Januar 1815 illustrierte er seine Kritik:

> Die so häufigen Bewunderer des Nibelungenliedes sind nichts weiter als *Kürbisvergötterer*, um einen Ausdruck Senekas zu gebrauchen […]. Dies sogenannte Nationalepos ist *ein geistleeres, schleppendes höchstlangweiliges Gemächt*, was auch die Herren B. D. G. H. Schl. Schw. zum Lobe desselben vorgebracht haben.

---

23 In Nr. 28 vom 8. Februar 1815, ohne Seitenangabe (drei Seiten); die folgenden Zitate aus diesem Artikel.

Noch nicht eingehen konnte Passow auf die 1815 erschienene Schrift *Germanomanie* des Berliner Schriftstellers und Buchhändlers Saul Ascher.[24] Der jüdisch-deutsche Spätaufklärer griff darin, in Zustimmung zu der Wiener Allianzpolitik, die aufgeregte „Idee der Deutschheit“ (S. 11) der ‚Germanomanen‘ Arndt, Fichte und Jahn an. In der Konsequenz der von den ‚Germanomanen‘ vertretenen Anschauungen lagen für ihn die Versuche, den Einfluss der Antike auf die Gegenwart zu unterschlagen:

> Freilich geschehen Bestrebungen der Art von unseren Germanomanen genug. Es verlautet schon, daß das Lied der Nibelungen die Stelle der Ilias und Odyssea auf den Schulen vertreten soll und daß von manchem Minne- und Meistersänger Schulausgaben veranstaltet werden, um sie den Knaben, anstatt des Pindar und Horaz in die Hände zu geben (S. 42).

Ascher machte sich damit einen wiederholt geäußerten Vorwurf zu eigen, der auf die nationalerzieherischen Bestrebungen Passows keineswegs zutrifft, obwohl dieser durchaus „den mannhaften Jahn“ schätzte.[25]

Dass die von dem *Nibelungenlied*-Zirkel propagierte Wertschätzung dieser Heldendichtung nicht ohne Einfluss auf andere Mitglieder der „Berliner Gesellschaft für deutsche Sprache“ blieb, ist zum Beispiel bei Theodor Heinsius, Mitbegründer der Gesellschaft und Giesebrechts Kollege am Berlinisch-Köllnischen Gymnasium zum Grauen Kloster, zu erkennen.[26] In dem 1810 erschienenen dritten Teil seines *Bardenhain* hatte Heinsius „Lieder aus den Zeiten der Minnesänger“ (S. 197–207) aufgenommen, womit der *Bardenhain* eine der ersten, wenn nicht sogar die erste für den Schulgebrauch gedachte Chrestomathie war, in der diese Dichtungen Berücksichtigung fanden.[27] Heinsius begründete die Aufnahme eines Kapitels „Altdeutsche Barden“ (S. 186–260) damit, daß es ihm „mindestens vaterländisch gedacht“ (S. VI) schien, „der jüngern Welt einen Schattenriß von der Wiege deutscher Sprache und Poesie vorzuhalten, und ihr das Gefühl der Achtung gegen früheres – wenn auch minder glänzendes – Verdienst einzuflößen“ (S. 196; ähnlich S. VI). Gleichwohl vertrat der Verfasser mehrerer weit verbreiteter, in der Tradition Adelungs stehender Sprachlehren für den Schulunterricht und Herausgeber verschiedener Anthologien und Wörterbücher, eine deutliche, auf pädagogische, ästhetische und moralische Argumente gestützte Zurückhaltung gegenüber einer altdeutschen Schullektüre. Aus-

---

24 Saul Ascher: Die Germanomanie. Skizze zu einem Zeitgemälde. Berlin 1815. Die folgenden Seitenangaben beziehen sich auf dieses Werk.

25 F. Passow an Frau von Voigt, Berlin, 3. Februar 1815. In: Wachler: Passow (Anm. 7), S. 200.

26 Zu Heinsius siehe Hartmut Meyer: O. F. Theodor Heinsius (1770–1849). Preussischer Lehrer des Deutschen. In: Hans Dieter Erlinger, Clemens Knobloch, Hartmut Meyer (Hg.): Satzlehre –Denkschulung – Nationalsprache. Deutsche Schulgrammatik zwischen 1800 und 1850. Münster 1989, S. 115–140.

27 Der Bardenhain für Deutschlands edle Söhne und Töchter. 3. Teil. Berlin 1810 (der 1. und 2. Teil erschienen 1809). Die Seitenangaben beziehen sich auf diesen Band. Von den ca. 400 Seiten sind gut 70 Seiten den „Altdeutschen Barden“, den antiken Autoren (Homer, Vergil und Ovid, in Übersetzung) dagegen 150 Seiten vorbehalten.

drücklich lehnte er eine Gleichstellung der mittelalterlichen mit der antiken Dichtung ab:

> Es gehört zu den bemerkenswerthen Erscheinungen unsrer Zeit, wenn einige Schriftsteller und Rezensenten verlangen, daß die Poesie des Mittelalters auf Schulen getrieben, und namentlich das Lied der Nibelungen der deutschen Jugend, wie einst der Homer den jungen Griechen, in die Hände gegeben werden solle. Abgesehn von dem großen, – ruhigen Denkern nicht zweifelhaften – Unterschied zwischen Homer und unserm Epos, und überhaupt zwischen den dichterischen Arbeiten unserer Vorfahren im Mittelalter, und den Meisterstücken der alten Griechen und Römer (S. 186).

In der 1817 erschienenen zweiten Auflage des dritten Teils druckte Heinsius dann, da ein Abschnitt über das *Nibelungenlied* „ungern vermißt" wurde (S. III), zusätzlich die erste und zweite Aventiure dieser Dichtung im Urtext ab (S. 197–215, nach von der Hagens Edition von 1816 und Zeunes Übersetzung von 1814). Ersatzlos gestrichen ist nunmehr die in der ersten Auflage geäußerte Kritik an den Befürwortern der Aufnahme der altdeutschen Dichtung in den Schulunterricht:

> Würden unsre Pädagogen und Schulmänner, auch wenn sie ihre schon überfüllten Lectionsplane noch mit einem neuen, nicht unschwierigen Gegenstand vermehren wollten oder könnten, schon in dem minnevollen Inhalt und den, für uns oft zu treuen und natürlichen Schilderungen und Darstellungen, Gründe genug finden, jene, in andern, besonders Sprach- und geschichtlichen Beziehungen wichtige Poesien, dem eigenen Studium eines reiferen und männlichen Alters zu überlassen. Beachtenswerth muß dem unbefangenen Beobachter seyn, wie sich auch hier der Zeitgeist auf die Außenstehenden wirft. Vor 25 Jahren, als die Revision des Erziehungswesens erschien, wollte man, aus sittlichen Rücksichten, die alten Klassiker aus den Schulen verdrängen; jetzt – nach einem Vierteljahrhundert, will man, ohne alle sittliche Rücksicht, Ritter- und Liebesgedichte in die Schulen einführen. Jedes Zeitalter krankt an Überspannung, seiner Art. Wohl dem, der es fühlt und sich davor zu bewahren weiß! (S. 186f.)

Nikolaus Gussone

Christliche Kunst aus dem Rheinland in Schlesien Das Bild der hl. Hedwig von Franz Ittenbach für die Kirche St. Michael in Breslau

Als Gabe zum Abschied von Eckhard Grunewald vom Bundesinstitut für Kultur und Geschichte der Deutschen im östlichen Europa gedacht ist der folgende Beitrag zu einem Gegenstand beiderseitigen Interesses: Leben und Nachwirken der hl. Hedwig von Schlesien. Ein gemeinsames Projekt zum Hedwig-Jahr 1993, das des Todes der Heiligen vor 750 Jahren gedachte, umfasste eine deutsch-polnische Tagung im Kloster Andechs im Oktober 1993 und die Publikation der Vorträge mit weiteren Beiträgen unter dem Titel „Das Bild der heiligen Hedwig in Mittelalter und Neuzeit" in den „Schriften" des Bundesinstituts.[1] Parallel dazu hatte eine Gruppe von Studierenden in Münster im Rahmen eines Seminars die Ausstellung „Eichendorffs Hedwig-Fragment. Heiligenverehrung und Mittelalterbild im 19. Jahrhundert" vorbereitet, die – begleitet von einem Katalog – im Herbst 1993 im Oberschlesischen Landesmuseum in Ratingen-Hösel gezeigt wurde und dabei erstmals Eichendorffs letzten Text in seinem Kontext gewürdigt hat.[2]

Der Leihverkehr mit dem Erzbischöflichen Diözesanmuseum Köln (heute: „Kolumba") führte zu einem Hinweis[3] auf eine dort verwahrte großformatige Zeichnung mit einer Darstellung der hl. Hedwig.[4] Dieses bisher unbeachtete Hedwig-Bild soll hier vorgestellt und dabei sein Kontext besonders berücksichtigt werden (in der Hoffnung auf das Interesse von Eckhard Grunewald).

Die Zeichnung, Bleistift auf gelbbraunem Papier (Abb. 1), hat die Maße 167,5 x 63,5 cm. Sie ist auf eine etwas größere Leinwand aufgezogen. Das Blatt ist quadriert, also wohl zur Übertragung auf ein Gemälde gedacht. Eine Signatur fehlt. Das Bildthema ist nicht vermerkt. Im Inventarverzeichnis des Museums, das aus der Zwischenkriegszeit stammt, heißt es: „Karton zu der Figur der hl. Hedwig, eine Statue der Gottesmutter im Arm tragend. Altarbild für die Breslauer Michaelskirche". Zugefügt ist die Jahreszahl 1866/67. Die Marienstatuette ist ein geläufiges Attribut der

1 Eckhard Grunewald, Nikolaus Gussone (Hg.): Das Bild der heiligen Hedwig in Mittelalter und Neuzeit. München 1996 (Schriften des Bundesinstituts für ostdeutsche Kultur und Geschichte 7).

2 Nikolaus Gussone (Hg.): Eichendorffs Hedwig-Fragment. Heiligenverehrung und Mittelalterbild im 19. Jahrhundert. Beiträge zu einer Ausstellung aus Anlaß des 750. Todestages der heiligen Hedwig von Schlesien. Oberschlesisches Landesmuseum – Stiftung Haus Oberschlesien – Ratingen; Münster 1993 (Ausstellungskataloge 2).

3 Herr Bernhard Matthäi hatte mich seinerzeit auf die Zeichnung hingewiesen und unterstützte jetzt deren Publikation mit wichtigen Informationen und Fotos. Dafür sei ihm herzlich gedankt.

4 Das Blatt trägt die Inventar-Nummer S. J. III g 15.

hl. Hedwig. Ihre Tracht erinnert an die einer Nonne; dieses Motiv begegnet erst im 19. Jahrhundert.[5]

Das Blatt gehört zum dortigen Nachlass von Franz Ittenbach (1813–1879). Dieser war ein bedeutender Vertreter der Malerei mit religiöser Thematik aus dem Schülerkreis von Wilhelm von Schadow an der Düsseldorfer Kunstakademie (Abb. 2); er war zu seiner Zeit international hoch angesehen, besonders als Maler von Marienbildern.[6] Dass es sich bei der Zeichnung um ein Werk Ittenbachs handelt, ergibt sich nicht nur aus dem Sammlungskontext, sondern auch aus dem Folgenden.

Heinrich Finke, der bedeutende Historiker, nennt in dem seiner Monographie von 1898 *Der Madonnenmaler Franz Ittenbach* angefügten Werkverzeichnis nur eine Darstellung der hl. Hedwig. Dabei handelt es sich um ein vom Breslauer Fürstbischof Heinrich Förster (amtierte 1853–1883) bestelltes und 1868 vollendetes Gemälde für die in seiner Bischofsstadt neu erbaute Kirche St. Michael.[7] Finke beschreibt das Gemälde wie folgt: „Die schlesische Landespatronin Hedwig steht da im Kleide der Armuth, Fürstenmantel und Krone liegen zu ihren Füßen; sie verachtet alles und trägt nur Sehnen nach dem Himmel."[8] Diese Beschreibung trifft auch auf die Zeichnung zu, und so wird die Inventarnotiz, bei dem Blatt handle es sich um den Karton für dieses Gemälde, bestätigt. Die Quadrierung ist ein zusätzliches Indiz. Es existiert eine Kopie des Bildes in Gestalt eines Vierfarbdrucks (Abb. 3), der die hl. Hedwig nach rechts im Gegensinn und nur als Halbfigur zeigt; der Kontext ist unklar.[9]

Ittenbachs Gemälde wurde wohl im Zweiten Weltkrieg vernichtet, eine Abbildung war bisher nicht aufzufinden. So ist die Zeichnung als wichtiges Zeugnis eines bedeutenden, von einer wichtigen Persönlichkeit gegebenen Auftrags mit einem kunst- und kirchenpolitisch bemerkenswerten Kontext zu deuten. Dieser soll im Folgenden angesprochen werden. Dabei geht es um den Auftraggeber, den Fürstbischof Heinrich Förster, um seine Verehrung der hl. Hedwig, um seine Förderung der Kunst, um die als deren bedeutendstes Projekt errichtete Kirche St. Michael in Breslau und schließlich um den übergreifenden Kontext seiner Kunstpolitik.

Zuvor ist zu bemerken, dass 1844, also vor Ittenbach, schon sein Lehrer Wilhelm von Schadow (1788–1862), der Direktor der Kunstakademie Düsseldorf, im Rahmen seiner Bemühungen um zeitgemäße Heiligendarstellungen ein Bild der hl. Hed-

---

5 Romuald Kaczmarek: Das Bild der heiligen Hedwig. Zeugnisse in der Kunst vom 13. bis zum 18. Jahrhundert. In: Grunewald, Gussone (Hg): Bild der heiligen Hedwig (Anm. 1), S. 137–158, hier S. 140.

6 Zu Franz Ittenbach vgl. Heinrich Finke: Der Madonnenmaler Franz Ittenbach (1813–1879). Köln 1898 (Görres-Gesellschaft zur Pflege der Wissenschaft im katholischen Deutschland, Vereinsschrift 1898, 2); P[eter] J. Kreuzberg: Franz Ittenbach. Des Meisters Leben und Kunst. 2. Aufl. Mönchengladbach 1913; Andreas Otto: Franz Ittenbach. In: Lexikon der Düsseldorfer Malerschule in drei Bänden. Hg. vom Kunstmuseum Düsseldorf im Ehrenhof und von der Galerie Paffrath, Düsseldorf. Bd. 2 München 1998, S. 164–168.

7 Finke: Ittenbach (Anm. 6), S. 94.

8 Ebd., S. 70.

9 Kolumba Köln, Blattmasse: 18,5 x 12,1 cm; Inventar-Nummer Kd 1101. Das Museum besitzt dazu auch einen Schwarz-Weiß-Druck in mehreren Exemplaren; Inv.-Nr. Kc 1100, 1ff.

wig für Schlesien geschaffen hatte.[10] Es ist verschollen, aber durch einen Stahlstich von Heinrich Nüsser (1821–1883), der 1846 in Düsseldorf veröffentlicht wurde, bekannt (Abb. 4).[11] Danach handelte es sich um ein Kniestück. Wie bei Ittenbach ist die hl. Hedwig als Nonne dargestellt, Fürstenmantel und Krone hat sie abgelegt. Es ist möglich, dass Ittenbach von Schadows Werk angeregt wurde; zumindest den in Düsseldorf veröffentlichten Stahlstich wird er wohl gekannt haben.

Heinrich Förster, der Auftraggeber Ittenbachs, 1799 in Glogau geboren, 1837 Domherr in Breslau und von 1853 bis zu seinem Tod 1881 dort Fürstbischof (Abb. 5), hat über viele Jahre das Leben der katholischen Kirche in Schlesien und darüber hinaus entscheidend geprägt. In seine Amtszeit fielen bedeutende, oft konfliktträchtige Ereignisse: theologische Auseinandersetzungen und das 1. Vatikanische Konzil mit dem Dogma von der Unfehlbarkeit des Papstes, die Gründung des Deutschen Reiches und die ihr vorausgehenden Kriege, der Kulturkampf.[12]

Förster war ein großer Prediger. In seinen Predigten nahm er auch zu Zeitfragen Stellung. Ein Beispiel ist die Festpredigt, die er 1843 zum 600. Todestag der hl. Hedwig in Trebnitz hielt. Dabei verband er immer wieder das Lob der Heiligen mit Kritik am religiösen Leben seiner Zeit.[13]

---

10 Cordula Grewe: „Schöne, würdige Heiligenbilder schaffen und den Zopfgeschmack in dieser Region total verdrängen". Zu den Heiligendarstellungen Wilhelm Schadows. In: Neusser Jahrbuch für Kunst, Kulturgeschichte und Heimatkunde (1997), S. 11–26, hier S. 16–18; Dies.: Wilhelm Schadow [!] (1788–1862). Monographie und Catalogue Raisonné. Phil. Diss. Freiburg/Br. 1998, Microfiche-Ausgabe, S. 91–93, dort auch zu einem kleineren, ebenfalls verschollenen Hedwig-Bild, vielleicht einer Vorstudie; Dies.: Schadow(-Godenhaus), Friedrich Wilhelm von. In: Lexikon der Düsseldorfer Malerschule (Anm. 6), Bd. 3. München 1998, S. 180–185.

11 Religiöse Graphik aus der Zeit des Kölner Dombaus 1842–1880. Katalog der Ausstellung im Erzbischöflichen Diözesanmuseum Köln 2. Oktober 1980 – 31. Januar 1981. Köln [1980], S. 45f. mit Abb. 72; Grewe: Wilhelm Schadow (Anm. 10), S. 92.

12 Zu Heinrich Förster und zu seinem kirchlichen Umfeld vgl. Adolf Franz: Dr. Heinrich Förster. Fürstbischof von Breslau. Ein Lebensbild, den Katholiken der Diöcese zur Feier des 50jährigen Priesterjubiläums ihres Oberhirten gewidmet. Neisse 1875; Hermann Hoffmann: Fürstbischof Heinrich Förster (1853–81). In: Archiv für Schlesische Kirchengeschichte 12 (1954), S. 257–262; Erwin Gatz: Förster, Heinrich (1799–1881). In: Erwin Gatz (Hg.): Die Bischöfe der deutschsprachigen Länder 1785/1803 bis 1945. Ein biographisches Lexikon. Berlin 1983, S. 200–203; Werner Marschall: Heinrich Förster (1799–1881). In: Josef Joachim Menzel (Hg.): Schlesier des 15. bis 20. Jahrhunderts. Stuttgart 2001 (Schlesische Lebensbilder 7), S. 187–194 mit Abb. 19; Joachim Köhler, Rainer Bendel (Hg.): Geschichte des christlichen Lebens im schlesischen Raum. Münster 2002 (Religions- und Kulturgeschichte in Ostmittel- und Südosteuropa 1), Teilbd. 2, S. 615–784; Erwin Gatz, Rainer Bendel: (Erz-)Bistum Breslau (exemt 1930 Erzbistum). In: Erwin Gatz unter Mitwirkung v. Clemens Brodkorb u. Rudolf Zinnhobler (Hg.): Die Bistümer der deutschsprachigen Länder von der Säkularisation bis zur Gegenwart. Freiburg, Basel, Wien 2005, S. 120–140. Siehe auch Heinrich Bacht: Die Tragödie einer Freundschaft. Fürstbischof Heinrich Förster und Professor Joseph Hubert Reinkens. Köln, Wien 1985 (Forschungen und Quellen zur Kirchen- und Kulturgeschichte Ostdeutschlands 20).

13 Heinrich Förster: Zur Hedwig-Predigt: Predigt am sechshundertjährigen Gedenkfeste des seligen Todes der heiligen Landespatronin Hedwig zu Trebnitz, 1843. In: Ders.: Abschiedsgabe. Predigten auf alle Sonn- und Festtage nebst Gelegenheitsreden. 2.–4. Aufl. Regensburg 1914, S. 467–482; vgl. dazu: Joseph Gottschalk: Hedwigspredigten aus 700 Jahren. In: Archiv für schlesische Kirchengeschichte 40 (1982), S. 129–164, hier S. 153f.; Joachim Masurczyk: Fürstbischof Heinrich För-

Diese Predigt ist ein herausragendes Beispiel der vielfach bezeugten Hedwig-Verehrung Försters.[14] Im Hedwigsjahr 1843 hatte der Strehlener Pfarrer und Kreis-Schulinspektor Franz Xaver Görlich eine Biographie der Heiligen veröffentlicht.[15] In der zweiten Auflage von 1854,[16] in der der erwähnte Stahlstich nach Schadow dem Titel zur Seite gestellt wurde, heißt es:

> Seit einer Reihe von Jahren pilgerte der jetzt regierende Fürstbischof [...] zu Fuß an das Grab der heil. Landespatronin, und hat hauptsächlich durch den Ertrag seiner ‚Familien-Predigten' eine Neupflasterung ihres heiligen Tempels hervorgerufen, und dadurch wesentlich zur Verschönerung desselben beigetragen. Als Hochderselbe im Jahre 1853 durch Sr. Eminenz den Cardinal und Fürsterzbischof von Prag, Friedrich Fürsten von Schwarzenberg die Bischofsweihe empfangen hatte, zogen beide Kirchenfürsten nach Trebnitz, um am Grabe der heil. Hedwig das heil. Meßopfer darzubringen.

Die jährliche Feier des Festtags der hl. Hedwig behielt Förster bei.

Förster hatte den Dichter Joseph von Eichendorff (1788–1857), den er 1856 kennen gelernt und zweimal in seiner Sommerresidenz Johannesberg zu Gast hatte (Abb. 6), im Spätsommer 1857 gebeten, eine Lebensbeschreibung der hl. Hedwig zu verfassen. Eichendorff hat nur einige Notizen zusammentragen und einige Passagen des Vorworts schreiben können, bevor er kurze Zeit später, am 26. November 1857, starb. Eichendorffs Text ist ein schönes Beispiel für seine Auffassung vom Mittelalter als „Jugend der christlichen Völker" und „– wie alle Jugend – ideal" sowie für sein Bemühen um eine zeitgemäße Heiligenbiographie im Rahmen seiner Vorstellung von christlicher Literatur im Spannungsfeld von Wissenschaftlichkeit und Erbauung sowie im Kontext der Heiligenverehrung seiner Zeit und ihres kirchenpolitischen Umfeldes.[17]

Förster hatte mehrere Darstellungen der hl. Hedwig bei verschiedenen Künstlern wie Eduard von Steinle, Karl Müller, Theodor Hamacher, Leopold Kuppelwieser, Heinrich Mücke und Karl Wohnlich in Auftrag gegeben. Sie bezeugen seine Heiligenverehrung auch im Medium der bildenden Kunst.[18] Förster, der in seiner Jugend

---

ster und die heilige Hedwig. In: Gussone: Eichendorffs Hedwig-Fragment (Anm. 2), S. 39–61; hier S. 45–48.

14 Masurczyk: Fürstbischof Heinrich Förster (Anm. 13).

15 Franz Xaver Görlich: Das Leben der heiligen Hedwig, Herzogin von Schlesien, als Andenken an die sechshundertjährliche Jubelfeier ihres seligen Todes. Breslau 1843.

16 Görlich: Das Leben (Anm. 15), Breslau 1854, S. 110.

17 Joseph von Eichendorff: Die heilige Hedwig. Einleitung. München o. J. (Joseph von Eichendorff: Werke. Bd. V: Politische und historische Schriften. Streitschriften. Textred. Klaus-Dieter Krabiel.), S. 392–404 und 521–530; das Zitat auf S. 399; eine Neuausgabe im Rahmen der „Historisch-Kritischen Ausgabe" ist im Druck. Vgl. dazu: Gussone: Eichendorffs Hedwig-Fragment (Anm. 2); Eckhard Grunewald: Eichendorff, Montalembert und die heilige Hedwig. In: Grunewald, Gussone (Hg.): Das Bild der heiligen Hedwig (Anm. 1), S. 117–135; Antonie Magen: Das Hedwig-Fragment. Zur Intention von Eichendorffs letztem Manuskript. In: Jahrbuch des Freien Deutschen Hochstifts (2006), S. 363–382.

18 Zum Folgenden vgl. Alfons Nowack: Fürstbischof Heinrich Förster als Mäzen der bildenden Künste. In: Archiv für schlesische Kirchengeschichte 2 (1937), S. 207–218; vgl. auch Heinrich Finke: Carl Müller. Sein Leben und künstlerisches Schaffen. Köln 1896 (Görres-Gesellschaft zur Pflege der Wissenschaft im katholischen Deutschland, Vereinsschrift 1896, 1), S. 59–63; Ders.: Ittenbach

selbst gemalt hatte, war ein großer Liebhaber und Förderer der zeitgenössischen religiösen Kunst. Er wird in einer Reihe mit anderen bischöflichen Mäzenen genannt, z. B. mit Kardinal Geissel in Köln und Bischof Müller in Münster. Er besaß eine stattliche Sammlung vorwiegend zeitgenössischer religiöser Kunst mit Werken u. a. von Eduard von Steinle, Leopold Kuppelwieser und von den Düsseldorfer Malern Ernst Deger, Andreas und Carl Müller und Franz Ittenbach, deren Fresken in der Apollinariskirche in Remagen, dem neugotischen Gesamtkunstwerk, er kannte und deren Ateliers er besuchte. Er förderte auch schlesische Künstler.

Mit manchen Künstlern stand er im Briefwechsel, besonders mit Franz Ittenbach, den er durch Wilhelm von Schadow kennen gelernt hatte. Über seine Bilder schrieb Förster 1855 an Ittenbach:

> Ich habe jetzt schon eine recht namhafte Zahl dergleichen edler, heiliger Schöpfungen in meinem Wohnzimmer um mich versammelt, und der Himmel weiß es, wie oft ich bei meinen schweren Sorgen, Mühen und Kämpfen bei diesen todten und doch so lebendigen, bei diesen stummen und doch so beredten Zeugen meines Kummers Zuflucht suche – und finde.[19]

Er nannte die Bilder auch seine Freunde, mit denen er gerne spreche. An Carl Müller schrieb er zu einem Bild:

> Wie wenig Zeit ich auch habe, so habe ich doch fast eine Stunde davor gestanden und mich daran gefreut, und es wird mich noch manche Stunde kosten. Denn Sie müssen wissen, daß ich sehr still und zurückgezogen lebe und daß meine Bilder meine besten Freunde sind, mit denen ich mich in freien Augenblicken unterhalte.[20]

An Franz Ittenbach schrieb er:

> Ich aber sehne mich darnach, das Bild unter jenen Gemälden zu haben, die meine nächste Umgebung bilden, vor denen ich in stillen Augenblicken gerne verweile und mit denen ich wie mit lieben treuen Freunden geistig verkehre.[21]

Hier zeigt sich Försters eigene Form des alten Motivs „Dialog mit dem Bild".[22]

Ein herausragendes Beispiel der Kunstförderung Försters ist die Kirche St. Michael in Breslau (Abb. 7 und 8), für die Ittenbachs Bild bestimmt war. Die Kirche wur-

---

(Anm. 6), S. 68–70. – Die entsprechenden Archivalien im Erzbischöflichen Archiv in Breslau (Archiwum Archidiecezjalne we Wrocławiu) konnten nicht eingesehen werden. Um weitere Forschungen anzuregen, seien die entsprechenden Hinweise gegeben: Wincenty Urban: Katalog Archiwum Archidiecezjalnego we Wrocławiu. Rękopisy. [Katalog des Erzdiözesanmuseums in Breslau. Handschriften]. Lublin 1965 (Archiwa, Biblioteki i Muzea Kościelne 10), S. 413f.: II c. 29. Sztuka i Muzyka Kościelna [Kirchliche Kunst und Musik], darunter Akten zum christlichen Kunstverein und Briefwechsel Försters mit Künstlern; S. 597f.: Breslau, St. Michael, darunter Nr. 23: Sammlung von Briefen des Malers Mücke und der Professoren Ittenbach und Deger betreffend Bilder für die Michaeliskirche.

19 Finke: Ittenbach (Anm. 6), S. 68f.

20 Finke: Müller (Anm. 18), S. 62f.

21 Finke: Ittenbach (Anm. 6), S. 69.

22 Vgl. dazu Hans Belting: Bild und Kult. Eine Geschichte des Bildes vor dem Zeitalter der Kunst. München 1990, S. 457ff.

de 1862 begonnen und 1871 geweiht. Förster hat sich dabei sehr engagiert; er wollte die Kirche als „Denkmal seines bischöflichen Wirkens hinterlassen, das der Nachwelt zum Segen sei."[23] Ihr Architekt war Alexis Langer (1825–1904), der wichtigste Vertreter der Neugotik in Schlesien.[24] Langer war geprägt von der Neugotik in Köln, die dort im Gefolge des Weiterbaus des Kölner Doms seit 1842 ein Zentrum hatte. Es ging dabei nicht nur um eine Kopie des Mittelalters, sondern auch um Neuschöpfung in seinem Geist. In Köln hatte Langer vielleicht eine Lehrzeit verbracht. Aber auch die gotische Baukunst Schlesiens und anderer Regionen hinterließ Spuren in seinem Werk, ebenso das Studium von architektonischen Musterbüchern und von Werken der aufblühenden Kunstgeschichte. Langer war durch einen preisgekrönten Entwurf für die Votivkirche in Wien (1854) bekannt geworden. Seit 1855 arbeitete er eng mit Fürstbischof Förster zusammen. Für die Kirche St. Michael übernahm er die Konzeption seines Entwurfs für die Wiener Votivkirche in reduzierter Form. Beider Vorbild war die klassische gotische Kathedrale, besonders der Kölner Dom. St. Michael war als programmatisches Gesamtkunstwerk angelegt. Dazu gehörten neben der Architektur mit ihrer ausgefeilten Symbolik u. a. Skulpturen, Inschriften und Gemälde. Leitende Gedanken zu den begleitenden Zeitumständen lassen sich den Urkunden entnehmen, die 1866 in den Knopf des Dachreiters und 1867 in den Knopf des Nordturms eingefügt wurden.[25] 1866 wurde auf die bedrängte Lage des Papstes und des Kirchenstaates hingewiesen, aber auch auf den deutschen Bruderkrieg 1866, der von Beschimpfungen des Fürstbischofs und seiner Geistlichen wegen angeblich pro-österreichischer Haltung begleitet war. Im Jahr darauf wurden wiederum die Lage des Papstes, dann kirchenpolitische Kämpfe in Österreich genannt und auf die bevorstehende 600-Jahr-Feier der Heiligsprechung der hl. Hedwig hingewiesen und ein entsprechender Hirtenbrief beigelegt. In seiner Predigt zur Einweihung 1871 nannte Förster als Zeitmotive Unglaube und Gottesleugnung, das Schicksal des Papstes, die Verfolgung der Kirche (vielleicht eine Anspielung auf die Auseinandersetzungen zwischen Staat und Kirche, die im sich abzeichnenden „Kulturkampf" gipfelten) und die Kriege von 1864, 1866 und 1870/71.[26]

Zur Innenausstattung der Kirche hatte Förster für bedeutende Gemälde gesorgt:[27] Ernst Deger aus Düsseldorf schuf für den Hochaltar als Hauptbild eine Darstellung des hl. Michael, des Kirchenpatrons; zwei kleinere Bilder für den Hochaltar, den hl. Heinrich und die hl. Elisabeth darstellend, malte der Breslauer Karl Wohnlich. Die Bilder links und rechts vom Presbyterium schufen die Brüder Andreas und Carl Müller aus Düsseldorf. Andreas Müller: Madonna mit Kind, und sein Bruder: Ma-

23 Kurt Engelbert: Geschichte der Pfarrei St. Michael in Breslau. 2. erw. Aufl. Hildesheim 1949 (Zur schlesischen Kirchengeschichte 43), S. 74–88.

24 Zum Folgenden vgl. Agnieszka Zabłocka-Kos: Sztuka, Wiara, Uczucie. Alexis Langer Śląski Architekt Neogotiku [Kunst, Glaube, Gefühl. A. L., der schlesische Architekt der Neugotik]. Wrocław 1996 (Historia sztuki 11; Acta Universitatis Wratislaviensis 1827). Diese Arbeit würdigt die Kirche St. Michael als Gesamtkunstwerk in ihrem kirchlichen und politischen Kontext.

25 Engelbert: Pfarrei St. Michael (Anm. 23), S. 79–81.

26 Ebd., S. 87f.

27 Engelbert: Pfarrei St. Michael (Anm. 23), S. 86.

ria und Elisabeth mit Jesus und Johannes. Von Franz Ittenbach stammten vier Bilder für die Seitenaltäre: hl. Maria, hl. Joseph, hl. Hedwig und hl. Ceslaus.[28] Neben dem Bild Ittenbachs gab es in St. Michael noch andere Hedwig-Motive; in der Nachbarschaft befand sich ein Hedwig-Waisenhaus. Später kamen noch weitere Bilder aus der Sammlung Försters in die Kirche.

Die bisherigen Beobachtungen legen die Frage nahe nach übergreifenden Gesichtspunkten, die Förster leiteten und sein Interesse an der religiösen Kunst seiner Zeit nicht nur als persönliche Vorliebe erscheinen lassen. Aufschlussreich ist in diesem Zusammenhang ein Brief, in dem Förster 1863 an den Düsseldorfer Maler Carl Müller u. a. schrieb:

> [...] denn ich halte mich allerdings auch nicht nur für berechtigt, sondern für verpflichtet, die christliche Kunst insoweit zu unterstützen, als dies ohne Verletzung dringender Pflichten geschehen kann; ja, ich muß in letzterer Beziehung um so mehr über mich wachen, als meine Neigung mich hierbei ohnehin leicht fortreißt. Inzwischen ist mir Ihr Bild – bei all' den Sorgen, die mich sonst beschäftigen – nicht aus dem Sinn gekommen, und es handelt sich bei mir fast nicht mehr so sehr um den Wunsch, Ihr Bild zu besitzen, als um den Aerger, von neuem zu sehen, wie es eben die kirchliche Kunst ist, die in unsern Tagen so selten die verdiente Anerkennung und Berücksichtigung findet. Unsere Zeit ist versunken in ein Meer des Materialismus, darum erstirbt in ihr der Sinn und selbst das Verständniß für die höhere, geistige Lebensseite, und darum auch für die *wahre* Kunst, und besonders die kirchliche.[29]

Hier geht es um christliche Kunst, die er auch kirchliche Kunst nennt, und die zu fördern er für seine Pflicht hält, da sie vom Materialismus seiner Zeit missachtet werde. Förster folgt dabei einer breiten Bewegung, auf die kurz einzugehen ist.

Der Begriff „christliche Kunst" begegnet zu dieser Zeit recht häufig. Ein Beispiel ist eine Passage aus einer Abhandlung, die Philipp Veit (1793–1877), Stiefsohn von Friedrich Schlegel, Jugendfreund Eichendorffs, Maler und Direktor des Städel in Frankfurt, 1869, also im gleichen Zeithorizont wie Försters Förderung der religiösen Kunst seiner Zeit, unter dem Titel *Ueber die christliche Kunst* veröffentlichte:

> *Was versteht man unter dem Ausdruck: christliche Kunst?* – Die Beantwortung dieser Frage hat außer der allgemeinen noch die besondere Schwierigkeit, daß der ganze Ausdruck erst ein der neueren Zeit entstammter ist, und das Wort christliche Kunst im ganzen Alterthum, welches uns über dessen Bedeutung am besten Aufschluß geben könnte, sich meines Wissens gar nicht vorfindet. Dieser Ausdruck gehört gewissermaßen zu den Errungenschaften des Jahrhunderts und die Zeit liegt noch nicht so fern, in welcher er fast schüchtern nur von wenigen Künstlern und Kunstfreunden gebraucht wurde, um im Gegensatz zu dem modernen Kunstgeschmack eine ernstere Richtung, die sie in den Werken älterer Meister erkannten, für sie selbst aber ein mehr noch erst anzustrebendes als bereits erreichtes Ziel zu bezeichnen, und die es damals kaum vermuthen konnten, dass er in wenigen Jahren eine so allgemeine Geltung erhalten würde, so daß heutzutage ein jeder, berufen oder unberufen, anerkennend oder feindselig ankämpfend, über christliche Kunst spricht und schreibt.[30]

---

28 Ebd., S. 86 und S. 92.

29 Finke: Müller (Anm. 18), S. 62.

30 Philipp Veit: Ueber die christliche Kunst. Frankfurt/M. 1869 (Broschüren-Verein. Fünfter Jahrgang No. 2), S. 3.

Der Text zeigt, es geht nicht nur um die Kunst der Zeit, wo christliche Inhalte vorherrschten – also besonders die Spätantike und das Mittelalter –, wie sie in den entsprechenden Werken der damaligen Kunstgeschichte dargestellt wurde und wie sie auch Philipp Veit skizzierte. Es geht ebenso um ein Programm für Gegenwart und Zukunft. Erstrebt wird „im Gegensatz zum modernen Kunstgeschmack eine ernstere Richtung", zwar mit Erfolg, aber auch feindselig bekämpft.

Für Veit erschöpft sich die Kunst nicht in der Nachahmung der Natur, bedeutet vielmehr Gestaltung auf deren Grundlage gemäß dem angeborenen Schönheitssinn des Menschen. Alle Kunst kommt von Gott, und sie hat die Aufgabe, an der Wiederherstellung der durch den Sündenfall gestörten Harmonie der Schöpfung mitzuwirken. Das gilt besonders für die christliche Kunst. Veit skizziert deren Entwicklung seit frühchristlicher Zeit und sieht ihren Höhepunkt im Mittelalter:

> So war im Allgemeinen die Wirksamkeit der christlichen Kunst in ihrer Glanzperiode beschaffen, als sie das ganze Leben umfaßte und mit den herrlichsten Gebilden umgab, als sie gleichsam den Himmel öffnete und dem gläubigen Blick seine Wunder zeigte. Die Frage, was die christliche Kunst sei und worin ihr Wesen bestehe, beantwortet sie selbst durch ihre Erscheinung, als das farbenprangende Gewand der Kirche (circumdata varietate), als *eine Manifestation der göttlichen Urschöne*, als höchste Poesie, weil Poesie der *Wahrheit.*
>
> Was aber die christliche Kunst noch ganz speziell von der antiken Kunst unterscheidet und über dieselbe erhebt, das ist der in ihr vorherrschende und erst durch sie zu klarer Anschauung gebrachte *Ausdruck einer höheren geistigen Befähigung*, einer Steigerung der intellektuellen Kräfte, wie diese sich in den züchtigen Gestalten der Malerei und Plastik, vorzüglich aber in der Bildung und dem Ausdruck des menschlichen Antlitzes ausprägt – einer geistigen Erhebung, welche der antiken Kunst, der die äußere Form alles galt, fast ganz verschlossen war. Die antike Kunst konnte wohl starke Leidenschaften ausdrücken, aber sie wird kein Kunstwerk aufweisen können, welches den klaren Ausdruck einer sittlichen Tugend in sich trägt und wiedergibt [...] [E]s [war] der christlichen Kunst [im Gegensatz zur antiken, N.G.] vorbehalten, die feinsten Schattierungen geistiger Entwicklung, Demuth, Sehnsucht, Ergebung, Entzücken, die christlichen Tugenden, den inneren Frieden, die Beseligung in großer Vollkommenheit und scharfer Charakteristik wiederzugeben, auch Schmerz und Trauer aber durch Hoffnung versöhnt, ja selbst die Extase fand durch sie ihre ergreifende Darstellung und in allen ihren Schöpfungen ist dieses geistige Element, oft sogar mit fast absichtlicher Vernachlässigung der materiellen Form, der vorwiegende Theil; was ihr auch von ihren Feinden, die es verschmähten, in ihren Geist einzudringen, oft genug vorgeworfen wurde.[31]

Veit geht dann noch auf die Farbe und die Behandlung der Gewänder als Besonderheiten der christlichen Kunst ein. Für ihn beginnt mit der Renaissance der Verfall, der im Klassizismus mit seinem Neuheidentum seinen Tiefpunkt erreicht habe. Seitdem beobachtet er einen neuen Aufschwung. Damit ist wohl die von ihm angesprochene „im Gegensatz zu dem modernen Kunstgeschmack [...] ernstere Richtung" gemeint.

---

31 Ebd., S. 16f.

Diese Bestrebungen wie auch der Begriff „christliche Kunst" wurzeln sicher in der Romantik[32] und im Künstlerkreis der Nazarener,[33] dem auch Philipp Veit zuzurechnen ist. Das soll hier nicht weiter verfolgt werden. Vielmehr geht es um eine neue Qualität und Quantität dieser Bestrebungen.

Wie sich die christliche Kunst in der Praxis entfaltete, ist besonders gut in Köln zu sehen, da dort ein führendes Zentrum war mit Ausstrahlung weithin, das auch gut erforscht ist.[34] Das katholische Bürgertum Kölns war durch das „Kölner Ereignis", die Auseinandersetzung zwischen Preußen und der katholischen Kirche um die Mischehe, die 1837 in der Gefangennahme des Kölner Erzbischofs August von Droste zu Vischering gipfelte, erregt, sich seiner kirchlichen Bindung bewusst und politisiert worden. Dieses Ereignis beflügelte die „Katholische Bewegung",[35] die nach den Wirren der Französischen Revolution, der Säkularisation und der Herrschaft Napoleons und gestärkt durch die Neuregelung der kirchlichen Verhältnisse 1821 sowohl eine Erneuerung des kirchlichen Lebens mit der Neubelebung von Elementen der Volksreligiosität wie Wallfahrten und Heiligenverehrung[36] in Text, d. h. in neuen Formen der Legende,[37] und Bild, d. h. neue zeitgemäße Heiligenbilder,[38] erstrebte als auch für die Freiheit der Kirche von staatlicher Bevormundung stritt und dann auch die soziale Frage in den Blick nahm; das gab dem spirituellen Anliegen auch eine politische Dimension. Wichtige Mittel bei diesen Aktivitäten waren die Gründung von Vereinen[39] und Zeitschriften, auch schon vor der Revolution von 1848/49.

---

32 Vgl. dazu die Übersicht von Hans Eichner. In: Friedrich Schlegel. Ansichten und Ideen von der christlichen Kunst. Hg. u. eingel. v. Hans Eichner. Paderborn, München, Wien 1959 (Kritische Friedrich-Schlegel-Ausgabe. 4. Bd., 1. Abt.), S. XI–LVI.

33 Vgl. dazu zuletzt Reinhard Hoeps: Reine Malerei aus dem Geist des Christentums? Romantische Projekte. In: Peter Neuner, Peter Lüning (Hg.): Theologie im Dialog. Festschrift für Harald Wagner. Münster 2004, S. 85–105; Max Hollein, Christa Steinle (Hg.): Religion, Macht, Kunst. Die Nazarener. Ausstellungskatalog Schirn-Kunsthalle. Frankfurt/M., Köln 2005.

34 Zum Folgenden vgl. Wilhelm Neuß: Hundert Jahre Verein für christliche Kunst im Erzbistum Köln und Bistum Aachen. Mönchengladbach 1954 und zuletzt Wolfgang Schmitz: Geschichte des Vereins für christliche Kunst. In: Dominik M. Meiering, Karl Schein (Hg.): Himmel auf Erden? Festschrift zum 150-jährigen Jubiläum des Vereins für christliche Kunst im Erzbistum Köln und Bistum Aachen e. V. Köln 2003, S. 17–176 mit weiterer Literatur. Voraussichtlich im Herbst 2008 erscheinen Sybille Fraquelli: Im Schatten des Domes. Architektur der Neugotik in Köln 1815–1914 sowie Georg Mölich (Hg.): Katholisches Milieu im Rheinland (Arbeitstitel).

35 Vgl. den Überblick von Kurt Nowak: Geschichte des Christentums in Deutschland. Religion, Politik und Gesellschaft vom Ende der Aufklärung bis zur Mitte des 20. Jahrhunderts. München 1995, S. 64–146, der gleichermaßen die evangelische Entwicklung berücksichtigt.

36 Arnold Angenendt: Heilige und Reliquien. Die Geschichte ihres Kultes vom frühen Christentum bis zur Gegenwart. München 1994, S. 274–292; Vgl. auch Gottfried Korff: Bemerkungen zum politischen Heiligenkult im 19. und 20. Jahrhundert. In: Gunther Stephenson (Hg.): Der Religionswandel unserer Zeit im Spiegel der Religionswissenschaft. Darmstadt 1976, S. 216–230.

37 Susanna Schmidt: „Handlanger der Vergänglichkeit". Zur Literatur des katholischen Milieus 1800–1950. Paderborn, München, Wien, Zürich. 1994, v. a. S. 123ff.; vgl. auch Armin Owzar: Heilige Helden keiner verzauberten Welt. Anmerkungen zur Politisierung der Hagiographie. In: Gussone: Eichendorffs Hedwig-Fragment (Anm. 2), S. 62–81; siehe oben Anm. 17.

38 Siehe Anm. 10.

39 Einen instruktiven Überblick über die Forschung zum Vereinswesen gibt Kathrin Pilger: Der Köl-

Von diesen Impulsen bewegt, bildete sich in Köln aus dem katholischen Bürgertum und dem Klerus ein Kreis, der als Teil einer Erneuerung des religiösen Lebens auch eine Erneuerung der Kunst in christlichem Sinn erstrebte.[40] Vorbild dabei war das Mittelalter, in dem man die Einheit von Staat, Gesellschaft und Kirche in idealer Weise verwirklicht sah; besonders galt das für das Zeitalter der Gotik. Gegenbild war der Klassizismus mit seinen Themen aus der heidnischen Mythologie, ja die ganze Kunstentwicklung seit der Renaissance. Das entspricht den Anschauungen von Philipp Veit.

Zu diesem Kreis gehörten Friedrich Baudri (1806–1874), ein Maler, sein Bruder Johannes Baudri (1804–1893), Weihbischof in Köln, Vinzenz Statz (1819–1898), ein Baumeister am Kölner Dom und einflussreicher Vertreter der neugotischen Architektur, und August Reichensperger (1808–1895), Jurist (seit 1843 in Köln tätig), Politiker und führender Publizist des Ideals der christlichen Kunst.[41] Er kannte die neue Sicht auf das Mittelalter in Frankreich und die englische Neugotik. 1840 hatte er anonym die Schrift *Einige Worte über den Dombau von einem Rheinländer an seine Landsleute gerichtet* publiziert[42] und für die Vollendung des Kölner Doms geworben. Diese begann 1842 mit einem Dombaufest.[43] Ein Jahr zuvor war der Kölner Zentraldombauverein gegründet worden, eine bedeutende überregionale Bürgerbewegung.[44] Seit 1842 redigierte Reichensperger das *Kölner Domblatt*, ein wichtiges Organ der christlichen Kunstbewegung, das ebenso einflussreich war wie seine Schrift *Die christlich-germanische Baukunst und ihr Verhältniß zur Gegenwart*, die in mehreren Auflagen erschien.[45] Die neugotische Baukunst sollte keine einfache Kopie des Mittelalters sein, sondern Neuschöpfung mit seinen künstlerischen Prinzipien.

1845 machte Friedrich Baudri dem Kölner Oberhirten Johannes Kardinal von Geissel (amtierte 1845–1864) den Vorschlag, einen „Verein für christliche Kunst in der Erzdiözese Köln“ zu gründen. Dieser sollte für die Erhaltung alter christlicher Kunstwerke und für die Herstellung neuer im christlichen Geist sorgen.[46] Baudri

---

ner Zentral-Dombauverein im 19. Jahrhundert. Konstituierung des Bürgertums durch formale Organisation. Köln 2004 (Kölner Schriften zu Geschichte und Kultur 26), S. 11–18; vgl. auch Dominik Burkard: 1848 als Geburtsstunde des deutschen Katholizismus? Unzeitgemäße Betrachtungen zur Erforschung des „Katholischen Vereins“. In: Saeculum 49 (1998), S. 61–106.

40 Siehe Anm. 34.

41 Zu Reichensperger als Förderer der christlichen Kunst vgl. Ludwig Pastor: August Reichensperger 1808–1895. Sein Leben und sein Wirken auf dem Gebiet der Politik, der Kunst und der Wissenschaft. 2 Bde. Freiburg 1899; Bd. 1, S. 161–203 und S. 481–603; Helmut Prösler, Udo Liessem, Hans-Josef Schmidt (Hg.): August Reichensperger (1808–1895) und die Kunst des 19. Jahrhunderts. Koblenz 1985.

42 Koblenz 1840.

43 Nikolaus Gussone (Hg.): Das Kölner Dombaufest 1842. Ernst Friedrich Zwirner und die Vollendung des Kölner Doms. Beiträge zu einer Ausstellung aus Anlass des 150. Jahrestages der feierlichen Grunsteinlegung zum Fortbau des Kölner Doms. Oberschlesisches Landesmuseum – Stiftung Haus Oberschlesien – Ratingen 1992. Dülmen 1992.

44 Vgl. dazu die Monographie von Kathrin Pilger: Zentral-Dombauverein (Anm. 39).

45 Zuerst Trier 1845. Einen Überblick über die Schrift und ihre Auflagen gibt Pastor: Reichensperger (Anm. 41), S. 186–197.

46 Vgl. Anm. 34.

erwirkte in Köln zunächst nur Maßnahmen zur Rettung und Inventarisierung von Kunstwerken, gewann aber das grundsätzliche Interesse des Erzbischofs. August Reichensperger, den Baudri über seinen Vorschlag informiert hatte, befasste ab 1850 die „General-Versammlungen des katholischen Vereins Deutschlands", die Katholikentage, mit der Gründung eines gesamtdeutschen christlichen Kunstvereins. Seit 1851 berichtete das von Friedrich Baudri herausgegebene *Organ für christliche Kunst* über diese und andere Aktivitäten. Nachdem die General-Versammlung 1851 die Gründung von christlichen Kunstvereinen auf Diözesanebene beschlossen hatte und 1852 in Paderborn und Rottenburg die ersten Gründungen gelungen waren, erfolge 1853 die Gründung eines gesamtdeutschen christlichen Kunstvereins. Sein Ziel war, Sinn für die christliche Kunst auf allen Gebieten immer mehr zu wecken, zu beleben und in die rechte Bahn zu lenken sowie für die Erforschung, Erhaltung und Wiederherstellung alter Kunstwerke und für die Ausführung neuer Sorge zu tragen.

In Köln, wo man sich wegen der gesamtdeutschen Bemühungen zurückgehalten hatte, wurde der christliche Kunstverein 1853 gegründet, im gleichen Jahr das Diözesanmuseum, das erste seiner Art.[47] Auch hier ging es um die Bewahrung alter Kunstwerke, die als Muster für Neuschöpfungen dienen sollten. Schon bald entstanden auch in anderen Diözesen Museen für christliche Kunst. Ein Zentrum der Malerei mit religiöser Thematik war die Kunstakademie Düsseldorf mit Wilhelm von Schadow und seinen Schülern. 1842 wurde in Düsseldorf der „Verein für die Verbreitung religiöser Bilder" gegründet.[48] Er stand in enger Verbindung zur Kunstakademie und sorgte durch den Stahlstich für ihre massenhafte Verbreitung nach alten und neuen Meistern im In- und Ausland. Das erwähnte Hedwig-Bild nach Schadow gehört zu seiner Produktion. Später wurden religiöse Bilder auch durch die Fotografie verbreitet. Auch Ittenbachs Hedwig-Bild wurde – wie erwähnt – als Farbdruck teilreproduziert.

Ansichten und Aufgabenstellung der Pflege christlicher Kunst entsprachen im Wesentlichen der Meinung von Philipp Veit. Man sorgte für Architektur, bildende Kunst, Tonkunst und Dichtung – 1844 wurde der „Borromäus-Verein zur Förderung des guten Buches" unter maßgeblicher Beteiligung von August Reichensperger gegründet.[49]

Die Bewegung für christliche Kunst seit den 40er Jahren des 19. Jahrhunderts war ein Massenphänomen. Bevölkerungswachstum und Wachsen der Städte im Zeitalter der Industrialisierung weckten den Bedarf nach neuen Kirchen und ihrer Ausstattung, die im Sinn des christlichen Mittelalters zu gestalten waren. Vereine und Zeitschriften propagierten dieses Ideal. Alles das scheint diese Bewegung von der des

47 Joachim M. Plotzek, Katharina Winnekes, Stefan Kraus, Ulrike Surmann (Hg.): 1853–2003. 150 Jahre! Köln 2003 („Kolumba" – Werkhefte und Bücher 15); Schmitz: Geschichte (Anm. 34), S. 47–55.

48 Religiöse Graphik (Anm. 11).

49 Hans-Josef Schmidt: August Reichensperger und seine Bemühungen um die Gründung des Borromäus- bzw. Vinzenzvereins. In: Prösler, Liessen, Schmidt (Hg.) Reichensperger (Anm. 41), S. 115–120.

kleinen Kreises der Nazarener eine Generation zuvor zu unterscheiden, auch wenn einige ihrer Vertreter noch in der neuen Bewegung mitwirkten, vielleicht auch ein größerer Glaubensernst, den Eichendorff in der den Nazarenern zeitgleichen literarischen Romantik vermisste.[50]

Die christliche Kunstbewegung geriet ab der Zeit der Reichsgründung in eine Krise durch interne Konflikte mit Neuansätzen im Sinne der beginnenden Moderne.[51] Das und die Zeit der Nazarener haben das Interesse der Forschung gefunden.[52] Dagegen scheinen für die Zeit von etwa 1840 bis 1870 noch vergleichende Studien zu Ideen, Trägern und Institutionen sinnvoll zu sein, um sie als Teil der katholischen Bewegung in ihrer gesellschaftlichen und mentalitätsgeschichtlichen Bedeutung zu würdigen. Dabei ist zu beachten, dass es auch auf evangelischer Seite eine christliche Kunstbewegung gab mit Vereinen, Zeitschriften und mit der Sorge für den Kirchenbau im gotischen Stil, aber wohl ohne kirchliche Museen.[53]

Zu fragen ist dabei – was hier nur angedeutet werden kann – nach dem Zusammenhang mit der „Gedächtnisgeschichte des Mittelalters" in der Moderne seit dem 18. Jahrhundert mit gewaltigen geistigen, gesellschaftlichen, wirtschaftlichen und politischen Veränderungen, die das geschichtsphilosophische Denken herausforderten. Die „Erfahrung von ‚neuer Zeit' und ‚Fortschritt' bewirkte, daß ‚Mittelalter' und ‚Fortschritt' in der Reflexion der Moderne in eine spezifische und spannungsreiche Polarität geraten sind, woraus sich immerfort die doppelte Frage ergibt: ob denn nun die Überwindung des Mittelalters einen Fortschritt darstellt, oder ob nicht vielmehr der Fortschritt der Moderne, gemessen am Mittelalter, sich als ein Unglück erweisen muß. Es ist diese doppelte Frage, die aller Mittelalterreflexion der Moderne von Anfang an zugrunde liegt und die sich gerade dann zeigt, wenn man [...] die Zeugnisse der Malerei, der Skulptur und der Architektur entschiedener, als dies bisher der Fall war, in die Betrachtung einbezieht."[54] Parallel dazu ergab sich ein Stilpluralismus, der z. B. zu einem gleich-

---

50 Vgl. zu Eichendorffs Urteil Hartwig Schultz, Christina Sauer: Selbsterinnerung. Eichendorff in seinen autobiographischen und literaturhistorischen Schriften. In: Anne Bohnenkamp, Ursula Regener (Hg.): Eichendorff wieder finden. Joseph von Eichendorff 1788–1857. Eichendorff-Gesellschaft und Freies Deutsches Hochstift – Frankfurter Goethe-Museum. Ausstellungskatalog. Frankfurt/M. 2007 (Aurora. Jahrbuch der Eichendorff-Gesellschaft 66/67 [2007], S. 9–31; hier S. 13–17 und 30.

51 Adolf Smitmans: Die christliche Malerei im Ausgang des 19. Jahrhunderts – Theorie und Kritik. Eine Untersuchung der deutschsprachigen Periodica für christliche Kunst 1870–1914. Sankt Augustin 1980 (Kölner Forschungen zu Kunst und Altertum 2).

52 Siehe Anm. 33.

53 Eine gute Einführung in die evangelische christliche Kunstbewegung, besonders in die Bemühungen um den Kirchenbau, bietet Eva-Maria Seng: Der evangelische Kirchenbau im 19. Jahrhundert. Die Eisenacher Bewegung und der Architekt Christian Friedrich von Leins. Tübingen 1995 (Tübinger Studien zur Archäologie und Kunstgeschichte 15).

54 Otto Gerhard Oexle: Das entzweite Mittelalter. In: Gerd Althoff (Hg.): Die Deutschen und ihr Mittelalter. Themen und Funktionen moderner Geschichtsbilder vom Mittelalter. Darmstadt 1992 (Ausblicke), S. 7–28; Ders.: Die Moderne und ihr Mittelalter. Eine folgenreiche Problemgeschichte. In: Peter Segl (Hg.): Mittelalter und Moderne. Entdeckung und Rekonstruktion der mittelalterlichen Welt. Kongreßakten des 6. Symposiums des Mediävistenverbandes in Bayreuth 1995.

zeitigen Nebeneinander von Rückgriffen auf die Antike und die Gotik mit konkurrierenden Wertzuschreibungen führte.[55] Für die christliche Kunstbewegung kennzeichnend ist, dass sie dabei in Ablehnung von Klassizismus und Renaissance, die in dieser Zeit als umfassender Epochenbegriff konzipiert wurde (Jules Michelet und Jakob Burckhardt), Partei für die Gotik ergriff, verbunden mit einer weltanschaulich-politischen Wertentscheidung und – auch deshalb – umstritten, wie Heinrich Förster und Philipp Veit bemerkten. Diese Entscheidung führte zu einer dynamischen, von Institutionen, Vereinen und Zeitschriften unterstützten Praxis, die konkurrierenden Konzeptionen – etwa dem Rückgriff auf die „profane" Renaissance[56] – und den erwähnten späteren internen Auseinandersetzungen zum Trotz bis zum Anfang des 20. Jahrhunderts wirkte und die noch heute in neugotischen Kirchen und ihrer – wenn auch dezimierten – Ausstattung sichtbar ist. Sie verdient in dem genannten übergreifenden Zusammenhang Aufmerksamkeit.

Kehrt man zu Heinrich Förster zurück und fragt nach seiner Stellung zur christlichen Kunstbewegung, so ist zunächst zu bemerken, dass er zu den kunstfördernden Bischöfen gezählt wurde.[57] Schon 1856 gab es einen „Christlichen Kunstverein für die Diözese Breslau", an dessen Gründung sich der Architekt Alexis Langer maßgeblich beteiligte. Der Verein beriet Pfarrgemeinden, besaß eine Bibliothek und eine Sammlung.[58] Ein Diözesanmuseum entstand allerdings erst einige Jahrzehnte später.[59] Kirchenpolitisch und theologisch bedeutsame Kontakte gab es zwischen Oder und Rhein.[60] Im Bereich der bildenden Kunst bedürfen sie weiterer Aufhellung. Da zu nur einige Hinweise: Alexis Langer war – wie bemerkt – von der Kölner Neugotik beeinflusst. In Schlesien unterstützte man den Kölner Dombau.[61] Auch Förster sah

---

Sigmaringen 1997, S. 307–364; Ders.: Bilder gedeuteter Geschichte. Eine Einführung. In: Otto Gerhard Oexle, Áron Petneki, Leszek Zygner (Hg.): Bilder gedeuteter Geschichte. Das Mittelalter in der Kunst und Architektur der Moderne. 1. Teilbd. Göttingen 2004 (Göttinger Gespräche zur Geschichtswissenschaft 23), S. 9–30, dort S. 14 und S. 16 die Zitate; zum übergreifenden Kontext vgl. Ders.: Krise des Historismus – Krise der Wirklichkeit. Eine Problemgeschichte der Moderne. In: Otto Gerhard Oexle (Hg.): Krise des Historismus – Krise der Wirklichkeit. Wissenschaft, Kunst und Literatur 1880–1932. Göttingen 2007 (Veröffentlichungen des Max-Planck-Instituts für Geschichte 228), S. 11–116.

55 Werner Hofmann: Das entzweite Jahrhundert. Kunst zwischen 1750 und 1830. München 1995 (Universum der Kunst 40), bes. S. 112ff..

56 Vgl. dazu Johannes Heinßen: Historismus und Kulturkritik. Studien zur deutschen Geschichtskultur im späten 19. Jahrhundert. Göttingen 2003 (Veröffentlichungen des Max-Planck-Instituts für Geschichte 195), S. 342–390.

57 Siehe Anm. 18.

58 Vgl. dazu die ebd. zitierte Übersicht über einschlägige Archivalien.

59 Alfons Nowack: Führer durch das Erzbischöfl. Diözesanmuseum in Breslau. Breslau 1932, S. 3–5; Józef Pater: Das Museum der Erzdiözese Breslau. In: Archiv für schlesische Kirchengeschichte 56 (1998), S. 275–282.

60 Hubert Jedin: Das Rheinland und Schlesien in der preußischen Kirchenpolitik vor 1870. In: Archiv für schlesische Kirchengeschichte 12 (1954), S. 243–256; Bacht: Tragödie (Anm. 12).

61 Max Tauch: Schlesien und die Vollendung des Kölner Doms im 19. Jahrhundert. In: Gabriel Adriány, Joseph Gottschalk (Hg.): Festschrift für Bernhard Stasiewski. Beiträge zur ostdeutschen und osteuropäischen Kirchengeschichte. Köln, Wien 1975, S. 164–170.

im Rheinland die Wiege der christlichen deutschen Kultur. Er pflegte – wie bereits erwähnt – Kontakte zu Malern der Düsseldorfer Kunstakademie.

Försters Bemühungen um die christliche Kunst lassen auch seinen Auftrag an Eichendorff, eine Lebensbeschreibung der hl. Hedwig zu schreiben, in einem neuen Licht erscheinen, zumal Heiligenlegenden eine wichtige Gattung der katholischen Literatur bildeten, die auch Eichendorff würdigte.[62] Es stellt sich dabei die Frage, ob und wieweit Eichendorff Anteil an der christlichen Kunstbewegung hatte. Seine katholische Überzeugung und die religiöse Grundierung seiner Auffassung von Dichtung sind bekannt.[63] Seit 1849 kannte er August Reichensperger.[64] Dieser hatte vermittelt, dass der Borromäus-Verein, der das gute Buch förderte, seit 1852 Werke Eichendorffs vertrieb.[65] In einer Polemik berief er sich auf Eichendorff als „doch gewiß ein vollwichtiger ‚Ultramontaner'!",[66] eine (polemische) Bezeichnung für Katholiken, die in Treue zu Papst und Kirche standen. Seit 1854 arbeitete Eichendorff an der *Geschichte der poetischen Literatur in Deutschland*, die 1857 in Paderborn erschien. Der Paderborner Verleger Ferdinand Schöningh hatte sie als „Literaturgeschichte von katholischem Standpunkte" gewünscht.[67] Verbindungen zum Hedwig-Fragment wurden beobachtet.[68] Eichendorffs nur Fragment gebliebenen Bemühungen um eine zeitgemäße Heiligenbiographie[69] lassen sich wohl vergleichen mit dem Streben nach angemessenen Heiligenbildern in der bildenden Kunst.[70]

Hier gibt es noch viele Fragen, die ich mit niemandem lieber erörtern würde als mit Eckhard Grunewald.

---

62 Siehe Anm. 17 und 37. Zur katholischen Literatur vgl. auch Jutta Osinski: Katholizismus und deutsche Literatur im 19. Jahrhundert. Paderborn, München, Wien [u. a.] 1993.

63 Alfred Riemen: Eichendorffs Verhältnis zum Katholizismus in der Restaurationszeit. In: Joseph Freiherr von Eichendorff 1788–1857. Leben – Werk – Wirkung. Eine Ausstellung der Stiftung Haus Oberschlesien und des Landschaftsverbandes Rheinland, Rheinisches Museumsamt Abtei Brauweiler in Zusammenarbeit mit der Eichendorff-Gesellschaft 1983. Köln, Dülmen 1983, S. 49–60; Ders.: Literaturkritik als Religions- und Gesellschaftskritik. In: Sybille von Steinsdorff, Eckhard Grunewald (Hg.): Ich bin mit der Revolution geboren ... Joseph von Eichendorff 1788–1857. [Ausstellungskatalog] [Ratingen] 1988. S. 334–347; siehe auch Anm. 50.

64 Wolfgang Frühwald: Eichendorff-Chronik. Daten zu Leben und Werk. München 1977, S. 214.

65 Ebd., S. 222.

66 August Reichensperger: Fingerzeige auf dem Gebiete der kirchlichen Kunst. Besondere Ausgabe mit Tafeln und Abbildungen. Leipzig 1855, Vorrede S. VI.

67 Frühwald: Eichendorff-Chronik (Anm. 64), S. 230–242; Nicole Gysemberg: Eichendorff und seine Verbindung zum Verlag Ferdinand Schöningh in Paderborn. In: Nikolaus Gussone (Hg.): Joseph von Eichendorff und Westfalen. Eine Ausstellung des Oberschlesischen Landesmuseums und der Eichendorff-Gesellschaft, beide Ratingen, gestaltet von Studenten des Historischen Seminars der Universität Münster, Universitätsbibliothek Münster. Münster 1990, S. 48–51.

68 Magen: Hedwig-Fragment (Anm. 17), S. 573–579.

69 Siehe Anm. 17, 37 und 62.

70 Siehe Anm. 10 und bei Anm. 38.

1 Die hl. Hedwig. Zeichnung von Franz Ittenbach. Kolumba, Köln. Foto: Museum

2 Franz Ittenbach. Gemälde von H. Sinkel. Foto aus Heinrich Finke: Der Madonnenmaler Franz Ittenbach. Köln 1898

3 Die hl. Hedwig. Teilkopie (im Gegensinn) des Bildes von Franz Ittenbach, Farbdruck. Kolumba, Köln. Foto: Museum

Das Leben
der
heiligen Hedwig
Herzogin von Schlesien
als
Andenken an die sechshundertjährliche Jubelfeier
ihres seligen Todes
bearbeitet
von
Franz Xaver Görlich,
Pfarrer zu Strehlen und Kreis-Schulinspektor.

Zweite Auflage.

Nebst einem Stahlstich.

Breslau,
bei Georg Philipp Aderholz.
1854.

4 Die hl. Hedwig. Stahlstich von Heinrich Nüsser (1846) nach einem Gemälde von Wilhelm v. Schadow (1844).
Universitäts- und Landesbibliothek Münster. Foto: Bibliothek

5 Heinrich Förster, Fürstbischof von Breslau.
Lithographie von Eduard Gustav May nach einem Foto von Steinberger und Bauer. Foto: Visitator für Priester und Gläubige aus dem Erzbistum Breslau

6 Joseph von Eichendorff. Stahlstich (1857) von Carl Mayer's Kunstanstalt, Nürnberg. LWL-Museum für Kunst und Kulturgeschichte, Münster (Westfälisches Landesmuseum), Porträtarchiv Diepenbroick. Foto: Museum

7 St. Michael in Breslau, Außenansicht. Ansichtskarte vor 1945.
Foto: Herder-Institut Marburg

8 St. Michael in Breslau, Innenansicht vor 1945. Foto: Herder-Institut Marburg

Für Hinweise und Fotos ist zu danken: Arnold Angenendt, Münster, Bundesinstitut für Kultur und Geschichte der Deutschen im östlichen Europa, Oldenburg, und seinen Mitarbeiterinnen und Mitarbeitern; Sybille Fraquelli, Köln; Herder-Institut Marburg; Kolumba, Köln; LWL-Museum für Kunst und Kulturgeschichte, Münster (Westfälisches Landesmuseum); Christian Peters, Münster; Porträtarchiv Diepenbroick; Wilhelm Pohlkamp, Münster; Universitäts- und Landesbibliothek Münster; Visitator für Priester und Gläubige des Erzbistums Breslau, Münster.

Burkhard Bittrich

Eduard Graf Keyserlings Erzählung *Bunte Herzen*. Eine Interpretation

„Allerlei Gedanken kommen einem, wenn man an baltischen Gutshöfen vorbeifährt. Wie mag die Kultur hinter ihren Mauern aussehen? Was für Menschen hat wohl dieses verborgene, abgeschiedene Leben [...] hervorgebracht? Wie sind sie ihresgleichen gegenüber, in ihren Kreisen, in denen sie sich nicht zu einer Herrenhaltung zu zwingen brauchen?"[1] Derlei Fragen hoffte die finnisch-estnische Dichterin Aino Kallas beantwortet zu finden, als sie 1909 die im gleichen Jahre erschienene Novellensammlung *Bunte Herzen* des Grafen Keyserling (1855–1918) rezensierte. In der Tat finden wir in seiner Prosa Glanz und Elend der ostelbischen Adelsgesellschaft dargestellt. Allerdings lokalisiert er seine Geschichten nicht in „baltischen Gutshöfen", sondern in Ostpreußen und Brandenburg, obwohl er gerade mit den Verhältnissen in den damaligen russischen Ostseeprovinzen Estland, Livland und Kurland auf Grund seiner kurländischen Herkunft und der jahrelangen Bewirtschaftung der Güter seiner Mutter zumindest bis zu seiner im Jahre 1895 erfolgten dauerhaften Niederlassung in München bestens vertraut war. Dieses Ausweichen in den reichsdeutschen Raum erklärt sich aus einem in gesellschaftlicher Ächtung resultierenden Zerwürfnis mit seinen baltischen Standesgenossen und aus seinem Verzicht, die Spannungen zwischen der deutschbaltischen Oberschicht und den autochthonen Bewohnern der Ostseeprovinzen einerseits und panslawistischen Bedrängnissen seitens der Petersburger Machtzentrale andererseits in seine Schlossgeschichten einzubeziehen. Möglichst abgeschirmt von äußeren Einflussnahmen sollten die Interna der ostelbischen Latifundien dargestellt werden, versehen mit dem Hautgout der europäischen *décadence*, von der auch die bürgerliche Welt – man denke nur an Thomas Manns *Buddenbrooks* – nicht ausgenommen war.

Ostpreußen bildet denn auch die Lokalität von Keyserlings Erzählung *Bunte Herzen*. Allerdings werden die Hinweise darauf eher marginal geliefert und lassen darauf schließen, dass nicht spezifisch Preußisches, sondern generell Hochgeborenen-Problematik des Ostseeraumes zur Sprache kommen soll. Immerhin erfahren wir, dass die Herrschaft Kadullen, der Hauptschauplatz von *Bunte Herzen*, nahe der russischen Grenze gelegen ist und dass zwei Gäste des Schlossherrn, des alten Grafen Hamilkar von Wandl-Dux, reichsdeutsche Implikationen aufweisen: der Professor von Pinitz, ein Nationalliberaler, betont seine „Liebe zum deutschen Vaterlande (21),[2] und der

1 Aino Kallas: Balti kirjanduset. In: Postimees 1909, Nr. 212, S. 2 (Übersetzung des Zitats: Liina Lukas).

2 Texte aus *Bunte Herzen* werden aus der ersten Buchausgabe unmittelbar nach den Zitaten mit eingeklammerter Seitenzahl nachgewiesen. Als Textgrundlage dient: E. von Keyserling: Bunte Herzen. Zwei Novellen. Berlin: S. Fischer 1909. – *Bunte Herzen* ist bislang nicht monographisch behandelt wor-

Leutnant von Rabitow gehört dem preußischen Alexanderregiment an. Die ersten Leser der *Bunten Herzen* – der Buchausgabe von 1909 war bereits 1908 ein Zeitschriftenabdruck in der *Neuen Rundschau* vorangegangen – haben die Erzählung sicherlich als in ihrer Gegenwart spielend angesehen, und die Überprüfung der mitgeteilten zeit- und lebensgeschichtlichen Daten widerspricht dieser Auffassung nicht. Die Erwähnung der nationalliberalen Partei könnte die Handlungszeit zwar bis in deren Gründungsjahr 1866 zurückversetzen, aber die Erwähnung des Bismarck-Archipels, eines seit 1884 deutschen Kolonialgebietes, verschiebt den *terminus post quem* bereits in die 1880er Jahre. Eine Anspielung des polnischen Adligen Ladislas Worsky auf den französischen Schriftsteller Paul Bourget, der „das Frauenherz analysieren, so wie Schmetterlinge auf Nadeln stecken" (94) möchte, wie er es namentlich in seinen 1889 erschienenen und 1895 in deutscher Übersetzung vorliegenden Charakterstudien *Pastels. Dix portraits de femmes* getan hat, führt dann nahe an die Jahrhundertwende heran. Vollends mit den Augen eines Zeitgenossen des angebrochenen neuen Säkulums betrachten wir, und mit uns der Erzähler, Tante Betty, die Schwester des Grafen Hamilkar, wenn uns „die alte Dame" (23) mit ihrem winzig scheinenden Antlitz „unter der großen Spitzenhaube nach der Mode der sechziger Jahre" (18) begegnet. Vor etwa vier Jahrzehnten, in Bettys Jugend, mag diese Kopfbedeckung modern gewesen sein. Jetzt, und das kann nur heißen: zur Zeit der Leser von *Rundschau*-Texten und S. Fischer-Büchern nach 1900, muss ein Relikt aus den 1860er Jahren fossil anmuten.

Die Novellenhandlung setzt an einem Augustnachmittag um vier Uhr ein, wenn der Diener Josef des herrschaftlichen Kadullener Landhauses eine große Glocke läutet: für Bewohner und Gäste das Signal zum Ankleiden für das Diner, den Leser aber zugleich wie das Klingelzeichen vor einer festlichen, heiter anhebenden und düster endenden Darbietung auf der Lebensbühne elektrisierend. Vier Ferientage lang mit den dazugehörigen Nächten läuft das ländliche Schauspiel vor uns ab, und in einem Epilog auf fast leerer Bühne, wo „die reifen Früchte schwer in den Rasen" (157) fallen, nehmen wir dann an einem Septemberabend Abschied von den Freuden und Leiden der *Bunten Herzen* auf Kadullen.

Der Eingangsnachmittag und -abend der zusammenhängend erzählten Geschehnisfolge ist in der Erstausgabe gewissermaßen als Exposition kommender dramatisch sich zuspitzender Begebenheiten von den drei anschließenden Tagen durch ein breiteres Spatium und eine zwei Zeilen in Anspruch nehmende Initiale des mit dem nächsten Morgen anhebenden Textes getrennt und erhält dadurch einen bedeutsamen Eigenwert. Graf Hamilkar und sein professoraler Gast durchwandeln schon dinergerecht angekleidet den Garten und bieten damit dem Erzähler die Möglichkeit, eine Porträtskizze von beiden zu entwerfen, während sich diese dann ihrerseits ihren prävalierenden Gesprächsthemen: Schönheit, Traum und Tod, zuwenden und ihre Impressionen von der in das Landhaus eilenden Jugend mitteilen können.

---

den. Dies könnte damit zusammenhängen, dass der Text in der einflussreichen Werkausgabe von 1922 (E. von Keyserling: Gesammelte Erzählungen in vier Bänden. Berlin 1922) nicht enthalten ist.

Die beiden Gesprächspartner werden kontrastierend voneinander abgesetzt: Graf Hamilkar, „sehr lang und schmal in seinem schwarzen Gehrock“ (11), und der Herr von Pinitz, „kurz und dick, die weiße Weste [...] sehr prall über dem runden Bauch“ (12), bilden, zumindest äußerlich, ein denkbar ungleiches Paar. Während aber dem Antlitz des Professors rote und bräunliche Farbtöne beigemischt werden: „das Gesicht war rot [...] unter dem kannelfarbigen Bartgestrüpp“ (12), scheint aus dem „lippenlosen Munde“ (11) und der im weiteren Verlauf des Textes mehrfach erwähnten weißen Nase Hamilkars jegliche Farbe gewichen zu sein: eine erste diskrete Hindeutung auf die Todgeweihtheit des betagten Hausherrn.

Ein Hinweis auf den Tod versteckt sich auch in einem dem Grafen erzählten Traum über die Idee der Schönheit. Sie verkörpert sich dem Professor, in nur eben angedeuteter Linienführung, in einer oben abgerundeten „schmale[n] weiße[n] Tafel ähnlich den Grabsteinen auf den jüdischen Friedhöfen“ (13). Schönheit, so ergibt sich aus dem anschließenden Gespräch der beiden Flaneure, setzt den sie Besitzenden ständiger Aufmerksamkeit und möglicherweise auch Begehrlichkeit aus, stört dessen In-sich-Ruhen auf und kann äußerstenfalls sogar – eine Zuspitzung freilich, die das Gartengespräch nicht ausdrücklich benennt und die nur aus den Grabstelen des Traumes zu erschließen ist – zur Zerstörung des oder der Umworbenen führen. In der Tat wird eine Tochter des Grafen, die siebzehnjährige Billy, ein Opfer ihrer Schönheit. Auch die Traumassoziation eines jüdischen Friedhofes bleibt nicht ohne Realitätsbezug: In einer von Juden betriebenen Waldschenke erschießt sich Billys Galan.

Eine bunte Welt erschließt sich den beiden Alten: farbig durch eine vielfältige Blütenpracht und bunt auch durch die reizvolle Mischung von Aussehen und Gebaren der ihnen begegnenden jungen Leute. Nicht zu Sätzen ausgeformt, geradezu pointillistisch reihen sich dem Grafen Sinneseindrücke aneinander: „helle Sommerkleider und Flanellanzüge und ein eifriges Stimmengewirr“ (14). Die Töchter des Professors scheinen nur zu dem Zwecke da zu sein, die Farbigkeit der Szenerie zu verstärken: „große Mädchen in grellrosa Batistkleidern und gelben Schäferhüten und sehr erhitzt“ (14). Sie haben auch im weiteren Verlaufe der Erzählung kaum mehr als eine dekorative Funktion. Statistenrollen fallen ebenfalls den nächsten drei Entgegenkommenden zu. Immerhin erhalten der Leutnant von Rabitow und Moritz von Hohenlicht, einer der Neffen des Hausherrn, ein gewisses Eigengewicht; jener, weil sich Lisa, die älteste Tochter Hamilkars, für ihn, freilich ohne Aussicht auf Gegenneigung, interessiert, dieser durch seine ebenfalls unerfüllt bleibende Liebe zu Billy. Noch eine Beiläufigkeit wird registriert: eine störrische Vierzehnjährige mit ihrer Gouvernante; dann aber, breit ausgemalt, der Anblick einer Protagonistin, der Komtesse Sibylle, genannt Billy. Als einzelne repräsentiert sie die ganze Farbpalette des Jugendflors, eine Wirkung, die zuvor nur durch das Ensemble der Vorbeiströmenden zu erzielen war: „im hellblauen Sommerkleide“ (15) steht sie vor „einem Beet voll dicker dunkelroter Rosen“ (15), „das runde Gesicht rosa und lächelnd“ (15). Ihr Haar hatte „ein ganz warmes Braun wie alter Portwein und das Ganze war farbig wie ein Blumenbeet“ (15). Hier wird es überdeutlich: Schon vom äußeren Anblick her rechtfertigt sich der Novellentitel *Bunte Herzen*, jedenfalls für die junge Welt. *Bunt* ist sie aber auch in Anbetracht des Wesens der in ihr auftretenden Gestalten.

Wenn dann der Erzähler die Tochter von Billys französischer Gouvernante neben sie postiert, operiert er wie bereits bei der Gegenüberstellung von Graf und Professor mit dem Stilmittel des Kontrastes: „Neben Billy stand Marion Bonnechose, [...] klein und dunkel, im hageren, etwas gelblichen Gesichte zu große braune Augen" (15). Ebenso herausgehoben wie Billy wird ein weiterer Protagonist der Erzählung: Hamilkars polnischer Neffe Boris Dangellô. Er ist ein Nachzügler der vom Tennisplatze Zurückkehrenden, und somit beansprucht er für einige Augenblicke die ungeteilte Aufmerksamkeit der beiden alten Herren. Seine zur Schau gestellte „sentimentale Schönheit" (16) verstimmt den Grafen. Es handelt sich um den ersten Misston in einer, wie es zu Beginn der Erzählung scheint, ganz dissonanzfrei angelegten Ereignisfolge. Nicht zufällig wird Boris gerade in dem Augenblick sichtbar, der die beiden Herren an das Ende des Gartens gebracht hat, von wo sie „über das Gartengitter hinweg" auf den das Gut umzirkenden „dichte[n] Tannenwald" hinausblicken können, „der sich ununterbrochen bis an die russische Grenze hinz[ieht]" (17). Dieser Wald bildet die dunkle, unheimliche und gefahrdrohende Gegenwelt zu dem mit einem schützenden Gitter versehenen Gutsbezirk. Auch farblich hebt er sich von der unmittelbaren Umgebung des Herrenhauses ab und legt „einen blauschwarzen Rahmen" (17) um sein sonnenhelles, gelb leuchtendes Vorfeld. Von jenseits dieser Waldgrenze, aus Kongress-Polen, kommt Boris Dangellô. Seine die wohltemperierte Balance der adligen Gesellschaft aufstörende, in seinem Charakter begründete leidenschaftliche Unbeherrschtheit legt er dem Outcast-Schicksal seiner Nation zur Last, und in „seinem Anzug aus rahmfarbener Seide mit dem nelkenroten Gürtel" (39) betört er als Dandy und Décadent die ihm in ihrer Behütetheit und Weltunkenntnis hilf- und widerstandslos ausgelieferte Sibylle.

Wald und Garten werden in ihrer Gegensätzlichkeit bis zum Ende der Erzählung immer wieder von neuem beschworen. Auf einer Bank an der Gartengrenze mit Blick auf die Morgenröte „über den schwarzen Waldwipfeln" (71) erwarten Billy und Marion den verhängnisvollen Tag, an dessen Ende die Grafentochter von ihrem Cousin entführt wird: „der Wald und die Nacht wie schwarze Sammetvorhänge" (85) vor ihrem Fluchtgefährt. An seinem Todestage beschreitet der Graf den gleichen Gartenweg wie zu Beginn des Textes, blinzelt „zum Waldrande hinüber, der dort fern in violettem Dufte lag" (150) und in dem mit dem Elend seiner Tochter auch sein eigenes Elend begann. Er stirbt auf der gleichen Gartengrenzbank, auf welcher Billy gesessen hatte. Das Gartengitter aber wird im Sinne einer Einfriedigung oder Einhegung zu einem bildlichen Ausdruck der Umschlossenheit seines insularen Besitztums, gewissermaßen eines *hortus conclusus*, wenn sich Hamilkar auf die „hübsche Kultur" beruft, „die er sorgsam um sich und die Seinen eingehegt hatte" (150). Auch der Erzähler spricht im Hinblick auf die in Kadullen praktizierte Pädagogik vom Grundsatz der Einhegung, der Aufrichtung eines Schutzwalls gegen die von draußen drohenden Gefahren: „Boris' weiche Stimme", so führt er am Abend des ersten erzählten Tages aus, „schien alle Schranken, in die dieses Kind sorgsam eingehegt worden war, niederzureißen." (29)

Wir werfen, nachdem der Graf und sein Gast ihren Spaziergang beendet haben, einen Blick auf die in der Gartenveranda zum Diner versammelte Gesellschaft. Lisa, die älteste Tochter des Grafen, hat sich noch nicht von ihrem Liegestuhl erhoben, fast einem Teil ihres Selbst nach ihrer gescheiterten Ehe mit einem griechischen Fürsten. Was ihre Schwester Billy zu tun im Begriff ist, das hatte sie einige Jahre zuvor selber zu tun gewagt, nämlich die Gartengitter von Kadullen hinter sich zu lassen; sie war aber, wie Hamilkar am Ende der Erzählung unmutig bilanziert, wobei er auch Billy in seine traurige Schlussbilanz einbezieht, „vom Leben geknickt, zerzaust, hinterlistig angefallen“ (150) worden. Sechs weitere Personen sind der Tafelrunde noch hinzuzuzählen, vier von ihnen aber kaum mehr als in Statisten-Funktion: Die Frau des Professors fällt lediglich durch ihr habituelles Zuspätkommen auf. Bob, „der Jüngste der Familie“(19), stellt so etwas wie ihr *enfant terrible* dar, liefert aber abends wenigstens dadurch einen Beitrag zum Fortgang der Handlung, dass er ein Versteckspiel durchsetzt, welches eine heimliche Begegnung von Boris und Billy ermöglicht. Bobs Hauslehrer und die Gouvernante der vierzehnjährigen Erika scheinen nur deshalb in das Werk Eingang gefunden zu haben, um später als *vox populi* Billys ‚Schritt vom Wege‘ mit den Worten zu missbilligen: „Man sieht doch, diese sogenannte vornehme Kultur hält nicht stand, es ist doch manches innerlich faul“ (132), und: „es fehlt eben an innerer Freiheit“ (133). Größeres Gewicht, schon als Mutter-Ersatz für die Kinder und als Schwester des Hausherrn, kommt hingegen Komtesse Betty zu. Sie und Marions Mutter, die Gouvernante aus Billys frühen Jahren, kommentieren, in der Regel gemeinsam, erst wohlgefällig, dann verständnislos das Tun und Treiben der jungen Welt um sie herum. Bettys Hauptbedeutung aber besteht darin, dass sich mit ihrer Person im Gegensatz zu den jungen Leuten eine Altersstimme geltend macht; und sie besteht ferner in der Wesensähnlichkeit mit ihrem Bruder. Ihren großen ‚Auftritt‘ erhält sie am Morgen des zweiten Handlungstages. „Überall regte sich schon emsig das behäbige und geregelte Leben“, so konstatiert sie, die Gartengeschäftigkeit beobachtend:

> Das tat gut. Wenn das eigene Leben sich sachte dem Ende zuzuneigen beginnt, muß man sich an dem starken jungen Leben der Anderen wärmen, die Hände voll großer kühler Rosen haben und mit geöffneten Lippen den Morgenduft dieses Gartens eintrinken. […] Die lieben Kinder, wie sie einander liebten und einander Schmerz bereiteten und wie hübsch das alles war. Ja, das Leben, das liebe Leben. (38)

Sie gefällt sich in ihrer Zuschauerrolle. Leidenschaftliches Leben und das damit notwendig verbundene Leiden, das ist etwas für das junge Volk. Sie hat es hinter sich, wenn sie es überhaupt je gehabt hat. Der Lust und Schmerz bereitende ‚Wille‘ wirkt außerhalb ihrer, und ohne eigene Beteiligung ist er wie ein Schauspiel, eine ‚Vorstellung‘ zu genießen. Schopenhauersche Gedanken klingen an. Im Gegensatz zu ihm wird allerdings der Wille zum Leben nicht verneint, sondern Lebensbejahung prägt ihre innere Welt. Einen wie positiven Stellenwert der Lebensbegriff – damals bekanntlich eine Epochenikone – bei ihr einnimmt, zeigt sich allein schon daran, dass das Wort ‚Leben‘ in diesem kurzen Text fünfmal wertbetont verwendet wird. Diese Wertschätzung führt dann auch dazu, dass die Lebensberührung, wenn auch grundsätzlich von ihr ferngehalten, doch nicht gänzlich gemieden wird. Wärmen möchte sie sich am Leben, und den Morgenduft des Gartens möchte sie „eintrinken“

können. Freilich: nur den geringfügigsten Kontakt gestattet sie sich, und angenehm muss er sein, das ist eine *conditio sine qua non* für sie. Wie die Jugend trachtet auch sie nach Schönheit, aber nicht als erlebte und erlittene, sondern aus der Distanz des Betrachters oder nur ganz leicht und konsequenzlos Berührten. Dieser Ästhetizismus zerbricht allerdings angesichts der auf sie niedergehenden gewaltigen Schicksalsschläge am Ende der Erzählung.

Ähnlich fern dem Leben als Schopenhauerschem Willensdrang steht die neben Billy und Boris wichtigste Gestalt der Erzählung: Graf Hamilkar von Wandl-Dux. Da er sich gewissermaßen außerhalb des Lebens-Spielfeldes befindet, hat seine Physiognomie „etwas Asketisches" erhalten, „wie es jene Gesichter haben, auf denen alles, was das Leben hineingeschrieben hat, beruhigt, gleichsam widerrufen erscheint" (11). Aber auch bei ihm wie bei Betty bedeutet das Nicht-Mitspielen in der Lebensarena kein Nein zu den Annehmlichkeiten des Lebens, sofern sie distanziert zu genießen sind. Man könnte ihn deshalb mit einem Oxymoron als einen asketischen Connaisseur bezeichnen. Als ein solcher gibt er sich gleich zu Beginn der Erzählung, auf seinem Gartengang, zu erkennen: „Der Graf [...] zog in seine lange weiße Nase die Düfte der Spätsommerblumen, reifer Pflaumen und Sommerbirnen ein mit dem Ausdruck eines Genießers, der einen kostbaren Wein trinkt" (16). Anders aber als bei seiner Schwester kreisen seine Gedanken immer wieder um den Tod. Es scheint so, als hätte er ein Vorgefühl seines nahen Endes. Der Tod wäre dann der definitive Abschied von all dem Lebenswirbel der *Bunten Herzen*. Nach dem Diner und einer Kaffeestunde, während einer Phase der Zurückgezogenheit in seinem Zimmer, registriert er das immer fernere Lärmen des Lebens und erfährt so eine Präfiguration des endgültigen Erlöschens seiner *vis vitalis*. Meisterlich wird das Herannahen des Schlafes vergegenwärtigt, zunächst als Erzählerbericht, aber doch schon vom Bewusstsein des Erlebenden mitgeprägt, bis sich dann das Hinabtauchen ins Unbewusste gänzlich im Inneren des Einschlafenden vollzieht und zuletzt in Todes-Antizipationen mündet. Gäbe es nicht ein eingeschaltetes „dachte der Graf" (24) und noch einen etwas längeren Einschub des Erzählers, könnte man bei dieser Offenlegung der Psyche des sich immer weiter von der Lebensunruhe Entfernenden uneingeschränkt vom Stilmittel des inneren Monologes sprechen. Als ostinater Diskant der wahrgenommenen Lebensunruhe fungiert „das unermüdliche Wetzen der Feldgrillen" (24), das der Ruhende mit dem Abhaspeln einer Spule, also mit dem Geschäft der Parzen, assoziiert. Auf der Finis-Textseite, als Thanatos, der Bruder des Hypnos, die Szene betritt und das Leben des Schlossherrn hinwegnimmt, verstummt das Grillengeschrill für einen Augenblick: Der Lebensfaden des Grafen ist abgehaspelt. Hier nun Hamilkars Begegnung mit Hypnos, dem Vorboten des Thanatos, im Zusammenhang:

> Er schloß die Augen. Die Fenster standen weit offen. Vom Garten tönten die Stimmen herein, wie sie sich riefen, suchten, vereinigten und dazu immer das unermüdliche Wetzen der Feldgrillen. „Wie die eifrig bei der Arbeit sind", dachte der Graf, „wie eilig die das haben, das klingt ja, als haspele ein jeder schnell einen Faden von einer Spule. Wie sie schnurren diese Spulen, wie die Unruhe in ihnen fiebert." Er fühlte sich angenehm abseits von dieser Unruhe. Im Halbschlummer schienen die Stimmen sich zu entfernen, zu sänf-

tigen. „Ja ja, so muß es sein, die unruhigen Stimmen entfernen sich, verhallen, und dann – Stille. Ja, so wird es sein – vielleicht – man wird ja sehen." (24)

Die Gartenbank-Sterbeszene im Zeichen des Thanatos am Schlusse der Erzählung bildet ein Pendant zu diesem Vorspiel im Zeichen des Hypnos. Wiederum handelt es sich, abgesehen von kurzen Erzähler-Unterbrechungen, um in innerem Monolog dargebotene Partien. In ihnen stehen auch wieder Reflexionen über das zugleich faszinierende und irritierende Phänomen des Lebens im Mittelpunkt. Nur wird jetzt, im Hinblick auf das traurige Schicksal der beiden älteren Töchter des Grafen, schopenhauerisch die Grausamkeit dieses Lebens als Manifestation des Weltwillens akzentuiert: „Ja das will es, geliebt werden um grausam zu sein" (154). Auch die Frage nach einem Lebenssinn wird jetzt aufgeworfen. Möglicherweise sei ein solcher Sinn als Resultat einer Addition unermesslich vieler Generationen als Summanden zu finden, die dann zwar alle zum Endergebnis beitrügen, ohne jedoch selbst ein Sinnbewusstsein zu besitzen, das erst als Gesamtsumme zutage trete. „Es käme darauf an", so schließt die Grübelei, „eine Zahl im Resultat unter dem Strich zu sein" (156). Es sind die letzten Gedanken Hamilkars. Er sinkt „in sich zusammen, ein wenig schief über die Seitenlehne der Bank hin, in jener müden Bewegung, die der erste Augenblick des Todes dem Menschen gibt, bevor die kühle Strenge kommt" (156). Sein Leben endet; aber das Leben als solches geht weiter. Die Feldgrillen werden nach kurzem, fast unmerklichem Verstummen weiter zirpen; und eine große Mücke, die kurz vor dem Tode Hamilkars „mit leise schnurrendem Fluge an [ihm] vorübergeflogen" (155) war, fliegt „wieder schnurrend" (156f.) zu dem Toten zurück, „an der jetzt regungslosen weißen Nase vorüber" (157).

Das Dunkel, in das die Gestalten Tante Bettys und ihres Bruders getaucht sind, wenn wir als Leser von ihnen Abschied nehmen, sollte uns nicht darüber hinwegtäuschen, dass sie als alte, leidenschaftlichen Regungen und Begehrlichkeiten nicht mehr zugängliche Persönlichkeiten in der Welt der Keyserlingschen Landgüter durchaus angenehm und mit sich zufrieden gelebt haben. Bis zum Einbruch des Libidinös-Anarchischen in Gestalt Boris Dangellôs umgab sie eine Sanatoriums- und Zauberbergatmosphäre ohne Tuberkulose, in welcher sie von der Arbeit und Mühsal ihrer Untergebenen kaum etwas mitbekamen. Sie lebten in „solche[n] stille[n] Reservoirs [...], in denen sich" nach der Meinung Karl Erdmanns von West-Wallbaum in der Erzählung *Am Südhang* „das Hübsche und Vornehme und Kultivierte ansammelt, so Musterwirtschaften des Lebens".[3] Aber kann ein derartiges, in lauter Schonräumen sich abspielendes Leben junge Menschen zu einer Existenz „außerhalb der Gartengitter von Kadullen" (113) vorbereiten? Hamilkar, durch die leidvollen Erfahrungen mit seinen Töchtern belehrt, verneint gegen Ende der Erzählung diese Frage. „Ich sage, Betty", so wendet er sich an seine Schwester, „was erziehen wir da für Wesen? Die können ja nicht leben. Denen kann man ja das Ding, das wir Leben nennen, gar nicht anvertrauen. [...] was wir da erziehen, Betty, das sind kleine berauschte Ge-

3 E. von Keyserling: Am Südhang. Berlin o. J. (Fischers Bibliothek zeitgenössischer Romane), S. 39.

spenster, die vor Verlangen zittern draußen umzugehen und wenn sie hinauskommen nicht atmen können" (138f.).

In Kadullen, wir erinnern uns, wurde früh diniert, „um den Abend für sommerliche Unternehmungen frei zu haben" (11). Dazu kommt es allerdings bis auf das von Bob angeregte abendliche Versteckspiel nicht. Ausgefüllt wird der Eingangstag der Erzählung von Gesprächen, die in der Gartenveranda, auf den Parkwegen und auf dem Balkon der Mädchenzimmer stattfinden. Selbst das gemeinsame Spiel dient im Grunde nur dazu, Boris und Billy für eine Unterredung zusammenzuführen. Boris verspricht, am nächsten Tage bei ihrem Vater um ihre Hand anzuhalten; aber schon der vierzehnjährigen Erika ist klar: „Papa ist gegen die Partie, das weiß ich" (28). Eng verknüpft mit den Begebnissen der nächsten Tage ist das Gespräch der beiden Liebenden. Hamilkars Ablehnung des Heiratsantrages hat Boris' Entführungsplan zur Folge, und in der Nacht vom dritten zum vierten erzählten Tage dominiert dann die Gegenwelt zur Schutzzone von Kadullen: der Grenzwald mit der Judenschenke, dem Schauplatz von Billys fluchtartiger Heimkehr zu den bergenden Gartengittern und von Boris' Selbstmord. Die Verandagespräche zwischen dem Grafen und dem Professor kreisen, wie bereits erwähnt, um Traum und Tod und bereiten auf das nahe Ableben des Gutsherrn vor. Episodisch bleiben die Versuche Lisas, den Leutnant für sich zu interessieren, setzen sich aber immerhin am nächsten Tage noch fort. Der Abend versammelt, in den kommentierenden Worten von Tante Betty und Madame Bonnechose, *„la chère jeunesse"* (28) im Garten zu flirtendem oder, im Falle Boris' und Billys, passioniertem Gedanken- und Gefühlsaustausch, und die Mondnacht lässt noch einmal das Schönheitsmotiv anklingen, wenn sich Billy und Marion auf ihrem Balkon die Gesichter mit einer durch die Etikettierung „Anadyomenit" (35) auf die schaumgeborene Aphrodite verweisenden Salbe bestreichen.

Nicht von ungefähr finden alle die genannten Begebenheiten im Garten oder in Gartensicht statt. Wie ein Pendant zur Pleinair-Malerei der Impressionisten mutet die Freilicht-Szenerie in den *Bunten Herzen* an. Namentlich die Licht-Regie der Sonne trägt zur Alltagsenthobenheit des Lebens *procul negotiis* bei. Wir betrachten daraufhin noch einmal den Ablauf des Eingangstages der Erzählung. Zur Zeit des Diners ist der Garten in ein grelles gelbes Licht getaucht, das die Farbenbuntheit der Szene aufleuchten lässt. Die Kaffeestunde, in welcher die Sonne „schon ganz schräg durch die Obstbäume" (23) scheint, bildet den Übergang zur abendlichen Illumination, in der das Rot herrscht und anders als die nüchterne Helle des scharf konturierenden gelben Nachmittagslichts den von dieser Röte Überströmten eine leidenschaftliche oder, abgemildert, erlebensbereitere Erregung mitteilt. Leidenschaftliche Erregung beherrscht an einer Buchsbaumhecke das Gespräch zwischen Boris und Billy, während die Sonne, „eine himbeerrote Scheibe, über dem Waldsaum" (26), ihrem späteren Fluchtraum, hängt und sich in Billys Augen „zwei kleine rote Sonnen" (26) spiegeln. Die anderen jungen Leute stehen über den Garten verteilt beieinander, von dem „bunten gewaltsamen Lichte wie von einer Festbeleuchtung aufgeregt" (26). Nach Sonnenuntergang übernimmt der Mond die Lichtherrschaft und verwandelt die Farbenpracht des Tages in ein Schwarzweißbild: „der Garten war plötzlich hell und die Schatten der Bäume lagen hart und schwarz auf den beschienenen Wegen" (34). Mit dem Blick auf zwei einsame Park-Durchwandler, auf Lisa, „sehr schlank in ihrem schwarzen Kleide, sehr bleich im Mondlicht" (37), und auf den Fluchtpläne schmiedenden Boris, mit dem Blick überdies auf die beiden jungen Mädchen, die ihre mit der Anadyomenit-Salbe bestrichenen Wangen dem Monde hinhalten – eine innerhalb des grundsätzlich ernsten Tenors der Erzählung leicht komisch wirkende Szene –, und mit dem Blick auf die Veranda, aus der „die ruhig forterzählende Stimme des Grafen Hamilkar in die Mondnacht hinaus" ertönt, der „dem Professor noch immer den Tod" (37) erklärt, schließt der erste erzählte Tag auf Schloss Kadullen, der bereits so manche Frage der finnisch-estnischen Dichterin Aino Kallas beantworten konnte.

Ähnlich harmonisch wie der Eingangsnachmittag beginnt der ihm folgende Morgen mit seinem „behäbige[n] und geregelte[n] Leben" (38), und ähnliche Dissonanzen verursacht die Handlungsweise Boris Dangellôs. Sein Heiratsantrag bei Billys Vater erscheint völlig deplaziert, da ihm, wie er wohl weiß, Hamilkar, durch trübe Erfahrungen belehrt, nicht vertrauen kann. Auch Billy wird anschließend mit dem ablehnenden Bescheid des Grafen konfrontiert. Sie erscheint bei ihm mit „rote[n] Nelken im Gürtel" (47), die mit dem „nelkenroten Gürtel" (39) ihres Galans korrespondieren. Die roten Nelken, Symbole ihrer Verbundenheit mit Boris, ersetzen die roten Rosen, mit denen und bei denen Billy anfänglich aufgetreten war. Während sie sich die verneinenden Worte ihres Vaters anhören muss, zerpflückt sie nervös die Nelken, die der Graf dann nach ihrem Fortgang aufhebt und in der Hand behält. Auch hier ist Symbolik unverkennbar: Sie präfiguriert den Zerfall ihres Liebesglückes, während ihr Vater die „[G]eknickt[e] und [Z]erzaust[e]" (150) wieder aufnimmt und zu heilen versucht. Der Tag, welcher als „sehr heller Augustmorgen" (37) heiter begonnen hatte, wird zunehmend schwül, und „auch das Leben in Kadullen [ist] wunderlich gespannt" (50). Zwar geht Lisa, die ja schon am Vorabend ihren Liegestuhl verlassen hatte, jetzt unter einem roten Sonnenschirm spazieren, und zum Diner erscheint sie sogar in einem „malvenfarbene[n] Musselinkleid" mit allerdings bezeichnenderweise „welkrosa Bändern" (62); aber eine Antwort auf die roten und rosafarbenen Signale bleibt aus. Die Gespanntheit des Verhältnisses zwischen Boris Dangellô und Moritz von Hohenlicht, dessen Liebe zu Billy bekanntlich nicht erwidert wird, tritt anlässlich eines gemeinsamen Schwimmens zutage: „Dieser schöne Pole im gelben Seidenanzug", sinniert Moritz, „war ihm unendlich zuwider" (52). Die Badeszene weist außerdem zwei makabre Vorblicke auf künftiges Geschehen auf: zum einen eine Anspielung auf Boris' in naher Zukunft erfolgenden Tod: er verfängt sich beim Schwimmen in einem „Netz von Wasserrosen und Froschlöffeln" (58) und wäre fast ertrunken, wenn ihn Moritz nicht gerettet hätte; zum andern eine Äußerung des Todessüchtigen, deren Realisierung er versuchen wird: „der Tod muß eine gemeinsame Unternehmung sein" (61).

Nach dem Diner muss Boris Kadullen verlassen, und nun verlagert der dämonische Unruhestifter sein destruktives Handeln aus der Ruhezone des Schlossbezirks in die ungeschützten Areale außerhalb des Gartengitters. Die ihm eigentümlichen Tageszeiten sind die üblicherweise gefahrdrohenden und bösen Geistern offenen Mittags- und Mitternachtsstunden, in denen die Geisterwelt allerdings nicht mehr wie in der Epoche der Romantik sichtbar in Erscheinung tritt, sondern nur unterschwellig an ihrer unheilbringenden Ausstrahlung spürbar wird[4]. Um zwölf Uhr Mittag am folgenden Tage soll Billy durch Marion an einer „Linde, die am Ende des Parks außerhalb des Zauns steht" (65), eine Botschaft überbracht werden, die besagt, dass sie Boris zwölf Stunden später, also um Mitternacht, an ebendieser Linde erwarten wird. Die Nacht vor dem Erhalt der Botschaft verbringt Billy mit Marion schlaflos im mondhellen Garten und auf der Grenzbank, der künftigen letzten Lebensstation Hamilkars. In den Obstpartien des Gartens kommt es, ähnlich der Anadyomenit-Episode, noch einmal zu einer die dunkle Grundstimmung der Erzählung kurzzeitig unterbrechenden, komisch wirkenden Szene: Auf Billys Äußerung, dass sie sich nicht fürchte, „auch wenn es noch so tragisch ist" (69f.), bemerkt Marion „ein wenig undeutlich, denn sie hatte den Mund voll von Johannisbeeren" (70): „tragisch ist so, wie auf dem Theater" (70).

Am Vormittag des nächsten Tages, dem dritten des kontinuierlich erzählten Geschehens, steigert sich, in Erwartung der angekündigten Botschaft, bei Billy „die seltsame Spannung ihres Wesens" (72). Diese Spannung wird so stark, dass ihre Ich-Einheit zerreißt: „Ja, es war alles da, das starke Verlangen nach Boris [...] und die Angst vor dem, was nun kommen mußte" (72f.), so schauen wir in ihr Inneres. „Aber immer wieder", so fährt sie fort, „empfand sie eine wunderliche Fremdheit jener Billy gegenüber, die all dieses fühlte und all dieses erlebte" (73). Dieses Fremdheits- und Zuschauergefühl gegenüber dem eigenen Tun und Denken entspricht genau dem, was man in der Psychologie an der Wende zum 20. Jahrhundert als Depersonalisations-Phänomen erkannt hat. Nach Gerard Heymans' Definition, die er 1904 in der *Zeitschrift für Psychologie* gab, ist darunter „ein momentan sich einstellender, meistens auch schnell vorübergehender Zustand zu verstehen, während dessen alles, was wir wahrnehmen, uns fremd, neu, eher Traum als Wirklichkeit zu sein scheint [...] und wir im allgemeinen das Gefühl haben, nicht selbst zu handeln [...], sondern nur als müßige Zuschauer unser Handeln und Reden beobachten."[5] Die gleiche Ich-Entfremdung überkommt Billy, als sie Boris' brieflich übermittelte Botschaft in Händen hält: Sie „wußte, daß sie zu ihm gehen würde. Es schien ihr, als habe sie hier kaum mitzusprechen, die andere, die fremde Billy, handelte, und die mußte bei Nacht zu der Linde hinabgehen" (74f.).

War schon der vorangegangene Tag schwül geworden, so droht nunmehr ernsthaft ein Gewitter. Es wird in der Nacht ausbrechen und Billys Wagenfahrt in das Walddunkel mit seinen Blitzen erhellen. Wenn man von der aus der Bahn geworfenen Billy absieht, nimmt der Tageslauf seinen gewohnten Gang. Eindrucksvoll wird das Herannahen des Unwetters vergegenwärtigt: „Zuweilen huschte das blaue Licht eines Wetterleuchtens über den Garten und ein plötzliches Wehen schüttelte an den

---

4 Vgl. Hanns Bächtold-Stäubli (Hg.): Handwörterbuch des deutschen Aberglaubens. Bd. 6. Berlin 1935, Sp. 405ff. (Mittag) und Sp. 418ff. (Mitternacht).

5 G. Heymans: Eine Enquête über Depersonalisation und Fausse Reconnaissance. In: Zeitschrift für Psychologie 36 (1904), S.321–343. Zitiert in: Gotthart Wunberg: Der frühe Hofmannsthal. Schizophrenie als dichterische Struktur. Stuttgart, Berlin, Köln 1965 (Sprache und Literatur 25), S. 13.

Bäumen, so daß man allerort das Obst in den Rasen fallen hörte" (79). Statt vom Tode sprechen Graf und Professor diesmal über den Traum, der eine Wirklichkeit sei, die wir beim Erwachen jedesmal „durchstreichen" (80). Das aber sei, so lässt sich Herr von Pinitz vernehmen, im wachen Zustande auch nicht anders. „[W]as ich in einem Augenblicke erlebe, daran glaube ich fest, und im nächsten Augenblicke sehe ich darauf zurück und es erscheint mir unwirklich und falsch und ich streiche es aus" (80). Schlaglichtartig wird uns an solchen Äußerungen die Augenblicksverhaftetheit, die Impressionabilität der um 1900 lebenden Menschen bewusst. „Kein Standpunkt hat eine absolute *bleibende* Geltung; jeder ist nur wichtig für einen bestimmten Zweck"[6], heißt es in Ernst Machs *Analyse der Empfindungen*.

In schroffstem Gegensatz zu den kühl-intellektuellen Gedankengängen der beiden gelehrten Herren läuft der Countdown der leidenschaftlich-rücksichtslos ersonnenen Entführungsaktion Boris Dangellôs. Zu mitternächtlicher Stunde empfängt Boris die herbeigeeilte Billy. Eine Kutsche nimmt beide auf. In meisterhafter Schilderung erleben wir die Fahrt der beiden durch den nächtlichen Gewitterwald. Optische und akustische Eindrücke spielen ineinander, um für den Leser die Illusion des Mit-Dabeiseins zu erzeugen. Vom Wageninneren, aus der Perspektive der Insassen, gehen die Sinneswahrnehmungen aus: „Der Wagen war eng und dunkel" (85). Die Wahrnehmungen wenden sich nun nach außen, die Fenster bilden dabei das Kommunikationsmedium: „die heraufgezogenen Glasfenster klirrten leise" (85). Jetzt registriert der Blick der Fahrenden das außerhalb Befindliche, wobei der im Zusammenhang mit den Wahrnehmungen gebrauchte Vergleich die Außenphänomene in die gewohnte Schlossatmosphäre hineinnimmt: „dahinter lagen der Wald und die Nacht wie schwarze Sammetvorhänge" (85). Ganz von optischen Sensationen lebt der anschließende Satz: „Zuweilen warfen Blitze ein jähes blaues Licht in dieses Dunkel" (85). Der dritte und längste Satz gilt der Sinnfälligmachung des Regens. Akustische Eindrücke dominieren hier. Sie gelten zunächst, in Fortsetzung der Umgebungs-Wahrnehmungen, dem Rauschen des durchfahrenen Raumes, wobei die Heftigkeit und Lautstärke des Geräuschs hervorgehoben wird: „Es begann heftig zu regnen, ein lautes gleichmäßiges Rauschen umgab die Fahrenden", lenken dann aber wieder zurück auf deren Befindlichkeit als Wageninsassen, wenn der Regen gegen Verdeck und Scheiben klatscht: „die Tropfen trommelten auf dem Verdeck des Wagens und klopften an die Scheiben" (85). Die Verlagerung der Wahrnehmungsperspektive in das Wageninnere bestätigt sich durch die unmittelbar folgende Wiedergabe von Empfindungen eines der Passagiere: „Boris seufzte auf" (85).

Die Wagenfahrt endet unvermutet an der mitten im Wald und nahe der russischen Grenze gelegenen Taverne, da anscheinend durch das Unwetter eine Brücke beschädigt worden ist. Befremdend und unheimlich wirkt das jüdische Ambiente der Schenke auf Billy, und als abstoßend stellt sich ihr die Hässlichkeit dar, die sie im

6 Aus: Ernst Mach: Die Analyse der Empfindungen und das Verhältnis des Physischen zum Psychischen. Jena 1900. Zitiert in: Arnold Keyserling (Hg.): Der Wiener Denkstil. Mach, Carnap, Wittgenstein. Graz, Wien 1965 (Stiasny-Bücherei 1006), S. 37.

Kontrast zur Schönheit und Reinlichkeit Kadullens umfängt. Das Widerwillen und Ekel Erregende steigert sich von dem nach Rauch und Zwiebeln riechenden Flur über die schwere, überheizte Luft des Gastzimmers mit seiner qualmenden Petroleumlampe bis zu den „roten Federkissen"(100) des nebenan gelegenen Schlafraumes „mit ihrem widerwärtigen üppigen Schwellen"(100) und ihrem „süßlichen Staubgeruch"(100). Boris' Annäherungsversuche und seine Andeutung, nach einer Liebesnacht gemeinsam zu sterben – in diesem Milieu verfangen sie nicht: „Glücklich sein – hier bei diesen häßlichen, roten Kissen. Ach bitte geh jetzt. Du – du bist wie das andere hier, ich fürchte mich auch vor dir!" (104f.) Lediglich Ladislas Worsky, der elegante und gesellschaftlich versierte polnische Freund von Boris, welcher ihn in der Kneipe erwartet hatte, bringt „etwas Bekanntes, etwas Heimatliches in diese fremde, feindliche Umgebung" (94). Von Worsky erfahren wir ein aufschlussreiches, Dekadenz signalisierendes Detail aus der Warschauer Gymnasialzeit der beiden Freunde: Ein Klassenkamerad von ihnen hat sich erschossen, „einfach, weil die Ferien zu Ende waren" (95), und so beschaffen sei auch Boris. Er gehört eben zu den, einem verantwortungsvollen Werktag nicht gewachsenen *Feiertagskindern*, denen Keyserling eigens einen so betitelten Roman gewidmet hat.

Als Worsky fortgeritten ist, hat Billy der einzige Bote aus der ihr vertrauten gesellschaftlichen Sphäre verlassen. In einer Welt von „Papierrosen" (99) statt der gewohnten „Sultan von Zansibar"-Rosenpracht (15) ihres heimischen Landhausgartens ist ihres Bleibens nicht länger. Durch ein Fenster flieht sie aus dem Tod drohenden Hause und wählt das Leben. Die Spannung löst sich, nicht nur in ihr selbst, sondern auch in der sie umgebenden Natur. Das Gewitter hat aufgehört, „der Regen flüsterte in der Finsternis, die großen Tannen rauschten, ein lautes tiefes Rauschen, ein herrlich befreites Atmen aus unendlich weiter Brust" (111). Der Heimweg „unter Zweigen durch, die sie aufhalten wollten und sie mit Wasser überschütteten, an großen dunklen Vögeln vorüber, die [...] erschreckende Klagetöne in die Nacht hineinriefen" (113), bleibt zwar gefahrvoll und beschwerlich genug; aber am folgenden, dem vierten und letzten kontinuierlich erzählten Tage, als der Regen aufgehört hat und die Sonne gegen Mittag „schon hoch am reinen, blauen Himmel" (114) steht, wird ihr auf einer sonnenbeschienenen Waldlichtung das als köstlich empfundene Erlebnis einer Einsfühlung mit dem Naturleben zuteil, ein Glücksgefühl, welches sie ihr aus der Bahn geworfenes Dasein, wenigstens für kurze Zeit, vergessen lässt. Wie verzaubert kommt alle Bewegung um sie herum zur Ruhe, und im Sonnenglast dieser Lichtfeier schmilzt alles Vereinzelte zu einem fermategleich angehaltenen Akkord zusammen. Jost Hermand bezeichnet dieses auch sonst in der Literatur um 1900 vorzufindende Einsgefühl zutreffend als „Monistisches Verwobensein".[7] „Alles war regungslos unter diesem gelben Lichte" (115). Ein Fuchs „starrte vor sich hin die Lichter durchsichtig wie grünes Glas, gebannt von dem gewaltsamen Schweigen der Stunde" (115). Und nun die gleiche Verzauberung, fast mit den gleichen Worten, auch bei Billy: Sie „starrte vor sich hin, sie fühlte, wie auch ihre Augen so glashell

7 Jost Hermand (Hg.): Lyrik des Jugendstils. Stuttgart 1964 (RUB 8928), S. 20ff.

wurden wie die Lichter des Fuchses dort und alles in ihr nur dazu da war, die sonnige Stille zu trinken“ (115f.). Die in der Regel für die psychische Gesundheit als bedenklich anzusehende Ich-Auflösung: hier haftet ihr nichts Pathologisches an, hier wirkt sie nicht zerspaltend, sondern entgrenzend. Ausnahmsweise steht diesmal auch die Mittagszeit nicht unter der Gewalt von Dämonen. Die mittägliche Stunde kann sich nämlich in seltenen Fällen auch als glückbringend erweisen, indem sie zum Beispiel, freilich nur für wenige Augenblicke, den Einblick in verborgene Schätze eröffnet oder, wie in unserem Falle, in sonst verborgene Naturzusammenhänge.[8] Der böse Nachtzauber ist gewichen, jetzt kann ein freundlicher Lichtzauber wirken. Auch seine Dauer ist allerdings begrenzt. Der aufgeregte Ruf eines Eichelhähers bereitet ihm ein Ende.

Nach ihrer Rückkehr ins elterliche Haus, die ihr durch einen Bauern erleichtert wird, der sie mit seinem Fuhrwerk heimwärts fährt, bricht Billy zusammen. Wochen später darf die Genesende zum erstenmal wieder ins Freie. Man plaziert sie neben Lisa, die längst wieder ihre gewohnte Liegestuhlposition eingenommen hat. Es handelt sich um den nämlichen Tag, der das Dasein ihres Vaters beendet. Wird ihr weiteres Leben dem ihrer Schwester gleichen, wird demnach ihr Krankenstuhl durch Lisas Liegestuhl ersetzt werden, oder wird sie sich aus dem goldenen Käfig Kadullens befreien? Ihre Zukunft bleibt im Ungewissen. Der letzte Blick, den wir von ihr erhaschen – es ist zugleich der letzte Satz der Erzählung – ist zwar zukunftsgerichtet; es bleibt jedoch offen, ob ihr Lebensverlangen durch eine gleich starke Kraft zur Lebensbewältigung befriedigt werden kann: „Drüben aber unter dem Birnbaum saß Billy, schaute mit fieberblanken Augen in die Abendsonne und lächelte noch immer ihr erwartungsvolles verlangendes Lächeln.“ (157)

8 Vgl. Bächtold-Stäubli (Anm. 4), Sp. 407ff.

Gertrude Cepl-Kaufmann

„Es gibt vielerlei Kriege". Der Weg Alfred Döblins von Krieg zu Krieg und seine verdeckte Opposition gegen Thomas Mann. Mit einem Exkurs über Döblins Begegnung mit dem Ostjudentum

Zeitgenossenschaft und Stellvertretung: Alfred Döblin und Thomas Mann als Zeugen ihres Jahrhunderts

Zwei deutsche Schriftsteller wurden in herausragender Weise zu literarischen Zeugen der deutschen Geschichte des 20. Jahrhunderts: Alfred Döblin und Thomas Mann. Ihre Lebensdaten differieren um wenige Jahre – der 1878 geborene Döblin ist drei Jahre jünger als Thomas Mann, er stirbt zwei Jahre nach ihm, 1957. Beide kommen schon sehr früh zur Literatur, ja auch zu einigem Ruhm: Döblin findet Anerkennung im expressionistischen Sturm-Kreis Herwarth Waldens, Thomas Mann reüssiert mit frühen Erzählungen und dem Roman *Buddenbrooks*, beide gelten als herausragende Prosaisten ihrer Zeit, beide werden 1929 zum Nobelpreis vorgeschlagen – wobei Döblin bekanntermaßen leer ausgeht –, beide werden in der Weimarer Republik mit ihrem Engagement für die Republik als *praeceptores Germaniae* angesehen und in Intellektuellenkreisen anerkannt, beide sind Mitglieder in der 1926 begründeten Sektion für Dichtkunst in der Preußischen Akademie der Künste, beide verlassen die Akademie ostentativ 1933, beide leben einige Jahre im amerikanischen Exil, beide stellen sich nach 1945 in den Dienst einer demokratischen Erneuerung Deutschlands.

Belassen wir es bei dieser verblüffenden Analogie der Lebensläufe, denn so sehr die Lebensstrukturen konvergieren, so unterschiedlich nehmen sich beide Autoren hinsichtlich ihrer kulturellen und gesellschaftlichen Sozialisation aus. Ein Vergleich bietet sich an: Helmut Koopmann hat in eindrücklicher Weise im Blick auf die Brüder Heinrich und Thomas Mann zwei kulturelle prägende Vorstellungswelten des 20. Jahrhunderts ausgemacht.[1] In ihnen begegnen sich die westeuropäische Tradition der französischen Aufklärung, die Heinrich Manns Werk geprägt hatte, mit der von Thomas Mann in ungleich höherem Maße vertretenen, in geradezu Stereotypen gegossenen deutschen Denktraditionen. Diese dichotomische Verortung kann analog im Vergleich zwischen Thomas Mann und Alfred Döblin weitergeführt werden: Lässt sich in Thomas Mann der Prototyp eines von protestantischer Strenge geprägten Intellektuellen sehen, zeigt sich in Döblin eine aus ostjüdischer Identität herzuleitende Persönlichkeitsstruktur. Auch wenn der Autor sie in besonderer Weise überwunden hatte, zeitigt sie ihre Folgen und bringt den Schriftsteller zu einer fun-

1 Helmut Koopmann: Thomas Mann – Heinrich Mann. Die ungleichen Brüder. München 2005.

damental anderen Positionierung im Feld der Intellektuellenszene in Deutschland, ja zwingt ihn, sich in besonderer Weise mit der aus seinem Judentum resultierenden Spiritualität auseinanderzusetzen. Er sucht in dieser Hinsicht einen sehr eigenen Weg, lässt aber immer die Wurzeln seines Denkens erkennen. So eignet ihm das in Paradoxien geschulte talmudische System, die das jüdische Denken ausmacht.

In seinem alltäglichen Berliner Lebensumfeld ist Döblin vor allem seiner Religion in der ostjüdischen Variante begegnet. Aus ihm kam er, auch wenn seine Familie klassische Merkmale eines säkularen Judentums mit hoher Integrationsbereitschaft zeigte, man sich zur großen Zahl der „Dreitagejuden" rechnete. Die *Polenreise*, die Döblin 1924 unternahm, um sich über sein Interesse an der Geschichte seines Volkes auch mit seiner eigenen Geschichte zu befassen, zeigt, mit welcher Intensität diese Auseinandersetzung geführt werden musste, der Zwang, sich von der kulturellen Erinnerung an sein Judentum zu befreien, um sich, für die Zeitgenossen völlig unverständlich, einer Religion zuzuwenden, die historisch dem Judentum folgte und die ihn lebenslang in ihren Bann zog: dem Katholizismus mit seiner verführerischen Ausstrahlung, die sich eng an die Leidensmetaphorik Christi bindet.

Der folgende Essay widmet sich vornehmlich den Denkbewegungen Döblins, nicht zuletzt als eines herausragenden Vertreters einer untergegangenen Kultur, die Teil einer deutsch-jüdischen Identität im östlichen Europa ausmacht. Das Interesse richtet sich allerdings weniger auf Döblins komplexe Auseinandersetzung mit dem Ostjudentum als auf den fundamentalen Konflikt, der sich im Vergleich der Protagonisten Thomas Mann und Döblin zeigen lässt, ihre Nähe ebenso wie ihre Ferne zueinander. Beide eröffnen den Blick auf zwei Seiten einer Medaille, die das deutsche Geistesleben des 20. Jahrhunderts entscheidend mitgeprägt haben.

Die Lebenswege der beiden Schriftsteller Thomas Mann und Alfred Döblin kreuzen sich oft, beide leben vernetzt im kulturellen System ihrer Zeit, dennoch könnte es kaum unterschiedlichere Lebenswege geben! Um im Sinne der Kultursoziologie Bourdieus zu sprechen: der Strukturhomologie der ökonomischen, sozialen, kulturellen und symbolischen Kapitalien auf hohem Niveau, mit denen Thomas Mann arbeiten konnte, begegnet in Döblin ein in jeder Hinsicht defizitärer Habitus.

Im eher beschaulich vornehmen München residiert in der feinen Pochingerstraße der durch ein protestantisches Stadtpatriziat geprägte und mittelständischer, gar proletarischer Enge immer schon enthobene Lübecker Großbürgersohn Thomas Mann, im pulsierenden Großstadtmoloch Berlin lebt der in einem Armenviertel aufgewachsene Stettiner Jude, nun wiederum in einem Armenviertel südöstlich vom Alexanderplatz, unweit des „Scheunenviertels", in dem sich die vor Progromen geflüchteten Ostjuden am Ende des 19. Jahrhunderts niedergelassen hatten. Hier sehen wir den seine Ästhetenexistenz kultivierende, mit ihr auch unablässig ringenden Analytiker bürgerlicher Befindlichkeit, der das latent drohende Abgleiten ins Unordentliche, ja Unseriöse einer bohemehaften, nurmehr künstlerisch motivierten Lebensform, das Leben eines, wie er es lebenslang als traumatische Vorstellung ausmalt, „Zigeuners im grünen Wagen" durch ein der eigenen Klasse verbindliches Arbeitsethos zu korrigieren bzw. zu kompensieren sucht, dort erleben wir den unablässig tätigen Doktor der Medizin, der verbissen an seiner neurologischen Armenpraxis festhält, weil er, bei allem literarischen Ehrgeiz, den soliden Brotberuf des Arztes als notwendiges Korrektiv zur verachteten Ästhetenexistenz empfindet und jederzeit bereit gewesen wäre, „von Herzen die Schriftstellerei in einer geistig refraktären und verschmockten Zeit auf[zu]geben, als den inhaltsvollen, anständigen, wenn auch sehr ärmlichen Beruf eines Arztes".[2] Angesichts der divergenten Herkunftsgeschichten ist es umso bemerkenswerter, dass sich beide geradezu zwanghaft mit ihrem Schreiben im gesellschaftlichen Kontext einer bürgerlichen Gesellschaft zu verorten suchten. Doch wundert es nicht, dass sie zu geradezu antithetischen Positionen kamen, denen doch ein vergleichbares, jeweils eigenes Doppelspiel eingeschrieben war. Während der eine sein Künstlertum betont, ohne sein Bürgertum aufgeben zu wollen, ist der andere bemüht, seine schriftstellerische Arbeit nach außen hin bürgerlich abzusichern und einer gesamtgesellschaftlichen Verpflichtung unterzuordnen, um mit einem geradezu berserkerhaften Arbeitspensum immer wieder in seine fiktiven Welten abzutauchen.

Es wäre reizvoll, die Liste der Gemeinsamkeiten und Unterschiede weiter zu vervollständigen, doch gilt es, geradewegs auf den Punkt zuzusteuern, an dem der paradigmatische Unterschied zwischen beiden Schriftstellern besonders deutlich ins Auge springt; in ihrem Verhältnis zu den beiden Katastrophen des 20. Jahrhunderts, dem Ersten und Zweiten Weltkrieg.

Ein Blick auf die literarischen Reaktionen auf diese für die deutsche Geschichte so prägenden Ereignisse zeigt eine methodisch geradezu laborhafte Ausgangslage: Thomas Mann reagiert auf den Ersten Weltkrieg unmittelbar mit einem schließlich in den *Betrachtungen eines Unpolitischen* kulminierenden Essayismus der geistigen Mobilmachung, Döblin mit dem intendierten ideologischen Asketismus seines Romans *Wallenstein.* Im amerikanischen Exil beginnt Döblin mit dem Roman *Hamlet oder Die lange Nacht nimmt ein Ende.* Er wird 1946 in Deutschland abgeschlossen. Unter vergleichbaren Entstehungsbedingungen schreibt Thomas Mann seine große literarische Abrechnung mit den Deutschen, seinen Roman *Doktor Faustus,* der 1947 erscheint. Es gibt, abgesehen vielleicht von Ernst Jünger, keinen Autor von vergleichbarem literarischem Rang im deutschsprachigen Raum, der mit je einem *opus magnum* auf die beiden Kriege reagiert hat.

Warum, so ließe sich fragen, hat diese Koinzidenz der Ereignisse bisher nicht elektrisierend auf die literaturwissenschaftliche Forschung gewirkt? Tatsächlich lässt sich im Vergleich der beiden Werke und der Lebenswege ihrer Produzenten eine bemerkenswerte Bilanz ziehen, die in den folgenden, essayistischen Betrachtungen erkenntnisleitend sein sollen.

Wie weit beide voneinander entfernt waren, haben schon die Zeitgenossen empfunden. Bert Brecht pflegte die Distanz, die ihn und seinen Freund Döblin von Thomas Mann trenne, polemisch auf 3000 Jahre zu taxieren. Ganz so apodiktisch gibt sich die Garde der Literaturhistoriker zwar nicht, doch lässt sich deutlich ausma-

---

2 Alfred Döblin: Arzt und Dichter. Merkwürdiger Lebenslauf eines Autors. In: Die Literarische Welt 3 (1927), S. 1.

chen: Es gibt Anhänger Döblins und Anhänger Thomas Manns, deren Position sich aus der epochalen Einschätzung der literarischen Programme der Protagonisten ableitet. Die einen berufen sich vornehmlich auf Döblins literarische Avanciertheit, die anderen betonen Manns hohes Ideal der Humanität und seinen Erzählstil, der ihn zum Vollender einer Poetik des 19. Jahrhunderts macht. Die beiden Gruppen sind zwar nicht feindlich zueinander eingestellt, doch beachten sie sich wenig. Dies zeigt die Tatsache, dass es keine nennenswerte interdiskursive Forschung gibt.

Was macht man als bekennender Döblianer, wenn man die Fronten ein wenig bewegen will? Wagen wir den Versuch einer vorsichtigen, vergleichenden Annäherung!

Ansatzpunkt sollte die oben aufgelistete Koinzidenz der Ereignisse sein. Sie lässt fragen, was Döblin und Thomas Mann in ihren jeweiligen literarischen Reaktionen auf die beiden Kriege eint, bzw. trennt und inwieweit sich der Topos „Krieg" als paradigmatisch erweist, um das literarische Selbstverständnis der beiden Autoren nicht nur voneinander abzugrenzen, sondern auch miteinander in Beziehung zu setzen.

Die historische Forschung pflegt die Zeit der Weimarer Republik als „Zwischenkriegszeit" ihrer genuinen Identität zu entheben. Im Folgenden wird es deshalb um eine dreistufige Argumentationsstruktur gehen. Die zu entwickelnden Thesen beziehen sich auf entsprechende historische Phasen: die Zeit des Ersten Weltkrieges, die Jahre der Weimarer Republik und schließlich die Zeit des Zweiten Weltkrieges.

Thomas Mann und Alfred Döblin in ihrer Einmischung in den Ersten Weltkrieg

Dass nicht jede literarische Darstellung militärisch-heroischer Vorstellungswelten notwendig in die pathetischen Stil- und Tonlagen tragischer Heldengesänge führen muss, dass ihre Schilderung vielmehr umgekehrt mit ebensolcher Konsequenz sarkastischen, ironisch-satirischen, ja selbst humoristischen Sprechweisen offensteht, haben uns zahlreiche Texte weltliterarischen Formats gelehrt. Denken wir in diesem Zusammenhang nur an solch im übrigen vornehmlich unter dem gattungspoetischen Aspekt des Schelmenromans miteinander vergleichbare Werke wie den Roman von Miguel de Cervantes Saavedra *Der scharfsinnige Edle Herr Don Quijote de la Mancha* mit seinen Windmühlenkämpfen, an Hans Jakob Christoffel von Grimmelshausens *Simplicissimus*, Voltaires *Candide oder Der Optimismus*, schließlich, um in unser Jahrhundert vorzudringen, an Jaroslav Hašeks Roman *Die Abenteuer des braven Soldaten Schwejk während des Weltkrieges* mit den dort begegnenden subtilen Verweigerungsstrategien! Ein kleines, in höchstem Maße komisches Seitenstück dieser Traditionslinie findet sich auch im Œuvre Thomas Manns: natürlich jene im 5. Kapitel des zweiten Buches geschilderte Musterungsepisode des 1910/11 begonnenen und erst Jahrzehnte später fortgesetzten Romans *Bekenntnisse des Hochstaplers Felix Krull*, die vom Triumph intelligent-doppelbödiger Verstellungskunst über eine humorlos funktionierende und von keinerlei Selbstkritik betroffene Militärbürokratie berichtet. Im weiteren Handlungsverlauf zeigt sich der Erfolg, denn das bestandene Examen simulierter Kriegsuntauglichkeit lässt den Helden endlich die Schwelle zur Welt überschreiten. Fortan treibt der Hochstapler Felix Krull sein vexierhaftes Spiel um Schein und Sein auf internationaler Bühne. Dessen erster Akt wird gegeben im Zentrum europäischer Zivilisation: in Paris. Doch Paris, Ort der Begierde für Felix Krull, ist auch das Paris als Denkmal aufklärerischer Kultur, das zu stürmen Thomas Mann in seinen *Betrachtungen eines Unpolitischen* ansetzt!

Einem boshaften Biographismus könnte es leicht einfallen, das Krull'sche Täuschungsmanöver zu jenen ärztlicherseits wohlwollend unterstützten Bemühungen in Beziehung zu setzen, die Thomas Mann selbst unternahm, um vom physischen Kriegsdienst freigestellt zu werden. Doch führt die Parallele zwischen Leben und Werk, wenigstens in diesem Punkt, schon deshalb nicht weiter, weil der Autor sich die dem pikaresken Helden zugestandene Lust an der Inszenierung des ästhetischen Scheins im Augenblick der tatsächlichen Ereignisse des Jahres 1914 unbedingt glaubte versagen zu müssen. Nicht distanzierte Mißachtung der weltpolitischen Händel war das Resultat geglückter Freistellung, sondern der Ersatz des körperlichen Wehrdienstes durch den geistigen. Denn der Krieg versprach nun endlich jener kathartischen Erlösung teilhaftig zu werden, nach der sich die eigene Dekadenz, wie die der Epoche insgesamt, heimlich immer gesehnt hatte. Er offerierte die Renaissance eines unbedingten Glaubens, des Absoluten, Substantiellen, Vitalen als Ausweg aus den Untiefen eines nihilistisch angeschlagenen Wertebewusstseins, in die sich der Ästhetizismus der reinen Form verwandelte. Das Ergebnis dieses *sacrificium intellectus*, des Verrats am Geist, das den Essayismus der vier Jahre durchgängig prägt, ist bekannt: Mit der Schere des Begriffs schnitt sich Mann die Weltverhältnisse antithetisch zu, bis am Ende jene Rechtfertigungsideologie dabei herauskam, die im Krieg den notwendig gewordenen Abwehrkampf deutscher Seele und Kultur gegen den um sich greifenden, utilitaristisch-aufklärerischen Ungeist französischer Zivilisation feierte. Dies zu Thomas Mann!

Kommen wir zurück zum Titelzitat: „Es gibt vielerlei Kriege".[3] So hat Döblin lakonisch den Dreißigjährigen Krieg kommentiert und mochte damit den Ersten Weltkrieg gemeint haben. Dieser Krieg war nicht *sein* Krieg in dem Sinne, wie ihn Thomas Mann aus seiner Perspektive einschätzte. Während Mann seine zivilisationskritischen Kriegssehnsüchte zu legitimieren suchte, gab sich Döblin ganz unbeteiligt. Er „flottiert", wie er es nennt, zwar in Lothringen als Lazarettarzt umher, fühlt sich jedoch eher so, als befinde er sich in Ferien: „Die Gegend ist bildschön, ich mache Ausflüge mit zwei Kollegen, wenig Arbeit, viel Ländlichkeit, faktisch wie ein Badeurlaub".[4] Nicht einmal die mit dem Krieg sich bietende Gelegenheit für viele Juden seiner Generation, sich als die besseren Deutschen zu beweisen, reizt ihn zum Bekenntnis. Lediglich der Beschießung der Kathedrale von Reims hat er einen

3 Alfred Döblin: Der Dreißigjährige Krieg. In: Ders.: Ausgewählte Werke. Schriften zu Politik und Gesellschaft. Mit einem Nachwort v. Heinz Graber. Olten 1989, S. 45–49; hier S. 49.

4 Photopostkarte vom 26. Januar 1915. In: Alfred Döblin. Briefe. Hg. u. mit einem Nachw. vers. v. Heinz Graber. Olten 1970, S. 63f.

längeren Text, den Essay *Reims*, gewidmet, der freilich eher Positionen einer fundamentalen Kulturkritik aufnimmt, wie wir sie aus dem Futurismus und in Deutschland in der „Kunstlump"-Debatte aus der Zeit des Kapp-Putsches kennen, als sich in Chauvinismus zu verlieren. Während der Krieg für Thomas Mann zum Ereignis von welthistorischer, nationaler und existentieller Bedeutung wurde, wertet Döblin ihn als Herausforderung für sein unmittelbar zuvor entstandenes romanästhetisches *Berliner Programm*. In ihm hatte er, in Abgrenzung vom italienischen Futurismus eines Filippo Tomasio Marinetti, seinen „Döblinismus"[5] entwickelt. Er fordert für den Roman „Tatsachenphantasie",[6] das Hereinlassen einer „entseelten Realität" in die Literatur. Der in Analogie zur modernen Wirklichkeit notwendige „Kinostil"[7] bedeutet die völlige Zurücknahme des Autors oder eines sich einmischenden und kommentierenden auktorialen Erzählers. Im offenen Brief an Marinetti hatte Döblin das Objekt seiner Fiktionen, an dem sich seine Ästhetik des „Schieben, Schichten, Drängen" beweisen müsse, genannt: „Man kann eine Schlacht noch viel besser machen."[8] Döblins *Berliner Programm* war bereits 1913 entstanden. Das Ergebnis des Ersten Weltkrieges, der ein für alle Mal den Traum von der männlich-heldischen Bewährung durch die Tatsache des unpersönlichen, technisch gesteuerten Schlachtgeschehens ersetzte, stand erst noch bevor. Döblin verharrt zunächst noch ganz im Zeichen der ästhetischen Selbstpositionierung aus dieser Zeit. Im Chor der vielstimmigen Kriegseuphorie der Schriftsteller seiner Generation nimmt er damit eine Sonderstellung ein, denn er reduziert seine Destruktionsgelüste ganz auf das Innerliterarische. Diese ersehnte literarische Inszenierung einer Apokalypse löst der Autor dann im *Wallenstein*-Roman ein.

Döblin stellt sich mit seinem Thema nicht dem Ereignis des Ersten Weltkrieges. Seine Fiktion einer „entseelten Realität", um noch einmal die Position des *Berliner Programms* aufzugreifen, ist das geschundene Deutschland des Dreißigjährigen Krieges. Dieser Krieg ist einer der „vielerlei Kriege", herausgegriffen aus ästhetischem Interesse.

Döblin revolutioniert nicht das weitgehend an Schiller angelehnte Wallensteinbild, wohl aber das Interesse am Umgang mit der Geschichte. Er zerschlägt die historische Realität in atomische Einzelteile durch die Radikalität filmtechnisch organisierter Zeit- und Raumdiskontinuität. Intentionale individuelle Handlungsansätze gehen in der Simultaneität der Massenbewegung unter. Systematisch wird jede Sinnerkenntnis verwehrt. Die erzählte Zeit umfaßt die heiße Phase des Krieges, die Jahre zwischen 1620 – kurz nach der Schlacht am Weißen Berg – und 1634, einige Wochen nach Wallensteins Ermordung. Doch geht es nicht um historische Genauigkeit, sondern um atmosphärische Verdichtung zur Umsetzung ästhetischer Avanciertheit.

---

5 Alfred Döblin: Futuristische Worttechnik. Offener Brief an F. T. Marinetti. In: Der Sturm. Wochenschrift für Kultur und die Künste 3 (1913), Nr. 150/151, S. 280–282; hier S. 282.

6 Alfred Döblin: An Romanautoren und ihre Kritiker. Berliner Programm. In: Ders.: Ausgewählte Werke (Anm. 3), S. 119–123; hier S. 123.

7 Ebd., S. 121.

8 Döblin: Futuristische Worttechnik (Anm. 5), S. 282.

Der Krieg wird sichtbar und fühlbar gemacht. So entstehen klangmalerisch gespiegelte, in expressive Syntax wiedergegebene Kriegshandlungen, Truppenbewegungen und ein turbulentes Raumgeschehen.

Eine Passage macht nicht nur bekannt mit Döblins Sicht des Krieges, sondern vermittelt auch einen Eindruck von der eruptiven Sprachkraft, Dynamik und Plastizität seiner Prosa:

> Der Scharfrichter riß ihm Wams und Hemd herunter, die Hose band er mit einem Strick fest. Drei Knechte schleppten den rauchenden Kohletiegel herauf; der Scharfrichter griff an den Enden die glühweiße Zange. Ihre beiden geöffneten Kiefer ließ er an den Oberarm des wimmernden Gesellen hauchen, biß zu; steil aufsteigend scharf der Geruch, schwarzrot das Loch im Fleisch. Biß, ließ nicht los. Den Mund riß der Gefolterte auf, weiter, stürzte gegen den Arm hin, bog den Kopf zurück, grölte, während seine gebundenen Füße rückwärts am Stamm hochzuklettern versuchten. Die Zange ließ los, der Henker griff eine neue, wischte sich die Nase; ließ spielerisch den Gluthauch des Eisens über den ganzen Arm laufen, bis er einschlug. Schweißverklebten Haars der Schächer in seinen Stricken, die Spinne biß, sog, sog, sog, sog – es lief aus dem Kopf, aus den Augen her, aus dem Mund, hin zu ihr, hin zu ihr. Weg aus den Knien, weg aus den Ohren, die Wolken, der blaugraue Himmel. Murren des Marktes. Klebrig löste sich die Zange ab, brauste in den Tiegel.[9]

Über sechs Seiten erstreckt sich auf dem literarisch inszenierten Kollegialtag zu Regensburg die Folterung eines jüdischen Paares. Die Aktivitäten dieser Folterung laufen minutiös und akribisch vor uns ab. Alle Sinne werden gefordert: in der fiktiven Realität, in der Phantasie des Autors, beim Leser. Die Folterung wird erlebbar, so wie Döblin es gefordert hatte. Doch hier mischte sich auch ein voyeuristischer Blick ein und macht aus der Szene eine lustvolle Beschreibung des Schreckens. Hier treibt Döblin sein ästhetisches Interesse auf die Spitze!

Lassen sich Szenen wie die zitierte als radikale literarische Umsetzung des *Berliner Programms* begreifen und lesen, so schlägt während der Entstehungszeit des Romans die ästhetizistische Intention in der Figurenkonstellation und -gestaltung um in eine moralische Perspektivierung. Bis in die Wortverwendung lässt sich dieser Paradigmenwechsel ausmachen. Die Personen der Handlung werden zunächst in vollendeter ästhetischer Plastizität eingefangen: Die Akteure des Krieges, allen voran die Jesuiten erweisen sich als „rache- und haßatmende Gesellschaft".[10] Sie sind von dem unverhohlenen und leidenschaftlichen Sarkasmus des Autors geprägt. In moralisch akzentuierter Wortverwendung lässt Döblin sie bellen und kläffen. Sie sind metonymisch reduziert, ja partialisiert auf einzelne Gesichtszüge, die „Lippchen" etwa, die zum „steifen Rüssel"[11] vorgetrieben werden, abstoßend wie der „Kurtierer, Philipp Christoph, glotzäugig, mächtige Halswampen, der breite Gürtel über einem gequollenen Leib",[12] und metaphorisch verunglimpft wie der beutesüchtige Herzog Maximilian von Bayern: „Er saß über seiner Beute. Er konnte sie nicht wie ein wildes

9 Alfred Döblin: Wallenstein. Roman. Hg. v. Erwin Kobel. München 2001, S. 437.

10 Ebd., S. 230.

11 Ebd., S. 12.

12 Ebd., S. 426.

Tier in eine Ecke schleppen. [...] Er knurrte, fauchte, sprühte, das Blut troff in zwei Rinnsalen aus seinen Mundwinkeln."[13]

Noch im Laufe der Entstehungszeit des Romans gibt Döblin seine Ästhetik des Bösen und zugleich des schönen Scheins seiner L'art-pour-l'art-Poetik auf. Kontrapostisch zu den Kapitalisten des Krieges wird die Figur des Habsburgers Ferdinand II., Kaiser des Heiligen Römischen Reiches Deutscher Nation, entwickelt. Vom Romanprojekt *Wallenstein*, dem Interesse am inszenierten, geschäftsmäßig geführten Krieg, in dessen Mittelpunkt der Protagonist als kompetenter Kriegsmanager steht, wendet sich Döblins Interesse zu einer Person hin, zu Ferdinand, genauer: „dessen Seele".[14] Im letzten, sechsten Buch des Romans erleben wir Ferdinand, der für Döblin zunehmend zur Identifikationsfigur wird. Döblin selbst betont, er habe dessen „Umwelt [...] mit intensivster Deutlichkeit gefühlt" und habe dessentwegen „die lange lange Zeit über dem Buch gehangen".[15] Für Döblin wird der zunächst vital genießende, doch zunehmend in mystisch-asketischer Passivität verharrende Ferdinand zum, wie Döblin betonte, „Zentrum" seiner „innerlichen Arbeit an diesem Buch Wallenstein",[16] ein Habsburger, der Einsicht in die Fragwürdigkeit seiner historischen Rolle gewinnt, der heraustritt aus Geschichte und Gesellschaft. Er erleidet den Tod „ohne Widerstand",[17] sinkt zurück ins Elementare, Anonyme, Naturmächtige. Er begegnet der destruktiven Aktivität eines Tilly, Mansfeld, Gustav Adolf und vor allem Wallenstein, deren Tod sich in hochmütiger Selbstbehauptung vollzieht, mit der passiven Hingabe und Einordnung in das zeitlose Leben der Natur. Doch sein Tod bleibt ohne Einfluss auf die Geschichte, am Ende tobt der unsinnige Krieg weiter, nicht als anonymes Schicksal, sondern als Inszenierung von Macht zur Mehrung des Besitzes unter Einsatz von Triebhaftigkeit, Brutalität und rücksichtslosem Egoismus einer männlich dominierten Gesellschaft.

Doch noch verzichtet Döblin formal auf jede reflektierende Einmischung. Für ihn gilt in dieser Zeit: „die Kunst bedarf der Selbstverleugnung, ohnmächtiger und vermessener ist kein Mensch als der Künstler".[18]

Die Faszination am Ästhetischen ging einher mit einem Geschichtspessimismus und einer nihilistischen Geschichtsphilosophie, die Döblin in seinem Werk und seiner Person nie mehr so extrem vertreten hat. Doch konnte eine Ästhetisierung des Schreckens den Verlust an Sinn ersetzen? Im Döblin'schen rhetorischen Paradox gefragt: „Konnte sie das?"

Ziehen wir ein Fazit: In bemerkenswerter Weise konvergieren Thomas Manns und Döblins Einstellungen in dieser Zeit ebenso wie sie divergieren. Beide legiti-

13 Ebd., S. 413.

14 Alfred Döblin: Der Epiker, sein Stoff und die Kritik. In: Der neue Merkur, 1921, abgedruckt in: Schriften zu Leben und Werk. Hg. v. Erich Kleinschmidt. Olten 1986, S. 25–36; hier S. 33.

15 Ebd.

16 Kobel, Nachwort (Anm. 9), S. 939–958, hier S. 952.

17 Döblin: Wallenstein (Anm. 9), S. 725.

18 An Romanautoren und ihre Kritiker. Berliner Programm.

mierten den Krieg: Döblin als ästhetisch interessantes, Thomas Mann als ideologisch notwendiges Ereignis. Döblin argumentierte geschichtspessimistisch, Thomas Mann dachte durchaus in utopischen Kategorien. Das Kriegsereignis erscheint bei Döblin realistisch bis hin zur surrealen Verdichtung, im Essay von Thomas Mann wird es pathetisch überhöht. Beide verabschieden sich danach von ihrem spezifischen Ästhetizismus, der Manns Weltbegegnung und Lebenseinstellung geprägt hatte und der für Döblin Kernpunkt seiner Poetik war. Doch während Thomas Manns intendierter Versuch zur Überwindung des Ästhetizismus ins Ideologische umgeschlagen war und er sich danach, forciert durch die historischen Abläufe, zum Umdenken gezwungen sah, registrieren wir in Döblins Werk eine geradezu unfreiwillige Veränderung seiner Sichtweise in die des persönlich und moralisch Betroffenen.

Umdenken. Zur Genese von Döblins Naturphilosophie

Thomas Mann hatte seine zivilisationskritische Haltung bekanntlich vor allem gegen das revolutionseuphorische Pathos und die Frankophilie seines Bruders Heinrich entwickelt. Die schwere Krankheit des Bruders, durch die Thomas Mann sich 1923 zu einer Art grimmiger Versöhnung gezwungen sah, wird man als vorsichtigen Schlußstrich unter eine Phase der ideologischen Verhärtung sehen dürfen. Die vielzitierte Ansicht über den Ersten Weltkrieg, hier habe es sich um einen „grundanständigen Volkskrieg" gehandelt, hatte Thomas Mann zu diesem Zeitpunkt gründlich hinter sich gelassen. Dies machte ihn frei.

Doch während Thomas Mann zunehmend auf den Erhalt und die Fortschreibung eines protestantisch-humanistischen Denkens setzt, auf die persönliche Verantwortung des Einzelnen, sucht Döblin einen Weg zurück. Für ihn hat sich eben dieses sich negativ fortschreibende aufklärerisch geprägte Persönlichkeitsideal als problematisch erwiesen.

Schon 1920 beginnt Döblin seinen eigenen Kampf um eine neue Ethik. Die Sinnlosigkeit soll nicht nur überwunden, sondern Schreiben als Mittel gesehen werden, um aus der „Totschlägerreihe", wie Kafka die Welt der Geschichte bezeichnet, auszubrechen. Doch während Kafka in der Entlarvung der Absurdität der Welt verharrt, unternimmt Döblin den geradezu anachronistischen Versuch, mit seiner Naturphilosophie eine entfremdete Welt an ihre inneren Gesetze zu gemahnen.

Der Aufsatz *Krieg und Frieden* von 1920 schon nennt in der Döblin eigenen Dialektik und Paradoxie den Begründungszusammenhang, in den Krieg und Frieden gesetzt werden müssen: „Der Krieg ist sowenig wie der Friede ein Naturgesetz [...]. Es kommt darauf an zu zeigen, daß unendlich wahrer der Friede ein Naturgesetz ist."[19] Döblins naturphilosophische Schriften lassen den Synkretismus und Eklektizismus, die die Philosophien, politischen and ästhetischen Konzepte seit der Jahrhundertwende auszeichnen, weit hinter sich. Er rezipiert christliche und jüdische

19 Alfred Döblin: Krieg und Frieden. In: Ders.: Schriften zu Politik und Gesellschaft (Anm. 3), S. 84.

Mystik, Theosophie, Esoterik, orientalische und fernöstliche Heilslehren, kurz: alles, was sich ihm als alternative Denkbilder bietet. Das Besondere an dieser Rezeptionshaltung ist dabei das methodische Vorgehen, denn Döblin verzichtet auf jede kontroverse und dialogische Begegnung, ‚verschlingt' seinen Lesestoff bis zur völligen Vereinnahmung und erkennt dabei das Verschlungene kaum mehr als Gedanken aus fremder Hand, betont, er kaufe nicht auf dem Markt, sondern lasse im eigenen Garten wachsen. So hat er auch während des Ersten Weltkrieges bei der Arbeit am *Wallenstein* seine Quellen in der Universitäts- und Landesbibliothek zu Straßburg zusammengesucht und sich Rechenschaft über seine Rezeptionsmethode gegeben: „Ja, ich muß folgendes feststellen: manches, was mir in den Büchern und Akten vor Augen kam, schien mir ohne weiteres geeignet – mein Eigentum zu sein. Man meint: ich hätte beschlossen, abzuschreiben? Nein es war für mich zurechgestellt, ich hatte Glück, daß ich es fand, darauf stieß. Manchmal saß ich ganz verblüfft da und sagte mir: das ist ja schon alles da [...]. Bis ich einfach konstatierte: es ist schön, daß sich die Natur schon in meinen Gedankengängen bewegt hat; so brauche ich mich nicht zu bemühen."[20] Eine Einflussforschung ist kaum befriedigend möglich und hat in der Döblin-Forschung oft zu vorrangig hilflosen Reaktionen und, unter dem Vorwurf des Dilettantismus, zu Ausklammerungen geführt, sehr zum Schaden einer differenzierten Kritik.

Döblin hat über mehrere Schriften – *Buddho und die Natur* (1921), *Die Natur und ihre Seele* (1922), *Das Wasser* (1922) bis hin zu den Hauptschriften *Das Ich über der Natur* (1927), *Unser Dasein* (1931) und *Wissen und Verändern* (1931) – ein die Lebenstotalität umgreifendes, auf naturphilosophischer Basis geprägtes Weltbild entwickelt, von dem her erst literarisches und politisches Handeln einen Sinn gewinnen konnten.

Aus der Komplexität der Schriften ist hier das Wesentliche und Notwendige zur Erkenntnis des Spätwerkes und die dominante Kriegsthematik herauszufiltern: Der Dilettantismusvorwurf trifft ins Leere, verstehen wir Döblins Schrift als für die Literatur des 20. Jahrhunderts konstitutives, essayistisches Herantasten an die Dinge und, in der Nachfolge Nietzsches, als ‚Dichterphilosophie', die auch im Sinne Döblins nicht logische Annäherung, sondern durch ‚Anschauung' gewonnene ganzheitliche Aneignung sein sollte. Döblin war Universalist, wollte den Primat des ‚Ganzen' gegenüber einem in hierarchischer Anordnung sich positionierenden Individualismus. Sein wissenschaftlicher und theologischer Universalismus suchte auf Fragen, die die Wissenschaft gar nicht gestellt hatte oder unbeantwortet ließ, metaphysische Antworten zu geben, doch nicht auf der Basis eines transzendentalen Wissens *apriori*, sondern intuitiv empirisch.

Dem Universalismus entspricht die Essenz als ideales oder ideelles Sein, dem Individualismus die Existenz als menschliches Dasein. Das dialektisch-flutende Wechselverhältnis kann als Kontinuität, wie etwa in der Philosophie Leibniz' gesehen, oder als Diskontinuität, wie in der Dichtung Kafkas, erlebt werden, als Bruch, als lei-

---

20 Alfred Döblin: Aufsätze zur Literatur. Mit einem Nachw. v. Walter Muschg. Olten 1963, S. 340.

dendes Zurückstreben der Existenz zur Essenz. Döblin folgt einem triadischen Geschichtsmodell: Der Paradiesstufe folgt die Vertreibung aus dem Zustand der Identität von Essenz und Existenz. Doch durch ein geläutertes Bewusstsein wird das Leiden daran überwunden, wie sich an der Wandlung und Ver-Wandlung Franz Biberkopfs im Roman *Berlin Alexanderplatz* als literarischer Beweis nachlesen lässt.

Wie die Existenz zur Essenz, drängt die Essenz zur Existenz, besitzt eine Potentialität, die durch die organische Kraft eines Ur-Ich bewegt wird. Nicht der *natura naturata*, sondern der *natura naturans* wohnt das Organische primär inne; es geht der Natur voraus, ist Manifestation der Transzendenz in der Immanenz. An die Stelle einer initiierten Schöpfung ist eine dynamisch endlos fortstürzende Welt zu sehen, jenseits aller Kosmogonie, ohne Anfang und Ende der Zeit. Alles Gestalten folgt einem geistigen Prinzip, dem ‚ein großer Sinn' innewohnt, durch den es zu genetisch sich verändernden Emanationen kommt. Bald durchdringt das Subjekt die Welt, bald ist es eins mit ihr, bald drängen Geschöpfe nach Selbstbehauptung, bald sehnen sie sich nach der Verschmelzung mit dem Weltwesen. Hier muss sich das „Ich" über der Natur, aber nicht als ihr Gegenüber, verorten:

> Zu den tausend Gewalten und tausend Worten der Natur gehöre ‚Ich'. Ein Einzelner, ein einzelnes Menschenleben reicht nicht aus, um hierauf mehr als einen kleinen Blick zu werfen. Aber mir scheint doch, wir haben keinen Grund, uns klein zu fühlen. Die Natur ist groß; das wandernde Anonyme ist noch größer. Im fühlenden, wollenden, Schmerz und Lust empfindenden ‚Ich' haben wir es. Man muß sich ruhig umblicken wie ein Mensch, der in seiner Heimat ist, zwischen den Straßen, die er selbst mit angelegt hat.[21]

Es ging Döblin also nicht um eine Identitätsphilosophie im Sinne Schellings oder einer Hegel'schen Identität zwischen dem Geist und seinen geschichtlich gewordenen, letzten, höchsten Realisierungen in der Immanenz menschlicher Bildung und Gesellschaft. Für Döblin ist die Essenz erkennbar in ihren Emanationen, unter denen die Momente Geburt, Liebe und Tod von besonderer existentieller Bedeutung sind. Doch statt sie als Kontinuität im Kontext des Weltganzen zu verstehen, wird vor allem der Tod als Diskontinuität, als Ende verstanden. Aus diesem Nicht-Verstehen heraus interpretiert Döblin seinen schriftstellerischen Auftrag. Er entwickelt, in der Überwindung einer spinozistischen Gott-natürlichen Identitätsaxiomatik *essentia involvit existentiam*, eine existentielle Ontologie. Nur von der Existenz her kann der Sinn des Seins erschlossen werden, das heißt, über die als Phänomene des universellen Prinzips verstandenen beseelten Körper und Organismen, in deren Ordnung sich jedes Wesen einzufügen hat, will es nicht Schuld auf sich laden. Döblin vertritt damit keine Erbsündetheorie, sondern meint Schuld als kreatürliche Verblendung, als Verweigerung, den Zusammenhang von Essenz und Existenz zu erkennen. In seiner Zusammenschau der naturphilosophischen Überlegungen, der Schrift *Das Ich über der Natur*, hat er seine Erkenntnisse wie einen Katalog der zehn Gebote aufgelistet. Gegen die Allmachtsansprüche der „Wissenschaft" stellt er die Forderung nach

---

21 Alfred Döblin: Die große Natur und der größere Mensch. In: Die Neue Rundschau 38 (1927), S. 161–181; hier S. 167.

einer Wiedergeburt der „Hauptwissenschaft Theologie", die freilich „nicht Glauben, sondern unverändert Wissen" heißen müsse. Seine Lehre mündet in den entscheidenden zehnten Leitsatz: „Da die Welt, von einem Ich getragen, von geistiger Art ist, ist das Erkennen eine große Macht. Wir haben dies Vermögen in uns."[22] Die Erkenntnis des „Ich" weckt neue Energien. Dieses „Ich" wirkt geheimnisvoll im werdenden Weltkörper des universellen Prinzips weiter.

Einen solchen Prozess lässt Döblin seinen Helden Franz Biberkopf durchleben. Dessen Bekehrung erweist sich als Überwindung des Nur-Individuellen, das in der Todesangst, die Biberkopf in der Irrenanstalt Buch durchlebt, gipfelt. Döblins Denkmuster ist das der Paradoxie. Unter ihr werden in ihrer Widersprüchlichkeit die Ansprüche der Essenz und der Existenz gewahrt, ihre gegenseitige Bezogenheit erkannt und der Drang zur Synthese legitimiert. Die Synthese kann sich aber nur innerweltlich vollziehen. Der Mensch hat also keine selbstzweckhafte Bestimmung. Nur in der wechselseitigen Begegnung keimt das Versprechen der gesteigerten Existenz, z. B. der Erprobung von Freiheit, von „Erkennen". Der Mensch muss sein „Ich" im „Dasein" erkennen, dies ist seine „Freiheit".

Exkurs: Döblins *Reise in Polen* als Weg zum „Ich"

Einen wesentlichen Erfahrungshintergrund für die Erkenntnis eines „Ich", das Träger eines gegenwartsadäquaten Bewußtseins war, erwarb sich Döblin mit der 1924 unternommenen Reise nach Polen. Sein Interesse galt nicht dem Nachbarland, sondern hier wurde eine Reise in die kulturelle Erinnerung der eigenen Glaubensgemeinschaft unternommen. Polen wird Döblins „Damaskuserlebnis", um im Denkbild der Bekehrung des Paulus zu sprechen, der zu Boden stürzt ob der Kraft der Begegnung mit Gott, die ihn niederstürzen lässt. Was hatte Döblin so „umgehauen"?

Was suchte er in Polen? Es war kein unerwartetes oder ungewolltes Ereignis, das ihn, ohne dass er es geahnt hätte, auf seiner Reise überfiel. Dem Entschluß, dorthin zu fahren, war die Frage „Wo gibt es Juden"[23] vorausgegangen. Doch diese Annäherung war zunächst kaum unterscheidbar von einer Motivation, die ihn zuvor in die Bibliotheken geführt hatte.

Die „Reise in Polen" konfrontiert mit einem metahermetischen System: verschiedene Typisierungen von jüdischer Spiritualität werden konstruiert und an jeweilige Orte gebunden. Nicht die Reise *nach* wird literarisch inszeniert, kein Reisebericht verfasst, entsprechend der im Expressionismus als generationenspezifisch geltenden Erkenntnis „Der Weg ist das Ziel", sondern der Sprung *in* das ganz Andere wird vollzogen. Döblin entwirft die Anlage eines Planquadrats jüdischer Identität, sozusagen abgespalten vom Reiseweg und der topographischen Vergangenheit. Es wird wie ei-

---

22 Alfred Döblin: Das Ich über der Natur. Berlin 1928, S. 242ff.

23 Klara Pomeranz Carmely: Das Identitätsproblem jüdischer Autoren im deutschen Sprachraum. Von der Jahrhundertwende bis zu Hitler. Königstein/Ts. 1981 (Monographien Literaturwissenschaft 50), S. 102.

ne Insel angelegt, der er einen Besuch abstattet, um sich auf ihr seiner selbst bewusst zu werden.

Döblin hat einen Reisebericht nicht spontan verfasst, sondern hat, gerade in der retrospektiven Gestaltungsmöglichkeit, die Situationen ausgemalt, die für seine eigene Identität entscheidend gewesen waren, hatte die Emotionen gesteigert, die in ihm angesichts des Erlebten hochgekommen waren.

Geleitet vom jahreszeitlichen und strukturprägenden jüdischen Lebensvollzug widmet er sich etwa besonders dem „Rüsttag des jüdischen Versöhnungsfestes". Die Rituale sind ihm fremd, ein erkenntnisleitendes Interesse wird vom Nichtverstehen her etabliert: „Viele Männer, die mir entgegenkommen, nur Juden, haben Zettel am Rockkragen befestigt. Ich verstehe es nicht; ist es eine Demonstration?"[24] Geräusche des Glaubensvollzuges irritieren ihn, das Gemurmel, vereinzelte Rufen, abgerissene Sprechgeräusche und „Singtöne" beim Friedhofsbesuch. Eine Art „liturgieartigen Singsang, ähnlich dem Tempelgesang" vernimmt er, einen „Schmerz- und Klageton".[25] Die Summe der Eindrücke des Fremden wird auf dem Friedhof dichter. Wie gehen diese Menschen mit dem Tod um? Döblin kommt damit an die Grenzen des Erfahrbaren, hier ist auch die Grenze des eigenen Einlassens. So ungeheuerlich diese Sicherheit der Existenz jüdischen Daseins zunächst ist, sind es doch diese Friedhofserfahrungen, die ihm klarmachen, dass er die Fremdheit deshalb nicht überwinden wird, weil sich hier Strukturen zeigen, denen er seine Nachdenklichkeit nicht opfern mag.

> Ich bin durchschauert, wie ich dies gesehen und gehört habe. Wie ich mit der Elektrischen zurückfahre, die Hoteltreppen aufsteige, in meinem Zimmer sitze, kann ich mich lange nicht besinnen. Es ist etwas Grauenhaftes. Es ist etwas Urnatürliches, Atavistisches. Hat das mit Judentum etwas zu tun? Das sind leibhafte Vorstellungen! Das sind Überbleibsel der Angst vor den Toten, der Angst vor den Seelen, die herumschweifen. Ein Gefühl, den Menschen dieses Volkes überliefert mit ihrer Religion. Es ist der Rest einer anderen Religion, Animismus, Totenkult.[26]

Die Faszination, die Döblin an sich selbst erfährt, kreist immer wieder um diese schmale Grenze zwischen dem, was er aus Geschichte und Kontextualisierung zu verstehen vermag, obwohl es ihm fremd bleibt, und dem, was er wahrnimmt, aber als das ganz Andere hinter sich lässt. Das sind letztlich die kultischen Gesänge, die „Inbrunst",[27] mit der sie den Kulthandelnden verwandeln. Die Menschen sind „festlich ernst, tief ernst, nein erregt",[28] korrigiert er sich, um der Besonderheit der Ekstase, in die er schaut, gerecht zu werden. Das „wirre ekstatische Durcheinander"[29] macht ihm klar: „Das ganze Judenvolk betet, sie liegen alle vor ihrem Gott."[30] Hier

---

24 Alfred Döblin: Reise in Polen. Hg. u. mit einem Nachw. vers. v. Heinz Graber. Olten 1968, S. 94.
25 Ebd., S. 96.
26 Ebd., S. 98.
27 Ebd., S. 100.
28 Ebd., S. 101.
29 Ebd., S. 102.
30 Ebd., S. 103.

erlebt er eine kollektive Identität, die ihm bisher unbekannt war, die ihm aber, obwohl er an sie durch seine eigene Identität gebunden ist, trotz seiner Einlassungen, fremd bleibt.

Nicht minder zeigt das Laubhüttenfest seine Wirkung. Zwar sieht Döblin, wie sich die Juden letztlich als „Araber" archaisch gerieren, doch diesem allem wohnt doch ein Sinn inne, der sich in Döblins Beobachtungen und Bewertungen Bahn schafft. So kann er sich nicht entziehen, das Besondere auf den Punkt zu bringen: „Ich kann mir nicht helfen. Wie ich durch die Hausflure gehe und Hütte nach Hütte besehe, werde ich von Staunen befallen, von Ehrfurcht. Und von Freude: der Geist lebt, Geist schafft in der Natur. Geist, Wille hält diese zusammen. Kein sogenanntes Unglück hat sie zertrümmert, weil sie es nicht wollten." Die Geschichte des jüdischen Volkes wird hier in Polen zum entscheidenden Anschauungsbild für Döblin: „Und wie sie durch die Jahrtausende irren, wanken, getrieben werden, sind sie ein Symbol für das Einzige, was Zukunft, Geburt, Schöpfung trägt: für den Geist und die Kraft des Ich."[31] Zugleich empfindet er sich aber über diese Archaik hinausgelangt.

Obwohl sich Döblin 1921 als „Freund der Mystik"[32] bezeichnet, kann er der tatsächlichen Begegnung mit der jüdischen Mystik nicht standhalten. Viel zu fremd mutet sie ihm an. Ein Besuch in einer chassidischen Betstube wird literarisch inszeniert wie eine Szene aus Tausendundeinernacht mit „arabischen Köpfen" und mit „Männern der großen Sandwüste".[33]

Döblin leidet in Polen, leidet ebenso wie die Juden, denen er begegnet. Doch während er sie als diejenigen erlebt, die ihre Stärke ungebrochen gegenüber ihrer Situation, ihre Würde bewahren, erlebt er sich selbst in einem ungeheuren Zwiespalt. Er sieht das Fremde, erkennt es als das Eigene und doch fremde Eigene. Er flieht, flieht letztlich in die ihm um so viel nähere, vertrautere Identität einer an der Person festzumachenden Spiritualität, die er in der Figur des Christus im Veit-Stoß-Altar in der Krakauer Marienkirche begegnet. Dorthin zieht es ihn, dorthin flieht er.

> Der mächtigen Realität habe ich mein Herz zugewandt, dem Hingerichteten. Und wie trage ich hier den Leviathan hinein, die weinenden Wasser über der untersten Erde. Ich muß sie vielleicht vorbeitragen. Von dem Gehenkten kann ich nicht lassen. Es zieht mich zu ihm. Der Gerechte, der Zadik, die Säule, auf der die Welt ruht: das ist ja der Gehenkte, der Hingerichtete. Mit stärkeren Farben, mit glühenden Farbgriffen, gleich denen auf den Kirchenfenstern. Er, wieder er. Er ist stärker, stärker oder anders, ringender. Wie ein Mensch, der ruhig steht und geht, und einer, den man ins Wasser wirft und der am Ertrinken ist: so der Gerechte und der Hingerichtete.[34]

Döblin brauchte die Begegnung mit dem Archaischen, das ihm im Jüdischen, so wie er es in Polen erlebt, begegnete, um daraus das „Ich" zu sieben, an dem er zukünftig arbeiten wird. Wenn es etwas mitzunehmen gilt aus dem Polenerlebnis, so

31 Ebd., S. 105.
32 Alfred Döblin: Zion und Europa. In: Der Neue Merkur 5 (1921), S. 338–342; hier S. 340.
33 Döblin: Reise in Polen (Anm. 24), S. 95.
34 Ebd., S. 261.

ist es die Entwicklungslinie, die vom Jüdischen aus ins Christentum geführt hat, die aber durch die politischen Entwicklungen der Neuzeit abgekappt wurde: „Es muß mehr Raum geschaffen werden für die stärkeren, älteren Gemeinschaften von Menschen".[35] „Staaten sind Kollektivbestien",[36] diese Gemeinschaft aber lehrt ihn die Quellen zu suchen für ein davon befreites Ich, das sich freilich anders als das entfremdete moderne Individuum in einem Ganzen verankert. Dennoch folgt, ohne Widerspruch, oder besser in der Widerspruchsbereitschaft, die dem jüdischen Denken immanent ist, die Erkenntnis „Aber dringender ist der Einzelmensch, das Ich anzurufen." [...] Man muß das Ich anhalten, zu wissen was es ist."[37] Beide sind in ihrer Eigenheit Teil eines zukünftigen universalen Ganzen, das der monistisch, im Zeichen des spekulativen Evolutionsdenkens des späten 19. Jahrhunderts sozialisierte Döblin wohl immer vor Augen hatte. „Das Uralte ist immer das Neueste. [...] Ich – und wenn der Widerspruch bis zum Unsinn und bis zur Hölle herunterklafft –, ich lobe sie beide."[38] Es gilt, diesem Weg weiter zu folgen, über die zerstörerische Neuzeit hinaus die alten Wurzeln miteinander zu vernetzen.

Am Ende gelangt Döblin nach Danzig, ins Seebad Zoppot. Wie befreit wirkt er angesichts der Weite des Meeres. Nun, der Natur als Erkenntnisort ausgesetzt, gelingt ihm die Zusammenschau, die ihn zukünftig tragen wird: „Die hier [die Natur des Meeres] [...] erscheint mir am stärksten, die unermeßliche Natur. Immer wieder sie. [...] Und das andere, das zweite Stärkste? Die – Seele. Der Geist, der Wille des Menschen. [...] Daß man verändern, neusetzen, zerreißen darf, zerreißen muß, ist mir klar. Der Geist und der Wille sind legitim, fruchtbar und stark. Es gibt eine gottgewollte Unabhängigkeit. Beim Einzelmenschen. Bei jedem einzelnen. Den Kopf zwischen den Schultern trägt jeder für sich."[39]

So war die Konfrontation mit dem Judentum für ihn die Begegnung mit einem Typus, der nicht als Modell selber zu gelten hatte, aber als Exempel für die Stärke des Ich, erkennbar in einer Gemeinschaft, die man trotz einer erbarmungslosen Geschichte, die die Juden bis in die schauerliche Existenz polnischer Ghettos geführt hatte, in ihrer Selbstbehauptung nicht auszulöschen vermochte.

Döblin ist hier der Moderne, die jüdische Identität, die er als eigene erlebt, erlebt er als das eigene Vergangene, das ihm fremd geworden ist und zu dem er, anders als Kafka, nicht mehr zurück will. Aber deren Stärke zeigt ihm, dass es das ist, was das Ich einzig zu erhalten vermag. So gesehen erlebt er sein Polen wie ein Experimentierender, ein Beobachter, der sich freilich bis an die Grenze der Selbstaufgabe in sein Experiment hineinbegibt, um es in seiner Beweisfunktion umso analytischer, distanzierter zu sehen. Die Reiseerlebnisse selbst gerinnen dabei zu Faktoren einer naturwissenschaftlichen Formel, die ihn kundig macht über das Wesen des Daseins, die Verankerung des Geistes in der Natur und die Stärke des Ich. Letztlich ist es das Mo-

35 Ebd., S. 312.
36 Ebd., S. 200.
37 Ebd., S. 313.
38 Ebd., S. 326.
39 Ebd., S. 344.

ment des Todes, der Übergang, besser der Überwindung der Grenze, die im Nihilismus der Moderne allzu profan als Wechsel vom Sein zum Nichtmehrsein behauptet wurde, die für Döblin zur Provokation wurde. Zum elementaren Topos des Nachdenkens über das „Dasein“ wurde das Nachdenken über die „vielerlei Kriege“, mit denen der Mensch dieses Dasein zu gestalten pflegte.

Die Konstruktion eines „Ich“ ist also in ganz besonderer Weise auf dem Prüfstand, wo es um das epochale Ereignis geht: den Krieg. Ist der Mensch zur Erkenntnis seiner Freiheit zum Ich nicht bereit, gerät er zwangsläufig in eine existentielle Krise. Diesen Zustand bezeichnet Döblin als Krieg, d. h. ein Aus-der-Ordnung-Kommen der Dinge.

Hier begegnen sich philosophischer und politischer Diskurs. *Wissen und Verändern* nennt Döblin seine Schriften, in denen sein philosophisches Prinzip des Erlebens, Erkennens, als handlungsauffordernd 1931 an die Jugend gewendet, niedergelegt wird. „Erkennen“ wird zur „Kraft“, vor allem gegen die irrationalen Strukturen der Zeit. Döblin behauptet, dass das Rationale auf das Niveau eines gesunden Menschenverstandes reduziert worden sei und erst dadurch das Irrationale an Kraft und Macht gewinnen konnte. Hier hat das Erkennen zu beginnen, denn ein Irrationales lässt Döblin nicht zu.

Thomas Mann und Alfred Döblin während der Weimarer Republik

Döblins Attacke gegen den Irrationalismus richtete sich am Ende der Weimarer Republik vornehmlich gegen die Vertreter von „Provinzialismus, Heimatkunst, Kunst der Scholle, des sehr platten Landes“.[40] Gemeint waren Schriftsteller wie Guido Erwin Kolbenheyer oder Wilhelm Schäfer, die gegen die Berliner „Asphaltliteraten“ opponierten und mit ihrem Votum für eine landschaftsgeprägte Dichtung sich sehr schnell den Nationalsozialisten gefügig machten. Sie waren es, die die Sektion für Dichtkunst der Preußischen Akademie der Künste 1933 von den Asphaltliteraten reinigten, unter ihnen Döblin ebenso gut wie Thomas Mann.

Hier waren sich beide einig in der Verteidigung der Freiheit. Was aber begründete den auch für diese Zeit, und vor allem von Döblin herausgekehrten Dissens, ja die unverhohlen öffentlich gemachte Feindschaft?

Der Widersacher Thomas Mann geriet ins Blickfeld, weil dessen Berufung auf eine protestantisch-humanistische Bildungstradition eine ganz andere Weltvorstellung enthielt. Sie ließ vieles von dem Hochmut erkennen, den Döblin für die Schuld der Menschen schlechthin hielt. Ein vergleichender Blick auf die Romane *Berlin Alexanderplatz* und *Der Zauberberg*, Romane, mit denen beide in den zwanziger Jahren reüssierten, erhellt die unterschiedlichen Positionen. Es scheint, als habe Döblin sein Epos *Berlin Alexanderplatz* geradezu als Kontrafraktur zum bereits 1924 publizierten Roman *Der Zauberberg* seines Kontrahenten Thomas Mann angelegt.

---

40 Alfred Döblin: Bilanz der „Dichterakademie“. In: Vossische Zeitung v. 25. 1. 1931, Unterhaltungsbeilage.

Die beiden fiktionalen Welten schließen sich, etwa was das Figurenensemble und dessen Situierung angeht, zunächst geradezu aus. Hier begegnet uns in der Weltabgeschiedenheit des Lungensanatoriums Berghof eine großbürgerliche Vorkriegsgesellschaft morbid-liederlichen Zuschnitts. In ihr erleben wir, wie der naive Held Hans Castorp, getreu dem Goethe-Wort, als „Weltkind in der Mitten" zwischen die Fronten eines mit aller intellektuellen Schärfe ausgetragenen Wort- und Glaubensgefechtes gerät, das zwei gleichermaßen besondere Erzieher um seine Seele führen: der Humanist, Rhetor und Fortschrittsmann Settembrini einerseits, der Mystiker, Reaktionär und Advokat der Anti-Vernunft Naphta andererseits. Der Roman *Berlin Alexanderplatz* entwirft dazu die passende Gegenwelt, die kleine Welt der Habenichtse, Zuhälter und Verbrecher im Berlin der Weimarer Republik. Zwei Ereignisse im Leben der Helden Hans Castorp und Franz Biberkopf aber sind von eindringlicher Parallelität. Beide Romane kulminieren in einer Szene von surrealer Dichte. Wir erleben Hans Castorp in der eisigen Höhe des Schneegebirges während eines Unwetters, Franz Biberkopf in der Schäbigkeit einer Berliner Irrenanstalt, geschüttelt von Fieberträumen. Für beide ist dies eine Grenzerfahrung, ein Erlebnis der Todesangst. Diese Grenzerfahrung steht in beiden Romanen in eigentümlicher Beziehung zum Motiv des Krieges. Zunächst zu Biberkopf.

Schon auf seinem Weg aus dem Gefängnis zu Beginn des Romans hat Biberkopf sich mit einem Arsenal an aggressiver Kriegslyrik, der *Wacht am Rhein,* strotzend vor „Schwertgeklirr und Wogenprall", ausgestattet, um auf diese Weise für den Lebenskampf in der Stadt gerüstet zu sein. Er hat beschlossen, „anständig zu bleiben" und „vom Leben mehr zu verlangen als das Butterbrot",[41] doch er versäumt es, seinen Ort in der ihn umgebenden Gesellschaft zu suchen. Sein berlinisch getöntes Motto ‚mir kann keener' wird zur Formel mangelnder Sozialität. Stattdessen führt er einen Krieg gegen die Stadt. Am Ende hat er einen Arm, seine Freundin Mieze und den vermeintlichen Freund, Verführer und *alter ego* Reinhold verloren. Biberkopf musste seinen Krieg verlieren. Wie ein Schulbeispiel wird er vom Autor vorgeführt und im Sinne von dessen Naturphilosophie kommentiert. Biberkopf erkennt seine Schuld und büßt mit seiner Todesangst. Wir erleben ihn am Ende des Romans ohne „Plautze", abgespeckt von seinen verstiegenen Großmannssehnsüchten, in gelassener Heiterkeit. Er hat seinen Ort im Organismus Stadt gefunden. Als Hilfsportier am Alexanderplatz wird er als Teil des Ganzen der Welt zukünftig kritisch begegnen. Biberkopf vermag mit dieser erkennenden Gelassenheit dem Krieg, der ihm in der Schlußsequenz mit abenteuerversprechendem Liedgeklingel – und mit der für die deutsche Tradition typischen Todesverstiegenheit – verführerisch begegnet, zu trotzen:

> Wenn Krieg ist, und sie ziehen mich ein, und ich weiß nicht warum, so bin ich schuld, und mir geschieht recht. Wach sein, wach sein, man ist nicht allein [...]. Das muß man nicht als Schicksal verehren, man muß es ansehen, anfassen und zerstören. Wach sein,

41 Alfred Döblin: Berlin Alexanderplatz. Die Geschichte vom Franz Biberkopf. München 1978, S. 7.

> Augen auf, aufgepaßt, tausend gehören zusammen [...]. Marschieren, marschieren [...], Morgenrot, Abendrot, leuchtest uns zum frühen Tod [...]. Wir wissen, was wir wissen, wir habens teuer bezahlen müssen.[42]

Analog zum Konversionserlebnis Biberkopfs ließe sich das „Schnee"-Kapitel des *Zauberberg* lesen. Hier führt die akute Todesgefahr und das lockend verführerische Spiel mit ihr den Helden zu einer träumerisch antizipierten Vision vom gelungenen Leben, zur Erkenntnis jener menschenbildenden Kraft, die den barbarischen „Obskurantismus" eines Naphta nicht weniger überbietet als die nüchtern oberflächliche und wenig sinnenfreudige Vernünftelei eines Aufklärers vom Schlage Settembrinis: der Liebe. Der vielzitierte, kursiv gesetzte Satz, der des Helden neu gewonnenes Ethos vermerkt, lautet: „*Der Mensch soll um der Güte und Liebe willen dem Tod keine Herrschaft einräumen über seine Gedanken.*"[43] Doch bleibt diese vom Autor zweifellos mitgetragene Botschaft innerhalb des Romangeschehens ein bloßes Postulat, denn das beglückende Wiedererinnern des paradiesischen Menschheitstraumes wird Castorp keineswegs zum pädagogischen Impuls seines noch fünf Jahre andauernden Berghof-Aufenthaltes. Zwar wird er die imaginierten Glücksbilder Arkadiens schon deshalb kaum endgültig vergessen, weil sie als zeitlos mythische Substanz dem anthropologischen Gedächtnis eingeschrieben sind, doch zum Leitstern einer künftigen Arbeit am Alltäglichen geraten sie dem Helden dennoch nicht. So heißt es am Ende des „Schnee"-Kapitels: „Was er geträumt, war im Verbleichen begriffen. Was er gedacht, verstand er schon diesen Abend nicht mehr so recht."[44]

Thomas Mann war sich der Problematik seines *Zauberberg* bewusst. Seine Idee, hier einen Bildungsroman in der Tradition des *Wilhelm Meister* vorzulegen und in der Figur des Castorp die Genese eines sozial verantwortlichen Individuums zu beschreiben, war ihm unter der Hand verloren gegangen. Er selbst konnte die Idee eines Bildungsromans, die dem *Zauberberg* durchaus eingeschrieben ist, deshalb nicht mehr literarisch umsetzen, weil sein eigenes Leben sie nicht mehr aufnehmen konnte. Sein Held erlag deshalb konsequent der Bergverzauberung.

Döblin hatte die mangelnde Perspektivierung des *Zauberberg* registriert. Entsprechend musste er das Ende des Romans als Provokation und Bestätigung seines Urteils empfinden. Der Erzähler entlässt Castorp in das Schlachtgetümmel des Ersten Weltkrieges, setzt ihn einem zufälligen und ungewissen Schicksal aus, das zu meistern Döblin seinen Helden Biberkopf gelehrt hatte. „Fahr wohl – du lebest nun oder bleibest! Deine Aussichten sind schlecht; das arge Tanzvergnügen, worein du gerissen bist, dauert manches Sündenjährchen, und wir möchten nicht hoch wetten, daß du davon kommst. Ehrlich gestanden, lassen wir ziemlich unbekümmert die Frage offen."[45] Castorps im Schneeerlebnis evozierter Traum von Liebe als gesell-

---

42 Ebd., S. 410.

43 Thomas Mann: Gesammelte Werke in dreizehn Bänden. Bd. III: Der Zauberberg. Frankfurt/M. 1960, S. 686.

44 Ebd., S. 688.

45 Ebd., S. 994.

schaftsbildender Kraft bleibt am Schluss scheinbar gebunden an Zufall und Schicksal, nichts als eine mehr als vage Hoffnung auf die Zukunft: „Augenblicke kamen, wo dir aus Tod und Körperunzucht ahnungsvoll und regierungsweise ein Traum von Liebe erwuchs. Wird auch aus diesem Weltfest des Todes, auch aus der schlimmen Fieberbrunst, die rings den regnerischen Abendhimmel entzündet, einmal die Liebe steigen?“[46]

Döblin konnte die unverbindliche Projektion am Ende des Romans nur als Beweis eines letztlich folgenlosen Humanitätsideals ausmachen. Für ihn hatte Thomas Mann zudem ein individuelles Schicksal gestaltet, einen *Roman* geschrieben, während er, Döblin, gemäß dem Untertitel des Romans, die „Geschichte vom Franz Biberkopf“ als *Epos* verstand, in dem über die Einmaligkeit der Figur hinaus das Allgemeine im Besonderen erfasst war. Er sah in Thomas Manns Romanwelt nur eine historisch vergangene Geschichte und Gesellschaft, während er selbst sich der Gegenwart verpflichtet fühlte. Darum musste es der Literatur gelingen, den Krieg einerseits als ein jedem historischen Ereignis vorwegliegendes, ursächliches Fehlverhalten durchschaubar zu machen und andererseits dazu zu motivieren, die Bedingungen der Zeit zu erkennen, sie zu akzeptieren und aus ihnen das Potential zur Korrektur dieses Fehlverhaltens zu entwickeln. Die unhintergehbaren Bedingungen der Zeit aber waren für Döblin die Technisierung der Lebensverhältnisse und die Vermassung der Gesellschaft, wie er sie komprimiert in seiner städtischen Umwelt täglich erlebte. Castorps Vision einer arkadischen Geselligkeit mochte ihm angesichts dessen als anachronistisches Zitat überlieferter Bildungswelten, die sein gegenwartsadäquates Bewusstsein beleidigten, erscheinen.

Ziehen wir ein weiteres Fazit: War Thomas Mann der Chronist einer untergehenden Gesellschaft, finden wir in Döblin einen Moralisten, dem es um die Veränderung dieser Gesellschaft ging. Dass er sich damit eines höheren Maßes an gegenwartsadäquatem Bewusstsein sicher wusste, hat Döblin seinen Kontrahenten durchaus spüren lassen. Beziehen wir die Vorwürfe, die Döblin vor allem in den dreißiger Jahren gegen Döblin laut werden ließ, in unsere Überlegungen ein, so schälen sich die folgenden Positionierungen heraus und führen zu einer bemerkenswerten Gleichung.

Thomas Mann: Er versteht sich als Humanist, Vertreter eines retrospektiv legitimierten Bürgertums, das er als Erzähler im Roman zwar kritisch sichtet, doch zugleich literarisch bewahrt.

Alfred Döblin: Er versteht sich als geistesrevolutionärer Aufklärer, möchte progressiv-verändernd wirken und reaktiviert ein universales Denken, das im Epos Gestalt gewinnt.

Es fällt auf, dass die Gleichung im Falle Döblins hinkt, da Döblin zu diesem Zeitpunkt noch keine Aussagen gemacht hatte darüber, was er denn an die Stelle des hu-

46 Ebd.

manistischen Prinzips zu setzen hatte. Diese Leerstelle endgültig mit religiöser Substanz zu füllen, blieb der Exil- und Kriegszeit vorbehalten.

Das Exil als existentielle Krise

Döblin, der zunächst seine Exilsituation als Chance und Herausforderung verstanden hatte, gerät mit der sich verschärfenden politischen Lage, die ihn nach der Naturalisierung in Frankreich zum Exil in die USA zwingt, selber in die Unordnung der Dinge. Leiden und Trauer erhalten existentielle Bedeutung. Das Exil gibt aber auch ein höheres Maß an Freiheit zum religiösen Denken und Bekennen. Vor allem Kierkegaards Schriften, die er ab 1935 im Pariser Exil las, wurden zum Remedium seiner Religiosität, zur Rückenstärkung für den lange unter dem Atheismus-Postulat der Moderne sich beugenden *homo religiosus* Döblin. Denn Döblin hatte sich geradezu mäandrisch auf diesen Durchbruch hin entwickelt. Drei Erlebnisse, in ihrer Vergleichbarkeit von mystisch-symbolhafter Bedeutung, sind für ihn prägend:

1904 berichtet er Else Lasker-Schüler in einem Brief von einem Besuch des Freiburger Münsters, während dem ihn beim Anblick des leidenden Christus am Kreuz ein „Kreaturgefühl" befallen habe, das ihn zwang, über das „Unbegreifliche" und „Dunkle" der „ganzen Erdenangelegenheit" zu reflektieren und zu beten. Doch distanzierend schließt er den Brief mit der Bitte, sie möge ihn nur ja nicht „katholisch mißverstehen".[47]

1924 holt ihn dieses Erlebnis, wie dargestellt, beim Anblick des Schmerzensmannes Christus auf dem Altar des Veit Stoß in der Krakauer Marienkirche wieder ein. Auch hier erfasst es ihn in seiner ganzen Person: „ein Christus am Kreuz, ungeheuer".[48] Alle historischen Eroberungsaktionen scheinen aus der Christusgestalt herauszubluten. Fasziniert treibt es ihn immer wieder in die Marienkirche und vor das Kruzifix. Ihm widmet er das Motto seines Kapitels über Krakau: „Der mächtigen Realität habe ich mein Herz zugewandt, dem toten Mann, dem Hingerichteten am Holz über den Betenden. – Die Elektrische ist nicht realer, als was ich fühle."[49] Doch vorerst bleibt Christus historisch-paradigmatisch. Dies ändert sich erst durch die fundamentale existentielle Angst und Betroffenheit, die er während des Krieges durchlitt.

1940 wurde für Döblin zu einem Schicksalsjahr. Der fanatische Familienvater, der aus seiner problematischen Ehe nur deshalb nicht ausgebrochen war, weil er seinen vier Söhnen das für ihn selber prägende Schicksal, das er als Zehnjähriger verkraften musste, als der Vater die Familie verließ, ersparen wollte, irrte völlig abgeschnitten und ohne Nachricht von seinen Angehörigen in Frankreich suchend umher. In der Kathedrale von Mende vollzieht sich, angesichts des Kruzifixes, seine innerliche Konversion im Erlebnis der Ekstase. Wie Kierkegaard empfand Döblin sein Got-

---

47 Alfred Döblin an Else Lasker-Schüler, 1904. In: Briefe (Anm. 4), S. 26.
48 Döblin: Reise in Polen (Anm. 24), S. 255.
49 Ebd., S. 253.

teserlebnis als ‚Sprung aus dem Sein', begriff die völlige Preisgabe des Ich an Gott. „Nackt wie Robinson liege ich am Strand", sieht sich zum ersten Mal in seinem Leben der „Wahrheit" ausgeliefert: „Oh diese Wahrheit: Schmerzen, gekreuzigt – ja, diesen Himmel trägt man in sich." Er nähert sich in Demut dem Schmerzensmann, der er zugleich selber ist, dem „Ich", dem man in Demut nahen muß. Ausdruck der Demut ist das Gebet: „Es ist unmöglich, den ‚Ewigen Urgrund' zu empfinden. [...] Als menschliche Personen erleben wir die Welt. Wenn wir dann die Wahrheit an uns heranziehen, so bekennen wir, indem wir den Kopf stumm und ehrfürchtig senken: ‚Gott', – und indem wir den Kopf heben: ‚Jesus'".[50]

Mit der religiösen Ausrichtung seiner Naturphilosophie, der im amerikanischen Exil 1941 die offizielle Konversion zum Katholizismus folgte, erhält auch seine Ästhetik einen „frommen Zug", wird „Gebet", wie Döblin im autobiographischen Exilbericht *Schicksalsreise*, in dem auch das Konversionserlebnis beschrieben wird, sein Werk rückblickend nennt. Sie gewinnt Gestalt in der Romantrilogie *November 1918*, in der Rosa Luxemburg als *mater dolorosa* stilisiert und der Protagonist Becker Döblins an Kierkegaard ausgerichteten Akt der Gotteserkenntnis nachvollzieht. Mit seinem Spätwerk führt Döblin einen Prozess gegen den Atheismus und versucht, die aufgeklärte, vorgeblich humanistische, doch letztlich aggressiv-kriegerische, bellizistische Moderne nach der sich soeben vollziehenden Rebarbarisierung aus dem Geiste der verworfenen Religion über sich selber aufzuklären.

In diesem Sinne hat Döblin seinen Roman *Hamlet oder Die lange Nacht nimmt ein Ende*, in dem sich die Kriegsthematik verdichtet, als programmatischen Gegenentwurf verstanden. Der psychoanalytische Roman drang in *die* Tiefenschichten vor, in denen die Voraussetzungen für *jeden* Krieg erkennbar waren.

Der Roman ist im Vergleich mit dem gesamten Prosawerk des Autors, in dem historische, mythische oder topographische Großräume ausgebreitet werden, ein Kammerstück in der Erzähltradition des *Decamerone*, und, von Döblin selbst betont, den *Erzählungen aus 1001 Nacht*.

In einem englischen Landhaus trifft eine kleine, gebildete Gesellschaft aufeinander. Die dominanten Figuren sind der Schriftsteller Gordon Allison, seine Frau Alice Mackenzie und der Sohn Edward, der, nachdem er bei einem japanischen Kamikaze-Angriff auf ein englisches Kriegschiff ein Bein verloren hat, an einem Kriegstrauma leidet, von dem ihn Dr. King durch eine Erzähltherapie im elterlichen Haus heilen will. Doch das Geschehen widerlegt die oberflächenhaft psychologisierende Absicht Dr. Kings, die „Bombe fiel weiter".[51] Den Personen eignet eine je eigene Kriegstheorie, angefangen bei Gordon Allison, dem „Eskapisten",[52] ja Hedonisten, ein „durch sein Fett auseinandergeratener Mann, der dafür hielt, daß Kriege, im Lichte der Weltgeschichte gesehen, sich von Zeit zu Zeit unter Menschen ereignen wie Grip-

50 Ebd., S. 214.

51 Alfred Döblin: Hamlet oder Die lange Nacht nimmt ein Ende. München 1987 (Werkausgabe in Einzelbänden), S. 24.

52 Ebd., S. 33.

pe, Typhus, Scharlach, gegen die man ja auch kein Kraut gefunden hätte."[53] Die erzählten Geschichten, höchst subtile Variationen und Widerlegungen mythologischer, historischer und literarischer Stoffe, entlarven, indem sie verschleiern, nicht die Schuldigen am Kriegsgeschehen, sondern dringen in tiefere Seinsschichten vor: das Trauma der Familie, den Krieg der Partner, die Unordnung der Dinge im engsten partnerschaftlichen Bereich. Verbindend wirkt die Geschichte von Lord Crenshaw, des unstet Reisenden, der nicht ankommt, weil er nicht weiß, wohin er will. Darum aber geht es: bei sich selber ankommen durch einen Erkenntnisprozess, durch Arbeit an sich selbst, die, mit der notwendigen Konsequenz betrieben, die entsprechende Disposition schafft: *Wissen und Verändern*, gemäß der 1931 erschienen Programmschrift, die Döblin als *Offene Briefe an einen jungen Menschen* für den damaligen, ihn um Lebenshilfe bittenden Studenten und späteren Kunstkritiker und Essayisten Gustav René Hocke verfasst hatte.

Edward, ausgestattet mit dem Kierkegaard'schen Verlangen nach Wahrheit und Redlichkeit und der Hamletfrage „Woher alles gekommen ist", erlebt sich auch als Edward der schaurig düsteren, von Herder wiederentdeckten Volksballade mit der eindringlichen Befragung der Mutter, die zugleich auch der Selbstbefragung des lyrischen Ich dient: „Dein Schwert, wie ists von Blut so rot? Edward, Edward!" Tatsächlich war er bereit, den Rachegelüsten der Mutter gegen den Vater das blutige Schwert zu liefern. Er zeigte sich ebenso kriegslüstern wie die Eltern, deren Rollen er zunehmend durchschaut. Aus dem Fragenden, Abrechnenden wird der Schuldige, der im Trauma der Kriegsverletzungen seine Kindheitsneurose erkennen muss. Die Trauerarbeit, die Edward leistet, bevor die „lange Nacht", die Nacht der Lügen und des Todes, ihn in ein neues Leben entlässt, vollziehen Gordon und Alice erst nach der Eskalation gegenseitiger Verletzungen und nach Alices Ausbruch in eine Welt hemmungsloser Prostitution und Promiskuität. Beide durchleben die Hölle, um angesichts des gewaltsamen Todes von Gordon, den er im Kampf um die Wiedergewinnung von Alice erleidet, endgültig zueinander zu finden, aufgehoben nicht nur in der Harmonie gegenseitiger Liebe, sondern auch in der Liebe Gottes. Das gemeinsam gesprochene Vaterunser ist zugleich Liebes- und Gottesbekenntnis.

Die *ordo amoris*, die mit Gott und Christus als das miteinander verknüpfte Alte und Neue Testament und verbindendes Weltgesetz gegeben ist, beginnt in der gewaltfreien, auch erotisch gleichberechtigten Begegnung von Mann und Frau und setzt sich in Familie und Haus als erfahrbaren Ebenen des Lebens fort. Das in der Geschichte dominierende, männlich beherrschte Weltbild, das den *Wallenstein*-Roman prägte, ist endgültig überwunden.

Döblin hat mit diesem Roman die Erkenntnisse seiner Erforschung der Ursachen des Krieges umgesetzt und gleichzeitig den Weg aufgezeigt, der aus jeder kriegerischen Verstrickung herausführen sollte. Auch der Roman *Doktor Faustus* ist das Ergebnis einer Ursachenforschung. Doch hier wird ein ganz anderer Zusammen-

---

53 Ebd., S. 30.

hang hinterfragt. Der ahistorisch-psychoanalytischen Sichtweise Döblins begegnet in Mann die historische Perspektivierung. Sie richtet sich konkret auf die Genese des Faschismus, der sich als Konsequenz einer fehlgelaufenen Geistesgeschichte erweist. Das ‚Dritte Reich' konnte auf eine Kultur deutscher Innerlichkeit bauen, der das soziale, gar gesellschaftliche Moment immer schon suspekt war und die damit anfällig machte für die Reize eines bis zum barbarischen Extrem getriebenen Irrationalismus. Die Geschichte dieser Verschwisterung des Geistes mit dem Dämonischen verdichtet sich allegorisch in der Figur des Musikers Adrian Leverkühn: In seinem düsteren Schicksal spiegelt sich zugleich die Tragödie des in Mord und Totschlag versunkenen Deutschland. Dass diese abgründige Parallelgeschichte von dem rational-humanistisch gesinnten Erzähler Zeitblom berichtet wird, hat Thomas Mann selbst bekanntlich mit dem Hinweis auf die dadurch ebenso mögliche wie notwendige „Durchheiterung" dieser Unheilschronik erklärt. Ihr Gelingen wird man allerdings bezweifeln dürfen. Denn Zeitbloms moderat-aufklärerische Gesittung steht nicht nur für das Alternativmodell einer moralisch integren Geisteskultur, sie steht auch für deren Scheitern, das heißt für den im Angesicht des radikal Bösen ohnmächtigen Idealismus des klassischen Humanitätsprogramms. Auch dieser Roman endet mit einem Gebet, freilich einem ganz anderen als dem des *Hamlet*-Romans. Zeitblom bleibt am Ende nur der Verzweiflungsschrei eines zutiefst in seiner Existenz und Identität getroffenen Erzählers: „Wann wird aus letzter Hoffnungslosigkeit, ein Wunder, das über den Glauben geht, das Licht der Hoffnung tagen? Ein einsamer Mann faltet seine Hände und spricht: Gott sei euerer armen Seele gnädig, mein Freund, mein Vaterland".[54]

Thomas Manns Roman war auch ein Roman der Trauer und des Bekenntnisses der Ohnmacht der Geistigen, die ihr Werk und ihr persönliches Engagement als Dienst am Gedanken einer von geistiger Toleranz, sozialer Gerechtigkeit und politischer Demokratie bestimmten Menschlichkeitskultur verstanden hatten. Der vorsichtige Rückzug des Künstlers auf sich selbst, wie ihn Mann 1952 mit dem Aufsatz *Der Künstler und die Gesellschaft* andeutet, lag in dieser Konsequenz.

Vom „Erkennen" zu einem der „vielerlei Kriege". Zu einem lebensprägenden Paradoxon bei Döblin

Gegen Zeitbloms Verzweiflungsgebet am Ende des *Doktor Faustus* steht, wie angedeutet, das Liebes- und Gottesbekenntnis im *Hamlet*-Roman. Zwei Fragende, zwei Antworten: beide Romane eröffnen gerade in ihrer jeweiligen literarischen Subtilität Einsichten in historische *und* seelisch-psychische Zusammenhänge. Wir können es bei der Analyse der unterschiedlichen Entwicklungen der beiden Autoren belassen, konstatieren, dass ihr Lebensweg und die Entwicklung ihrer Literatur sie eher wei-

54 Thomas Mann: Gesammelte Werke in dreizehn Bänden. Bd. VI: Doktor Faustus. Das Leben des deutschen Tonsetzers Adrian Leverkühn erzählt von einem Freunde. Frankfurt/M. 1974, S. 676.

ter voneinander entfernt als zusammenbringt, die Bandbreite des epischen Schaffens bewundern und mit Lust und Gewinn rezipieren, wenn nicht Döblin dies auf seine eigene Art erschwert hätte. Möglicherweise liegt hier der Grund für die Kommunikationslosigkeit zwischen den Lagern. Döblins Position schlug um ins Ideologische. Sein demütiges Gottesbekenntnis geriet ihm zu jenem Hochmut, den er zuvor als grässliches Übel erkannt hatte. Er inszenierte einen Krieg des religiösen Fundamentalismus gegen den letztlich säkularen, in jedem Falle aber undogmatischen Humanismus Thomas Manns und begann damit einen ganz neuartigen der „vielerlei Kriege", die sein Lebenswerk mitbestimmen. Die „Bombe fiel" an Döblins 65. Geburtstag, 1943.

Thomas Mann hatte im Umgang mit Döblin lebenslang nicht nur die Regeln der bürgerlichen Höflichkeit eingehalten, sondern ihn gerade zu diesem Fest im Exil in einer Festschrift als Erneuerer des Romans und „Sänger in ewig-epischem Sinne des Wortes"[55] gelobt. Döblin seinerseits hatte Thomas Mann entweder ignoriert oder dessen Literatur polemisch abgeurteilt als „Kunst-Kunst" und typischen „Spaß der gutsituierten Leute".[56] Nun degradierte er ihn zum Objekt eines Person und Werk umfassenden Fundamentalangriffs, einer exemplarisch an Mann geübten Intellektuellenschelte. Brecht hat Döblins Dankesrede in seinem *Arbeitsjournal* kommentiert als „rede gegen moralischen relativismus und feste maße religiöser art", mit denen er „die irreligiösen gefühle der meisten feiernden verletzte".[57] Brecht lässt es sich nicht nehmen, die weitere Zuspitzung genüsslich auszumalen: Döblin ging noch weiter und wendete das Geständnis der Mitschuld am Aufstieg der Nazis, das, so Brecht, „wohl von allen geteilt worden wäre", in fataler Weise gegen Thomas Mann. Ostentativ habe er sich zu ihm in die erste Reihe hinunter gebeugt „'sagten nicht Sie, herr thomas mann, er sei wie ein bruder, ein schlechter natürlich" – er meinte Thomas Manns Aufsatz *Bruder Hitler* –, um dann am Ende, so Brecht, „verstockt, unbußfertig, ohne reue" fortzufahren, den Grund exemplarisch bei sich festmachend: „weil ich nicht gott suchte".[58] Damit hatte sich Döblin, inzwischen zum Gottsucher und -bekenner bekehrt, im Nachhinein exkulpiert, während er Thomas Mann sozusagen unerlöst zurückließ. Thomas Mann konnte den Relativismus-Vorwürfen und der Absolutheitsforderung gegenüber nicht anders als irritiert begegnen, und so suchte er sich, wie er Wilhelm Herzog schrieb, „mit meiner protestantisch-humanistischen

55 Thomas Mann an Alfred Döblin zum 14. August 1943. In: Alfred Döblin 1878–1978. Eine Ausstellung des Deutschen Literaturarchivs im Schiller-Nationalmuseum, Marbach am Neckar; Schiller-Nationalmuseum, Marbach am Neckar, 10. Juni bis 31. Dezember 1978, Stadthaus Zürich, 21. März bis 28. April 1979, Akademie der Künste Berlin, 24. Mai bis 1. Juli 1979. Ausstellung und Katalog Jochen Meyer. In Zusammenarbeit mit Ute Doster. 4., veränd. Aufl. Marbach am Neckar 1998 (Marbacher Kataloge 30), S. 412.

56 Alfred Döblin: Ich prüfe und befrage mich. In: Ders.: Autobiographische Schriften und letzte Aufzeichnungen, Schicksalsreise, erstes Buch „Europa ich muß dich lassen, Teil 2: „Gestrandet". Hg. v. Edgar Pässler. Olten 1980, S. 210.

57 Bertolt Brecht: Arbeitsjournal. Hg. v. Werner Hecht. Frankfurt/M. 1973, Bd. 2, S. 605.

58 Ebd.

Tradition zu drücken".[59] Döblin hatte die Grenzen der Kritik überschritten. Selbst der Freund Brecht distanzierte sich. Dessen Reaktion bringt uns an den Ausgangspunkt unserer Überlegungen zurück.

Hatte Brecht seine und Döblins geistige Distanz zu Thomas Mann in der Zeit der Weimarer Republik auf 3000 Jahre taxiert, konkretisiert Brecht nun seinerseits die neue Distanz zu Döblin im Gedicht *Peinlicher Vorfall*[60] und rückt das Geburtstagskind in eine geradezu kosmische Zeitdimension: „Als einer meiner höchsten Götter seinen 10.000 Geburtstag feierte", heißt es dort zu Beginn, bevor er sich über Döblins „herausfordernd" aufgesetzten „motten-zerfressenen Pfaffenhut" und dessen „Erleuchtung" lustig macht, um am Ende seine Scham über den abtrünnigen Freund zu bekennen.

Schließlich wendete Döblin sich also gegen sich selbst und brachte damit seine Literatur ebenfalls in Misskredit. Am Ende von Döblins Leben und Werk steht eine Ideologisierung, wie sie für Thomas Manns Frühwerk galt. Nun begeht Döblin jenes *sacrificium intellectus*, das Thomas Mann weit hinter sich gelassen hatte. Doch unsere Bereitschaft, diesen Verrat am Geist im Fall Thomas Manns im Hinblick auf das Gesamtwerk zu relativieren, sollte auch für Döblin gelten. Sein Werk verdient zweifellos die Beachtung, die wir Thomas Mann zu schenken bereit sind.

Kommen wir noch einmal zur Ausgangsthese zurück: Thomas Mann und Alfred Döblin verkörpern zwei Möglichkeiten einer intellektuellen Biographie im 20. Jahrhundert. So sehr Döblin, dem hier in besonderer Weise unsere Aufmerksamkeit galt, teil hatte an diesen Diskursen, hat es doch Thomas Mann geschafft, unsere heutigen Diskurse zu dominieren. Doch gerade in der gegenseitigen Befruchtung, die sich in einem vergleichenden Blick ergibt, liegt die Möglichkeit, den „vielerlei Kriegen", die das vergangene Jahrhundert ausmachten, die notwendige Anschaulichkeit divergenter Welt- und Denkbilder nachzuliefern.

---

59 Thomas Mann an Wilhelm Herzog, 20. August 1943. In: Thomas Mann: Briefe 1937–1947. Hg. v. Erika Mann. Frankfurt/M. 1963, S. 330.

60 Bertolt Brecht: Peinlicher Vorfall. In: Gesammelte Werke. Hg. v. Suhrkamp Verlag in Zusammenarbeit mit Elisabeth Hauptmann. Bd. 10. Frankfurt/M. 1967, S. 861f.

Norbert Conrads

Die verlorene *Germania Judaica*
Ein Handbuch- und Autorenschicksal im Dritten Reich

Das noch immer unvollendete Handbuch *Germania Judaica* gilt als eines der grundlegenden Werke zur jüdischen Geschichte in Deutschland.[1] Als die Arbeiten daran 1903 aufgenommen wurden, geschah es in der Zuversicht, sie in absehbarer Zeit abschließen zu können. Aber noch während der Drucklegung der letzten Bögen des ersten Bandes 1934 hatten die Nationalsozialisten die Macht übernommen. Mit den Nürnberger Gesetzen begann die Diskriminierung jüdischen Lebens und jüdischer Kultur; ihnen folgte der Entschluß zur planmäßigen Vernichtung der europäischen Juden. Dazwischen aber blieben einige Jahre der Ungewissheit und des Ausharrens, ob dieses Regime und seine Gefolgschaft noch einmal zur politischen und humanitären Vernunft zurückfinden würden. In dieser Zeit bemühten sich die in der *Reichsvertretung der deutschen Juden*[2] zusammengeschlossenen jüdischen Vereinigungen und Gemeinden, das kulturelle Leben und die wissenschaftlichen Vorhaben nach Möglichkeit aufrechtzuerhalten. Die Fortsetzung der *Germania Judaica* gehörte dazu.

Bisher glaubte man, die Arbeiten an der *Germania Judaica* seien bald nach dem Novemberpogrom 1938 abgebrochen oder unmöglich geworden.[3] Man erinnerte sich, dass damals viele Manuskripte verloren gingen. Ebenso ging offenbar auch die Kenntnis über die letzten Jahre und Schicksale der *Germania Judaica* verloren. Der tatsächliche Ablauf war ein anderer als bisher angenommen. Die *Germania Judaica* wurde nämlich unter schwierigsten Bedingungen fortgeführt. Die Arbeiten am zweiten Band erfolgten mithin in einer Zeit, in der viele jüdische Gemeinden durch Auswanderung dezimiert wurden oder ganz erloschen. Manche der für die Mitarbeit

1 Von der Germania Judaica erschienen bisher 3 Bände in 6 Teilen, die inhaltlich den Zeitraum von den Anfängen bis zum Spätmittelalter (1519) behandeln. Ismar Elbogen, Aron Freimann, Haim Tykoczinski (Hg.): Germania Judaica. Bd. 1. Breslau 1934, Nachdruck Tübingen 1963; Zvi Avneri (Hg.): Bd. 2 in 2 Teilen. Tübingen 1968; Arye Maimon, Mordechai Breuer, Yacov Guggenheim (Hg.): Bd. 3 in 3 Teilen. Tübingen 1987–2003.

2 Vgl. Esriel Hildesheimer: Jüdische Selbstverwaltung unter dem NS-Regime. Der Existenzkampf der Reichsvertretung und Reichsvereinigung der Juden in Deutschland. Tübingen 1994 (Schriftenreihe wissenschaftlicher Abhandlungen des Leo Baeck Instituts 50).

3 So noch zuletzt Edward Peters: „Settlement, Assimilation, Distinctive Identity". A Century of Historians and Historiography of Medieval German Jewry, 1902–2002. In: Jewish Quarterly Review 97/2 (2007), S. 237–279. Ebenso Robert Jütte: Die Emigration der deutschsprachigen „Wissenschaft des Judentums". Die Auswanderung jüdischer Historiker nach Palästina 1933–1945. Stuttgart 1991, hier S. 19f.; Ursula Reuter: Lebenswelt und Alltagskultur der Wormser Juden im frühen 17. Jahrhundert. Aus der Arbeit des deutsch-israelischen Forschungsprojekts Germania Judaica IV. In: Der Wormsgau 24 (2005/06), S. 21–31; hier S. 22. Ursula Reuter, die an der Düsseldorfer Arbeitsstelle der *Germania Judaica IV* arbeitet, danke ich für manchen anregenden Hinweis.

Berichte und Forschungen 15 (2007), S. 215–254

gewonnenen Autoren mussten Deutschland verlassen. Die verbleibenden Mitarbeiter waren durch Benutzungsverbote öffentlicher Bibliotheken und Archive in ihrer Forschung massiv behindert.

Zu den vergessenen Autoren der letzten Stunde gehört der Breslauer Historiker Willy Cohn (1888–1941).[4] Seine kürzlich veröffentlichten Tagebücher vermitteln neue Einblicke in die Arbeit an der *Germania Judaica*, für die Cohn seit 1939 mehr als sechzig Beiträge schrieb und redigierte.[5] Die Tagebücher wiesen auch die Spur zu dem jetzt aufgefundenen Beitrag *Breslau*, dem einzig erhaltenen *Germania-Judaica*-Artikel Cohns. Er kommt am Ende dieses Aufsatzes zum Abdruck. Die nachfolgenden Darlegungen machen deutlich, wie sehr die über hundertjährige Geschichte des Handbuchs *Germania Judaica* inzwischen selbst einer Untersuchung wert ist.

Am Ende des 19. Jahrhunderts befand sich das deutsche Judentum in einem kulturellen Aufbruch. Das entsprach seiner wachsenden Bedeutung in allen gesellschaftlichen Bereichen. Es war die Zeit nach Beendigung des Kulturkampfes, aus dem die christlichen Konfessionen mit neuem Selbstbewusstsein heraustraten, was an ihren zahlreichen neuen Vereinigungen und Publikationsorganen abzulesen war. Dem Judentum fehlten vergleichbare Organisationsformen, um mit dieser Entwicklung Schritt zu halten. Deshalb fand der Aufruf des Glogauer Rabbiners Leopold Lucas (1872–1943)[6] zur Gründung einer „Gesellschaft zur Förderung der Wissenschaft des Judentums" in der jüdischen Öffentlichkeit so breite Unterstützung und rasche Umsetzung.[7] Kurz nach ihrer Gründung am 2. November 1902 faßte die Gesellschaft bereits im Frühjahr 1903 umfangreiche Beschlüsse über ihr zukünftiges Forschungsprogramm. Dazu gehörte das höchst ambitionierte Vorhaben für einen „Grundriß der Gesamtwissenschaft des Judentums".[8] Innerhalb dieses Gesamtkonzeptes sollte auf Vorschlag des Breslauer Historikers Markus Brann (1849–1920) auch ein Handbuch entstehen, das ähnlich wie die 1897 vom Augsburger Rabbiner Heinrich Gross (1835–1910) vorgelegte *Gallia Judaica*[9] auch für Deutschland ein topographisch-historisches Nachschlagewerk zur jüdischen Geschichte darbot. Eine solche auf drei Bände veranschlagte *Germania Judaica* sollte einen vollständigen kommentierten

---

4 Über Willy Cohn vgl. dessen Autobiographie und die dort zu findende Einleitung. Willy Cohn: Verwehte Spuren. Erinnerungen an das Breslauer Judentum vor seinem Untergang. Hg. v. Norbert Conrads. Köln 1995 (Neue Forschungen zur schlesischen Geschichte 3).

5 Willy Cohn: Kein Recht, nirgends. Tagebuch vom Untergang des Breslauer Judentums 1933–1941. Hg. v. Norbert Conrads. 2 Bde. Köln 2006, 3. Aufl. 2007 (Neue Forschungen zur schlesischen Geschichte 13). Im folgenden mit Tages- und Seitenangabe zitiert als „Tgb. Cohn".

6 Margret Heitmann: „Sie wirken in einer Gemeinde, die einen historischen Namen besitzt". Zu Leben und Werk des letzten Glogauer Rabbiners Leopold Lucas (1872–1943). In: Matthias Weber, Carsten Rabe (Hg.): Silesiographia. Stand und Perspektiven der historischen Schlesienforschung. Festschrift für Norbert Conrads zum 60. Geburtstag. Würzburg 1998 (Wissenschaftliche Schriften des Vereins für Geschichte Schlesiens 4), S. 105–117.

7 Henri Soussan: The Gesellschaft zur Förderung der Wissenschaft des Judentums, 1902–1915. In: Leo Baeck Institute. Year Book 46 (2001), S. 175–194.

8 Vgl. Monatsschrift für Geschichte und Wissenschaft des Judentums 48 (1904), S. 60–63.

9 Heinrich Gross: Gallia Judaica. Dictionnaire géographique de la France d'après les sources rabbiniques. Traduit par Moise Bloch. Paris 1897. Neudruck Amsterdam 1969.

Nachweis aller Orte enthalten, an denen Juden je ansässig waren, und zwar zunächst für die Zeit von den Anfängen bis zum Wiener Kongress von 1815.

Leitung und Organisation des ersten Bandes lagen in den Händen des Breslauer Historikers Markus Brann, der wohl das Ausmaß des Aufwandes unterschätzt hatte. Als dann noch der Erste Weltkrieg den Fortgang beeinträchtigte, entschloss sich Brann zur Teilung des Bandes, dessen erste Hälfte 1917 erschien.[10] Bei Branns Tod 1920 war auch die zweite Hälfte des Bandes druckfertig, doch ging dieses Manuskript seltsamerweise verloren. Es war der erste Schlag auf dem „Leidensweg" der *Germania Judaica*. Unter der Redaktion der drei Historiker Ismar Elbogen, Aron Freimann und Haim Tykoczinski mußten die Arbeiten teilweise neu aufgenommen werden, was noch einmal 17 Jahre benötigte. Beide Teilhälften wurden 1934 zu einem geschlossenen Band zusammengefügt,[11] dessen Vorwort die Entstehungsgeschichte schilderte. Die Herausgeber verzichteten aber darauf, diesen Band als ersten Band zu beziffern. Angesichts der 1933 eingetretenen politischen Entwicklung waren sie voller Skepsis: „Über die Fortführung kann zur Zeit noch nichts gesagt werden. Wir hoffen, in günstigeren Zeiten an die Weiterführung der Arbeit herangehen zu können, im Augenblick übersteigt sie die Leistungsfähigkeit der Gesellschaft".[12]

Am Jüdisch-Theologischen Seminar in Breslau war man etwas optimistischer. 1936 schlug Rabbiner Nachum Wahrmann (1895–1961) der „Gesellschaft zur Förderung der Wissenschaft des Judentums" vor, die Arbeit wieder aufzunehmen.[13] Die Mitgliederversammlung stimmte dem mit der Einschränkung zu, den zu bearbeitenden Zeitraum auf das Jahrhundert zwischen Friedrich II. 1238 und dem Auftreten des Schwarzen Todes 1349 zu beschränken. Alle anderen Vorhaben der Gesellschaft wurden zugunsten der *Germania Judaica* zurückgestellt. Zweifellos war es eine Mischung aus Aufbegehren gegen den herrschenden Antisemitismus und dem Wunsch nach historischer Aufarbeitung, solange solches möglich war, die noch einmal alle Kräfte belebte. In Berlin wurde ein Redaktionsbüro eingerichtet, das von Ernst Fraenkel und Hilde Ottenheimer geführt wurde. Vom Sommer 1936 bis zur Reichspogromnacht 1938 trafen „mehrere Hundert" Artikel im Redaktionsbüro in Berlin ein.

Das Pogrom und die Schikanen der anschließenden Monate schienen das endgültige Aus für die *Germania Judaica* gebracht zu haben. So berichtete es Zvi Avneri (1901–1967), der spätere Herausgeber des zweiten Bandes. Redaktionssekretär Ernst Fraenkel und die meisten Mitarbeiter waren ausgewandert. Von Hilde Ottenheimer war ihm bekannt, dass sie alsbald in einem Konzentrationslager starb. „Kurz

---

10 Germania Judaica von den Anfängen bis zum Jahr 1238 (A – L). Hg. v. Markus Brann. Frankfurt 1917.

11 Germania Judaica, nach dem Tode von M. Brann hg. v. I[smar] Elbogen, A[ron] Freimann, H[aim] Tykoczinski. Von den ältesten Zeiten bis 1238. Breslau 1934.

12 Ebd., Vorwort, S. XIV–XV.

13 Über diese Entwicklung berichtet der spätere Herausgeber des 2. Bandes Zvi Avneri in seinem Aufsatz: Germania Judaica. In: Bulletin des Leo Baeck Instituts 1 (1957/58), S. 111–116. Ferner noch einmal Zvi Avneri im Vorwort zu Germania Judaica. Bd. 2: Von 1238 bis zur Mitte des 14. Jahrhunderts, 1. Halbbd. Tübingen 1968, S. IX–XIII.

vor Ausbruch des 2. Weltkrieges [d. h. vor dem 1. September 1939] wurde das Büro der Gesellschaft von der Gestapo geschlossen und alles dort befindliche Material beschlagnahmt, darunter die von Aron Freimann und Adolf Kober redigierten Artikel der *Germania Judaica*. Trotz aller Bemühungen ist es bis heute [1958] nicht möglich gewesen, sie wieder aufzufinden".[14] Zvi Avneri glaubte auch zu wissen, dass es das Rosenbergsche „Institut für Rassenforschung" gewesen sei, das die Manuskripte an sich nahm, wo sie schließlich verloren gingen.[15] Wenn die bisherigen Arbeiten dennoch nicht vergebens waren, dann war es der Umsicht des letzten Vorsitzenden der „Gesellschaft zur Förderung der Wissenschaft des Judentums", Eugen Mittwoch (1876–1942), zu verdanken. Er hatte die „meisten Artikel (schätzungsweise etwa 80%) in unkorrigierten Exemplaren", so Avneri, 1939 bei seiner Emigration nach London mitnehmen können. Dieses gerettete Material kam 1954 nach Jerusalem und erlaubte es Zvi Avneri, dort die Arbeit am zweiten Band wieder aufzunehmen und die fehlenden Artikel hinzuzufügen. Der Band erschien 1968.[16]

Diese bisherige Darstellung läßt sich so durch die Tagebücher Willy Cohns nicht bestätigen. Zvi Avneri, der unter seinem deutschen Namen Hans Lichtenstein noch in Band 1 der *Germania Judaica* genannt ist, scheint über den Werdegang des zweiten Bandes nur vage informiert gewesen zu sein, da er bereits 1931 auswanderte.[17] Hilde Ottenheimer (1896–1942) starb nicht 1938/39, sondern im Oktober 1942[18], sie korrespondierte noch bis November 1941 mit Willy Cohn. Und Leo Baeck hatte nicht nur von Amts wegen ein „großes Interesse für die Germania Judaica gezeigt",[19] sondern wurde in den Jahren 1939 bis 1941 immer mehr der eigentliche Leiter des Vorhabens. Die bisherige „Gesellschaft zur Förderung der Wissenschaft des Judentums" bestand, sicherlich in reduzierter Form, noch fort, bis Willy Cohn Anfang Juni 1940 notierte, die „Gesellschaft" sei „jetzt [eine] Forschungsabteilung der Lehranstalt geworden".[20] Des weiteren darf man bezweifeln, dass es bereits 1938/39 zum Verlust der bisher verfertigten *Germania-Judaica*-Artikel kam. Das hätte Cohn als regelmäßiger Mitarbeiter und Korrespondent Leo Baecks sicherlich erwähnt. Vielmehr konnte sich Leo Baeck noch im Sommer 1941 mit der Redaktion älterer Beiträge zu

---

14 Ders.: Germania Judaica (Anm. 13), S. 115.

15 Ders.: Vorwort zu Germania Judaica, Bd. 2 (Anm. 13), S. X. Alfred Rosenberg war zwar ein Chef-theoretiker der NS-Rassenideologie, aber sein Institut hieß „Institut zur Erforschung der Judenfrage", und dessen Gründung erfolgte erst im März 1941 in Frankfurt am Main. Vgl. Tgb. Cohn 29. 3.1941 (S. 920).

16 Zvi Avneri (Hg.): Germania Judaica, Bd. 2: Von 1238 bis zur Mitte des 14. Jahrhunderts. 2 Halbbde. Tübingen 1968.

17 Irene Kaufmann: Die Hochschule für die Wissenschaft des Judentums (1872–1942). Berlin 2006 (Jüdische Miniaturen 50), S. 51.

18 Biographische Angaben zu Hilde Ottenheimer bei Hermann Simon: Bislang unbekannte Quellen zur Entstehungsgeschichte des Werkes „Die Entwicklung der Rechtsstellung der Juden in Europa, vornehmlich in Deutschland". In: Georg Heuberger, Fritz Backhaus (Hg.): Leo Baeck 1873–1956. Aus dem Stamme von Rabbinern. Frankfurt/M. 2001, S. 103–110; hier S. 109, Anm. 7. Hilde Ottenheimer wurde danach am 19. Oktober 1942 nach Riga deportiert und dort ermordet.

19 Zvi Avneri: Germania Judaica (Anm. 13), S. 115.

20 Tgb. Cohn 8. 6. 1940 (S. 805).

Thüringen und anderen Orten befassen und Cohn in Breslau mit deren Überarbeitung beauftragen. Und die schlesischen oder böhmischen Beiträge waren 1939 offenbar noch gar nicht geschrieben. Was Eugen Mittwoch bei seiner Emigration nach London mitnahm, dürfte in etwa dem Arbeitsstand des Jahres 1939 entsprochen haben. Alles spricht dafür, dass an der *Germania Judaica* bis zur Schließung der Lehranstalt für die Wissenschaft des Judentums am 19. 6. 1942 weitergearbeitet wurde. Was danach mit den erarbeiteten Manuskripten geschah, ist eine offene Frage.

Willy Cohn gehörte nicht zu den ersten Mitarbeitern der *Germania Judaica*, denn diese Aufgabe war, was Schlesien betrifft, eigentlich den hauptamtlichen jüdischen Historikern in Breslau zugedacht. Cohn hatte sich nur gelegentlich mit dem Breslauer Judentum befasst. Dem Vorhaben der *Germania Judaica* galt aber schon lange seine Sympathie. Er hatte Markus Brann noch persönlich gekannt und ihm 1931 einen Lebensabriss gewidmet, in dem Branns Bedeutung für die *Germania Judaica* hervorgehoben wurde.[21] Er vergaß dabei nicht, die bevorstehende Vollendung des ersten Bandes zu erwähnen. Als dieser 1934 erschien, beeilte sich Cohn, das Werk für eine Fachzeitschrift zu rezensieren.[22] 1939, als das Jüdisch-Theologische Seminar geschlossen war und Cohn bereits für die *Germania Judaica* arbeitete, durfte er „einige der sehr wichtigen Schriften von Brann" an sich nehmen.[23] Und schließlich gehörte Cohn 1941 zu den letzten, die Branns wissenschaftlichen Nachlass zu betreuen hatten.[24]

Das Novemberpogrom von 1938 hatte auch die große Breslauer Judenheit zutiefst erschüttert.[25] Unter den vielen, die jetzt von den Nazis zur Emigration genötigt wurden, befanden sich auch die Breslauer Mitarbeiter der *Germania Judaica,* Gemeindearchivar Bernhard Brilling (1906–1987) und Rabbiner Louis Lewin (1868–1941).[26] Ihr Weggang hinterließ eine Lücke in den Berliner Planungen, weshalb die „Gesellschaft zur Förderung der Wissenschaft des Judentums" im April 1939 an Willy Cohn herantrat, ob er „größere Arbeiten für die Germania Judaica" übernehmen wolle.[27] Cohn hatte sich offenbar durch seine Artikelfolge zu den jüdischen Gemeinden Schlesiens, die im *Jüdischen Nachrichtenblatt* erschien, empfohlen. Sie war allgemein „stark beachtet" worden.[28] Cohn erklärte sich am 23. April 1939 zur Mitarbeit

21 Willy Cohn: Markus Brann. In: Historische Kommission für Schlesien (Hg.): Schlesische Lebensbilder. Bd. 4, Breslau 1931, S. 410–416.

22 Tgb. Cohn 13. 4. 1935 (S. 212).

23 Tgb. Cohn 6. 7. 1939 (S. 662).

24 Tgb. Cohn 16. 10. 1941 (S. 993).

25 Die Geschichte der Breslauer Juden im Dritten Reich hat kürzlich ihre erste umfassende Darstellung gefunden. Sie enthält auch einen größeren Abschnitt über Willy Cohn als Augenzeugen des Geschehens. Abraham Ascher: A Community under Siege. The Jews of Breslau under Nazism. Stanford California 2007. Hier über Cohn besonders S. 246–253.

26 Lewin starb in Palästina. Sein bedeutender Nachlass befindet sich heute in der Yeshiva University in New York.

27 Tgb. Cohn 23. 4. 1939 (S. 634).

28 Tgb. Cohn 13. 2. 1939 (S. 604) und 22. 2. 1939 (S. 606).

bereit und hielt drei Tage später schon die Auftragsbestätigung in Händen.[29] Von diesem Tag an durchziehen regelmäßig die Berichte über seine Arbeiten an der *Germania Judaica*, über den Fortschritt einzelner Artikel, über Ärger und Ermutigung, die Tagebücher, bis in die letzten Tage vor seiner Deportation im November 1941.

Wie der genaue Auftrag lautete und wie er sich im Laufe der Zeit erweiterte, läßt sich indirekt erschließen. Cohn begann 1939 mit der Bearbeitung des Abschnitts *Schlesien*. Neben dem „Gesamtartikel Schlesien" gehörten dazu Einzelartikel aller Orte Schlesiens, in denen im Bearbeitungszeitraum Juden ansässig waren. Cohn mußte bald vermerken, dass der gerade erst emigrierte Gemeindearchivar Bernhard Brilling der Ansicht war, der vor seiner Emigration an ihn ergangene Auftrag für die *Germania Judaica* sei durch seine Emigration keineswegs erloschen. Von Tel Aviv aus beschwerte sich Brilling bei Cohn in Breslau, mit welchem Recht dieser sich jetzt anmaße, den Abschnitt Schlesien zu bearbeiten.[30] Cohn empfand den Einspruch seines viel jüngeren Kollegen als Unverschämtheit und reagierte pikiert.[31] Für gegenseitige Vorwürfe bestand eigentlich kein Anlass, denn es war die Redaktion der *Germania Judaica* gewesen, die in bester Absicht so entschieden hatte, weil sie mit einem Konflikt gar nicht rechnete. Brillings Nervosität hatte zweifellos mit dessen notvoller Situation zu tun.[32] Für Geisteswissenschaftler gab es in Palästina nur wenige Arbeitsmöglichkeiten. Er sah seine Hoffnung schwinden, die Mitarbeit an der *Germania Judaica* von Tel Aviv aus beibehalten und damit etwas hinzuverdienen zu können.[33] Solche Überlegungen beschäftigten ihn noch länger, wie ein Schreiben an Sanitätsrat Lewy in Haifa belegt: „Ich habe bereits in meiner Eigenschaft als Archivar der Breslauer Synagogengemeinde (wo ich bis 1938 amtierte) angefangen, das Material zu einer *Silesia Judaica*, d. h. zu einer Geschichte aller Gemeinden Schlesiens zu sammeln, und die Geschichte der einzelnen Gemeinden darzustellen. Nachdem ich den ersten Teil (Mittelschlesien – Reg.-Bez. Breslau) bereits abgeschlossen habe, bin ich dabei,

29 Tgb. Cohn 26. 4. 1939 (S. 635).

30 Tgb. Cohn 25. 8. 1939 (S. 678).

31 Cohns Antwortbrief an Brilling und wohl noch weitere Aussagen dazu befanden sich bis vor wenigen Jahren im Nachlass Brilling im Jüdischen Museum zu Frankfurt am Main. Dort hat sie Robert Jütte eingesehen und kommentiert; ihm danke ich auch für seine bestätigenden Auskünfte. Es bleibt unerklärlich, dass dieser Faszikel „Germania Judaica" heute nicht mehr auffindbar ist, trotz dankenswerter Bemühungen des Frankfurter Archivars Michael Lenarz. Vgl. Jütte: Die Emigration (Anm. 3), S. 20, Anm. 20.

32 Über die Umstände von Brillings Emigration aus Breslau im März 1939 finden sich aufschlußreiche Hinweise in den Briefen von Johanna Schönwald. Jüdisches Museum Frankfurt, Nachlaß Brilling, SB 661,3 (Sch). Zu seiner Notlage in Tel Aviv 1941 und seine Bittgesuche SB 661,3 (R).

33 Brilling hatte offenbar zu Ismar Elbogen, einem der Herausgeber der *Germania Judaica*, Kontakt gehalten oder gesucht. Als dieser am 1. 8. 1943 in New York verstarb, kondolierte Brilling der Tochter Elbogens, Frau Rabbiner Rosenberg in Tel Aviv. In seinem undatierten Briefentwurf erinnerte Brilling an zwei Treffen mit Elbogen 1938 in Berlin und Breslau und ihre Gemeinsamkeiten auf dem Gebiet der jüdischen Geschichtsschreibung. „Er [Elbogen] war damals voller Energie und Schaffenskraft, und wir glaubten, dass wir das Ende Hitlers erleben und dann mit neuer Kraft an den Wiederaufbau gehen könnten. Er hat noch das Glück gehabt, den Anfang der Götzendämmerung zu erleben". Jüdisches Museum Frankfurt, Nachlass Brilling, SB 666,1 (R).

jetzt auch Niederschlesien zu bearbeiten".[34] Brilling hielt also auch nach seiner Emigration an seinen schlesischen Interessen und Themen fest, die sich großenteils mit der Zielsetzung der *Germania Judaica* deckten.

Cohn ließ sich von allem nicht beirren. Im August 1939 arbeitete er „tüchtig" am Gesamtartikel Schlesien, der vermutlich um diese Zeit fertig wurde. Die namentlich genannten schlesischen Artikel galten den Orten Beuthen an der Oder, Bolkenhain, Breslau, Brieg, Glatz, Glogau, Görlitz, Guhrau, Lauban, Leobschütz, Löwenberg, Neisse, Neumarkt, Ottmachau, Reichenbach, Rosenberg, Schweidnitz, Sewer, Strehlen, Trebnitz und Ujest. Es mögen noch einige mehr gewesen sein, die hin und wieder nur pauschal erwähnt wurden.[35] Unter diesen Beiträgen bereitete ihm *Breslau* „eine besondere Freude, es ist ja schließlich meine Heimatstadt".[36] Diese „ziemlich umfangreiche Arbeit" mußte immer wieder verbessert werden, bis sie im August 1940 fertig war.[37] Größeren Umfang hatten auch die Artikel zu Görlitz,[38] Neisse[39] und Schweidnitz.[40]

Noch während der schlesischen Arbeiten erhielt Cohn im Oktober 1939 einen zusätzlichen „größeren Auftrag der Gesellschaft zur Förderung der Wissenschaft des Judentums",[41] der eine ganz andere Region betraf. Er bekam die Abschnitte *Niederlande*[42] und *Brabant*[43] zugeteilt, für die er außerdem Einzelartikel über Antwerpen, Arnheim, Brüssel, Enghien, Hasselt, Löwen, Luxemburg, Mecheln, Nimwegen und Saint Trond[44] verfaßte. Die für diese Bearbeitung erforderliche Spezialliteratur sandte Rabbiner Baeck aus Berlin an Cohn.[45] Die Suche nach Einzelbelegen für die Beiträge war mitunter frustrierend, sodass gelegentlich der Stoßseufzer fiel: „Diese Artikel für die Germania Judaica sind ja mühsamste Kleinarbeit".[46] Die Zusammenarbeit zwischen Baeck und Cohn verlief damals reibungslos. Cohn war dankbar, wenn Baeck im Namen der Gesellschaft in „sehr langen Briefen" die Beiträge Cohns kommen-

34 Bernhard Brilling aus Tel Aviv an Sanitätsrat Dr. Benno Lewy, Haifa, Sanatorium Carmel, 17.7.1941. Jüdisches Museum Frankfurt am Main, Nachlaß Brilling, SB 661,2 (L). Brilling hat seine Arbeit später publiziert, ohne darin einen Hinweis auf die *Germania Judaica* zu geben. Bernhard Brilling: Die Jüdischen Gemeinden Mittelschlesiens. Entstehung und Geschichte. Stuttgart 1972 (Studia Delitzschiana 14).

35 Tgb. Cohn 9. 7. 1939 (S. 663): „Es sind nun schon für die Germania Judaica eine ganze Reihe von Artikeln fertig geworden".

36 Tgb. Cohn 16. 6. 1940 (S. 809).

37 Tgb. Cohn 22. 8. 1940 (S. 834).

38 Er umfasste acht Schreibmaschinenseiten. Tgb. Cohn 29. 4. 1940 (S. 787)

39 Tgb. Cohn 8. 7. 1939 (S. 662).

40 Tgb. Cohn 12. 8. 1940 (S. 828).

41 Tgb. Cohn 10. 10. 1939 (S. 704).

42 Tgb. Cohn 23. 3. 1941 (S. 918).

43 Tgb. Cohn 18. 10. 1939 (S. 707). Am 25. 11. 1939 las Cohn den fertigen Artikel seiner Frau vor (S. 722).

44 Ein „schwieriger Artikel". Tgb. Cohn 25. 11. 1939 (S. 722).

45 Tgb. Cohn 21. 12. 1939 (S. 732).

46 Tgb. Cohn 11. 12. 1939 (S. 728).

tierte und „sich mit dieser Redactionsarbeit große Mühe" machte.[47] Cohn war auch überzeugt, inzwischen einer der ersten Mitarbeiter geworden zu sein. Das hatte er die Gesellschaft schon im Frühjahr 1940 wissen lassen: „Ich habe diese angefragt, ob sie mir die Mitherausgabe des zweiten Bandes der Germania Judaica anvertrauen würden! Ich habe aber verlangt, dass mein Name mit auf dem Titelblatt genannt wird!"[48] Es hat den Anschein, als ob diese Anregung positiv aufgenommen wurde, zumindest konnte sich Cohn bald danach über einen „sehr netten Brief von Baeck" freuen, der ihm „wieder Lust zu weiterem Schaffen machte, man braucht das auch".[49] Baecks redaktionelle Betreuung empfand Cohn jetzt zunehmend als überflüssig und bevormundend. Es war mehr als lästig, sich in langen Briefen rechtfertigen zu müssen.[50] Doch genügte es eines anerkennenden Briefes von Baeck, um den Unmut wieder zu vergessen: „Wenigstens eine Entschädigung. Man braucht ja solche Anerkennung auf dem schriftlichen Wege besonders, wenn man in solcher Isoliertheit arbeitet, wie das bei mir der Fall ist, wo mir die Aussprachemöglichkeit mit gleichgesinnten Kollegen fehlt!"[51]

Der Briefwechsel zwischen Baeck und Cohn hatte das Vertrauensverhältnis zwischen beiden sehr gefördert, was zum Wunsch nach einer persönlichen Begegnung führte. Baeck benutzte einen Aufenthalt in Breslau am 14. September 1940 zu einem ausführlichen Meinungsaustausch mit Cohn, bei dem auch Probleme der *Germania Judaica* zur Sprache kamen.[52] Baeck deutete an, er habe an den inzwischen emigrierten Herausgebern Ismar Elbogen (1874–1943) und Adolf Kober (1879–1958) manches „wissenschaftlich Unzureichende" auszusetzen. Für den Augenblick seien die Möglichkeiten begrenzt: „Die Aufgabe der Lehranstalt ist vor allem, so viel Material wie möglich sicherzustellen; es wird alles in drei Exemplaren abgeschrieben und im Ausland hinterlegt. Die endgültige Redaction kann erst zu einem späteren Zeitpunkt stattfinden". Cohns Anregung, den Bearbeitungszeitraum der *Germania Judaica* auszudehnen, fand keine Unterstützung, doch stimmte Baeck zu, wenn Cohn schon jetzt mit der Materialsammlung beginne, was auch bezahlt werden würde.

Die andere Frage Cohns, ob er nicht auch den Abschnitt *Böhmen* übernehmen dürfe, der doch historisch und quellenmäßig so eng mit *Schlesien* verbunden sei, beantwortete Baeck hinhaltend. Diesen Bereich habe bereits der Prager Bibliothekar Dr. Tobias Jakobowitz übernommen. Der Einwand Cohns, dass „Jakobowitz nicht dazu kommen" werde, konnte Baeck nicht umstimmen.[53] Beides hinterließ bei

47 Tgb. Cohn 14. 4. 1940 (S. 781).
48 Tgb. Cohn 3. 3. 1940 (S. 762).
49 Tgb. Cohn 23. 3. 1940 (S. 770).
50 Tgb. Cohn 8. 6. 1940 (S. 805) und 28. 7. 1940 (S. 822).
51 Tgb. Cohn 4. 8. 1940 (S. 824).
52 Tgb. Cohn 14. 9. 1940 (S. 846).
53 Der Historiker und Bibliothekar Tobias Jakobowitz (1887–1944) in Prag gehört ebenfalls zu den vergessenen zeitweiligen Mitarbeitern der *Germania Judaica*. In der gedruckten *Germania Judaica*, Bd. 2 (1968) fehlt jeder Hinweis auf ihn. Über ihn Rudolf M. Wlaschek: Biographia Judaica Bohemica. Dortmund 1995 (Veröffentlichungen der Forschungsstelle Ostmitteleuropa an der Universität Dortmund B 52), S. 91.

Cohn eine leichte Enttäuschung, die noch dadurch vermehrt wurde, dass Baeck die letzten Artikel Cohns wieder mit „kleinlichen Ausstellungen" versah. Verärgert notierte Cohn, sein jüngster Beitrag werde „auf längere Zeit der letzte sein, den ich für die Germania Judaica geschrieben habe".[54]

Seitdem waren die Beziehungen etwas getrübt, auch wenn die Korrespondenz weiterlief. Cohn reichte immer wieder Ergänzungen und Verbesserungen für abgeschlossene schlesische Artikel nach. Baeck wiederum bemühte sich mit ausgesprochen liebenswürdigen Briefen darum, seinen geschätzten Mitarbeiter zu halten.[55] Ende November durfte Cohn endlich die Abschnitte *Böhmen* und *Mähren* übernehmen, für die er schon seit einiger Zeit Material gesammelt hatte.[56]

Mit dem üblichen Eifer schrieb Cohn an den Abschnittsartikeln *Böhmen* und *Mähren*. Hinzu kamen Einzelartikel für die Orte Braunau, Brünn, Budweis, Eger, Habern, Neuhaus, Prag, Preßburg und Wilhelmow. Unter diesen Beiträgen erwies sich *Prag* als ebenso lohnend wie schwierig, sodass Cohn sich kollegialen Rat einholte. „Man staunt, wie wenig faßbar die Dinge sind, obwohl doch über Prag gerade sehr viel gearbeitet worden ist".[57] Wenn Cohn bei dieser Gelegenheit gleich *Preßburg* mitbearbeitete, so bewegte er sich schon außerhalb des im Jahre 1905 für die *Germania Judaica* abgesteckten Horizonts.

Aber der alte Verdruss, ständig auf Einwände und Kritteleien Baecks oder der Forschungsabteilung reagieren zu müssen, blieb Cohn erhalten. Das vergällte ihm die Arbeit, an der er eigentlich Freude hatte, abgesehen davon, dass er die kleinen Honorare dringend benötigte. „Ich bin fest entschlossen, meine Weiterarbeit an der Germania Judaica davon abhängig zu machen, daß mir zugesichert wird, von einer so weitgehenden Kritik abzusehen. Mein Brief gestern hat an Deutlichkeit nichts zu wünschen übriggelassen".[58] Als Cohn sich schließlich weigerte, verlangte Änderungen vorzunehmen, kürzte ihm die Berliner Lehranstalt das Honorar, was Cohn erst recht als Kränkung empfand. „Meine Erfahrung, daß jüdisches Brot besonderen Ärger verursacht, hat sich leider auch hier bewahrheitet. Ich werde sehen, daß ich aus dieser Arbeit so bald wie möglich herauskomme".[59]

Im Frühjahr 1941 war der Arbeitsfrieden wiederhergestellt. „Man hat seit einiger Zeit meine Artikel nicht mehr kritikastrisch untersucht, sodaß ich in Ruhe arbeiten kann".[60] Cohn saß nun am Abschnittsartikel *Brandenburg*, den er vermutlich nur zu lektorieren hatte, denn für dieses Gebiet war er sonst nicht zuständig.[61] Er war dankbar für das von der Lehranstalt überwiesene Honorar von 100 Mark, „man

54 Tgb. Cohn 24. 9. 1940 (S. 852).
55 Tgb. Cohn 14. 11. 1940 (S. 870).
56 Tgb. Cohn 21. 11. 1940 (S. 873).
57 Tgb. Cohn 8. 3. 1941 (S. 912).
58 Tgb. Cohn 11. 1. 1941 (S. 889).
59 Tgb. Cohn 26. 1. 1941 (S. 895).
60 Tgb. Cohn 4. 2. 1941 (S. 899).
61 Tgb. Cohn 30. 3. 1941 (S. 920).

braucht es zum Leben".[62] Im Mai wartete Cohn darauf, ein „neues Gebiet" für die *Germania Judaica* übernehmen zu können.[63] Da seine Frau gerade nach Berlin fuhr, vorrangig, um Auswanderungsfragen zu sondieren, gab Cohn ihr „ein längeres Exposé" für Leo Baeck mit. Sie mußte freilich von Baeck hören, man halte sich wegen der zunehmenden Mittellosigkeit der Lehranstalt mit neuen Aufträgen zurück. Die gleiche Auskunft gab Baeck bei einem Treffen mit Willy Cohn am 19. Juni 1941 in Breslau. Cohn zeigte für diese Notlage Verständnis und beteuerte, wie viel ihm die Arbeit für die *Germania Judaica* bedeute: „So sagte ich ihm, daß ich sie auch unbezahlt weiter machen werde, ich sagte ihm auch, daß es keinen Zweck hätte, sich mit der Einzelkorrektur der Arbeiten allzuviel Mühe zu geben, da ich sie immer wieder vornehme. Ich fragte ihn, ob man mit meinen Arbeiten sonst zufrieden wäre, was er durchaus bejahte".[64]

Cohn hatte die wiederholte Kritik der Lehranstalt an seinen *Germania-Judaica*-Artikeln als ungerechtfertigt und als Angriff auf seine wissenschaftliche Kompetenz und Ehre empfunden. Umso mehr dürfte ihm wohlgetan haben, wie sehr Baeck nach der letzten Unterredung seinem Fachwissen und seinen Fähigkeiten vertraute. Cohn erhielt nämlich die bei der Lehranstalt liegenden Beiträge über Thüringen und Sachsen zur Revision und Verbesserung zugewiesen. Ihr Verfasser war der 1939 ausgewanderte Rabbiner Siegbert Neufeld (1891–1971). Dieser Auftrag verdient auch deshalb hervorgehoben zu werden, weil er beweist, dass Baeck noch 1941 im Besitz jener Manuskripte war, die nach Avneris Angabe längst konfisziert und verloren sein sollten. Cohn notierte: „Ich muß die Artikel, die Dr. Neufeld über thüringische Orte geschrieben hat und die meist wissenschaftlich unbrauchbar sind, umschreiben".[65] Den Anfang hatte bereits im März 1941 der Artikel *Bautzen* gemacht, den Cohn vermutlich zu einer ersten Überprüfung erhielt.[66] Aber nun widmete er sich neben den Überblicksartikeln zu *Sachsen* und *Thüringen* den einzelnen Orten wie Bautzen, Coburg, Dresden, Eisenach, Erfurt, Halberstadt, Magdeburg, Meiningen, Naumburg, Paulinzella, Quedlinburg, Weida, Wiehe, Zeitz und Zittau. Aus diesem geographischen Rahmen fällt nur der Korrekturauftrag zum Artikel *Bremen*.[67] Alle diese Arbeiten beschäftigten ihn bis in die letzten Tage vor seiner Deportation aus Breslau. Wieviel davon er bereits nach Berlin abgesandt hatte, ist ungewiss.

Somit kann man resümieren, dass Willy Cohn vom April 1939 bis zu seiner Deportation im November 1941 nachweislich 63 Beiträge für die *Germania Judaica* verfasst oder verbessert hat, eine Zahl, die tatsächlich bei etwa achtzig liegen dürfte, da Cohn mehrfach von abgeschlossenen Artikeln sprach, ohne sie näher zu bezeichnen. Cohn hat alle seine Beiträge zügig an Leo Baeck nach Berlin gesandt und ver-

---

62 Tgb. Cohn 1. 4. 1941 (S. 921).

63 Tgb. Cohn 8. und 9. 5. 1941 (S. 934).

64 Tgb. Cohn 19. 6. 1941 (S. 948f.).

65 Tgb. Cohn 17. 10. 1941 (S. 993). Die erste Erwähnung des neuen Arbeitsgebietes stammt vom 12. 7. 1941 (S. 954), vgl. ferner den 20. 7. 1941 (S. 957).

66 Tgb. Cohn 28. 3. 1941 (S. 919).

67 Tgb. Cohn 19. 8. 1941 (S. 970).

mutlich von allen Durchschläge in Breslau behalten. Man muß also einen doppelten Verlust beklagen. Sowohl die nach Berlin abgelieferten als auch die in Breslau behaltenen Exemplare sind heute (bis auf eines) verschollen. Wenn sich in dem von Eugen Mittwoch 1939 nach London geretteten Bestand kein einziger Beitrag von Cohn befand, so konnte es gar nicht anders sein, denn Cohns Mitarbeit begann ja erst um diese Zeit. Und folglich kann auch der heute in Jerusalem liegende Bestand[68] keinen *Germania-Judaica*-Beitrag Cohns enthalten.[69]

Der ehedem bei der Lehranstalt in Berlin vorhandene vollständige Bestand aller bis 1942 angesammelten Manuskripte für Band 2 dürfte mit der Aufhebung der Lehranstalt am 19. Juni 1942 oder bei der Deportierung Leo Baecks Anfang 1943 in die Hände der Nazis gefallen sein. Die Wahrscheinlichkeit, dass etwa das „Institut zur Erforschung der Judenfrage" Alfred Rosenbergs oder eine vergleichbare Stelle sich solche Forschungsergebnisse aneigneten und aufhoben, ist größer als die einer absichtlichen Vernichtung. Folglich bleibt noch immer die Hoffnung, dass die verlorene *Germania Judaica* eines Tages in einem der russischen Beutearchive aufgefunden wird. Der nur in groben Umrissen bekannte Bestand des Moskauer Sonderarchivs[70] schließt solche Annahmen nicht aus.[71]

Vergleicht man nun den aus den Tagebüchern Cohns ermittelten Befund mit dem 1968 erschienenen Band 2 der *Germania Judaica*, so bestätigt sich noch einmal, dass Cohns Beiträge nicht mehr zur Verfügung standen. Gleichwohl verwundert, mit welchem Kurzzeitgedächtnis über Cohns – leider vergebliche – Leistung für die *Germania Judaica* hinweggegangen wurde. Er wurde nicht einmal einer Fußnote gewürdigt, obwohl einige der Überlebenden von seiner Tätigkeit gewusst haben müssen.

Für einige Territorien fehlten nun in der Ausgabe von 1968 die von Cohn bearbeiteten Beiträge, so der Gesamtartikel *Sachsen* oder die Einzelbeiträge zu Enghien, Habern, Paulinzella, Preßburg und Wilhelmow. Bei den meisten Artikeln zu Sachsen und Thüringen zeichnete weiter Siegbert Neufeld als Verfasser, vermutlich immer noch mit den von Cohn als unzureichend kritisierten Beiträgen. Für die niederländischen Beiträge Cohns war mit dem holländischen Rabbiner Hartog Beem (1892–1987) ein neuer Autor gefunden worden.

Avneri schrieb, nach eigener Angabe, alle fehlenden Beiträge neu, darunter die meisten schlesischen. Es war verständlich, wenn seine Beiträge nun kürzer ausfielen oder andere gar wegfielen. So fehlte der Gesamtartikel zu Schlesien, auf den Cohn so viel Mühe verwandt hatte, ebenso fehlten jetzt die Beiträge zu den schlesischen Orten Bolkenhain, Lauban, Leobschütz, Ottmachau, Reichenbach, Rosenberg und Sewer.

---

68 Er befindet sich im Nachlass von Zvi Avneri in den Central Archives for the History of the Jewish People in Jerusalem, Nr. 84. Vgl. http://sites.huji.ac.il/archives dort unter private archives: Avneri.

69 Das bestätigte mir Herr Yacov Guggenheim von der Jerusalemer Arbeitsstelle der *Germania Judaica IV*, dem ich für seine Auskünfte herzlich danke.

70 Vgl. die Bestandsübersicht im Internet: http://www.sonderarchiv.de/fondverzeichnis.htm.

71 Vgl. die überraschenden Mitteilungen von Kaufmann: Die Hochschule (Anm. 17), S. 63f. Dem Archiv des Centrum Judaicum zu Berlin sind allerdings neue Funde nicht bekannt.

Alles zusammen bestätigt in gewisser Weise die Bedenken, die Bernhard Brilling 1956 äußerte, als man ihn bat, an einer Wiederaufnahme der *Germania Judaica* mitzuwirken. Dem Leo-Baeck-Institut in Jerusalem gegenüber trug er damals vor, es sei „vom wissenschaftlichen Standpunkt aus unmöglich, die unbedingt notwendige Durcharbeitung der archivalischen Quellen und der einschlägigen Literatur hier im Lande [in Israel] [...] auszuführen. Ich sehe dabei von Schlesien ab, das einen Sonderfall bildet, wegen der politischen Abtrennung und der ziemlich großen Verluste an Archivalien. Ich kann mir auch für das übrige Deutschland nicht vorstellen, wie eine derartige Arbeit, die doch wissenschaftlich völlig einwandfrei sein soll [...] durchgeführt werden kann".[72] Brillings Einwände waren in der Hauptsache politisch begründet. Das Leo-Baeck-Institut in Jerusalem war ein Jahrzehnt nach Beendigung des Krieges und des Holocausts grundsätzlich nicht bereit, eine Kooperation mit deutschen Archivaren und Historikern einzugehen.[73] Brilling wollte sich dieser traumatischen Verweigerung nicht anschließen, sondern forderte, „sich bei dieser wissenschaftlichen Arbeit über alle Vorurteile[74] hinwegzusetzen, und sich offiziell mit den deutschen Historikern und Archivaren zwecks Gründung einer Arbeitsgemeinschaft in Verbindung zu setzen".

Es lag an diesem Dissens über den künftigen Weg zu einer neuen *Germania Judaica*, wenn Brilling sich fortan einer Mitarbeit an Band 2 entzog. Und das, obwohl er sich auf einen alten Auftrag berufen konnte und reiches Material gesammelt hatte. Der 1968 erschienene Band der *Germania Judaica* enthielt nur drei schlesische Artikel Brillings über Lüben, Namslau und Troppau. Sie waren wohl schon vor der Emigration geschrieben, denn Cohn hatte sie bei seiner Arbeit ausgespart.[75] Wenn Brilling sich später doch noch für zwei westfälische Artikel über Büren und Paderborn bereit fand,[76] so war es eine Geste der Dankbarkeit gegenüber seinem neuen Wirkungsort Münster.[77]

Was bisher unerwähnt blieb, waren die besonderen Arbeitsbedingungen Willy Cohns in Breslau. Als er 1939 seine Arbeiten für die *Germania Judaica* aufnahm, stellte sich die Frage, welche wissenschaftlichen Hilfsmittel ihm zur Verfügung standen, wenn ihm als Juden der Zugang zu allen öffentlichen Bibliotheken und Archiven verwehrt war. Das Jüdisch-Theologische Seminar mit seiner bedeutenden Bib-

---

72 Bernhard Brilling an [Arthur] Spier, Leo-Baeck-Institut Jerusalem, Tel Aviv 23. 7. 1956, Briefdurchschlag. Ehemals Nachlaß Brilling, Fasz. Germania Judaica, im Jüdischen Museum Frankfurt am Main (dort heute verschollen). Den Brief verdanke ich der freundlichen Vermittlung von Robert Jütte (vgl. Anm. 31).

73 Welch „extrem deutschfeindliche Stimmung in Israel in den 50er Jahren" bestand, beschreibt Jütte: Die Emigration (Anm. 3), S. 187ff.

74 Über dem Wort „Vorurteile" steht handschriftlich das Wort „Bedenken".

75 Außerdem übernahm der Band den vor 1939 erstellten Artikel „Braunau" (Böhmen) des Rabbiners Louis Lewin.

76 Die Bibliographie Bernhard Brillings, abgedruckt in: Theokratia. Jahrbuch des Institutum Delitzschianum 1 (1967–1969). Leiden 1970, führt S. 220, Nr. 279–283, die fünf Germania-Judaica-Beiträge Brillings an. Diese Auskunft besagt nichts über deren Entstehungszeit.

77 Zur Übersiedlung Brillings nach Münster vgl. Jütte:, Die Emigration (Anm. 3), S. 196–199.

liothek war seit dem November 1938 geschlossen, die Bibliothek abtransportiert. Cohns eigene große und durch die Auswanderung vieler Freunde immer größer werdende Privatbibliothek konnte eine öffentliche Bibliothek nicht ersetzen. Es gab freilich eine bedeutende nichtstaatliche Bibliothek in Breslau, die mit dem Diözesanarchiv verbundene katholische Dombibliothek. Als Cohn hier um Benutzungserlaubnis vorsprach, wurde sie ihm bereitwillig erteilt.[78] In den verbleibenden zweieinhalb Jahren, in denen Cohn sonst auf Schritt und Tritt mit den Demütigungen und Ängsten zu leben hatte, wie sie auf allen Juden lasteten, sollte ihm das katholische Diözesanarchiv eine Freistätte der Humanität, wissenschaftlicher Kollegialität und fürsorglicher Zuwendung werden. Er fand nicht nur in den beiden einander folgenden Direktoren Alfons Nowack (1868–1940) und Kurt Engelbert (1886–1967), sondern auch in anderen Mitarbeitern und Geistlichen verständnisvolle, hilfsbereite Gesprächspartner. Nicht zuletzt wurde ihm dort der entlassene Privatdozent Hubert Jedin (1900–1980) ein Verbündeter. Man verstand sich sofort, schließlich galt Jedin seiner jüdischen Mutter wegen als „Halbjude“. Jedin lud Cohn in seine Wohnung ein und erwies ihm später manchen Dienst. Für Cohn war es ein herber Verlust, als Jedin im November 1939 nach Rom ausreisen konnte, wo er den Schutz des Vatikans genoß und hier jene historischen Studien betreiben konnte, die seinen späteren Ruhm begründeten.[79]

Die Freiheit des Gesprächs und des Forschens, die Cohn im Diözesanarchiv erlebte, unterschied sich diametral von den täglichen Erfahrungen sonst in dieser Stadt. Hier bat man ihn gelegentlich um kollegiale Hilfe, und Cohn freute sich, wenn ihm Gelegenheit gegeben wurde, seinen Dank abzustatten: Bei der Ablösung alter Einbände waren mittelalterliche hebräische Textfragmente entdeckt worden, die Cohn entziffern und deuten konnte. Auch Leo Baeck, dem Cohn davon erzählte, fand diese Entdeckungen so bemerkenswert, dass er sie zu sehen wünschte. Also begaben sich beide am 14. September 1940, einem Sabbat, in das katholische Domarchiv, wo sie von Archivdirektor Engelbert empfangen wurden. Baeck „war von allem sehr gefesselt und hält den Fund auch wissenschaftlich für bedeutend“.[80] Engelbert versprach, alles fotokopieren zu lassen und an Baeck zu schicken.

Für Cohn muß es ein Hochgefühl gewesen sein, den Berliner Oberrabbiner auf die katholische Dominsel führen zu können, die für ihn eine Insel der Seligen war. Dem entsprach eine Geste, die sicherlich im Beisein Baecks erfolgte. Cohn überreichte Direktor Engelbert einen Durchschlag seines fertigen Breslau-Artikels als Geschenk und versah den Umschlag mit Titel und Widmung: „Die Geschichte der Juden in Breslau von ihren Anfängen bis zum Jahre 1350. Diese Arbeit erscheint im 2. Bande der ‚Germania Judaica‘. Das Werk sammelt geordnet nach den Orten alle Nachrichten über die Juden in Deutschland, soweit sie quellenmäßig belegt sind. Der 1. Band, Breslau (M. u. H. Marcus) 1934, XV, 540 S. Der 2. Band reicht

78 Tgb. Cohn 21. 5. 1939 (S. 645).

79 Hubert Jedin: Lebensbericht, mit einem Dokumentenanhang. Hg. v. Konrad Repgen. Mainz 1984.

80 Tgb. Cohn 14. 9. 1940 (S. 847).

bis 1350 (Die Zeit des Schwarzen Todes)". Etwas abgesetzt schrieb Cohn darunter: „Dem erzbischöflichen Diözesanarchiv ehrfurchtsvoll gewidmet in tiefster Dankbarkeit für die in den Jahren 1939 und 1940 gewährte Gastfreundschaft. In Memoriam Alfonsi Nowack. Breslau, den 14. September 1940".[81] Die letzten Worte waren ein Dank an den kürzlich verstorbenen Direktor Nowack und eine indirekte Bitte an seinen Nachfolger Engelbert. Dieser erwies sich rasch als nicht minder gastfreundlich, was Cohn bald zu einer neuen, kleinen Manuskriptgabe mit einer ähnlichen Widmung veranlaßte: „Seiner Hochwürden Herrn Archivdirektor Konsistorialrat Dr. Engelbert als kleines Zeichen der Dankbarkeit in schwerer Zeit überreicht vom Verfasser. 11. Mai 1941".[82]

Das Tagebuch Cohns verschwieg die Übergabe des Breslau-Artikels am 14. September ebenso wie die spätere Hinterlegung anderer Manuskripte. Aber Cohn konnte nicht umhin, seine Genugtuung zu protokollieren, als Engelbert ihn bei seinem nächsten Besuch darauf ansprach. „Direktor Engelbert sagte mir auch anerkennende Worte über meinen Breslau-Artikel, den ich in einem Exemplar im Diöcesanarchiv hinterlegt habe. Er meinte, wieviel Arbeit in den Anmerkungen steckt, aber ich hoffe auch, daß mir diese Arbeit besonders gelungen ist".[83] Da die Bestände des Diözesanarchivs den Krieg unversehrt überstanden, hatte ich aufgrund dieses Hinweises seit einem Jahrzehnt bei Archivbesuchen sowie mit schriftlichen Nachfragen immer wieder nach diesem Breslau-Artikel gesucht. Dass es gar noch weitere Manuskripte Cohns geben könnte, war allenfalls eine Hoffnung. Im Nachhinein versteht man die Gründe, warum Cohns Manuskripte so gut versteckt wurden, dass sie erst kürzlich und ganz zufällig vom heutigen Archivdirektor Prof. Dr. Józef Pater gefunden und mir 2007 zugänglich wurden: Cohn hatte im Archiv einen Durchschlag seiner Lebenserinnerungen hinterlegt. Es ist das gleiche Manuskript, wie es heute auch in Jerusalem liegt und 1995 gedruckt wurde.[84] Über diese Hinterlegung muss strengste Vertraulichkeit vereinbart worden sein, denn Cohn wünschte nichts Sehnlicheres, als dass dieses sein letztes Werk der Nachwelt erhalten bleibe. Kein Katalog und keine Karteikarte verwies also darauf, dass man Cohns Manuskripte im Nachlass von Alfons Nowack finden könne.

Cohns Breslau-Artikel für die *Germania Judaica* von 1940 hat einen Umfang von 49 Schreibmaschinenseiten mit 188 Anmerkungen und übertrifft Avneris gedruckten Beitrag von 1968 um das Vierfache. Seine Gliederung durch Zwischenüberschriften ist ähnlich, aber nicht identisch mit der Avneris. Hingegen schöpft Cohn aus einem breiten Quellen- und Informationsreichtum. Als Breslauer kannte Cohn

81 Archiwum Archidiecezjalne we Wrocławiu, Sign. VIII J f.

82 Es war ein 14-seitiger Text über „Die Judenprivilegien der Polenkönige Boleslaus V. und Kasimirs III. des Großen mit besonderer Berücksichtigung der Tätigkeit der Juden als Pfandleiher". Ebda. Sign. VIII J e.

83 Tgb. Cohn 18. 9. 1940 (S. 850).

84 Willy Cohn: Verwehte Spuren (Anm. 3). Herrn Archivdirektor Prof. Dr. Józef Pater danke ich für seine Auskünfte und die Erlaubnis zum Abdruck des Artikels *Breslau* aus der verschollenen *Germania Judaica*.

den Stand der Lokalforschung, sodass er sich kritisch mit dem Breslau-Artikel Markus Branns aus dem vorigen Band auseinandersetzen konnte. Die Lage der ersten Breslauer Herzogsburg und die Anfänge der Stadtentwicklung waren inzwischen genauer bekannt und hatten zu neuen Erkenntnissen geführt. Somit bietet Cohns Artikel Informationen, die sowohl über Markus Brann als auch Zvi Avneri hinausführen. Einige Formulierungen sind zeitbedingt, so, wenn Anmerkung 141 zwischen jüdischen und „arischen" Schlesiern unterscheidet oder, wenn Anmerkung 7 auf die für 1942 geplante – nie erschienene – Geschichte zum 700jährigen Jubiläum der mittelalterlichen Stadtgründung verweist. Nicht zu übersehen sind Cohns zahlreiche Querverweise auf andere seiner Artikel zu schlesischen Städten. Alles zusammen lässt den folgenden Abdruck aus wissenschaftlicher Sicht als ebenso gerechtfertigt erscheinen wie aus wissenschaftsgeschichtlicher.

Abschließend nur wenige Worte zur Edition. Der Textbeitrag kommt unverändert zum Abdruck. Die Anmerkungen wurden nach Möglichkeit überprüft und kleinere Versehen stillschweigend berichtigt. Zur besseren Lesbarkeit wurde die am Ende von Cohns Beitrag angeführte Literatur in die Anmerkungen eingearbeitet. Das erforderte Angleichungen der Zitierweise, auch um das Auffinden der zahlreichen Zitate zu erleichtern. Die Substanz der Anmerkungen blieb aber unverändert. Es ist kaum erforderlich anzumerken, dass Text und Anmerkungen nicht mehr dem heutigen Forschungsstand oder den heutigen Forschungsmöglichkeiten entsprechen. Beabsichtigt ist nicht mehr und nicht weniger als eine historische Dokumentation, der Nachweis einer sichtbaren Spur der verlorenen *Germania Judaica*.

Anhang

Willy Cohn: Artikel Breslau (1940) für das Handbuch Germania Judaica

Namensformen

Breslau: ברעסלא[1], poln. Wrocław, Vratizlau (1189), Vrauzlav (1193), Wratislaw (1201)[2], Wratizlaw[3], Wratislaw[4], Wretslaw (1327 bzw. 1193), Wrezlau (1201), Bretzlau (1324), Breslau (1334)[5].

Allgemeines

Breslau, Hauptstadt der Provinz Schlesien. Breslau wird zuerst um 1000 als Bischofssitz erwähnt. In der Herzogsburg, die zunächst auf der Dominsel[6], später an der Stelle der heutigen Universität auf dem linken Oderufer lag, regierte eine Linie des sehr verzweigten Piastengeschlechtes, die 1335 ausstarb. Zu der herzoglichen und bischöflichen Gewalt trat dann mit dem Einsetzen der deutschen Kolonisation die städtische. Die drei Gewalten standen oft untereinander im Gegensatz, was auch für das Schicksal der Juden Bedeutung hatte. Um 1000 war Breslau einer der Hauptsitze des Piastenreiches. Im 11. und 12. Jahrhundert lag der Schwerpunkt der Entwicklung der Stadt auf dem rechten Oderufer, doch befanden sich um 1200 auf dem linken Ufer eine Anzahl dörflicher Siedlungen, die zum Teil gewerblichen Charakter hatten. Um 1225 ist eine deutsche Marktsiedlung gegründet worden. Die Aussetzung der Stadt zu deutschem Recht ist vielleicht schon von den Herzögen Heinrich I. oder Heinrich II. geplant worden; sie wurde 1241 nach dem Mongoleneinfall, der die Stadt vernichtete, ausgeführt.

---

1 S. Salfeld (Hg.): Martyrologium des Nürnberger Memorbuches. Berlin 1898 (Quellen zur Geschichte der Juden in Deutschland 3). S. 69, S. 249; weitere hebräische Schreibungen in: Germania Judaica. Bd. 1: Nach dem Tode von M. Brann hg. v. I. Elbogen, A. Freimann und H. Tykocinski. Von den ältesten Zeiten bis 1238. Breslau 1934, S. 63.

2 Erich Keyser (Hg.): Deutsches Städtebuch. Handbuch städtischer Geschichte. Bd. 1: Nordostdeutschland. Stuttgart, Berlin 1939, S. 710; diese Namensformen kommen in Urkunden vor.

3 Bei dem Chronisten Cosmas von Prag. Bertold Bretholz (Hg.): Die Chronik der Böhmen des Cosmas von Prag. Berlin 1925 (Monumenta Germaniae historica Scriptores rerum Germanicarum. Nova Series II), S. 101, Zeile 6 u. Anm.

4 Bei Gallus [d. h. der Polenchronik des sog. Gallus anonymus].

5 Deutsches Städtebuch (Anm. 2).

6 Die Belege zur ursprünglichen Lage der Herzogsburg unten bei Anm. 152. Hiernach ist Germania Judaica. Bd. 1 (Anm. 1), S. 64, zu berichtigen. Brann nahm noch an, daß die Herzogsburg an der Stelle der heutigen Holteihöhe lag; vgl. auch Deutsches Städtebuch (Anm. 2).

1261 erhielt die Stadt das Magdeburger Recht[7]; 1263 wurde die Neustadt gegründet, die 1327 mit der Altstadt vereinigt wurde. Der Wiederaufbau der Stadt nach dem Mongoleneinfall gab dem Stadtbild das Gepräge ostdeutscher Kolonisation. 1274 erhielt Breslau das Stapelrecht durch Herzog Heinrich IV.[8] Es entsprach auch der hervorragenden geographischen Lage der Stadt, die im Schnittpunkt bedeutender Handelsstraßen lag, dazu an einem günstigen Oderübergang. 1327 übereignete der letzte der Breslauer Piasten, Herzog Heinrich VI., Breslau an König Johann von Böhmen (den Blinden), den Vater des späteren Königs und Kaisers Karl IV. Das Herzogtum Breslau war durch die beständigen Erbteilungen, die in dem Fürstengeschlecht üblich waren, zuletzt sehr klein geworden. Herzog Heinrich VI. durfte in Breslau bis zu seinem Tode (1335) noch regieren.

Siedlungsgeschichte der Juden bis 1349

Der älteste für Breslau nachweisbare jüdische Einwohner ist Rabbi David[9], Sohn des Rabbi Sar Schalom[10], gestorben am 25. Ab 4963 = 4. August 1203[11]. Dieser Grabsteinfund beweist, daß es damals in Breslau ein nicht mehr allzu kleines, schon durchgebildetes Gemeinwesen gegeben hat. Rabbi David wird durch den Zusatz „mit der lieblichen Stimme“[12] als Vorsänger der Breslauer Judenschaft gekennzeichnet. Die Art des Grabsteins weist auf Wormser und Mainzer Vorbilder hin. Man hat aus der Art dieses Grabsteines geschlossen, daß es Juden aus dem Rheinland gewesen sind, die an der Schaffung der Breslauer Gemeinde einen besonderen Anteil genommen haben[13]. Rabbi David ist darüber hinaus der überhaupt älteste nament-

7 Eine moderne wissenschaftliche Stadtgeschichte Breslaus liegt nicht vor, wird aber zum 700jährigen Jubiläum der Gründung Breslaus als deutscher Stadt vorbereitet; vgl. vorläufig die Schriften von Hermann Markgraf sowie die Arbeit von Colmar Grünhagen: Breslau unter den Piasten als deutsches Gemeinwesen. Breslau 1861; außerdem die Zusammenstellung im Deutschen Städtebuch (Anm. 2), S. 710ff.

8 Vgl. die Zusammenstellung der Handelsstraßen bei Marcus Brann: Geschichte der Juden in Schlesien. Teil 1–6. Breslau 1896–1917, S. 25f.

9 Vgl. Marcus Brann: Ein Breslauer Grabdenkmal aus dem Jahre 1203. In: Schlesische Geschichtsblätter 1919, Nr. 1, S. 11–16; sowie Marcus Brann: Ein neuer Grabsteinfund in Breslau. In: Monatsschrift für Geschichte und Wissenschaft des Judentums 62 (1918), S. 97–107.

10 Zum Auftreten dieses sehr seltenen Namens in Schlesien vgl. Samuel Poznański: Der Name Sar Schalom. In: Monatsschrift für Geschichte und Wissenschaft des Judentums 65 (1921), S. 194–198.

11 Vgl. Germania Judaica, Bd. 1 (Anm. 1), S. 503: Ergänzungen und Berichtigungen zum Artikel *Breslau*.

12 קול נעים

13 „In der Trennung der Zeilen von einander durch Querlinien zeigt die Technik dieses aus weißlichgrauem Granit gehauenen Steins völlige Übereinstimmung gerade mit den ältesten Wormser und Mainzer Grabsteinen. Gleichviel ob der Steinmetz selbst ein jüdischer Handwerker war oder ein nichtjüdischer, der nur den Wunsch seines Auftraggebers ausführte, der Kreis um diesen Besteller erweist sich damit als aus dem rheinischen Überlieferungsgebiet hervorgegangen und damit als geschichtlich gesicherter Vortrupp aus dem deutschen Kulturgebiet. Nächst der Sicherstellung einer Herkunft dieser Breslauer Juden oder wenigstens eines Teiles von ihnen aus dem Reich, geht

lich nachweisbare Breslauer, da nicht sicher ist, ob sein Vater Rabbi Sar Schalom in Breslau gelebt hat[14]. Die Lebens- und Wirkenszeit Rabbi Davids gehört in die Regierung Herzog Boleslaus[15], des Langen (1159–1201)[16]. Man darf annehmen, daß dieser Herzog, der Sohn Wladislaws II., der wiederum der Stammvater der schlesischen Piasten war, ein besonderer Förderer der sich bildenden Breslauer Judengemeinde gewesen ist. Aus jener Frühzeit der Juden in Breslau sind noch die Juden Joseph und Chaskel bekannt[17]. Sie besitzen Falknersdorf („Sokolnici")[18], doch dürften die Juden hier nicht den Acker bebaut haben[19], sondern das Dorf, in dem die herzoglichen Falkner lebten, dürfte als Pfand in jüdische Hände gekommen sein[20]. Das Jahr 1246 ist der nächste sichere Anhaltspunkt für die Juden in Breslau; in ihm starb ein nicht

---

aus der steinernen Urkunde hervor, daß diese Judenschaft ein nicht mehr allzu kleines, jedenfalls aber geordnetes Gemeinwesen gebildet haben muß." So neuerdings Friedrich Schilling in seinem bedeutsamen Werke: Ursprung und Frühzeit des Deutschtums in Schlesien und im Land Lebus, Forschungen zu den Urkunden der Landnahmezeit. Leipzig 1938 (Ostdeutsche Forschungen 5/6), S. 34. Im Anschluß an Brann: Breslauer Grabdenkmal (Anm. 9), S. 12.

14 Schilling: Ursprung und Frühzeit (Anm. 13), Anm. 286; Brann: Ein neuer Grabsteinfund (Anm. 9), S. 104, Anm. 1 und Brann: Breslauer Grabdenkmal (Anm. 9), S. 14, Anm. 5, hält den Deutschen Gerung für älter; Schilling aber sagt ebd.: „Indes ist die Urkunde Schlesische Regesten [Nr.] 78, was ihre formale Echtheit angeht, sehr bedenklich und so einstweilen dieser Gerung lediglich für die Zeit 1201–1238 im groben, nicht aber genau für 1202 als geschichtlich gesichert". Zu den Schlesischen Regesten vgl. Anm. 17.

15 Schilling: Ursprung und Frühzeit (Anm. 13), S. 35.

16 Konrad Wutke (Hg.): Stamm- und Übersichtstafeln der schlesischen Fürsten. Breslau 1911, bes. Tafel II.

17 Vgl. Colmar Grünhagen[u. a.] (Hg.): Regesten zur schlesischen Geschichte. 6 Bde. Breslau 1868–1925 (Codex diplomaticus Silesiae.7, 16, 18, 22, 29, 30), fortan zitiert als „Schlesische Regesten" mit Urkundennummer; hier Nr. 92, Nr. 97 und Nr. 127; sowie Marie Scholz-Babisch, Heinrich Wendt: Quellen zur schlesischen Handelsgeschichte bis 1526. Breslau 1940 (Codex diplomaticus Silesiae, Reihe 2, 1/1), Regest Nr. 36, S. 26 und Regest Nr. 40, S. 30f; Regest Nr. 43, S. 35. Zu Regest 40 vgl. auch Heinrich Appelt: Die Echtheit der Trebnitzer Gründungsurkunden (1203/18). In: Zeitschrift des Vereins für Geschichte Schlesiens 71 (1937), S. 1–56. Appelt hält die Urkunde vom 28. Juni 1203, die man lange für gefälscht ansah, unbedingt für echt.

18 Sokol polnisch = Falke. Joseph und Chaskel besaßen das Falknerdorf vor 1203; in der Urkunde von diesem Jahre ist von ihrem früheren Besitz die Rede. Zur Lage des Falknerdorfes vgl. Scholz-Babisch, Wendt: Quellen (Anm. 17), S. 31.

19 So meint Brann in Germania Judaica, Bd. 1 (wie Anm. 1), S. 64.

20 Schilling: Ursprung und Frühzeit (Anm. 13), S. 35: „Daß diese beiden Juden Landleute gewesen sein sollten, ist ebenso zweifelhaft wie im Falle des Tinzer jüdischen Grundbesitzes in der Zeit vor 1153; als gewiß darf nur gelten, daß sie Grundeigentümer dieses Dörfchens und damit Empfänger der dort fälligen Grundrente gewesen sind. Daß sie außerdem Landbau trieben ist ebenso möglich wie unwahrscheinlich." Zur Frage des jüdischen Landbaus im damaligen Schlesien vgl. die Artikel „Schlesien" und „Beuthen a. O." im vorliegenden Bande.
Scholz-Babisch, Wendt: Quellen (Anm. 17), S. 27, lassen die Frage nach der Art des jüdischen Grundbesitzes offen (dauernder Landbesitz oder Schuldpfandschaft), neigen aber sehr zum ersteren unter Bezug auf die Urkunde von 1227 (Schlesische Regesten 315), in der jüdischer Ackerbau in der Kastellanei Beuthen a. O. bestätigt wird; zur Frage des jüdischen Ackerbaus in Schlesien vgl. auch Heinrich Felix Schmid: Die rechtlichen Grundlagen der Pfarrorganisation auf westslawischem Boden und ihre Entwicklung während des Mittelalters. Weimar 1938, S. 412, Anm. 5, sowie den Artikel „Schlesien" im vorliegenden Bande der Germania Judaica.

mehr namentlich feststellbarer Mann[21]. 1267 hält der päpstliche Legat Guido in Breslau eine Provinzialsynode ab, die vor allem den Zweck hatte, die inneren Angelegenheiten der Kirche zu ordnen und ihre Stellung auch den weltlichen Gewalten gegenüber klarzustellen[22]. Die Statuten dieser Synode sowie dreier anderer in Bremen, Magdeburg und Wien abgehaltener liegen uns vor. Da ihre Bestimmungen auf den Beschlüssen des Laterankonzils beruhen, mußte auch auf der Breslauer Synode auf die die Juden betreffenden Satzungen hingewiesen werden, die nun, weil meist vergessen, in Erinnerung gebracht wurden. Es bleibt aber sehr fraglich, ob diese Synodalbeschlüsse[23] irgend einen Einfluß auf die Schicksale der Breslauer Juden ausgeübt haben, die ja, unter dem Schutze des Piastenherzogs stehend, damals ihre Gemeinde ausbauten (vgl. weiter unten die Ausführungen über ihre rechtliche Stellung).

Unter der Regierung des Piastenherzogs Heinrichs IV. erfolgte sodann die weitgehende Rechtschaffung für die Breslauer Juden, auf die die Kirche ohne Einfluß blieb[24]. 1287 beklagte sich der Bischof Thomas II. in Rom, daß im Gebiete des Herzogs von Breslau die Juden in besseren Verhältnissen lebten als die Geistlichen. Die Juden könnten nämlich frei leben und ihren Geschäften nachgehen, der Klerus könne aber aus Todesfurcht nicht wagen, das Gebiet des Herzogs zu betreten[25]. Während

---

21 Vgl. Germania Judaica, Bd. 1 (Anm. 1), S. 54 und S. 65, Anm. 13, wo nähere Quellennachweise; ferner Germania Judaica, Bd. 1, S. 502, wo ergänzend darauf hingewiesen wird, daß dieser Grabstein nicht mehr als der älteste Breslauer jüdische Grabstein anzusprechen ist.

22 Hermann Markgraf: Über die Legation des Guido tit. S. Laurentii in Lucina presbyter Cardinalis. In: Zeitschrift des Vereins für Geschichte Schlesiens 5 (1863), S. 81–106; hier S. 89.

23 Die Beschlüsse der Breslauer Synode sind abgedruckt bei: Antiquissimae constitutiones synodales provinciae Gneznensis [...] curavit Romualdus Hube. Petropoli 1856. Die Bestimmungen über die Juden in Kap. 10, S. 68 und Kap. 12–14, S. 69f. Vgl. Julius Aronius (Bearb.): Regesten zur Geschichte der Juden im fränkischen und deutschen Reiche bis zum Jahre 1273. Berlin 1902, S. 301–303, Nr. 724. Markgraf: Über die Legation (Anm. 22), S. 96. Ferner Brann: Geschichte der Juden (Anm. 8), S. 10ff; ebd. S. 13 läßt sich eine Behauptung „daß Angst und Sorge die Juden erfassen mußte, als sie von den Synodalbeschlüssen Kenntnis erhielten", aus den Quellen nicht beweisen. Vgl. ferner zur Breslauer Synode Scholz-Babisch, Wendt: Quellen (Anm. 17), Nr. 243.

24 Belege im Abschnitt über die rechtliche Stellung der Juden in Breslau; Scholz-Babisch, Wendt: Quellen (Anm. 17) meinen, daß das Judenprivileg Heinrichs IV. geradezu eine Antwort auf die Synodalbeschlüsse war. Im Spiel der konkurrierenden Gewalten ist die Frage der Behandlung der Juden keine Frage der Zu- oder Abneigung, sondern der Politik. Wo in Schlesien die Kirche auch Landesherr war, also auch Trägerin der Judenhaltung, stellte sie sich zu den Juden anders ein. Vgl. die Artikel „Neisse" und „Ottmachau" in Germania Judaica, Bd. 2.

25 Gustav Adolf Stenzel: Urkunden zur Geschichte des Bistums Breslau im Mittelalter. Breslau 1845, S. 195, Nr. 193. Decimas nostras et tocius cleri nostri idem dux indifferenter omnes rapit, census nostros et aliorum clericorum pro suis usurpat unibus et reservat, et ut generaliter concludamus, deterior est condicio clericorum obedienciam observancium in terra prefati ducis quam eciam Judeorum, Judei enim libere in terra ipsius vivant et negocia excercent, sed clerus ob metum mortis quod eius terram intret non quiet eciam cogitare. Nicht zuverlässiges Exzerpt bei Gottlieb Bondy, Franz Dworsky (Hg.): Zur Geschichte der Juden in Böhmen, Mähren und Schlesien von 906–1620. 2 Bde. Prag 1906; hier Bd. 1 (906–1576), S. 39, Nr. 38; ferner bei Scholz-Babisch, Wendt: Quellen (Anm. 17), Nr. 356, S. 220; vgl. die Ausführungen bei Brann: Geschichte der Juden (Anm. 8), S. 17, der darauf hinweist, daß damals der Kirchenstreit mit dem Herzog tobte, der auf die Lage der Geistlichen Einfluß hatte. Brann sträubt sich auch hier (S. 17) wie so oft gegen die Anerkennung der Tatsache, daß es den Juden damals gut ging; ferner Ignac Schipper: Studya nad sto-

die Provinzialsynode von Breslau 1267 wie üblich den Verkauf des für die Juden rituell nicht brauchbaren Fleisches an Christen gänzlich verboten hatte, war in der Praxis im Jahre 1301 in Breslau eine für die Juden recht günstige Regelung erfolgt, die wir aus einem neu aufgefundenen Schweidnitzer Ratsbriefe von 1302 kennen[26]. Der Hofrichter Hermann teilte seinem gleichnamigen Schwager, dem Schweidnitzer Hofrichter, mit, wie die strittige Fleischfrage in Breslau gelöst wurde: Fleisch, das für die Juden rituell nicht genießbar war, durfte nur in ganzen Tiervierteln an die Christen weiterverkauft werden; nur bei Ochsen war eine Drittelung des Viertels erlaubt[27]. Rituell taugliches Fleisch durfte keinesfalls an Christen verkauft werden. Das stellte eine strafbare Handlung dar[28]. 12 jüdische Schlächter wurden in Breslau zugelassen[29]. Auf dem Schlachthof durften sie an allen Tagen schlachten, am Donnerstag jedoch nur nach der Vesper[30]. Hausschlachtungen blieben außerdem erlaubt[31]. Da im damaligen Breslau höchstens 80 Fleischbänke christlicher Fleischer bestanden, würden 12 Judenfleischer 13,01 % der Gesamtzahl ausmachen[32], wenn wir es wirklich mit 12 Berufsfleischern zu tun haben[33]. Aus diesen Bestimmungen ist aber

---

sunkami gospodarczymi Żydów w Polsce podczas średniowiecza. Lwów 1911 (Monografie z historyi Żydów w Polsce 4), S. 53f.

26 Vgl. Theodor Goerlitz: Eine bisher unbekannte Urkunde von 1301 über die Breslauer Juden. In: Beiträge zur Geschichte der Stadt Breslau 3 (1937), S. 107–114.

27 Ebd., S. 108: „Zum irsten von der juden wegen, die do sullen schlachten, das fleisch zuvorkeuffen den juden. Zum irsten die ochsen, die nicht tögen den juden zu essen, sie sullen nicht anders vorkeuffen den christen alleine zu firteiln, adir sie sullen zuhauen ein ietzlich fierteil in drey stücke; auch die schoffe adir schöptze die nicht tögen den juden zu essen, sie sollen nicht andirs vorkeuffen den christen wen zu fierteil. Auch ist, das jemand aus den juden wirt gefunden adir begriffen, das her andirs verkauft sein fleisch, denn vorgesprochen ist, der soll geben einen firdunge, und von dem firdung soll nemen die eine helffte der hofferichter, und die andir helffte sol furdern der juden bischoff.“

28 Ebd., S. 108: „Auch das fleisch, das do taug den juden zu essen, ist das jemand aus den juden wird begriffen verkauffende den christen, derselbe jude sal schlechtlich suchen eine gnade des hofferichters, zo her beste mag die finden“.

29 Ebd.:. „Auch sollen nicht me jude seyn in Bresslaw denn zwelffe, die sullen schlachten das fleisch der juden, und noch der zal möget ir gleicherweise satzunge machen den juden zur Swydnicz zu schlachten das fleisch den juden noch deme, als euch und der stat wirdt bequeme sein.“

30 Ebd.: „Auch wanne sie wellen, sie mögen wol alle Tag in der wochen schlachten zu irer notdorfft, adir am dornstage sie sullen nich schlachten, ess sey denne, wenne man zur vesper lawt.“

31 Ebd.: „Auch ist das die andiren juden, denne die awsirwelten wellen schlachten vmb ire notdorfft in iren heusern, die do nicht pflegen gemeinelich verkauffen, dieselben mögen schlachten ihr viehe, jedoch ane schaden der christenlichen fleischer, vnd ein itzlicher jude ane vorgesprochen, der so wird gefunden adir begriffen andirs thuende, wenne iss gesprochen ist, der sal schlechtlich suchen die gnade des hofferichters.“

32 Zu dieser Berechnung Görlitz in ebd. S. 113; vgl. auch Hermann Markgraf: Die öffentlichen Verkaufsstätten Breslaus. In: Zeitschrift des Vereins für Geschichte Schlesiens 18 (1884), S. 171–208; hier S. 173.

33 Goerlitz: Urkunde (Anm. 26), S. 113, weist nach, daß diese Zahl von zwölf Fleischern eine Höchstzahl bedeutet. Es bleibt aber fraglich, ob es überhaupt so viel Berufsfleischer in der Breslauer Judengemeinde gab oder ob nicht mancher Hausvater, der einen anderen Beruf hatte, außerdem noch Schochet war.

ersichtlich, daß um 1300 eine starke Judengemeinde in Breslau in geordneten Verhältnissen lebte, die zu Klagen keinen Anlaß hatte[34]. Doch ist mit dieser Regelung die Angelegenheit nicht zur Ruhe gekommen. Wir wissen aus dem Formelbuch des Domherrn Protzan, daß 1315 der Bischof Heinrich von Breslau bei Strafe der Exkommunikation den Fleischern in Breslau befahl, daß der Verkauf solcher für Juden rituell nicht zulässigen Teile an Christen hinfort verboten sein sollte[35]. Das Verlangen des Bischofs scheint denn auch geltendes weltliches Recht in Breslau geworden zu sein. Als Michaelis 1315 der Breslauer Rat auf Verlangen des Glogauer diesem eine Rechtsbelehrung über die Breslauer Judenhaltung zugehen ließ, wurde die Tatsache, daß die Juden an Christen kein Fleisch verkaufen durften, schon als geltendes Recht aufgenommen[36]. In dieser Rechtsbelehrung über die Breslauer Judenhaltung an Glogau wurde auch darauf hingewiesen, daß die Breslauer Juden nicht zum Wehrdienst herangezogen wurden[37].

In dem Kampfe zwischen der kirchlichen und herzoglichen Gewalt im damaligen Breslau schien es der Kirche einen Angriffspunkt zu bieten, daß der Herzog 1315 einen Juden Salmon als Koch besaß. Die Kirche sah darin eine nach kirchlichem Recht verbotene Amtsführung eines Juden; sie ließ den Juden durch den zuständigen Pfarrer auffordern, sein Amt innerhalb von 8 Tagen niederzulegen[38]. Salmon hat sich

---

34 Danach ist die Gesamtauffassung bei Brann zu berichtigen.

35 Wilhelm Wattenbach (Hg.): Das Formelbuch des Domherrn Arnold von Protzan. Breslau 1862 (Codex diplomaticus Silesiae 5), S. 58f., Nr. 75: „Gravem et dolore non vacuam de Judeis in Wrat. quandam novam abusionem cristianis horridam intelleximus surrexisse, ex eo quod episcopus Judeorum in civitate Wrat. ex invencione et inductu cristianorum carnificium in ibidem, omnia Judeorum peccora in ipsorum cristianorum mactatorio non maccello iuxta ritum gentis iudaice mactat manu propria et occidit de quibus sic occisis, quod sibi placitum est eligit, ea vero que tamquam inmunda spernit et discernit, cristianis sumenda relinquit". Noch schärfer heißt es weiter unten, „si ea que ipsi Judei tamquam inmunda respuunt et discernunt, scienter a cristiane fidei cultoribus sumerentur". Vgl. Brann: Geschichte der Juden (Anm. 8), S. 23 und Anm. 2, wo nachgewiesen wird, daß diese Verfügung zwischen Mitte Juli und September/Oktober 1315 erlassen sein muß. Schlesische Regesten (Anm. 17), Nr. 2684.

36 „Item noveritis, quod Judei non debent carnes vendere Christianis et adhuc nostri concives cum Judeis invicem questionibus multimodis contendunt, quod volgariter dicitur ‚crigen', sed si terminatum fuerit, vobis scire dabimus consequenter". Gustav Adolf Tzschoppe, Gustav Adolf Stenzel (Hg.): Urkundensammlung zur Geschichte des Ursprungs der Städte und der Einführung und Verbreitung deutscher Kolonisten und Rechte in Schlesien und der Oberlausitz. Hamburg 1832, S. 496ff; Georg Korn: Breslauer Urkundenbuch. Teil 1. Breslau 1870, S. 91, Nr. 100; Brann: Geschichte der Juden (Anm. 8), Teil 1, S. 24, Anm. 1. Vgl. auch den Artikel „Glogau" in vorliegendem Bande, ferner die zitierte Arbeit von Goerlitz: Urkunde (Anm. 26), S. 114; Schlesische Regesten (Anm. 17), Nr. 3529.

37 Vgl. Hermann Markgraf: Der älteste Judenkirchhof in Breslau. In: Ders.: Kleine Schriften zur Geschichte Schlesiens und Breslaus. Breslau 1915 (Mitteilungen aus dem Stadtarchiv und der Stadtbibliothek zu Breslau 12), S. 176–190; hier S. 179; ferner Arwed Igert: Das Wehrrecht der Stadt Breslau unter Berücksichtigung der habsburgischen Zeit. Breslau 1939 (Beiträge zur Geschichte der Stadt Breslau 10), S. 15f.

38 Im Formelbuch des Domherrn Protzan (Anm. 35), S. 57, Nr. 73: „Cum sit nimis absurdum, ut blasphemus Cristi in Cristianos vim exercere debeat potestatis, amplius sub dissimulacionis silencio urgente nos consciencia pertransire non possumus nec debemus, quod Salmon Judeus magisterio et regimini curie et coquine illustris principis domini Heynrici ducis Slezie et domini Wrat. sit prefec-

daraufhin eine Zeitlang seines Amtes enthalten, hat aber später wieder seine Pflichten übernommen[39]; nunmehr verbot die Kirche – wir nehmen an der Bischof – bei Bannandrohung den Christen, ihm zu gehorchen, und verbot generell jedes Dienstverhältnis bei Juden, insbesondere wurde den Juden untersagt, sich christliche Ammen zu halten. Auch sollten die Juden keine Kapuze gleich den Christen tragen und sich in der Kleidung unterscheiden[40]. Es ist nicht zu anzunehmen, daß der Bischof die Durchführung im besonderen der letzten Maßnahmen erzwingen konnte, da er ja die Jurisdiktion über die Juden nicht besaß.

Für das Jahr 1319 wird die erste Vertreibung der Juden aus Breslau in der Regel angenommen; doch bleibt fraglich, ob sie überhaupt stattgefunden hat[41]. 1316–1319 hatte in Schlesien und Polen eine furchtbare Hungersnot geherrscht. Aus den beiden ersten Jahrzehnten des 14. Jahrhunderts sind uns noch eine Anzahl von Juden, die auf dem Breslauer Friedhof bestattet waren, aus ihren Grabinschriften bekannt[42]. מורשנ', gest. 26. Nissan 5063 = 13. April 1303[43], Libussa, Frau des Rabbi ..., gest. 20. Marcheschwan 5065 = 20. Oktober 1304[44], Mose, Sohn des Schal(om) oder Sal(omo), gest. 29. Marcheschwan 5066 = 17. November 1305[45], Esther, Tochter des Rabbi Mordechai, gest. 27. Ab zwischen 5071 und 5079 (1311–1319)[46], Mordechai, Sohn des Abraham, gest. am 2. oder 6. Marcheschwan zwischen 5071 und 5078 (1310–1318)[47].

tus, ubi in Cristianos multipliciter habere noscitur potestatem, ne dicamus tyrannidem exercere". Schlesische Regesten (Anm. 17), Nr. 3429.

39 Formelbuch des Domherrn Protzan, ebd., S. 57, Nr. 74: „Idem Judeus sic ammonitus aliquo tempore ab huiusmodi regimine curie cessaverit et coquine, Tamen quia iterum tamquam canis rediens ad vomitum supradictus Salmon Judeus prefato officio et regimini sicut prius ingerere se presumit". Schlesische Regesten (Anm. 17), Nr. 3430.

40 Formelbuch des Domherrn Protzan, ebd.: „Insuper et capucia aliqua tamquam cristiani decetero non deferant, Quinymo et ut inter Judeos et cristianos differencia et distinccio habeatur, habitum suum mutent".

41 Vgl. Schlesische Regesten zum Jahre 1319, Nr. 3880 (Anm. 17), S. 112, wo es heißt: „Die Nachricht von der Judenverfolgung allein aus sonst später Quelle ist umso unsicherer, da ähnliche Nachrichten sich so oft wiederholen und gerade in Breslau". Brann: Geschichte der Juden (Anm. 8), Teil 1, S. 38f, nimmt die Judenverfolgung als geschehen an, muß aber die Continuität der jüdischen Ansiedlung dadurch zugeben, daß er auf jüdische Steuereingänge bereits wieder in den Jahren 1321 und 1322 hinweist; daß in diesen Jahren die Steuereingänge nur je 6 Mark betrugen, 1323 dagegen 22 Mark, kann auch nur mit der Hungersnot zusammenhängen. Goerlitz: Urkunde (Anm. 26), S. 114, nimmt die Vertreibung auch als stattgefunden an und scheint sie mit den Streitigkeiten zwischen Juden und Christen und in anderen Dingen zusammenzubringen. – Doch scheint die Art der Quelle auf eine mittelalterliche Greuelausschmückung hinzudeuten; vgl. auch Bondy, Dworsky: Geschichte der Juden (Anm. 25), Bd. 1, S. 45, Nr. 51.

42 Vgl. Brann: Geschichte der Juden (Anm. 8), Teil 1, Anhang II: Die hebräischen Grabschriften schlesischer Juden aus dem 13. und 14. Jahrhundert, S. VI–XIII.

43 Ebd. S. VIII, Nr. 2. Der Name „Morschna" ist ohne Parallele.

44 Ebd., Nr. 3.

45 Ebd., Nr. 4.

46 Ebd., Nr. 5.

47 Ebd. S. IX, Nr. 6.

1327 wurde den Breslauer Juden ihr Schutzprivileg durch König Johann von Böhmen erneuert (vgl. weiter unten Abschnitt „rechtliche Lage“). Im gleichen Jahre bringen sie laut dem Breslauer Stadtrechnungsbuch eine steuerliche Leistung von 69 Mark auf[48]. 1331 erließ Bischof Nanker von Breslau Synodalstatuten, in denen die Bestimmungen über die Kleidertracht der Juden wieder in Erinnerung gebracht wurden[49]. Eine Machtbefugnis, dies zu erzwingen, besaß der polnisch gesinnte Bischof nicht[50]. Trotz der Tendenzen Nankers vollzog sich in jenen Jahren die Hinwendung Schlesiens zu Böhmen und die Trennung von Polen, die auch für das Schicksal der Juden Breslaus bedeutsam wurde.

In dem gleichen Jahre, als Bischof Nanker sich um die Kleidung der Juden in Breslau kümmerte, waren diese dem Landesherrn als Geldquelle wesentlicher. Am 27. Oktober 1331 berichtete der Notar Heinrich des Königs Johann von Böhmen, daß dieser innerhalb weniger Tage in Breslau 12000 Mark von Christen und Juden erpreßte, die er seinen Söldnern überwies[51]. Wie sich diese Summe im einzelnen auf die verschiedenen Volksgemeinschaften verteilte, wissen wir nicht. Die Finanzkraft der Breslauer Juden ist damals bedeutend gewesen, das Rechnungsbuch der Stadt Breslau, das unter dem Namen Henricus Pauper erhalten ist[52], zeigt dies in vielen Eintragungen. 1322, 1326, 1328, 1331, 1333–1335, 1339, 1352–1355 treten Judenanleihen auf[53]. Die Breslauer Juden haben ihre Kapitalien auch außerhalb ihrer Heimatstadt arbeiten lassen. Der Jude Jakob in Breslau hatte 1333 den Ratmannen und Bürgermeistern der Städte Münsterberg, Frankenstein, Reichenbach und Strehlen gegenüber die sehr beträchtliche Forderung von 160 Mark Groschen[54]. 1334 vereinnahmte die Stadt allein von der Jüdin Salda 50 Mark[55]. 1335 erscheinen in dem schon genannten Stadtrechnungsbuch unter den gemeinsamen Ausgaben Zinsaus-

---

48 Schlesische Regesten zu den Jahren 1327–1333 (Anm. 17, Bd. 22), S. 3.

49 Joseph Klapper: Die Breslauer Synodalstatuten vom Jahre 1331. In: Zeitschrift des Vereins für Geschichte Schlesiens 65 (1931), S. 279–291, bes. 289f.

50 Ebd., S. 290, Punkt 16: „ipsos iudeos efficaciter et perempter moneant et inducant, ut decetero, capucia omnino deponant“.

51 Schlesische Regesten (Anm. 17), Nr. 5062; Bondy, Dworsky: Geschichte der Juden (Anm. 25), Bd. 1, S. 48, Nr. 64.

52 Henricus Pauper. Rechnungen der Stadt Breslau von 1299–1358, nebst zwei Rationarien von 1386 und 1387. Hg. v. Colmar Grünhagen. Breslau 1860 (Codex diplomaticus Silesiae 3).

53 Ernst Maetschke: Der Breslauer Stadthaushalt in der ersten Hälfte des 14. Jahrhunderts. In: Zeitschrift des Vereins für Geschichte Schlesiens 69 (1935), S. 70–88; hier S. 85, Anm. 22. Ohne diese Judenanleihen konnte die Stadt ihr Tuchgeschäft nicht finanzieren. Schlesische Regesten (Anm. 17), Nr. 5063.

54 Das Original, in dem Jacob als der fürsichtige Jude bezeichnet wird, befindet sich im Breslauer Stadtarchiv, [zitiert aus einer umfangreichen Handschrift des Johann Karl] Roppan, S. 510; Schlesische Regesten (Anm. 17), Nr. 5260; Bondy, Dworsky: Geschichte der Juden (Anm. 25), Bd. 1, S. 49, Nr. 69.

55 Schlesische Regesten (Anm. 17), Nr. 5311. Jedoch handelt es sich nicht um einen Juden, sondern um eine Jüdin, die auch sonst bekannte Salda Smogelisse oder Smogelynne; Brann: Geschichte der Juden (Anm. 8), Teil 2, Anhang III, S. XXVI, Nr. 151.

lösungen von Christen und Juden[56]. 1336 verkauften eine Reihe achtbarer (famosi) Männer, zu denen der Breslauer Jude Heinrich gehörte, 12 ½ Hufen Acker im Dorfe Borne (Kreis Neumarkt in Schlesien) an den achtbaren Mann Albert gen. Haase und ließen sie auf[57]. 1336 hören wir von einer Verbürgung bei der Judenschaft von zwei Männern, offenbar wallonischer Herkunft[58], wegen 14 Mark kgl. Groschen. Der Hauptmann des Breslauer Landes, Konrad von Borsnicz, mußte in diesem Jahre 1336 öfters wegen Geldgeschäften mit Juden tätig werden. Am 24. März bekundet er, daß vor ihm der Schulze und die Dorfinsassen von Kostenblut versprochen haben, der Jüdin Salda, Witwe des Smogil zu Breslau, bzw. ihrer Tochter Zusyn und ihren anderen Kindern 40 Mark Prager Groschen an bestimmten Terminen auszuzahlen. Am gleichen Tag ist ein ähnliches Geschäft wegen Sablath (Kreis Neumarkt) gemacht worden. Hier betrug das Objekt 25 ½ Mark[59]. Es ist das erste Mal, daß eine Breslauer Jüdin geschäftlich hervortritt[60]. Im September 1336 besaß der schon genannte Jude Jacob einen Schuldtitel auf Güter des Dorfes Kawallen bei Breslau[61]. 1337 hören wir von einem nach Breslau zugezogenen Juden Muscho von Strehlen[62], der wegen einer Forderung gegen das Kloster Heinrichau sich mit dessen Stellvertreter einigte. Der Abt und sein Kloster wurden wegen einer Schuld von 52 Mark oder der Zinsen davon von dem genannten Juden vor gehegtem Ding freigesprochen[63]. Aus den beiden Jahrzehnten von1320–1340 sind uns eine ganze Reihe von Grabin-

56 Schlesische Regesten (Anm. 17), Nr. 5443; Pauper (Anm. 52), S. 60–61; die Stelle ist ein Beweis dafür, daß das kanonische Zinsverbot von den Christen der Stadt Breslau nicht mehr eingehalten wurde. Zur Bedeutung des sogenannten Henricus Pauper als Quelle vgl. Paul Rehme: Über die Breslauer Stadtbücher. Ein Beitrag zur Geschichte des Urkundenwesens. Mit einem Urkundenbuche. Halle 1909 (Stadtrechtsforschungen 2), S. 42. Das Buch, das von 1299 bis 1358 geführt wurde, ist kein eigentliches Rechnungsbuch, sondern enthält vielmehr Auszüge aus den Rechnungen. Für die Geschichte der Juden in Breslau ist diese Quelle von besonderem Wert.

57 Schlesische Regesten (Anm. 17), Nr. 5534. Aus diesem Ackerbesitz eines Breslauer Juden in einem benachbarten Landkreise dürfte aber kaum auf eine Ackerbautätigkeit dort zu schließen sein. Der Anteil an diesem Stück Land war sicher durch Pfandverfall an diesen Juden gekommen.

58 Ebd., Nr. 5598. Original im Breslauer Staatsarchiv Rep. 16. Obergerichtsbuch Nr. 1, fol. 19b, Nr. 75. Es handelt sich um die Brüder Johann und Heinrich, Söhne des verstorbenen Eberhard Gallicus. Zwischen Wallonen und Juden scheinen in Breslau nähere Beziehungen bestanden zu haben.

59 Ebd., Nr. 5603. Breslauer Staatsarchiv, Rep. 16. Obergerichtsbuch Nr. 1, fol. 20, Nr. 79 (24. März 1336).

60 In jener Zeit ist bei den Christen die geschäftliche Betätigung von Frauen noch nicht üblich gewesen; vgl. Richard Jecht: Geschichte von Görlitz. Bd. 1/1. Görlitz 1926, S. 112: „Ganz bezeichnend ist auch, daß die Jüdinnen ganz im Gegensatze zu den christlichen Frauen damals schon im Wirtschaftsleben ihre Rolle spielten". Vgl. auch den Artikel „Görlitz" in Germania Judaica, Bd. 2.

61 Schlesische Regesten 5706a; abgedruckt bei Karl G. Bruchmann: Ergänzungen und Berichtigungen zu den Regesten zur schlesischen Geschichte. In: Zeitschrift des Vereins für Geschichte Schlesiens 69 (1935), S. 311–314; hier S. 313.

62 Vgl. zu ihm Brann: Geschichte der Juden (Anm. 8), Teil 2, Anhang III, S. XXV, Nr. 122, ferner den Artikel „Strehlen" im vorliegenden Bande der Germania Judaica.

63 Schlesische Regesten (wie Anm. 17), Nr. 5923; Breslauer Staatsarchiv, Rep. 16. Älteres Breslauer Landbuch A, fol. 35b, Nr. 186.

schriften Breslauer Juden teils vollständig, teils fragmentarisch überliefert, ohne daß wir über diese Männer und Frauen etwas Näheres wissen[64].

Das anhebende fünfte Jahrzehnt des 14. Jahrhunderts wurde wie für die Juden in vielen Teilen Europas auch für die Breslauer Juden ein Jahrzehnt der Entscheidung. Ihre Behandlung ist vor allem von dem Geldbedürfnis König Johanns abhängig, das durch die weitausschauenden europäischen Plane dieses Herrschers besonders groß war. Die Verfügung dieses Königs vom 16. Oktober 1341 über die Übertragung des Judenschutzes an die städtischen Behörden findet noch bei der Darstellung ihrer rechtlichen Lage ihre besondere Beachtung[65]. Da in dieser Urkunde auch eine Zuzugsmöglichkeit von Juden nach Breslau vorgesehen war, können wir in den nächstfolgenden Jahren einen Zuzug begüterter Juden aus schlesischen Städten nach Breslau feststellen[66]. In der gleichen Zeit wurde die Breslauer Judenschaft zum Mauerbau mit einem Betrage von 60 Mark herangezogen[67]. Auf diese Abgabe wies König Johann hin, als er der Stadt Breslau anläßlich einer Feuersbrunst im Jahre 1342 besonderes Entgegenkommen geldlicher Art bewies[68]. Die pekuniären Nöte zwangen den König zwei Jahre später (1345) zu einem Vorgriff auf die Judeneinnahmen Breslaus. Der Zins mußte für vier Jahre im voraus gezahlt werden. Wir verdanken dieser Verfügung die Erhaltung der Namen von 58 Familienvätern und lernen die Struktur der Breslauer Judenschaft (siehe unten) dadurch kennen[69]. Da der Rat der Stadt Breslau dem König seine Forderung an die Juden-

64 Vgl. Brann: Geschichte der Juden (Anm. 8), Teil 1, Anhang A, S. IX–XI, Nr. 7–14. Bondy, Dworsky: Geschichte der Juden (Anm. 25), Bd. 1, S. 48, Nr. 65; zum Stil dieser Grabinschriften vgl. Brann: Geschichte der Juden (Anm. 8), Teil 1, Anhang II, S. IX, Grabschrift 7, Anm. 10. Märtyrer sind nicht unter diesen Juden.

65 Die Verfügung ist abschriftlich erhalten im Antiquarius f13; danach zuerst abgedruckt von Colmar Grünhagen: [Ergänzung zu] Ludwig Oelsner, Schlesische Urkunden zur Geschichte der Juden im Mittelalter. In: Zeitschrift des Vereins für Geschichte und Altertum Schlesiens 6 (1865/66), S. 369–379; hier S. 375; ferner durch Korn: Breslauer Urkundenbuch (Anm. 36), S. 152, Nr. 169. Bondy, Dworsky: Geschichte der Juden (Anm. 25), Bd. 1, S. 52f, Nr. 180; Schlesische Regesten (Anm. 17), Nr. 6690; vgl. auch Hermann Markgraf: Geschichte Breslaus in kurzer Übersicht, neu bearb. von Otfried Schwarzer. 2. Aufl. Breslau 1913, S. 12.

66 Vgl. die Zusammenstellung bei Brann: Geschichte der Juden (Anm. 8), Teil 2, S. 45, Anm. 2. Schlesische Regesten (Anm. 17), Nr. 6783.

67 Ludwig Oelsner: Schlesische Urkunden zur Geschichte der Juden im Mittelalter. In: Archiv für Kunde österreichischer Geschichts-Quellen. Bd. 31. Wien 1864, S. 57–144; hier S. 68.

68 Original im Breslauer Stadtarchiv D 11 b; abgedruckt bei Korn: Breslauer Urkundenbuch (Anm. 36), S. 154, Nr. 172: „Quas gracias propter civitatis nostre melioracionem augmentara cupientes prout alias apud Judeos nostros Wratislavienses, camere nostre servos, assignavimus quadraginta marcas et viginti marcas, quibus sexaginta marcis ex nunc indylate addimus quadraginta marcas mox habendas et tollendas inpedimento qulibet non obstante usque ad ultimum annum, libertatis et gracie supra dicte". Die Feuersbrunst fand am 21. Mai 1342 statt. Vgl. Schlesische Regesten (Anm. 17), Nr. 6827.

69 Das urkundliche Material bei Oelsner: Schlesische Urkunden (Anm. 67), S. 102ff, Nr. 1–4; Die Urkunden tragen Daten, die zwischen dem 13. und 22. April 1345 liegen. Wichtig auch das Verzeichnis der Judeneinkünfte der Stadt Breslau in den Jahren 1345–1349, das uns in dem sogenannten Kladdenbuch erhalten ist und das L. Oelsner, Schlesische Urkunden, S. 104 unter Nr. 5 abgedruckt. Was M. Brann, Geschichte der Juden (wie Anm. 8), Teil 2, S. 46f als Doppelbesteuerung

schaft durch ein Darlehen von 1400 Mark bevorschußte, trat bis zur Höhe dieser Schuld der König an die Stadt seine Einkünfte ab, so daß das Einziehen der Judenabgaben nun in der Hand der städtischen Organe lag[70]. Die Steuerkraft der Breslauer Juden war eine große (siehe wirtschaftliche Verhältnisse).

Am 27. September 1345 erließ König Johann jene tief in das Empfindungsleben der Breslauer Juden eingreifende Verfügung, nach der dem Rate der Stadt Breslau gestattet wurde, die Steine des Friedhofs zur Ausbesserung der Stadtmauer zu verwenden[71] (vgl. weiter unten den Abschnitt über den Friedhof). Eine Protestmöglichkeit wurde den Juden nicht zugestanden, ihnen sogar Stillschweigen in dieser Sache auferlegt[72].

Am 8. September 1347 übertrug der junge König Karl IV. dem Rate von Breslau den Schutz der Juden und gestattete ihm, die Abgaben beliebig zu erhöhen[73] (vgl. weiter unten auch den Abschnitt über die rechtliche Stellung). Am 24. XI. 1348 überwies der König den städtischen Behörden seine Einkünfte von den Juden von Breslau und Neumarkt. Breslau hatte ihm, Karl IV., 500 Mark Groschen zum Rückkauf der Stadt Frankenstein zur Verfügung gestellt[74].

Zu Anfang dieses Jahres war der Schwarze Tod in Europa aufgetreten; wenn er auch damals nicht nach Schlesien kam, so geriet doch auch hier die Stellung der Juden ins Wanken. Hauptgründe: ihre einseitige Berufsausübung des Geldhandels in seinen verschiedenen Formen und der damit verbundene Reichtum[75]. Es bedurfte nur eines irgendwo auftretenden Gerüchtes, um die labile Situation der Juden ins Wanken zu bringen. Und es ist charakteristisch, wenn es in dem Korrespondenzauszuge des Breslauer Rats mit dem König Karl IV. in Angelegenheiten der Breslauer Juden (unter dem 27. März 1349) heißt: „Die Juden fürchten sich wegen des allgemeinen Gerüchtes“[76]. Die Auslösung der für die Breslauer Juden verhängnis-

---

ansieht, scheint keine solche zu sein. Diejenigen, die den Judenzins tatsächlich für vier Jahre im voraus gezahlt hatten, erhielten ein Sonderprivileg und treten in der Liste dann nicht mehr in Erscheinung. Vgl. Stanisław Kutrzeba: Historja Śląska od najdawniejszych czasów do roku 1400. Tom. 1. Kraków 1933, S. 457.

70 So sehe ich abweichend von Brann: Geschichte der Juden (Anm. 8), Teil 2, S. 47, die Zusammenhänge.

71 Das Original der Urkunde im Breslauer Stadtarchiv D 21; abgedruckt bei Oelsner: Schlesische Urkunden (Anm. 67), S. 106, Nr. 6; ferner bei Korn: Breslauer Urkundenbuch (Anm. 36), S. 164, Nr. 183. Bondy, Dworsky: Geschichte der Juden (Anm. 25), Bd. 1, S. 56, Nr. 91.

72 „Non obstante Judeorum seu alterius cujuscunque contradicentis repugnantia, quibus silentium circa premissa imponimus in hac parte“. Es bedürfte einer besonderen, hier nicht zu leistenden Untersuchung, inwieweit die Überlassung der Steine an die Stadt Breslau für diese eine militärische Notwendigkeit war.

73 Original im Breslauer Stadtarchiv D 22; abgedruckt bei Korn: Breslauer Urkundenbuch (Anm. 36), S. 165f, Nr. 185. Bondy, Dworsky: Geschichte der Juden (Anm. 25), Bd. 1, S. 56, Nr. 94.

74 Korn: Breslauer Urkundenbuch (Anm. 36), S. 174, Nr. 192. Bondy, Dworsky: Geschichte der Juden (Anm. 25), Bd. 1, S. 59, Nr. 104.

75 Grundlegend immer noch die Untersuchungen von Robert Hoeniger: Der Schwarze Tod in Deutschland. Ein Beitrag zur Geschichte des 14. Jahrhunderts. Berlin 1882. Die Zusammensetzung der Breslauer Gemeinde wird weiter unten näher behandelt.

76 Oelsner: Schlesische Urkunden (Anm. 67), S. 108, Nr. 9. Es heißt zwar in diesem Auszuge: „Judei

vollen Stimmung geschah durch eine Feuersbrunst, die am 28. Mai 1349 ausbrach. Der Rat von Breslau schrieb am 5. Juni an den böhmischen König, daß die Juden durch Landfremde erschlagen worden sind[77]. Doch haben auch zweifellos Breslauer Bürger, nachdem von anderen das Signal gegeben worden ist, sich daran beteiligt[78]. Da die wirklich treibende Kraft für die Judenverfolgungen jener Zeit wie überall so auch in Breslau das jüdische Geld war, so darf es uns nicht in Erstaunen setzen, wenn knapp zwei Monate nach der Tötung der Juden eine Anfrage an den König erging, was mit dem Gute der Juden geschehen solle[79]. König und Rat machten Ansprüche; die Machthaber waren auch in Breslau wie überall durch den Ausfall an Judensteuern die Leidtragenden solcher Verfolgungen[80]. Die Entscheidung erfolgte erst im Oktober. Der Stadt wurden wegen der durch die Feuersbrunst erlittenen Schäden die Liegenschaften der Juden zugesprochen; darunter befanden sich auch zwei Synagogen[81]. Eine derselben wurde vom Rat für zwei Mark jährlich an einen

---

timent sibi propter famem communem". Aber alle Forscher, die sich mit dieser Stelle eingehend befaßt haben, meinen, es sei besser zu lesen: propter famam communem. Vgl. Hoeniger: Der Schwarze Tod (Anm. 75), S. 34, Anm. 2; Brann: Geschichte der Juden (Anm. 8), Teil 1, S. 50, Anm. 4; nur hätte dann der letztere auch im Text die Hungersnot als mögliche Ursache der Judenverfolgungen fallen lassen müssen. Die judenfeindliche Stimmung in Breslau ist sicherlich wie überall durch die Abhängigkeit des kleinen Mannes vom jüdischen Pfandleiher verursacht worden.

77 In dem schon erwähnten Korrespondenzauszuge heißt es (Oelsner: Schlesische Urkunden, Anm. 67, S. 108, Nr. 9): „quomodo Judei feria 5. ante Penthecosten per quosdam extraneos et exules et ignotos dominis Consulibus occisi sunt." Der Rat der Stadt Breslau hatte natürlich ein Interesse daran, die Verantwortung für die Tat auf Landfremde, die sicherlich auch beteiligt waren und die judenfeindliche Stimmung im Umherziehen schürten, abzuwälzen.

78 1351 wurden „etzliche" Bürger und Mitbewohner, die etzliche Juden erschlagen hatten, in des Königs und der Stadt Acht getan; vgl. den im Breslauer Stadtarchiv befindlichen Auszug eines verlorenen Breslauer Stadtbuches, den J. Landsberger: Kleine Beiträge zur Geschichte der Juden in der Stadt Breslau (1347 und 1351). In: Zeitschrift für die Geschichte der Juden in Deutschland 5 (1892), S. 271–273, Abschnitt 2, aufführt. Es ist anzunehmen, daß diese Quellennotiz von 1351 sich auf die Vorgänge von 1349 bezieht. Zur Schuldfrage vgl. auch Colmar Grünhagen: Die Correspondenz der Stadt Breslau mit Karl IV. in den Jahren 1347–1355. In: Archiv für österreichische Geschichte 34 (1865), S. 345–370, hier S. 360, Anm. 5; sowie Oelsner: Schlesische Urkunden (Anm. 67), S. 71; die Auffassung Oelsners dürfte die richtigere sein. Oelsner sieht die sozialen Ursachen als die wesentlichen an, während Grünhagen die Breslauer Bürgerschaft zu entlasten versucht. Hoeniger: Der Schwarze Tod (Anm. 75), hat die Zusammenhänge für ganz Deutschland klargestellt; sie dürften auch auf Breslau zutreffen.

79 Oelsner: Schlesische Urkunden (Anm. 67), S. 108f, Nr. 9 auf Grund des Kladdenbuches: „Feria secunda ante Marie Magdalene scriptum est domino Regi per Johannem nuntium, quod Capitaneus petit bona Judeorum et quid sit in eo faciendum; item quid sit faciendum cum debitis et literis inventis Judeorum; item si dominus Tirolensis velit habere hereditates et bona Judeorum, quid ad hoc sit faciendum; item si quid inveniretur in bonis et debitis Judeorum si civitati dare nollet, quod tum reditus ad ducatum spectantes reemantur …".

80 Vgl. Brann: Geschichte der Juden (Anm. 8), Teil 2, S. 53.

81 Oelsner: Schlesische Urkunden (Anm. 67), S. 75. Die Schenkungsurkunde vom 7. Oktober 1349 ist leider nicht erhalten, sondern nur im Auszuge in der alten Breslauer Stadtgeschichte von Samuel Benjamin Klose: Von Breslau. Dokumentirte Geschichte und Beschreibung, Bd. 2. Breslau 1781, S. 184, bekannt.

Privatmann weiter vermietet[82]. Die gesamten Liegenschaften wurden auf 400 Mark veranschlagt. Sollte der Erlös höher sein als diese Summe, so sollte ihn der König erhalten; diesem standen auch etwaige verborgene und vergrabene Geldgeschäfte zu, wie auch die Kleinodien und Pfänder. Aus einer Abrechnung aus dem Jahre 1350 ist ersichtlich, daß der Gesamtbetrag des gefundenen Geldes sowie der Ertrag aus den Schuldbriefen 446 Mark betrug (etwa 31.000 RM), auch der Friedhof fiel an den König[83]. Das pekuniäre Ergebnis war überall, so auch in Breslau, für die Machthaber gering, wenn man zum Vergleich die Summen heranzieht, die die Juden laufend an Schutzgeldern aufgebracht haben. Allein der Jude Canaan gab innerhalb eines Zeitraumes von drei Jahren nach einer Eintragung vom 9. August 1347 200 Mark[84].

Sicherlich ist nur ein verhältnismäßig kleiner Teil des jüdischen Vermögens in die Hände der Machthaber gefallen, da ja die Juden auf die Verfolgung durch die erwähnte „fama communis" vorbereitet und zweifellos den größten Teil ihrer flüssigen Mittel in Sicherheit gebracht hatten. Sonst wäre es nicht möglich, daß die Juden kurze Zeit nach ihrer Wiederzulassung in Breslau bereits in der Lage waren, Darlehen an die Stadt in Höhe von 500 Mark (1351) und 575 Mark (1352) auszugeben[85]. Die Wiederzulassung der Juden erfolgte im Dezember 1350[86]; am 21. Februar desselben Jahres erließ König Karl IV. eine Verfügung, durch die er seinem Hauptmann in Breslau, Konrad von Falkenhain, und den Ratleuten der Stadt Breslau volle Gewalt gab, die Judenmörder zu richten und gegebenenfalls seine Unterstützung in Aussicht stellte[87].

Die neu sich bildende Judenschaft von Breslau ist personell nur zu einem Bruchteil die gleiche wie vor der Katastrophe 1349. Nach der Eigengesetzlichkeit jüdischer Binnenwanderungen zogen nach Breslau Familien aus den Provinzstädten und aus Böhmen zu, während ein Teil der Breslauer Juden weiter gewandert war[88]. Bei der Geldleihtätigkeit war dieser Wechsel in den Personen sicherlich beiden Teilen, Gläubigern und Schuldnern, erwünscht.

---

82 Henricus Pauper (Anm. 52), S. 100.

83 Die letzt angeführte Zahl auf Grund der Eintragung bei Pauper (wie Anm. 52), S. 78; die Umrechnung auf Grund von Oelsner: Schlesische Urkunden (Anm. 67) S. 75; bzw. Brann: Geschichte der Juden (Anm. 8), Teil 2, S. 53.

84 Oelsner: Schlesische Urkunden (Anm. 67), S. 105, Nr. 5; zu Canaan vgl. auch die Zusammenstellung bei Brann, ebd., Teil 2, Anhang III, S. XVIII, Nr. 35.

85 Pauper (Anm. 52), S. 79 und 81.

86 Oelsner: Schlesische Urkunden (Anm. 67), S. 104f, Nr. 5.

87 Das Original dieser Urkunde im Breslauer Stadtarchiv F 3, abgedruckt bei Oelsner: Schlesische Urkunden (Anm. 67), S. 110, Nr. 12. Korn: Breslauer Urkundenbuch (Anm. 36), S. 178, Nr. 200. Die Urkunde ist in deutscher Sprache abgefaßt; in ihr heißt es: „ze rihten mit dem Rehten ueber alle die, die unser Juden in der obgenanten Stat zu Bresslawe ermuert und erslagen haben, wa sie die begriffen, es si in der Stat zu Presslawe oder uf dem Lande, daz si mit den selben lueten gevarn sullen, wie si das reht wiset."

88 Vgl. hierzu Brann: Geschichte der Juden (Anm. 8), Teil 2, S. 56 und Anhang S. XVIff.

Die Ereignisse des Jahres 1349 haben eine Fernwanderung Breslauer Juden zur Folge gehabt. In Erfurt begegnen wir 1357 dem Juden Froydel aus Breslau, der in seinem neuem Wohnort als Magister Judeorum bezeichnet wird[89]. Er war eine beachtliche Persönlichkeit als Gelehrter, Geldleiher und Organisator. 1357 war er in Erfurt Mitbegründer, wenn nicht Hauptleiter der dritten Erfurter Judenansiedlung[90]. Sein Bruder Jonas aus Breslau wird 1365 in Erfurt erwähnt, auch noch ein anderer namentlich nicht genannter[91]. Ob diese mit einer späteren Welle Breslauer Juden gekommen sind oder schon 1349, ist nicht festzustellen. Jodelin aus Breslau, der 1359 in Erfurt genannt wird, dürfte schon 1349 Breslau verlassen haben[92], auch eine Jüdin Sara, die 1365 in Erfurt[93] erwähnt wird, kann der Emigration von 1349 angehören. Diese Kolonie Breslauer Juden in Erfurt ist bei späteren Nöten der Breslauer Juden aufnahmefähig gewesen[94].

Die rechtliche Lage

Die rechtliche Stellung der Breslauer Juden beruhte auf einem Privileg Heinrichs IV. (1266–1290)[95], das in seiner ursprünglichen Fassung nicht erhalten ist. Es dürfte um 1270[96] wahrscheinlich als Antwort auf die Synodalbeschlüsse von 1267 erlassen worden sein[97]. Wahrscheinlich haben sogar diesem Privileg erheblich ältere Satzungen zugrunde gelegen: Gewohnheitsrechte, einzelne Bestimmungen[98]. Erhalten ist das Judenprivileg Herzog Bolkos I. von Schweidnitz[99] vom Jahre 1295 in einem Privileg Herzog Bolkos II.[100] Bolko I. nimmt ausdrücklich Bezug auf das Beispiel der Breslauer Herzöge, seines Bruders Heinrichs V. und seines Oheims Heinrichs IV.; ferner besitzen wir das Privileg Herzog Heinrichs III. von Glogau vom Jahre 1299, das sich wahrscheinlich auch auf das Breslauer Privileg stützt[101]. Die Quelle, aus der der Bres-

89 Arthur Süßmann: Erfurter Judenbuch (1357–1407). Leipzig 1915 (Mitteilungen des Gesamtarchivs der deutschen Juden 5), S. 21.

90 So Süßmann ebd., in Anm. 5 zu S. 21, wo auch weitere Mitteilungen über das spätere Schicksal dieses Mannes.

91 Ebd., S. 29.

92 Ebd., S. 25.

93 Ebd., S. 27.

94 Ebd., S. 63 Abraham von Breslau zuerst 1383 erwähnt; S. 61 Heller von Breslau zuerst 1382 erwähnt; S. 63 Mosse zuerst 1383 erwähnt.

95 Stamm- und Übersichtstafeln (Anm. 16).

96 J. Landsberger: Geschichte der Juden in Breslau, Abschnitt 1 (Bis zur großen Verfolgung im Jahre 1349). In: Monatsschrift für Geschichte und Wissenschaft des Judentums 32 (1883), S. 543–563; hier S. 546.

97 Dies meinen Scholz-Babisch, Wendt: Quellen (Anm. 17), Nr. 262, S. 178.

98 Landsberger: Geschichte der Juden (Anm. 96), S. 549, Anm. 1, der darauf hinweist, daß in der erhaltenen Schweidnitzer und Glogauer Judenschutzurkunde sich Redewendungen wie „secundum terre nostre consuetudinem" und „ab antiquis" finden.

99 Vgl. Germania Judaica, Bd. 2, Artikel „Schweidnitz".

100 Schlesische Regesten (Anm. 17), Nr. 2374.

101 Vgl. Germania Judaica, Bd. 2, Artikel „Schweidnitz".

lauer Herzog geschöpft hat – denn alle die mittelalterlichen Judenprivilegien stehen in stammbaumförmiger Abhängigkeit voneinander –, ist die Judengesetzgebung König Přemysl Ottokars II., zu der auch das Privileg König Boleslaus IV. von Polen ergänzend herangezogen wurde[102]. Wie fast überall, so war der Herzog als Landesherr an der Judenhaltung interessiert, weil die Steuern aus ihrem Erwerb ihm zuflossen. Auch in den schlesischen Privilegien und in dem für Breslau anzunehmenden war die Geldleihe der einzige die Juden mit der Umwelt verbindende Beruf[103]. In seiner Ausübung wurden sie in weitestem Umfange geschützt, auch da, wo er gegen die Interessen der Untertanen verstieß, denn nur auf diese Weise konnten die Juden sich rasch bereichern und ihre geldlichen Verpflichtungen gegenüber dem Herzog erfüllen[104]. Innere Selbständigkeit, wozu auch die freie Betätigung des Glaubens gehörte, war ihnen zugestanden. So entwickelten sich die Einrichtungen der Gemeinde: Synagogen und Friedhof.

Wenn auch der Judenschutz Angelegenheit des Herzogs war, so entwickelten sich naturgemäß frühzeitig auch Rechtsbeziehungen zwischen den Juden Breslaus und den städtischen Behörden. In einer Rechtsmitteilung dieser an die gleichen in Glogau vom Jahre 1280 heißt es, daß alle außerhalb des städtischen Weichbildes angesessenen Landesbewohner – Polen oder Deutsche oder Juden – die innerhalb der Stadt Verwundungen oder Totschlag begehen und dabei ergriffen werden, von dem Stadtrichter nach dem Urteil der Stadtschöffen gerichtet werden sollen[105]. Bezog sich diese Bestimmung nicht eigentlich auf Juden der Stadt Breslau, so hingegen eine weitere Bestimmung der gleichen Rechtsmitteilung, daß den Juden verboten war, mit der Elle verschnittenes Gewand zu verkaufen; auch sollten sie Pferde und anderes Vieh nur mit Mitwissenschaft eines Juden und eines Christen zum Pfande nehmen[106]. Aus einer weiteren Rechtsbelehrung des Breslauer Rates für den Glogauer aus dem Jahre 1315 erfahren wir: In Breslau wurden die Juden zum Wachtdienst nicht herangezogen; sie gaben dafür eine Abgabe von ihren Häusern[107]. Durch das herzogliche Privileg waren die Juden von städtischen Abgaben befreit; es ist aber verständlich, daß der Rat der Stadt Breslau sich für die entgangene Leistung eine Abgabe zah-

102 Brann: Geschichte der Juden (Anm. 8), Teil 1, Anhang I, S. I–V. Die gesamten Judenprivilegien, die im 13. Jahrhundert im Gebiet des Heiligen Römischen Reiches deutscher Nation und den benachbarten Gebieten erlassen wurden, bedürfen sehr einer grundlegenden zusammenfassenden Untersuchung und Neuherausgabe. Vgl. Kutrzeba: Historja Śląska (Anm. 69), S. 712.

103 Brann: Geschichte der Juden (Anm. 8), S. 15.

104 Für die Juden in Breslau unterscheidet sich die Lage kaum sehr von der anderswo; deswegen erübrigt sich ein näheres Eingehen.

105 Dies in Anlehnung an Scholz-Babisch, Wendt: Quellen (Anm. 17), Regest Nr. 315, S. 204; die Rechtsmitteilung selbst bei Korn: Breslauer Urkundenbuch (Anm. 36), S. 48f, Nr. 50; vgl. noch Brann: Geschichte der Juden (Anm. 8), S. 18; Schlesische Regesten (Anm. 17), Nr. 1635.

106 Korn: Breslauer Urkundenbuch (Anm. 36), S. 48f, Nr. 50.

107 Ebd., S. 92, Nr. 101 § 5: „Ceterum sciatis, quod nostri Judei non vigilant, sed dant exactionem de curiis ipsorum. Tantum predicti Judei singulis annis dant aliquas pecunias in subsidium et levanem, at ipsos de vigiliis et aliis servitile quibuscunque communibus sublevemus, quoniam ipsi Judei dederunt hoc anno civitati nostre triginta marcas." Schlesische Regesten (Anm. 17), Nr. 3529.

len ließ[108]. Der Schutzbrief Herzog Heinrichs wurde noch am 8. April 1327 von König Johann von Böhmen bestätigt[109].

Dieser herzogliche Judenschutz, der mit den Interessen der Kirche nicht immer im Einklang stand, der aber den Juden ein gleichmäßiges Leben gewährleistete, reichte bis zum Jahre 1341. Am 16. Oktober übertrug König Johann dem Rat zu Breslau den Judenschutz[110], „damit sie (die Juden) durch 10 aufeinanderfolgende Jahre, je nach ihrem Vermögen, jährlich eine einzuschätzende Abgabe zahlen und dadurch von jeder anderen Last oder Drangsal befreit sein sollten.“ Diese Urkunde, von der man annehmen möchte, daß sie im Einverständnis mit den Breslauer Juden erlassen wurde, sieht auch eine Zuzugsmöglichkeit von Juden nach Breslau vor[111]. In der Tat finden wir in den folgenden Jahren häufiger als vorher vor allem reiche Juden aus der Provinz in Breslau.

In den nächstfolgenden Jahren verschlechtert sich trotz Vorausbezahlungen von zum Teil gewaltigen Summen die rechtliche Lage der Breslauer Juden, die der Willkür der ihnen nicht wohlwollenden örtlichen Machthaber ausgeliefert waren. 1345 ist die Wegführung der Steine des Judenfriedhofes, die der Stadt durch König Johann gestattet wurde, ein Beweis für die sich verschlechternde Rechtslage[112]. 1347 übertrug auch der neue junge König Karl IV. dem Breslauer Rate den Judenschutz und gestattete, die Abgaben der Juden nach Belieben zu erhöhen[113]. 1348 wurden von dem gleichen Herrscher die Breslauer Judeneinkünfte, ebenso wie die von Neumarkt, dem Rate zu Breslau überwiesen, zum Ausgleich der 500 Mark Groschen, die

108 Vgl. Dazu die abwegigen Ausführungen bei Brann: Geschichte der Juden (Anm. 8), Teil 1, S. 18f, ferner Igert: Das Wehrrecht (Anm. 37) S. 15f.

109 Korn: Breslauer Urkundenbuch (Anm. 36), S. 119f, Nr. 128. Reg: Schlesische Regesten (Anm. 17), Nr. 4611; Bondy, Dworsky: Geschichte der Juden (Anm. 25), Bd. 1, S. 47, Nr. 58.

110 Korn: Breslauer Urkundenbuch (Anm. 36), S. 152, Nr. 169: „Cum Judei nostri dictam nostram civitatem Wratislaviensem inhabitantes camere nostre servi a retroactis temporibus non modicum sint gravati, ipsorum incorno ditatibus et oppressionibus , ut ipsi sub nostre proteccionis velamine et melius respirare valeant generosius duximus succurendum et cum ipsis, pactum inivimus, quod a dato presencium ad 10 annos continuos quilibet ipsorum censum deputatum iuxta suam facultatetem nobis annuatim solvere debeant, prout in nostris literis super eo datis et confectis plenius continetur“. Schlesische Regesten (Anm. 17), Nr. 6690. Bondy, Dworsky: Geschichte der Juden (Anm. 25), Bd. 1, S. 52f, Nr. 80.

111 Ebd.: “Si vero aliqui alii Judei infra dicti temporis spacium ab aliis dominis et civitatibus ad Wratislaviam se receperint et sub nostra proteccione suas fixerint mansiones, iidem secundum vestrum et Judeorum nostrorum Wratislaviensium consilium deputatum tenebuntur solvere et cum aliis Judeis gaudere debent omnimoda libertate.” Vgl. auch Brann: Geschichte der Juden (Anm. 8), Teil 2, S. 45, Anm. 1, wo aber Zeile 3 versehentlich 1345 für 1341 steht.

112 Original im Breslauer Stadtarchiv D 21; gedruckt: Oelsner: Schlesische Urkunden (Anm. 67), S. 106, Nr. 6; Korn: Breslauer Urkundenbuch (Anm. 36), S. 164, Nr. 183. Bondy, Dworsky: Geschichte der Juden (Anm. 25), Bd. 1, S. 56, Nr. 91.

113 Original im Breslauer Stadtarchiv D 22; abgedruckt bei Korn: Breslauer Urkundenbuch (Anm. 36), S. 165f, Nr. 185. „Onera quoque solucionem regalium et collectarum nostrarum sive contribucionum, prout discrecione vestra videritis, secundum tempori exigenciam augendi vel eciam diminuendi vobis largimur plenam et omnimodam facultatem presencium sub nostro sigillo testimonio literarum.“ Bondy, Dworsky: Geschichte der Juden (Anm. 25), Bd. 1, S. 56, Nr. 94.

der König zum Rückkauf der Stadt Frankenstein benötigt hatte[114]. Diese Verfügung erging am 24. November 1348. Am 28. Mai 1349 brach ein Brand in Breslau aus, der in eine Verfolgung und Ermordung der Juden überging. Der städtische Judenschutz hatte versagt[115].

Die Herkunft der Breslauer Juden, der zahlenmäßige Aufbau der Gemeinde und die wirtschaftliche Betätigung

Es ist nicht bekannt, woher die schlesischen und die Breslauer Juden eingewandert sind. Man hat aus der Art[116] des ältesten Breslauer Grabsteines schließen wollen, daß es rheinische Juden waren, die hierherzogen; in der Tat hat es etwas Wahrscheinliches für sich, daß im Zuge der ostdeutschen Kolonisation, mit der die Neugründung Breslaus nach der Mongolenschlacht (1241) zusammenhängt, Juden aus dem Westen mitgekommen sind. Bestimmtes läßt sich darüber nicht ermitteln. Für das 13. Jahrhundert ist auch eine zahlenmäßige Nachweisung der Judenschaft nicht denkbar, wenn auch das frühe Vorhandensein eines Friedhofes auf eine bereits ausgebildete Gemeinde hinweist. Steuerlisten aus der Mitte des 14. Jahrhunderts, vor dem Untergang der Breslauer jüdischen Gemeinde durch die Verfolgungen des Jahres 1349 ermöglichen uns einen recht genauen Einblick in den personellen Aufbau der Gemeinde. Für die Zeit vor diesen Verfolgungen ist die Zahl der Familienhäupter auf 66 – 68 errechnet worden[117]. Man dürfte nicht sehr fehlgreifen, wenn man von dieser Berechnung ausgehend die Zahl der Breslauer Juden mit 250 Köpfen annimmt. – Daß die Judengemeinde um 1300 stärker gewesen sein sollte, wie man aus der Höchstzahl der jüdischen Fleischer hat schließen wollen[118], ist nicht anzunehmen, da eher noch in der Zeit zwischen 1300 und 1349 eine Vermehrung stattgefunden hat. 1341 waren begüterte Juden nach Breslau gekommen: Abraham von Münsterberg[119],

114 Original im Breslauer Stadtarchiv FF 11; abgedruckt bei Korn: Breslauer Urkundenbuch (Anm. 36), S. 174, Nr. 192. „... volentis ideo eos indempnes reddere ipsis omnem censum nostrum annuum a camere nostra servis Judeis Wraczlaviensibus et Noviforensibus."

115 Colmar Grünhagen: Geschichte Schlesiens. Bd. 1, Bis zum Eintritt der habsburgischen Herrschaft 1527. Gotha 1884, S. 203, schreibt: „Wir haben keinen Grund, in die Aussage der Breslauer Konsuln Zweifel zu setzen, welche die Urheberschaft des Verbrechens wesentlich fremden Herumtreibern zur Last legen und auf den großen Schaden, den die Stadt selbst durch den Brand erlitten, hinweisen, der König hat von ihnen die Bestrafung der Übeltäter gefordert." Grünhagen muß aber (S. 204) hinzufügen, daß „sie [die Konsuln] keinen Anstand nahmen, die Hinterlassenschaft der ermordeten Juden als herrenloses Gut zu beanspruchen, wobei sie allerdings mit den königlichen Behörden in Konkurrenz kamen, welche gleiche Wünsche hegten"; vgl. Brann: Geschichte der Juden (Anm. 8), Teil 2, S. 53.

116 Schilling: Ursprung und Frühzeit (Anm. 13), S. 34.

117 Brann: Geschichte der Juden (Anm. 8), Teil 2, S. 52.

118 Goerlitz: Urkunde (Anm. 26), S. 113: „Gleichwohl muß eine sehr starke Judengemeinde in Breslau vor 1300 bestanden haben."

119 Vgl. Den Artikel "Münsterberg" im vorliegenden Bande, ferner das Verzeichnis der Breslauer Juden von 1330–1360; Brann: Geschichte der Juden (Anm. 8), Teil 2, Anhang III, S. XVII, Nr. 5.

Abraham aus Neumarkt[120], Muscho von Strehlen[121], sein Sohn Daniel[122], sowie sein Schwiegersohn Isaak[123]. Einer der Gründe dieser Einwanderung war das oben erwähnte Privileg König Johanns von 1341, das den Zuzug der Juden nach Breslau vorsah. Doch lockte auch der Schutz der größeren Stadt, die Möglichkeit verstärkter geschäftlicher Tätigkeit, vielleicht auch der Wunsch, die Stätte des Geldleihens in einer Zeit, in der die unteren Kreise der Bevölkerung schon stark gegen die Juden eingenommen waren, an eine andere Stelle zu verlegen. Die Zugezogenen brachten sehr erhebliche Summen Schutzgelder sowie für die Instandhaltung der Stadtmauer auf. Ein besonders reicher Jude war Canaan, der nach Eintragung vom 9. August 1347 innerhalb drei Jahren an königlichem Schutzgelde 200 Mark an die Stadt zahlte[124]. Auch er scheint in das Verhängnis dieser Jahre hineingezogen worden zu sein, denn 1350 kam sein Hof in andere Hände[125]. Auch der Jude Jacob, an den die ganze Stadt Löwenberg versetzt worden war[126], muß geldlich sehr leistungsfähig gewesen sein[127]. Seine Geldgeschäfte fallen in den Zeitraum von 1324–1330[128]. Neben ihm ist vor allem noch der Jude Eckehard zu nennen, der sich ebenso betätigte[129].

Man kann annehmen, daß alle Juden, bei denen in den Urkunden und Steuerverzeichnissen nicht ausdrücklich eine Berufsbezeichnung angegeben ist oder bei denen sich der Vermerk „ein armer Mann“ findet, von der Geldleihe im großem und von der Leihe auf Pfänder lebten. Die Judenschaft (Judea) von Breslau trat auch in ihrer Gesamtheit als Geldgeber auf[130]. Daß ein Jude außerhalb des jüdischen Bezirks im

120 Vgl. Den Artikel “Neumarkt” im vorliegenden Bande, ferner das angeführte Verzeichnis bei Brann: Geschichte der Juden (Anm. 36), Nr. 8.

121 Vgl. Den Artikel “Strehlen” im vorliegenden Bande, ferner das angeführte Verzeichnis bei Brann: Geschichte der Juden (Anm. 36), S. XXV, Nr. 122.

122 Ebd., S. XIX, Nr. 40.

123 Ebd., S. XXIII, Nr. 87.

124 Oelsner: Schlesische Urkunden (Anm. 67), S. 105; Brann: Geschichte der Juden (Anm. 36), S. XVIII, Nr. 35 stellt alle geldlichen Leistungen an Steuern des Canaan zusammen. Oelsner handelt S. 70f eingehend unter Umrechnung des Münzwertes von dem Reichtum der damaligen Breslauer und schlesischen Juden.

125 Brann: Geschichte der Juden (Anm. 36). Die Auflassungsurkunde im Breslauer Stadtarchiv G1,1, fol. 134b.

126 Vgl. den Artikel “Löwenberg” im vorliegenden Bande. Schlesische Regesten (wie Anm. 17), Nr. 6664. Der Jude Jacob und seine Geldgeschäfte kommen auch sonst in den Quellen vor, vgl. Schlesische Regesten (Anm. 17), Nr. 6707.

127 Brann: Geschichte der Juden (Anm. 8), Teil 2, Anhang III, S. XX, Nr. 57 bzw. S. XVI, Nr. 4. Vgl. ferner zu ihm: Landsberger: Geschichte der Juden (Anm. 96), S. 555, ferner Brann, ebd., S. 37.

128 Vgl. Die Zusammenstellung bei Brann, ebd., Teil 2, S. 42f, Anm. 4; ferner ebd. S. 37.

129 Ebd. Das Breslauer Rechnungsbuch Henricus Pauper (Anm. 52) liefert das Material für die zahlreichen Geldgeschäfte, zum Beispiel S. 49: „Item de debito apud Eckchardum Judeum et alios 40 marcas minus 5 fertonibus“. Aus diesen Eintragungen, die einen Auszug aus dem ursprünglichen Rechnungsbuch darstellen, ist nicht immer klar ersichtlich, was Darlehen der Juden und was Abgaben waren. Auch werden die Einnahmen von Juden oft vermischt mit anderen aufgeführt, so daß ein zahlenmäßig ganz klares Bild über ihre Betätigung als Geldleiher nicht zu geben ist.

130 Schlesische Regesten (Anm. 17), Nr. 5901 (24. Mai 1337); Schlesische Regesten, Nr. 3983 (13. Oktober 1337).

Dienst der Umwelt sein Brot fand wie der Küchenmeister Salomo[131], scheint zu den Ausnahmen zu gehören. Die Berufsbezeichnung Fleischer trägt Azer[132] und einer der Juden, die den Namen Jacob führen[133], ferner Kucz[134], sowie Leo[135] und Mosche[136]. Als Schulmeister werden erwähnt: Chemis (Chaime?)[137], Jordan[138], Isaak[139], Kadczim[140]. Diese beiden Berufsgruppen, die wir bis 1349 namentlich verfolgen können, deuten auch darauf hin, daß die Kopfzahl der Gemeinde nicht über die errechnete Zahl von 250 herausgegangen sein mag.

Zu den Namen der Breslauer Juden von damals ist zu sagen, daß sie auch in den lateinisch abgefaßten Verzeichnissen meist biblische Namen trugen. Der Name des Juden Bawarus[141] deutet darauf hin, daß auch in der Mitte des 14. Jahrhunderts immer noch ein Zuzug süddeutscher Juden nach Schlesien stattfand. Breslau an der Schnittstelle zwischen deutschem und polnischem Kultureinfluß wies unter den Namen der Juden auch polnische auf. Der Frauenname Debruska oder Dobrosca[142] ist nichts anderes als Gittel wie häufig in Westdeutschland; einen ausgesprochen deutschen Namen führte der blinde Hartwicus[143], ein Name der in Breslau damals unter den Juden noch außerordentlich selten war[144], slavisch hinwiederum ist Jachna, die polonisierte Form von Johanna[145]. Ebenso slavisch dürften die Namen Kadzim[146] und Kucz[147] sein, ferner wohl auch Libuscha[148]. Slavisch ist Rachna[149], Schona[150] dürfte deutsch sein, während Waczka[151] wiederum slavisch ist. Weitaus der größte Teil aber der damaligen Breslauer Judennamen ist hebräisch und beweist, daß die Breslauer Juden in sich verankert waren.

---

131 Brann: Geschichte der Juden (Anm. 8), Teil 2, S. XVI, Nr. 13; vgl. auch oben im Text des vorliegenden Artikels.
132 Brann, ebd., S. XVIII, Nr. 29.
133 Ebd., S. XX, Nr. 61.
134 Ebd., S. XXIII, Nr. 101a.
135 Ebd., S. XXIV, Nr. 107.
136 Ebd., S. XXV, Nr. 121.
137 Ebd., S. XVIII, Nr. 36.
138 Ebd., S. XXI, Nr. 73.
139 Ebd., S. XXIII, Nr. 90.
140 Ebd., S. XXIII, Nr. 96.
141 Ebd., S. XVIII, Nr. 32. Derselbe Name ist damals auch unter arischen Schlesiern üblich; er wird dann zu „Beyer"; in dieser Form noch heute in Breslau gebräuchlich. Vgl. Hermann Reichert: Die deutschen Familiennamen nach Breslauer Quellen des 13. und 14. Jahrhunderts. Breslau 1908 (Wort und Brauch. Volkskundliche Arbeiten 1), S. 148.
142 Brann: Geschichte der Juden (Anm. 8), S. XIX, Nr. 44.
143 Ebd., S. XX, Nr. 56.
144 Reichert: Die deutschen Familiennamen (Anm. 141), S. 28 und 42.
145 Brann: Geschichte der Juden (Anm. 8), S. XXI, Nr. 68a. Reichert: Die deutschen Familiennamen (Anm. 141), S. 58.
146 Brann: Geschichte der Juden (Anm. 8), S. XXIII, Nr. 96.
147 Ebd., S. XXIII, Nr. 101a.
148 Ebd., S. XXIV, Nr. 111.
149 Ebd., S. XXVI, Nr. 140.
150 Ebd., S. XXVII, Nr. 166.
151 Ebd., S. XXVIII, Nr. 189.

Das Gemeindeleben
Die Lage der Breslauer Judensiedlung

Wenn auch für Breslau ein staatlicher Zwang zusammenzuwohnen nicht nachzuweisen ist, so haben die Juden Breslaus doch sicherlich in ihrer überwiegenden Zahl in einem bestimmten, heute noch feststellbaren Stadtteil gewohnt. Diese Judengasse war der westliche Teil der heutigen Ursulinerstraße in dem Abschnitt zwischen Schmiedebrücke und Stockgasse. Es ist allerdings zweifelhaft, ob ihre Wohnsitze in Breslau von Anfang an schon hier gewesen sind. Ob ihre erste Ansiedlung im Schutze der Herzogsburg gelegen hat[152], – der landesherrliche Schutz dürfte sich in der Bereitstellung von Gelände ausgewirkt haben – oder sogar neben der Wallonensiedlung (auf der heutigen Klosterstraße), dürfte sich nicht mehr entscheiden lassen. Es spricht mancherlei dafür, daß die erste Ansiedlung dort gewesen ist, wo der Friedhof nachgewiesen werden kann.

Jüdischer Grundbesitz kommt auch außerhalb der Judengasse vor, kann aber auch durch Verfall der auf ihm eingetragenen Schulden an Juden gekommen und braucht nicht von Juden bewohnt gewesen zu sein. 1341 läßt die Ehefrau Heinrichs, des Apothekers, ein Grundstück an den Abt und Konvent von Leubus auf, das als Jakob dem Juden gegenüber bezeichnet wird[153]. 1346 wurde ein Häuschen an den Juden Lazer von Nimptsch aufgelassen[154]. 1347 findet sich eine Grundbucheintragung: „erbe daz do lit in der judingassin“[155], in der heutigen oben erwähnten Ursulinerstraße, im Schutze der (neueren) Herzogsburg, an deren Stelle heute die Universität steht. 1345 hören wir von dem früheren Grundbesitz des Muscho von Strehlen, der ne-

---

152 Man hat lange angenommen, daß die älteste Burganlage sich am linken Oderufer an der Stelle der heutigen Holteihöhe befunden hat und die Judensiedlung zu ihrem Fuße. Richard Koebner: Die Entstehung der Zaudengerichte und der Ausgang der Kastellanei-Verfassung in Schlesien. In: Paul Diels, Richard Koebner: Das Zaudengericht in Böhmen, Mähren und Schlesien. Zwei Untersuchungen. Breslau 1935 (Historische Untersuchungen 17), hat dort S. 64 (Anm. zu S. 63) nachgewiesen, daß die Burganlage auf der Dominsel zu suchen ist, etwa an der Stelle des heutigen Martinikirchleins. Ob im Schutz dieser Burg schon Juden dort gesiedelt haben, bleibt bei der räumlichen Enge dieser Wasserburganlage sehr fraglich; vgl. zur Lage der ältesten jüdischen Ansiedlung in Breslau jetzt auch Scholz-Babisch, Wendt: Quellen (Anm. 17), im Kommentar zum Regest Nr. 10; zur Lage der alten Burg vgl. auch Ernst Maetschke: Aus Breslaus Frühzeit (1100–1250) (Beiträge zur Geschichte der Stadt Breslau 1), sowie die dort beigefügte Kartenskizze.

153 Theodor Goerlitz: Die Übertragung liegenden Gutes in der mittelalterlichen und neuzeitlichen Stadt Breslau. Heidelberg 1906 (Deutschrechtliche Beiträge 1,2), hier Urkundenbeilagen S. 117f, Nr. 8: „iren hof, der do lit ken Jacobe dem iuden uf [der] ecke“. Schlesische Regesten (Anm. 17), Nr. 5042. Aus dieser Urkunde geht jedoch nicht mit Gewißheit hervor, daß das Haus Jakobs außerhalb der Judengasse lag; es kann sich auch um ein Grenzgrundstück handeln. Da Jakob hier ohne nähere Bezeichnung angeführt wird, dürfte es sich um einen sehr bekannten Mann gehandelt haben, wahrscheinlich denselben, der 1333 sehr beträchtliche Forderungen hatte.

154 Breslauer Schöppenbuch I, fol. 38. J. Landsberger: Juden als Grundbesitzer in Schlesien nach 1349. In: Zeitschrift für die Geschichte der Juden in Deutschland 5 (1892), S. 390–392; hier S. 391.

155 Hermann Markgraf: Die Straßen Breslaus nach ihrer Geschichte und ihren Namen. Breslau 1896 (Mitteilungen aus dem Stadtarchiv und der Stadtbibliothek zu Breslau 2), S. 225.

ben dem des Abraham von Neumarkt liegt, ohne daß die genaue Lage im Stadtplan festzulegen wäre[156]. Bemerkenswert aber bleibt, daß die reichen Juden, die von auswärts nach Breslau zogen oder sich dort eine Wohnstätte sicherten, nebeneinander wohnten. Der oben erwähnte besonders reiche Jude Canaan hat einen eigenen Hof besessen. Dieser Hof ging 1350 in andere Hand über, nachdem er wie aller jüdischer Grundbesitz 1349 beschlagnahmt worden war[157]. 1355 werden eine ganze Anzahl von Grundstücken verkauft, die als ehemals jüdisch bezeichnet werden, also offenbar vor 1349 in jüdischem Besitz gewesen sind[158]. Der Betrag wird zur Stadtkasse vereinnahmt[159].

Die Synagogen

Die älteste Breslauer „Judenschule" befand sich in der Ursulinerstraße Nr. 6 im Eckhaus an der heutigen Schmiedebrücke[160], also in der Judensiedlung. Dieser, der westliche Teil der heutigen Ursulinerstraße, führte noch 1562 die Bezeichnung „Judengasse". Diese Synagoge war <u>eine</u> der beiden im Augenblick der Vernichtung der Breslauer jüdischen Gemeinde bestehenden Betstätten und zwar die ältere[161]. Diese alte Judenschule hat sich als Festpunkt, nach dem man die Lage anderer Häuser in der Stadt bestimmte, noch lange erhalten[162]. Da, wie dargestellt, die Breslauer Gemeinde fast unmittelbar nach ihrer Vernichtung sich neu bildete, dürfte auch hier die Betstätte wieder errichtet worden sein[163]. Die zweite Betstätte, die „neue Judenschule", befand

156 Rehme: Stadtbücher: Urkundenbuch (Anm. 56), S. 151, Nr. 55.

157 Ebd., S. 183, Nr. 174; vgl. auch Brann: Geschichte der Juden (Anm. 8), Teil 2, Anhang III, S. XVIII, Nr. 35.

158 Oelsner: Schlesische Urkunden (Anm. 67), S. 118, Nr. 18.

159 Pauper (Anm. 52), S. 84: Der Betrag „de areis judeorum venditis" wird in einer Gesamtsumme mit anderen Einnahmen ausgewiesen, so daß nicht ersichtlich ist, was die Grundstücke der Juden der Stadtkasse gebracht haben.

160 Brann: Geschichte der Juden (Anm. 8), Teil 1, S. 31, Anm. 1; Alfred Grotte: Synagogenspuren in schlesischen Kirchen. Breslau 1937, S. 39f.

161 Durch Dekret Karls IV. vom 7. Oktober 1349 erhielt die Stadt Breslau die beiden Synagogen. Eine derselben wurde vom Rat für 2 Mark jährlich an einen Privatmann vermietet; vgl. Oelsner: Schlesische Urkunden (Anm. 67), S. 75; Pauper (Anm. 52), S. 100); die andere, eben die an der Ursulinerstraße, wurde offenbar in Abänderung des ursprünglichen Geschenkes an die Stadt Breslau an den Schreiber des Königs namens Johann, seinen späteren Kanzler und Bischof von Leitomischl geschenkt. Es ist dies der berühmte Kanzler Johann von Neumarkt („der hof der do lit uf der smedebrucke an der ecke und eczwenne Smogils des juden gewest ist"). Vgl. Markgraf: Die Straßen Breslaus (Anm. 155), S. 225. Der Kanzler Johann von Neumarkt hat 1354 das Grundstück, in dem sich die Synagoge befunden hatte, wieder an einen Juden aufgelassen. Die Urkunden zu diesem Grundstücke sind übersichtlich abgedruckt bei Rehme: Stadtbücher: Urkundenbuch (Anm. 56), S. 129ff. Das Grundstück scheint bei den Vorgängen von 1349 nicht gelitten zu haben.

162 Vgl. die von Brann: Geschichte der Juden (Anm. 8), Teil 1, S. 31, Anm. 1 zusammengestellten Belege. Häuser, die in der Nähe liegen, werden immer wieder bezeichnet: „by der aldin iudenschule"; vgl. auch Markgraf: Die Straßen Breslaus (Anm. 155), S. 225.

163 Vgl. Brann: Geschichte der Juden (Anm. 8).. Da jedoch diese Vorgänge über den hier darzustellenden Zeitraum hinausgehen, sei hierauf nicht weiter eingegangen.

sich im Hirsewinkel; sie wird erstmalig und einmalig am 16. Februar 1349 erwähnt[164]. Wahrscheinlich hatte sich ihre Gründung innerhalb einer weiteren Ausdehnung der Judensiedlung als notwendig erwiesen, ohne daß herüber Näheres bekannt ist[165]. Über die Größe und die Fassungskraft jener Betstätten wissen wir nichts; weitere haben vor 1349 sicherlich nicht bestanden; sonst wären in der Schenkung Karls IV. an die Stadt Breslau nicht ausdrücklich zwei Synagogen erwähnt worden. Die Betstätten dürften dem Geist der Zeit entsprechend sehr bescheiden gewesen sein[166].

Der Friedhof

Der Breslauer Judenfriedhof muß bis in die Frühzeit der Gemeinde zurückgehen. Der älteste erhaltene Grabstein stammt aus dem Jahre 1203[167]. Dabei ist aber festzustellen, daß dieser Stein, der ja, wie unten dargelegt, rein zufällig erhalten ist, keinesfalls der älteste zu sein braucht. Die Breslauer jüdische Gemeinde, die 1203 schon vollständig ausgebildet war, kann auch schon ein Menschenalter länger einen Friedhof besessen haben, dessen Lage (am heutigen Stadtgraben und dem ehemaligen Ohlauer Tor) genau bekannt ist[168]. Er lag nicht mehr auf städtischem

---

164 Vgl. Marcus Brann: Geschichte des Landrabbinats in Schlesien. In: Jubelschrift zum siebzigsten Geburtstage des Prof. Dr. H. Graetz. Breslau 1887, S. 218–278, hier Sonderdruck, S. 23, Anm. 4; beachte jedoch die Berichtigung bei Brann: Geschichte der Juden (Anm. 8), S. 31, Anm. 1 unten. Der Hirsewinkel ist der Name der späteren Röhrgasse: hirsewinkel by der nwin judenschule. Markgraf: Die Straßen Breslaus (Anm. 155), S. 169.

165 „Diese Straße, wo die ‚neue Judenschule' lag, ist eine kleine und enge Sackgasse rechts der Nicolaistraße zwischen Nr. 28/29 und 30", so Markgraf: Die Straßen Breslaus (Anm 155), S. 169. Der Name Hirsewinkel hatte sich bis ins 19. Jahrhundert erhalten. Grottes Vermutung (Synagogenspuren, wie Anm. 160, S. 40f), daß diese Synagoge als Interimsbetraum nach der Vertreibung der Juden aus Breslau für die Flüchtlinge gedient hat, ist abwegig und paßt nicht zu den kalendarischen Quellenangaben. Die Verfolgung war im Mai 1349, diese Betstätte wird aber schon am 16. Februar (siehe die vorige Anmerkung) und nur da erwähnt.

166 Alle Vermutungen, die Grotte: Synagogenspuren (Anm. 160), S. 36ff, äußert, daß Breslau schon im 13. Jahrhundert „eine Synagoge als monumentales Bauwerk" besessen habe (S. 41) sind durch nichts aus den Urkunden beweisbar. Seiner Vermutung, diese Synagoge in der heutigen Gymnasialkirche wiederzufinden, vermag ich mich nicht anzuschließen; vgl. auch die Rezension durch Hermann Hoffmann. In: Archiv für schlesische Kirchengeschichte 3 (1937), S. 313. Branns Vermutung, daß die dritte Synagoge, die zuerst 1351 erwähnt wird (Brann: Geschichte der Juden, wie Anm. 8, S. 32, Anm. 1 zu S. 31), schon vor 1349 bestanden hat, ist durch nichts aus den Quellen zu beweisen, auch nicht anzunehmen, sonst wäre diese Tatsache in der Schenkung Karls IV. zum Ausdruck gekommen. Die sich nach 1350 bildende Gemeinde war durch den Zuzug aus der Provinz auch größer als die vorige (vgl. ebd., Teil 2, S. 56).

167 Vgl. oben die Anm. 9 zu Rabbi David.

168 Brann: Geschichte des Landrabbinats (Anm. 164), Anm. 4, hat außerordentlich sorgsam alle Hinweise auf diesen Friedhof auch aus späteren Urkunden zusammengestellt.; vgl. dazu Markgraf: Der älteste Judenkirchhof (Anm. 37), S. 176.; dazu Brann: Geschichte der Juden (Anm. 8), S. 35, Anm. 1. Zur Lage des Friedhofs vgl. auch die Besprechung des Buches von Otto Stobbe (Die Juden in Deutschland während des Mittelalters, Braunschweig 1866) durch Colmar Grünhagen in: Zeitschrift des Vereins für Geschichte und Altertum Schlesiens 8 (1867), S. 205f; ferner Markgraf: Die Straßen Breslaus (Anm. 155), S. 97.

Gebiet, sondern außerhalb der Stadt an der Walgasse (Klosterstraße)[169]. Um die Jahreswende 1515/6 kam es über die Grenzen dieses Friedhofes zu einem Rechtsstreit mit der Stadtgemeinde. Die Juden hatten die Grenzen des Friedhofs eigenmächtig auf städtisches Gebiet ausgedehnt[170]. Wegen der Verletzung der Stadtgrenze wurden städtische Körperschaften mit der Regelung betraut[171]. In diesem Grenzstreit wurde festgestellt, daß die Juden hier seit alten Zeiten ihre Toten begraben haben[172]. Aus der Entscheidung des Rechtsstreites ist wichtig: Der Friedhof wird auch weiterhin von allen städtischen Lasten und Steuern für frei erklärt. Der Plankenzaun bleibt Eigentum der Juden, den sie auf ihre Kosten herzustellen und zu erhalten haben.

Diesem Grenzstreit verdanken wir eine genaue Lagebestimmung des ersten Breslauer jüdischen Friedhofs, wie sie in diesem Umfang für keine andere schlesische Judengemeinde sonst nachweisbar ist. Auch ein gewisses Maß an Wohlwollen tritt uns aus dieser Urkunde entgegen, das gewisse Rückschlüsse auf die Stellung der Juden zuläßt[173]. So sehr tief scheint also der oben dargestellte Streit mit den christlichen Fleischern die Beziehungen noch nicht vergiftet zu haben. Nachbar des jüdischen Friedhofs, der außerhalb der Umwallung lag, war die Wallonensiedlung bei St. Mauritius[174]. Am 27. September 1345 gestattete König Johann dem Rate der Stadt Breslau, die Steine dieses Friedhofes zu Zwecken der Stadtbefestigung fortzuführen[175]. Die Rechnung über die Kosten beim Abtransport dieser Grabsteine, der

---

169 Dies weist Kurt Engelbert: Geschichte der Pfarrei St. Mauritius in Breslau. Breslau 1935, S. 10f, überzeugend nach.

170 Ebd., S. 11.

171 Ebd.; Heinrich Wendt: Die Breslauer Eingemeindungen. Breslau 1912 (Mitteilungen aus dem Stadtarchiv und der Stadtbibliothek zu Breslau 11), S. 9.

172 Korn: Breslauer Urkundenbuch (Anm. 36), S. 92, Nr. 101: „Eciam mortuorum corpora non debent ullatenus exhumari sed manebunt sicut ab antiquis temporibus iacuerunt. Insuper prefatum cimiterium debet esse cum omni suo ambitu et utilitatibus ab omnibus collectis civitatis et angariis quibuslibet liberum penitus et exemtum". Weitere Abdrucke C. Grünhagen: [Ergänzung zu Otto Stobbe] (Anm. 168), S. 212ff; Bondy, Dworsky: Geschichte der Juden (Anm. 25), Bd. 1, S. 44, Nr. 50; Schlesische Regesten (Anm. 17), Nr. 3542. Erwähnung bei Rehme: Stadtbücher (Anm. 56), S. 3, Nr. 13 bei der Behandlung des ältesten Ratsbuches „Hirsuta Hilla vetus", in dem diese bedeutsame Urkunde erhalten ist.

173 Korn: Breslauer Urkundenbuch (Anm. 36), S. 94. „Nos siquidem eorundem Judeorum fidelia et continua servicia atque beneficia creberrime inpensa et adhuc futurum inpendenda (considerantes) predictorum Judeorum precibus benivole inclinati accidente bone voluntate nostrorum seniorum, iuratorum necnon tocius universitatis nostre consensu pariter et assensu admisimus loco et nomine civitatis nostre, ut gades et limites Judaici cimiterii locarent debite et directe, que locate sunt."

174 Vgl. hierzu Colmar Grünhagen: Les colonies wallones de Silésie. Bruxelles 1867; sowie Schilling: Ursprung und Frühzeit (Anm. 13), S. 40f; 62f.

175 Korn: Breslauer Urkundenbuch (Anm. 36) S. 64, Nr. 183. Oelsner: Schlesische Urkunden (Anm. 67), S. 106, Nr. 5; Bondy, Dworsky: Geschichte der Juden (Anm. 25), Bd. 1, S. 56, Nr. 91 in der Urkunde heißt es: „Ideoque admittimus et favemus illud simpliciter et omnino volentes, quatenus dilecti nobis fideles nostri. Consules Civitatis nostre Wratislaviensis ab ipsorum nomine illi homines, quos ipsi ad hoc duxerint statuendos universos lapides de cimiterio Judeorum coniuncto predicte Civitati, qui super terram aut sub terra poterant inveniri accipere, effodere aut deducere

in den Tagen vom 6.–15. April 1345 geschah, ist nicht erhalten[176]. Es erstaunt nicht, daß 50 Leute neun Tage zu tun hatten, um diese Arbeit zu leisten, denn der Friedhof bestand damals mindestens 160 Jahre, und jeder Tote hatte seinen Stein, wenn auch der Stein mitunter tief in die Erde gesunken sein mag[177]. Der Friedhof ist aber später, noch in der Regierungszeit Karls IV., wieder benutzt worden, nachdem sich nach der Katastrophe von 1349 eine neue Judengemeinde bildete[178]. Die Tatsache der Fortschaffung der Steine will aus dem 14. Jahrhundert heraus verstanden werden[179]. Die Größe des Friedhofes betrug nicht weniger als 17.745 qm oder reichlich sieben Morgen[180].

Religiöses Leben

Über das religiöse Leben der Breslauer Juden in dem hier darzustellenden Zeitraum wissen wir wenig, ein Beweis dafür, daß es sich in den traditionellen Formen abspielte. Namen von Rabbinern sind nicht überliefert. Der Rabbiner führte den Titel episcopus judeorum[181]. Vielleicht dürfte es neben ihm noch einen Vorsänger gegeben haben; ein solcher mag „Rabbi David mit der lieblichen Stimme“ gewesen sein[182]. Der Rabbiner war auch Schächter[183], doch gab es auch neben ihm eine nicht unbe-

debeant et in usus pro muri reperatione necessaries, ubicunque iuxta providentiam seu industriam eorundem consulum opus fuerat, convertere, non obstante, Judeorum seu alterius cuiuscunque contradicentis repugnancia, quibus silencium circa premissa imponimus in hac parte“.

176 Das Original befindet sich unter der Signatur D 21 im Breslauer Stadtarchiv; abgedruckt bei Oelsner: Schlesische Urkunden (Anm. 67), S. 106, Nr. 7.

177 Ebd., S. 69, der auf Grund der Zahlungen die im Text angeführte Zahl von 50 Tagelöhnern errechnet; vgl. auch Brann: Geschichte der Juden (Anm. 8), S. 49; Schilling: Ursprung und Frühzeit (Anm. 13), S. 35 will die Gründung des Friedhofes auf etwa 1185 angesetzt wissen.

178 Brann: Geschichte der Juden (Anm. 8), S. 58, Anm. 4.

179 Brann: Ein neuer Grabsteinfund 98, schreibt: „So roh und rücksichtslos uns der Vorgang erscheint, so wenig nahmen die Menschen des 14. Jahrhunderts daran Anstoß. Es erschien ihnen vielmehr ganz angebracht, daß die ohne Ermächtigung der christlichen Obrigkeit errichteten Denkmäler zu einem gemeinnützigen Werke verwendet werden“. Brann urteilt hier gerechter als in seiner Geschichte der Juden in Schlesien (wie Anm. 8), 47ff. Diese Arbeit ist 21 Jahre vor der vorigen erschienen. Vgl. Brann: Ein neuer Grabsteinfund 98, Anm. 2, wo Urteile anderer Forscher angeführt werden.

180 Eine Urkunde von 1516 gibt den früheren Judenfriedhof mit 280 Schritt in der Länge und 150 Schritt in der Breite an; daraus errechnet Th. Goerlitz: Das Breslauer Wallonenviertel. Breslau 1937 (Beiträge zur Geschichte der Stadt Breslau 3), S. 91f, den im Text angegebenen Umfang.

181 Das Formelbuch des Domherrn Protzan (Anm. 35), S. 58f, Nr. 75 “... quod episcopus Judeorum in civitate Wrat. ex invencione et inductu cristianorum carnificium in ibidem, omnia Judeorum peccora in ipsorum cristianorum mactatorio seu maccello iuxta ritum gentis iudaice mactat manu propria et occidit, de quibus sic occisis, quod sibi placitum est eligit, ea vero que tamquam immunda spernit et discernit, cristianis sumenda relinquit.”

182 קול נעים; vgl. Brann: Breslauer Grabdenkmal und ders., Grabsteinfund in Breslau (beide Anm. 9).

183 [Nachweis fehlt in der Vorlage]

deutende Zahl von Fleischern[184]. Der Unterricht wurde außer von Rabbinern auch von Schulmeistern[185] erteilt.

Daß auch die große Not des Jahres 1349 die Breslauer und schlesischen Juden nicht zum Abfall vom Glauben veranlassen konnte, beweist die Tatsache, daß in dem so überaus reichlich fließenden Quellen nur höchst selten von getauften Juden die Rede ist. In drei Fällen höchstens, die möglicherweise sich aber auch auf nur zwei zusammenlegen lassen, kann man annehmen, daß Juden in diesem Zeitraum sich haben taufen lassen. 1351 erscheint „Mann der getaufte von Strelin" als Verkäufer eines Gebäudes in Breslau[186]. 1361 ist von der getauften Jüdin Elze die Rede[187]. 1364 wird zweimal ein Gebäude erwähnt, daß „des getauften Juden gewest ist"[188]. Diese Formulierung weist deutlich darauf hin, daß es nur einen getauften Juden in jenem Zeitpunkt gegeben hat.

184 Siehe oben Anm. 132–136 (Herkunft der Breslauer Juden und zahlenmäßiger Aufbau der Gemeinde).

185 Siehe oben Anm. 137–140.

186 Breslauer Schöppenbuch, Bd. 1, f. 198b.

187 Breslauer Schöppenbuch, Bd. 2, f. 136.

188 Breslauer Schöppenbuch Bd. 2, f. 217 und f. 220. Die Zusammenstellung nach J. Landsberger: Mitteilungen aus den Breslauer Stadt-, Schöppen- und Rechnungs-Büchern im 14. und 15. Jahrhundert. In: Zeitschrift für die Geschichte der Juden in Deutschland 5 (1892), S. 376–381, hier S. 381.

Immanuel-Kant-Stipendien. Berichte über aktuelle Forschungen

Das vom Beauftragten der Bundesregierung für Kultur und Medien vergebene Immanuel-Kant-Stipendium dient zur Förderung von Promotionsvorhaben, die sich mit der Geschichte und Kultur der Deutschen im östlichen Europa und den damit verbundenen Themen, insbesondere den wechselseitigen Beziehungen zwischen den Nachbarvölkern, befassen. Der Arbeitsbereich umfasst folgende Regionen:

- historische Ostprovinzen Schlesien, Ostbrandenburg, Pommern, Ost- und Westpreußen in den heutigen Staaten Polen und Russland,
- frühere und heutige Siedlungsgebiete der Deutschen in Ostmittel-, Ost- und Südosteuropa, vornehmlich in Tschechien und der Slowakei, in Polen, der ehemaligen Sowjetunion und den baltischen Staaten sowie in Ungarn, Rumänien und dem ehemaligen Jugoslawien.

Die Geschäftsführende Stelle für die Vergabe der Stipendien ist das Bundesinstitut für Kultur und Geschichte der Deutschen im östlichen Europa, Johann-Justus-Weg 147a, 26127 Oldenburg (Informationen/Vergaberichtlinien unter: http://www.bkge.de).

Das Bundesinstitut bietet den Immanuel-Kant-Stipendiat(inn)en die Möglichkeit, ihre Forschungsprojekte in seinem Jahrbuch vorzustellen. Die im Folgenden publizierten Beiträge sind nach der Chronologie der behandelten Themen angeordnet.[1]

Andrea Lehmann: Kluge Köpfe braucht das Land – Die Berufungspolitik der brandenburg-preußischen Herrscher bei der Besetzung der Professuren der Philosophischen Fakultäten ihrer Universitäten in Frankfurt (Oder), Königsberg, Duisburg und Halle (1640–1740).

Márkus Keller: Rückständigkeit oder eigene Moderne? Lehrer höherer Schulen im 19. Jahrhundert in Preußen und Ungarn im Vergleich.

Nina Lohmann: Prag 1939–1945: Parallele Welten im Alltag einer mitteleuropäischen Metropole unter NS-Herrschaft.

---

1 Die Arbeiten der im Oktober 2007 neu ausgewählten Stipendiat(inn)en werden im Jahrbuch 16 (2008) vorgestellt. Zum Stipendium allgemein, zu seiner Geschichte und zu den bisher realisierten Arbeiten siehe: Heike Müns, Matthias Weber (Hg.): „Durst nach Erkenntnis…". Forschungen zur Kultur und Geschichte der Deutschen im östlichen Europa. Zwei Jahrzehnte Immanuel-Kant-Stipendium. München 2007 (Schriften des Bundesinstituts für Kultur und Geschichte der Deutschen im östlichen Europa 29).

Karoline Riener: Das ‚entkleidete Wort'. Die deutschböhmische sprachkritische Moderne und ihre Stifter-Rezeption.

Michaela Bentz: Spracherhalt und Sprachwandel. Eine exemplarische Untersuchung am Donauschwäbischen.

Andrea Lehmann

Kluge Köpfe braucht das Land – Die Berufungspolitik der brandenburg-preußischen Herrscher bei der Besetzung der Professuren der philosophischen Fakultäten ihrer Universitäten in Frankfurt (Oder), Königsberg, Duisburg und Halle (1640–1740).

Der nachfolgende Text beschreibt das im Titel genannte Dissertationsvorhaben, das am 15. Oktober 2007 im Rahmen des Stipendiatentreffens anlässlich des 20-jährigen Jubiläums des *Immanuel-Kant-Stipendiums* vorgestellt wurde. In der vorliegenden Arbeit soll anhand der Berufungsprozesse an den Philosophischen Fakultäten der vier preußischen Universitäten in Frankfurt (Oder), Königsberg, Duisburg und Halle untersucht werden, nach welchen Kriterien Bewerber ausgewählt wurden, inwieweit der jeweilige Herrscher den Berufungsablauf beeinflusste, um politische Intentionen, seine Weltanschauung oder wissenschaftliche Entwicklungen zu fördern und wie sich die philosophischen Fakultäten an den brandenburg-preußischen Universitäten im Verlauf des 17. und beginnenden 18. Jahrhunderts entwickelte.

Das hierzu verwendete Quellenmaterial beinhaltet neben den ursprünglich den Universitätsbetrieb regelnden Statuten und Privilegien, die allgemeine Korrespondenz zwischen Kurfürst bzw. König, den Regierungen und den Universitäten mit Anfragen, Vorschlägen, Ablehnungen etc. sowie Berufungsurkunden bzw. deren verbliebene Konzepte, Promotionsakten, Universitätsrechnungen und vieles andere mehr.

Bisher erarbeitet sind die verschiedenen Quellen zur Universität Frankfurt (Oder), die Handschriften zur Universität Königsberg, inklusive derer im Archiwum Państwowe in Allenstein (Olsztyn), und ein Großteil der handschriftlichen Akten zur Universität Halle. Eine Quersichtung der Archivbestände ist unerlässlich, da sich bereits zeigte, dass Akten mit nur gering erscheinender Relevanz wichtige Dokumente enthalten können. So fanden sich Informationen betreffs des Hintergrunds zu einer Berufung in verschiedenen Kriminal- und Beschwerdeakten. Auch vereinzelte Erbschaftsansprüche, Nachlässe und Leichenpredigten gewähren gelegentlich Zusatzinformationen. Darüber hinaus bieten sich gedruckte Quellen wie die einzeln noch vorhandenen Vorlesungsverzeichnisse und Disputationen sowie etwas jüngere Matrikeleditionen an, noch offene Lücken zu Berufungs- und Vakanzzeiten sowie Fachinhalten zu schließen.

Prosopographische Informationen sind gleichfalls in den Matrikeleditionen und vereinzelt in älteren Biographien zu finden. Hinsichtlich der älteren biographischen Lexika haben sich jedoch im Vergleich mit den Quellen bereits Fehler gezeigt, die in der Arbeit revidiert werden sollen.

Die bisherige Sichtung, Transkription, Teilauswertung und Schematisierung des Quellenmaterials in Bezug auf das Thema ermöglichte bereits erste Einblicke in die Entwicklung der Philosophischen Fakultäten und zeigte Tendenzen bezüglich der zu betrachtenden berufungspolitischen Aspekte. Einige können hier beispielhaft dargestellt werden, um die Bandbreite des Themas vorzustellen, ohne selbstverständlich einen Anspruch auf Vollständigkeit zu erheben.

Forschungsrahmen

Der Untersuchungszeitraum von 1640 bis 1740 umfasst den Abschnitt des Regierungsantritts Friedrich Wilhelms (1640–1688) am Ende des Dreißigjährigen Krieges (1618–1648), die anschließende Restitution der verheerten Ländereien, die Erlangung der Souveränität über das Herzogtum Preußen (1660), die Krönung des brandenburgischen Kurfürsten Friedrich III. (1688–1713) zum König Friedrich I. (1701) und die sich anbahnende Umstrukturierung des preußischen Staates, die sich unter Friedrich Wilhelm I. (1713–1740) bereits andeutete. Die geographische Ausdehnung der kurbrandenburgischen Ländereien hatte sich zu jener Zeit bereits durch Erbschaften zu Beginn des 17. Jahrhunderts erweitert, indem u. a. das im Westen gelegene Kleve (1614) und im Osten das Herzogtum Preußen (1618) an das brandenburgische Kurhaus fielen.

Entspechend der regionalen Expansion der Herrschaftsgebiete waren auch die vier brandenburg-preußischen Universitäten in Frankfurt (Oder), Königsberg, Duisburg und Halle angesiedelt, deren Hauptaufgabe in der Ausbildung von Staatsbeamten, Lehrern, Pfarrern, Juristen und Medizinern für die jeweiligen Ländereien bestand.

Die Viadrina in Frankfurt (Oder) war 1506 die erste durch die brandenburgischen Kurfürsten gegründete Hochschule. Nach der Einführung der Reformation in Brandenburg wurde sie 1540 als lutherische Universität umstrukturiert. Ein zweiter Konfessionswechsel fand in der Folge des Übertritts von Kurfürst Johann Sigismund zum calvinistisch-reformierten Glauben (1613) statt. Die Universitätsreform und die Umwandlung der Viadrina in eine reformierte Hochschule fand nichtsdestoweniger auf der Basis der Toleranz beider evangelischer Religionen statt. Die Viadrina überstand trotz großer menschlicher und finanzieller Verluste den Dreißigjährigen Krieg, musste jedoch fast komplett neu eingerichtet werden, als sie Friedrich Wilhelm 1640 in seine Obhut nahm.[1] Die Restitution der Alma Mater konnte selbstverständlich nicht sofort stattfinden, sondern benötigte ähnlich wie die des Kurfürstentums Jahrzehnte.

Die Albertina in Königsberg war 1544 gegründet worden und fiel 1618 mit dem Herzogtum Preußen an Brandenburg, mit der Einschränkung, dass der polnische König bis zum Frieden von Oliva (1660) die oberste Instanz in Streitfragen war. Neben dem Kurfürsten und dem polnischen König gab es noch die Regierung in Königsberg, die für die Universität eine Art Mittlerrolle gegenüber dem Kurfürsten vertrat und andererseits dessen Entscheidungen ausführte.

---

1 Vgl. Geheimes Staatsarchiv Preußischer Kulturbesitz (GStA PK), I. HA, Rep. 51 Universität Frankfurt (Oder), Nr. 2, Bl. 10r–13r; [Situationsbericht von 1641].

Die regionalen Besonderheiten im Herzogtum Kleve, wie sie sich unter anderem durch die Nähe zu den Niederlanden und den Kulturraum des Niederrhein gestalteten, veranlassten Friedrich Wilhelm 1654/55 in Duisburg eine weitere reformierte Universität zu eröffnen, um dort fähige Staatsbeamte, Pfarrer etc. ausbilden zu lassen.[2]

Knapp 40 Jahre später eröffnete Friedrich III. eine Universität in Halle (1692/94). Die Fridericiana wurde explizit als Reformuniversität lutherischen Glaubens gegründet und befand sich in direkter Konkurrenz mit den sächsischen Universitäten in Leipzig und Jena.[3] Ihr Erfolg zeigte sich in einer Vielzahl von fähigen Absolventen, die sich ihrerseits berufen fühlten, an einer Universität zu lehren, wie z. B. Christoph Benedikt Michaelis. Die fähigsten Absolventen wurden in das Kollegium integriert, indem sie eigenständig Vorlesungen hielten, und konnten auf eine spätere Berufung hoffen.[4]

Zur Untersuchung, auf welche Weise und unter welchen Bedingungen Berufungen stattfanden, werden exemplarisch die Bestallungen in den philosophischen Fakultäten betrachtet, wo die Studenten in einer Vielzahl von Disziplinen ausgebildet wurden. Hierzu gehörten in unterschiedlicher Präsenz und Kombination Physik, Mathematik, Logik und Metaphysik, Ethik und Politik, Geschichte, Griechisch, Hebräisch, Eloquenz sowie Poesie. Die Fächerbandbreite der Philosophischen Fakultäten erklärt sich unter anderem aus der Notwendigkeit eines jeden Studenten, zunächst ein philosophisches Studium zu absolvieren, bevor das Studium in einer der drei höheren Fakultäten in der Medizin, Jurisprudenz oder Theologie möglich war.

In dem gesetzten zeitlichen Rahmen wird die Viadrina über die gesamte Dauer von einhundert Jahren betrachtet, um ausführlich die Entwicklungen im Berufungsprozedere aufzuzeigen. Da sich politische Ereignisse gleichsam auf die gesellschaftlichen Zustände auswirken, bietet dieser Zeitabschnitt mehrere Anlässe, zur Erforschung von Veränderungen hinsichtlich der Universitätsverwaltung. Zum Beispiel bot die erforderliche hohe Anzahl von Berufungen im Anschluss an den Dreißigjährigen Krieg zur Normalisierung des Lehrbetriebes Friedrich Wilhelm einschlägige Erfahrungen, die ihn zur größeren Einflussnahme auf die Berufungen letztlich an allen Universitäten veranlassten. So wies er seine Universitäten etwa an, mehr als nur einen Kandidaten je Professur zu benennen, damit ihm letztlich die Auswahl zukam.[5]

---

2 Vgl. Irmgard Hantsche: Johann Moritz und die Gründung der Universität Duisburg. In: Dies. (Hg.): Johann Moritz von Nassau-Siegen (1604–1679) als Vermittler. Politik und Kultur am Niederrhein im 17. Jahrhundert. Münster [u.a.] 2005 (Studien zur Geschichte und Kultur Nordwesteuropas 13), S. 131–154, hier S. 131.

3 Vgl. Anton Schindling: Die protestantischen Universitäten im Heiligen Römischen Reich deutscher Nation im Zeitalter der Aufklärung. In: Notker Hammerstein (Hg.): Universitäten und Aufklärung. Göttingen 1995 (Das achtzehnte Jahrhundert, Supplementa 3), S. 9–19; hier S. 13.

4 Vgl. GStA PK, I. HA, Rep. 52, Nr. 159N, 3d, Bl. 298r–299v.

5 Vgl. GStA PK, XX. HA, EM, Abt. 139a, Nr. 23. Betreffend das Jus nominandi der Königsberger Universitæt 1616–1685; Bl. 88r.

Die anderen drei Universitäten in Königsberg, Duisburg und Halle sollen der Viadrina über einen Zeitraum von jeweils 20 bis 25 Jahren vergleichend gegenübergestellt werden. Sowohl an der Universität Duisburg als auch an der Universität Halle finden dabei die Erstbesetzungen der Lehrstühle besondere Aufmerksamkeit. Die Universität Königsberg soll unter dem Aspekt des Friedens von Oliva (1660) in die Untersuchung eingeschlossen werden, um eventuelle Veränderungen im Berufungsprozess aufgrund der erlangten Souveränität des brandenburgischen Kurfürsten Friedrich Wilhelm über das Herzogtum Preußen auszumachen.

Forschungsaspekte

Als Ausgangsbasis zur Untersuchung des Berufungsprozesses und dessen Entwicklung im Verlauf des angesetzten Jahrhunderts, dienen die jeweiligen Statuten der Universitäten. Sie definierten Privilegien und Rechte und regulierten den Universitätsbetrieb, zu dem auch die Berufungen gehörten. Vereinzelt bieten darüber hinaus auch die separat abgefassten Fakultätsstatuten entsprechende Details.

Besonderes Augenmerk bei der Betrachtung der statuellen Anforderungen liegt auf der Analyse der sie umschreibenden Begriffe, die über das gegenwärtige Verständnis des ihnen eigenen Wortsinns hinaus eine inhaltliche Metaebene besaßen, die z. T. Konfliktpotential barg. Das zeigt sich im Besonderen in der der Universität zustehenden ‚Präsentation' eines fähigen Mannes auf eine Professur. Diese Präsentation implizierte die bereits geschehene ein- oder mehrstimmige Wahl des Bewerbers im Kollegium und erforderte nur noch dessen offizielle Berufung. Friedrich Wilhelm konnte demnach von Rechts wegen niemanden präsentieren, auch wenn er es im Sinne von ‚vorschlagen' verstanden wissen wollte. Eine unbedachte Verwendung dieses Wortes im falschen Sinne brachte gleich zu Anfang seiner Regierungszeit Spannungen zwischen dem Kurfürsten und der Viadrina, die letztlich in einer längeren Vakanz resultierten.[6] Etwas später verweigerte sich Friedrich Wilhelm dem Begriff, wodurch die Universitäten stattdessen auf die ‚Commendation' (Empfehlung) zurückgreifen mussten.[7] Bereits diese Manipulation einzelner Termini aufgrund herrschaftlicher Befindlichkeiten stellte einen Eingriff in die Privilegien der Universität dar.

Wie letztlich eine jede der Universitäten mit solchen Eingriffen umging, bzw. inwiefern die neu gegründeten Universitäten Duisburg und Halle entsprechende Anpassungen oder Weglassungen in ihren Statuten von vorherein aufwiesen, kann als Hinweis auf die (Un-)Abhängigkeit der Universitäten in ihren Berufungsverfahren gedeutet werden. Nach den bisherigen Einblicken in das Quellenmaterial war die Frankfurter Alma Mater kooperativer und offener als die Königsberger, wenn es um neue Regelungen oder Eingriffe in die traditionellen Vorrechte ging. Ein deutliches

6 Vgl. GStA PK, I. HA, Rep. 51, Universität Frankfurt (Oder), Nr. 92 (1560–1730), [unfoliert]; [Dokumente zu Georg Mellemann um 1640].

7 Vgl. Jus nominandi (Anm. 5); Bl. 77r.

Indiz hierfür bietet der teilweise intensive Briefwechsel der Königsberger Universität mit dem Kurfürsten im Zusammenhang mit einzelnen Berufungen, der ausgelöst wurde, wenn ein Bewerber auf Vorschlag der örtlichen Regierung berufen wurde, ohne die Vorschläge der Universität abzuwarten. Selbst wenn der Berufene die Zustimmung der Universität bekommen hätte, wurde es ihr unmöglich, ihn einfach zu akzeptieren, da sie übergangen wurde und ihre Rechte nicht wahrnehmen konnte. Eine Berufung konnte in einem solchen Fall nur anerkannt werden, wenn zudem die Zusicherung erteilt wurde, die Universität zukünftigt in ihren Rechten zu schützen.[8]

Unterschiedliche Bedeutungen und Inhalte besaßen ebenfalls die Titel der ‚Ordinarien' und der ‚Extraordinarien' an den jeweiligen Universitäten. Die Entwicklung der Titel und ihnen eigenen Privilegien und Pflichten ist dabei eng verknüpft mit der Struktur der Lehrstühle und den finanziellen Ansprüchen der Professoren. Die Kopplung zweier Lehrstühle, die traditionell bzw. an anderen Universitäten nicht verbunden waren, konnte bedeuten, dass entweder infolgedessen das Gehalt verbessert werden konnte, oder dass eine Straffung des Universitätskorpus' und ggf. des Lehrangebots bezweckt werden sollte. Da ein Professor im letzteren Fall ein größeres Aufgabengebiet abdecken musste, war seine entsprechende Qualifikation und Lehrbefähigung umso erforderlicher. Höher qualifiziertes Lehrpersonal wiederum beförderte die Attraktivität einer Universität und war damit ein Garant für deren Weiterexistenz.

Der im gleichen Sinne forcierte Wettbewerb unter den Bewerbern und ihren jeweiligen Förderern, der sich im Berufungsprozedere anhand des Schriftwechsels feststellen lässt, bringt die Vielseitigkeit der zu betrachtenden Aspekte hervor. Insbesondere in der Diskussion über zwei oder mehr Kandidaten für einen Posten wird die Lebenswelt potentieller Professoren deutlich, wodurch ein intensiver Einblick in die Berufungkriterien geboten wird. In Abhängigkeit von den allgemeinen Berufungsumständen, die den Regularien folgten, spielten vor allem biographische Aspekte bei der Bestallung der einzelnen Professoren eine Rolle. Die Herkunft des Bewerbers war, wie seine fachliche und persönliche Eignung, häufig ebenfalls von großer Wichtigkeit. Welches Kriterium vorwiegend eine positive Entscheidung für einen Bewerber nach sich zog, kann zum gegenwärtigen Zeitpunkt der Forschung noch nicht bestimmt werden.

Vereinzelt war die Herkunft aus denjenigen Regionen, aus denen der Zustrom der Studenten angestrebt wurde, für eine Berufung ausschlaggebend. Ein Landeskind zu sein, war bereits ein Bonus, den ein auswärtiger Bewerber nur durch sein überragendes Wissen und seine größere Erfahrung wettmachen konnte. Für die Frankfurter und Königsberger Alma Mater, deren Einzugsgebiete sich auf große Teile des heutigen Polen und Osteuropa erstreckten, erscheint es besonders wissenswert, inwiefern insgesamt ausdrücklich auf die Herkunft der Professoren aus diesen Regionen geachtet wurde. Da für Duisburg zu erwarten ist, dass der Kulturraum des Niederrheins

8 Vgl. GStA PK, XX. HA, EM, Abt. 139c IV, Nr. 70 [Philipp Jakob Hartmann], Bl. 3r–4v.

prägend war und die Berufungen beeinflusste, lässt für diese Universität ein entsprechendes Ergebnis vermuten.

Die fachliche Eignung, als weitere Voraussetzung zur Bestallung, wurde gewöhnlich anhand von öffentlichen Disputationen ermittelt. Absolventen mit Ambitionen auf eine Professur blieben zumeist an der Universität als Lehrkräfte und konnten durch gut besuchte Seminare und gelegentliche Disputationen ihre Eignung unter Beweis stellen. Die Befähigung eines Professors, der von außerhalb berufen wurde, konnte anhand seiner Publikationen, seines Rufs und gelegentlich durch die Drucke früherer Disputationen festgestellt werden. Diese Disputationen, sofern gegenwärtig noch vorhanden, bieten einen Einblick in die durch die einzelnen Professoren vermittelten Lehrinhalte. Diese Themen sind hinsichtlich ihrer politischen und wissenschaftlichen Tendenzen aufschlussreich, da sich die Universitäten durch sie in der akademischen Bildungslandschaft positionieren. Das positive oder negative Herausstellen der Beschäftigung eines Professors mit einem bestimmten Wirkungsfeld und die daraufhin erfolgte Befürwortung oder Ablehnung seiner Person bieten dabei die eindeutigste Information.

Dieser Sachverhalt verdeutlichte sich auffallend anlässlich der Berufung von Johann Christoph Hermann als außerordentlichen Mathematikprofessor in Königsberg 1727. Für diese Position waren außer ihm noch drei weitere Kandidaten im Gespräch, denen jedoch zur Last gelegt wurde, sich in der Vergangenheit mit der inzwischen verbannten Wolffschen Philosophie beschäftigt zu haben. Die Tatsache, dass über Hermann nichts dergleichen berichtet werden konnte, er insofern der ungefährlichste Kandidat war, gab den Ausschlag für seine Berufung.[9]

Gelegentlich wurde eine fachliche Befähigung durch eine Bildungsreise nach Westeuropa befördert. Diese Studienreisen meist junger Professoren führten nach Frankreich, England und in die Niederlande, wo sie im Austausch mit den dort lehrenden Professoren einschlägige Erfahrungen für ihr Fach erwarben und häufig auf eigene Kosten die Ausstattung ihrer zukünftigen Professur mit Instrumenten und Büchern vornahmen. Die Genehmigung einer solchen Reise im Vorfeld oder in Konsequenz einer Berufung und deren gelegentliche Finanzierung war durch ihre Exzeptionalität als besondere Anerkennung zu betrachten. Dieser Aspekt der Investition in die Zukunft stellt sich als aufschlussreich hinsichtlich der Förderung der Bildungslandschaft Brandenburg-Preußens durch den Herrscher dar und zeigt zugleich sein Interesse daran, dass seine Universitäten an den wissenschaftlichen Fortschritten in Europa teilhaben.

Das dritte genannte Kriterium als Berufungsvoraussetzung war die persönliche bzw. charakterliche Eignung eines Bewerbers. Ein unauffälliger und moralischer Lebenswandel sollte den friedvollen Umgang innerhalb der Universität gewährleisten. Da sich dieser Passus gewöhnlich durch das vorherige längere Zusammenleben in

---

9 Vgl. Archiwum Państwowe w Olsztynie, Bestand: 1646 [Universität Königsberg], Nr. 816: Acta des academischen Senats die Bestallung der Professorum in der Philosophischen Facultaet betreffend. 1710–1729, S. 312–364, S. 372–392; hier S. 362 und S. 390.

der akademischen Gemeinschaft gezeigt hatte, wurde er mehrheitlich nur als Klausel in der Berufungsurkunde aufgeführt. Nur selten legte ein auswärtiger Bewerber ein entsprechendes schriftliches Zeugnis seiner vorherigen Wirkungsstelle vor. Ein moralisches Leben war dennoch kein Garant für den Frieden an der Universität, an der gewöhnlich dominante und durchaus streitbare Denker aufeinander treffen konnten.

Über die Berufung eines Professors an eine der vier Universitäten hinaus bietet eine eventuelle Versetzung an eine der anderen brandenburgisch-preußischen Universitäten einen erweiterten Einblick in die Berufungspolitik als Förderinstrument. Solch ein Wechsel kann sowohl hinsichtlich der Person, als auch in Bezug auf die dadurch bezweckte Hilfe oder Begünstigung einer bestimmten Universität bewertet werden. Der sich bereits angedeutete Vergleich der vier brandenburgisch-preußischen Universitäten in der Untersuchung dient neben der Herausarbeitung des Zusammenwirkens der vier Schwesteruniversitäten auch der ihrer Position.

An dieser Stelle ergibt sich die Frage, inwiefern sich das Berufungsprozedere an den jeweiligen Universitäten unterschied. In den verschiedenen Korrespondenzen zeigt sich eine verstärkte Einflussnahme der Preußischen Regierung auf die Berufungen in Königsberg. Betreffs Frankfurts verdeutlicht sich eine relative Eigenständigkeit in der Nachfolgerwahl und zugleich auch Offenheit für Vorschläge von außen, ohne generell alle Entscheidungen des Kurfürsten zu akzeptieren. Für Halle zeichnet sich ein starker Einfluss der bereits installierten Professoren bei der Bewerbung und Ablehnung von neuen ab.

Nicht zuletzt bietet sich ein struktureller Vergleich der Philosophischen Fakultäten der einzelnen Universitäten an. Die An- oder Abwesenheit der einzelnen Disziplinen, deren Umformungen oder Zusammenlegungen können Aufschluss über ihre Entwicklung und Relevanz in Brandenburg-Preußen des 17. und beginnenden 18. Jahrhunderts geben. Das Aufzeigen dieser von den Lehrkräften getragenen Entwicklung dient letztlich dem Einblick in die Bildungslandschaft Brandenburg-Preußens jener Zeit und soll die zukünftige Integration der Ergebnisse in das Gesamtbild der europäischen universitätsgeschichtlichen Forschung ermöglichen. Im Ausblick werden hier konkrete Ergebnisse hinsichtlich der Fortentwicklung der philosophischen Fakultät im 17. und 18. Jahrhundert erwartet, die sich über das 18. Jahrhundert hinweg bis zu den Universitätsreformen des 19. Jahrhunderts weiter emanzipierte, und somit ein Anschluss an die entsprechende Forschung angestrebt.[10]

10 Vgl. Martin Kintzinger: Die Artisten im Streit der Fakultäten. In: Rüdiger vom Bruch, Marie-Luise Bott (Hg.): Jahrbuch für Universitätsgeschichte 4 (2001), S. 177–194; hier S. 192f.

Márkus Keller

Rückständigkeit oder eigene Moderne? Lehrer höherer Schulen im 19. Jahrhundert in Preußen und Ungarn im Vergleich

Modernisierungstheorien

In den letzten Jahren wurde die klassische „Modernisierungstheorie" mit ihrer Rückständigkeitsthese zwar in Frage gestellt; sie ist aber immer noch verbreitet, besonders wenn über Osteuropa gesprochen wird.[1] Die Modernisierungstheorie ist in ihrer bekanntesten Form in den 50er und 60er Jahren des 20. Jahrhunderts entstanden; dabei darf man nicht vergessen, dass sie in die lange Tradition der Evolutionstheorien gehört, die die Modernisierung der Welt nach westlichem Vorbild zu beschreiben und zu erklären versuchen.[2] Nach ihren klassischen Autoren (Talcott Parsons, David Lerner, Seymour Martin Lipset) ist Modernisierung erstens progressiv (sie führt zu einer neuen Stufe des Fortschritts), zweitens systemisch (es sind immer mehrere Bereiche einer Gesellschaft betroffen), drittens global und viertens irreversibel.[3] Diese in erster Linie in den USA entstandene Theorie war in ihren Anfängen soziologisch geprägt und wurde erst in den 60er Jahren historisiert. Einer dieser Versuche stammt von Reinhard Bendix. Nach seiner Auffassung ist Modernisierung ein Typus des sozialen Wandels, der seinen Ursprung in der englischen industriellen Revolution und in der Politik der Französischen Revolution hat und der auf dem ökonomischen und politischen Fortschritt einiger Pioniergesellschaften und den darauf folgenden Wandlungsprozessen beruht.[4] Diese klassischen Auffassungen von Modernisierung und auch ihre historisierten Versionen werden oft wegen ihrer Normativität und Starrheit kritisiert.[5]

Anfang der 90er Jahre hat Shmuel N. Eisenstadt mit seiner „multiple modernities"-Theorie ein alternatives Modernisierungsmodell entworfen. Seine Grundthese ist,

---

1 Daniel Chirot: The Origins of Backwardness in Eastern Europe. Berkeley CA [u.a.] 1989; Ivan T. Berend: Central and Eastern Europe 1944–1993. Detour from the Periphery to the Periphery. Cambridge 1996; Ders.: Decades of Crisis: Central and Eastern Europe befor the World War II. Berkeley CA 1998; Ders.: History Derailed. Central and Eastern Europe in the Long Nineteenth Century. Berkeley CA 2003. Neuestens zu Ost- und Mitteleuropa zusammenfassend ders.: What is Central and Eastern Europe? In: European Journal of Social Theory 8(4) (2005), S. 401–416.

2 Siehe etwa Hans Ulrich Wehler: Notizen zur deutschen Geschichte. München 2007, S. 102f. Wehler verweist hier unter anderen auf Adam Smith, Hegel, Marx und Weber.

3 Nina Degele, Christian Dries: Modernisierungstheorie. München 2005, S. 16–18.

4 Reinhard Bendix: Modernisierung in internationaler Perspektive. In: Wolfgang Zapf (Hg.): Theorie des sozialen Wandels. Köln, Berlin 1969, S. 505–512.

5 Zum Beispiel Miroslav Hroch, Luda Klusakova (Hg.): Criteria and Indicators of Backwardness. Prague 1996; siehe dazu aber auch Nancy M. Wingfield: The Problem with the "Backwardness". Ivan T. Berend's Central and Eastern Europe in the Nineteenth and Twentieth Centuries. In: European History Quarterly 34 (2004), S. 548 und Wehler (Anm. 2).

dass man mehrere Arten von Modernisierung beobachten kann dass die im Westen entwickelten Hauptmerkmale der Moderne *nicht* eng miteinander zusammenhängen und sich nicht auf der ganzen Welt durchsetzen, sondern dass sich eine „Vielfalt der Moderne" herausbildet.[6] Diese These wendet Michael G. Müller auch auf osteuropäische historische Prozesse an: „Es gab und gibt andere Entwürfe und andere Pfade der Entwicklung von der Moderne neben den westeuropäisch-bürgerlichen, in Osteuropa wie außerhalb Europas".[7] Sein Hauptargument ist, dass die Träger der Modernisierung nicht nur Bürger waren oder sein können, sondern auch die Aristokratie, und dass damit der Grad der Verbürgerlichung kein Indikator für die Modernität einer Gesellschaft ist.

Diese Kritiken und Modifikationen der Modernisierungstheorie betreffen auch solche Arbeiten, die sich mit der Professionalisierung von Berufen beschäftigen, weil sie als eine der Organisationsformen der Moderne gilt. Vergleiche zwischen Ost- und Westeuropa müssen in diesem Kontext zunächst die Rückständigkeitsthese berücksichtigen. Die oben kurz skizzierte Debatte sehen wir als eine Herausforderung an, die geeignet ist, bessere Fragestellungen zu entwickeln. In dieser, in diesem Kontext situierten Arbeit soll untersucht werden, inwieweit die Professionalisierung der Lehrer in Ungarn dem Muster der preußischen gefolgt ist oder andere Formen angenommen hat, und welche Konsequenzen sich daraus für die Modernisierung und Professionalisierung des Lehrberufs ergeben.

Professionalisierungstheorien

Die Professionalisierung als Theorie ist bereits in der Fachliteratur ausführlich diskutiert worden; daher sollen die verschiedenen Ansätze hier nicht dargestellt werden.[8] In dieser Richtung möchte ich nur drei Bemerkungen machen. Erstens: Professionalisierung kann nicht nur als makrosoziologisches Phänomen gesehen werden, wie strukturfunktionalistische, machttheoretische oder neoinstitutionalistische Ansätze dies tun, sondern man kann darunter auch eine berufsspezifische Sozialisation, das Erlernen von beruflichem Wissen und Ethos verstehen, was eine mikrosoziologische (wenn man so will: alltagsgeschichtliche) Perspektive bedeuten würde. [9] Zweitens:

6 Shmuel Noah Eisenstadt: Die Vielfalt der Moderne. Weilerswist 2000.

7 Michael G. Müller: Die Historisierung des bürgerlichen Projekts – Europa, Osteuropa und die Kategorie der Rückständigkeit. In: Tel Aviver Jahrbuch für die deutsche Geschichte 2000, S. 163–170; hier S. 170.

8 Siehe dazu Andrew Abott: The System of Professions. Chicago 1988; Hansjürgen Daheim: Zum Stand der Professionssoziologie. Rekonstruktion machttheoretischer Modelle der Profession. In: Bernd Dewe, Wilfried Ferchhoff, Frank-Olaf Radtke (Hg.): Erziehen als Profession. Zur Logik professionellen Handelns in pädagogischen Feldern. Opladen 1992, S. 23; Julia Evetts: Professions in European and UK markets. The European professional federations. In: International Journal of Sociology and Social Policy 11/12 (2000), S. 1–30; Hannes Siegrist: The Professions in Nineteenth-Century Europe. In: Hartmut Kaelble (Hg.): The European Way. European Societies during the Nineteenth and Twentieth Centuries. New York 2004, S. 68–88.

9 Jörn Schützenmeister: Professionalisierung und Polyvalenz in der Lehrerausbildung. Marburg 2002,

Die in meiner Arbeit benutzten Begriffe nach Sigriest sind bewusst gegen die Normativität des Begriffes ‚Professionalisierung' verwendet. Und drittens: Professionalisierung wird als ein reversibler Prozess verstanden, d. h. bestimmte erreichte Privilegien können auch verloren werden.[10]

Sind die Lehrer eine Profession? Standpunkte der Berufssoziologie

Ist es überhaupt möglich, die Professionalisierungstheorie auf Lehrer anzuwenden? Ist der Beruf des Lehrers „professionalisierbar"? Die Frage ist nicht ganz unberechtigt, denn es gibt Berufe, auf die ‚Professionalisierung' als Begriff schwer oder gar unmöglich anzuwenden ist.[11] Den Betrachtungsweisen der soziologisch-pädagogischen Debatten über die Professionalisierung der Lehrer ist gemeinsam, dass sie sich hauptsächlich auf die gegenwärtige Situation und Lage der Lehrer konzentrieren und die „Geschichte" nur nebenbei behandelt wird. Schwänke verwendet in seinem Buch *Der Beruf des Lehrers* einen für die Professionalisierungsforschung üblichen Merkmalkatalog: „Je mehr der Lehrerberuf diesen Kriterien entspricht, desto eher wird man ihn als eine Profession bezeichnen können."[12] Seine Kriterien sind:

- Berufsausübung auf wissenschaftlicher Grundlage;
- lange Spezialausbildung;
- altruistisch motivierte, klientenbezogene Berufsausübung;
- sorgfältige Kontrolle der Ausbildung und der Ausübung des Berufs;
- gut organisierte Berufsverbände, die über die Einhaltung berufsethischer Grundsätze wachen;
- Autonomie der Berufsausübung.

Die von Schwänke ausgewählten Kriterien stützen sich stark auf allgemein übliche Professionsmerkmale. So ist auch sein Urteil nicht überraschend: „Gemessen an einem idealtypischen Professionskonzept ist der Lehrerberuf nicht *voll* professionalisiert."[13] Besonders schwer erreichbar scheint das Merkmal der Autonomie der Berufsausübung, weil Lehrer in einer bürokratischen Organisation arbeiten und nicht frei entscheiden, was und wie sie unterrichten. Der Staat, aber auch die Eltern (die Gesellschaft) üben eine starke Kontrolle aus.

In der neueren Fachliteratur verstärkt sich die Ansicht, dass die Professionalisierung der Lehrer doch weiter fortgeschritten war als bisher angenommen. Tenorth

---

S. 25.

10 Hannes Siegrist: Bürgerliche Berufe. Die Professionen und das Bürgertum. In: Ders. (Hg.): Bürgerliche Berufe. Zur Sozialgeschichte der freien und akademischen Berufe im internationalen Vergleich. Acht Beiträge. Göttingen 1988, S. 13–15.

11 Jörg Requate: Journalismus als Beruf. Entstehung und Entwicklung des Journalistenberufs im 19. Jahrhundert. Deutschland im internationalen Vergleich. Göttingen 1995.

12 Ulf Schwänke: Der Beruf des Lehrers. Professionalisierung und Autonomie imhistorischen Prozeß. Weinheim [u. a.]1988, S. 26.

13 Ebd., S. 25.

nennt den Beruf des Lehrers eine Profession und stützt seine Meinung mit zwei – für uns – überzeugenden Argumenten. Erstens sei die Erziehung eine sich verselbständigt habende Praxis, in der generelle und gesellschaftlich für unverzichtbar gehaltene ‚Prämissen' universalisiert werden, die sich ohne Ausdifferenzierung der Erziehungstätigkeit nicht universalisieren lassen. Damit postuliert Tenorth, dass die Lehrtätigkeit sich auf zentrale gesellschaftliche Werte richtet – und daher Profession ist. Noch wichtiger ist zweitens, dass Tenorth sich auch für die Autonomie der Lehrer in ihrer Lehrtätigkeit ausspricht. Indem er sich auf gegenwärtige pädagogische Untersuchungen beruft, sagt er, dass die Lehrer schon immer eine gewisse Autonomie gegenüber dem Staat gehabt haben, weil die soziale Realität der Schule andauernd von den staatlichen Vorschriften abwich.[14]

Auch wenn es gute Argumente für und gegen die These einer vollständigen Professionalisierung der Lehrer gibt, lässt sich nicht bezweifeln, dass sie als analytische Kategorie bei Lehrern allgemein wie bei Lehrern höherer Schulen fruchtbar anwendbar ist.

Im Folgenden werden die Fragestellungen, Ebenen und die Vergleichseinheiten der Untersuchung vorgestellt.

Fragestellungen – Zielsetzung der Arbeit

In der Arbeit soll die professionelle Identität von Lehrern in Preußen und Ungarn beschrieben und verglichen werden. Welche Rolle spielen Staat, Nation, Bildung und Konfession im Selbstbild der Lehrer? Wie verändert sich dies? In welcher Beziehung stehen professionelle und persönliche Identität zueinander? Sieht man sich als Lehrer, als Bürger oder als Angehöriger der Intelligenz? Das heißt, Professionalisierung als Prozess betrachtet ist wichtig für die Fragestellung, aber im Fokus der Untersuchung steht die professionelle Identität des Einzelnen. Die Ausbildung einer Lehreridentität ist ein wechselseitiger und dynamischer Prozess. Er wird von den einzelnen Lehrern, der Familie, den Lehrervereinen, den Kirchen und auch vom Staat beeinflusst. Durch die Erforschung dieses Prozesses lassen sich bestimmte gesellschaftliche Deutungsmechanismen beschreiben. Die Beschreibung dieser Mechanismen würde helfen zu verstehen, ob und warum professionalistische und bürgerliche Werte sich „bekämpft" haben und wie beide für die Positionierung eines sich neu gestaltenden Berufs benutzt worden sind. Der auf das Selbstbild und die Selbstdarstellung des Lehrers konzentrierte Ansatz kann im Vergleich der deutschen und der

---

14 Sebastian F. Müller, Heinz-Elmar Tenorth: Professionalisierung der Lehrertätigkeit. In: Enzyklopädie Erziehungswissenschaft. Bd. 5: Organisation, Recht und Ökonomie des Bildungswesens. Stuttgart [u. a.] 1995, S. 154; Heinz-Elmar Tenorth: Professionstheorie für die Pädagogik? In: Zeitschrift für Pädagogik 35 (1989), S. 813; Ders.: Die professionelle Konstruktion der Schule. Historische Ambivalenz eines Autonomisierungsprozesses. In: Achim Leschinsky (Hg.): Die Institutionalisierung von Lehren und Lernen. Beiträge zu einer Theorie der Schule. Weinheim [u. a.] 1996, S. 295; dazu auch Axel Gehrmann: Der professionelle Lehrer. Freie Universität Berlin 2001, Habilitationsschrift, S. 48.

ungarischen Lehrerschaft neue Ergebnisse hinsichtlich der Debatte um die Kategorien Rückständigkeit und Modernisierung bringen: Wie „modern" war die ungarische Lehrerschaft? Mit welchen Zielen und Motiven hat sie sich professionalisiert? Was war für die Lehrer ‚modern'? Gibt es einen eigenen „ungarischen Weg" der Modernisierung? Alle diese Fragen sind auf den verschiedenen Ebenen der Untersuchung gut operationalisierbar. Professionalisierung als Begriff hilft dabei, den Blick auf die wichtigsten Aspekte zu richten. Meine These lautet, dass sich die Identität der Lehrer höherer Schulen erst durch den Professionalisierungsprozess ausgebildet hat und daher gut rekonstruierbar ist.

Außerdem gibt der partielle Transfer des Neuhumanismus von Preußen nach Ungarn die Möglichkeit zu untersuchen, wie sich Elemente einer Ideologie durch den Transfer verändern und wie sie von den Lehrern benutzt wurden, um ihre Position in der Gesellschaft zu verstärken.

Vergleichspartner, Vergleichseinheiten und Untersuchungsebenen

Warum werden Lehrer höherer Schulen untersucht? Darauf gibt es zwei Antworten: Die erste ist geschichtswissenschaftlich begründet, die andere eher forschungspraktisch. Das Gymnasium und auch die Realschule waren in der zweiten Hälfte des 19. Jahrhunderts die Schule der Eliten. Das bedeutete, dass alle, die in der Gesellschaft wichtige Positionen bekleiden wollten, höhere Schulen (vor allem, aber nicht ausschließlich das Gymnasium) besucht hatten; und umgekehrt gehörten die, die das Gymnasium mit dem Abitur abgeschlossen hatten, zu den „besseren" Schichten.

Ein anderer wichtiger Aspekt ist, dass die Lehrer dieser Schulen aufgrund ihrer Position zwischen Staatsbeamten und freien Berufen standen. Deshalb sind die Werte, die Identität und das Selbstbild dieser Lehrer außerordentlich wichtig, weil die von ihnen vertretenen Werte (auf implizite oder explizite Weise) die Eliten und so auch die Modernisierung mitgeformt haben. Der forschungspraktische Grund ist, dass in Deutschland dieses Thema (wenn auch mit anderen Fragestellungen) gut aufgearbeitet ist und ein Vergleich viel leichter durchführbar ist.

Warum werden Preußen und Ungarn untersucht? Rein analytisch gesehen würde auch ein Vergleich zwischen Böhmen, Polen und Ungarn viele neue und interessante Ergebnisse erbringen. Daher ist die Wahl von Ungarn und Preußen hinterfragbar; man könnte annehmen, sie würde nur die individuellen Interessen des Autors zeigen. Aber dem ist nicht so. Der Blick nach Westen ist in Ungarn (wie in den meisten osteuropäischen Ländern) in den ungarischen Wissenschaften, aber auch in der Kunst (besonders in der Literatur) Tradition. Der zeitgenössische Diskurs des 19. Jahrhunderts über Bildung und Schule – das lässt sich anhand der Lehrerzeitschriften deutlich erkennen – orientierte sich an den deutschen und österreichischen Geschehnissen, insbesondere haben Preußen und die deutschen Gebiete des Habsburgerreiches immer eine bestimmende Vorbildrolle gespielt. Das Unterrichtswesen wurde (durch die Habsburger) anhand des preußischen Vorbildes 1849 neu organisiert. Kulturelle, politische und wissenschaftliche Verbindungen waren zu den deutschen Ländern viel intensiver und hatten eine viel größere Tradition als diejenigen zu Polen oder Böhmen. Ein weiteres Problem hinsichtlich Polens und Böhmens ist, dass sie im 19. Jahrhundert nicht als autonome Staaten existierten. Beide wurden in dieser Zeit durch andere Staaten regiert, was in die Diskussion des Professionalisierungsprozesses den Aspekt der Unabhängigkeitsbestrebungen hineinbringt. Dies würde den Vergleich erschweren, wenn nicht unmöglich machen. Im Kontext der Debatte um das Bildungsbürgertum wurde oft betont, dass die Gesellschaften im östlichen Europa wegen der fehlenden politischen Autonomie keine eigenen Beamten und daher auch kein eigenes Bildungsbürgertum gehabt hätten. Ungarn bildet in dieser Hinsicht – als einziges Land – eine Ausnahme. Vor diesem Hintergrund eignet sich Ungarn als Vergleichseinheit in diesen Fragen besser als andere Länder.

Als Vergleichsgegenstände im 19. Jahrhundert bringen deutsche Gebiete immer ein zusätzliches Problem mit sich. Weil es keine staatliche Einheit gab, ist die exakte Definition des Vergleichspartners sehr schwer. Auch aus diesem Grund habe ich mich für Preußen als Vergleichsland entschieden. Diese Wahl wird nicht nur dadurch unterstützt, dass Preußen der größte deutsche Staat jener Zeit war, sondern auch, dass er gerade in der Modernisierung des Bildungssystems eine Vorreiter- und Vorbildrolle für die meisten der anderen deutschen Staaten und für das ganze östliche Europa gespielt hat.

Warum wird die zweite Hälfte des 19. Jahrhunderts untersucht? Sozialgeschichtliche Entwicklungen lassen sich meist nur schwer zwischen konkreten politischen Ereignissen fassen. Daher wird als Zeitspanne die zweite Hälfte des 19. Jahrhunderts gewählt, die einen sinnvollen zeitlichen Rahmen für die zu untersuchenden Entwicklungen bildet. Die Einführung der Prüfung für das Lehreramt (1810) ist der erste Schritt zur Professionalisierung der Gymnasiallehrer in Preußen. In Ungarn erfolgen die ersten staatlichen Schritte zur Modernisierung des Bildungssystems erst 1849, die Vereinsgründungen beginnen in den 1860er Jahren; die Gründung der Standesvereine 1872 ist ein wichtiges Zeichen für die Professionalisierung. Das Ende des Ersten Weltkrieges bringt beiden Ländern eine vollkommen veränderte Situation durch die staatliche Neuorganisation und durch neue soziale Ziele.

Untersuchungsebenen und Quellen

Die Untersuchung konzentriert sich auf zwei Bereiche: auf den Lehrer und auf die Lehrervereine. Der Vergleich dieser beiden Ebenen ermöglicht es, mit dem Begriff der Professionalisierung kritisch umzugehen und ihre Reichweite in Bezug auf die Identität der Berufsinhaber zu überprüfen. Außerdem hilft diese Trennung der Ebenen, die einzelnen Befunde besser zu ordnen und die Etappen der Veränderungen präziser zu beschreiben.

Auf der Ebene der Lehrer ergibt sich die Möglichkeit, mit Ego-Dokumenten die oben genannten Aspekte von persönlicher, subjektiv erfahrener Seite darzustellen, um auf diese Weise in der Fachliteratur bisher eher allgemein formulierte Thesen zu überprüfen und neu zu fassen.

Die Ebene der Lehrervereine ist eine eher institutionalisierte Form der Vergesellschaftlichung; sie treten explizit für die Interessen der Lehrer ein. Die Untersuchung von Vereinsunterlagen und ihr Vergleich mit den Befunden der anderen Ebene eröffnet die Möglichkeit, die Wege der Meinungsbildung in den Vereinen kritisch zu bewerten, die Beziehungen zu Staat und Kirchen zu vergleichen, die Staatsbilder und die Berufsethik der Lehrer zu rekonstruieren. Darüber hinaus bietet sich die Gelegenheit, den eventuellen Wandel der fachlichen Identität und der Art und Weise der Interessenvertretung zu beschreiben.

Die einzelnen Ebenen sind in beiden Vergleichsländern gut definierbar. Die Quellenlage ist zwar unterschiedlich, aber ähnlich reich. Die Gymnasien müssen ab 1824 in Preußen und ab 1849 in Ungarn jedes Jahr ihre Schulprogramme bzw. Jahrbücher herausgeben. Die Standesvereine haben zwar erst ab dem Ende der 1880er Jahre eine eigene Zeitschrift, aber dafür ist die preußische pädagogische Zeitschriftenlandschaft viel lebendiger als die ungarische.

Rückständigkeit oder eigene Moderne? Das ist also die leitende Frage. Wir hoffen, mit Hilfe der Operationalisierung der Fragestellungen und einer Analyse der Quellen darauf eine Antwort zu finden.

Nina Lohmann

Prag 1939–1945: Parallele Welten im Alltag einer mitteleuropäischen Metropole unter NS-Herrschaft

Im Folgenden soll ein kurzer Einblick in ein laufendes Forschungsprojekt gegeben werden, dessen Ziel es ist, unter Einbeziehung verschiedener Perspektiven und Betrachtungsebenen ein möglichst komplexes Bild des Alltagslebens der Prager Bevölkerung während der nationalsozialistischen Okkupation zu zeichnen. Hierbei handelt es sich um ein Thema, das auch für das Verständnis der heutigen deutsch-tschechischen Beziehungen Relevanz besitzt, gleichwohl von der Forschung bisher vernachlässigt wurde. In einem ersten Schritt werden daher die Untersuchungsfelder, Hauptfragestellungen und Methoden kurz skizziert, um dann in einem zweiten Schritt eine summarische Bewertung der Forschungs- und Materiallage vorzunehmen. Abschließend sollen Perspektiven für die weitere Arbeit aufgezeigt werden.

Untersuchungsebenen und Fragestellung

Die Untersuchung einer Stadt als Lebensraum der modernen Gesellschaft bietet die Möglichkeit, verschiedene, die Alltagswelt der Menschen prägende Ebenen zusammenzuführen.[1] Dabei wird von einer Wechselwirkung zwischen diesen Ebenen ausgegangen und das Postulat aufgegriffen, die Mikroebene mit der korrespondierenden Makroebene zu verbinden. Die Alltagswelt als Schnittpunkt soziokultureller Prozesse soll somit ‚quer' zu den Gesellschafts- u. Herrschaftskontexten untersucht werden. Folgende drei Bezugsebenen sind daher Gegenstand der Untersuchung:

Erstens die ‚Makroebene' der NS-Besatzungsherrschaft in Europa im Allgemeinen wie auch derjenigen der Protektoratspolitik bzw. der politischen Verwaltung des Protektorats Böhmen und Mähren im Besonderen. Diese gibt zum einen den politikgeschichtlichen Bezugsrahmen ab, in den das Thema eingebettet ist. Die Einordnung in den größeren Besatzungskontext ermöglicht es, Besonderheiten gegenüber (oder auch Parallelen zu) anderen besetzten Gebieten bzw. Städten festzustellen und über den engeren Kontext hinaus gültige Ergebnisse zu erzielen, somit also einen Beitrag zu einer vergleichenden Okkupationsforschung zu leisten. Von besonderem Interesse ist hier die konkrete Herausarbeitung der Sonderstellung Prags (wie des Protektorats) im Besatzungskontext, die nicht zuletzt durch geographische und historische Faktoren bedingt war.

Die Einbeziehung dieser Ebene ist insbesondere hinsichtlich der vielen zentral getroffenen Maßnahmen notwendig, die bestimmte Bereiche des städtischen Lebens

1 „Lebenswelt" oder „Alltagswelt" wird hier vor allem im (soziologischen) Sinne einer individuell erlebten Welt wie auch einer sozio-kulturell gegebenen Umwelt verstanden, in der die intersubjektive Kommunikation stattfindet.

direkt betrafen, wie etwa die Deckung der Grundbedürfnisse, aber auch den ganzen Bereich der Freizeit.

Schließlich ermöglicht die Einbeziehung dieser Ebene die Untersuchung der Interaktion bzw. Kommunikation bestimmter Personenkreise auf höchster Ebene, die das öffentliche Leben der Stadt gestalteten und damit den Alltag der ‚einfachen Bevölkerung' indirekt mitprägten. Die Untersuchung dieser Ebene erfolgt weitgehend auf Basis der vergleichsweise umfangreichen Literatur, insbesondere was den weiteren Kontext der NS-Besatzungsherrschaft angeht. Für die konkretere Ebene des Protektorats werden zusätzlich Archivbestände bestimmter Abteilungen der Protektoratsverwaltung ausgewertet, die insbesondere die städtische Ebene tangieren, etwa hinsichtlich der Lebensmittelversorgung.

Die zweite in der Arbeit vertretene Dimension ist die ‚Mesoebene' der Stadt. Diese umfasst auf der einen Seite die strukturelle Erfassung der Stadt als Lebensraum der Bevölkerung, und zwar in räumlicher, wirtschaftlicher, nationaler und sozialer Hinsicht. So erfolgt der grundsätzliche Versuch, die Funktion wie auch die Funktionsstruktur der Stadt Prag in der Zeit der Besatzung zu definieren, auch vor dem Hintergrund des weiteren NS-Besatzungskontexts. So wird insbesondere der Frage nachgegangen, wie die Okkupanten versuchten, die Stadt zu beherrschen (Veränderung der Infrastruktur, symbolische Besetzung des öffentlichen Raums), und was dies für die Bevölkerung bedeutete. Neben der politisch-militärischen ist zugleich jedoch auch die ‚zivile' Funktionsstruktur Gegenstand der Arbeit, wobei diese beiden Bereiche gerade im Alltag der Stadtbevölkerung häufige Berührungspunkte aufweisen.

Darüber hinaus stehen sowohl die Politik der Besatzungsbehörden gegenüber der Stadt bzw. einzelnen Bereichen des städtischen Lebens oder auch einzelnen Bevölkerungsgruppen als auch die Maßnahmen der städtischen Verwaltung selbst im Blickfeld der Untersuchung. Dies erscheint notwendig, da eine Analyse der Prager Stadtpolitik in der Zeit der Besatzung noch aussteht, zugleich dieser Rahmen jedoch unverzichtbar ist für eine Untersuchung der Alltäglichkeit in der Stadt. Eine Analyse ausgewählter Bereiche der Stadtverwaltung kann, sofern sie für das Thema besonders relevant erscheint, gleichwohl nur in begrenztem Maße erfolgen und beschränkt sich auf die wichtigsten Felder, wie etwa die Wasserversorgung, die Wohnungspolitik oder die Sozialpolitik.

Erkenntnisleitend sind dabei folgende Fragestellungen: Gab es eine spezifische NS-Politik gegenüber dieser Stadt und ihren Bewohnern? Welcher Typus der Besatzungsherrschaft, welche Besonderheiten lassen sich für Prag konstatieren? Die NS-Besatzungspolitik im Osten zielte auf die Zerstörung und Vernichtung von Stadtgesellschaften – wie sah es in Prag aus? Welche Pläne gab es für die Stadt nach dem Krieg? Dann: Welche Behörden und Personengruppen kontrollierten das Leben in der Stadt, wer sind die Akteure? Wie erfolgreich waren die getroffenen Maßnahmen, welche Freiräume blieben? Welche Folgen hatte dies für die Bevölkerung? Die Quellenlage für diese Ebene ist verhältnismäßig gut; so lassen sich bereits aus den amtlichen Quellen und Statistiken wichtige Basisdaten ziehen und auch die Interaktion der verschiedenen Akteure wird durch die erhaltene Korrespondenz zu verschiedenen Geschäftsvorgängen deutlich.

Die ‚Mikroebene' der konkreten, praktischen Lebenswelt der Menschen in der Stadt stellt schließlich die dritte und wichtigste Untersuchungsebene dar, die zugleich der stetige Bezugspunkt der beiden bereits genannten ist. Diese umschließt zum einen die lebensweltlichen Bedürfnisse der Stadtbevölkerung, also die Grundbedürfnisse wie etwa Nahrung, Kleidung, Wohnen, Arbeit, Transport und Verkehr als den Alltag bestimmende Faktoren ebenso wie den ganzen Bereich des ‚öffentlichen' Alltags, also die Freizeitgestaltung, das Vereins- und Kulturleben, Bildungsmöglichkeiten usw. Im Zentrum der Untersuchung steht dabei die Frage, wie sich das tägliche Leben und Überleben der verschiedenen Bevölkerungsgruppen der Stadt im Untersuchungszeitraum gestaltete. In diesem Kontext soll auch aufgezeigt werden, welche Unterschiede in der Alltäglichkeit vor und während des Kriegs festzustellen sind. Ferner wird die Frage aufgeworfen, mit welchen Angeboten bzw. Zumutungen der Herrschenden sie konfrontiert wurden, welche Freiräume (wofür) genutzt werden konnten und welche Einschränkungen bzw. Repressionen hingenommen werden mussten bzw. zu erleiden waren. Auch bei der Untersuchung dieser Ebene werden notgedrungen Akzente gesetzt, die nicht zuletzt durch das zur Verfügung stehende Material bestimmt werden; dennoch kann durch eine sorgfältige Auswahl dieser Schwerpunkte ein tiefer gehender Einblick in bestimmte (zentrale) Bereiche des Alltagslebens (wie z. B. das Schulwesen) gewährt werden. Weiter wird die individuelle Perspektive („von unten") durch (illustrative) „Spotlights" eingebunden, also die Bewertung von bestimmten Situationen durch Individuen oder eine klar umgrenzte Gruppe von Individuen auf der Basis von schriftlichen Ego-Dokumenten und lebensgeschichtlichen Interviews. Diese dienen vor allem der Bewusstmachung darüber, welche Themen im alltäglichen Leben eine Rolle spielten, was (unbewusst) als besonders einschneidend (also erinnerungswert) empfunden wurde und welche Rolle dieser Zeitabschnitt in der persönlichen Biographie des Befragten spielte. Hier spielt dann eine weitere Dimension eine Rolle, nämlich diejenige des kollektiven Gedächtnisses. Diese ist jedoch nicht direkt Thema der Untersuchung, sondern wird nur dort, wo es etwa in Zusammenhang mit der Einschätzung bestimmter Situationen und Sachverhalte sinnvoll erscheint, einbezogen.

Die genannten Bereiche können jedoch nicht untersucht werden, ohne vorher die Personengruppen zu definieren, die die Stadtgesellschaft konstituierten und denen bei der Analyse besondere Aufmerksamkeit zuteil wird. Bevor näher auf die einzelnen Gruppen eingegangen wird, sind zunächst einige Prämissen zu nennen. Die Untersuchung erfolgt unter der grundsätzlichen Annahme, dass es sich bei der Prager Stadtgesellschaft in dieser Zeit um eine Kriegsgesellschaft handelt, wenn diese auch ein weitgehend ‚ziviles' Antlitz hatte. Ein grundlegendes Merkmal dieser Gesellschaft jedoch ist ihre Aufspaltung in eine auch rechtlich privilegierte und eine – in unterschiedlichem Ausmaß – diskriminierte bzw. verfolgte Gruppe. Weiter wird davon ausgegangen, dass diese verschiedenen Milieus nur zu bestimmten Anlässen in Kontakt gekommen sind, ansonsten aber im Alltag weitgehend voneinander separiert parallele Existenzen geführt haben. Folgende „parallelen Welten" sind also die Protagonisten der Untersuchung, wobei in allen hier zu nennenden Kontexten die jüdische Bevölkerung der Stadt aufgrund der Exklusion aus der Gesellschaft eine Sonderrolle einnimmt.

Die erste Gruppe wird ethnisch-national bzw. religiös definiert: Hierbei handelt es sich um die Gruppen, die in der Stadt Prag seit Jahrhunderten zusammenlebten und deren Symbiose spätestens 1945 ein definitives Ende fand, nämlich Tschechen, Deutsche und die durch die Anwendung der Nürnberger Rassengesetze nunmehr segregierten, zuvor fast vollständig in die tschechische Mehrheitsgesellschaft integrierten Prager Juden. Die Bevölkerungszahl Prags in dieser Zeit ist im Schnitt bei etwas weniger als einer Million anzusiedeln. Die autochthone deutsche Bevölkerung Prags machte etwa 3,5% aus, wenn auch gerade für diesen Zeitraum kaum zuverlässige Zahlen existieren. Rechnet man die verschiedenen, sich nur vorübergehend in der Stadt aufhaltenden Personen deutscher Staatsangehörigkeit hinzu,[2] so ist von einem Gesamtanteil der Deutschen an der Stadtbevölkerung von bis zu 8% auszugehen. Die jüdische Bevölkerung der Stadt wird für den Beginn der Besatzung mit etwa 62.000 Menschen beziffert, wobei diese Zahl in der Folgezeit aus bekannten Gründen rapide abnimmt. Im September 1941 ist noch von ca. 45.000, im Juni 1942 bereits nur noch von 26.000 Einwohnern jüdischen Glaubens bzw. dieser Kategorie Zugeordneten auszugehen. Bis zum Kriegsende wird diese Gruppe fast vollständig ermordet.

Die zweite Personengruppe definiert sich politisch. Die Arbeit ist so angelegt, dass sowohl die Perspektive der „Herrscher“ als auch der „Beherrschten“ einbezogen wird. Diese Trennung erfolgt nicht nach nationalen Kriterien, vielmehr ergibt sich hier aufgrund der (in mehrfacher Hinsicht) dichotomen Verwaltung eine Überschneidung zwischen zumindest zwei Personenkreisen der erstgenannten Gruppe. Diese Untersuchung folgt der Annahme, dass die beiden Gruppen (Verwaltungselite und einfache Bevölkerung) eine grundsätzlich andere Perspektive auf bestimmte Bereiche des städtischen Lebens haben, diese Perspektiven jedoch (indirekt) miteinander korrelieren.

Drittens sind die verschiedenen sozialen Milieus zu differenzieren. So ist der Alltag bzw. sind die Lebens- und Arbeitsbedingungen eines tschechischen Arbeiters und seiner Familie in der Rüstungsindustrie andere als die eines deutschen Hochschulprofessors. Gleiches gilt für Studenten, Angestellte, die Beschäftigten der öffentlichen Verwaltung etc. Besonders zum Tragen kommt hier wiederum die nationale Komponente, da durch die Politik der Besatzungsbehörden Personengruppen aufgrund ihrer nationalen Zugehörigkeit von bestimmten Berufsfeldern ausgeschlossen wurden oder zwangsweise Tätigkeiten verrichten mussten, andere wiederum privilegiert wurden.

Die vierte Gruppe soll schließlich die Geschlechter- und Generationendimension erfassen und fragt nach den verschiedenen Erfahrungen von und dem unterschiedlichen Umgang mit Frauen und Männern, Jugendlichen und Alten. Hier geht es vor allem um die verschiedenen (Freizeit-)Angebote an diese Gruppen, aber auch um eine differenzierte Untersuchung der jeweiligen Grundbedürfnisse und ihrer (Nicht-)Erfüllung.

---

2 Hierbei handelte es sich insbesondere um Studenten und Beamte aus dem ‚Reichsgau Sudetenland‘, aber auch dem Deutschen Reich, sowie um Angehörige von Wehrmacht und SS.

Da es natürlich Schnittmengen gibt zwischen diesen Gruppen, bietet es sich an, diese zu nutzen und für eine genauere, exemplarische Untersuchung Personengruppen auszuwählen, bei denen die Schnittmenge besonders hoch ist. Wie aus dem oben Gesagten deutlich wird, handelt es sich dabei bis auf Ausnahmen jedoch weitgehend um eine asymmetrische Untersuchung.

Forschungs- und Quellenlage

Wie bereits angedeutet, gibt es zur Geschichte der Stadt Prag in der Zeit der deutschen Besatzung so gut wie keine Vorarbeiten, und auch die recht breite Literatur zu verschiedenen Aspekten des ‚Protektorats Böhmen und Mähren' lässt alltags- und sozialgeschichtliche Fragestellungen bisher weitgehend außer Acht. Vielmehr dominieren die klassischen Ansätze der Politik-, Verwaltungs- und Organisationsgeschichte. Schwerpunkte bilden die Protektoratsverwaltung bzw. die Besatzungspolitik, der (bewaffnete/politische) Widerstand, der Bereich Kultur und Wissenschaft, das Schicksal der jüdischen Bevölkerung, das Attentat auf Reinhard Heydrich, die Vertreibung der Deutschen, der Prager Aufstand, der gesamte Bereich der Militärgeschichte sowie gerade in letzter Zeit die Bereiche Arisierung und Zwangsarbeit.[3] Der Stand der Forschung wird im Wesentlichen von der jüngst erschienenen zweibändigen Synthese von Gebhart und Kuklík erfasst, wobei auch hier wieder der Bereich der Gesellschaft eine nur eine sehr untergeordnete Rolle spielt und der Alltag im Grunde gar nicht thematisiert wird.[4]

Neben der Literatur speziell zum ‚Protektorat' bzw. zur Stadt Prag ist darüber hinaus der gesamte Bereich der Okkupations- und NS-Städteforschung als Vergleichshorizont für diese Arbeit wichtig. Hinsichtlich der Okkupationsforschung lässt sich konstatieren, dass die gerade in den letzten zehn Jahren erschienenen Werke eine Bandbreite von Themen zumindest anreißen und neben den klassischen Themenschwerpunkten auch Erkenntnisse liefern über die ökonomische Dimension des Eroberungskrieges[5], die Kulturpolitik in den besetzten Gebieten sowie nicht zuletzt

---

3 Insbesondere die ‚Deutsche Karlsuniversität' steht im Zentrum des Interesses. Inzwischen ist dazu die Habilitationsschrift von Alena Míšková aus dem Jahr 2002 auch auf Deutsch erschienen: Die Deutsche (Karls-)Universität vom Münchener Abkommen bis zum Ende des Zweiten Weltkrieges. Praha 2007.

4 Jan Gebhart, Jan Kuklík: Velké dějiny zemí Koruny české [Große Geschichte der Länder der Böhmischen Krone]. Bd. XV.a 1938–1945. Praha 2006; Bd. XV.b 1938–1945. Praha 2007. – Weiterhin gültiges Standardwerk für das ‚Protektorat' sind ferner die zwei Bände von Detlef Brandes aus den 1960er und 1970er Jahren, die 1999 unverändert einbändig auch auf Tschechisch erschienen: Die Tschechen unter deutschem Protektorat. Teil I: Besatzungspolitik, Kollaboration und Widerstand im Protektorat Böhmen und Mähren bis Heydrichs Tod (1939–1942). München, Wien 1969. Teil II: Besatzungspolitik, Kollaboration und Widerstand im Protektorat Böhmen und Mähren von Heydrichs Tod bis zum Prager Aufstand (1942–1945), München, Wien 1975.

5 Vgl. zuletzt: Johannes Bähr: Das Europa des „Dritten Reichs". Recht, Wirtschaft, Besatzung. Frankfurt/M. 2005.

über den Alltag[6] der dort ansässigen Bevölkerung. Die Stadtgeschichtsforschung hat ihre methodische Basis ebenfalls erweitert, und auch im klassischen Bereich der Geschichte der Stadt- bzw. Kommunalverwaltung haben sich die Prämissen und Fragestellungen gegenüber älteren Studien stark gewandelt.[7] Die Untersuchungsergebnisse sind sicher nur eingeschränkt auf die eingesetzten Kommunalverwaltungen der besetzten Städte übertragbar, doch lässt sich auch hier die Frage nach Handlungsfreiräumen und der Verfolgung eigener Interessen stellen, nicht zuletzt auch in Hinblick auf die Implementierung (oder Verhinderung bzw. Behinderung) nationalsozialistischer Politik.

Einen weiteren aktuellen Themenkomplex stellt „Die Stadt im Krieg – Der Krieg in der Stadt" dar.[8] Zwar blieb Prag bis auf einige irrtümliche Bombenabwürfe und Gefechte in den letzten Kriegstagen von konkreten Kampfhandlungen weitgehend verschont. Wird jedoch von einem erweiterten Kriegsbegriff ausgegangen, so war auch in Prag das Alltagsleben vom Kriegsgeschehen zumindest stark beeinflusst: Dies betrifft zum einen den ganzen Bereich der Rationierungen, der Zensur, der Symbole und Symptome des Krieges in der Stadt (z. B. Militärpräsenz, Verletzte, Flüchtlings- oder Gefangenenlager), aber auch die Auswirkungen militärischer Planung auf Städtebau und Funktion der Stadt, also den Funktionswandel der Stadt im Krieg (die Stadt als Garnison, Ressourcenlieferant, Versorgungslager, Aufmarschgebiet etc.).

Die Quellenbasis für diese Arbeit ist relativ breit angelegt und umschließt mehrere verschiedene Quellengattungen. Diese Vorgehensweise bietet sich für einen alltags- bzw. kulturgeschichtlichen Zugang besonders an, da so zum einen z. T. mangelnde Qualität bzw. auf fast allen Gebieten auftretende Lücken flexibel ausgeglichen werden können und zum anderen die erstrebte Multiperspektivität auch hinsichtlich der Materialbasis zum Tragen kommt. Gesichtet wurden bisher Quellen im Stadtarchiv Prag, im Nationalarchiv Prag sowie im Regionalarchiv in Prag. Ergänzt werden die Archivbestände insbesondere durch offizielle gedruckte Quellen, zur Erfassung der Stadtstruktur werden zusätzlich u. a. das Melderegister bzw. Telefonbücher herangezogen. Ferner existiert eine Reihe von bereits edierten Quellen zum ‚Protektorat'. Für diese Arbeit besonders wertvoll ist hier die zweibändige Edition der Monatsberichte und des Tagebuchs des Primator-Stellvertreters Josef Pfitzner.[9] Aussagekräftige Do

---

6 Vgl. etwa Karel Berkhoff: Harvest of the Despair. Life and Death in the Ukraine under Nazi Rule. Cambridge, London 2004. Bernhard Chiari: Alltag hinter der Front. Besatzung, Kollaboration und Widerstand in Weißrußland 1941–1944. Düsseldorf 1998. Eine ältere Arbeit stammt von Tomasz Szarota: Warschau unter dem Hakenkreuz. Leben und Alltag im besetzten Warschau 1.10.1939 bis 31.7.1944. Paderborn 1985.

7 Vgl. z. B. Sabine Mecking, Andreas Wirsching (Hg.): Stadtverwaltung im Nationalsozialismus. Systemstabilisierende Dimensionen kommunaler Herrschaft. Paderborn 2005. Rüdiger Fleiter: Stadtverwaltung im Dritten Reich. Verfolgungspolitik auf kommunaler Ebene am Beispiel Hannovers. Hannover 2006. Bernhard Gotto: Nationalsozialistische Kommunalpolitik. Administrative Normalität und Systemstabilisierung durch die Augsburger Stadtverwaltung 1933–1945. München 2006.

8 Vgl. dazu u. a. das Heft 2/2004 der *Informationen zur modernen Stadtgeschichte* zum Thema „Stadt und Krieg im 20. Jahrhundert".

9 Alena Míšková, Vojtěch Šustek (Hg.): Josef Pfitzner a protektoratní Praha v letech 1939–1945 [J. P. und das Protektorats-Prag in den Jahren 1939–1945]. Svazek 1: Deník Josefa Pfitznera. Úřední ko-

kumente für die „Perspektive von unten" sind nur in Ausnahmefällen verfügbar. Sie werden weitgehend ersetzt durch veröffentlichte Autobiographien bzw. Erfahrungsberichte sowie durch die bereits erwähnten lebensgeschichtlichen Interviews. Zwar kann auf diese Weise eine solche Perspektive nur begrenzt geleistet werden; mit Hilfe der Amtsquellen lässt sich jedoch komplementär dazu „von oben" ein Einblick in den städtischen Alltag gewährleisten. Eine weitere wichtige hier zu nennende Quelle ist die Protektoratspresse. Da diese sehr vielfältig war, kann auch hier die Bearbeitung nur exemplarisch, d. h. anhand von repräsentativen Stichproben in ausgewählten Organen, erfolgen.[10]

Die Auswertung des Materials erfolgt mit Hilfe einer zu diesem Zwecke angelegten Datenbank, in der die bereits erfassten Bestände nach verschiedenen Parametern sortiert bzw. einzelnen Kapitel zugeordnet werden können.

Perspektiven

Abschließend sollen im Folgenden exemplarisch vor dem Hintergrund des bisher Gesagten anhand dreier konkreter thematischer Schwerpunkte mögliche Perspektiven für die weitere Arbeit aufgezeigt werden.

In diesem Zusammenhang ist zunächst die Frage der Beherrschung des öffentlichen Raums zu nennen, die für Prag nicht nur, aber vor allem in den ersten Monaten der Besatzung eine große Rolle spielt. Anhand dieser Frage lassen sich verschiedene Fragestellungen verfolgen, die gerade für das Wechselspiel der beiden ersten genannten Ebenen bzw. der sie verkörpernden Personengruppen – und in letzter Konsequenz dann auch für den Alltag und die Wahrnehmung der Stadtbevölkerung – von Bedeutung sind: Wie inszeniert sich das Regime und welche (auch symbolischen) Plätze werden besetzt/verändert/neu interpretiert?[11] Wie sehr gelingt es, diese neuen Interpretationen durchzusetzen, welche Freiräume bleiben bzw. ergeben sich? Welche Gegen-Inszenierungen finden statt?

---

respondence s Karlem Hermannem Frankem [Das Tagebuch Josef Pfitzners. Die Amtskorrespondenz mit K. H. Frank]. Praha 2000; Vojtěch Šustek (Hg.): Josef Pfitzner a protektoratní Praha v letech 1939–1945. Svazek 2: Měsíční situační zprávy Josefa Pfitznera [Bd. 2: Die monatlichen Situationsberichte J. P.s]. Praha 2001.

10 Ausgangspunkt der Presseanalyse sind die beiden größten offiziellen Tageszeitungen *Národní Politika* und *Der Neue Tag*. Ein umfangreiches Gesamtverzeichnis hat Tomáš Pasák erstellt: Soupis legálních novin, časopisů a úředních věstníků v českých zemích z let 1939–1945 [Verzeichnis der legalen Zeitungen, Zeitschriften und Amtsanzeiger in den böhmischen Ländern aus den Jahren 1939–1945]. Praha 1980.

11 Etwa bei der Beseitigung und Neuerrichtung von Denkmälern, der Umbenennung von Straßen, Plätzen und öffentlichen Orten, die nationale Neuinterpretation bestimmter Momente der Stadtgeschichte oder auch der Architektur. Wie sehr etwa die Umbenennung der Straßennamen als die bewusste symbolische Handlung, die sie ja war, auch wahrgenommen wurde, zeigt allein die Tatsache, dass bereits kurz vor dem Prager Aufstand die deutschen Inschriften von der Bevölkerung wieder übermalt wurden.

Damit hängen wiederum die Versuche um eine ‚Germanisierung' der Stadt zusammen. Hierunter fallen die Umbenennung von Straßennamen, Plätzen und öffentlichen Gebäuden, die Einführung der Zweisprachigkeit bzw. der Vorrangigkeit des Deutschen im Amtsverkehr, der zwangsverordnete und ausgeweitete Unterricht der deutschen Sprache in den Schulen, aber auch die Selektion, Umerziehung und Vernichtung bestimmter Bevölkerungsgruppen bzw. die ‚Eindeutschung' anderer. Weitergehende Pläne für die tschechische Bevölkerung waren jedoch erst für die Zeit nach dem Krieg geplant.

Mit dem Versuch einer Verdeutschung der Stadt ging schließlich auch die Gestaltung und Umgestaltung dieses Raums einher. Hier etwa wäre näher zu untersuchen, wie diese ‚Eindeutschungspolitik' die Gesellschaft in der Stadt veränderte und damit das Zusammenleben v. a. der drei ‚nationalen' Gruppen bestimmte bzw. beeinflusste, also zur gegenseitigen Entfremdung und zur Herausbildung verschiedener Parallelgesellschaften beitrug.

Im Zusammenhang mit einer vor diesem Hintergrund stattfindenden gezielten Siedlungspolitik spielt dann ein anderes zentrales Thema eine Rolle, das über den gesamten Zeitraum hin aktuell ist, nämlich die Wohnungsfrage bzw. Wohnungsknappheit. Diese wird zwar insbesondere im Zusammenhang mit dem Zuzug deutscher Beamter und ihrer Familien immer wieder thematisiert, stellt aber ein grundsätzliches Problem dar. In diesem Kontext spielt u. a. die ‚Arisierung' von Wohnungen und Wohnhäusern eine Rolle, die neben einer (nicht ausreichenden) Wohnungsbaupolitik am Anfang der Protektoratszeit zu einem der Hauptinstrumente für die Deckung des Wohnraumbedarfs wurde. Hier wäre zum einen das Verhalten und die Strategien der verschiedenen Behörden, auch unter Berücksichtigung evtl. langfristiger Ziele bzw. Pläne zu untersuchen, und zum anderen nach den Profiteuren und Verlierern dieser Maßnahmen zu fragen.

Dies sind nur einige wenige Beispiele, die die Komplexität des Themas und die Verknüpfung der verschiedenen Ebenen verdeutlichen sowie mögliche Perspektiven aufzeigen sollten. Für alle Bereiche der Arbeit bleibt am Ende zu konstatieren, dass sie durch die verfügbare Quellenbasis bestimmt und begrenzt werden.

Karoline Riener

Das ‚entkleidete Wort'. Die deutschböhmische sprachkritische Moderne und ihre Stifter-Rezeption

Problembereich

Als August Sauer, Prager Ordinarius für deutsche Literatur, am 26. August 1906 in Oberplan (Horní Plana) die Festrede zur Enthüllung des Adalbert-Stifter-Denkmals auf dem Gutwasserberg hielt,[1] gab er als anerkannter Literaturwissenschaftler und wichtige Persönlichkeit des Prager kulturellen und universitären Lebens der volkstümlich-integrativ angehauchten Feier die nötige Außenwirkung.

Anhand seiner recht kurzen Rede lassen sich auch zahlreiche Implikationen feststellen, die die zeitgenössischen Diskurse über das Verhältnis von Literatur, Wissenschaft, Kultur, Politik und Öffentlichkeit bündeln: Man erkennt bestimmte rhetorische Strategien einer regionalen Stifter-Rezeption und -Vermittlung, den Versuch der Vereinnahmung von Literatur und ihren Produzenten als Projektionsfläche für die Abwehr der Differenzierungsprozesse der ‚Moderne', die politisch intendierte Vereinnahmung des Schriftstellers als Ikone eines postulierten Kampfes gegen tschechische Emanzipationsbestrebungen und nicht zuletzt den Versuch, eine bestimmte Region zu konstruieren und den Schriftsteller als darin ‚autochthon' zu verorten.

Das hier vorgestellte Projekt ist darauf angelegt, Aspekte einer regionalen Adalbert-Stifter-Rezeption anhand des Prager deutschsprachigen Schriftstellers Johannes Urzidil und des Karlsbader Literatur- und Kunsthistorikers Bruno Adler zu beleuchten. Im Sinne einer modernen konstruktivistischen Regionalforschung werden neben Herkunfts- und Wirkungsort vor allem die kommunikativen Strukturen erforscht, mit denen eine Region und die Zugehörigkeit zu ihr evoziert wird.

Die exemplarische Auswahl hat mehrere Gründe. Die zu Beginn des 20. Jahrhunderts von Prag ausgehende „Stifter-Renaissance" brachte selbst in ihrer regionalen Variante eine Vielzahl von Rezeptionen hervor, wobei mit „regional" hier erst einmal das historisch-politische Gebiet der Böhmischen Länder im Staatsgebilde der Habsburgermonarchie und ab 1918 die Erste Tschechoslowakische Republik gemeint sind.[2]

---

1 August Sauer: Adalbert Stifter. Rede bei der Enthüllung des Stifterdenkmals in Oberplan am 26. August 1906. Prag 1907.

2 Zur Rezeption Adalbert Stifters sind bereits mehrere Einzeluntersuchungen erschienen. Zu verweisen ist insbesondere auf den von Johann Lachinger herausgegebenen zweibändigen Kolloquiumsband: Adalbert Stifter. Studien zu seiner Rezeption und Wirkung. Bd. I: 1868–1930; Bd. II: 1931–1988. Linz 1995, 2002. Die einzelnen Aufsätze befassen sich mit der Stifter-Rezeption bekannter Schriftsteller und Philosophen wie Nietzsche, Bahr und Adorno und untersuchen dabei auch den evtl. Einfluss ihres Stifterbildes auf die nachfolgende Rezeption. Vgl. außerdem Thomas Aigner: Topographie der Rezeption Adalbert Stifters von 1900–1945. Innsbruck 1991.

Auch die Zeit der Ersten Tschechoslowakischen Republik, in der sich der Interessenschwerpunkt zum Einen vom Früh- auf das Spätwerk, zum Andern aber auch vom Werk auf die Person Stifters verlagerte, war geprägt von einer polyvalenten deutschsprachigen Stifter-Rezeption, deren Spektrum von der Stilisierung von Stifters *Witiko* als Symbol der deutsch-tschechischen Verständigung bis hin zur anachronistisch-nationalistischen Vereinnahmung Stifters als „sudetendeutscher Klassiker" reichte.[3]

So fiel die Wahl auf zwei Autoren, geboren im Habsburgerreich, hervorgetreten jedoch unter gänzlich gewandelten historisch-politischen Bedingungen in der Ersten Tschechoslowakischen Republik, geprägt von Vertreibung und Exil im Nationalsozialismus, bei denen eine eindeutige nationale Zuschreibung sehr schwer fällt. Dies lässt sich nicht nur an den verschiedenen biografischen Lebensstationen im Kontext der historisch-politischen Umbrüche von Erstem Weltkrieg, Zusammenbruch der Habsburgermonarchie, Nationalsozialismus und Exilerfahrung ablesen, sondern auch an den internationalen kulturellen Impulsen, die sowohl der ‚multikulturellen' Vita und dem polyphonem literarischen Werk Urzidils als auch der Publikations- und Verlegertätigkeit Adlers anzumerken sind. Sie haben auf interessante Weise vor allem durch Übernahme von Motiven oder Erzählstrukturen und durch kulturelle Vermittlung versucht, Stifter für ihr literarisches und publizistisches Werk fruchtbar zu machen.

Schon bei der näheren Bestimmung regionaler Konstruktions- und Kommunikationsprozesse musste diese exemplarische Beschränkung teilweise aufgehoben werden, und es ergab sich eine thematische und forschungspraktische Erweiterung der im ersten Ansatz vor allem theoretisch-sprachkritisch angelegten Untersuchung. Zur genaueren Konturierung der sprachkritischen Ausprägung eines regionalen Diskurses werden beispielhaft Werk und Tätigkeit Bruno Adlers dargestellt.

Bereits bei der begrifflichen Bestimmung von ‚Regionalität' öffnete sich eine weite Perspektive: Bestimmt man ‚regional' in territorialem Sinn und bezieht sich dabei auf die Fokussierung von Forschung und Vermittlung an einem bestimmten Ort und innerhalb einer bestimmten Einflusssphäre, kann der Kreis um August Sauer zu Beginn des 20. Jahrhunderts in Prag als ‚regionale' Größe gesehen werden.

Sauer war ein wichtiges Mitglied der „Gesellschaft zur Förderung deutscher Wissenschaft, Kunst und Literatur in Böhmen", für ihr Publikationsorgan *Deutsche Arbeit* ab dem fünften Jahrgang der verantwortliche Redakteur sowie Begründer und Herausgeber der *Bibliothek deutscher Schriftsteller aus Böhmen*, ab 1907 Rektor der deutschen Sektion der Prager Karls-Universität – diese Aufzählung mag seine regionale Präsenz in literaturwissenschaftlichen und auch kulturpolitischen Debatten seiner Zeit verdeutlichen. Seine vielfachen Aktivitäten lassen sich auch in Bezug auf Stifter verfolgen. Im Rahmen der *Bibliothek deutscher Schriftsteller aus Böhmen* wurde 1899 eine Neuedition des Gesamtwerks Adalbert Stifters beschlossen und August Sauer mit der Durchführung betraut. Zugleich entstand als Mate-

3 Vgl. eine kurze Übersicht bei Peter Becher: ‚Unser sudetendeutscher Klassiker ...' Aspekte der deutschböhmischen Stifter-Rezeption. In: brücken N. F. 7 (1999), S. 167–186.

rialsammlung für die Werkedition im Jahr 1902 das Stifter-Archiv, aus dessen Beständen man etwa die *Deutschböhmische Ausstellung* in Reichenberg (Liberec) 1906 bestückte. Sie sollte nach der Konzeption Sauers die Vorstufe eines deutschböhmischen Nationalarchivs nach dem Vorbild des Weimarer *Goethe- und Schiller-Archivs* bilden.

Vorgehen

In einem ersten Schritt wurde nun versucht, diese regionale kulturelle Präsenz August Sauers anhand seiner veröffentlichten Reden und Schriften und seiner Zeitschriftenprojekte darzustellen. Besonderes Augenmerk wurde dabei auf folgende Fragestellungen gelegt:

1. Wissenschaftsgeschichtlicher Aspekt

Seit der Mitte des 19. Jahrhunderts lässt sich in der wenige Jahrzehnte zuvor institutionalisierten deutschen Literaturwissenschaft das Bestreben beobachten, ihrem Forschungsgegenstand die „Nation" als Sinneinheit und Definitionsgröße vorzuschalten. Die Entwicklung dieses Verständnisses von Literaturgeschichte als Spiegelbild der Entwicklung des deutschen Nationalcharakters ist zentral verbunden mit dem Germanisten Wilhelm Scherer. Wie macht sich nun der Germanist und Scherer-Schüler August Sauer dieses Selbstverständnis zunutze? In seiner viel zitierten Rektoratsrede *Literaturgeschichte und Volkskunde*[4] von 1907 hat er bekanntlich auf diese Herausforderung mit dem Vorschlag reagiert, die literarischen Erzeugnisse der Bewohner der einzelnen deutschen „Stämme, Landschaften, Provinzen und Länder"[5] ethnographisch unter den Aspekt der jeweiligen „Stammeszugehörigkeit" zu ordnen, so dass man in der Summe den „deutschen Nationalcharakter" erhalte. Wichtig wird hierbei vor allem Sauers Bemühung, Adalbert Stifter im Rahmen der Konzeption der spezifisch deutsch-österreichischen Literaturgeschichtsschreibung als Vertreter einer oberösterreichischen Literatur einzuordnen. Dieser Prozess wird in der Dissertation im Einzelnen nachgezeichnet.

2. Verhältnis von Wissenschaft und Öffentlichkeit

Die Frage nach dem Verhältnis von Wissenschaft und Literatur verweist ebenfalls auf die Frage von den Vermittlungsstrategien von Literatur in der Öffentlichkeit.

In diesem Zusammenhang erweisen sich die vielen Reden August Sauers insbesondere zu Denkmalsenthüllungen und Dichterfeiern als lohnender Untersuchungsgegenstand. Festreden als primäre Rezeptionszeugnisse präsentieren häufig ein einfaches, greifbares und statisches Dichterbild und zeigen so die ästhetische und

4 August Sauer: Literaturgeschichte und Volkskunde. Rektoratsrede, gehalten in der Aula der Deutschen Universität in Prag am 18. November 1907. Prag 1907.

5 Sauer: Literaturgeschichte (Anm. 5), S. 4

kulturpolitische Funktionalisierung des geehrten Dichters. Die oben erwähnte Rede zum Stifter-Denkmal in Oberplan macht diesen Impetus auf eindrückliche Weise deutlich.

3. Konstruktion einer Region

Als dritter Aspekt spielen Theorien der Region und Regionalität eine wichtige Rolle. Vor allem im Spannungsfeld der Konflikte zwischen Deutschen und Tschechen stellt sich die Frage, wie Landschaften und Autoren instrumentalisiert werden. In diese Diskurse eingebunden ist aber auch die Verortung Stifters in eine bestimmte Region – den Böhmerwald.

Die Folgen der durch August Sauer prominent vertretenen nationalistisch-ontologischen Konzeption einer Region, deren Autoren dann letztendlich als Repräsentanten einer ‚stammheitlichen Ursprünglichkeit' und als Projektionsfläche eines ‚Volkstumskampfes' instrumentalisiert werden konnten, sieht man etwa an der nationalistischen Vereinahmung Adalbert Stifters in deutschen Schulbüchern der Ersten Tschechoslowakischen Republik oder der Installierung Hans Watzliks als Sagenerzähler des Böhmerwaldes in der Nachfolge Stifters.

Außerdem bewegte sich Sauer in einem System universitärer, wissenschaftlicher und kultureller Vernetzung. Eine wichtige Rolle spielt hierbei die 1895 von Prager deutschen Gelehrten, meist Angehörigen der deutschen Sektion der Prager Karls-Universität gegründete „Gesellschaft zur Förderung deutscher Wissenschaft, Kunst und Literatur in Böhmen".[6]

Eine Darstellung der Aktivitäten dieser Gesellschaft, die schon in ihren Statuten ihre Doppelrolle als Kulturvermittler und -träger festigte, wird insbesondere in der Frage der Stifter-Rezeption ein Thema sein: Zu nennen sei hier etwa die Zeitschrift *Deutsche Arbeit. Monatschrift für das geistige Leben der Deutschen in Böhmen*, die seit 1901 erschien und das Organ der von der Gesellschaft postulierten kulturellen Dominanz war. Hier wurde zu Stifters 100. Geburtstag im Jahr 1905 ein großzügig ausgestattetes Sonderheft publiziert, das im Rahmen des regionalen Diskurses genauer untersucht wird.

Eine Nachzeichnung dieser regionalen Vermittlungsstrukturen im Prag des frühen 20. Jahrhunderts erwies sich also als unabdingbar, zumal Sauer als Hochschullehrer eine wichtige Rolle in der universitären Literaturvermittlung spielte.

Johannes Urzidil berief sich in späterer Zeit mehrmals zustimmend auf Sauer, anders als etwa Franz Kafka, der sich sehr negativ über Sauer äußerte und bereits nach

---

6 Zur Geschichte der Gesellschaft vgl. vor allem: Alena Míšková, Michael Neumüller: Společnost pro podporu německé vědy, umění a literatury v Čechách (Německá akademie věd v Praze). Materiály k dějinám a inventář archivního fondu. [Die Gesellschaft zur Förderung deutscher Wissenschaft, Kunst und Kultur in Böhmen (Deutsche Akademie der Wissenschaften in Prag). Materialien zu ihrer Geschichte und Inventar des Archivbestandes. 1891–1945]. Praha 1994, S. 35–50.

einem Semester seine Studien ab dem Wintersemester 1902/03 gemeinsam mit Paul Kisch in München fortsetzen wollte.[7]

Betrachtet man etwa Urzidils 1957 veröffentlichten Essay *Stifter aus drei Distanzen*,[8] in dem er anhand der in den dreißiger Jahren in Josefsthal (Josefův Důl) begonnene und 1940 in Viney Hill im englischen Glocestershire beendete „Erzählung aus Stifters Jugend" *Der Trauermantel*[9] unter Schilderung der Entstehungsbedingungen die Bedeutung Stifters für seinen Schreib- und Lebensprozess absteckt, ist er heimatlich-idyllsierenden Zuschreibungen teilweise nicht fern: So betont er eingangs die „Heimat", des „unmittelbar Biographische[n] als entschiedendste Ansatzpunkte zum motiviertesten Verständnis jeder Persönlichkeit". Darüber hinaus evoziert er Stifters Geburtsgegend als Stifter-Ort, als „Stifterland" mit teilweiser Übernahme der Beschreibungsmodi Stifters. Er bezeichnet den Wald als Zufluchtsort, als Ort der Ruhe und vor allem der dauernden Ordnung angesichts des Zerfalls der gegenwärtigen Welt und seine Naturflucht, wie der Wald insgesamt, sind romantisch-antropomorph kodiert. Dazu kommt die Charakterisierung der ‚Wäldler' als einfache, herzliche, durch ihr „wäldlerisches Beheimatetsein" auch von den „Menschen ihrer eigenen Nation" unterschieden.

Auf den ersten Blick ist dies die eingangs erwähnte Evozierung einer regionalen Identität mithilfe der Ästhetisierung der Landschaft und der sozial-kulturellen Differenz seiner Bewohner. Doch gleichzeitig wird diese Sichtweise mehrfach gebrochen. Diesen Brechungen muss noch im Einzelnen nachgegangen werden.

Perspektiven

Zunächst wird das Werk von Johannes Urzidil eingehend untersucht. Neben der konkreten interpretatorischen Textarbeit ist ein Forschungsbesuch in der Berliner Dependance des New Yorker Leo Baeck Institute geplant. Dort ist der Nachlass Urzidils auf Mikrofiche vorhanden. Die Archivrecherche hat einen doppelten Zweck: Einerseits wird es darum gehen, Dokumente aufzuspüren, die neben den veröffentlichten Erzählungen Urzidils Stifter-Rezeption erhellen. Andererseits lässt sich bereits ein bestimmtes Verhältnis Urzidils zu sudetendeutschen Organisationen der Nachkriegszeit erkennen. Bei Urzidils ‚Böhmerwalderzählungen' gilt es nämlich zu bedenken, dass sie, wie eigentlich fast sein gesamtes erzählerisches Werk, erst nach dem Zweiten Weltkrieg veröffentlicht wurden, obwohl Urzidil mit ihnen einen bereits vor der Emigration behandelten Stoff wieder aufnimmt. Man hat es hier mit einem regional-geografischen Herstellungsprozess in Form einer Rekonstruktion zu tun, wobei diese nicht einfach wehmütig-idyllisierend ist. Doch traf er etwa mit seiner Erzählung *Der Trauermantel* auf ein Publikum, das in seinen Schilderungen die

---

7 So Hartmut Binder: Kafkas Weg zu Stifter. Mit besonderer Berücksichtigung August Sauers. In: Lachinger: Stifter (Anm. 2), S. 179f.

8 Johannes Urzidil: Stifter aus drei Distanzen. In: Vierteljahresschrift des Adalbert-Stifter-Instituts des Landes Oberösterreich 6 (1957) S. 87–99. Alle nachfolgenden Zitate ebd.

9 Die Erzählung *Der Trauermantel* erschien zuerst 1945 im New Yorker Friedrich Krause Verlag.

‚verlorene Heimat‘ als „deutsch“ oder „deutschböhmisch“ konnotierte Landschaft idyllisch-verklärt wiederzufinden hoffte.[10] Eine Erhellung der Selbstverortung Urzidils im Kontext der sudetendeutschen Organisationen nach dem Zweiten Weltkrieg ist deswegen ebenfalls angebracht.

In einen weiteren Kontext ist die Stifter-Rezeption Urzidils im Rahmen der diskursiven Herstellung der konkreten Region des Böhmerwalds zu stellen. Hierbei wird vor allem versucht, in exemplarisch ausgewählten deutsch- und tschechischsprachigen Reiseführern und landeskundlichen Darstellungen von etwa 1880 bis 1910 die Grenzen des Böhmerwaldes nachzuvollziehen. Eine erste Durchsicht einschlägiger Reiseführer und landeskundlicher Studien dieser Zeit hat ergeben, dass die Grenzen des Böhmerwaldes auch damals je nach Perspektive unterschiedlich definiert wurden: Die definitorische Sichtbarmachung des Böhmerwaldes erfolgt meist mithilfe als „natürlich“ angesehenen geografischen Grenzen: Landschaftspunkte wie Gebirge und Flüsse und nicht etwa politische Grenzen, wie die zwischen Österreich/Habsburg und dem Deutschen Reich, markierten den Grenzverlauf. Gleichzeitig griff man jedoch zu der kulturellen Grenzmarkierung von deutsch- bzw. tschechischsprachigen Bewohnern, um zunehmend antagonistisch das Gebiet nach nationalkulturellen Gesetzmäßigkeiten abstecken zu können. So war der Böhmerwald zugleich ein realer, topographisch fest umrissener und ein imaginierter Raum. Davon machte insbesondere Sauer mit seiner Titulierung Stifters als „größte[r] Sohn des deutschen Böhmerwaldes“[11] Gebrauch.

Der zweite in diesem Rahmen interessante Zeitabschnitt ist etwa von 1945 bis in die sechziger Jahre anzusetzen, also parallel zu den Zeiten der Veröffentlichung der ‚Böhmerwalderzählungen‘ Urzidils. Hier stellt sich die Frage, wie eine Region im Kontext von Flucht und Vertreibung als ‚verlorene Heimat‘ konnotiert wird.

Insgesamt lässt sich auf diese Weise exemplarisch an der Region Böhmerwald eine Darstellung von Brüchen, aber auch Kontinuitäten in der Konstruktion von Regionen darstellen.

Bruno Adler, vor allem bekannt als Stifter-Biograph, ist ein weiterer Exponent einer ‚regionalen‘ Stifter-Rezeption. Die von ihm und Ernst Sommers 1924 in Karlsbad (Karlovy Vary) herausgegebene – in grafischer Aufmachung und sprachkritischer Diktion der *Fackel* von Karl Kraus ähnelnde – Zeitschrift *Die Provinz* lehnte sich an die in Deutschland nach der Novemberrevolution 1919 entstandenen mannigfalti-gen utopischen Gesellschaftsentwürfe an,[12] verband diese aber mit politischen und sozialen Fragen der Gegenwart in der Ersten Tschechoslowakischen Republik von 1924.

---

10 Peter Demetz: Johannes Urzidil: Lesen/Wiederlesen. In: Aldemar Schiffkorn (Hg.): Böhmen ist überall. Internationales Johannes-Urzidil-Symposion Prag (8.–10.3.1995). Sammelband der Vorträge, Primärbibliographie und Register. Linz 1999, S. 33.

11 Sauer: Rede auf Stifter (Anm. 1), S. 90.

12 Vgl. den Überblick bei: Gertrude Cepl-Kaufmann: Phönix aus der Asche. Europavisionen westdeutscher Schriftsteller nach dem 1. Weltkrieg. In: Peter Delvaux, Jan Papiór (Hg.): Eurovisionen. Vorstellungen von Europa in Literatur und Philosophie. Amsterdam 1996 (Duitse kroniek 46), S. 39–60.

In ähnlichen Strukturen verlief auch Adlers Stifter-Rezeption: Gegen die als beschränkt empfundene Wahrnehmung Stifters betonte Adler vor allem Stifters Bedeutung als Vorgänger einer sprachkritischen Avantgarde-Ästhetik. Gleichzeitig wendet er sich vehement gegen eine nationalistische Instrumentalisierung Hans Watzliks als Stifternachfolger und sudetendeutscher „Böhmerwalddichter". Mit Hilfe der Stifter-Biographien Adlers und dem bereits ausgewerteten Archivmaterial zu Adler aus dem Literaturarchiv Marbach wird diese sprachkritische Stifter-Rezeption weiter ausgeführt.

Die hier dargestellten Facetten einer regionalen Stifter-Rezeption ergeben zusammengenommen eine breitgefächerte und daher aussagekräftige Analyse rhetorischer und kultureller Konstruktionsprozesse von Regionen, die immer auch mit Hilfe ihr entstammender Schriftsteller vollzogen werden.

Michaela Bentz

Spracherhalt und Sprachwandel. Eine exemplarische Untersuchung am Donauschwäbischen

Der Begriff ‚Donauschwäbisch' ist ein Widerspruch in sich, denn es handelt sich bei den so bezeichneten Varietäten um verschiedene deutsche Mundarten, die durch Kontakte untereinander und durch Kontakte mit anderen Sprachen eine etwa 250 Jahre währende gemeinsame Entwicklung erlebt haben. Nur rund ein Viertel der Donauschwaben haben tatsächlich schwäbische Vorfahren, wobei auch hier der Begriff ‚Schwaben' sehr weit gefasst ist und Alemannen und Lothringer einschließt. Im Laufe des 18. Jahrhunderts siedelten sich schätzungsweise rund 200.000 Donauschwaben in Österreich-Ungarn an – neben rund einem Viertel Schwaben waren die Siedler zu einem Drittel fränkischer und zu einem Drittel bairischer Herkunft; die restlichen acht Prozent entfallen auf andere deutsche Stämme und Andersnationale. Um 1940 lebten in Südosteuropa etwa anderthalb Millionen Donauschwaben; heute schätzt man die Zahl der in Südosteuropa verbliebenen Donauschwaben auf etwa 160.400.[1]

In den Jahren 2003 bis 2007 besuchte ich Donauschwaben in 82 Ortschaften in Kroatien, Rumänien, Serbien und Ungarn sowie die aus fünf Dörfern bestehende donauschwäbische Siedlung Entre Rios in Brasilien. Aus meinen dort erstellten Interviews konnte ich ein Korpus von mehr als 3000 Seiten Umfang erstellen, das die Grundlage für meine Analyse bildet. In diesem Artikel möchte ich einige besondere Phänomene des Donauschwäbischen vorstellen; dabei sollen sowohl Aspekte des Spracherhalts als auch Gesichtspunkte des Sprachwandels angesprochen werden. Sofern bei den erwähnten Ortschaften die jeweils übliche deutsche Bezeichnung nicht von der Landesbezeichnung abweicht, ist diese auch bei der ersten Erwähnung nicht doppelt genannt. Ab der zweiten Nennung eines jeden Ortsnamens erfolgt diese ausschließlich auf Deutsch.

I. Spracherhalt im Donauschwäbischen

1. Saderlach (rum. Zădăreni): Der Sonderfall des Erhalts einer hochalemannischen Varietät in Südosteuropa

Die Gemeinde Saderlach nimmt als einzige donauschwäbische Gemeinde mit hochalemannischer Mundart[2] eine Sonderstellung ein; ein Merkmal, das sich in keiner

1 Hans Gehl: Wörterbuch der donauschwäbischen Baugewerbe. Stuttgart 2000, S. 21f.; Ders.: Wörterbuch der donauschwäbischen Bekleidungsgewerbe. Sigmaringen 1997, S. 23f.;Ders.: Wörterbuch der donauschwäbischen Landwirtschaft. Stuttgart 2003, S. 32f.; Ders.: Wörterbuch der donauschwäbischen Lebensformen. Stuttgart 2005, S. 46f.

2 Gehl: 1997, S. 38; Ders. 2000, S. 37; Ders. 2003, S. 49; Ders. 2005, S. 62.

anderen donauschwäbischen Mundart findet, ist zum Beispiel die Präposition *wegen*, die die Bedeutung der Konjunktion *weil* hat, wie in: *wegen der Geistliche, was – der griechisch-katholische Geistliche, was da ist, der hat in Blaj studiert.*

2. Spracherhalt als Fortführung einer Entwicklung in den Basisdialekten: Die Tendenz zur Kürzung der Satzklammer im Donauschwäbischen

Die donauschwäbischen Mundarten kennen – bedingt durch die Herkunft der Siedler – kaum Präteritalformen; Viktor Maximowitsch Schirmunski spricht von einer „Staffelung" im binnendeutschen Raum von Süden nach Norden, die vom völligen Fehlen des Präteritums bis zur völligen Entfaltung dieses Tempus reiche – zum Beispiel: „In den linksrheinischen pfälzischen und südhessischen Mundarten [...] bewahrt nur eine kleine Gruppe von Hilfs- und Dienstverben das Präteritum."[3] Ebenso verhält es sich auch bei den donauschwäbischen Mundarten.

Sätze wie *wenn auch noch so kalt war, sind sie immer geritten mit den Pferden im Dorf*, bei denen eine oder mehrere adverbiale Bestimmungen oder auch Adverbien am Ende des Satzes stehen, weil die Distanzstellung zwischen finitem Verb und einem anderen Prädikatsteil (im vorliegenden Fall ein Perfektpartizip) verkleinert wurde, findet man in Ausnahmefällen auch in der deutschen Umgangssprache. Im Unterschied zu ihr ist diese Stellung im Donauschwäbischen aber nicht die Ausnahme, sondern die Regel. Diese Erscheinung aber hängt stärker mit dem Verbalkomplex als mit den adverbialen Bestimmungen zusammen, denn auch Objekte, insbesondere Akkusativobjekte, werden zuweilen aus dem verbalen Rahmen ausgegliedert: *Jugendliche [...] haben dargestellt das Christkind.* Auch das Subjekt kann in Fällen, in denen es im Deutschen innerhalb der Verbalklammer steht, ausgegliedert werden: *von der Stadt sind gekommen Lehrerinnen und Kindergärtnerinnen.* Vermutlich wirken aber auch die Sprachkontakte verstärkend, denn die Satzklammer ist ein typisch deutsches Phänomen, das ansonsten nur noch im Niederländischen vorhanden ist.[4]

II. Sprachwandel im Donauschwäbischen

1. Sprachwandel durch Sprachkontakt

Die heute im ehemaligen Österreich-Ungarn verbliebenen Donauschwaben leben in vier verschiedenen Staaten – Kroatien, Rumänien, Serbien und Ungarn. Bereits im 18. Jahrhundert waren die Sprachkontakte, denen sie ausgesetzt waren, unterschiedlich. Der Einfluss des Ungarischen bestand praktisch in allen Ortschaften, jedoch in unterschiedlicher Ausprägung. Substantive der Alltagssprache wie *néni* ‚Tante', *óvo-*

---

3 Viktor Maximowitsch Schirmunski: Deutsche Mundartkunde. Vergleichende Laut- und Formenlehre der deutschen Mundarten. Berlin 1962 (Deutsche Akademie der Wissenschaften zu Berlin. Veröffentlichungen des Instituts für Deutsche Sprache und Literatur 25), S. 490.

4 Hadumod Bußmann: Lexikon der Sprachwissenschaft. 2. Aufl. Stuttgart 1990, S. 662f.

da ‚Kindergarten' oder *tepsi* ‚Backblech' wurden in fast allen Ortschaften übernommen. Bemerkenswert sind einige Pluralformen, die auf donauschwäbische Art gebildet werden, zum Beispiel: *Naranscä* (ung. *narancs*, Pl. *naranscok*: ‚Orange'), *Pogácslä* (ung. *pogácsa*, Pl. *pogácsák*: ‚Plätzchen'), *Kogaschä*, *Kokröscher*, *Kokröschl* (ung. *kakas*, Pl. *kakasok*: ‚Hahn') oder *Nénis* (ung. *néni*, Pl. *nénik*: ‚Tante').

Wenn es aber um die Unterschiede in den verschiedenen Ortschaften geht, ist es auch interessant, einen Blick auf Konjunktionen, Partikeln und Adverbien zu werfen: Im kroatischen Essegg (kroat. Osijek) wird anstatt der Konjunktion *sondern* bzw. der vergleichenden Konjunktion oder Vergleichspartikel *als* ausgesprochen häufig das kroatische *nego* verwendet; im Korpus meiner Interviews aus Essegg befinden sich insgesamt 25 Belege für das Phänomen, dass in einem ansonsten deutschen Satz das kroatische *nego* verwendet wird, wie: *Der, was es verdient, der… das Ross, was den hombár* [ung.: ‚Kornspeicher', ‚Getreidespeicher'] *verdient, kriegt seltener nego das, was nicht!*; *Das deutsche Volk hat auch Rechte, alles, wenn auch nicht genau… Ich sage immer: Jetzt haben sie mehr Rechte nego [lacht]… Ich sage immer: Mehr Rechte nego die Kroaten!*; *Aber die Schwester wiederum, was ist in Kanada, die hat lieber, ovaj* [kroat.: ‚der'] – *Kroatisch spricht sie – nego Deutsch!* In Essegg ist der Einfluss des Kroatischen also ganz besonders stark, was sich unter anderem auch in der häufigen Verwendung des kroatischen Adverbs *baš* ‚eben', ‚überhaupt' manifestiert, wie zum Beispiel in dem Satz: *Sautanz haben wir nicht baš gehabt!* Auch für das unweit von Essegg gelegene Geisdorf (kroat. Kozarac/Baranja) habe ich einen Einzelbeleg für das Phänomen des *nego* in deutschen Sätzen. Für vier Orte in Serbien verfüge ich über jeweils ein bis drei Belege für *nego*, nämlich für Apatin, für die im serbischen Banat gelegene Mittelstadt Werschetz (serb. Vršac), für das gut 50 Kilometer westlich von Werschetz gelegene Franzfeld (serb. Kačarevo), ebenso wie für das ebenfalls im serbischen Banat knapp 40 Kilometer südwestlich von Werschetz gelegene Mramorak.

Die Apatiner und die wenigen deutschen Bewohner der serbischen Gemeinde Siwatz (serb. Sivac) jedoch verwenden nicht nur das serbische oder kroatische *nego*, sondern zusätzlich auch das ungarische *hanem* ‚sondern'; für diese Verwendung habe ich jeweils zwei Belege, wie: *Und die Neusiwatzer haben nicht gesagt: „Kokasch", hanem: „dä Gokasch" – „g"!* Interessanterweise befindet sich in den Interviews aus Ungarn selbst kein einziger Beleg für *hanem*; die dort lebenden Sprecher und Sprecherinnen verwenden grundsätzlich *sondern*. Die rumänischen Entsprechungen *ci* oder *dar* ‚sondern' bzw. *ca* oder *decât* ‚als' werden hingegen in den rumänischen Ortschaften oder auch in den drei anderen Staaten überhaupt nicht verwendet.

Was den Gebrauch der Konjunktionen betrifft, ist also ein ganz besonders großer Einfluss des Kroatischen in Essegg bemerkbar, der aber auch in Apatin (serbischer Einfluss) sowie in einigen kleineren serbischen Ortschaften in Erscheinung tritt. Doch auch das ungarische *hanem* wird in Apatin verwendet, während es in Ungarn selbst nicht in die deutsche Rede eingeflochten wird. Ein rumänischer Einfluss auf der Ebene der Konjunktionen, Partikeln und Adverbien ist nicht erkennbar.

2. Sprachwandel durch den Kontakt unterschiedlicher Basisdialekte: ‚geben' und ‚werden' als Kopulae und als Passivauxiliare

Damaris Nübling schreibt in ihrem im Jahre 2006 erschienenen Artikel *Auf Umwegen zum Passivauxiliar – Die Grammatikalisierungspfade von GEBEN, WERDEN, KOMMEN und BLEIBEN im Luxemburgischen, Deutschen und Schwedischen*: „Das Luxemburgische, das Südwestmoselfränkische sowie Teile des Rheinfränkischen und Lothringischen bilden das Areal des GEBEN-Passivs."[5]

Es liegt die Vermutung nahe, dass das Phänomen der Bildung des Passivs mithilfe des Auxiliars ‚geben' in Ortschaften mit dem entsprechenden dialektalen Hintergrund auftritt; bei einer Überprüfung anhand des Korpus zeigt sich jedoch, dass dies nicht das einzige Kriterium für die Verteilung ist; vielmehr ergibt eine Auszählung der Korpusdaten für zwei Gemeinden in Rumänien, die nach der Einteilung bei Hans Gehl rheinfränkischen Hintergrund haben, nämlich Tschakowa (rum. Ciacova) und Semlak (rum. Semlac),[6] ein gegenteiliges Ergebnis: Für Semlak gibt es insgesamt zehn Beispiele für ‚werden' als Kopula, wie: *Heuer war viel Meerrettich! Ich hab ihn, meiner, am Herbst all ausgemacht, und – […] – wenn man lässt bis nächst Jahr, wird er so… äh – holzig*, und 36 Beispiele für ‚werden' als Passivauxiliar, wie: *Dort wird – von dem Bratkürbis werden geschnitten so Würfel*, jedoch lediglich ein einziges Beispiel für ‚geben' in der Funktion des Passivauxiliars und keines für ‚geben' als Kopula. In Tschakowa gibt es vier Beispiele für ‚werden' als Kopula, hingegen nur ein einziges Beispiel für ‚geben' als Passivauxiliar: *dann immer so viele Krapfen gegessen gegeben*, und keines für ‚geben' als Kopula. In Serbien ist das Ergebnis der Auszählung noch eindeutiger: Schon die basisdialektal rheinfränkische Ortschaft Jarek (serb. Bački Jarak),[7] die nur wenige Kilometer von der ca. 20.000 Einwohner zählenden Kleinstadt Temerin entfernt liegt, mit der sie mittlerweile schon zusammengewachsen ist, und ca. 15 Kilometer nördlich der Großstadt Neusatz (serb. Novi Sad), kennt kein ‚geben'-Auxiliar, ebenso wenig das serbische Pantschowa (serb. Pančevo), das einen rheinfränkisch-bairischen Dialekthintergrund hat,[8] oder das ebenfalls in Serbien gelegene Hodschag (serb. Odaci), das einen alemannisch-rheinfränkischen Hintergrund hat.[9] Die Bedeutung von ‚geben' als Auxiliar ist also insgesamt sehr schwach; in den Mundarten mit rheinfränkischem Basisdialekt in Rumänien kommt es ausgesprochen selten als Passivauxiliar und nie als Kopula vor, in Serbien sogar überhaupt nicht – auch nicht in den Gemeinden Kikinda, Parabutsch (serb. Ratkovo), Schowe (serb. Ravno Selo), Stanischitz (serb. Stanišić), Weprowatz (serb. Kruščić), Werbaß

5 Damaris Nübling: Auf Umwegen zum Passivauxiliar – Die Grammatikalisierungspfade von GEBEN, WERDEN, KOMMEN und BLEIBEN im Luxemburgischen, Deutschen und Schwedischen. In: Claudine Moulin, Damaris Nübling (Hg.): Perspektiven einer linguistischen Luxemburgistik. Studien zu Diachronie und Synchronie. Heidelberg 2006, S. 180.

6 Gehl 1997, S. 38; Ders. 2000, S. 37; Ders. 2003, S. 49; Ders. 2005, S. 62.

7 Gehl 1997, S. 35; Ders. 2000, S. 33; Ders. 2003, S. 45; Ders. 2005, S. 58.

8 Gehl 1997, S. 38; Ders. 2000, S. 37; Ders. 2003, S. 49; Ders. 2005, S. 62.

9 Gehl 1997, S. 35; Ders. 2000, S. 33; Ders. 2003, S. 45; Ders. 2005, S. 58.

(serb. Vrbas), im bairisch-österreichisch geprägten Jabuka[10] oder im alemannisch-pfälzischen Apatin,[11] wo es zahlreiche Belege für ‚werden' als Kopula und weit über 100 für ‚werden' als Passivauxiliar gibt, hingegen nur einen einzigen für ‚geben' als Kopula. Für die rheinfränkisch-bairisch geprägten rumänischen Orte Grabatz (rum. Grabaţ)[12] und Lippa (rum. Lipova)[13] verfüge ich insgesamt über neun bzw. sieben Beispiele für ‚werden' als Passivauxiliar. In beiden Orten gibt es keine Beispiele für ‚geben' in dieser Funktion. Auch hier scheint sich trotz des im Basisdialekt vorhandenen Inputs ‚geben' als Passivauxiliar nicht durchgesetzt zu haben.

Nun aber zu den rheinfränkisch-moselfränkischen Mundarten: Hier kann ich drei Ortschaften in Rumänien als Beispiele anführen.[14] In der Kleinstadt Großsanktnikolaus (rum. Sânnicolau Mare) kommt ‚werden' 30-mal als Passivauxiliar und zweimal als Kopula vor, ‚geben' hingegen lediglich zweimal als Passivauxiliar. Ein recht durchmischtes Verhältnis herrscht in Großsanktpeter (rum. Sânpetru Mare); hier kommt ‚werden' elfmal, ‚geben' achtmal als Passivauxiliar vor, und ‚geben' taucht vier Mal als Kopula auf, ‚werden' in dieser Funktion überhaupt nicht – übrigens eine ganz ähnliche Situation wie im basisdialektal moselfränkisch-pfälzischen Billed[15] (rum. Biled), wo ‚geben' 20-mal als Passivauxiliar und viermal als Kopula fungiert, ‚werden' 17-mal als Passivauxiliar und dreimal als Kopula. In Groß-Jetscha (rum. Iecea Mare) aber fungiert ‚geben' 82-mal als Passivauxiliar und viermal als Kopula; ‚werden' kommt jedoch nur achtmal als Passivauxiliar und überhaupt nicht als Kopula vor. Während in der Kleinstadt Großsanktnikolaus ‚werden' als Passivauxiliar eindeutig bevorzugt und ausschließlich als Kopula verwendet wird, sind die Verhältnisse in Großsanktpeter und Billed relativ ausgeglichen, und in Groß-Jetscha verhält es sich gar umgekehrt. Als Erklärung kann hier nur der Einfluss der Standardsprache in der Stadt herangezogen werden.

Interessanterweise gibt es aber eine pfälzisch-bairisch geprägte Ortschaft in Rumänien, nämlich Josefsdorf (Iosifălău),[16] für die ich sechs Beispiele für ‚geben' als Kopula und 17 für ‚geben' als Passivauxiliar habe. Daneben gibt es für Josefsdorf fünf Belege für ‚werden' als Passivauxiliar, jedoch keinen für ‚werden' als Kopula. Basisdialektal ist die Verwendung der ‚geben'-Kopula und des ‚geben'-Passivs nicht erklärbar; hier handelt es sich um Kontakterscheinungen, die auf dem Ausgleich mit anderen Mundarten beruhen. Solche Kontaktphänomene lassen sich allerdings nur für wenige Ortschaften belegen; in den von der bairisch-österreichischen Umgangssprache geprägten Städten wie Lugosch (rum. Lugoj)[17] oder Reschitz (rum. Reşiţa)[18] verfüge ich über 27 bzw. 35 Belege für ‚werden' als Passivauxiliar und für Reschitz

10 Gehl 1997, S. 37; Ders. 2000, S. 36; Ders. 2003, S. 48; Ders. 2005, S. 61.
11 Gehl 1997, S. 34; Ders. 2000, S. 33; Ders. 2003, S. 45; Ders. 2005, S. 58.
12 Gehl 1997, S. 37; Ders. 2000, S. 35; Ders. 2003, S. 48; Ders. 2005, S. 61.
13 Gehl 1997, S. 37; Ders. 2000, S. 36; Ders. 2003, S. 48; Ders. 2005, S. 61.
14 Gehl 1997, S. 37; Ders. 2000, S. 35; Ders. 2003, S. 48; Ders. 2005, S. 61.
15 Gehl 1997, S. 36; Ders. 2000, S. 35; Ders. 2003, S. 47; Ders. 2005, S. 60.
16 Gehl 1997, S. 37; Ders. 2000, S. 36; Ders. 2003, S. 48; Ders. 2005, S. 61.
17 Gehl 1997, S. 37; Ders. 2000, S. 36; Ders. 2003, S. 48; Ders. 2005, S. 61.
18 Gehl 1997, S. 38; Ders. 2000, S. 37; Ders. 2003, S. 49; Ders. 2005, S. 62.

außerdem über fünf für ‚werden' als Kopula; ‚geben' wird hingegen in beiden Städten in keiner der beiden Funktionen verwendet. Auch für das nordbairisch geprägte Wolfsberg (rum. Gărîna),[19] das etwas abgelegen im rumänischen Semenic-Gebirge liegt, wurde ‚geben' weder als Kopula noch als Passivauxiliar übernommen, ebenso wenig in der Hochalemannisch sprechenden Gemeinde Saderlach.

Das Phänomen des ‚geben'-Auxiliars ist also durch den Varietätenkontakt kein Indikator für ein bestimmtes Herkunftsgebiet, sondern zeigt vielmehr die Affinität zur regional geprägten deutschen Ausdrucksweise; es zeigt sich dabei, dass sich Stadtnähe ebenso wie Abgelegenheit der jeweiligen Ortschaft kontraproduktiv auswirken und serbische Orte dieses Merkmal ebenso wenig aufweisen wie die rumänische Gemeinde Saderlach.

3. Sprachwandel durch regionale deutsche Neuerungen: ‚sagen über' in der Bedeutung ‚sagen zu'

Eine interessante Konstruktion ist ‚sagen über' in der Bedeutung ‚sagen zu'. Ob ein basisdialektaler Ursprung zugrunde liegen könnte, ist mir unklar; jedenfalls ist mir dieses Phänomen aus keinem binnendeutschen Dialekt bekannt. Es ist denkbar, dass es sich um ein Sprachkontaktphänomen handelt; allerdings müssten hier die entsprechenden lokalen Varianten der jeweiligen Kontaktsprachen genauer untersucht werden, denn aus den Schriftsprachen lässt sich die ungewöhnliche Konstruktion nicht erklären. Sie ist eine wesentlich weiter verbreitete Variante als die Verwendung von ‚geben' als Auxiliar; dennoch behält in diesem Zusammenhang die Hochalemannisch sprechende Gemeinde Saderlach in Rumänien ihre Sonderstellung und übernimmt ‚sagen über' nicht. In den Städten und in der unmittelbaren Umgebung der Städte nimmt die Verwendung von ‚sagen über' ab, jedoch nicht in dem Maß wie die Verwendung von ‚geben' gegenüber ‚werden'. Teilweise wird die Variante ‚sagen über' auch in Serbien verwendet, was man insbesondere in der Gemeinde Schowe erkennen kann, die einen westpfälzischen Dialekthintergrund hat[20] und in meinem Korpus vier Beispiele für ‚sagen über' bietet. In pfälzisch geprägten Ortschaften überwiegt eindeutig die Form ‚sagen über', denn sie begegnet im Korpus der Ortschaft Charlottenburg insgesamt 16 Mal, während ‚sagen zu' überhaupt nicht vorkommt; in Deutschsanktmichael sind es neun ‚sagen über' gegenüber drei ‚sagen zu', in Triebswetter fünf ‚sagen über' und ein ‚sagen zu'. Auch in westpfälzisch-moselfränkischen Orten überwiegt ‚sagen über' eindeutig. Im rheinfränkisch geprägten Semlak gibt es insgesamt 49 Beispiele für ‚sagen über', wie: *Über uns sagen sie: „Schwowe", über die Sachsen sagen sie: „Sachsä" und über die, wo er her ist, haben sie „Zipser" gesagt.* Für ‚sagen zu' gibt es in Semlak hingegen nur zwei Beispiele. Im moselfränkisch-pfälzischen Billed gibt es ein Beispiel für ‚sagen zu' und zehn Beispiele für ‚sagen über'.

---

19 Gehl 1997, S. 39; Ders. 2000, S. 37; Ders. 2003, S. 50; Ders. 2005, S. 63.

20 Gehl 1997, S. 35; Ders. 2000, S. 33; Ders. 2003, S. 45; Ders. 2005, S. 58.

Fazit

Es hat sich gezeigt, dass der problematische Begriff ‚Donauschwäbisch' keinesfalls ein Dialektkontinuum bezeichnet, sondern vielmehr eine komplizierte Konstellation verschiedener Kontaktvarietäten des Deutschen und der jeweiligen Kontaktsprachen, wobei Stadtnähe und Abgelegenheit einer Ortschaft die Affinität zur Übernahme gemeinsamer donauschwäbischer Merkmale stark verringern. Ein Aspekt, der genauer beleuchtet werden muss, sind die lokalen Besonderheiten der Kontaktsprachen. Das hochalemannischsprachige Saderlach bildet in jeder Hinsicht einen Sonderfall und zeigt sich gegenüber der Übernahme typischer donauschwäbischer Merkmale als besonders resistent.

Annotationen. Neuerscheinungen aus Ostmitteleuropa

Vorbemerkung

Die folgenden bibliographischen Anzeigen beziehen sich auf in den Staaten Ostmittel-, Nordost- und Südosteuropas erschienene Literatur (Monographien, Sammelbände, Zeitschriften und Reihen, Editionen) aus den Wissenschaftsbereichen Geschichte, Kunstgeschichte, Volkskunde/Soziologie und Germanistik. Verfasst wurden sie von Wissenschaftlerinnen und Wissenschaftlern aus den genannten Ländern. Berücksichtigt werden Titel, die im weitesten Sinne die Kultur und Geschichte der ehemaligen deutschen Ostgebiete sowie der Siedlungsgebiete der Deutschen im östlichen Europa (mit)betreffen. Um den interdisziplinären Charakter der Rubrik zu betonen, sind die Annotationen wie in den Vorjahren nicht nach Fachgebieten, sondern nach den folgenden – zum Teil historischen – Regionen angeordnet:

1. Regional übergreifende Werke,
2. Baltikum,
3. Ostpreußen, Westpreußen, Danzig,
4. Pommern, Neumark,
5. Schlesien, Lausitz,
6. Großpolen, Zentralpolen, Kleinpolen,
7. Böhmen, Mähren, Slowakei,
8. Ungarn, Rumänien,
9. Ehemaliges Jugoslawien,
10. Russland und andere GUS-Staaten.

Gelegentliche Probleme bei der regionalen Zuordnung und Abgrenzung sind dabei unvermeidlich. Dies betrifft im Besonderen die im Polnischen „Pomorze" genannte Region, die die unter 3 und 4 genannten historischen Gebiete umfasst.

Bei thematisch über die Bereiche ‚Deutsche im östlichen Europa' bzw. ‚deutsch-ostmitteleuropäische Beziehungen' hinausreichenden Sammel- oder Zeitschriftenbänden werden, von Ausnahmen abgesehen, nur die einschlägigen Beiträge angeführt.

Nicht berücksichtigt wurden die vom Deutschen Akademischen Austauschdienst (DAAD) herausgegebenen germanistischen Jahrbücher, die zwar in den Staaten Ostmitteleuropas erscheinen, in Deutschland jedoch leicht zugänglich (d. h. beim DAAD kostenlos erhältlich) sind. Übersetzungen von bereits in deutscher Sprache publizierten Titeln wurden in der Regel nur dann aufgenommen, wenn sie gegenüber der Originalfassung ein neues wissenschaftliches Vor- oder Nachwort bzw. eine inhaltliche Erweiterung aufweisen.

Die Ortsnamen erscheinen grundsätzlich in ihrer deutschen Form (soweit vorhanden); diese wird jedoch bei der ersten Erwähnung durch die in der jeweiligen Landessprache gebräuchliche Form ergänzt, z. B.: Dorpat/Tartu.

Allen Autorinnen und Autoren der Annotationen sowie den Übersetzerinnen sei für ihre Mitarbeit an dieser Stelle sehr herzlich gedankt.

Kathrin Laine Lehtma, Jens Stüben (Redaktion)

1. Regional übergreifende Werke

Antikon 2005. VI Polsko-Niemiecka Konferencja Architektura Ryglowa – wspólne dziedzictwo. Materiały konferencyjne. 15–17 września 2005 Wismar [Antikon 2005. VI. Polnisch-Deutsche Konferenz zum Fachwerkbau – ein gemeinsames Erbe. Tagungsband. 15.–17. September 2005, Wismar]. Szczecin: SZCZECIN-EXPO Towarzystwo Wspierania Rozwoju Pomorza Zachodniego 2005. 237 S., s.-w. Abb., dt. u. poln. Text. ISBN 83-85809-70-8.

Seit dem Jahr 2000 gibt es die bilateralen Konferenzen „Antikon" zum Thema Fachwerkbau, die abwechselnd im polnischen Hinterpommern und in Mecklenburg-Vorpommern stattfinden. Der Ergebnisband der 6. Tagung enthält 27 Beiträge in zwei Sprachversionen von deutschen und polnischen Architekten, Denkmalpflegern und Kunsthistorikern, die der Fachwerktradition in Pommern, Mecklenburg, Schlesien, dem Ermland und Masuren sowie im historischen Kernland Polens gewidmet sind. Die Autoren behandeln Fragestellungen zu Bauwesen, Denkmalpflege, Kultur- und Forschungsgeschichte. Bedeutende Holzkonstruktionen untersucht Antonina Żaba; Tilo Schöfbeck analysiert mittelalterliche Fachwerkkonstruktionen im Sakralbau; Piotr Arlet beschreibt den Typus des geschlossenen Gehöfts in der Ostseeregion, Alicja Biranowska-Kurtz die Typen der pommerschen Wohnhäuser. Kirchen und Villen im Ermland, in Masuren und in Pomesanien stellen Wiktor Knercer und Barbara Zalewska vor. Zu mittelalterlichen Dachtypen in Preußen schreibt Alexander Konieczny, zu Dachtypen der Renaissancezeit Jens C. Holst. Ulrich Schaaf analysiert die historischen Veränderungen in der Koloristik am Beispiel der Friedenskirche in Schweidnitz/Świdnica. Mariusz Rychter informiert auf der Grundlage archäologischer Forschungen über Rahmenständerbauten in Polen. Die deutsche Siedlungskultur in Ostgalizien thematisiert Halina Petryszyn. Karolina Kurtz schreibt zu Fensterrahmentypen. Sabine Bock schildert die Geschichte der Reparaturarbeiten an Wohnhäusern im 19. Jahrhundert. Manfred Gerner, Ralf Gesatzky, Stefan Nowaczyk, Maciej Płotkowiak, Dominik Mączyński, Maciej Warchoł und Jan Tajchman behandeln Probleme denkmalpflegerischer Eingriffe in Dachkonstruktionen. Auf ästhetische Gesichtspunkte anhand von Beispielen aus Thorn/Toruń weist Marek R. Gogolin hin; zur Werbung im historischen Stadtbild äußert sich Monika Pieniak. Mit der Forschungsgeschichte befassen sich Frank Braun und Philip S. C. Caston. Begleitet werden die Texte von zahlreichen Fotografien, Tabellen, Dokumentationszeichnungen und Reproduktionen historischer Entwürfe.

Ewa Gwiazdowska

Antikon 2006. VII Polsko-Niemiecka Konferencja Architektura Ryglowa – wspólne dziedzictwo. Materiały konferencyjne. 21–22 września 2006 Rothenklempenow [Antikon 2006. VII. Polnisch-Deutsche Konferenz zum Fachwerkbau – ein gemeinsames Erbe. Tagungsband. 21.–22. September 2006, Rothenklempenow]. Szczecin: SZCZECIN-EXPO Towarzystwo Wspierania Rozwoju Pomorza Zachodniego 2007. 326 S., s.-w. Abb., poln. u. dt. Text. ISBN 83-85809-70-8.

Der Ergebnisband der „Antikon"-Tagung 2006 enthält 15 Beiträge polnischer und deutscher Architekten, Denkmalpfleger und Kunsthistoriker, die das Thema des Fachwerkbaus in Pommern im Kontext der Architektur in Polen, Deutschland und Tschechien umkreisen. Zu verschiedenen Aspekten von Holzkonstruktionen äußern sich Philip S. C. Caston (über historische Dachkonstruktionen), Wojciech Kapałczyński (Umgebindehäuser im Lausitzer Raum und Umgebung), Dorota Leśniewska (Fachwerkbauten in Posen/Poznań), Karolina Kurtz (zum ästhetischen Aspekt der Skelettbauweise), Aleksandra Hamberg-Federowicz, Angelica Schwebs und Kamila Wójcik (Tischlereiarbeiten an Fenstern und Türen im kleinstädtischen Bauwesen), Piotr Fiuk (Rahmenständerbauten in Schowlin/Skolwin), Dominik Mączyński und Maciej Warchoł (Dachstühle in den Warschauer Kirchen). Fragen der Erhaltung und Restaurierung erörtern Barbara Bielinis-Kopeć (über die Innenraumgestaltung und -ausstattung des Sanatoriums in Trebschen/Trzebiechów nach Entwürfen von Henry van de Velde) und Grzegorz Cofta (Holzelemente in der Innenraumgestaltung von Posener Häusern). Alicja Biranowska-Kurtz zeigt unter Einbeziehung bildlicher Quellen den Wandel in der Bebauung von Fiddichow/Widuchowa. Der Band ist durch Fotografien und Zeichnungen der Objekte illustriert.

Ewa Gwiazdowska

Edward Białek, Czesław Karolak (Hg.): „Schuhnummer oder Leben!" Beiträge zur Literaturdidaktik und zum kinder- und jugendliterarischen Schrifttum. Wrocław: Oficyna Wydawnicza ATUT, Dresden: Neisse-Verlag 2007 (Beihefte zum Orbis Linguarum 60). 429 S., 4 Abb. ISBN 978-3-934038-92-9, 978-83-7432-172-3, ISSN 1426-7241.

Der Sammelband, der die Teile *Literaturdidaktik und Lesekultur heute, Literaturunterricht/ Kanondiskussion, Kinder- und Jugendliteratur. Literatur im Fremdsprachenunterricht* und *Werkstattgespräche mit Autoren* umfasst, ist das Ergebnis einer langen Zusammenarbeit zwischen den polnischen germanistischen Abteilungen für Literaturdidaktik in Posen/Poznań und Breslau/Wrocław. Die hier veröffentlichten Texte machen den Leser nicht nur mit theoretischen Ansätzen bekannt, sondern beraten ihn auch, wie er mit Fragen des Kanons oder der literarischen Sozialisation in der Praxis umgehen soll. Im Band finden sich unter anderem die Aufsätze von Gerhard Rupp und Jan Boelmann: *Literaturdidaktik heute – Positionen und Probleme*; Czesław Karolak: *Literaturdidaktik und Kulturkompetenz. Curriculare Überlegungen*; Adam Szeluga: *Interkulturelle Texthermeneutik als Subdisziplin der modernen Literaturdidaktik*; Saš Jazbec: *Handlungs- und produktionsorientierter Literaturunterricht oder wie man literarische Texte ‚knackt'*; Cezary Lipiński: *Überlegungen zur didaktischen Brauchbarkeit des Kanons im universitären Literaturunterricht*; Robert Buczek: *Literatur im Unterricht. Literarische Bildung*; Sven Hanuschek: *„Schuhnummer oder Leben!" Über ausgewählte Räuber der deutschen Kinder- und Jugendliteratur*; Jan Pacholski: *Schon wieder Effi Briest? Einige Bemerkungen über das didaktische Potenzial anderer Werke von Theodor Fontane* und *„Ohne Erinnerungen an die Anfänge kann ich nicht auskommen." Carsten Gansel und Monika Hernik-Młodzianowska im Gespräch mit Peter Härtling.*

Grzegorz Kowal

Aleksander Bobko: Myślenie wobec zła. Polityczny i religijny wymiar myślenia w filozofii Kanta i Tischnera [Nachdenken über das Böse. Politische und religiöse Dimensionen des Denkens in der Philosophie Kants und Tischners]. Kraków, Rzeszów: Uniwersytet Rzeszowski 2007. 381 S. ISBN 83-922957-6-5.

Aleksander Bobko, Professor für Philosophie an der Universität Rzeszów, veröffentlicht seit langem Bücher und Aufsätze, denen die deutsche Philosophie, vor allem Kant, zugrunde liegt. Hier liefert er eine fast kontrastiv angelegte Studie, in der er auf Bezüge zwischen der

Philosophie Kants und der des im Jahre 2000 verstorbenen polnischen Denkers Józef Tischner verweist. Der Verfasser erklärt im Vorwort, dass seine Ausführungen eher abstrakt als in der Sphäre des Praktischen verortet seien. Kants Philosophie beeinflusst die meisten Bereiche der europäischen Kultur, weshalb sie für den Verfasser das Fundament darstellt, auf das er seine Überlegungen gründet. Tischners Philosophie, die unter weitaus anderen historischen, politischen und sozialen Bedingungen geschaffen wurde, weist eine Gemeinsamkeit mit der Kantschen auf: Sie pocht auf die Freiheit des Menschen und dessen Vernunft. Professor Bobko diskutiert die Problematik des Bösen bei Kant sowie das von Tischner erstellte System der Analyse der Existenz des Bösen in der neuzeitlichen und der modernen Kultur. So wird, indem Józef Tischners philosophische Überlegungen dargelegt werden, auch ein wichtiger polnischer Beitrag zum europäischen Kulturerbe aufgezeigt.

Grzegorz Jaśkiewicz

Jarosław Centek: Hans von Seeckt. Twórca Reichsheer [Hans von Seeckt. Gründer des Reichsheeres]. Kraków: Avalon 2006. 438 S., Abb. ISBN 83-60448-06-X.

In der vorzustellenden Monographie wird die Lebens- und Dienstgeschichte des Generals und Politikers Hans von Seeckt (1866–1936) präsentiert, der als Chef der Heeresleitung die Reichswehr zu einer wichtigen Institution aufgebaut hat. Die Arbeit besteht aus acht Kapiteln, die chronologisch geordnet sind: 1. Kapitel: Familie, Jugend und Wehrdienst, 2. Kapitel: In der deutschen Armee während des Ersten Weltkrieges, 3. Kapitel: In der österreichisch-ungarischen und in der türkischen Armee, 4. Kapitel: Grenzschutz Nord, Versailles, Generalstab, Truppenamt, 5. Kapitel: Seeckts Tätigkeit als Chef der Heeresleitung auf dem militärischen Gebiet, 6. Kapitel: Seeckt als Chef der Heeresleitung und seine Rolle im politischen Leben Deutschlands, 7. Kapitel: Nach dem Rücktritt, 8. Kapitel: Seeckt als Autor (Vorträge, Artikel, Bücher). Eine Bibliographie, zahlreiche Abbildungen, Personen-, Orts- und Landkartenregister sowie ein Verzeichnis der Veröffentlichungen Hans von Seeckts runden den Band ab.

Agnieszka Palej

Kazimiera Chojnacka: Handel na Warcie i Odrze w XVI i pierwszej połowie XVII wieku [Der Handel auf Warthe und Oder im 16. und in der ersten Hälfte des 17. Jahrhunderts]. Poznań: Wydawnictwo Poznańskie 2007. 305 S., Abb., dt. Zusammenfassung. ISBN 978-83-7177-497-3.

Schon 1947, während des ersten polnischen Historikerkongresses in Thorn/Toruń, wiesen die damals tagenden Wissenschaftler darauf hin, dass der Handel auf den Flüssen Warthe und Oder im 16. und in der ersten Hälfte des 17. Jahrhunderts eine gewichtige Rolle für die wirtschaftlichen Verbindungen zwischen Pommern und Polen gespielt habe und dass eine komplette Erforschung und Bearbeitung dieses Themenkomplexes von Nutzen sei. Der Band von Kazimiera Chojnacka liefert nun das seit 60 Jahren erwünschte Ergebnis. Den wesentlichen Teil der Quellen bilden, neben der bislang ausschließlich deutschsprachigen Literatur, die Sammlungen des Landesarchivs Stettin/Szczecin. Die Aufgabe bewältigte die Autorin inspiriert und wissenschaftlich betreut von dem polnischen Historiker Gerard Labuda.

Maria Wojtczak

Henryk Cimek (Hg.): Polityka i Społeczeństwo [Politik und Gesellschaft]. Nr. 4. Rzeszów: Uniwersytet Rzeszowski 2007. 187 S., poln. u. engl. Texte. ISSN 1732-9639.

In dieser Ausgabe der zweisprachigen Zeitschrift sind unter anderem zwei Beiträge zu finden, die sich mit der deutschen Thematik befassen: Edyta Czop schreibt in ihrem Artikel *Normalizacja stosunków polsko-niemieckich w 1970 r. w świadomości społeczeństwa województwa rzeszowskiego w świetle raportów Służby Bezpieczeństwa* über die Normalisierung der deutsch-polnischen Verhältnisse im Jahre 1970 im Bewusstsein der Bewohner der Woiwodschaft Rzeszów im Spiegel der Berichte des polnischen Geheimdienstes. Dieser Beitrag hat eine doppelte Bedeutung, da er nicht nur als wissenschaftliche Untersuchung der deutsch-polnischen Beziehungen verstanden werden soll, sondern zugleich die Lage der polnischen Gesellschaft in der Zeit des Kalten Krieges schildert. Der Aufsatz von Witold Stankowski, *Polityka III Rzeszy wobec Niemców ze Wschodu. Przesiedlenia ludności niemieckiej podczas II wojny światowej*, analysiert die Politik des ‚Dritten Reiches' gegenüber den Deutschen im Osten, wobei die Umsiedlungen der deutschen Bevölkerung im Zweiten Weltkrieg im Mittelpunkt stehen.

Grzegorz Jaśkiewicz

Roman Czaja, Jürgen Sarnowsky (Red.): Die Ritterorden als Träger der Herrschaft. Territorien, Grundbesitz und Kirche. Toruń: Wydawnictwo Uniwersytetu Mikołaja Kopernika 2007 (Ordines Militares – Colloquia Torunensia Historica). 300 S., dt. u. engl. Texte. ISSN 0867-2008.

Der zweisprachige Band enthält die Erträge einer Konferenz aus der Reihe „Ordines Militares – Colloquia Torunensia Historica", die im Jahre 2005 an der Nikolaus-Kopernikus-Universität in Thorn/Toruń stattfand. Die 17 Aufsätze gehen der Rolle der Ritterorden als Träger der Macht und der Herrschaft im europäischen Mittelalter nach. Die Artikel konzentrieren sich auf die großen geistlichen Ritterorden und ihre Herrschaftsmethoden sowohl im Heiligen Land als auch in Europa. Am Beispiel des Deutschen Ordens, der Templer und der Johanniter werden Phänomene und Probleme der jeweiligen Landesherrschaft untersucht. Herrschaft im mittelalterlichen Verständnis bezog sich auf einen konkreten Herrn, also Dorf-, Gerichts-, Grund- oder Landesherrn, und dessen jeweiligen Machtbereich. Im Mittelalter bildeten nicht nur weltliche, sondern auch geistliche Autoritäten Herrschaft aus. Nach der Lektüre des Bandes ist ersichtlich, dass die Ordensherrschaft einen wesentlichen Einfluss auf die umgebenden geistlichen und weltlichen Lebensbereiche ausübte. Städte, Zünfte, Handel und Geldwesen gewannen zunehmend an Bedeutung. Aus den Beiträgen ergibt sich kein für die Ritterorden typisches Muster der Herrschaftsführung, weder hinsichtlich der Mechanismen der Machtausübung noch hinsichtlich des Handels, der Strukturen, der Finanzierung oder auch der Sprache. Folgende Beiträge sind u. a. im Band zu finden: Marie-Luise Heckmann: *Herrschaft im Spätmittelalter – am Beispiel des Deutschen Ordens*; Sylvain Gouguenheim: *Gregor K. Wilhelm von Modena und die Herrschaftsbildung des Deutschen Ordens (vom Kruschwitzer Vertrag zur Bulle von Rieti 1230–1234)*; Marian Dygo: *Zur Herrschaftssprache des Deutschen Ordens in Preußen im 13. Jahrhundert*; Juhan Kreem: *Der Gehorsam der Gebietiger gegenüber dem livländischen Meister im 16. Jahrhundert*; Roman Czaja: *Der Deutsche Orden als Stadtherr im Reich, in Preußen und Livland*; Sophia Menache: *Elections in the Military Orders in the Late Middle Ages: An Achilles' Heel?*; Klaus Militzer: *Grundherrschaft und Gerichtsherrschaft des Deutschen Ordens im Reich*; Adam Chęć:

Die Verwaltungszentren für den Grundbesitz des Deutschen Ordens in der Komturei Marienburg; Kristjan Toomaspoeg: *Der Deutsche Orden als Grund- und Kirchenherr in Italien*; Radosław Biskup: *Der Deutsche Orden und die Bistümer in Preußen. Bemerkungen über den Einfluss der Ritterbrüder auf die Diözesenverwaltung im Mittelalter (13.–16. Jahrhundert)*; Maria Starnawska: *Die Johanniter in der Kirchenprovinz Gnesen und im Bistum Kammin gegenüber der weltlichen Macht: Amtsträger, Berater der Herrscher, Landesherren.* Dem Band sind ein umfangreiches geographisches Register und ein Personenregister beigefügt.

Piotr Zariczny

Roman Czaja, Marian Dygo, Sławomir Gawlas, Grzegorz Myśliwski, Krzysztof Ożóg: Ziemie polskie wobec Zachodu. Studia nad rozwojem średniowiecznej Europy [Die polnischen Lande im Verhältnis zum Westen. Studien zur Entwicklung des mittelalterlichen Europa]. Warszawa: Wydawnictwo DiG 2006. 455 S., Abb., engl. Zusammenfassung. ISBN 83-7181-404-6, 978-83-7181-404-4.

Das vorzustellende Buch der bekannten Mediävisten enthält fünf umfangreiche Beiträge: „Kommerzialisierung als Mechanismus einer Europäisierung von Randgebieten am Beispiel Polens" (Sławomir Gawlas); „Die Wirtschaft Europas im 14. und 15. Jahrhundert" (Marian Dygo); „Die Bedeutung des Ostseeraums für die europäische Wirtschaft im 13. und 14. Jahrhundert unter besonderer Berücksichtigung des Deutschordenslandes Preußen" (Roman Czaja); „Die Stellung Schlesiens, Kleinpolens und Rutheniens innerhalb der Wirtschaft Westeuropas von der Mitte des 13. bis zum Beginn des 14. Jahrhunderts" (Grzegorz Myśliwski); „Die Stellung Polens innerhalb der intellektuellen Entwicklung Europas im 14. und 15. Jahrhundert" (Krzysztof Ożóg). Abgerundet wird der Sammelband durch eine umfangreiche Zusammenfassung in englischer Sprache, die wichtige Schlussfolgerungen und Postulate, die in den fünf Beiträgen enthalten sind, noch einmal aufgreift.

Anna Bogumiła Kowalska

Marek Dworaczek, Anna B. Kowalska, Sławomir Moździoch, Marian Rębkowski (Hg.): Świat Słowian wczesnego średniowiecza [Die Welt der Slawen im frühen Mittelalter]. Szczecin, Wrocław: Instytut Archeologii i Etnologii PAN, Pracownia Archeologiczna w Szczecinie 2006. 667 S., Abb., poln., dt. u. russ. Texte. ISBN 83-89499-34-7.

Die Festschrift für Prof. Dr. Władysław Łosiński besteht aus sechs Teilen. Der erste Teil umfasst Beiträge zu frühmittelalterlichen Siedlungsformen und -strukturen in den Regionen Pommern, Großpolen, Oberschlesien und Lublin. Teil II enthält Untersuchungen zum frühmittelalterlichen Kunsthandwerk (unter anderem Töpferei, Schneiderei, Horndrechslerei, Glas- und Goldschmiedekunst) und zu den damit verbundenen Bereichen Tauschwirtschaft und Handel. In Teil III und IV werden unter anderem behandelt: das System der Gewichte im mittelalterlichen Polen, die frühmittelalterliche „Schiffslinie" Haithabu-Starigard-Wollin und Objekte der materiellen Kultur (Keramik, Inkrustationen an Messern, Schwertern und Gürtelbeschlägen, Handschmuck, Holzgefäße). Viel Raum nehmen zudem Beiträge zur frühmittelalterlichen Bestattungskultur ein (Teil V), beispielsweise zu Gräbern vom Typ „Alt Käbelich", die unlängst in unterschiedlichen Regionen Polens entdeckt wurden, zu Grabdenkmälern aus Danzig/Gdańsk oder zur Frage der Ausrichtung von Skelettgräbern im frühen Mittelalter. Der letzte Teil des Bandes behandelt verschiedene Aspekte des

Kulturtransfers, darunter Überlegungen zu Funden slawischer Keramik in Skandinavien sowie zu russischen und skandinavischen Funden in Polen vom 10. bis 12. Jahrhundert.

Krzysztof Kowalski

Hanna Faryna-Paszkiewicz, Małgorzata Omilanowska, Jakub Sito (Hg.): Architekt – Budowniczy – Mistrz murarski. Materiały z sesji naukowej Instytutu Sztuki Polskiej Akademii Nauk Warszawa, 24–25 listopada 2004 roku [Architekt – Baumeister – Maurermeister. Ergebnisband der Tagung am Institut für Kunstgeschichte der Polnischen Akademie der Wissenschaften, Warschau, 24.–25. November 2004]. Warszawa: Instytut Sztuki Polskiej Akademii Nauk 2007. 213 S., 17 Abb. ISBN 83-89101-63-7.

Die in diesem Tagungsband veröffentlichten Referate und Diskussionsbeiträge bilden den Ausgangspunkt für das Gemeinschaftsprojekt „Lexikon der polnischen und ausländischen Architekten und Baumeister, die in Polen tätig waren". Der 1954 von Stanisław Lose herausgegebene gleichnamige Vorgänger des Lexikons ist in vielen Punkten überholt, da sich der Forschungsbestand erheblich erweitert hat. Der anzuzeigende Band gliedert sich in drei Teile. Unter der Überschrift „Der Architekt: Ausbildung, Beruf, Praxis" lassen sich unter anderem die Beiträge von Zbigniewa Bania „Vom Bauherrn zum Ausführenden. Die Meister der Architektur des 17. und 18. Jahrhunderts in Polen" und Piotr Krasny „Berufe und architektonische Besonderheiten im Polen der Neuzeit" finden. Zudem behandelt Małgorzata Omilanowska hier die Ausbildung und Arbeitsteilung der Warschauer Architekten im 19. Jahrhundert, während Ewa Chojecka über Architekten in Oberschlesien im 19. und 20. Jahrhundert schreibt. Der zweite Teil trägt den Titel „Zur Biographiegeschichte der Architekten". Unter anderem untersucht Jakub Sito hier englischsprachige Architekturwörterbücher, die als herausragende Beispiele derartiger Kompendien gelten. Jakub Lewicki hingegen erörtert Aspekte der Biographienforschung im Architektenmilieu der Stadt Lemberg/L'viv/Lwów um 1900. Der dritte Abschnitt des Bandes vereint die Diskussionsbeiträge der über 20 Architekturhistoriker, die am Lexikonprojekt beteiligt sind. Sie verweisen auf den unterschiedlichen Forschungsstand und die differierenden Ausgangslagen in den regionalen Zentren Warschau/Warszawa, Stettin/Szczecin, Breslau/Wrocław sowie auch in Oberschlesien.

Maria Zwierz

Katarzyna Grzywka, Joanna Godlewicz-Adamiec, Małgorzata Grabowska, Małgorzata Kosacka, Robert Małecki (Hg.): Kultura – Literatura – Język. Prace ofiarowane Profesorowi Lechowi Kolago w 65. roznicę urodzin. Kultur – Literatur – Sprache. Festschrift für Herrn Professor Lech Kolago zum 65. Geburtstag. Warszawa: Instytut Germanistyki Uniwersytetu Warszawskiego 2007. 991 S., farb. Abb., dt. u. poln. Texte. ISBN 83-89919-05-2.

Dieser Band enthält 91 Texte, von denen hier nur eine Auswahl genannt werden kann. In der Einführung geben die Autoren Auskunft über den Jubilar. Franciszek Grucza stellt eine Betrachtung über die Aufgaben und Pflichten der Vertreter der (Auslands-)Germanistik an; Hubert Orłowski weist auf Verantwortung und Zweckrationalität im deutsch-polnischen akademischen Austausch hin; Marek Jaroszewski analysiert das Problem der Tradition und Innovation in der Philologie aus polnischer Sicht; Jan Papiór erörtert die Opposition „Literaturtheorie" – „Literaturwissenschaft"; Karl Heinrich Ehrenforth sieht in nationaler und kontinentaler Identität eine Zukunftsaufgabe auf dem gemeinsamen Weg nach Europa; Norbert Honsza, Claudia Albert und Robert Małecki befassen sich mit dem Werk Heinrich Heines; Eugeniusz Klin präzisiert den romantischen Literaturbegriff bei Friedrich Schlegel und Joseph von Eichendorff; Alina Kuzborska vergleicht die *Jahreszeiten* von Kristijonas Donelaitis mit dem *Frühling* von Ewald von Kleist; Mirosława Czarnecka nimmt polnische Literatur und polonophile Panegyrik im Königsberger Dichterkreis unter die Lupe; Maria Kłańska beschäftigt sich mit den ostjüdischen Autobiographien von Soma Morgenstern und Moses Rosenkranz; Edward Białek beleuchtet die Holocaust-Problematik in George Taboris Stücken; Joanna Jabłkowska interpretiert die Väterbücher der letzten Jahre von Uwe Timm und Martin Pollack; Anna Stroka schreibt über das Fremde in Theodor Fontanes Werk am Beispiel der Polenthematik; Gerhard Sauder analysiert den Roman *Schloß Nornepygge* von Max Brod; Joanna Oleksiewicz widmet sich Christoph Heins Roman *Willenbrock*; Ulrich Müller geht der Frage nach der Wirkung politischer Lyrik nach; Krzysztof Lipiński widmet sich dem Thema der Geburt der Lyrik aus dem Geiste des Vokalismus; Jens Stüben verfolgt Wege der lyrischen Kreativität bei Arno Holz; Marek Hałub berichtet über den Liederdichter Hoffmann von Fallersleben; Anna Mańko-Matysiak erinnert an den Bunzlauer Lehrer Christoph Buchwälder und seine *700 Geistlichen Lieder*; Jacek Rzeszotnik rekonstruiert Stimmen der deutschen Kritik zur Wuppertaler Uraufführung von Krzysztof Meyers Oper *Kyberiade* nach Stanisław Lem; Katarzyna Grzywka befasst sich mit der Rolle der Musikinstrumente im Werk von Oskar Kolberg; Grażyna Łopuszańska beschäftigt sich mit den Personennamen im Prußischen und Maria Katarzyna Lasatowicz mit dem Deutschtum in Oberschlesien.

Lech Kolago

Anna Kochanowska-Nieborak: Francuzi Północy. Obraz Polski i Polaków w niemieckich leksykonach konwersacyjnych XIX wieku [Die Franzosen des Nordens. Das Bild Polens und der Polen in deutschen Konversationslexika des 19. Jahrhunderts]. Wrocław: Oficyna Wydawnicza ATUT 2007. 219 S. ISBN 83-7432-188-1, 978-83-7432-188-4.

Die umfangreichsten deutschen Konversationslexika des 19. Jahrhunderts, Brockhaus und Meyer, erreichten hohe Auflagen und wurden regelmäßig herausgegeben. Daher ist es möglich, die einzelnen Ausgaben kritisch zu vergleichen. Die Autorin verfolgt anhand dieser Quellen die Entwicklung der deutschen Einstellung zu Polen. Neben dem Schlagwort „Polen" in den Lexika berücksichtigt sie auch Biographien berühmter Polen und Stichworte, die mit Geschichte, Kultur, Staatswesen und Landeskunde Polens verbunden sind. Die Ergebnisse ihrer Untersuchung vergleicht sie zusätzlich mit Beispielen aus zwei anderen Lexika mit geringerer Auflage, Pierer und Herder. So entstand eine Übersicht über das deutsche Bild des polnischen Staates, der polnischen Nation und der polnischen Kultur in einem Zeitraum von über 150 Jahren. Daneben werden auch die Geschichte und die meinungsbildende Rolle der Konversationslexika ausführlich behandelt.

Maria Wojtczak

Lech Kolago (Hg.): Studia Niemcoznawcze. Studien zur Deutschkunde. Tom/Bd. XXXIII. Warszawa 2006. 692 S. ISSN 0208-4597.

Dieser Sammelband, Band 33 der wissenschaftlichen Zeitschrift des Germanistischen Instituts der Universität Warschau/Warszawa, enthält 60 Beiträge, Aufsätze und Artikel zu verschiedenen Themen von namhaften polnischen, deutschen und österreichischen Wissenschaftlern und Künstlern, eingeteilt in die Bereiche „Kulturwissenschaft", „Literaturwissenschaft", „Sprachwissenschaft und angewandte Sprachwissenschaft", sowie 36 „Buchbesprechungen und Berichte". Den Band eröffnet der Text *Prof. Dr. habil. Olga Dobijanka-Witczakowa (1921–2006). In memoriam* von Krzysztof A. Kuczyński. Ulrich Müller schreibt über interkulturelle Germanistik in Forschung und Unterricht; Lech Kolago beschäftigt sich mit dem Besuch Josef Kremers, aber auch Adam Mickiewiczs und Edward Odyniec' bei Goethe in Weimar im Jahre 1829; Agnieszka Sochal macht sich Gedanken über die Reaktion der deutschen Frauen auf den Ausbruch des Ersten Weltkrieges; Dominika Waszkiewicz befasst sich mit der engagierten Kunst von Käthe Kollwitz auf der Grundlage ihrer Tagebücher; Monika Zielińska analysiert das Bild der Bundesrepublik Deutschland und der Deutschen Demokratischen Republik in zeitgenössischen polnischen Lehrbüchern im Fach Geschichte; Jacek Rzeszotnik berichtet über die deutsche Rezeption von Stanisław Lems Abschied von der Fortschrittsgläubigkeit; Jens Stüben bietet einen Überblick über Joseph Roth als Exilautor; Grażyna Łopuszańska schreibt über Entwicklungstendenzen der deutschen Standardsprache.

Lech Kolago

Lech Kolago (Hg.): Studia Niemcoznawcze. Studien zur Deutschkunde. Tom/Bd. XXXIV. Warszawa 2007. 644 S. ISSN 0208-4597.

In diesem Band der germanistischen und kulturwissenschaftlichen Zeitschrift der Universität Warschau/Warszawa sind über 60 Beiträge veröffentlicht. Den Band eröffnet ein Text des Warschauer Germanisten Józef Wiktorowicz zum 80. Geburtstag des deutschen Linguisten Prof. Wolfgang Heinemann, der viele Jahre eine Gastprofessur am Germanistischen Institut der Universität Warschau innehatte. Es folgt ein Interview mit dem Jubilar von Zofia Bilut-Homplewicz, Professorin an der Universität Rzeszów. Die übrigen Texte haben in folgenden Abteilungen Platz gefunden: 14 in der Abteilung „Kulturwissenschaft", 12 in „Literaturwissenschaft", 11 in „Sprachwissenschaft und angewandter Sprachwissenschaft" und 24 in „Buchbesprechungen und Berichte". Tomasz Pszczółkowski schreibt über die Aktualität des Neoliberalismus aus polnischer Sicht; Katarzyna Grzywka befasst sich mit der Existenz des Volksmärchens im Kulturraum; Lech Kolago analysiert Carl Loewes Vertonung der Ballade „Frau Twardowska" von Adam Mickiewicz; Piotr Kociumbas berichtet über die Musikpflege in Danzig/Gdańsk im 18. Jahrhundert; Jacek Rzeszotnik interpretiert Stanisław Lems „metaphysischen" Detektivroman *Die Untersuchung* und beleuchtet dessen deutsche Rezeption; Joanna Roczniak widmet sich Eichendorffs Gedichtzyklus *Totenopfer*; Waldemar Czachur konzentriert sich auf die Entwicklung der Funktionsbezeichnungen im deutschen Vereinswesen des 19. Jahrhunderts.

Lech Kolago

Lech Kolago (Hg.): Studia Niemcoznawcze. Studien zur Deutschkunde. Tom/Bd. XXXV. Warszawa 2007. 741 S. ISSN 0208-4597.

In diesem Band der Warschauer wissenschaftlichen Zeitschrift haben 97 Texte Platz gefunden. Er ist Professor Dr. Michał Cieśla, dem 1997 verstorbenen Warschauer Germanisten, gewidmet, der in den Jahren 1969–1972 den Lehrstuhl für Germanistik leitete. Er hat im Jahre 1972 die Abteilung für Kultur des deutschsprachigen Raumes gegründet. Vier Texte im Buch würdigen Professor Cieśla. Die weiteren Manuskripte wurden in folgenden Abteilungen untergebracht: in der Abteilung „Kulturwissenschaft“ 15 Texte, in „Literaturwissenschaft“ 19, in „Sprachwissenschaft und angewandter Sprachwissenschaft“ 16. In der Abteilung „Buchbesprechungen und Berichte“ sind 43 Texte veröffentlicht. Tomasz Pszczółkowski schreibt über die Neubestimmung des Komparatistik-Begriffs in der Auslandsgermanistik; Anna Górajek macht sich Gedanken darüber, ob in der ehemaligen DDR wirklich unabhängige Veröffentlichungen existierten; Ernest Kuczyński widmet sich Leben und Werk von Marion Gräfin Dönhoff; Piotr Kociumbas analysiert die Kantatendichtung von Anna Renata Breyne in Danzig/Gdańsk im 18. Jahrhundert; Dominika Wyrzywiewicz berichtet über deutsche Schauspieler in Warschau/Warszawa im 18. Jahrhundert; Katarzyna Nowakowska behandelt Aspekte der Rezeption Carl und Gerhart Hauptmanns; Jens Stüben schreibt über den Danziger Lyriker Willibald Omankowski/Omansen; Janina Rożałowska porträtiert die oberschlesische Schriftstellerin Hertha Pohl.

Lech Kolago

Elżbieta M. Kowalska: Wilhelm von Humboldt. Życie, dzieło, mit [Wilhelm von Humboldt. Leben, Werk, Mythos]. Rzeszów: Uniwersytet Rzeszowski 2006. 378 S. ISBN 978-83-7338-202-2.

Die von der Rzeszówer Germanistin in polnischer Sprache verfasste Monographie befasst sich mit dem Leben, dem Werk sowie dem Mythos Wilhelm von Humboldts. In dem Kapitel „Werk“ berührt die Autorin die Bereiche, mit denen sich Humboldt auseinandersetzte: Naturphilosophie, Geschichtsphilosophie, Anthropologie, Ästhetik sowie Philosophie der Sprache, die eine besondere Beachtung erfährt. Im letzten Teil der Arbeit wird über die Rezeption Humboldts berichtet, darunter auch über die ersten Veröffentlichungen seiner Schriften in polnischer Übersetzung. Die umfangreiche Abhandlung wird um eine sehr reiche Bibliographie ergänzt.

Grzegorz Jaśkiewicz

Ewa Kulesza-Szerniewicz, Beata Makowska (Hg.): Źródła energii – znaki w krajobrazie turystycznym. Międzynarodowe seminarium Dziedzictwo techniki dla przyszłości, Szczecin 26–28 października 2006. Materiały seminaryjne [Energiequellen – Zeichen in der Tourismuslandschaft. Internationales Seminar Technisches Erbe für die Zukunft, Stettin, 26.–28. Oktober 2006. Seminarband]. Szczecin: Zachodniopomorska Regionalna Organizacja Turystyczna 2006. 183 S., s.-w. Abb. ISBN 83-923794-0-3.

Der Band enthält 14 Beiträge von Historikern, Ethnographen, Kunsthistorikern und Architekten, die sich dem Themenkreis historischer und moderner Energiequellen widmen, insbesondere in der Region Pommern. Behandelt werden technische Bauten und Industrieanlagen, die Prägung der Landschaft durch markante Energieanlagen sowie Fragen um deren Adaption und Neunutzung als Kulturerbe in musealer Funktion. Die Themen im Einzelnen sind: Historische Windmühlen (Cezary Nowakowski, Agnieszka Gawron-Kłosowska), Windkraftanlagen (Stanisław Januszewski sowie Janusz Nekanda-Trepka), Wasserkraftwerke am Fluss Persante/Parsęta (Waldemar Miśko) und in Niederschlesien (Marek Barszcz und Andrzej Wilk). Die Geschichte der Elektrifizierung des Stettiner Straßenbahndepots stellt Stanisław Horoszko dar. Artur Zbiegeni informiert über die Neunutzung des ehemaligen Elektrizitätswerks der Warschauer Straßenbahn als Museum des Warschauer Aufstandes. Robert Kola beschreibt den Adaptionsprozess vom Wasserwerk Thorn/Toruń. Stanisław Pochwała berichtet von der Schaffung einer Besichtigungsroute zu den Technikdenkmälern von Krakau/Kraków. Das Stettiner Gaswerk behandelt Małgorzata Jankowska.

Ewa Gwiazdowska

Zbigniew Mazur: Centrum przeciwko wypędzeniom (1999–2005) [Das Zentrum gegen Vertreibungen (1999–2005)]. Poznań: Wydawnictwo Instytutu Zachodniego 2006. 354 S., engl. Zusammenfassung. ISBN 978-83-87688-67-7.

Im vorzustellenden Buch wird nur ein Ausschnitt aus der Geschichte der deutsch-polnischen Beziehungen behandelt, doch gerade dieser Ausschnitt stellt besonders gut die Atmosphäre dar, die zwischen den beiden Völkern und Staaten herrscht. In den deutsch-polnischen Beziehungen gibt es sowohl gute Zusammenarbeit als auch – parallel dazu – Konflikte, die, wie der Verfasser zu zeigen versucht, aufgrund der zum einen materiellen, zum anderen symbolischen Forderungen der Vertriebenen immer stärker wurden. Diese Forderungen gibt es natürlich nicht erst seit heute – sie unterlagen im Laufe der Zeit einem Wandel und gewannen damit auch an Bedeutung. Das Jahr 2005 bildet eine gewisse Zäsur, denn 2005 kam es zu einer Trennung zwischen den materiellen und den symbolischen Forderungen; doch man kann keineswegs behaupten, dass damit der deutsch-polnische Streit um das europäische geschichtliche Bewusstsein beigelegt worden sei. Der Leser findet in diesem Buch eine Art Chronik der deutsch-polnischen Beziehungen im Zeitraum von 1999 bis 2005. Es werden die Etappen des Konfliktes um das „Zentrum gegen Vertreibungen“ chronologisch geschildert, ausführlich kommentiert, bewertet und nicht selten polemisch akzentuiert.

Maria Wojtczak

Grzegorz Moroz, Mirosław Ossowski, Jolanta Sztachelska (Hg.): Tożsamość i odrębność w zjednoczonej Europie. Obrazy krajów i stereotypy narodowe w literaturze anglo- i niemieckojęzycznej [Identität und Vielfalt im vereinten Europa. Länderbilder und nationale Stereotype in der englischsprachigen und der deutschsprachigen Literatur]. Olecko: Wszechnica Mazurska 2006 (Episteme 56). 266 S. ISBN 83-86523-67-0.

Der Band enthält 17 Referate von einer am 26./27. September 2005 in der masurischen Stadt Olecko (früher Marggrabowa, Treuburg) unter demselben Thema abgehaltenen Konferenz. Darunter finden sich Aufsätze über das Bild der Deutschen in der polnischen Gegenwartsliteratur von Ewelina Kamińska, über Marion Gräfin Dönhoff von Ernest Kuczyński, Hans Magnus Enzensberger von Agnieszka K. Haas, Wolf Biermann von Ewa Gałka, Arno Surminskis Roman *Vaterland ohne Väter* von Mirosław Ossowski sowie über das Motiv der polnischen Kavallerie in der deutschen Literatur der 1980er Jahre von Marion Brandt. Einige Beiträge sind den Darstellungen Polens von deutschen Publizisten gewidmet, die nach einer Reise durch das Land oder einem längeren Aufenthalt ihre Eindrücke in vor kurzer Zeit erschienenen Büchern schildern: Wolfgang Büscher (von Anna Rutka), Gerhard Gnauck (von Anna Gajdis), Tina Stroheker (von Grzegorz Jaśkiewicz und Elżbieta Nowikiewicz) sowie Matthias Kneip (von Elżbieta Nowikiewicz).

Mirosław Ossowski

Grzegorz Moroz, Mirosław Ossowski (Hg.): Tożsamość i odrębność w zjednoczonej Europie. Motyw podróży w literaturze anglo- i niemieckojęzycznej [Identität und Vielfalt im vereinten Europa. Das Reisemotiv in der englischsprachigen und der deutschsprachigen Literatur]. Olecko: Wszechnica Mazurska 2007 (Episteme 66). 391 S. ISBN 978-83-60727-11-9.

Im Band finden sich 34 Beiträge von der zweiten anglistisch-germanistischen Konferenz aus der Reihe „Identität und Vielfalt im vereinten Europa" (Olecko, 25./26.09.2006), die vordergründig dem Reisemotiv in der Literatur gewidmet sind. Alina Kuzborska behandelt das Thema der Prußen (Pruzzen) in der deutschen, der polnischen und der litauischen Literatur. Anatol Michajłow beschäftigt sich mit Christine Brückners Roman *Nirgendwo ist Poenichen*. Das Motiv der Reise nach Polen in der modernen deutschen Kinder- und Jugendliteratur erörtert Ewelina Kamińska, während Anna Górajek das Polenbild in der deutschen Reiseliteratur der 1980er und 1990er Jahre analysiert. Elżbieta Nowikiewicz untersucht dasselbe Motiv in den neuen Büchern von Olaf Müller und Artur Becker. Mirosław Ossowski befasst sich mit den Reisen von Günter Grass.

Mirosław Ossowski

Mirosław Opęchowski (Hg.): Atrakcyjność turystyczna mostów zwodzonych. Międzynarodowe Seminarium Dziedzictwo techniki dla przyszłości. Szczecin 18–20 października 2004 [Zugbrücken als touristische Attraktion. Internationales Seminar Technisches Erbe für die Zukunft. Stettin, 18.–20. Oktober 2004]. Szczecin: Regionalny Ośrodek Badania i Dokumentacji Zabytków 2004. 184 S., farb. u. s.-w. Abb. ISBN 83-92019-74-1.

Der Band enthält 14 Beiträge von polnischen und einem deutschen Spezialisten für Technikdenkmäler. Michael Mende führt mit einem historischen Abriss in die Thematik ein, Waldemar J. Affelt macht sich Gedanken über die Wahrnehmung von Brücken als Architekturdenkmäler und Ingenieurleistung. Den Brücken von Stettin/Szczecin widmen sich Bogdana Kozińska und Dorota Libront. Krzysztof Woś betrachtet die Brücken in der Umgebung von Stettin, Waldemar Marzęcki, Stefan Nowaczyk und Klara Czyńska die Brücken über den Fluss Reda, Andrzej Fijałkowski schreibt über die Rezeptionsgeschichte der Brücke in Rügenwalde/Darłowo, Halina Prószyńska-Bordas über die Brücken von Sankt Petersburg/Sankt-Peterburg. Das Problem der touristischen Erschließung von Denkmälern der Ingenieurbaukunst greifen Beiträge auf von Marek Barszcz, Julian Kołodziej, Waldemar Marzęcki, Stanisław Januszewski, Ewa Kulesza-Szerniewicz, Stefan Nowaczyk und Klara Czyńska. Andrzej Wilk berichtet über die Nutzung alter Industrieanlagen im Tal der Queis in Niederschlesien. Am Ende des Bandes findet sich eine Skizze für einen Reiseführer zu den Technikdenkmälern in der Woiwodschaft Westpommern (Ewa Kulesza-Szerniewicz). Den Text begleiten Fotografien der behandelten Industrieobjekte.

Ewa Gwiazdowska

Andrzej Sakson (Hg.): Ziemie odzyskane / Ziemie zachodnie i północne 1945–2005. 60 lat w granicach państwa polskiego [Wiedergewonnene Gebiete / West- und Nordgebiete 1945–2005. 60 Jahre in den Grenzen des polnischen Staates]. Poznań: Wydawnictwo Instytutu Zachodniego 2006 (Ziemie zachodnie [Westgebiete] 23). 429 S., Abb. ISBN 978-83-87688-66-0.

Dieser Band enthält nach nunmehr zehn Jahren die erste übersichtliche und umfangreiche interdisziplinäre Darstellung zum Thema der Integration der westlichen und nördlichen Gebiete Polens nach dem Zweiten Weltkrieg. Diese Gebiete waren in der Vergangenheit häufig Gegenstand verschiedener wissenschaftlicher Untersuchungen, die bislang immer bewiesen, dass die Integration dieser Gebiete in den polnischen Staat stetig voranschritt. Dies entsprach auch den Erwartungen und Wünschen der kommunistischen Herrschaft in Polen. Zu dieser Integration kam es tatsächlich, aber um ein paar Jahrzehnte später, als in den Untersuchungen festgestellt wurde. Bis heute zeichnen sich die Bewohner jener Gebiete von den Bewohnern des übrigen Polen durch spezifische Eigenschaften aus. Der Band schildert nicht nur die geschichtlich-gesellschaftliche Entwicklung in den westlichen und nördlichen Gebieten Polens, sondern zeigt auch den politischen Aspekt dieser Vorgänge.

Maria Wojtczak

Karel Schelle, Ladislav Vojáček (Hg.): Stát a právo v letech 1848–1918 ve středoevropském kontextu. Sborník příspěvků z mezinárodní konference konané v Bratislavě 1.–2. června 2006 [Staat und Recht in den Jahren 1848–1918 im mitteleuropäischen Kontext. Sammelband der internationalen Tagung in Pressburg vom 1./2. Juni 2006]. Bratislava: Bratislavská vysoká škola práva 2007. 312 S. ISBN 978-80-969332-9-7.

Die Publikation enthält die Vorträge einer internationalen Konferenz in der slowakischen Hauptstadt. Hauptthema der Tagung und somit Inhalt der in diesem Sammelband erschienenen Aufsätze sind die Rechtsgeschichte der Jahre 1848–1918, in der letzten Phase der Habsburgermonarchie, und die weitere Rechtsentwicklung in deren Nachfolgestaaten sowie die damit verbundenen Fragestellungen. In den Blick genommen werden die Überwindung des Absolutismus durch Bildung und Sicherung rechtsstaatlich konstitutioneller Einrichtungen, Forderungen des Wirtschaftsliberalismus, aber auch Zensur und Presserecht in der Habsburgermonarchie im Zeitalter des Neoliberalismus.

Igor Zmeták

Wiesław Sieradzan (Hg.): Die Vorträge der Gäste des Instituts für Geschichte und Archivkunde der Nikolaus-Kopernikus-Universität im Studienjahr 2004/2005. Toruń: Wydawnictwo Uniwersytetu Mikołaja Kopernika 2006 (Homines et Historia 8). 273 S. ISBN 83-231-2015-3.

Der vorliegende, in deutscher Sprache verfasste Band beinhaltet die Vorträge der Gäste des Instituts für Geschichte und Archivkunde der Nikolaus-Kopernikus-Universität Thorn/Toruń aus dem Studienjahr 2004/2005. Heute, nach über 60 Jahren Forschung und Lehre, gehört das Institut zu den führenden polnischen Ausbildungsstätten und verfügt zudem über zahlreiche enge Auslandskontakte. Formal hat das Institut seine Tätigkeit im Jahre 1945 aufgenommen und vor allem die Tätigkeit der Mediävistik der Universitäten Wilna/Vilnius/Wilno und Lemberg/L'viv/Lwów fortgesetzt. Aus dem schwierigen Beginn einer Kooperation während des Ost-West-Konfliktes erwuchs schließlich eine neue Qualität der europäischen Kontakte. Ein Eindruck von dem intensiven wissenschaftlichen Austausch mit Einrichtungen in Deutschland (unter anderem mit dem Max-Planck-Institut in Göttingen), der Schweiz und Frankreich lässt sich anhand der Abhandlungen des vorzustellenden Bandes gewinnen. Neben einem Vorwort von Wiesław Sieradzan zur Geschichte und zur internationalen Zusammenarbeit des Instituts sind unter anderem folgende Beiträge enthalten: Danielle Buschinger: *Das Bild des Deutschen Ordens in der Singspruchdichtung und in der Stadtchronistik*; Gerhard Dohrn-van Rossum: *Novitates – Inventores. Die „Erfindung der Erfinder" im Spätmittelalter*; Frank Rexroth: *Przytułki dla ubogich – nowa instytucja opieki społecznej w późnym średniowieczu* („Armenhäuser – eine neue Fürsorgeeinrichtung im Spätmittelalter"); Hedwig Röckelein: *Jutta von Sangerhausen (13. Jahrhundert) – der gescheiterte Versuch einer Kanonisation?*; Karl Heinz Burmeister: *Neue Erkentnisse zur Biographie des Georg Joachim Rheticus*; Wilhelm Ribhegge: *Europa und Polen in der Korrespondenz des Erasmus von Rotterdam*; Peter Schumann: *„Die große Front der slavischen Welt" – Polen und die Polen im Werk des deutschen Dichters Theodor Fontane.*

Piotr Zariczny

Katarzyna Śliwińska: Socrealizm w PRL i NRD [Sozialistischer Realismus in der Volksrepublik Polen und in der DDR]. Poznań: Wydawnictwo Poznańskie 2006. 243 S. ISBN 83-7177-417-6.

In diesem Buch wird der Versuch unternommen, auf den sozialistischen Realismus aus einer vergleichenden Perspektive zu blicken. Analysiert werden dessen Entstehung und Funktionsweise in jeweils spezifischen kulturellen und politischen Kontexten. Eine auf den Vergleich von Prozessen und Mechanismen ästhetischer Kanonbildung in der DDR und in der Volksrepublik Polen gerichtete Perspektive erlaubt, die Dynamik von Handlungen und Vorgängen, die sich auf die offizielle Literatur- und Kunstdoktrin beziehen, in ihrer Interferenz zu erfassen. Indem die Autorin den sozialistischen Realismus als ein Normierungssystem betrachtet, das den Anspruch der politischen Eliten auf die Regulierung aller gesellschaftlichen Bereiche sichtbar macht, versucht sie zugleich, den Vermittlungszusammenhang von gesellschaftlicher Entwicklung, Kulturpolitik und literaturbezogenem Handeln aufzuzeigen.

Maria Wojtczak

Marek Smoliński: Cesar et Duce Poloniae. Szkice z dziejów stosunków polsko-niemieckich w drugiej połowie XII wieku (1146–1194) [Cesar et Duce Poloniae. Skizzen zur Geschichte der polnisch-deutschen Beziehungen in der zweiten Hälfte des 12. Jahrhunderts (1146–1194)]. Gdańsk: Uniwersytet Gdański 2006. 220 S. ISBN 83-7326-369-1.

Im Kontext der bisherigen Studien über die rechtlichen Grundlagen der deutsch-polnischen politischen Beziehungen in der zweiten Hälfte des 12. Jahrhunderts, über den Feldzug Friedrich I. Barbarossas gegen Polen 1157 als Teil der Italienpolitik des Kaisers und die deutsch-polnischen Beziehungen nach dem Staatsstreich in Polen 1177–1180/81 erörtert der Autor das Schicksal der polnischen Geiseln 1146 und 1157, die polnische Beteiligung an dem vom Papst Viktor IV. und von Friedrich I. Barbarossa einberufenen Konzil in Pavia 1160 und den Einfluss der Ereignisse in Deutschland auf den Erfolg des Staatsstreichs, durch den Kazimierz Sprawiedliwy (der Gerechte) an die Macht gelangte, während die Diplomatie von Mieszko Stary (dem Alten) scheiterte. Er beleuchtet auch die Hintergründe des 1184 geplanten deutschen Angriffs gegen Polen und verifiziert die Forschungen über die Zusammenarbeit zwischen Friedrich I. Barbarossa und Kazimierz Sprawiedliwy bei der Einmischung in die Kiewer Rus.

Mirosław Ossowski

Irena Stawowy-Kawka (Red.): Niemcy, Europa, świat. Studia międzynarodowe. Księga pamiątkowa poświęcona Profesorowi Erhardowi Cziomerowi [Deutschland, Europa, die Welt. Internationale Studien. Festschrift für Professor Erhard Cziomer]. Kraków: Wydawnictwo Uniwersytetu Jagiellońskiego 2007. 339 S. ISBN 978-83-233-2245-0.

Der anzuzeigende Band enthält 31 Beiträge, die sich unter anderem mit folgenden Themen befassen: die Bedeutung der Tradition bei der Untersuchung der deutschen Außenpolitik, die Rolle Deutschlands in der inneren Sicherheitspolitik der EU, die strategische deutsch-russische Partnerschaft, die EU als ein politisches System, EU-Erweiterung, Arbeitsmigration und demographische Entwicklungen in Europa. In der Festschrift wird zudem die akademische Laufbahn und die wissenschaftliche Leistung des Historikers und Professors an der Jagiellonen-Universität Krakau/Kraków Prof. Dr. habil. Erhard Cziomer gewürdigt. Eine vollständige Bibliographie seiner Veröffentlichungen aus den Jahren 1969–2006 sowie eine Gratulantenliste schließen den Band ab.

Agnieszka Palej

Witold Świętosławski: Ślady koczowników Wielkiego Stepu z X, XI, XII wieku w dorzeczach Wisły i Odry [Spuren der Nomaden der eurasischen Steppe im Flussgebiet von Weichsel und Oder vom 10. bis 12. Jahrhundert]. Łódź: Instytut Archeologii i Etnologii PAN 2006. 160 S., Abb., engl. u. russ. Zusammenfassung. ISBN 83-89499-36-3.

Die Monographie untersucht die Anwesenheit von Völkern aus dem eurasischen Steppengebiet an Weichsel und Oder im frühen Mittelalter auf der Grundlage von schriftlichen und toponomastischen Quellen. Den größten Teil des Bandes nimmt die Beschreibung und Analyse der archäologischen Spuren der Nomaden ein, zu denen unter anderem Pfeilspitzen, Säbel und Gürtelbeschläge gehören. Kritisch untersucht werden einige Kategorien archäologischer Quellen zweifelhafter Zuschreibung. Eine Zeittafel der Geschichte der eurasischen Steppe vom 10. bis 12. Jahrhundert, eine Liste der den Steppenvölkern zuzuordnenden Toponyme sowie ein Katalog der archäologischen Funde schließen den Band ab.

Anna Bogumiła Kowalska

Zdzisław Wawrzyniak, Zbigniew Światłowski (Hg.): Zeszyty Naukowe Uniwersytetu Rzeszowskiego [Wissenschaftliche Hefte der Universität Rzeszów]. Nr. 35. Rzeszów: Uniwersytet Rzeszowski 2006 (Seria Filologiczna [Reihe Philologie], Studia Germanica Resoviensia 4). 248 S. ISSN 1643-0484.

Der vierte Band der Reihe „Studia Germanica Resoviensia" gliedert sich in sechs Teile, in denen Beiträge aus den Bereichen Kulturwissenschaft, Literaturwissenschaft, Sprachwissenschaft, Übersetzungswissenschaft und Fremdsprachenerwerb sowie Rezensionen und Berichte zu finden sind. Besondere Aufmerksamkeit verdient der Artikel „Zwei Deutsche in Wilna. Aus der Kulturgeschichte" von Jan Ciechanowicz. Der Verfasser schildert das Leben und Werk von Johann Georg Adam Forster (1754–1794), einem „hervorragende[n] Prosaschriftsteller, weltberühmte[n] Naturforscher und nicht besonders erfolgreiche[n] Politiker". Der andere Protagonist Ciechanowiczs ist Gottfried Ernst Groddeck (1762–1826), ein berühmter Reisender und Naturforscher sowie Kulturhistoriker und Sprachwissenschaftler. Die beiden waren Professoren an der Universität zu Wilna/Vilnius. Sie hinterließen interessante Erinnerungen, in denen sie bildhaft das damalige Leben in Wilna und an der dortigen Universität schilderten.

Grzegorz Jaśkiewicz

Joanna Wieliczka-Szarek: III Rzesza. Narodziny i zmierzch szaleństwa [Drittes Reich. Geburt und Dämmerung des Wahnsinns]. Kraków: Wydawnictwo Kluszczyński 2006. 296 S., Abb. ISBN 83-7447-048-8.

Bei dieser sorgfältig gearbeiteten Monographie handelt es sich um eine detaillierte Untersuchung des Phänomens und der Geschichte des ‚Dritten Reiches'. Die Autorin befasst sich mit der Genese und den Ursprüngen der NSDAP in der Weimarer Republik (1918–1933), mit dem Prozess der Entwicklung und seinem Höhepunkt (1933–1939) sowie dem Untergang Hitlerdeutschlands (1939–1945). Das Buch ist mit zahlreichen Abbildungen versehen und enthält ein Personenregister.

Agnieszka Palej

Zagreber germanistische Beiträge. Jahrbuch für Literatur- und Sprachwissenschaft. Bd. 15. Zagreb: Abteilung für Germanistik der Philosophischen Fakultät der Universität 2006. 265 S. ISSN 1330-0946.

In diesem Band der renommierten Universitätszeitschrift aus Agram/Zagreb behandelt Marijan Bobinac die Rolle August von Kotzebues als Theaterautor auf der kroatischen Bühne. Johann Sonnleitner beschäftigt sich mit dem Fehlen der Sturm-und-Drang-Epoche in Wiener Theaterhäusern. Ivana Perica geht auf die Architektur in der Erzählung *Der Bau* von Franz Kafka ein. Sprachwissenschaftlich anregend ist der Artikel Richard Reutners zur Geschichte der Bezeichnung „österreichisches Deutsch". Maja Häusler und Geriena Karačić referieren über den Fremdsprachenunterricht in Kroatien zwischen 1992 und 2005. Der Band wird mit dem Bericht Svjetlan Lacko Vidulićs über das Germanistentreffen Süd-Ost-Europa vom 2.–7. Oktober 2006 in Bonn und mit acht aktuellen Buchbesprechungen abgeschlossen.

Rikard Puh

Żelbet – wędrówki turystyczne. Dziedzictwo techniki dla przyszłości. III Międzynarodowe Seminarium Szczecin 15.–17.10.2007 [Beton – touristische Wanderungen. Technische Denkmäler für die Zukunft. III. Internationales Symposium, Stettin, 15.–17.10.2007]. Szczecin: Zachodniopomorska Regionalna Organizacja Turystyczna 2007. 278 S., farb. u. s.-w. Abb., dt. u. engl. Zusammenfassungen. ISBN 978-83-923794-3-0.

Der Ergebnisband dieser Tagung zu technischen Denkmälern in Pommern enthält 20 Beiträge von polnischen und deutschen Kunsthistorikern, Denkmalpflegern und Architekten. Texte von Stanisław Januszewski und Michael Mende führen in die Geschichte des Betonbaus ein. Einen Überblick über die Geschichte der Zementindustrie in Pommern gibt Bogdana Kozińska. Eine Reihe von Beiträgen (Rafał Makała, Stefan Nowaczyk, Małgorzata Jankowska) behandelt unterschiedliche Aspekte – Geschichte, technische Lösungen, konservatorische Probleme – des städtebaulichen Ensembles der Hakenterrasse/Wały Chrobrego in Stettin/

Szczecin. Janusz Nekanda-Trepka stellt Stettiner Brücken und Viadukte vor. Aleksandra Hamberg-Federowicz beschreibt verschiedene Möglichkeiten der Verwendung von Beton im städtischen Raum: Pavillons, Plastiken, Denkmäler, Litfasssäulen, Treppenanlagen etc. Über die Verwendung von Beton in der Friedhofskunst informieren Maciej Słomiński, Mirosława Koutny-Giedrys und Ewa Palacz. Überlegungen zur touristischen Erschließung von Betonobjekten stellen Bogusław Perzyk und Michał Dłubak vor. Alicja Biranowska-Kurtz schreibt über Betonbauten im Bereich der Festung und der Stadt Swinemünde/Świnoujście, Leszek Walkiewicz widmet sich den Betonschiffen, die in Rügenwalde/Darłowo gebaut wurden. Eine Reihe von Autoren behandelt Baudenkmäler aus Beton außerhalb Pommerns: Jerzy Ilkosz die Jahrhunderthalle in Breslau/Wrocław, Margarita Szulińska und Sławomir Łotysz Beispiele aus Warschau/Warszawa, Dorota Łeśniewska das Rundhochhaus „Okrąglak" in Posen/Poznań, Alicja und Eugeniusz Paduch den „Wolkenkratzer" in Kattowitz/Katowice. Im Anhang finden sich neben dem Programm einer Exkursion zu Baudenkmälern aus Beton in der Region Stettin kurze Beschreibungen der Objekte.

Ewa Gwiazdowska

Paweł Zimniak, Carsten Gansel (Hg.): Reden und Schweigen in der deutschsprachigen Literatur nach 1945. Fallstudien. Wroclaw: Oficyna Wydawnicza ATUT, Dresden: Neisse-Verlag 2006 (Beihefte zum Orbis Linguarum 49). 438 S. ISBN 83-7432-128-8, 3-934038-62-X, ISBN 1426-7241.

Vorliegender Sammelband entstand als Ergebnis der interdisziplinären Konferenz „Dem Schweigen das Wort reden. Deutschsprachige Literatur nach 1945 im Auftrag der Humanität", die im Oktober 2004 an der Universität in Grünberg/Zielona Góra stattgefunden hat. Verstummen und Schweigen sind in der deutschsprachigen Literatur nach 1945 mit der Erfahrung einer gewaltsamen und Entfremdung produzierenden Welt verbunden. Das Schweigen ist oft ein lauter Schrei der Opfer und Toten. Das Motiv des Verstummens und des Schweigens, der gebrochenen Klage und der Anklage, der zum Schweigen gebrachten und der sprechenden Zeugenschaft ist für poetologische und poetische Konzepte von Aichinger, Ausländer, Bachmann, Celan, Eich, Huchel, Kaschnitz (dazu der Beitrag von Pawel Zimniak), um nur einige wichtige Autoren zu nennen, signifikant. Die Dialektik von Reden und Schweigen, die kommunikative Funktionalität und Semiotik des Schweigens lassen sich in dem Band in verschiedenen Bereichen verfolgen. Einige Beispiele: „Reden im Machtkampf" – dazu Beiträge von Hubert Orłowski (Sonderwegdebatte), Carsten Gansel (Aspekte literarischer Gruppenbildung in der SBZ/DDR), Cezary Lipiński (Holzwege des modernen Humanismus im Lichte der *Dialektik der Aufklärung*), Hans Christian Trepte (Ostdeutsche Schriftsteller). „Reden zur Erinnerung und als Selbstbefragung" – Beiträge unter anderem von Joanna Jabłkowska (Entdeckung der Vergangenheit in der österreichischen Literatur), Janina Bach (Der Holocaust in der DDR-Literatur bis 1958. Spuren des kollektiven Gedächtnisses). „Reden und Schweigen über Krieg und Vernichtung" – Beiträge von Louis Ferdinand Helbig (Suche nach Humanität in Kurt Ihlenfelds *Wintergewitter*), Bodo Heimann (Krieg, Flucht und Nachkriegszeit in Christine Brückners *Poenichen*-Romanen) und Monika Hernik-Młodzianowska (Peter Härtlings Bilder des Krieges). „Reden statt Verdrängen. Verdrängen statt Reden" – Beitrag von Eugen Kotte (Mythifizierende und stereotypisierende Geschichtsbilder im deutsch-polnischen Begegnungsraum). „Mahnendes Reden. Mahnendes Schweigen" – Beiträge von Peter Horst Neumann über Günter Eich, von Jadwiga Kita-Huber über Paul Celan, von Paweł Zimniak über Dagmar Nick.

Paweł Zimniak

Viktor Žmegač: Od Bacha do Bauhausa. Povijest njemačke kulture [Von Bach bis zum Bauhaus. Die Geschichte der deutschen Kultur]. Zagreb: Matica hrvatska 2006. 902 S., farb. u. s.-w. Abb. ISBN 978-953-150-791-2.

Der Autor dieses reich bebilderten und mit einer großen Zahl an Karten versehenen Buches, Germanist an der Universität Agram/Zagreb, bemüht sich nicht nur um eine chronologische Darstellung, sondern gleichzeitig auch um einen Kommentar zur Kulturgeschichte der Deutschen. Dabei wird besonders der Kulturtransfer zwischen den Deutschen und anderen europäischen Völkern näher beleuchtet. Den zeitlichen Rahmen der Untersuchung bilden das Mittelalter sowie die europäischen Grundlagen der deutschen Kultur einerseits und die Wiedervereinigung der beiden deutschen Staaten im 20. Jahrhundert andererseits.

Rikard Puh

Marek Zybura: Sąsiedztwo zobowiązuje. Polskie i niemieckie (pre)teksty literackokulturowe [Die Nachbarschaft verpflichtet. Polnische und deutsche literarisch-kulturelle (Prä)-Texte]. Poznań: Wydawnictwo Poznańskie 2007. 287 S. ISBN 978-83-7177-506-2.

Mit diesem Band ist ein wichtiger Beitrag zur Erforschung der deutschsprachigen Literatur in Polen und der polnischen Literatur in Deutschland geleistet worden. Der Autor befasst sich mit sehr unterschiedlichen deutschen Autoren und literarischen Themen, angefangen bei Johann Wolfgang von Goethe über Heinrich von Kleist, Friedrich Hölderlin, Josef von Eichendorff, Gerhart Hauptmann bis zu Hermann Hesse, Rainer Maria Rilke, Victor Klemperer und August Scholtis. Die einzelnen Kapitel sind jeweils einem Schriftsteller gewidmet. Zugleich lassen sich aber auch Aufsätze über „vergessene" Klassiker finden „sowohl auf deutscher wie auch auf polnischer Seite" sowie über Literaturübersetzer und über polnische literarische Versuche, über die Deutschen zu schreiben. Polen bei Rilke, Gombrowicz in Deutschland, zeitgenössische polnische Literatur in Deutschland und umgekehrt deutsche Literatur in Polen – alles sehr beliebte Themen, zu denen sich Marek Zybura auf eingehende und interessante Weise äußert. Der Band ist mit einem umfangreichen Quellenverzeichnis versehen.

Maria Wojtczak

2. Baltikum

Ligita Beitiņa (Hg.): Kristietības ienākšana Līvzemē. Zinātniska konference, veltīta Krimuldas baznīcas astoņsimtgadei 2005. gada 9. jūnijā. The Coming of Christianity to the Land of the Livs. Scientific conference, dedicated to the 800th anniversary of Krimulda church 9 June 2005. Rīga: Tapals 2005. 64 S., Abb., dt. u. engl. Zusammenfassungen. ISBN 9984-720-82-9.

In dem Band werden die Vorträge präsentiert, die auf der 800-Jahr-Feier der heute evangelisch-lutherischen Kirche von Kremon/Krimulda vorgetragen wurden. Der Ort liegt in dem einstigen Siedlungsgebiet der Gauja-Liven, die schon gegen Ende des 12. Jahrhunderts in dauerhaften Kontakt mit der christlichen Mission gekommen waren. Die Kirche wurde, vielleicht um das Jahr 1206, von missionierenden Priestern errichtet und stellte einen der wichtigsten Standorte für die Missionspolitik des Rigaer Bischofs Albert von Buxhoeveden dar. Dies lässt uns Heinrich von Lettland, der Verfasser des ältesten historiographischen Textes dieser Region, aus seinem *Chronicon Livoniae* (wohl nach 1227) erfahren. Die Autoren der hier veröffentlichten Texte behandeln Themen, die eng an die Missionsgeschichte dieser historischen Landschaft um Treiden/Turaida, das noch im 13. Jahrhundert den Kern der livischen Siedlung bildete, anknüpfen: Eva Eihmane: „Die Christianisierung des Baltikums und die Kreuzzüge"; Andris Priede: „Die Entstehung des Rigaer Erzbistums im kirchenstaatlichen Gefüge Europas"; Ojārs Spārītis: „Mundus simbolicus – zwischen Himmel und Menschen"; Andris Šnē: „Die Macht, das Christentum und der Mensch in den livischen Gesellschaften im 12./13. Jahrhundert"; Guntis Zemītis: „Die Zeugnisse archäologischer und schriftlicher Quellen über das Heidentum und Christentum in der Gegend von Turaida/Treiden"; Gunta Vītola: „Im Schloss Turaida/Treiden gefundene Zeugnisse über die Wallfahrten"; Elita Grosmane: „Die sakrale Architektur im Lettland des 13. Jahrhunderts: Einflüsse und Ausstrahlungen"; Indra Čekstere: „Einblicke in die Geschichte der Kirche und der Gemeinde von Kremon/Krimulda".

Andris Levāns

Karsten Brüggemann, Mati Laur (Hg.) unter Mitwirkung von Anti Selart, Enn Küng, Tõnu Tannberg, Ülle Tarkiainen, Jaak Valge: Forschungen zur baltischen Geschichte. Bd. 1. Red.: Sirje Tamul, Merit Voore. Tartu: Akadeemiline Ajalooselts 2006. 286 S. ISSN 1736-4132.

Der erste Band der seit 2006 von der Historischen Abteilung der Universität Dorpat/Tartu und der Akademischen Historischen Gesellschaft Estlands veröffentlichten Zeitschrift gliedert sich in Aufsätze, Mitteilungen und Besprechungen. Folgende Abhandlungen sind in dieser Ausgabe zu finden: Valter Lang: *Die Wacke im vorzeitlichen und mittelalterlichen Estland. Ein Beitrag zur Erforschung der vorzeitlichen Bodennutzung und des Steuersystems*; Anti Selart: *Fürst Konstantin Polock und die Geschichte Livlands im dritten Viertel des 13. Jahrhunderts*; Sulev Vahtre: *Die Briefe an den Papst über den Estenaufstand 1343*; Ivar Leimus: *Die spätmittelalterliche große Wirtschaftskrise in Europa – war auch Livland davon betroffen?*; Margus Laidre: *Der Hundertjährige Krieg (1558–1660/61) in Estland*; Enn Küng: *Die Entwicklung der Stadt Nyen im zweiten Viertel des 17. Jahrhunderts*; Tiit Rosenberg: *Die Stadt Walk/Valga im ersten Viertel des 19. Jahrhunderts*; Tõnu Tannberg: *Numerus clausus in der russischen Armee. Über die religiösen und nationalen Beschränkungen bei der Komplettierung der Truppen in der zweiten Hälfte des 19. Jahrhunderts*; Ago Pajur: *Die Geburt des estnischen Unabhängigkeitsmanifestes 1918*; Väino Sirk: *Züge der stalinistischen Politik in Bezug auf die estnische Bildungselite.* Unter den Mitteilungen befindet sich ein Bericht über die im Sommer 2005 in Dorpat/Tartu abgehaltene Konferenz „Groß und Klein in der Geschichte des Ostseeraums", ein Verzeichnis der Dissertationen aus dem Fachbereich Geschichte der Universität Dorpat/Tartu seit 1991 und ein Beitrag zum zehnjährigen Jubiläum des „Jahrespreises für die estnische Geschichtsschreibung" (1996–2005). Im Bereich der Rezensionen werden 13 in Estland und im Ausland erschienene Bücher über die Geschichte Estlands und der baltischen Staaten vorgestellt.

Kersti Taal[1]

1 Die Übersetzung der Annotationen von Kersti Taal und Lea Teedema aus dem Estnischen besorgten Vilve Seiler und Kiira Schmidt.

Dace Čoldere, Aida Podziņa (Hg.): Restaurācija. Atgūtā, zaudētā, saglabātā informācija. 7. Baltijas valstu restauratoru triennāle. Konferences materiāli. Rīga 2005. Restoration. Information regained, lost and preserved. 7th Triennal Meeting for Restorers of the Baltic States. Conference Materials. Riga 2005. Rīga: Nordik 2005. 324 S., Abb., lett. u. engl. Texte. ISBN 9984-751-90-2.

Der vorliegende Band enthält die Referate, die auf einem Symposium der Restauratoren aus Estland, Lettland und Litauen vorgetragen wurden. In den insgesamt 66 kurzen Textbeiträgen berichten etwa 140 Restauratoren über die Arbeitsergebnisse der letzten Jahre und stellen die Objekte ihrer Tätigkeit vor. Diese können in mindestens sieben Gruppen eingeteilt werden: Textilien, Gemälde, Holz- und Steinplastiken, Lederwaren, Metallerzeugnisse, Pergament und Papier, Fotografien; mittelalterliche Wachssiegel sind als Sondergruppe hinzuzufügen. Der Zeitraum, in dem diese Gegenstände entstanden sind, reicht vom 2. bis zum 20. Jahrhundert. Durch die Anwendung modernster, technisch sehr aufwendiger Forschungsmethoden konnten Experten aus Wissenschaftsbereichen wie Chemie und Molekularbiologie die einzelnen Gegenstände genauestens analysieren. Auf diese Weise wurden neue, sehr wertvolle Erkenntnisse über die Herstellung wie auch über die Benutzung der Kunst- und Alltagsgegenstände gewonnen.

Andris Levāns

Rein Helme: Kindralfeldmarssal Barclay de Tolly [Generalfeldmarschall Barclay de Tolly]. Toimetanud [Redigiert v.] Edvin Hiedel ja Mall Põldmäe. Tallinn: Eesti Entsüklopeediakirjastus 2006. 480 S., Abb., engl. u. dt. Zusammenfassung. ISBN 9985-70-202-6.

Die auf umfangreichem Archivmaterial basierende Monographie, die im Rahmen einer Konferenz zum Gedenken an den Historiker Rein Helme herausgegeben wurde, setzt sich mit dem Lebensweg eines der hervorragendsten Feldherren unter den Gegnern Napoleons, des Generalfeldmarschalls Michael Andreas Barclay de Tolly (1761–1818), auseinander. Der Verfasser hat die Darstellungen der russischen wie auch der deutschbaltischen Historiographie in diesem Band miteinander verbunden. Im Zentrum steht die Schilderung der Kampftätigkeit, wobei der Autor die Rolle des Generalfeldmarschalls in jeder Schlacht hervorhebt. Mit der Beschreibung und Analyse des Feldzugs von 1812 und der Schlacht von Borodino widerlegt Rein Helme den in der kriegsgeschichtlichen Literatur dominierenden Standpunkt, nach dem Barclay de Tolly gewissermaßen die Schuld am Rückzug der russischen Armee im Sommer 1812 trägt. Es wird die entscheidende Rolle des Feldherrn in der Schlacht von Borodino gewürdigt, die früher vorwiegend Michail Kutuzov zugesprochen worden ist. Zur Illustration dienen unter anderem Werke aus der Kriegsgalerie der Staatlichen Eremitage Sankt Petersburg/Sankt-Peterburg sowie Gravuren und Fotos aus der Sammlung des Autors. Der Band enthält ein Register.

Lea Teedema

Voldemar Ilja: Vennastekoguduse (herrnhuutluse) ajalugu Liivimaal (Lõuna-Eesti) 1766–1817 [Die Geschichte der Brüdergemeine (des Herrnhutertums) in Livland (Süd-Estland) 1766–1817]. [Bd.] V. Tallinn: Logos 2006. 269 S., Abb., dt. u. finn. Zusammenfassung. ISBN 978-9949-402-71-7.

Der fünfte Band (zum ersten bis vierten Teil siehe „Berichte und Forschungen" 7 [1999], S. 257; 9 [2001], S. 218; 11 [2003], S. 242; 14 [2006], S. 271f.) zur Geschichte der Herrnhuter Brüdergemeine stützt sich hauptsächlich auf die im Archiv der Herrnhuter befindlichen Tagebücher, Berichte und Briefwechsel der Fürsorger. Besonders umfangreich ist der Schriftwechsel Martin Kohlers (1731–1801), der 44 Jahre in Livland auf dem Gut Errestfer/ Erastvere lebte. Das hier ebenfalls veröffentlichte Reisetagebuch von Johann Christian Quandt, einem Pastorensohn aus Urbs/Urvaste, berichtet von seiner Reise nach Livland im Jahre 1793. Der Band enthält zudem Auszüge aus den Briefen der estnischen Brüder und Schwestern an die Herrnhuter sowie das Manifest des Kaisers Alexander I. an die Herrnhuter Brüdergemeine aus dem Jahre 1817. Der Verfasser möchte anhand der Briefwechsel sowohl das alltägliche wie auch das Glaubensleben des Volkes schildern. Seiner Behauptung nach habe die Bewegung der Herrnhuter Brüdergemeine die Religiosität des estnischen Volkes stark befördert.

Kersti Taal

Katre Kaju (Hg.): Pärnu linnatolliraamatud Ajalooarhiivis (1764–1782). Pernauer Zulage-Journale (1764–1782) im Estnischen Historischen Archiv. Pärnu city customs books in the Estonian Historical Archives (1764–1782). Tartu: Eesti Ajalooarhiiv 2006 (Ex Fontibus Archivi Historici Estoniae II). Elektrooniline allikapublikatsioon [Elektronische Quellenpublikation]: http://www.eha.ee/raamatud/sadamaraamat/parnu.htm. ISBN 978-9985-858-52-3, 9985-858-52-2, ISSN 1736-0811.

Pernau/Pärnu ist durch die Jahrhunderte hindurch als Hafenstadt bekannt gewesen und zählte neben Reval/Tallinn und Narva zu den drei wichtigsten Hafenstädten Estlands. Im Estnischen Historischen Archiv werden die Zollbücher dieser drei Häfen aus dem 17.–19. Jahrhundert aufbewahrt, von denen die Pernauer Zulage-Journale (in Pernau wurde der Stadtzoll als Zulage-Zoll bezeichnet) nun über das Internet zugänglich sind. Die publizierten Zulage-Journale stammen aus der zweiten Hälfte des 18. Jahrhunderts und geben ausführliche Informationen zu dem über den Pernauer Hafen erfolgten Import und Export in den Jahren 1764 und 1766–1782. Die Zulage-Journale (ausgenommen dasjenige von 1764) bestehen aus zwei Teilen: dem Haupt- und dem umfangreicheren Beilage-Journal. Das Hauptjournal enthält folgende Angaben: Name des Schiffers, Ausgangs- und Bestimmungsort des Schiffes, Name des Warenbesitzers und häufig auch eine gekürzte Liste der beförderten Waren. Bei einigen Waren ist auch ihr Wert verzeichnet, meistens in Albertus- oder Reichstalern, die Zollgebühr ist in Rubeln berechnet. Die Beilage-Journale beinhalten die von den Schiffern oder den Hafenbeamten erstellten Gesamtberichte über Schiffsparameter, Mannschaft und Fracht sowie detaillierte Berichte der Warenbesitzer über eingeführte bzw. ab 1777 auch über ausgeführte Waren. In einigen Beilage-Journalen sind zudem Angaben über die auf dem Seeweg in Pernau angekommenen Menschen, insbesondere über die Handwerksgesellen, zu finden. Bei der Edition der Zollbücher wurde eine möglichst große Nähe zum Original angestrebt. Auf der entsprechenden Internetseite (mit deutschen, englischen und estnischen Texten) sind auch ein Vorwort von Katre Kaju und Enn Küng, die Editionsprinzipien, Illustrationen (Fotografien einiger Buchseiten) und ein umfangreiches Abkürzungsverzeichnis abrufbar.

Lea Teedema

Tiina Kala, Juhan Kreem, Anu Mänd: Kümme keskaegset tallinlast [Zehn mittelalterliche Revalenser]. Tallinn: Varrak 2006 (Tallinna Linnaarhiivi Toimetised [Veröffentlichungen des Stadtarchivs Reval/Tallinn] 10). 326 S. ISBN 9985-9769-0-8, 978-9985-9769-0-6 (Stadtarchiv Reval/Tallinn), ISBN 9985-3-1341-0, 978-9985-3-1341-1 (Verlag Varrak).

In diesem Buch werden Repräsentanten verschiedener Lebensbereiche und unterschiedlicher sozialer Herkunft im spätmittelalterlichen Reval/Tallinn vorgestellt sowie die Einrichtungen und das Umfeld ihrer Tätigkeit beschrieben. Die Autoren haben den Versuch unternommen, eine Synthese von Prosopographie und Mikrogeschichte als Forschungsmethode anzuwenden. Die Grundlage zu dieser Untersuchung lieferte das Quellenmaterial im Stadtarchiv Reval/Tallinn, verfasst von Personen, die bislang keine wissenschaftliche Beachtung erfahren haben. Bei der Auswahl der vorzustellenden Personen aus dem 15. oder dem frühen 16. Jahrhundert wurde vor allem auf ihre Verbindung zu den wichtigsten Institutionen bzw. ihre Einbindung in die wichtigsten Tätigkeitsbereiche der Stadt geachtet, wie Stadtverwaltung, Politik, Militär und Wirtschaft, aber auch auf ihre Rolle im religiösen und alltäglichen Leben. Die zehn Revalenser, aus deren Lebensgeschichten dieses Buch schöpft, sind: Bürgermeister Cost von Borstal, Ordenskomtur Paul von Steinen, Kaufmann Hans Bouwer, Goldschmied Hans Holtappel, Stadtschreiber Reinold Korner, Gemeindegeistlicher Ludeke Karwel, Dominikaner Lucas, Siechenhaus-Vorsteher Johan Kullert, Hafenwächter Hans Stolmaker und Söldner Ernst von Minden. Die Biographien sind ähnlich aufgebaut – so setzt die Darstellung beispielsweise mit der Beschreibung eines Ereignisses im Leben der porträtierten Person ein. Der Band schließt mit einem Personenregister.

Kersti Taal

[Ken Kalling, Inge Kukk, Jelena Pšenitsõna, Anatoli Vilkov, Vladimir Ustinov (Red.):] Dorpat – Yuryev – Tartu and Voronezh: the Fate of the University Collection. Catalogue 1. Dorpat – Jurjev – Tartu ja Voronež: ülikooli kollektsiooni saatus. Kataloog 1. Derpt – Jur'ev – Tartu i Voronež: istorija universitetskoj kollekcii. Katalog 1. Koostajad [Zusammengestellt v.] Anu Hindikainen, Inge Kukk, Jelena Pšenitsõna, Anatoli Vilkov. Tartu: Ilmamaa 2006. 390 S., Abb., dt., engl. u. russ. Text. ISBN 9789-985-404-91-1, 9985-404-91-2.

Die Kunstsammlung des 1803 gegründeten Kunstmuseums der Universität Dorpat/Tartu wurde im Jahre 1918, ebenso wie ein Teil der Universität, nach Voronež ins Innere Russlands gebracht. Gemäß dem zwischen der estnischen Regierung und der Sowjetregierung am 2. Februar 1920 geschlossenen Friedensvertrag verpflichtete sich Sowjetrussland dazu, die Sammlung der Universität zurückzugeben. Dieser Verpflichtung wurde allerdings nicht nachgekommen, und die Diskussionen über die Rückgabe dauern bis heute an. Seit 1933 befindet sich die Kollektion im Ivan Nikolaevič Kramskoj-Kunstmuseum in der Oblast Voronež. Der hier vorzustellende, in Zusammenarbeit des Kunstmuseums der Universität Dorpat/Tartu mit dem Kramskoj-Kunstmuseum entstandene Katalog gibt einen Überblick über den Inhalt und den Umfang der Sammlung mit ihrer einzigartigen Geschichte. Insgesamt werden im Katalog 508 Kunstobjekte vorgestellt. Für alle Objekte wird die Geschichte ihres Weges in die Universität Dorpat/Tartu beschrieben. Der Katalog präsentiert die Sammlungen der ägyptischen Altertümer, der antiken Kunst (Keramik, Plastiken) und der Malerei. Der Band enthält ein Register.

Lea Teedema

Sten Karling: Tallinn. Kunstiajalooline ülevaade [Reval/Tallinn. Ein kunsthistorischer Überblick]. Toimetanud [Redigiert v.] Mare Kanarbik ja Tiiu Viirand. Kommentaarid [Kommentare:] Kersti Markus ja Krista Kodres. Tallinn: Kunst 2006. 192 S., Abb. ISBN 978-9949-407-77-4, 9949-407-77-X.

Die aus dem Jahre 1937 stammende Studie des ehemaligen Professors an der Universität Dorpat/Tartu Sten Karling (1906–1987) wurde 70 Jahre lang als Manuskript im Schwedischen Architekturmuseum in Stockholm aufbewahrt und ist nun, von Vladimir Beekman aus dem Schwedischen ins Estnische übersetzt und mit einem Vorwort von Krista Kodres versehen, veröffentlicht worden. Mit dieser Publikation wird erstmalig der Versuch unternommen, die Revaler Kunstgeschichte anhand von archivalischen Quellen zu erläutern. Der Verfasser hat die Architekturgeschichte der Stadt in verschiedene Perioden eingeteilt. Aus dem mittelalterlichen Reval stammen die Burg, die Stadtbefestigungen, Kirchen und Klöster sowie die profanen Denkmäler wie das Rathaus, Bauten der Gilde und Wohnhäuser. Ein weiteres Kapitel betrifft die Zeit von der Reformation bis zur Kapitulation im Nordischen Krieg, die die Stadt vor der Zerstörung bewahrte. Das Schloss in Katharinenthal/Kadriorg ist ein treffendes Beispiel für den um 1710 beginnenden Einfluss der russischen Baukunst. Auch über Bildhauerei, Malerei und Kunsthandwerk wird in diesem Band berichtet. Die Kommentare von Kersti Markus und Krista Kodres enthalten neu entdeckte Fakten und den aktuellen Stand der Forschung.

Kersti Taal

Juta Keevallik, Rein Loodus, Lehti Viiroja: Kunstikirjutus Eestis 1900–1918. Kunstschreibung in Estland von 1900 bis 1918. Tallinn: Teaduste Akadeemia Kirjastus 2006 (Tekste kunstist ja arhitektuurist. Köide 3. Texte über Kunst und Architektur. Band 3). 360 S., Abb., dt., estn. u. russ. Text. ISBN 9985-50-388-0, ISSN 1406-5878.

Der dritte Teil (zum ersten und zweiten Band siehe „Berichte und Forschungen“ 9 [2001], S. 220f. und 13 [2005], S. 281) der mehrbändigen Textsammlung umfasst die Kunstgeschichtsschreibung in Estland in den Jahren 1900–1918. Der Beginn des 20. Jahrhunderts brachte eine Belebung des Kunstlebens: Die Kontakte mit der Kunst anderer Länder wurden häufiger, die Ausstellungstätigkeit verstärkte sich. Im Bereich der Kunstgeschichte kamen als neue Forschungsthemen die Malerei des Baltikums und deren regionale Eigenarten hinzu, man begann den Kunstbeziehungen und der Ikonographie Aufmerksamkeit zu widmen, zudem wurden die mittelalterlichen Wandmalereien in den Kirchen von Karris/Karja und Mohn/Muhu entdeckt. Ein Forschungsbereich für sich war die antike Kunst. Während das estnische Kunstleben im 19. Jahrhundert vorwiegend von deutschbaltischen Kreisen getragen und in der örtlichen deutschsprachigen Presse und Literatur reflektiert wurde, brachte die wachsende estnische Künstlerschaft zu Beginn des 20. Jahrhunderts eine gründliche Strukturveränderung mit sich: Das estnische nationale Kunstleben trat als Partner der bis dahin dominierenden deutschbaltischen Kultur auf. Besonders schnell entwickelte sich die estnische Kunstkritik. In diesem Band werden Texte aus den Jahren von 1900 bis 1918 betrachtet. Das Quellenmaterial, gegliedert in fremdsprachige (deutsch, russisch) und estnische Texte, ist thematisch und chronologisch geordnet und gibt einen Überblick über das Kunstleben, die Erforschung der Kunstgeschichte und über theoretische Diskussionen. Die Architektur betreffende Schriften wurden nicht aufgenommen. Die möglichst originalgetreu reproduzierten Texte sind – parallel auf Estnisch und

Deutsch, teilweise auch auf Russisch – mit Annotationen und Kommentaren versehen. Die Bibliographie ist den Fußnoten zu entnehmen. Der Band schließt mit einem Register.

Lea Teedema

Csaba János Kenéz (Hg.): Tallinna kodanikeraamat 1786–1796. Das Revaler Bürgerbuch 1786–1796. Toimetajad [Redaktion:] Kalmer Mäeorg, Urmas Oolup, Lauri Suurmaa. Tallinn: Tallinna Linnaarhiiv 2006 (Tallinna Linnaarhiivi Toimetised [Veröffentlichungen des Stadtarchivs Reval/Tallinn] 9). 465 S. ISBN 978-9985-9128-9-8, 9985-9128-9-6.

Die Hauptquellen dieser Veröffentlichung zählen zu den im Jahre 1944 von der deutschen Okkupationsmacht aus der estnischen Hauptstadt fortgeschafften Archivbeständen, die sich bis Oktober 1990 in der Bundesrepublik Deutschland befanden. Vor der Rückgabe dieses Archivguts an die Stadt Reval/Tallinn wurde es vollständig mikroverfilmt. Die Kopien stehen den Benutzern im Herder-Institut Marburg zur Verfügung. Mit der Edition der Revaler Bürgerbücher wurde bereits Anfang der 1930er Jahre durch Otto Greiffenhagen und Georg Adelheim begonnen. Der anzuzeigende Band besteht aus zwei Teilen: „Die Bürger von 1786/1787" (insgesamt 4.820 Personen, darunter 1.473 Männer, 209 als Bürger eingetragene Witwen, sieben als Bürger eingetragene ledige Frauen sowie, als Familienangehörige verzeichnet, 832 Ehefrauen und 2.299 Kinder) und „Die neuen Bürger von 1786 bis 1796" (insgesamt 1.021 Personen – Neubürger mit ihren Familienangehörigen). Die Revaler Bürgerbücher bieten einen Längsschnitt durch die Bürgerschaft der Stadt während eines längeren Zeitraums und liefern somit für die Sozialgeschichte und Personenkunde des städtischen Gemeinwesens wertvolle und grundlegende Informationen. Ein Ortsregister, ein Namensregister der Bürger und ein Register der Berufsangaben beschließen den Band.

Kersti Taal

Jānis Keruss, Ilgvars Misāns (Hg.): Jaunas idejas un pieejas vēstures izpētē. Latvijas vēstures studentu pirmās konferences raksti [Neue Ideen und Zugänge zur historischen Forschung. Die Schriften der ersten Konferenz der Studenten im Fach Geschichte in Lettland]. Daugavpils: Daugavpils Universitātes izdevniecība „Saule" 2005. 220 S., Abb., dt. u. engl. Zusammenfassungen. ISBN 9984-14-281-7.

Das Motto der im Dezember 2003 in Riga veranstalteten ersten Konferenz der lettischen Studenten und Doktoranden der Geschichtswissenschaft lautete: „Neue Ideen und Zugänge zur historischen Forschung". Die Teilnehmer kamen von den Universitäten Riga und Dünaburg/Daugavpils und zwei höheren Schulen vom universitären Typ (Libau/Liepāja und Rositten/Rēzekne). Die Veranstalter der Tagung betonen die Notwendigkeit der Erneuerung oder Belebung der Geschichtsforschung in Lettland. Der vorliegende Sammelband enthält Tagungsbeiträge zu diversen Themen der lettischen Geschichte: Baiba Dumpe: „Die Keramik des späteren Neolithikums aus der Niederung vom Lubana-See: Technologien aus der Sicht der experimentellen Archäologie"; Andris Grīnbergs: „Die Entdeckung und Erforschung von Petroglyphen auf Felsen Lettlands"; Eva Eihmane: „Die Kreuzzüge und die Eingliederung des Baltikums in die christliche Zivilisation des 12.–13. Jahrhunderts"; Normunds Rozenbergs: „Der Standort der Strandvogtei (1569–1795) und der Werft (1639–?) von Windau/Ventspils"; Līga Irbe: „Frauenkriminalität im Livländischen Gouvernement des 19. Jahrhunderts"; Dmitrijs Korobkins: „Die [russische] Geschichtsschreibung über die Bedeutung der kleinen Völker in der Geschichte: Sergei und Wladimir Solovjov"; Iveta Laurena: „Die Materialien der ersten gesamtrussischen Volkszählung von 1897 und die Erforschung von Regionalgeschichte: Die sozialökonomische Lage im Gebiet von Līksna"; Mārtiņš Mintaurs: „Die Anfänge der Baudenkmalpflege in Lettland vom Ende des 19. Jahrhunderts bis 1940"; Jurijs Žuravļovs: „Die Beziehungen der Republik Lettland und der Staaten Südosteuropas in den Jahren 1918–1940"; Kaspars Zellis: „Die Propaganda des nationalsozialistischen Deutschland in der lettischen Presse: Methoden und ihre Anwendung vom Juni bis Dezember 1941 in der Propaganda von der ‚Befreiung' Lettlands"; Andis Jēkabsons: „Die Wirkung der volkslettischen Vereinigung ‚Pērkoņkrusts' (Donnerkreuz) in Lettland in den Jahren 1932–1940".

Andris Levāns

[Aivar Kriisa, Merike Ivask (Red.):] Linnas ja linnuses. Uurimusi Narva ajaloost [In der Stadt und auf der Burg. Veröffentlichungen zur Geschichte Narvas]. Koostaja [Zusammengestellt v.] Aivar Kriiska. Narva: Narva Muuseum 2006 (Narva Muuseum Toimetised [Veröffentlichungen des Narvaer Museums] 6). 174 S., Abb., russ. u. engl. Zusammenfassungen. ISBN 978-9985-9781-0-8, 9985-9781-0-2, ISSN 1736-3098.

Die in diesem Sammelband veröffentlichten Abhandlungen stützen sich hauptsächlich auf die Funde der archäologischen Grabungen in Narva während der Jahre 2004/05. Die Beiträge befassen sich mit der Bebauung der Grundstücke, mit Leder- und Textilfunden sowie mit mittelalterlicher Keramik und Kacheln. Zudem beinhaltet der Band eine längere Untersuchung Enn Küngs über das Börsengebäude in Narva, ein Symbol seiner Zeit, dessen Baugeschichte im Zusammenhang mit der wirtschaftlichen Lage Narvas im 17. Jahrhundert erörtert wird. Außerdem ist ein von Enn Küng in russischer Sprache verfasstes Verzeichnis der Bewohner von Johannstadt/Ivangorod im Jahre 1640 enthalten.

Kersti Taal

Ojārs Lāms, Ilze Rūmniece (Hg.): Antiquitas viva. Bd. 2: Studia classica. Rīga: Zinātne 2005. 304 S., Abb., lett. u. engl. Texte, lett. u. engl. Zusammenfassungen. ISBN 9984-767-35-3.

Dies ist ein vom Lehrstuhl für klassische Philologie (Zentrum für Hellenistik) an der Universität Lettlands in Riga vorgelegter Sammelband. Sein Leitthema ist die „Urbs Aeterna", also die „Ewige Stadt" Rom. Gegenstand einzelner Studien ist die Rezeption des antiken, insbesondere des römischen Gedankengutes und der klassischen literarischen Muster z. B. in der gelehrten Gelegenheitsdichtung des 17. Jahrhunderts. So sind hier folgende Aufsätze zweier Autorinnen aus Estland und einer Verfasserin aus Litauen zu erwähnen: Kristi Viiding: *Dorpatum (Tartu) – Urbs ad Embeccam*; Jana Orion: *Catholic Rome in the Funeral Poems of Lutheran Dorpat (Tartu)*; Eugenija Ulčinaite: *Vilnius in the 16th–18th Centuries Literature of the Grand Duchy of Lithuania: Ancient Topic and its Modifications.*

Andris Levāns

Latvijas Arhīvi [Die Archive Lettlands]. Rīga: Latvijas vēstures arhīvs [Historisches Archiv Lettlands] 2006. Nr. 1–4. Je 180 S., Abb., dt. Zusammenfassungen. ISSN 1407-2270.

Die viermal jährlich erscheinende gemeinsame Veröffentlichung des Historischen Staatsarchivs Lettlands und der Generaldirektion der Staatsarchive Lettlands bringt Beiträge zum Archivwesen und zur Geschichtswissenschaft in lettischer Sprache. Aus Heft 1 seien folgende Aufsätze exemplarisch genannt: Ivars Silārs: „Wer war der Großvater Nikolai Rörichs – Friedrich Röhrich oder ein Herr von der Ropp?"; Vija Grunte: „Daten über Gustavs Zemgals, Rainis, Kārlis Ulmanis u. a. aus ihren Steuererklärungen"; Anda Opoļska: „Das 80. Jubiläum des Stadtgymnasiums in Wenden/Cēsis". – Aus Heft 2, 3 und 4: Aleksandrs Ivanovs, Anatolijs Kuzņecovs: „Die ältesten Smolensker Verträge im Historischen Staatsarchiv Lettlands: zur Frage ihrer Datierung und Zuordnung"; Ēriks Jēkabsons: „Lettische Kriegsgefangene in Polen 1919/1920"; Rasma Pārpuce: „Die Umsiedlung der Deutschbalten über die Häfen Lettlands Ende 1939"; Jānis Baltiņš: „Das 270. Jubiläum des Schlosses Ruhental/Rundāle"; Valda Kvaskova: „Das Archiv der Kompanie der Schwarzhäupter in Riga früher und heute"; Gunta Minde: „Wirklich Haberland? Baugeschichte des Wohnhauses in Riga an der Jakobstraße 24". Alle Hefte enthalten Rezensionen historischer Forschungsliteratur.

Helēna Šimkuva

Latvijas vēsture. Jaunie un jaunākie laiki [Die Geschichte Lettlands. Die neuen und neuesten Zeiten]. Rīga: LU žurnāla „Latvijas Vēsture" fonds [Verlag des Fonds der Zeitschrift „Latvijas Vēsture"] 2006. Nr. 1-4. Je 120 S., Abb., engl. Zusammenfassungen. ISSN 1407-0022.

Die viermal im Jahr erscheinende Zeitschrift enthält zahlreiche Beiträge in lettischer Sprache zur Geschichte Lettlands – vorwiegend zum 20. Jahrhundert –, von denen folgende exemplarisch genannt seien: Aus Heft 1: Rasa Pārpuce: „Die Tätigkeit des lettisch-deutschen Paritätischen Ausschusses: die Teilung der Kulturgüter Lettlands 1939–1940"; Gert von Pistohlkors: „Die Lettische Revolution von 1905 in deutschbaltischer Perspektive"; Argita Daudze: „Sweden and Latvia in 1939–1946 – the years of crucial decisions". – Aus Heft 2: Edvards Seliška: „Die ethnische und wirtschaftliche Lage in Lettgallen/Latgale 1905–1906"; Ineta Lipša: „Die gesellschaftliche Sittlichkeit in der Republik Lettland 1918–1934"; Inesis Feldmanis: „Die Okkupationspolitik Deutschlands im Baltikum (1941–1945): allgemeine Tendenzen und spezifische Merkmale"; Helēna Šimkuva: „Die Rolle der Minderheiten in der Wirtschaft Lettlands (1920–1940)". – Aus Heft 3: Irina Buša: „Die Anfänge des Christentums auf dem Territorium Lettlands und in den Nachbarländern"; Gatis Krūmiņš: „Die Agrargesetzgebung des Staates als Geschichtsquelle am Beispiel der Kontentanalyse"; Inesis Feldmanis: „Das Nürnberger Tribunal – ein glücklicher Fall in der Geschichte oder eine Parodie auf ein gerechtes Gericht?" – Aus Heft 4: Kārlis Počs: „Die ökonomischen Beziehungen Lettlands und Frankreichs während der zweiten Hälfte der 20er Jahre des 20. Jahrhunderts"; Mārtiņš Mintaurs: „Der Architekt Pauls Kundziņš und der Schutz des Kulturerbes in der Republik Lettland (1918–1940)"; Aivis Vanaģelis: „Die Tätigkeit der roten Partisanen auf dem Territorium Lettlands (1941–1945)". Jedes Heft enthält Buchbesprechungen und eine Übersicht über Konferenzen und Seminare mit historischen Themen.

Helēna Šimkuva

Latvijas Vēstures institūta žurnāls [Zeitschrift des Instituts für die Geschichte Lettlands]. 2006. Nr. 1–4. Je 210 S., Abb., dt. u. engl. Zusammenfassungen. ISSN 1025-8906.

Die Themenvielfalt, durch die das Forschungsprofil des Instituts für die Geschichte Lettlands dem Fachpublikum vermittelt werden soll, ist auf landesgeschichtlich orientierte Fragestellungen beschränkt. Im Folgenden werden einige der zahlreichen und überwiegend von Historikern und Archäologen verfassten Aufsätze vorgestellt. – Aus Nr. 1 der vierteljährlich erscheinenden Zeitschrift: Rita Grävere: „Zur Problematik der livischen Anthropologie in Lettland im 19. und 20. Jahrhundert". – Aus Nr. 2: Vitolds Muižnieks: „Die Bestattungen auf dem Kirchhof von Martinsholm/Mārtiņsala und ihre Grabbeigaben"; Muntis Auns: „Die Einwohner des Gutshofes von Edwalen/Ēdole im Jahre 1797". – Aus Nr. 3: Ieva Ose: „Die geographische Beschaffenheit des Ortes als wichtiger Faktor für den Bau mittelalterlicher Burgen in Lettland"; Mārīte Jakovļeva: „Der Kampf um die Macht im Herzogtum Kurland nach dem Tod des Herzogs Friedrich Kasimir (1701–1703)"; Renāte Blumberga: „Die Tätigkeit des finnischen Pastors H[elle] K[alervo] Erwö in Livendörfern in den 30er Jahren des 20. Jahrhunderts". – Aus Nr. 4: Ēvalds Mugurēvičs: „Die Probleme der Herkunft und Kultur der Liven"; Uldis Krēsliņš: „Das Wahlgesetz und die Wahlergebnisse: Die Erfahrungen Lettlands in der Bildung von Institutionen politischer Stellvertretung durch die Wahlen in den Jahren 1917 bis 1920".

Andris Levāns

Latvijas Zinātņu akadēmijas vēstis. A. daļa: Sociālās un humanitārās zinātnes [Mitteilungen der Akademie der Wissenschaften Lettlands. Teil A: Soziale und humanitäre Wissenschaften] 60 (2006). Nr. 1–2, 152 S., Nr. 3–4, 161 S., Nr. 5, 94 S., Nr. 6, 96 S., Abb., dt. u. engl. Zusammenfassungen. ISSN 1407-0081.

Die in den vorliegenden Ausgaben der Akademiezeitschrift veröffentlichten Aufsätze nehmen im Verhältnis zu den Berichten über das aktuelle „Wissenschaftsleben" den offensichtlich geringeren Raum ein. Die Beiträge sollen exemplarisch nicht nur die Erträge, sondern auch die Schwerpunkte der lettischen Geschichtsforschung präsentieren. – Aus der Doppelnummer 1–2 sind unter anderem die folgenden Texte zu nennen: Jānis Stradiņš: „Die Kurländische Gesellschaft für Literatur und Kunst (1815–1939) als Ursprung der Akademie der Wissenschaften in Lettland" und Aldis Pūtelis: „Die Entstehung des lettischen Götterpantheons und seine Quellen". – Aus Nr. 3–4 verdienen die Arbeiten von Ieva Viļuma: „Die kirchlichen Visitationsprotokolle des 17. Jahrhunderts – eine Quelle der Kulturgeschichte Livlands/Vidzeme" sowie von Ieva Ose: „Bestände des Schwedischen Königlichen Kriegsarchivs – eine wichtige Quelle für die Erforschung der Befestigungen aus dem 17. Jahrhundert in Lettland" Beachtung. – Aufsätze zur Archäologie bilden den Schwerpunkt des Heftes Nr. 5, aus dem zwei Texte hervorzuheben sind: Gunita Zariņa: „Einige Aspekte zur historischen Demographie der Gemeinde von Laudze-Užava im Kreis Windau/Ventspils im 19. Jahrhundert" und Ēvalds Mugurēvičs: „Die livländischen Chroniken und die Funde der Archäologie zur Geschichte der Völker des Baltikums im 12.–14. Jahrhundert".

Andris Levāns

[Mari Lõhmus, Arvis Kiristaja, Katrin Martsik, Anu Lepp (Red.):] Eesti ajaloo atlas [Atlas der estnischen Geschichte]. Autorid ja koostajad [Verfasst und zusammengestellt v.] Aivar Kriiska, Andres Tvauri, Anti Selart, Birgit Kibal, Andres Andresen, Ago Pajur. Tallinn: Avita 2006. 139 S., Abb. ISBN 9985-2-0915-X.

Dieses Buch behandelt die Geschichte Estlands von der Eiszeit bis zur Gegenwart, wobei die Geschichte im Zusammenhang mit den allgemeinen Lebensbedingungen, dem Wirtschaftsleben, der Kultur, der Besiedelung und der Bevölkerungsentwicklung betrachtet wird. Neben traditionellen Themen wie Verwaltungsgeschichte oder Orte historischer Ereignisse werden auch Wirtschaftsgeschichte (Landwirtschaft, Handel, Transport und Verbindungswege), Bevölkerungs-, Kirchen- und Kriegsgeschichte sowie Bildungs- und Kulturgeschichte dargestellt. Der Atlas ist in folgende historische Epochen eingeteilt: Steinzeit, Bronzezeit, Eisenzeit, Mittelalter, frühe Neuzeit, Neuzeit und Zeitgeschichte. Außer dem Kartenmaterial enthält das Werk zahlreiche Illustrationen und erklärende Texte. Jede Geschichtsperiode ist mit einer Karte Europas versehen, welche die estnische Geschichte im allgemeinen Kontext zeigt.

Kersti Taal

[Marju Luts (Red.):] Tundmatu Friedrich Georg von Bunge. Materjale Õpetatud Eesti Seltsi konverentsilt 200 aastat prof Friedrich Georg von Bunge (1802–1897) sünnist Tartu Ülikooli ajaloo muuseumis 27. aprillil 2002 [Der unbekannte Friedrich Georg von Bunge. Materialien einer Konferenz der Gelehrten Estnischen Gesellschaft zum 200. Geburtstag von Professor Friedrich Georg von Bunge (1802–1897) im Museum für Geschichte der Universität Dorpat/Tartu am 27. April 2002]. Koostajad [Zusammengestellt v.] Tiit Rosenberg, Marju Luts. Tartu: Õpetatud Eesti Selts 2006 (Õpetatud Eesti Seltsi Toimetised [Veröffentlichungen der Gelehrten Estnischen Gesellschaft] 35). 272 S., Abb., dt. u. estn. Texte und Zusammenfassungen. ISBN 9949-11-317-2, ISSN 1406-8486.

Die im Jahre 2002 in Dorpat/Tartu veranstaltete Jubiläumskonferenz befasste sich mit den verschiedenen Etappen und Tätigkeitsbereichen im Leben des namhaften Juristen Friedrich Georg von Bunge sowie auch mit dem Leben und der Tätigkeit seines jüngeren Bruders, des Professors für Botanik Alexander von Bunge. In deutscher Sprache sind in diesem Band erschienen: Peeter Järvelaid: *F. G. von Bunge als Professor an der Universität Dorpat/Tartu*; Christina Kupffer: *Friedrich Konrad Gadebusch (1719–1788) und Friedrich Georg von Bunge*; Gert von Pistohlkors: *F. G. von Bunge und das ständische Denken in den Ostseeprovinzen bis 1905/06* und Marju Luts: *Das Verhältnis der Rechtsgeschichte zur Rechtsdogmatik im Werk von F. G. von Bunge*. In estnischer Sprache sind folgende Beiträge enthalten: Tiit Rosenberg: „Dorpat zur Zeit Bunges"; Katrin Roosileht: „Ergänzungen zu F. G. von Bunges Biographie"; Lea Leppik: „F. G. von Bunge als Dorpater Stadtbeamter"; Malle Salupere: „F. G. von Bunge und Dorpater Kulturzeitschriften"; Kersti Taal: „F. G. von Bunge und die Gelehrte Estnische Gesellschaft"; Erki Tammiksaar: „Über die Hintergründe von F. G. von Bunges Abreise aus Dorpat 1843"; Kalmer Mäeorg: „F. G. von Bunge als Revaler Ratsherr 1843–1856"; Toomas Anepaio: „F. G. von Bunge und der vierte Band des baltischen Provinzialrechts" sowie Alar Läänelaid: „Der Name des Botanikers Alexander von Bunge sen. in der Bezeichnung von Pflanzenarten". Den estnischen Aufsätzen folgen deutsche Zusammenfassungen.

Kersti Taal

Mākslas vēsture un teorija. Art History and Theory. Rīga: LMA Mākslas Vēstures Institūts 2005. [H.] 4, 88 S., Abb., engl. Zusammenfassungen. ISSN 1691-0869.

Der Jahrgang 2005 bestätigt die Beobachtung, dass die Periodizität der Zeitschrift – es waren eigentlich vier Hefte pro Jahr geplant – von den Herausgebern nicht eingehalten wird. In der einzigen für das Jahr 2005 vorliegenden Ausgabe sind folgende Aufsätze enthalten: Kristīne Ogle erstellt die „Typologie von doppeltürmigen Jesuiten-Kirchen auf dem Territorium Südlettlands". Laima Šinkūnaitė schreibt in *The Picture of the Holy Virgin Mary of Trakai and its Imitations* über das Bildmotiv der Jungfrau Maria mit dem Jesuskind und dessen Rezeption im 17.–18. Jahrhundert in Litauen. Jānis Zilgalvis erörtert Fragen zur Baugeschichte des Herrenhauses Dunten/Dunte im 17.–20. Jahrhundert. Daina Lāce trägt in ihrem Aufsatz „Die neuesten Forschungen zu den Architekten des Gouvernements Livland im 19. Jahrhundert" die erst kürzlich im Staatlichen Archiv Lettlands ermittelten biographischen Informationen über beispielsweise Karl Adamson (1809–?) oder Johann Daniel Felsko (1813–1902) zusammen. Edvarda Šmite stellt einen Aufsatz von Wilhelm Neumann in lettischer Übersetzung vor, in dem die Tätigkeit des Museums für Kunst der Stadt Riga (seit 1905) behandelt wird und der in der Zeitschrift *Museumskunde* in Berlin 1906 veröffentlicht wurde.

Andris Levāns

Mākslas vēsture un teorija. Art History and Theory. Rīga: LMA Mākslas Vēstures Institūts 2006. [H.] 5, 96 S., [H.] 6–7, 144 S., Abb., engl. Zusammenfassungen. ISSN 1691-0869.

Die Redaktion dieser jungen kunsthistorischen Zeitschrift ist darum bemüht, eine lettische Kunstgeschichte zu entwickeln, die es mangels thematischer und methodologischer Offenheit in den vergangenen Jahrzehnten nicht gegeben hat. Die einzelnen Studien sind nicht nur in lettischer Sprache verfasst, weshalb dieses Forum einem größeren Kreis von Lesern und Autoren offen steht. – Aus Heft Nr. 5 sind folgende Aufsätze zu nennen: Anna Ancāne: „Die Baugeschichte der lutherischen Kirche [des hl. Erlösers] von Subat/Subate. Aspekte des ideellen protestantischen Gotteshauses im 17. Jh."; Ieva Leitāne: *Die jüdischen Grabdenkmale in Kurzeme (Kurland): Symbolik und Exempla* (deutsch); Stella Pelše: „Die Beziehung von Inhalt und Form in der lettischen kunsthistorischen Interpretation (erstes Drittel des 20. Jahrhunderts)"; Kristīne Ogle: „Eine Episode aus der Gegenreformation in Livland/Vidzeme. Die Gruft des [Bischofs] Patricius Nidecki als neues Paradigma in der Kunst Lettlands"; Ojārs Spārītis: „Das livländische Gesangbuch und seine Herausgeber. Fragen an das 1908 gemalte Gruppenportrait"; Kristiāna Ābele: „Die Künstler Lettlands auf der europäischen Karte gegen Ende des 19. und zu Beginn des 20. Jahrhunderts. Einblick in die Routen und Ergebnisse der Migration"; Imants Lancmanis: „Das Museum vom Schloss Ruhental/Rundāle und seine Sammlungen". – Aus Heft Nr. 6–7: Imants Lancmanis: „Rembrandt im Schloss Ruhental/Rundāle"; Eduards Kļaviņš: „Henri Matisse und die lettische Kunst"; Edvarda Šmite: „Robert Konstantin Schwede – ein vergessener Name in der Kunstgeschichte Lettlands"; Ilmārs Dirveiks: „Die Kapelle des hl. Kreuzes und das Lyzeum". Mit einem Rezensionsteil wird jedes Heft abgeschlossen.

Andris Levāns

[Raimo Pullat (Red.):] Johann Christoph Brotze. Estonica. Koostanud [Zusammengestellt und herausgegeben v.] Ants Hein, Ivar Leimus, Raimo Pullat, Ants Viires.

Projektijuht ja vastutav toimetaja [Projektleiter und verantwortlicher Redakteur:] Raimo Pullat. Tallinn: Estopol OÜ 2006. XXXVI, 619 S., 287 farb. u. s.-w. Abb. ISBN 978-9985-9722-0-5, 9985-9722-0-1.

Über die einzigartige Dokumentation „Sammlung verschiedener Liefländischer Monumente, Prospecte, Münzen, Wappen etc." des Zeichners, Sammlers und Kunsthistorikers Johann Christoph Brotze (1742–1823), die zum Bestand der Akademischen Bibliothek Lettlands zählt, sind bislang drei Bände (1992, 1996 und 2002) erschienen – der vierte Band befindet sich in Arbeit. Im vorliegenden, diesmal nicht in Riga, sondern in Reval/Tallinn produzierten Band, der eine Art Sonderband in der Publikationsreihe darstellt, wird der Estland betreffende Teil seiner Kollektion vorgestellt. Das Werk besteht aus zwei Teilen: „Stadt" (Hapsal/Haapsalu, Arensburg/Kuressaare, Narva, Weißenstein/Paide, Baltischport/Paldiski, Pernau/Pärnu, Wesenberg/Rakvere, Reval/Tallinn, Dorpat/Tartu, Walk/Valga, Fellin/Viljandi, Werro/Võru) und „Land". Es enthält Abbildungen von Bauten, zahlreiche Stadtansichten, Stadtpläne und Landschaftsbilder und vermittelt einen Eindruck von der Kleidung, den Werkzeugen, den Arbeitsprozessen, den Transportmitteln etc. verschiedener Gesellschaftsschichten. Da unter der großen Anzahl an Zeichnungen eine Auswahl getroffen werden musste, wird auf die Wiedergabe allgemein bekannter Arbeiten, die oftmals nicht von Brotze stammen, verzichtet. Auch die von Brotze gezeichneten Münzen, Medaillen und Wappen sind ausgelassen worden, da über sein numismatisches Material in Lettland ein separater Band erscheinen wird. Brotze kam nicht dazu, Estonica aus ganz Estland zusammenzutragen. Darum sind dem Werk zusätzlich 80 Zeichnungen des Pastors Eduard Philipp Körber aus Wendau/Võnnu (Gebiet Dorpat) beigefügt. Die 287 meist farbigen Abbildungen sind mit Kommentaren in Estnisch und Deutsch versehen.

Kersti Taal

[Raimo Pullat (Bearb.):] Die Nachlassverzeichnisse der Handwerker in Tallinn 1706–1803. Tallinna käsitööliste varandusinventarid 1706–1803. Red.: Otto-Heinrich Elias, Gerhard Jaritz, Raimo Pullat, Lauri Suurmaa. Tallinn: Estopol 2006. 368 S. ISBN 9985-9272-9-X.

Dieses Buch erschien 2006 im Rahmen des Forschungsprojektes „Modus vivendi: Alltag, Mentalität und Kultur der Stadtbewohner". Es basiert auf den Nachlassverzeichnissen aus dem Stadtarchiv Reval/Tallinn. Raimo Pullat hat bereits in früheren Studien die Nachlassverzeichnisse der deutschen Kaufleute in Reval/Tallinn (zu den Bänden 1 bis 3 siehe „Berichte und Forschungen" 7 [1999], S. 266; 11 [2003], S. 259f.; 13 [2005], S. 288) sowie die Nachlassverzeichnisse der Einwohner der Stadt Pernau/Pärnu (siehe „Berichte und Forschungen" 14 [2006], S. 278) untersucht. Im vorzustellenden Band sind 47 der insgesamt 139 Nachlassverzeichnisse der Handwerker in Reval veröffentlicht, die sich Stadtbewohnern unterschiedlichster Handwerksberufe (Gold- und Silberschmiede, Kupferschmiede, Messingschläger, Kunst- und Schönfärber, Leinweber, Weißgerber, Lohgerber, Perückenmacher, Hutmacher, Glaser, Böttcher, Buchbinder, Schuster, Töpfer, Schneider, Zimmermann etc.) zuordnen lassen. Sie bieten eine geeignete Grundlage für weiterführende und spezifischere Forschungen (z. B. über Ess- und Trinkgewohnheiten, Wohnstil, Finanzen, Kleidung, Möbel etc.). Der Band schließt mit einem Orts- und Personenregister.

Kersti Taal

[Lauri Randveer (Red.):] Academica I–X 1997–2006. Kümme Saksa-Eesti akadeemilist nädalat. Aulaloengute kogumik. Zehn Deutsch-Estnische Akademische Wochen. Sammelband der Festvorträge. Koostanud [Zusammengestellt und herausgegeben v.] Tartu Ülikooli Välissuhete Osakond [Akademisches Auslandsamt der Universität Dorpat/Tartu]. Tartu: Eesti Keele Sihtasutus [Stiftung für estnische Sprache] 2006. 438 S., Abb., dt. u. estn. Texte. ISBN 9985-79-164-9.

Der anzuzeigende Sammelband wurde anlässlich des ersten runden Jubiläums der Deutsch-Estnischen Akademischen Woche, die jährlich im September an der Universität Dorpat/Tartu veranstaltet wird, herausgegeben. Er vereint die in den bisherigen zehn Deutsch-Estnischen Akademischen Wochen gehaltenen Festvorträge und gibt einen Überblick über die Geschichte der Wissenschaftswoche, die zu den wichtigsten Ereignissen im akademischen Kalender der Universität zählt. Unter anderem sind folgende Vorträge im Band enthalten: Wolf Lepenies: *Is the Europeanisation on the World over? New Challenges Facing our old Continent*; Els Oksaar: *Einheit und Vielfalt. Überlegungen zu Deutsch als Wissenschaftssprache*; Hans-Robert Metelmann: *Gemeinsam lernen und forschen mit Litauen, Lettland und Estland: Wie können wir gemeinsam besser werden?*; Dieter Langewiesche: *Nation und Nationalstaat in Europa. Historische Erfahrungen und Zukunftsperspektiven*; Mart Laar: *Deutschland und Estland – die letzten 15 Jahre*; Wilfried Grolig: *Das letzte Jahrzehnt in Deutschland und Estland: Wo stehen wir heute?*.

Lea Teedema

Ilze Ščegoļihina (Hg.): Herders Rīgā. Herder in Riga. Rīga: Ulma 2005. 130 S., Abb., lett. u. dt. Text. ISBN 9984-9844-0-0.

Johann Gottfried Herder, dem Philosophen und Dichter, dessen Name zum Inbegriff der deutschen Aufklärung geworden ist, ist der schlichte zweisprachige Band gewidmet. Riga mit der Domschule, der Stadtbibliothek, der Jesus- und der St.-Gertruden-Kirche wurde von 1764 bis 1769, gleich nach dem Abschluss seines theologischen Studiums an der Universität Königsberg, zu der ersten Station in seinem ruhelosen Leben. Die Wahl Rigas, ebenso wie die schnell vorbereitete Abreise im Mai 1769 aus dem Hafen derselben Stadt, waren durch äußere Umstände diktiert. Dennoch ist die Behauptung der Nachwelt, dass ihn gerade der Aufenthalt in Riga zum Denker und Humanisten geprägt habe, zu einem literarischen Topos geworden. Als Zeichen dafür hat man ihm 1864, in unmittelbarer Nähe der Domkirche, ein Denkmal gesetzt. Das in der Zwischenzeit verschwundene Monument wurde 1959 erneuert. Dass die Erinnerung an Herder in Riga gepflegt und durchaus noch lebendig ist, bezeugen die im Band veröffentlichten Texte: Dace Bula: *Johann Gottfried Herder und die Interpretationen der Volksdichtung in Lettland*; Reinhard Slenczka: *Sprache und Volk im Werk von Johann Gottfried Herder*; Ojārs Zanders: *Die Königsberger Freunde Herders in Riga – Hamann und Hartknoch*; Raimonds Cerūzis: *Deutschbalten und das Herderinstitut in Riga*; Rasa Pārpuce: *Materialien über Johann Gottfried Herder im Museum für Geschichte Rigas und der Schifffahrt*; Ojārs Spārītis: *Das Johann-Gottfried-Herder-Denkmal in Riga: seine historischen und semantischen Aspekte*; Rita Vilciņa: *Wie das Herder-Denkmal wiederhergestellt wurde: Erinnerungen.*

Andris Levāns

Mart Siilivask: Tartu arhitektuur 1830–1918. Historitsism ja juugend. Arhitektuuriideed ja stiilieeskujud kohalike arhitektide loomingus 19. sajandil ja 20. sajandi algul [Dorpater Architektur 1830–1918. Historismus und Jugendstil. Ideen und Stilvorbilder im Schaffen der örtlichen Baumeister im 19. und Anfang des 20. Jahrhunderts]. Toimetanud [Redigiert v.] Enn Küng, Kai Tafenau ja Helina Tamman. Tartu: Rahvusarhiiv 2006. 487 S., Abb., engl. u. dt. Zusammenfassung. ISBN 9985-858-42-5.

Die auf umfangreichen Archivquellen beruhende Monographie gibt einen Überblick über die Geschichte der Stadt Dorpat/Tartu und ihre architektonische Entwicklung von den dreißiger Jahren des 19. Jahrhunderts bis zum Beginn des 20. Jahrhunderts. Zudem wird auch ein Blick auf die Sozialgeschichte der Stadt geworfen und auf die Entwicklungen in der europäischen Architektur eingegangen. In der Dorpater Baukunst des 19. Jahrhunderts lässt sich ein starker Einfluss deutscher Architektur feststellen. Die Mehrzahl der in Dorpat wirkenden Architekten und Baumeister waren ortsansässige oder eingewanderte Deutsche, die ihre Fachausbildung in den Architekturzentren Deutschlands erhalten hatten. Der Autor untersucht ihre Biographie und ihr Schaffen. Dabei versucht er zu ermitteln, wie die neuen architektonischen Ideen nach Dorpat gelangten und wie sie dort umgesetzt wurden. Ausführlicher wird die Tätigkeit von etwa zwanzig erfolgreichen Architekten und Baumeistern dargestellt. Der Anhang enthält – neben einem Register – ein Personenverzeichnis, in dem die Lebensdaten aller bisher bekannten, in den zwei letzten Dritteln des 19. und im ersten Drittel des 20. Jahrhunderts in Dorpat wirkenden oder für die Stadt tätigen Architekten und Baumeister angeführt sind.

Lea Teedema

[Kai Tafenau (Red.):] Vene aeg Eestis. Uurimusi 16. sajandi keskpaigast kuni 20. sajandi alguseni [Die russische Zeit in Estland. Untersuchungen von der Mitte des 16. Jahrhunderts bis zum Beginn des 20. Jahrhunderts]. Koostanud [Zusammengestellt v.] Tõnu Tannberg. Tartu: Eesti Ajalooarhiiv 2006 (Eesti Ajalooarhiivi Toimetised [Veröffentlichungen des Estnischen Historischen Archivs]. Acta et Commentationes Archivi Historici Estoniae 14 [21]). 388 S., Abb., engl. u. dt. Zusammenfassungen. ISBN 978-9985-858-50-9, 9985-858-50-6.

In der traditionellen estnischen Historiographie reicht die russische Zeit, d. h. der Zeitraum, in dem Estland zum Zarenreich gehörte, von 1710 bis 1917. Im vorliegenden Band wird die russische Zeit breiter gefasst, indem sowohl der Zeitraum vor dem Nordischen Krieg als auch die Gründungsphase der estnischen Eigenstaatlichkeit 1917–1920 mit einbezogen werden. Die zwölf Abhandlungen betreffen neben Politik-, Agrar-, Siedlungs- und Verwaltungsgeschichte auch Wissenschafts-, Rechts- und Kulturgeschichte. Zwei Beiträge sind herausragenden und eng mit der Universität Dorpat/Tartu verbundenen deutschbaltischen Wissenschaftlern gewidmet: Indrek Jürjo gibt in seinem Artikel „Schuljahre des livländischen Orientalisten Otto Friedrich von Richter“ einen Überblick über die Bildungs- und Erziehungsbestrebungen des deutschbaltischen Adels im Zeitalter der Spätaufklärung und der Romantik. Im Beitrag von Erki Tammiksaar stehen die Tätigkeit Alexander Theodor von Middendorffs als Förderer der Landwirtschaft in Livland und seine Beziehungen zur estnischen nationalen Bewegung im Mittelpunkt. Weitere Autoren dieses Bandes sind Anti Selart, Marju Luts, Toomas Anepaio, Ljudmila Dubjeva, Ülle

Tarkiainen, Kersti Lust, Tiit Rosenberg, Mati Kröönström, Bradley Woodworth und Karsten Brüggemann.

Lea Teedema

[Lea Teedema (Bearb.):] Arhiivijuht II: Haridus. Teadus. Kirik [Archivführer. Bd. II: Bildung. Wissenschaft. Kirche]. Koostanud [Zusammengestellt v.] Lea Teedema. Tartu: Eesti Ajalooarhiiv 2006. 422 S., Abb. ISBN 9985-858-48-4.

Die Bestände des Estnischen Historischen Archivs sind in neun große Gruppen eingeteilt: Staats-, Gemeinde und Justizeinrichtungen, die im ersten Band der Reihe behandelt wurden (siehe „Berichte und Forschungen" 12 [2004], S. 273), Kirchen- und Bildungseinrichtungen, mit denen sich der vorliegende Band befasst, freie Verbände, Unternehmen, Guts- und Privatbestände sowie Sammlungen, die für den geplanten dritten Band vorgesehen sind. Im anzuzeigenden zweiten Band des Nachschlagewerks werden die Bestände der Kontrollorgane der Lehreinrichtungen, allgemeinbildenden und Berufsschulen, Hochschulen, Bildungsstiftungen und Bildungsgesellschaften, leitenden Organe und Gemeinden der Estnischen Evangelischen Lutherischen Kirche (EELK) und Estnischen Apostolischen Orthodoxen Kirche (EAÕK), religiösen Gesellschaften, Studentenorganisationen, wissenschaftlichen Einrichtungen, akademischen Vereine und Gesellschaften und der mit ihnen verbundenen Verlage und Redaktionen vorgestellt. Der Band besteht aus zwei Hauptteilen: Geschichte der Behörden und Führer zu den Materialien, hinzu kommen Hinweise auf relevante Gesetze und verwendete Literatur sowie ähnliche Materialien in anderen Einrichtungen. Größere und schwer zuzuordnende Bestände sind gesondert beschrieben, Behörden gruppenweise. Es wird ein kurzer Überblick über die Geschichte der einzelnen Institutionen gegeben: Gründung, Namensänderungen, Aufgaben, Tätigkeit, Struktur und Subordinationsbeziehungen. Das Werk schließt mit einer Bibliographie sowie mit russischen und deutschen Verzeichnissen.

Lea Teedema

Kaspars Zellis (Hg.): Mīti Latvijas vēsturē [Mythen in der Geschichte Lettlands]. Rīga: Latvijas Universitātes žurnāla „Latvijas Vēsture" fonds 2006. 146 S., Abb., engl. Zusammenfassungen. ISBN 9984-643-75-1.

Die Erforschung historischer Mythen hat insbesondere in den letzten fünf Jahren in Lettland vermehrt Beachtung erfahren. So schlug sich dieses Interesse auch in kleinen Abhandlungen der Doktoranden im Fach Geschichte an der Universität Lettlands in Riga nieder. Die im Band veröffentlichten spannenden und ergebnisreichen Arbeiten sind im Rahmen eines Oberseminars entstanden und zeugen von der Existenz einer lernwilligen und offenen Generation junger lettischer Historiker: Eva Eihmane: „Die Epoche der Christianisierung im Land der Liven als Grundlage für lebendige Geschichtsmythen"; Vitolds Muižnieks: „Christen oder Heiden, Mythos oder Wirklichkeit?"; Gundars Ceipe: „Mythen und das Problem der Auffassung der lettischen Geschichte. Skangaļu Jēkabs aus der Gemeinde der Herrnhuter"; Nadežda Pazuhina: „Die russischen Altgläubigen in Lettland: Eigene oder Fremde?"; Mārtiņš Mintaurs: „Die historischen Mythen und die soziale Praxis: Episoden aus der Geschichte der lettischen Baudenkmalpflege (1920–1930)"; Ineta Lipša: „Riga – das kleine Paris: die Genese eines historischen Mythos"; Ilze Boldāne: „Der Mythos von der ‚guten Ulmanis-Zeit' und seine Vitalität im Bewusstsein der Bewohner Lettlands"; Gints Zelmenis: „Das Wunschbild und die Realität vom Staat und seinem Aufbau 1940 bei Karlis Ulmanis"; Rasa Pārpuce: „Der Widerschein von den Mythen in der lettischen Museumsarbeit in den

30er Jahren des 20. Jahrhunderts"; Kaspars Zellis: „‚Das Schreckensjahr' – der Mythos und seine Entstehung"; Dmitrijs Oļehovičs: „‚Sie haben für das Vaterland gekämpft...' oder die Zeitung ‚Za Rodinu' (‚Für das Vaterland') in dem von den Nazis besetzten Lettland"; Ainārs Bambals: „Die Thematik der sowjetischen historischen Mythokratie in den Kriminalakten des KGB der Lettischen SR"; Ritvars Jansons: „Genozid in Lettland – Mythos, Politisierung oder juristische Inkonsequenz".

Andris Levāns

3. Ostpreußen, Westpreußen, Danzig

Marek Andrzejewski: Die Bibliotheken in der Freien Stadt Danzig. Gdańsk: Wydawnictwo Uniwersytetu Gdańskiego 2006 (Genius loci 7). 106 S., Abb. ISBN 83-7326-409-4.

Das in deutscher Sprache verfasste Buch stellt die Rolle der Bibliotheken im geistigen und kulturellen Leben der Freien Stadt Danzig/Gdańsk dar. Der Autor erörtert übergreifend die Geschichte der Bibliotheken in Danzig bis 1919, geht auf die Grundlagen des Bibliothekswesens (wie Finanzierung, Buchhandel) ein und bietet ein Panorama der Bibliothekslandschaft der Stadt (wissenschaftliche Bibliotheken, kleinere Fachbüchereien, Schulbibliotheken, Volksbüchereien, polnische Bibliotheken und Bibliotheken anderer nationaler Gruppen). In separaten Kapiteln behandelt er unter anderem die Tätigkeit der wichtigsten Danziger Bibliotheken (Stadtbibliothek, Bibliothek der Naturforschenden Gesellschaft und Bibliothek der Technischen Hochschule), er charakterisiert aber auch die Hausbibliotheken (anhand von Berichten ehemaliger Danziger, darunter Günter Grass). Im Schlusswort verweist er auf Kriegsverluste und die erhaltenen Bestände. Das Buch enthält ein Personenverzeichnis.

Mirosław Ossowski

Marek Andrzejewski: Polityczna emigracja z Wolnego Miasta Gdańska 1933–1939 (1945) [Politische Emigration aus der Freien Stadt Danzig 1933–1939 (1945)]. Gdańsk: Wydawnictwo „Marpress" 2005 (Genius loci 6). 116 S., Abb. ISBN 83-89091-73-9.

Das Buch ist dem Schicksal und den politischen sowie publizistischen Aktivitäten der deutschsprachigen politischen Emigranten aus der Freien Stadt Danzig/Gdańsk der Jahre 1933–1945 gewidmet. Primär geht es um die Danziger Gegner des Nationalsozialismus Erich Brost, Bernhard Kamnitzer, Bruno Kurowski, Gertrud Müller, Hermann Rauschning, Richard Teclaw und Karl Töpfer, die nach Polen, Österreich, Skandinavien, Großbritannien, in die Tschechoslowakei und die USA emigriert sind. Ihr Leben und Wirken wird im Kontext der historisch-politischen Situation in Danzig und in Deutschland dargestellt. Der Autor schätzt die Zahl der politischen Emigranten zusammen mit deren Angehörigen auf 100 bis 200 Personen und spricht von einer eher geringen, jedoch durchaus positiven Rolle dieser Gruppe.

Mirosław Ossowski

Felix Biermann: Sypniewo. Ein frühmittelalterlicher Burg-Siedlungskomplex in Nordmasowien. Befunde, Funde und kulturhistorische Bewertung. Teil 1. Warszawa: Instytut Archeologii i Etnologii PAN 2006. 306 S., poln. Zusammenfassung. ISBN 83-89499-28-2.

Die deutschsprachige Veröffentlichung stellt die Forschungsergebnisse der archäologischen Grabungen auf dem Gebiet der Burg und der burgnahen Siedlung in Zippnow/Sypniewo bei Deutsch Krone/Wałcz vor. Die Bedeutung der hier zusammengetragenen Befunde beschränkt sich nicht allein auf die Geschichte Masowiens, vielmehr hat der Typus der Befestigung in Zippnow eine weite Verbreitung auch außerhalb der Grenzen dieser Region gefunden. Ziel der Arbeit ist, eine Stratigraphie vorzulegen, die Bauweise der Wohnstätten zu analysieren, den Lageplan der Siedlung und der Verteidigungsanlagen zu ermitteln sowie den Baukomplex von Zippnow als Beispiel für die Bauweise in Masowien aufzuzeigen. Ein wichtiges Ergebnis der Arbeit besteht darin, dass sie durch die genaue Untersuchung der keramischen Funde eine Präzisierung der Chronologie einzelner Kulturschichten vornimmt. Einer exakten Analyse wurden einige Einzelfunde unterzogen, um so den wirtschaftlichen Charakter der Siedlung zu bestimmen und ihre Handelsverbindungen mit der Region festzustellen.

Anna Bogumiła Kowalska

Marian Biskup, Bogusław Dybaś, Janusz Tandecki (Hg.): Protokoły Sejmiku Generalnego Prus Królewskich. T. II (lipiec 1528 – październik 1530). Protokolle des Landtags von Königlich Preussen. Bd. II (Juli 1528 – Oktober 1530). Toruń: Towarzystwo Naukowe w Toruniu i Wydawnictwo Naukowe UMK 2005 (Fontes / Towarzystwo Naukowe w Toruniu [Wissenschaftliche Gesellschaft zu Thorn] 95). 285 S., poln., dt. u. lat. Texte. ISBN 83-87639-71-0.

Im Jahre 2001 wurde der erste Band der Protokolle des Landtags von Königlich Preußen publiziert. Der zweite Band, der die Protokolle der Jahre 1528–1530 umfasst, stellt eine große Gruppe von Quellentexten bereit, welche die Münzreform in Königlich Preußen und im Herzogtum Preußen betreffen. Insgesamt werden acht Protokolle (Rezesse) des Generallandtags von Königlich Preußen, die zum Bestand des Staatsarchivs in Danzig/Gdańsk gehören, vorgestellt. Im Zentrum der acht erläuternden Texte steht der komplizierte Prozess der Umsetzung der Münzreform, die auf menschliche Vorbehalte und technisch-organisatorische Schwierigkeiten stieß. Die Autoren weisen darauf hin, dass von der ursprünglichen Idee, eine Münzstätte nur in Thorn/Toruń zu gründen, Abstand genommen wurde und die Prägung der neuen Münzen auch in Danzig, Elbing/Elbląg und Königsberg durch Sigismund I. genehmigt wurde. Das Rezessmaterial des Bandes weist ferner auf die Probleme hin, die sich durch den Begriff „Autonomie" ergaben, der von königlicher Seite und vom Preußischen Rat verschieden verstanden wurde. Zugleich werden hier die Bestrebungen zur Festlegung einer Landesordnung, die das Herzogtum Preußen und Königlich Preußen umfassen sollte, dargestellt. Beleuchtet wird auch die schwierige wirtschaftliche Lage in Elbing und Thorn, die mit der Aufhebung des dortigen Stapelrechts zusammenhing. Um dem Forscher den Zugang zu den inhaltlich sehr differenzierten Regesten zu erleichtern, wurden die Texte sowohl in polnischer als auch in deutscher Sprache veröffentlicht. Der Band schließt mit einem Register der geographischen Namen und einem Personenregister. Eine umfangreiche Darlegung der Editionsgrundsätze findet der Leser in der Einleitung zu Band I.

Piotr Zariczny

Borussia. Kultura – Historia – Literatura [Borussia. Kultur – Geschichte – Literatur]. Nr 38. Olsztyn: Wspólnota Kulturowa „Borussia" 2006. 200 S., Abb. ISSN 0867-6402, ISBN 978-3-938400-23-4.

Die Beiträge zu der 38. – dieses Mal ausschließlich deutschsprachigen – Nummer der Zeitschrift *Borussia* sind bereits in polnischer Sprache in den Bänden Nr. 36 und 37 (siehe „Berichte und Forschungen" 14 [2006], S. 284f.) erschienen. Der vorzustellende Band gliedert sich in die Kapitel *Über uns selbst*, *Tabuisierung*, *Nation* und *Regionen*. Unter den Autoren befinden sich namhafte Germanisten, Historiker, Schriftsteller und Publizisten. Der erste Teil der Zeitschrift enthält die Laudationes von Fritz Pleitgen, Gesine Schwan und Adam Michnik anlässlich der Verleihung des Lew-Kopelew-Preises für Frieden und Menschenrechte an die Kulturgemeinschaft „Borussia" im Jahre 2004 sowie eine Danksagung von Robert Traba, ihrem damaligen Vorsitzenden. Die Rubrik *Tabuisierung* umfasst Beiträge zur Rolle des Tabus in der Kultur von Reinhard Koselleck, Peter Lachmann und Kornelia Kończał. Das Kapitel *Nation* enthält den Artikel „Begegnung an der Ostsee" von Kazimierz Brakoniecki sowie verschiedene Beispiele europäischen Schicksals: des russischen (Konstantin Assadowski: „Die Niederlage nach dem großen Sieg"), des deutsch-französischen (Thomas Serrier: „Vertrieben und vergessen: Die französische Republik und die Aussiedlung der Deutschen aus dem Elsass [1918, 1945]"), des balkanischen (Jolanta Sujecka: „Gedächtnisstätten auf dem Balkan") und des jüdischen (Reinhold Vetter: „Den Verlust begreifen. Widersprüche jüdischer Existenz in Ungarn nach 1945. Jüdische Zeitzeugen über die Tabuisierung der Shoah und die Ursachen des Antisemitismus"; Kazimierz Brakoniecki: „Bei vollem Bewusstsein" – über den polnischen Antisemitismus – u. a.). Die Rubrik *Regionen* befasst sich unter anderem mit Schlesien (Henryk Waniek) und Ostpreußen (Rafał Żytyniec, Hans Henning Hahn). Schließlich bietet der Band kulturhistorische Betrachtungen über Erinnerungskonstrukte: Hubert Orłowski: „Das Nichterinnern oder ein Ligaturendefizit"; Robert Traba: „Polnische Erinnerungslandschaften: Deutschland".

Alina Kuzborska

Borussia. Kultura – Historia – Literatura [Borussia. Kultur – Geschichte – Literatur]. Nr 39. Olsztyn: Wspólnota Kulturowa „Borussia" 2006. 288 S., Abb., 1 CD. ISSN 0867-6402.

Die 39. Nummer der Zeitschrift *Borussia* befasst sich schwerpunktmäßig mit dem „Wandel" – mit gesellschaftlichen und kulturellen Veränderungen in den letzten 15 Jahren, jenem Zeitraum, in dem die „Borussia", die einen gewissen Wandel in der Mentalität verursacht und diesen kontinuierlich aufgezeichnet hat, als Kulturgesellschaft existiert. Exemplarisch für die Reflexion über die „Philosophie der langen Dauer" der „Borussia" dokumentiert dieser Band eine Diskussion zwischen Robert Traba, Andrzej Sakson, Hubert Orłowski, Hans-Jürgen Bömelburg und Rafał Żytyniec. Der Band gliedert sich in die Kapitel „Das Ermland schreiben", „Die Landschaft lesen", „Die Geschichte lesen", „Literarische *silva rerum*" und „Rezensionen". Literarische Texte überwiegen in dieser Ausgabe, sie stammen von Kazimierz Brakoniecki, Alicja Bykowska-Salczyńska, Tadeusz Nowakowski, Iwona Łazicka-Pawlak, Wojciech Chmielewski, Wacław Sobaszek, Antoni Sudoła und Anna Matysiak. Einen Wandel der Kultur sowie der Landschaft verzeichnen Bogusław Mansfeld („Künstlerkolonie auf der Kurischen Nehrung"), Adam Jankiewicz („Kurland 2005 – Wege der Vergangenheit"), Krzysztof R. Mazurski („Deutschland als touristisches Land für die Polen"), Iwona Liżewska („Landschaft nach dem Wandel"), Krzysztof A. Worobiec

(„Landschaftswandlungen"), Beata Samojłowicz („Kulturlandschaftspflege"). Der Geschichte des Buchdrucks ist der Artikel „Töchterlein – Jungfrau – Witwe, oder über die Frauen in den Königsberger Gelegenheitsschriften der Buchdruckerei von Jan Reussner (1640–1665)" von Mikołaj Ochmański gewidmet. Andrzej Zawada befasst sich mit der Geschichte von Breslau/Wrocław („Breslau, nach zehn Jahren"), und Mirosław Sielatycki thematisiert den Geschichtsunterricht in den Schulen.

Alina Kuzborska

Borussia. Kultura – Historia – Literatura [Borussia. Kultur – Geschichte – Literatur]. Nr 40. Olsztyn: Wspólnota Kulturowa „Borussia" 2006. 160 S., Abb. ISSN 0867-6402.

Die 40. Nummer dieser Zeitschrift hat das Schwerpunktthema „Roma", dem verschiedene – vor allem literarische – Texte gewidmet sind. Die Rubrik „Beim Nachbarn" dokumentiert die Podiumsdiskussion während der Präsentation der 37. Ausgabe der Zeitschrift *Borussia* im Polnischen Institut in Berlin im Oktober 2006. Thema der Diskussion war „Die Rolle des Tabus in der europäischen Erinnerungslandschaft" (Teilnehmer: Edmund Dmitrow, Hans Henning Hahn, Irina Scherbakowa, Gesine Schwan, Thomas Serrier, Moderation: Basil Kerski). Der regionalen Thematik gewidmet sind die Artikel „Ermland und Masuren auf den Landkarten der Sammlung des Museums von Ermland und Masuren in Allenstein/Olsztyn" sowie „Durch das Gebiet, oder eine kurze Reise nach Darkehmen, Gumbinnen und Insterburg" von Jan Salm. Eine weitere Rubrik enthält Texte, die sich mit dem 10. Jubiläum des Theaters von Wengaithen/Węgajty befassen. Den Band beschließen wie stets Rezensionen.

Alina Kuzborska

Jerzy Dygdała (Hg.): Lustracja województw Prus Królewskich 1765. T. II. Województwo chełmińskie. Cz. 1. Ziemia michałowska [Die Lustration der Woiwodschaften in Königlich Preußen 1765. Bd. II. Woiwodschaft Kulm/Chełm. Teil I. Das Michelauer Land]. Toruń: Towarzystwo Naukowe w Toruniu i Wydawnictwo Naukowe UMK 2007 (Fontes / Towarzystwo Naukowe w Toruniu [Wissenschaftliche Gesellschaft zu Thorn] 98, Lustracje dóbr królewskich XVI–XVIII wieku, Prusy Królewskie [Lustration der königlichen Güter im 16.–18. Jahrhundert, Königliches Preußen]). 154 S. ISBN 978-83-87639-88-4.

Eine ausführliche Darstellung der hier angewendeten Editionsprinzipien findet der Leser in der Einleitung zum Teil I des ersten Bandes. Ähnlich wie in den letzten drei Bänden wurde auch hier eine als zuverlässig eingestufte Abschrift von Prof. Gerhard Labuda als Grundlage benutzt. Die Editionsmethoden der Druck- und Handschriften wurden vereinheitlicht. Dazu wurden ein Abkürzungsverzeichnis sowie ein Sach- und Textregister angefertigt. Überall dort, wo Beschreibungen von Starosteistandorten und Kirchensitzen in lustrierten Ortschaften vermerkt wurden, beziehen sich die Autoren auf Fachliteratur. Im abschließenden Teil wurden Register mit Mietern und Verwaltern der Starosteien, der kleineren königlichen Gebiete sowie kleinen strukturellen Einheiten beigefügt. In diesem Anhang findet man die Namen einzelner Grundstücksinhaber. Ihre Güter grenzten vor allem an königliche Güter. Das vollständige Personen- und Sachregister sowie ein Register der geographischen Namen findet der Leser im letzten Band der Lustration aus dem Jahre 1765. Dem Band ist auch eine Karte mit allen erwähnten Ortschaften und Siedlungen beigelegt.

Piotr Zariczny

Małgorzata Jackiewicz-Garniec, Mirosław Garniec: Zamki państwa krzyżackiego w dawnych Prusach. Powiśle, Warmia, Mazury [Burgen des Ordensstaates im alten Preußen. Weichselland, Ermland, Masuren]. Olsztyn: Studia Wydawnicze ARTA Mirosław Garniec 2006. 448 S., Abb. ISBN 83-91284-04-2.

Nach dem Buch „Schlösser und Gutshäuser im ehemaligen Ostpreußen (Polnischer Teil)" (polnisch 1999, deutsch 2001) ist dies die nächste aufwendig edierte und gut dokumentierte Publikation der Autoren über die Baudenkmäler im früheren (Alt-)Preußen. Sie vereinigt die Vorzüge des Albums, der populärwissenschaftlichen Veröffentlichung und des Baedekers. Die Einführung bilden drei Aufsätze: über den Ordensstaat in Preußen von Janusz Trupinda, über die Architektur seiner Wehrbauten von Mariana Arszyński und über die Typologie der Burgen dieser Region von Mirosław Garniec. Es folgen Darstellungen von 46 Burgen, die mit Bildern, alten Abbildungen, Karten und stimmungsvollen Aufnahmen reich illustriert sind. Dazu gehören Schilderungen der bedeutsamsten und interessantesten historischen Ereignisse. Dank archäologischer Untersuchungen konnten zum ersten Mal die Burgen in Mohrungen/Morąg, Johannisburg/Pisz und Christburg/Dzierzgoń beschrieben und die Geschichte mehrerer anderer neu gedeutet werden.

Mirosław Ossowski

Marek Jaroszewski: Życie i twórczość E. T. A. Hoffmanna 1776–1822 [Leben und Werk E. T. A. Hoffmanns 1776–1822]. Gdańsk: Uniwersytet Gdański 2006. 134 S. ISBN 83-7326-352-7.

Das in polnischer Sprache erschienene Buch präsentiert Leben und Œuvre des deutschen Romantikers. Der Autor der Monographie erörtert biographische Fragen, befasst sich anhand literarischer Texte mit E. T. A. Hoffmanns Auffassungen von der Literatur, beschreibt den Einfluss der künstlerischen, musikalischen und theatralischen Interessen des Schriftstellers auf sein Schaffen und verweist ebenfalls auf die juristische und die medizinische Thematik. Einen anderen Aspekt bildet das Phantastische bei E. T. A. Hoffmann. Als Höhepunkt seines Werkes wird der Roman *Kater Murr* betrachtet. Das letzte Kapitel ist den polnischen Motiven im Werk und der Rezeption in Polen sowie der internationalen Wirkung des Schriftstellers gewidmet.

Mirosław Ossowski

Hanna Jędrasik (Hg.): Dziedzictwo kulturowe Warmii, Mazur, Powiśla. Stan zachowania, potencjały i problemy [Das kulturelle Erbe des Ermlands, Masurens und des Weichsellandes. Stand, Potenzialitäten und Probleme]. Olsztyn: Zarząd Województwa Warmińsko-Mazurskiego 2006. 415, [1] S., Abb. ISBN 83-9157-41-4-8.

Die von einem Autorenteam erarbeitete, mit Bildern und Karten reich illustrierte und als Bestandsaufnahme konzipierte aufwendige Publikation soll den lokalen Behörden bei der Erstellung der Pläne für die Pflege des kulturellen Erbes helfen. Im ersten Teil informiert das Buch über deren rechtliche Grundlagen und diesbezügliche politische Aktivitäten. Im zweiten Teil enthält es übergreifende Informationen über die Geschichte der Region und deren nationale Minderheiten sowie – dies ist das Hauptkapitel – über das materielle und das nichtmaterielle Erbe: archäologische Funde, Städte und dörfliche Siedlungen, Baudenkmäler, historische Transportwege, bewegliche Denkmäler, historische Orte, Folklore. Im vierten Teil werden die staatlichen Einrichtungen und Gesellschaften zur Pflege des kulturellen Erbes in der Woiwodschaft kurz vorgestellt. Der vierte Teil ist den Fragen der Finanzierung gewidmet.

Mirosław Ossowski

Immanuel Kant: Rozprawa filozoficzna o religii i moralności. Philosophische Abhandlung über Religion und Moral. Przełożył [Übersetzt v.] Krzysztof Celestyn Mrongowiusz. Toruń: Wydawnictwo Uniwersytetu Mikołaja Kopernika 2006. 499 S., dt. u. poln. Text. ISBN 83-231-2030-7.

Das Buch enthält einen Nachdruck des im Jahre 1854 publizierten polnischen Textes *Rozprawa filozoficzna o religii i moralności* von Christoph Cölestin Mrongovius sowie eine Rekonstruktion des deutschen Originals, der Vorlesungen über die philosophische Religionslehre von Immanuel Kant. Mrongovius, ein masurischer Prediger und Gelehrter, war von 1781 bis 1790 ein eifriger Hörer der Vorlesungen Kants in Königsberg. Dies belegen seine Notizen, eigenhändig angefertigt und von Kommilitonen ergänzt, die als „Sammlung Moral Mrongovius" bekannt sind. Diese Manuskripte, 1924 von Paul Menzer herausgegeben, werden in der Polnischen Akademie der Wissenschaften in Danzig/Gdańsk aufbewahrt. Die 1854 veröffentlichte polnischsprachige Übersetzung der Vorlesungen wurde um Notizen aus der „Sammlung Moral Mrongovius" ergänzt und mit dem Teil *Philosophische Abhandlung über Religion und Moral* veröffentlicht. Die Leitung der Forschungsarbeiten und Bearbeitung des Textes haben sich Prof. Mirosław Żelazny von der Nikolaus-Kopernikus-Universität Thorn/Toruń und Prof. Werner Stark von der Universität Marburg geteilt. Die vorliegende Sammlung ist eine der wertvollsten Perlen des polnischen Schrifttums im Bereich der Philosophie. Das Buch stellt ein herausragendes Beispiel für die Verschmelzung der beiden Kulturen dar.

Piotr Zariczny

Andrzej Kątny (Hg.): Studia Germanica Gedanensia 13. LiteraTouren zwischen Oder und Memel. Gdańsk: Wydawnictwo Uniwersytetu Gdańskiego 2005. 222 S. ISSN 1230-6045, ISBN 83-7326-313-6.

Die meisten der neun literatur- und kulturwissenschaftlichen Aufsätze betreffen die Literatur, Kultur und Geschichte des im Buchtitel umrissenen Raums, besonders Danzigs und Ostpreußens. Der Literatur sowie der Kulturgeschichte Danzigs sind zwei beachtenswerte Beiträge gewidmet: von Ewelina Kamińska über Paweł Huelles Roman *Castorp* (2004) und dessen Verbindungen mit Thomas Manns *Zauberberg* sowie von Peter Oliver Loew über Max Halbes Danziger Ehrenurkunden (1925, 1935) als antimoderne Signale. Die ostpreußische Thematik wird in vier Beiträgen erörtert: einem einfühlsamen Aufsatz von Andrzej Pilipowicz über den Gedichtband *Masurenland* von Horst Michalowski, einer die masurische Problematik in Siegfried Lenz' *Heimatmuseum* aufgreifenden Studie von Dorle Merchiers, einem Aufsatz über das preußische Ethos in den autobiographischen Büchern von Marion Gräfin Dönhoff und bei dem eher selten untersuchten, 1901 in Westpreußen geborenen Ottfried Graf Finckenstein, vefasst von Miłosława Borzyszkowska-Szewczyk, sowie einem Beitrag von Anna Gajdis über preußische Litauer bei Hermann Sudermann und Ernst Wiechert. Catherine Robert reflektiert über die deutsch-polnische Brückenlandschaft. In den Miszellen finden sich interessante biographische Informationen von Jerzy Kałążny über Friedrich-Wilhelm von Oppeln-Bronikowski sowie das Gedicht *Sahara an der Ostsee* von Godehard Schramm.

Mirosław Ossowski

Andrzej Kątny, Marian Szczodrowski (Hg.): Studia Germanica Gedanensia 14. Studien zur Angewandten Linguistik. Gdańsk: Wydawnictwo Uniwersytetu Gdańskiego 2006. 321 S. ISSN 1230-6045.

Der Band enthält 15 sprachwissenschaftliche sowie fünf literatur- und kulturwissenschaftliche Aufsätze, einen Konferenzbericht und sechs Buchbesprechungen. Im Beitrag *Herder und sein Werk aus polnischer Sicht* betrachten Józef Arno Włodarski und Ewa Górska Herders Werk im Kontext der polnischen Geschichte (Herders Auffassungen über August von Polen, Stanisław I. Leszczyński, Kopernikus, die Teilung Polens und seine Fabel vom Wolf und vom Schaf). Die ebenfalls erörterte Rezeption Herders in Polen betrifft vor allem das Kapitel über die Slawen in den *Ideen zur Philosophie der Geschichte der Menschheit* sowie sein Interesse an Volksliedern. Auch die erste polnische Monographie über Herder von Emil Adler (1965), das Herder-Museum in Mohrungen/Morąg (seit 1964) und Herder in Lehre und Forschung an der Universität Danzig/Gdańsk werden in dem Aufsatz erwähnt.

Mirosław Ossowski

Andrzej Kątny (Hg.): Studia Germanica Gedanensia 15. Kultur in Danzig und Gdańsk im Wandel der Zeit. Gdańsk: Wydawnictwo Uniwersytetu Gdańskiego 2007. 226 S. ISSN 1230-6045, ISBN 83-7326-457-4.

Der 15. Band der germanistischen Zeitschrift aus Danzig/Gdańsk enthält überwiegend Aufsätze zur Literatur, Kultur und Geschichte Danzigs. Drei Beiträge, über die kulturellen Beziehungen zwischen den Niederlanden und Danzig, über das Danziger Stadtmuseum sowie über die Denkmalpflege in der Stadt 1933–1936, stammen aus der Feder von Willi Drost und wurden von seinem Sohn, Prof. Wolfgang Drost, aus den Manuskripten transkribiert und redigiert. Von der Funeralkultur in Danzig im 17. Jahrhundert (unter anderem Gelegenheitslyrik, Leichenpredigten) handelt der Beitrag von Liliana Górska. Peter Oliver Loew stellt Willibald Omankowski als Prosaschriftsteller vor. Im Aufsatz von Ewelina Damps werden die Feierlichkeiten anlässlich des hundertjährigen Jubiläums des Stadttheaters am Kohlenmarkt in Danzig im Jahre 1901 beschrieben. Dem Schaffen von Günter Grass gewidmet sind Aufsätze von Lucyna Wille über *Beim Häuten der Zwiebel* als Beitrag über den Status autobiographischer Prosa sowie von Ewa Jarosz-Sienkiewicz über Kinder und über christliche Motive in der frühen Lyrik des Autors. Ewelina Kamińska bespricht den Roman *A jutro cały świat* … („Und morgen die ganze Welt …“) von Kazimierz Radowicz, der die Geschichte einer Familie aus Danzig-Schidlitz/Gdańsk-Siedlce erzählt und Ereignisse aus den 30er und 40er Jahren des 20. Jahrhunderts aufgreift. Unter den Miszellen ist der Beitrag von Friedrich-Wilhelm von Oppeln-Bronikowski über das Schloss Sorquitten/Sorkwity im Kreis Sensburg/Mrągowo besonders zu beachten.

Mirosław Ossowski

Domas Kaunas: Mažosios Lietuvos kultūros paveldas [Das Kulturerbe Kleinlitauens]. Vilnius: Vilniaus universiteto leidykla 2006. 396 S., Abb., engl. u. dt. Zusammenfassungen. ISBN 9986-19-956-5.

Dieser Sammelband enthält die wissenschaftlichen Vorträge, die auf der Konferenz „Das kulturhistorische Erbe Kleinlitauens“ (22.–24.09.2005) an der Akademie der Wissenschaften in Wilna/Vilnius gehalten wurden. Er umfasst insgesamt 22 Aufsätze (20 auf Litauisch und zwei auf Russisch) von Wissenschaftlern aus Litauen, Lettland, Russland, Deutschland und

Italien über die Architekturdenkmäler Kleinlitauens, Handschriften und Druckerzeugnisse, Gemälde, evangelische Gesänge und Gesangbücher, Musikwerke und Musikkultur, Grabinschriften, Friedhöfe, Theateraufführungen sowie über ethnographische und kulturhistorische Beschreibungen in den Erzählungen von Jodocus Donatus Hubertus Temme (1798–1881), über deutsche Bemühungen, das kulturelle Erbe der Deutschen im östlichen Europa zu erforschen und zu pflegen, über Aktivitäten des Historischen Museums in Memel/ Klaipėda und über Pläne zur digitalen Archivierung von Handschriften, Druckwerken und Urkunden über Kleinlitauen. Acht Beiträge handeln von den Problemen der Pflege der Kulturdenkmäler in Kleinlitauen. Zudem werden in dem Band die Beschlüsse der Konferenz auf Litauisch, Englisch und Deutsch dargeboten.

Sigita Barniškienė

Komunikaty Mazursko-Warmińskie. Kwartalnik. Czasopismo poświęcone przeszłości ziem Polski północno-wschodniej [Masurisch-Ermländische Mitteilungen. Vierteljahresschrift. Zeitschrift zur Geschichte der nordöstlichen Gebiete Polens]. Towarzystwo Naukowe i Ośrodek Badań Naukowych im. W. Kętrzyńskiego w Olsztynie / Stacja Naukowa Polskiego Towarzystwa Historycznego (Instytut Mazurski) w Olsztynie [Wissenschaftliche Gesellschaft und Wojciech-Kętrzyński-Forschungsinstitut in Allenstein / Forschungsstelle der Polnischen Historischen Gesellschaft (Masurisches Institut) in Allenstein]. Nr 1 (251) – 4 (254). S. 1–168, 169–324, 325–458, 459–590. Olsztyn 2006. Abb., dt. Zusammenfassungen. ISSN 0023-3196.

Auch der Jahrgang 2006 setzt die traditionelle Gliederung der Vierteljahresschrift fort. Am umfangreichsten ist in jedem Heft die Rubrik „Aufsätze und Materialien“ (in Heft Nr. 4 des Jahrgangsbands „Aufsätze“ genannt), die immer deutsche Zusammenfassungen enthält. Die Rubrik „Miscellanea“ ist gleichfalls in allen Heften vorhanden, ebenso wie „Rezensionen und Besprechungen“. Die Hefte Nr. 2 und 3 enthalten außerdem jeweils „Rezensionsartikel und Polemiken“, die aus polnischer Sicht kontroverse Themen behandeln: Janusz Jasiński bezieht sich auf das Buch von Gerd-Helmut Komossa *Von Masuren auf den Rhein. Heimkehr in die Fremde* (Graz 2003), das 2006 in polnischer Übersetzung erschienen ist (Heft Nr. 2). Kritische Bemerkungen macht Edmund Wojnowski zu dem 2006 in Posen/Poznań erschienenen Buch von Zbigniew Mazur über das „Zentrum gegen Vertreibungen“ (Heft Nr. 3). Die sonst vorhandene „Forschungschronik“ fehlt in Heft Nr. 4. Der Inhalt ist stets dreisprachig (polnisch, deutsch, russisch) angegeben. Das letzte (vierte) Heft beschließen ein Autoren- und ein Inhaltsverzeichnis für den gesamten Jahrgang. – Das erste Heft der Vierteljahresschrift wird mit einem Bericht über die Feierlichkeiten in der Burg von Allenstein/ Olsztyn eröffnet, die am 14. März 2006 anlässlich des 50. Jubiläums der wissenschaftlichen Tätigkeit von Professor Janusz Jasiński stattfanden, dem langjährigen Vorsitzenden des Redaktionskomitees der *Komunikaty Mazursko-Warmińskie.* Anna Marciniak-Kajzer liefert mit ihrem Aufsatz über das spätmittelalterliche Herrenhaus im Rittergut Heeselicht/Leszcz einen Beitrag zur Diskussion über die Funktionen einiger Herrenhäuser in der Region. Der Aufsatz von Danuta Bogdan „Hexenprozesse im 16. Jahrhundert im Ermland“ enthält im Anhang sechs Archivdokumente in deutscher Sprache. Sławomir Augusiewicz und Stanisław Achremczyk widmen sich der Geschichte des 17. Jahrhunderts („Der kurländische Feldzug des brandenburgischen Heeres unter der Führung von Bogusław Radziwiłł. Projekte und ihre Verwirklichung in den Jahren 1658–1659“ und „Stanisław Leszczyński im Königlichen

Preußen und Herzogtum Preußen"). Die Litauerin Aldona Prašmantaitė schreibt in ihrem Aufsatz „Zwischen Loyalismus und Patriotismus. Der Wilnaer Bischof Adam Stanisław Krasiński (1810–1891) und seine Einstellung zum Januaraufstand von 1863" über die Geschichte von Wilna/Vilnius, und der russische Historiker Jurij Kostjaschow befasst sich mit dem Bild Ostpreußens in den Augen der Russen. – Nr. 2: Dieser Band ist dem Thema diverser Grenzen und Grenzüberschreitungen gewidmet. Justyna Prusinowska nennt ihren Beitrag „Von Romove bis zum heiligen Berg. Die literarische Wanderung des Motivs eines ‚pruzzischen Tempels' in den baltischen Literaturen", Waldemar Rozynkowski schreibt über die katholischen Heiligen im Ordensstaat Preußen, Anna Kołodziejczyk über die Waldgebiete im Grenzland zwischen Masowien, dem preußischen Ordensstaat und Litauen vom 15. bis zur Mitte des 16. Jahrhunderts. Je zwei Artikel behandeln die Beziehungen zwischen dem Ermland und dem Herzogtum Preußen (Grzegorz Białuński: „Kirchengüter hinter der Staatsgrenze. Über Grundbesitze des Rößeler Klosters vom 14. bis zum 16. Jahrhundert außerhalb des Ermlands" und Jerzy Kiełbik: „Über die Grenzen hinaus. Zusammenarbeit und Kontakte zwischen dem Bistum Ermland und dem Herzogtum Preußen im 16. Jahrhundert") und zwischen Masowien und dem Herzogtum Preußen: Sławomir Augusiewicz widmet sich in seinem Artikel „Eine friedliche Nachbarschaft?" den Rechtskonflikten in der Friedenszeit im 17. Jahrhundert; Robert Kołodziej schreibt über die Reise des Königs Władysław IV. Wasa im Jahre 1639 nach Preußen. In dem Artikel „‚Die Elbinger Frage' in der Auffassung des Marienburger Woiwoden Jan Jerzy Przebendowski zwischen 1698 und 1699" beschäftigt sich Adam Perłakowski mit der Stellungnahme des polnischen Woiwoden zur militärischen Einnahme der Stadt Elbing/Elbląg durch das brandenburgische Heer im Jahre 1698. Barbara Krysztupa-Czupryńska beschreibt die Bedingungen der Handelstätigkeit englischer Kaufleute in Danzig/Gdańsk, Elbing und Königsberg in den Jahren 1579–1673. Filip Wolański befasst sich mit dem Bild der Grenzgebiete der polnischen Adelsrepublik in verschiedenen Reiseberichten des 18. Jahrhunderts. – Nr. 3: Adam Szweda widmet sich den Beziehungen Polens mit dem Deutschen Orden im Grenzgebiet anhand des amtlichen Briefwechsels zwischen Polen und dem Deutschen Orden 1414–1419. Sławomir Augusiewicz stellt die Tätigkeit des Landtags des Herzogtums Preußen im 16. und 17. Jahrhundert dar. Piotr J. Starzyk befasst sich mit der Geschichte der Familie Rogall aus Seeburg/Jeziorany in den Jahren 1655–1772. Janusz Hochleitner berichtet über die Volksfrömmigkeit im Ermland und den Heiligenkult in der Region ab der zweiten Hälfte des 16. Jahrhunderts. Der neuesten Geschichte ist der Beitrag von Ryszard Tomkiewicz verpflichtet: „Allensteiner Studenten angesichts der Ereignisse in Ungarn und der politischen Wandlungen in Polen im Herbst 1956". – Nr. 4: Der den Band eröffnende Artikel von Marek Radoch, „Auslagen des Hochmeisters Konrad von Jungingen zwecks Eroberung von Samogitien in den Jahren 1398–1401 (nach dem Ausgabebuch des Marienburger Schatzmeisters)", ist der Ordensgeschichte in Preußen gewidmet. Rafał Mirosław Zasański wendet sich der Kirchengeschichte zu; seine Fallstudie trägt den Titel „Der St.-Rochus-Verein in der Pfarrgemeinde Jonkendorf. Ein Beitrag zur religiösen und gesellschaftlichen Tätigkeit der katholischen Kirche Ermlands im 18. Jahrhundert". Der Artikel von Janusz Jasiński präsentiert Stellungnahmen dreier ermländischer Historiker der zweiten Hälfte des 19. Jahrhunderts (Anton Eichhorn, Franz Hipler, Karol Emilian Sieniawski) zur Frage der ermländischen Identität. In seinem Aufsatz „Das Grenzland nach 1945. Neue Realität – alte Probleme" zeichnet Ryszard Tomkiewicz die Konturen der alten Grenze Polens mit dem Ermland und Masuren und beschreibt die ersten Nachkriegsjahre nach dem demographischen Wandel.

Alina Kuzborska

Piotr Korduba: Patrycjuszowski dom gdański w czasach nowożytnych [Das Danziger Patrizierhaus der Neuzeit]. Warszawa: Wydawnictwo Neriton 2005. 259 S., Abb., dt. Zusammenfassung. ISBN 83-89729-28-8.

Die Veröffentlichung der an der Adam-Mickiewicz-Universität in Posen/Poznań entstandenen Doktorarbeit widmet sich den Patrizierhäusern in neuer Weise, indem sie sie nicht allein aus kunsthistorischer Sicht betrachtet, sondern auch als Bestandteil der materiellen und geistigen Kultur sowie als soziologische Erscheinung versteht. Die Arbeit besteht aus einer Einführung, sechs Kapiteln, wissenschaftlichen Schlussfolgerungen, einer umfassenden Bibliographie und einem Verzeichnis der beschriebenen Häuser in Danzig/Gdańsk. Hinzu kommen zahlreiche historische und aktuelle Außen- und Innenansichten der Häuser sowie Reproduktionen von Grund- und Aufrissen der Entwurfs- und Inventarisationszeichnungen. Kapitel I präsentiert das Forschungsmaterial und stellt kritisch den bisherigen Forschungsstand dar. In Kapitel II zeichnet der Autor ein vielseitiges Bild des Danziger Patrizierstandes, seiner Herkunft, Bildung, Karriere und Kultur im gesamteuropäischen Kontext. Thema von Kapitel III ist das Patrizierhaus und dessen Ausstattung in Abhängigkeit von Raumordnung und -funktion. Kapitel IV befasst sich mit den Bildprogrammen der Dekoration in den einzelnen Bereichen des Hauses und deren Bedeutung. In Kapitel V werden das Danziger Haus und seine einzelnen Räume vor dem Hintergrund der europäischen Wohnkultur in den Blick genommen. Kapitel VI betrachtet die ländlichen Wohnsitze des Bürgertums im Zusammenhang mit der Villenarchitektur in Europa. Die Arbeit behandelt in vielseitiger und innovativer Weise das Phänomen des Patrizierhauses zu einer Zeit, als das Danziger Bürgertum seine Blüte erlebte und in seiner sozialen und kulturellen Bedeutung mit dem Adel konkurrierte.

Ewa Gwiazdowska

Ernest Kuczyński: Historia i teraźniejszość. Życie i twórczość Marion Gräfin Dönhoff [Geschichte und Gegenwart. Leben und Werk von Marion Gräfin Dönhoff]. Wrocław: Oficyna Wydawnicza ATUT 2007 (Dissertationes inaugurales selectae 35). 336 S., 1 Abb. ISBN 978-83-7432-216-4.

Diese Studie zum Leben und Werk von Marion Gräfin Dönhoff (1909–2002) umfasst mehrere Kapitel, unter anderem zur Geschichte der Familie Dönhoff, zu den wichtigsten Stationen in ihrem Leben, zu ihrer Mitarbeit am Dialog und an der Versöhnung zwischen Polen und Deutschland, zu ihrem Werk und zur Trauerfeier. Den Band beschließen eine Bibliographie und ein Anhang mit ausgewählten, von Marion Gräfin Dönhoff gehaltenen Reden. Der Verfasser hebt ihr bedeutendes Wirken sehr stark hervor, da ihr zweierlei zu verdanken sei: Sie habe viel für das Verständnis der komplizierten deutsch-polnischen Vergangenheit geleistet und stets mit Hoffnung in die Zukunft geblickt. Polen hat in Marion Gräfin Dönhoff eine große Polenfreundin, Europa hingegen eine Fürsprecherin des Liberalismus und der Toleranz, einen Menschen, der sich aktiv für die Errichtung des gemeinsamen europäischen Hauses einsetzte, verloren.

Grzegorz Kowal

Wiesława Kwiatkowska: Kancelaria Ewangelickiego Kościoła Unijnego w Prusach Zachodnich w latach 1817–1920 i pozostałe po niej akta [Die Kanzlei der Evangelischen Kirche der Altpreußischen Union in Westpreußen in den Jahren 1817–1920 und die von ihr verbliebenen Akten]. Toruń: Wydawnictwo Uniwersytetu Mikołaja Kopernika 2006. 250 S., Abb., dt. Zusammenfassung. ISBN 83-231-1947-3.

Das Ziel dieser Studie ist die Darstellung der Entwicklung der Diözesen- und Pfarrkanzleien der Evangelischen Kirche der Altpreußischen Union in Westpreußen in den Jahren 1817–1920 sowie die Beschreibung des Archivierungsvorganges. Dessen Rekonstruktion erforderte die Rückverfolgung der Bestandsgeschichte und die Darstellung des aktuellen Erhaltungszustandes. Der Hauptteil dieser Arbeit enthält somit eine Wiedergabe des gesamten archivbildenden Vorgangs samt der Entstehung der Aktenform sowie ihrer Bewertung und Bearbeitung. Den Ausgangspunkt bildete eine Rekonstruktion der Kirchenordnung mit Schwerpunkt auf den Zuständigkeiten und dem Wirkungsbereich einzelner Kirchenorgane. Das Hauptaugenmerk dieser Untersuchung liegt auf der Darstellung des Entstehungsprozesses der Urkunden und Akten, zuerst der Registraturen und dann der Schicksalswege ihrer Schöpfer. Im Vordergrund des Interesses stehen nicht nur die einzelnen Schriftstücke, sondern auch der gesamte Zyklus der Kanzlei- und Archivaufgaben. Im ersten Kapitel wird die Struktur der Evangelischen Kirche der Altpreußischen Union beschrieben. Das zweite Kapitel behandelt die Kanzleiordnung und die wichtigsten Elemente der Aktenbildung, wie Amtsverlauf und Registraturbildung. Im dritten Kapitel werden die Geschichte der Kirchenakten und ihre Archivierung chronologisch dargestellt. Die Studie wird mit einer umfangreichen Bibliographie abgeschlossen.

Piotr Zariczny

Gerard Labuda: Historia Kaszubów w dziejach Pomorza. Tom I: Czasy Średniowieczne [Die Kaschuben in der Geschichte von Pomorze. Bd. I: Mittelalter]. Gdańsk: Instytut Kaszubski 2006. 536 S., Abb., dt. Zusammenfassung. ISBN 83-89079-54-2.

Der Band eröffnet eine umfassende Geschichte der Kaschuben, deren geplante drei Teile folgenden Epochen gewidmet sind: Mittelalter (6.–15. Jahrhundert), Neuzeit (16.–18. Jahrhundert) und Gegenwart (19.–20. Jahrhundert). Die Geschichte der Kaschuben wird in Verbindung mit der überregionalen politischen Geschichte erörtert. Wenn auch die Namen Kaschuben und Kaschubien zum ersten Mal um die Mitte des 13. Jahrhunderts erscheinen, beginnt der Autor die Darstellung der sprachlich-kulturellen kaschubischen Gemeinschaft entlang der Ostseeküste bereits mit dem 6. Jahrhundert und zeigt Prozesse der Akkulturation nach dem Verlust ihrer eigenen Staatlichkeit. Das Buch enthält eine umfangreiche Zusammenfassung in deutscher Sprache sowie Karten, Tabellen und zum Teil farbige Bilder.

Mirosław Ossowski

Peter Oliver Loew: Gdańsk między mitami [Danzig und die Mythen]. Olsztyn: Borussia 2006. 118 S., Abb. ISBN 83-89233-28-2.

Das Buch enthält zum Teil frühere Publikationen des Autors, bildet aber einen neu konzipierten, provokanten Versuch, sich mit den historischen Mythen Danzigs auseinanderzusetzen. Loew nimmt die Deutung der Geschichte heute und in der Vergangenheit unter die Lupe und zeigt ihre Problematik bei wechselnden nationalen, politischen und ökonomischen Verhältnissen. Die Frage der historisch-nationalen (deutschen, polnischen, multikulturellen) Identität der Stadt wird von ihm in Auseinandersetzung mit dem historischen Diskurs, aber auch anhand der lokalen Mythen von Paul Beneke, der Geschichte des Denkmals des Königs

August III. im Artushof und des in Danzig/Gdańsk gepflegten Andenkens an die Familie Schopenhauer erörtert. Er nimmt auch den Mythos des Wiederaufbaus von Danzig in den Blick und konstatiert in der heutigen Stadt eine Kluft zwischen historischem Anspruch und Realität.

Mirosław Ossowski

Jurgis Mališauskas: Vėjas iš Aistmarių. Straipsnių rinkinys [Wind vom Frischen Haff. Gesammelte Aufsätze]. Vilnius: Lietuvių literatūros ir tautosakos institutas 2004. 257 S., dt. u. engl. Zusammenfassung. ISBN 9955-475-60-9.

Das Buch beinhaltet eine Sammlung der wissenschaftlichen Aufsätze des Lituanisten an der Universität Memel/Klaipėda Jurgis Mališauskas. Die Aufsätze betreffen Werke der belletristischen Literatur und befassen sich mit dem Bild der Litauer und der Prußen. Themen sind die Gedichte *Der Litauer* von Schondoch und *Von Herzog Albrechts Ritterschaft* von Peter Suchenwirt (beide 14. Jahrhundert), Simon Dachs Gedichte und sein Drama *Sorbuisa* (17. Jahrhundert), Ludwig von Baczkos zweibändiger Roman *Witold. Großfürst von Lithauen* (18. Jahrhundert), Erzählungen über Herkus Monte von Franz Lubojatzky und John William Pierson (19. Jahrhundert), der Roman *Herkus Monte. Eine Erzählung aus Altpreussens Vorzeit* von Martha Springborn (1897), der Roman *Monte der Rebell. Aufstand in Preußen um 1260* von Botho von Keyserlingk (1936), das Drama *Das Kreuz an der Ostsee* (1806) von Zacharias Werner und E. T. A. Hoffmanns *Die Serapionsbrüder* (1819–1821). Einen anderen Teil des Bandes machen Aufsätze zu kulturhistorischen und ethnologischen Themen aus, die Bezüge zum ehemaligen Preußisch-Litauen aufweisen, wie beispielsweise vermutliche Opferstätten der Prußen, Vorworte der ersten prußischen und litauischen Katechismen, Litauisch-Unterricht im Gymnasium Tilsit vom 16. bis 19. Jahrhundert, Geschichte und Beziehungen der Stadt Švėkšna zum Nachbarstaat Preußen, die gegenwärtige Lage der ehemaligen Burgberge im Gebiet Königsberg/Kaliningrad, deutsche und litauische Grabsteininschriften und Epitaphien auf den alten Friedhöfen Kleinlitauens. Das Buch enthält zudem zwei Rezensionen und eine Bibliographie des Verfassers.

Sigita Barniškienė

Jerzy Minakowski: Komunikaty Mazursko-Warmińskie. Bibliografia zawartości za lata 1957–2006 przy współpracy Moniki M. Hrynkiewicz [Masurisch-Ermländische Mitteilungen. Bibliographie des Inhalts der Jahre 1957–2006. Unter Mitarbeit von Monika M. Hrynkiewicz]. Olsztyn: Ośrodek Badań Naukowych im. Wojciecha Kętrzyńskiego w Olsztynie 2007. 260 S. ISBN 978-83-60839-05-8.

Im Jahre 2007 feierten die *Komunikaty Mazursko-Warmińskie* ihr 50. Jubiläum. Aus diesem Anlass ist der vorliegende bibliographische Band erschienen. Die 22 thematisch geordneten Kapitel enthalten insgesamt 2.713 Einträge. Sie verzeichnen die in der Zeitschrift publizierten Beiträge und Besprechungen. Die Kapitel I–IV sind allgemeinen Charakters und umfassen Bibliographien, Archäologie, Beiträge zur allgemeinen Geschichte und zur Geschichte Polens (außer der Geschichte des östlichen Pomorze). Die Kapitel V und VI mit zahlreichen Unterkapiteln sind am umfangreichsten und zeugen zugleich vom Forschungsprofil des Wojciech-Kętrzyński-Forschungsinstituts in Allenstein/Olsztyn, das in erster Linie die Regionalgeschichte untersucht. Kapitel V („Geschichte des östlichen Pomorze") ist chronologisch aufgebaut: die Zeit vor dem Deutschen Orden (vor 1230), Ordensstaat (1230–1525), Königlich Preußen mit

Ermland (1454–1772), Herzogtum/Königreich Preußen (1525–1772); es folgen die Perioden 1772–1918, 1919–1920, 1920–1939, Zweiter Weltkrieg, die Zeit nach dem Zweiten Weltkrieg; hinzu kommen Regionen, Orte und Personen. Die weiteren Kapitel verzeichnen Texte zu folgenden Themen: Hilfswissenschaften der Geschichte, Philosophie, Religionswissenschaft und Kirchengeschichte, Volkskunde, Soziologie, Demographie, Wirtschaftsgeschichte, Geschichte der Medizin, Wissenschaft, Bildung, Kultur, Kunst, Sprachwissenschaft und Namenkunde, Literatur, Pressewesen, Bibliothekswissenschaft, Editionswissenschaft. Den Band eröffnet ein Vorwort des Herausgebers und beschließt ein Namenverzeichnis.

Alina Kuzborska

Pruthenia. Pismo poświęcone Prusom i ludom bałtyjskim. Tom I [Pruthenia. Zeitschrift über die Prußen und die baltischen Völkergruppen. Bd. I]. Olsztyn: Ośrodek Badań Naukowych im. Wojciecha Kętrzyńskiego w Olsztynie, Towarzystwo „Pruthenia" 2006. 182 S., Abb. ISSN 1897-0915.

Im einleitenden Artikel („Geschichte und Identität") des ersten Bandes der neuen, halbjährlich erscheinenden Zeitschrift, in dem Historiker, Archäologen und Sprachwissenschaftler ihre Beiträge publizieren, weist Bogdan Radzicki auf Desiderata in der Historiographie hin, die den Prußen bislang zu wenig Aufmerksamkeit gewidmet habe. Die Zeitschrift gliedert sich in vier Abschnitte: „Abhandlungen und Beiträge", „Materialien und Quellen", „Klassische Texte" sowie „Berichte und Mitteilungen". Mit der regionalen Altertumsgeschichte befasst sich Wojciech Nowakowski in seinem Beitrag „Die Wurzeln der Prußen. Forschungsstand und Forschungsmöglichkeiten zur Geschichte der baltischen Stämme im Altertum und zu Beginn des Mittelalters". Drei weitere Artikel behandeln verschiedene Aspekte dieses Themas: Grzegorz Białuński schreibt über den „Stand der historischen Forschung zur Geschichte der Prußen nach 1945", Izabela Lewandowska über die „Prußen-Problematik in den Forschungen des Masurischen Instituts in Allenstein/Olsztyn während der ersten Nachkriegsjahre" und Letas Palmaitis über „Neue Forschungen zur prußischen Sprache". Die Rubrik „Klassische Texte" enthält einen einschlägigen Beitrag von Henryk Łowmiański: „Forschungsstand zur Geschichte der Altpreußen".

Alina Kuzborska

Pruthenia. Pismo poświęcone Prusom i ludom bałtyjskim. Tom II [Pruthenia. Zeitschrift über die Prußen und die baltischen Völkergruppen. Bd. II]. Olsztyn: Ośrodek Badań Naukowych im. Wojciecha Kętrzyńskiego w Olsztynie, Towarzystwo „Pruthenia" 2007. 188 S., Abb. ISSN 1897-0915.

Die meisten Beiträge des vorzustellenden zweiten Bandes der polnischsprachigen Halbjahresschrift wurden während einer interdisziplinären Konferenz zur Geschichte und Kultur der Balten, „Colloquia Baltica", vom 26. bis 28. Oktober 2006 vorgetragen. Die Aufsätze von Wiesław Długokęcki, Jerzy M. Łapo, Cezary Tryk, Grzegorz Białuński, Alicja Dobrosielska und Justyna Prusinowska behandeln verschiedene Aspekte des Ursprungs, der Migration, der materiellen Kultur, des Familienlebens wie auch der Religion und Mythologie der Prußen. In der Rubrik „Materialien und Quellen" präsentiert Kazimierz Grążawski die neuesten Forschungsergebnisse aus dem prußisch-slawischen Grenzgebiet. Letas Palmaitis stellt die linguistischen Grundlagen zur Rekonstruktion der prußischen Sprache bereit.

Alina Kuzborska

Res Humanitariae I. Red.: Rimantas Balsys. Klaipėda: Klaipėdos universiteto leidykla 2007. 183 S., engl. u. dt. Zusammenfassungen. ISSN 1822-7708.

Der erste Band der von der Universität Memel/Klaipėda herausgegebenen wissenschaftlichen Zeitschrift für Geisteswissenschaften befasst sich mit dem Problem der nationalen Identität der Bewohner Preußisch-Litauens. Arūnas Baublys schreibt in seinem Artikel „Die Rolle der Religion beim Erhalt der nationalen Identität in Klaipėda und in der Region" über die Bemühungen der Preußisch-Litauer (Lietuvininkai), sich nicht mit der offiziellen evangelischen Kirche, sondern mit der pietistischen Bewegung der Surinkimininkai (Prediger) zu identifizieren. Nationalität und christlicher Glaube waren für die Pietisten untrennbar. Im Beitrag von Remigijus Šemeklis „Die Rolle der evangelischen Kirchenorganisationen bei der Herausbildung des nationalen Selbstbewusstseins der Lietuvininkai" wird gezeigt, dass diese ethnische Gruppe bis zur Machtergreifung der deutschen Nationalsozialisten das Recht auf die Verwendung der litauischen Sprache in den Schulen und in der Kirche hatte. Im Aufsatz von Libertas Klimka „Die Schrift ‚Prußen – das vierte baltische Glied' (1934) und ihre Auswirkungen" wird die genannte Broschüre von A. Umbras vorgestellt. Nach Klimka konnte der Verfasser nicht identifiziert werden, sodass sein Vorname bis heute unbekannt geblieben ist. Jene Schrift enthält geschichtliche Fakten über die Prußen und die anderen baltischen Stämme an der östlichen Ostseeküste. Sie schließt mit dem auf die Gegenwart bezogenen Kapitel „Baltenland den Balten!". Nach dem Abschluss des deutsch-polnischen Paktes, der Polens Zugang zur Ostsee bestätigte, sei die Frage der Sicherheit der baltischen Länder entstanden. Nach Umbras bereitete sich Deutschland vor, von Ostpreußen aus nach Lettland und Estland vorzudringen, um diese Länder zu besetzen, während Litauen Polen angegliedert werden sollte. Die Schrift wurde im Jahr ihres Erscheinens von Viktor Falkenhahn ins Deutsche übersetzt und, wie ein Briefwechsel des Leiters des „Masurenbundes" Kurt Obitz mit dem Redakteur der Broschüre Albinas Briedis zeigt, besonders von der masurischen Minderheit in Ostpreußen wahrgenommen. Im Artikel „Hypothesen von Matthäus Prätorius und ihre Interpretationen in den Werken der Mythologieforscher am Ende des 20. Jahrhunderts und Anfang des 21. Jahrhunderts" von Rimantas Balsys werden prußische und litauische heidnische Götter, wie beispielsweise Miechutele, Srutis, Tiklis, Siryčius und Šluotražis, ethnologisch beschrieben. Alma Imbrasienė betrachtet in ihrem Artikel „Litauische Personennamen im Roman von Johannes Bobrowski ‚Litauische Claviere'" die litauischen Formen der Protagonistennamen in der Übersetzung des Romans ins Litauische von Eduardas Astramskas.

Sigita Barniškienė

Rocznik Elbląski. Tom 20. Księga Pamiątkowa 50-lecia Oddziału Polskiego Towarzystwa Historycznego w Elblągu 1957–2007 [Elbinger Jahrbuch. Bd. 20. Ehrenbuch zum 50. Jubiläum der Polnischen Historischen Gesellschaft in Elbing]. Hg. v. Wiesław Długokęcki. Elbląg: Polskie Towarzystwo Historyczne, Urząd Miejski 2006. 412 S. ISSN 0485-3059, ISBN 83-906881-8-2.

Der zum 50jährigen Bestehen der Polnischen Historischen Gesellschaft in Elbing/Elbląg herausgegebene Band enthält 39 Beiträge zur Geschichte und Kultur der Stadt sowie ihrer Umgebung vor und nach 1945. Mehrere Autoren befassen sich mit dem Mittelalter: Über Eigentümer des Baugeländes im Stadtgebiet schreibt Roman Czaja; Artur Semraus mediävistische Forschungen erörtert Dariusz Aleksander Dekański; Testamente vom 14. bis zum frühen 16. Jahrhundert analysiert R. Kubicki; den Fischfang anhand archäologischer Ausgrabungen beschreibt Mirosław Marcinkowski. Auf die Zeit des Humanismus beziehen sich die Aufsätze von R. Dzięgielewski über den schweizerischen Rektor des Elbinger Gymnasiums Nicolaus Wimann sowie von Henryk Samsonowicz über politische und wirtschaftliche Chancen der Stadt im 16. Jahrhundert. Jacek Tylicki stellt das Schaffen des bedeutenden Malers Vitus Heinrich (17. Jahrhundert) vor. Sławomir Kościelak berichtet über die Konvertiten im 18. Jahrhundert anhand des jesuitischen „Fructus missionis", Jacek Kriegseisen über die im Bereich der Goldschmiedekunst wirkenden, nicht zur Zunft gehörenden „Beschädiger" im 17. und 18. Jahrhundert. Ein Aufsatz von Małgorzata Gizińska behandelt das Münzwesen vom 13. bis zum 18. Jahrhundert. Einen katholischen Arbeiterverein zu Beginn des 20. Jahrhunderts stellt Janusz Hochleitner vor. Die Zeit zwischen 1918 und 1945 betrifft der Beitrag von Marek Andrzejewski über die beachtenswerte Entwicklung des Kinos in Elbing. Arkadiusz Wełniak erörtert die Aussiedlung der deutschen Bewohner 1945–1947 im Lichte polnischer Archivdokumente. Jerzy Domino beschreibt die Wohnhäuser der Mennoniten im Elbinger Werder. Über Tolkemit/Tolkmicko 1777/1778 schreibt Andrzej Groth. Józef Arno Włodarski berichtet über die Suche nach dem Schatz der Familie zu Dohna in Schlobitten/Słobity durch den Kreissicherheitsdienst 1945–1947.

Mirosław Ossowski

Rocznik Toruński [Thorner Jahrbuch]. Bd. 33. Toruń: Wydawnictwo Uniwersytetu Mikołaja Kopernika 2007. 412 S. ISSN 0557-2177.

Der 33. Band des Jahrbuches des Vereins der Freunde der Stadt Thorn/Toruń (Towarzystwo Miłośników Torunia) an der Nikolaus-Kopernikus-Universität beinhaltet Aufsätze zur Thorner Stadtgeschichte, Miszellen, Erinnerungen, Rezensionen und Buchbesprechungen. Michał Rogoziński beschäftigt sich in seinem Artikel mit der Strafjustiz im mittelalterlichen Thorn. Martina Thomsen behandelt in ihrem Beitrag die Schrift *Das betrübte Thorn* von Daniel Ernst Jablonski. Agnieszka Zielińska-Nowicka schreibt über die demographische Struktur der Thorner Immigranten und ihre Haushalte in der ersten Hälfte des 19. Jahrhunderts und Magdalena Niedzielska über die Geschichte der Entstehung des Kopernikus-Denkmals in Thorn. Przemysław Olstowski befasst sich mit den Thorner Mittelschulen in der Zwischenkriegszeit und Robert Zadura mit der Seelsorgetätigkeit von Stefan Wincenty Frelichowski in Thorn. Des weiteren findet man Miszellen von Łukasz Myszka über die Kontakte der Thorner Dominikaner mit dem Dorf Kaszczorek, von Anna Drążkowska über die aus der Grabkrypta der Kirche Mariä Himmelfahrt in Thorn geborgenen Kränze und von Karolina Szarek über das Haus von Kasimir Ulatowski in der Legionenstraße. Rezensiert werden unter anderem die Studie von Krzysztof Kopiński über wirtschaftliche und gesellschaftliche Kontakte Thorns mit Breslau/Wrocław im Spätmittelalter und das Buch von Martina Thomsen über Kriminalität und Strafjustiz in Thorn im 18. Jahrhundert. Der Band schließt mit einer sehr verdienstvollen Bibliographie der Stadt Thorn für das Jahr 2005 und einem Inhaltsverzeichnis in deutscher Sprache.

Piotr Zariczny

Błażej Śliwiński (Hg.): Krzyżacy, szpitalnicy, kondotierzy [Kreuzritter, Hospitaliter, Söldnerführer]. Malbork: Muzeum Zamkowe w Malborku, Zakład Historii Średniowiecza Polski i Nauk Pomocniczych Historii Uniwersytetu Gdańskiego 2006 (Studia z dziejów średniowiecza [Studien zur Geschichte des Mittelalters] 12). 484 S., Abb., dt. Zusammenfassungen. ISBN 83-605-1801-7, 978-83-605-1801-4.

Der Band bietet, so der Herausgeber, eine Übersicht über mediävistische Forschungen in Nordpolen, was die veröffentlichten Dissertationen der beteiligten Historiker aus Danzig/Gdańsk, Stettin/Szczecin, Allenstein/Olsztyn, Stolp/Słupsk und Marienburg/Malbork beweisen. Zwei Studien von Grzegorz Jacek Brzustowicz, der die Abhandlung über das pommersche Geschlecht von Wedel aus Band 11 der Reihe fortsetzt, und von Edward Rymar über Dinnies „den Weisen" von der Osten (um 1414–1447), sind der Familienforschung gewidmet. Tomasz Czarnecki untersucht die Etymologie des polnischen Wortes „herb" und führt die Entlehnung auf das Deutsche bzw. das Tschechische zurück, während in einem anderen Aufsatz Paweł Głuszek die lateinischen Namen der Ostsee erörtert. Maciej Maciejowski befasst sich mit den Reisen des Diözesanbischofs zu Lebus/Lubusz, Konrad (1284–1299), unter anderem im Hinblick auf seine Beziehungen zur deutschen Kirche und zu den brandenburgischen Markgrafen. Beata Możejko analysiert die Inventare der Deutschordensburg in Danzig (1384–1446). Marek Smoliński geht der Frage nach, ob vor März 1238 ein Johannitertreffen in Schlawe/Sławno stattfand. Mit den Umständen des Feldzugs von Mieszko II. gegen Sachsen 1028 befasst sich Jarosław Sochacki. Die Beziehungen zwischen Polen und dem Deutschen Orden 1310–1320 werden von Błażej Śliwiński beleuchtet. Einer wenig bekannten Wappengruppe mit dem Wappen von Jungingen auf dem Hauptgeschoss des Hochmeisterpalastes in Marienburg ist eine Studie von Janusz Trupinda gewidmet. Joachim Zdrenka schreibt über eine unbekannte Einmischung des Deutschen Ordens in die Besetzung des Stadtrates der Rechtsstadt Danzig 1413.

Mirosław Ossowski

Robert Traba: Historia – przestrzeń dialogu [Geschichte – Raum des Dialogs]. Warszawa: Instytut Studiów Politycznych Polskiej Akademii Nauk 2006. 274 S. ISBN 83-88490-92-3.

Robert Traba, Historiker und Kulturwissenschaftler, Autor von Publikationen über Ostpreußen und Herausgeber der in Allenstein/Olsztyn herauskommenden Zeitschrift „Borussia", befasst sich in seinem Buch, das aus zwei Interviews und einer Reihe von Skizzen besteht, mit den Aufgaben und dem Standort der modernen Geschichtsschreibung. Wesentliche Aspekte, auf die er eingeht, sind die Fragen der deutsch-polnischen Nachbarschaft und die Haltung zu der deutschen Vergangenheit auf etwa einem Drittel des polnischen Gebiets. Anders als früher Jan Józef Lipski betrachtet Traba die Polen nicht als „Depositäre", sondern als „geistige Nachfolger" des preußischen Kulturgutes und geht in seinen Ausführungen auf einzelne Fälle der „geistigen Nachfolge" ein, etwa die Neuinterpretation der ostpreußischen Mythen, die Geschichte der Masuren in Polen nach 1945 und die Pflege des deutschen Militärfriedhofs in Dröbnitz/Drwęck.

Mirosław Ossowski

Joanna Wańkowska-Sobiesiak: Za mało na Polaka, za mało na Niemca ... [Zu wenig Pole, zu wenig Deutscher ...]. Olsztyn: Studio Poligrafii Komputerowej „SQL" 2006. 124 S., Abb. ISBN 83-88125-46-X.

Das Buch enthält 29 der deutschen Minderheit in Polen, besonders im Ermland und in Masuren, gewidmete Reportagen aus den Jahren 1992–2004. Es werden die Organisationen der deutschen Minderheit nach 1989, ihre Vertreter, unter ihnen Walter Angrik, Paweł Gollon, Alfred Cesla, Dietmar Dombrowski und Tadeusz Willan, sowie ihre Aktivitäten, etwa ein privates Masurisches Museum in Zondern/Sądry bei Sensburg/Mrągowo und kulturelle Veranstaltungen, dargestellt. Das Anliegen der Autorin ist es, anhand von zahlreichen Interviews mit den heutigen und früheren Einwohnern Vergangenheit und Gegenwart der Region zu zeigen.

Mirosław Ossowski

Brigitte Wehrmeyer-Janca: Młodość niemieckiej dziewczyny w Polsce. Epizody z Gdańska (1938–1958) [Die Jugend einer Deutschen in Polen. Episoden aus Danzig (1938–1958)]. Gdańsk: Marpress 2005. 115 S., Abb. ISBN 83-89091-51-8.

Das aus dem Deutschen ins Polnische übersetzte Buch enthält mit Wärme geschriebene Erinnerungen einer 1939 in Danzig/Gdańsk geborenen, nach 1945 in der Stadt gebliebenen und zwölf Jahre später nach Deutschland umgezogenen Autorin. Es zeigt ihr Leben in der Stadt vor, während und nach dem Krieg sowie die Ankunft in Deutschland. Da die Autorin aus einer musikalischen Familie stammt, spielt in der Darstellung auch die Musik eine Rolle. Das Buch stellt, wie Andrzej Januszajtis im Vorwort bemerkt, einen Beitrag zur polnisch-deutschen Versöhnung dar.

Mirosław Ossowski

Jacek Wijaczka: Procesy o czary w Prusach Książęcych (Brandenburskich) w XVI–XVIII wieku [Hexenprozesse im Herzogtum Preußen (Brandenburgisch-Preußen) im 16.–18. Jahrhundert]. Toruń: Wydawnictwo Uniwersytetu Mikołaja Kopernika 2007. 363 S. ISBN 978-83-231-2097-1.

Der Glaube an Hexen war in der Frühen Neuzeit ein Grundelement der europäischen Gedankenwelt, auch unter den intellektuellen Eliten des Bürgertums. Untersuchungen zu Hexenverfolgungen und Hexenprozessen haben eine lange Tradition in der abendländischen Historiographie. Sie wurden bereits gegen Ende des 18. Jahrhunderts begonnen; zu Beginn der 60er Jahre des 20. Jahrhunderts wurden sie nach einer langjährigen Pause wiederbelebt, und die aktuelle Literatur zu Hexenprozessen in der Frühen Neuzeit ist bereits so umfangreich, dass der einzelne Forscher nicht in der Lage ist, sie zu überblicken. Das Ziel der vorliegenden Arbeit ist die Darstellung der Abläufe von Hexenprozessen und -verfolgungen im Herzogtum Preußen vom 16.–18. Jahrhundert. Bis heute wurde diese Thematik nicht vollständig wissenschaftlich bearbeitet. Der Krieg machte eine von Anneliese Triller geplante umfangreiche Publikation unmöglich, und das von ihr mühevoll gesammelte Material ging verloren. Erst 1983 wurde ein Aufsatz von Heide Wunder veröffentlicht, in dem die Autorin die Hexenprozesse vom Beginn des 16. Jahrhunderts bis 1571 beschreibt. Dem Band wurden ein Abkürzungs- und Abbildungsverzeichnis sowie ein Orts- und Tabellenregister beigefügt.

Piotr Zariczny

Władysław Zajewski: Wolne Miasto Gdańsk pod znakiem Napoleona [Die Freie Stadt Danzig zu Napoleons Zeiten]. Olsztyn: Littera 2007. 246 S., Abb. ISBN 83-89775-01-8.

Eine Sammlung von Aufsätzen des pensionierten Historikers und Autors (630 Publikationen) setzt sich zu einer bunten Darstellung der Stadt Danzig/Gdańsk unter der Oberherrschaft Napoleons zusammen. Im Buch werden die Kriegsereignisse und in erster Linie die diplomatischen Verhandlungen in Europa (unter anderem in Tilsit, Erfurt, Wien) geschildert. Der Autor geht auch auf die in der polnischen Historiographie bisher unbekannten diplomatischen Versuche ein, Danzig mit dem 1807 entstandenen Herzogtum Warschau zu verbinden. Darüber hinaus werden zwei Besuche Napoleons in der Stadt (1807 und 1812) geschildert sowie die Frage beantwortet, warum es in Hamburg 1813 zu einem Aufruhr gegen Napoleon kam, während Danzig loyal blieb und sich gegen einen Anschluss an Preußen wehrte.

Mirosław Ossowski

4. Pommern, Neumark

Anna Bartczak, Lech Karwowski, Rafał Makała (Hg.): Codzienność historii. Katalog wystawy. Wystawa zorganizowana w sześćdziesięciolecie państwowości polskiej na Pomorzu Zachodnim. Die Alltäglichkeit der Geschichte. Szczecin: Muzeum Narodowe w Szczecinie 2007. 165 S., farb. u. s.-w. Abb., dt. u. poln. Texte. ISBN 978-83-86136-57-5.

Der großformatige zweisprachige Ausstellungskatalog blickt zurück auf die 60 Jahre der Zugehörigkeit des früheren Hinterpommern zu Polen. Er wurde vom Stettiner Nationalmuseum, dem Deutschen Kulturforum östliches Europa in Potsdam und dem Institut des nationalen Gedächtnisses in Stettin/Szczecin herausgegeben. Der Beitrag von Rafał Makała beschreibt die Ausstellungsgenese und hat die in dieser Region lebenden Menschen und ihre Nachkommen sowie die einzelnen Etappen ihres Lebens vor dem Hintergrund der historischen Ereignisse und des Alltags zum Thema. Drei illustrierte Artikel behandeln die Zeitgeschichte Pommerns von 1945 bis 2005 (Alina Hutnikiewicz). Zudem werden das Nachkriegs-Stettin im Bewusstsein der Deutschen (Jan Musekamp) und der städtische Alltag (Anna Bartczak) dargestellt. Der Katalog, der sich in die Zeitabschnitte 1945–1948, 1949–1955, 1956–1970, 1971–1979, 1980–1989 und 1990–2005 gliedert, enthält zahlreiche kommentierte Abbildungen und dient als Wegweiser durch die Ausstellung mit Informationen zu den wichtigsten Phasen des Alltagslebens. Im zweiten Katalogteil berichten drei Stettiner Zeitzeugen: der Ökonom Stanisław Gliński, der nach 1945 in die Stadt kam, der Journalist Bogdan Twardochleb aus der Generation der bereits in Stettin Geborenen und die Architektin Marcelina Lechicka aus der jüngeren Generation.

Ewa Gwiazdowska

Andrzej Chludziński (Hg.): Dygowo i okolice. Szkice z dziejów wsi pomorskiej [Degow und Umgebung. Ausschnitte aus der Geschichte eines pommerschen Dorfes]. Dygowo, Gdynia: Wydawnictwo Region 2007. 320 S., farb. u. s.-w. Abb., dt. Zusammenfassung. ISBN 978-83-60437-43-8.

Der Band ist dem nahe der Hafenstadt Kolberg/Kołobrzeg gelegenen Dorf Degow/Dygowo und seiner Umgebung gewidmet. Die Autoren befassen sich mit Themen wie Landwirtschaft, Archäologie, Geschichte, Architektur, Kunstgeschichte, Ethnographie und Sprachwissenschaft. Unter anderem sind folgende Beiträge zu finden: „Die Lage und die physisch-geographischen Gegebenheiten der Gemeinde Degow“ (Wacław Florek); „Die historischen Grundlagen von Höfen und Parkanlagen in der Gemeinde Degow“ (Zbigniew Sobisz); „Die archäologische Forschung in der Gemeinde Degow“ (Ignacy W. Skrzypek);

„Kriegsschicksale der Dörfer in der Kolberger Gegend im 17.–20. Jahrhundert“ (Hieronim Kroczyński); „Aus der Geschichte des Degower Landes in den Jahren 1945–1948“ (Marek Zawadzki); „Die Rezeption des Westwerks des Kolberger Doms in der Architektur spätgotischer Dorfkirchen im Gebiet von Köslin/Koszalin und Kolberg/Kołobrzeg“ (Marek Ober); „Zur Ikonographie des Dorfes Degow im 17.–21. Jahrhundert“ (Ewa Gwiazdowska); „Bemerkungen zum Fachwerkbau in der Gemeinde Degow“ (Waldemar Witek); „Die dörflichen Denkmäler für die Gefallenen des Ersten Weltkriegs“ (Andrzej Bierca); „Ortsnamen der Gemeinde Degow“ (Andrzej Chludziński).

Maciej Szukała

Andrzej Chludziński, Radosław Gaziński (Hg.): Dzieje wsi pomorskiej. VI Międzynarodowa Konferencja Naukowa, Kłopotowo 25–27 maja 2007 [Die Geschichte des pommerschen Dorfes. VI. internationale wissenschaftliche Konferenz, Klaptow, 25.–27. Mai 2007]. Dygowo, Szczecin, Pruszcz Gdański: Wydawnictwo Jasne 2007. 319 S., Abb., dt. Zusammenfassung. ISBN 978-83-61076-00-1, 978-83-917447-3-4.

Der sechste Band der Tagungsreihe zur Geschichte des pommerschen Dorfes ist nach folgenden Sachgebieten unterteilt: I. Archäologie und Geschichte, II. Volkskunde und Literaturwissenschaft, III. Sprachwissenschaft, IV. Landeskunde. Teil I bietet unter anderem Forschungsergebnisse zur Stellung der pommerschen Kultur in Mechenthin/Miechęcin aus dem Jahre 2006 (Jacek Borkowski, Andrzej Kasprzak), einen geschichtlichen Abriss des Ortes und Rittergutes Klaptow/Kłopotowo bis 1945 (Ernst Schroeder) sowie Beiträge zu folgenden Themen: Ansiedlung in der Umgebung von Stegers/Rzeczenica im Kreis Schlochau/Człuchów vom 14. bis zum 19. Jahrhundert (Marian Fryda), Migration und Dorfgründungen in Pommern und Pommerellen im 16. und frühen 17. Jahrhundert (Klaus-Dieter Kreplin), Rügenwalde/Darłowo am Anfang des 18. Jahrhunderts (Radosław Gaziński), Einwohner der Dörfer auf der Halbinsel Hela/Hel in der zweiten Hälfte des 18. Jahrhunderts (Andrzej Groth), das Modell einer adeligen Familie in einem pommerschen Landgut zwischen dem 18. und dem frühen 20. Jahrhundert (Agnieszka Chlebowska), Ansiedlung der ukrainischen Bevölkerung in Hinterpommern nach dem Zweiten Weltkrieg (Roman Drozd), Übergabe der Landgüter von der russischen Armee an Polen auf dem Gebiet des Kreises Stolp/Słupsk in den Jahren 1945–1951 (Maciej Hejger), Arbeits- und Lebensbedingungen der LPG-Mitarbeiter in Pommern in den 1950er Jahren (Małgorzata Machałek). Zum Bereich Volkskunde und Literatur finden sich Beiträge zu folgenden Themen: jüdische Dorfbewohner in Pommern in den Jahren 1650–1945 (Henryk Romanik), Frömmigkeit und kirchliches Leben auf dem Lande in Pommern im 19. und 20. Jahrhundert (Hans-Udo Vogler), regionale Traditionen im Leben der Einwohner des Stettiner Stadtteils Finkenwalde/Zdroje (Maria Witek, Waldemar Witek), der Mythos des Nordens in der Literatur (Adela Kuik-Kalinowska), Mittelpommern in Tagebüchern (Daniel Kalinowski). Der Sprachwissenschaft gelten Beiträge über die den pommerschen Dorfnamen gleichen Anthroponyme im *Liber beneficiorum domus Corone Marie prope Rugenwold* aus den Jahren 1406–1528 (Andrzej Chludziński), über historische Familiennamen in Pommern vom 16. bis zum 18. Jahrhundert (Małgorzata Magda-Czekaj), deutsche Familiennamen der Einwohner der Pfarrei Jehlenz/Jeleńcz in der Tucheler Heide vom Ende des 16. Jahrhunderts bis 1831 (Jarosław Szuta), Orts- und Gebietsnamen als Zeugnis der materiellen und geistigen Kultur der Einwohner des Tucheler Landes (Małgorzata Milewska-Stawiany), Tiernamen in der Region Kociewie (Lucyna Warda-Radys), kaschubische Namen von Zwischenmahlzeiten (Róża Wosiak-Śliwa). Im landeskundlichen Teil schreibt Zbigniew Sobisz über die floralen Dekors der Gefäße in den Parkanlagen der Güter und Friedhöfe der Gemeinde Henkenhagen/Ustronie Morskie. Der Band enthält zahlreiche Illustrationen sowie kurze biographische Hinweise zu den Autoren.

Maciej Szukała

Marek Cichoń: Dolina Dolnej Odry. The Lower Odra Valley. Das Untere Odertal. Szczecin: Soft Vision 2007. 270 S., farb. Abb., poln., engl. u. dt. Text. ISBN 978-83-921646-5-4.

Der dreisprachige Bildband beginnt mit einer Einführung von Elżbieta Kalasińska in die Fragen des Naturschutzes im Unteren Odertal. Thematisiert werden die Pflanzen- und Tierwelt, der Nationalpark Wollin/Wolin, die Schutzgebiete innerhalb des europäischen Naturschutz-Netzwerkes „Natura 2000", der Landschaftspark Unteres Odertal sowie spezielle Gebiete zum Schutz der Vogelwelt und sonstige geschützte Lebensräume. Der Einführung folgen zahlreiche dreisprachig untertitelte Fotografien, durch die der Fotograf und Naturschützer Marek Cichoń die Schönheit der unberührten Natur zeigt.

Ewelina Kamińska

Eugeniusz Cnotliwy, Andrzej Janowski, Krzysztof Kowalski, Sławomir Słowiński (Hg.): Nie tylko archeologia. Księga poświęcona pamięci Eugeniusza „Gwidona" Wilgockiego [Nicht nur Archäologie. Ein Erinnerungsbuch für Eugeniusz „Gwidon" Wilgocki]. Szczecin: Stowarzyszenie Naukowe Archeologów Polskich, Muzeum Narodowe w Szczecinie 2006. 359 S., Abb. ISBN 83-906963-5-5, 83-86136-66-9.

Diese Aufsatzsammlung zu unterschiedlichen Themen und Epochen entstand zum Gedenken an den verstorbenen Stettiner Archäologen Eugeniusz Wilgocki. Im Band finden sich z. B. Beiträge zur Symbolkultur der Steinzeitvölker und zu dem neu entdeckten Megalithgrab bei Köslin/Koszalin, zu Spuren der Lausitzer Kultur und Gräbern der Pomoranen. Die meisten Artikel behandeln mediävistische Themen, etwa vorpiastische Wehranlagen, Befestigungen der Küste und der Häfen an der Odermündung sowie Berichte zu archäologischen Grabungen in der Region. Eine Reihe von Untersuchungen widmet sich frühmittelalterlichen Keramikfunden in der Region Pommern.

Krzysztof Kowalski

Roman Czejarek: Swobnica [Wildenbruch]. Szczecin: Stowarzyszenie Czas Przestrzeń Tożsamość 2006 (Czas przestrzeń tożsamość [Zeit, Raum, Identität] 6). 128 S., s.-w. Abb., poln. u. dt. Text. ISBN 83-923059-3-0.

Die mit zahlreichen Abbildungen versehene Publikation befasst sich mit der Geschichte der ehemaligen Komturei des Johanniterordens, der Ländereien in Pommern besaß. Das Schloss in Wildenbruch/Swobnica, das im Zentrum der Veröffentlichung steht, ist eines der wenigen Schlösser Pommerns, die bis heute erhalten geblieben sind. Der Band gliedert sich in folgende Kapitel: Schloss Wildenbruch Ende des 14. Jahrhunderts; die Jahre der Expansion und der Probleme – 15. und 16. Jahrhundert; das Schloss Anno Domini 1547 und 1560; die Zeit der Veränderungen – 16. und 17. Jahrhundert; die neue Jagdresidenz – 18. und 19. Jahrhundert; der Untergang – die letzten 150 Jahre; das Dorf Wildenbruch/Swobnica. Die Geschichte des Dorfes wird bis zum Ende der 1990er Jahre verfolgt. Der Band enthält zudem eine Zusammenstellung der bekannten bzw. nachweisbaren Eigentümer, Pächter und Verwalter des Schlosses (von der Zeit des Johanniterordens 1377–1648 über die Zeit der Herrschaft des Königreiches Schweden 1648–1659, des Kurfürstentums Brandenburg 1659–1680, der säkularen Markgrafen 1680–1778, Preußens und Deutschlands 1778–1945 bis zur polnischen Zeit nach 1945). Ein Literaturverzeichnis mit Verweisen auf zahlreiche deutsch- und polnischsprachige Quellen sowie eine polnisch-deutsche Konkordanz der geographischen Namen beschließen den Band.

Ewelina Kamińska

Radosław Gaziński, Andrzej Chudziński (Hg.): Dzieje wsi pomorskiej. V Międzynarodowa Konferencja Naukowa, Kłopotowo 5–7 maja 2006 [Die Geschichte des pommerschen Dorfes. V. internationale wissenschaftliche Konferenz, Klaptow, 5.–7. Mai 2006]. Dygowo, Szczecin: Gminny Zespół Oświaty i Kultury w Dygowie, Uniwersytet Szczeciński 2006. 315 S., Abb., dt. Zusammenfassung. ISBN 83-917447-7-9.

Hierbei handelt es sich um eine weitere Publikation in der Reihe der Tagungsbände zur „Geschichte des pommerschen Dorfes". Das Buch ist in vier Themenbereiche untergliedert: I. Quellenkunde, Archäologie und Geschichte; II. Literaturwissenschaft und Volkskunde; III. Sprachwissenschaft; IV. Architektur, Kunstgeschichte und Landeskunde. Im ersten Teil werden folgende Themen behandelt: „Kirchenakten aus den Sammlungen des Staatsarchivs in Stettin/Szczecin als Quelle zur Geschichte des pommerschen Dorfes" (Radosław Gaziński); „Archäologische Forschungen der Gemeinde Degow/Dygowo mit besonderer Berücksichtigung der frühmittelalterlichen Zeit" (Ignacy W. Skrzypek); „Untersuchungen zur Geschichte von Rörchen/Rurka bei Königsberg (Nm.)/Chojna" (Przemysław Kołosowski); „Ausgewählte Dorfpfarreien des Camminer Bistums zwischen Leba und Swine im ‚Repertorium Germanicum' aus den Jahren 1378–1471" (Edward Rymar); „Klostermädchen aus Marienfließ. Änderungen in den Funktionen und der Organisation der Stiftung für adelige Töchter im 19. Jahrhundert" (Agnieszka Chlebowska). Aus dem zweiten Teil verdienen die Beiträge „Das westliche Grenzland. Begriff, Mythos und Poetik" (Adela Kuik-Kalinowska) und „Die kaschubische Volksmusik" (Violetta Kostka) besondere Erwähnung. Im sprachwissenschaftlichen Teil konzentrieren sich die Autoren auf folgende Themen: „Deutsche Namen der Dörfer und Siedlungen im Gebiet von Tuchel/Tuchola" (Małgorzata Milewska-Stawiany); „Die Toponyme von Buschdorf/Zakrzewo bei Flatow" (Maria Czaplicka-Jedlikowska); „Die Feldnamen in den Kreisen Regenwalde/Resko und Naugard/Nowogard im 18. Jahrhundert" (Beata Afeltowicz); „Weidenamen im Kreis Belgard/Białogard" (Andrzej Chludziński); „Slawisch-germanische Projektionen pomoranischer Redewendungen. Animalistische Phraseologismen mit der Komponente ‚Kater/Katze'" (Valerij Mokienko, Tatjana Valodzina, Harry Walter); „Der mit der Innenausstattung von Gebäuden verbundene Wortschatz im Kulmerland im 17. Jahrhundert" (Lucyna Warda-Radys); „Namen der Speisen im kaschubischen Dorf" (Róża Wosiak-Śliwa). Im Bereich Architektur, Kunstgeschichte und Landeskunde werden folgende Themen behandelt: „Bemerkungen zum Fachwerkbau in der Gemeinde Degow/Dygowo" (Waldemar Witek); „Dorfdarstellungen der preußischen Provinz Pommern auf alten Postkarten aus den Jahren 1898–1945" (Ewa Gwiazdowska); „Florale Gefäßdekorationen aus denkmalgeschützten Standorten der frühmittelalterlichen Siedlung in der Gemeinde Degow/Dygowo" (Zbigniew Sobisz); „Unterwegs in der ‚Terra Transoderana'. Das Institut für angewandte Geschichte auf der Suche nach Spuren der Vergangenheit ‚Beiderseits der Oder'" (Matthias Diefenbach, Mateusz Hartwich).

Maciej Szukała

Ewa Gwiazdowska, Rafał Makała (Hg.): August Ludwig Most (1807–1883). Pomorski artysta epoki biedermeieru. Katalog wystawy. Muzeum Narodowe w Szczecinie 10 marca – 27 maja 2007, Pommersches Landesmuseum Greifswald, 8 listopada – 2 grudnia 2007. August Ludwig Most (1807–1883). Ein pommerscher Künstler der Biedermeierzeit. Katalog der Ausstellung. Szczecin: Muzeum Narodowe w Szczecinie 2007. 286 S., Abb., dt. u. poln. Text. ISBN 978-83-86136-71-1.

Der zweisprachige Katalog versammelt Forschungsergebnisse über August Ludwig Most, einen Stettiner Maler der Spätromantik und des Biedermeier. Er erschien anlässlich der von Ewa Gwiazdowska kuratierten Ausstellung, die vom 10. März bis 27. Mai 2007 im Stettiner Nationalmuseum und vom 8. November bis 2. Dezember 2007 im Pommerschen Landesmuseum in Greifswald zu sehen war. Der umfangreiche Band besteht aus zwei Teilen. Im ersten Teil finden sich wissenschaftliche Beiträge zu Leben und Werk des Malers: *August Ludwig Mosts ethnographische Genrebilder im Kontext der Darstellungen von Volks- und Trachtenleben in der Malerei der deutschsprachigen Länder zur Zeit des Biedermeiers* (Gerd-Helge Vogel); *August Ludwig Mosts Leben und Tätigkeit* (Eckhard Wendt); *Betrachtungen zur Malerei von August Ludwig Most* (Klaus Haese); *August Ludwig Most und das Bild der Weizackertracht* (Kurt Dröge); *Bedeutung der Skizzenbücher in August Ludwig Mosts Œuvre* (Ewa Gwiazdowska). Der zweite Teil umfasst den Werkkatalog mit ausführlichen Kommentaren zu den Bildern, Zeichnungen, Druckgraphiken und Skizzenbüchern. Der Band enthält 198 größtenteils farbige Reproduktionen. Eine Bibliographie und ein ausführliches Abbildungsverzeichnis schließen ihn ab.

Maciej Szukała

Ewa Gwiazdowska: Schinkel i jego uczniowie – na Pomorzu. Katalog wystawy, 30 marca – 23 kwietnia 2006 [Schinkel und seine Schüler in Pommern. Katalog zur Ausstellung, 30. März bis 23. April 2006]. Szczecin: Muzeum Narodowe w Szczecinie 2006. 174 S., s.-w. u. farb. Abb. ISBN 83-86136-60-X.

Die Veröffentlichung erschien anlässlich der von Ewa Gwiazdowska kuratierten Ausstellung über das Werk Karl Friedrich Schinkels in Pommern, eines der bedeutendsten Architekten Europas mit entscheidendem Einfluss auf das Bauwesen Mitteleuropas. Im ersten Teil des Ausstellungskatalogs sind zwei wissenschaftliche Beiträge zu finden: über Architektur in Hinterpommern mit Bezug zu Schinkel und seinen Schülern (Ewa Gwiazdowska) und Schinkels Verbindungen nach Vorpommern (Klaus Haese). Der zweite Teil des Kataloges präsentiert 250 Exponate, darunter Gemälde, Entwurfszeichnungen zu Sakralobjekten und weltlichen Bauten von Schinkel oder seinen Schülern für Ortschaften in Pommern. Das Buch enthält außerdem Kurzbiographien der Architekten, Baumeister und Beamten des Bauamtes aus dem Umkreis Schinkels, eine Bibliographie, ein Namensregister und ein Verzeichnis der Abbildungen.

Maciej Szukała

Kazimiera Kalita-Skwirzyńska: Bazylika archidiecezjalna pod wezwaniem Świętego Jakuba Apostoła w Szczecinie [Die erzbischöfliche Basilika St. Jakob in Stettin]. Szczecin: Soft Vision Mariusz Rajski 2007. 95 S. ISBN 978-83-92164-69-2.

Die mit Aufnahmen von Grzegorz Solecki reich illustrierte Monographie über eine der mittelalterlichen Hauptkirchen Stettins behandelt die Geschichte des Sakralbaus von dessen Entstehung im 12. Jahrhundert bis in die Gegenwart. Der Band ist eine Art Architekturführer, der die Relikte der Vergangenheit und den Wiederaufbau sowie die seit den 1970er Jahren laufenden Restaurierungsarbeiten und die Ausstattung mit zeitgenössischen Kunstwerken dokumentiert. Berücksichtigt sind auch die neuesten bauarchäologischen und kunsthistorischen Befunde. In den einzelnen Kapiteln behandelt die Autorin die verschiedenen Bauepochen – Mittelalter, Neuzeit, die Jahrzehnte nach 1945 –, analysiert die jeweilige Formensprache und beschreibt Form und Ausstattung des Presbyteriums und aller Seitenkapellen. Ein kommentierter Grundriss der Kirche erleichtert die Orientierung. Das Abbildungsmaterial zeigt historische und zeitgenössische Aufnahmen des Baus und seiner Ausstattung. Ein Literaturverzeichnis beschließt den Band.

Ewa Gwiazdowska

Kazimiera Kalita-Skwirzyńska, Eugeniusz Kus, Beata Makowska, Zdzisław Pawlicki, Ewa Prync-Pommerencke (Hg.): Zamki i rezydencje na Pomorzu [Schlösser und Herrenhäuser in Pommern]. Szczecin: Wydawnictwo Zamek Książąt Pomorskich 2006 (Ars Pomeraniae). 219 S., farb. u. s.-w. Abb., poln. u. dt. Text. ISBN 83-916790-9-8, 978-83-916790-9-8.

Die zweisprachige, reich illustrierte Publikation präsentiert eine Auswahl von Burgen, Schlössern und Herrenhäusern im polnischen und im deutschen Teil des historischen Pommern (in Hinterpommern – im Polnischen als „Westpommern" bezeichnet – und in Vorpommern), deren Lokalisation auf einer schematischen Karte der Region verzeichnet ist. Der Erhaltungszustand der Objekte ist unterschiedlich, auch Ruinen sind aufgenommen. Die Einführung des Stettiner Historikers Edward Włodarczyk gibt einen Überblick über die Geschichte Pommerns vom 11. Jahrhundert bis in die Gegenwart. Im zweiten Kapitel wird die Entwicklung der Residenzarchitektur in Pommern nach Epochen und Stilen vom Mittelalter bis zum Historismus des 19. Jahrhunderts dargestellt. Die folgenden Kapitel sind den einzelnen Bauten gewidmet, deren Entstehungsgeschichte, kunsthistorische Einordnung und Schicksal nach 1945 beschrieben werden. Das Abbildungsmaterial umfasst Grundrisse, Gesamt- und Detailansichten der Bauten sowie Innenaufnahmen. Ein Literatur- und ein Ortsverzeichnis schließen den Band ab.

Ewa Gwiazdowska

[Joanna Kluszczyńska u. a.:] Dawny powiat Sławno. [Der] Frühere Kreis Schlawe. Autorzy [Autoren:] Joanna i Zbigniew Kluszczyńscy, Andrzej Szkudniewski, Tomasz Urbaniak. Tekst [Text:] Joanna i Zbigniew Kluszczyńscy, Jan Sroka. Słupsk: „GRAWIPOL" 2007. 302 S., farb. Abb., dt. u. poln. Text. ISBN 83-60101-95-7.

Mit dieser Publikation liegt ein zweisprachiger Bildband mit Reproduktionen von 280 Postkarten vor, die Ortschaften im historischen Kreis Schlawe/Sławno zeigen. Ansichtskartensammler aus Polen und Deutschland stellten dafür ihre Privatsammlungen zur Verfügung (Jerzy Buziałkowski, Andrzej Jankowski, Jerzy Przewoźnik, Karl Friedrich Schwarz und Zbigniew Wojtkiewicz). Der einführende Text des Heimatforschers und Gründers der Stiftung „Dziedzictwo" („Das Erbe"), Jan Sroka, befasst sich mit den Auswahlkriterien der einzelnen Ansichtskarten und ihrem dokumentarisch-historischen Wert, schildert die administrativ-demographische Geschichte des Kreises und erklärt in geraffter Form das präsentierte Bildmaterial, das den Zeitraum vom ausgehenden 19. Jahrhundert bis in die 1940er Jahre umfasst. Die Ansichten zeigen vier Städte: Rügenwalde/Darłowo samt Rügenwaldermünde/Darłówko, Pollnow/Polanów, Zanow/Sianów und Schlawe/Sławno, sowie 72 Dörfer. Ein kurzer geschichtlicher Abriss zum jeweiligen Ort fehlt nicht. Im Anhang finden sich ein Verzeichnis der Kartenverleger und ein Ortsregister. Vervollständigt wird das Buch durch Pläne der vier erwähnten Orte aus deutscher Zeit.

Ewa Gwiazdowska

Janina Kochanowska, Brit Bellmann, Heiko Wartenberg: Śladami książąt pomorskich. Auf den Spuren der pommerschen Herzöge. Szczecin: Zamek Książąt Pomorskich w Szczecinie 2007. 239 S., farb. u. s.-w. Abb., dt. u. poln. Text. ISBN 978-83-60816-03-5.

Die großformatige zweisprachige Publikation mit reichem Abbildungsmaterial befasst sich mit Bauten, die mit der Geschichte der pommerschen Herzöge verbunden sind: Burgen, Schlössern, Jagdhäusern, Kirchen sowie musealen Sammlungen. Der kurzen Einführung durch den Direktor des Stettiner Schlosses, Eugeniusz Kus, und den Direktor des Pommerschen Landesmuseums Greifswald, Uwe Schröder, folgt ein Überblick über die Geschichte des Herzogtums Pommern. Danach werden die einzelnen Orte, zumeist versehen mit einer Ansicht aus der Großen Lubinischen Pommernkarte, vorgestellt. Die Beschreibungen der herzoglichen Bauten behandeln Geschichte, Architekturgeschichte, Ausstattung sowie gegebenenfalls auch Grablegen. Historische und zeitgenössische Fotos zeigen neben der Architektur auch Kunstgegenstände, historische Kleidung und Schmuck. Auf einer Falteinlage findet sich die Reproduktion eines gemalten Stammbaums der Greifenherzöge aus dem späten 16. Jahrhundert. Am Ende des Bandes werden auch die „verwehten Spuren", d. h. nicht mehr existierende Bauten, erwähnt. 44 Kurzbiographien der Herzöge und ihrer Ehefrauen schließen den Band ab.

Ewa Gwiazdowska

Janina Kochanowska (Hg.): Trzebiatów – spotkania pomorskie – 2005 [Treptow a. d. Rega – pommersche Begegnungen – 2005]. Wołczkowo, Szczecin: Oficyna IN PLUS 2005. 185 S., farb. u. s.-w. Abb. ISBN: 83-89402-46-7.

Als Ergebnisband einer wissenschaftlichen Tagung behandelt diese Publikation Archäologie, Geschichte, Architektur, Kunst und Flora von Treptow a. d. Rega/Trzebiatów und Greifenberg/Gryfice sowie ihrer Umgebung. Der archäologische Teil präsentiert zunächst die Ergebnisse von Grabungen im ehemaligen Prämonstratenserkloster Belbuck/Białoboki (Marek Dworaczyk). Marek Dworaczyk und Roman Kamiński zeichnen die Anfänge des mittelalterlichen Greifenberg im Lichte archäologischer Forschungen nach. Den historischen Teil leitet Grzegorz Wejmann mit einem Beitrag über die Kultstätten um Otto von Bamberg in der Diözese Cammin/Kamień ein. Agnieszka Tomaszewska untersucht den Wandel des Wappens von Treptow a. d. Rega im Laufe der Jahrhunderte. Dieter Bischoff behandelt die Geschichte des Dorfes Klätkow/Kłodkowo, Dariusz Bienek die des Dorfes Neuhof/Nowielice bis 1945. Zbigniew Sobisz stellt die Parkanlagen der Dörfer Dargislaff/Dargosław, Molstow/Mołstowo, Stölitz/Stołąż, Streckentin/Strzykocin, Dummadel/Tąpadły und Nestau/Uniestowo vor. Zwei Aufsätze befassen sich mit der Geschichte des Schulwesens im Kreis Greifenberg. Sylwia Wesołowska widmet sich dessen Entwicklung bis zur Mitte des 19. Jahrhunderts, Antoni Cieśliński betrachtet den Zeitraum von 1945 bis 1948. Der Teil zur Architektur und Kunst beginnt mit einem Beitrag zu den Wohn- und Bürgerhäusern von Treptow (Kazimiera Kalita-Skwirzyńska). Anschließend präsentiert Ewa Kulesza-Szerniewicz die Geschichte der Brückenbauten von Treptow, Ewelina Kwiatkowska schildert den Bau der Schmalspurbahn in der Umgebung der Stadt. Hans Udo Vogler befasst sich mit der Darstellung Mariä in der Treptower Pfarrkirche; Janina Kochanowska beschreibt die Innenausstattung der dortigen altlutherischen Johanneskirche. Andrzej Chludziński untersucht die Herkunft der Straßennamen von Treptow; die Ansichtskarten des Ortes seit dem 19. Jahrhundert sind Thema des Beitrags von Piotr Żak.

Maciej Szukała

Bogdana Kozińska: XVIII-wieczna kartografia Szczecina ze zbiorów Muzeum Narodowego w Szczecinie. Informator do wystawy [Die Kartographie Stettins aus dem 18. Jh. in der Sammlung des Stettiner Nationalmuseums. Begleitheft zur Ausstellung]. Szczecin: Muzeum Narodowe w Szczecinie 2006. 24 S., farb. Abb. ISBN 83-86136-58-8.

Diese Publikation entstand als Begleitheft zu der Ausstellung kartographischer Pläne der Festung Stettin/Szczecin aus dem 18. Jahrhundert. Jenes Jahrhundert brachte für die pommersche Hauptstadt tiefgreifende politische, wirtschaftliche und räumliche Veränderungen mit sich. Nach der Übernahme durch Preußen wurde Stettin zu einer mächtigen Festung umgestaltet, eine Tatsache, welche die weitere Entwicklung der Stadt bis zum Jahre 1873 prägte. Aus der Zeit des Festungsbaus 1723–1741 hat sich eine Sammlung von Plänen erhalten, die sich heute im Besitz des Stettiner Nationalmuseums befindet. Bogdana Kozińska, Autorin der Ausstellung, befasst sich in der Begleitschrift mit der Politikgeschichte der Epoche, den Umständen, unter denen Stettin preußisch wurde, den Plänen zur Befestigung der Stadt, die unter der Leitung von Gerhard Cornelius Walrave entstanden, dem Baubeginn der Festung und dem späteren Ausbau der Fortifikationsanlagen. Beigegeben ist farbiges Bildmaterial: Stadtpläne, Pläne der Forts, Entwürfe der Befestigungsanlagen.

Maciej Szukała

Kazimierz Kozłowski, Wiesław Wróblewski (Hg.): Pomorze militarne XII–XXI wiek. Część II. Materiały z sesji naukowej zorganizowanej 14 marca 2005 r. w Szczecinie [Das militärische Pommern, 12.–21. Jahrhundert. Teil II. Beiträge einer am 14. März 2005 in Stettin abgehaltenen wissenschaftlichen Tagung]. Szczecin: Szczecińskie Towarzystwo „Pogranicze“, Wydawnictwo „Dokument“ Oficyna Archiwum Państwowego w Szczecinie 2006. 345 S., Abb. ISBN 83-89341-36-0.

Der Band enthält die Beiträge einer wissenschaftlichen Konferenz, die der Geschichte des Militärwesens in Pommern vom Mittelalter bis in die Gegenwart gewidmet war. Uwe Rodig präsentiert die Quellen, die den schwedischen und brandenburgisch-preußischen Zeitraum betreffen und im Landesarchiv Greifswald verwahrt werden, Andrzej Klebeko und Teresa Prengel-Boczkowska untersuchen die Quellen zum Grenzschutz, die sich im Grenzschutzarchiv in Stettin (Archiwum Straży Granicznej w Szczecinie) befinden. Einen Abriss der kriegerischen Auseinandersetzungen im pommerschen Raum seit dem Mittelalter bietet Karol Olejnik. Die Genese und wirtschaftliche Existenzgrundlage des pommerschen Rittertums seit Beginn des 13. Jahrhunderts stellt Dariusz Wybranowski dar. Den heraldischen Aufzug der Ritter von Dewitz beschreibt Grzegorz Brzustowicz. Mit den neuzeitlichen städtischen Fortifikationsanlagen befasst sich Alicja Biranowska-Kurtz. Adam Suchowiecki thematisiert die Offizierslager (Oflag) in Arnswalde/Choszczno und Woldenberg/Dobiegniew im Zweiten Weltkrieg, Cecylia Judek präsentiert das handschriftliche Material zum Oflag in Woldenberg, das in der Stettiner Regionalbibliothek „Książnica Pomorska" aufbewahrt wird. Die Militärverwaltung im westlichen Hinterpommern in den Jahren 1945–1975 beschreibt Jan Pałgan. Dariusz Faszcza und Marek Samarcew veranschaulichen die Geschichte der 12. Stettiner Mechanisierten Division. Den Lebensweg des Generals Mieczysław Boruta Spiechowicz zeichnet Kazimierz Kozłowski nach, das Schicksal des Generals Alexander Litwinowicz verfolgt Andrzej Wojtaszak.

Maciej Szukała

Anna Łazarek, Uwe Rodig (Bearb.): Archiwum Książąt Wołogoskich w zasobach Archiwum Państwowego w Szczecinie i Landesarchiv Greifswald. Konkordancja. Das Herzoglich Wolgaster Archiv im Staatsarchiv Stettin und vom Landesarchiv Greifswald. Konkordanz des Bestandes. Warszawa, Szczecin, Greifswald: Naczelna Dyrekcja Archiwów Państwowych, Archiwum Państwowe w Szczecinie, Landesarchiv Greifswald 2005. 133 S., Abb., dt. u. poln. Text. ISBN 83-89115-47-6.

Die zweisprachige Veröffentlichung geht auf die Zusammenarbeit der Staatlichen Archive von Stettin/Szczecin und Greifswald zurück. Die sorgfältig erstellte Konkordanz erschließt den gesamten Aktenbestand des Herzoglich Wolgaster Archivs. Das Buch setzt sich aus zwei Teilen zusammen. Der erste Teil stellt die Akten zu Grund und Boden des Wolgaster Herzogtums, das nach der Teilung des Herzogtums Pommern 1532 entstanden war, vor. Nach der Wiedervereinigung des Herzogtums 1629 wurden die Akten schrittweise nach Stettin überführt. Die letzten Dokumente wurden 1642 überbracht. Dieser Aktenbestand ist seit dem Zweiten Weltkrieg geteilt. In Stettin liegen 2.370, in Greifswald 636 Akteneinheiten. Der zweite Teil enthält die Archivsignaturen in Tabellenform. Angegeben werden die alten und die aktuellen Signaturen, der Aufbewahrungsort und die Nummern der Mikrofilme. Am Ende des Buches befinden sich 9 Abbildungen von Fragmenten einzelner Archivalien.

Maciej Szukała

Lech Leciejewicz, Marian Rębkowski (Hg.): Kołobrzeg. Wczesne miasto nad Bałtykiem [Kolberg. Eine frühe Stadt an der Ostsee]. Warszawa: Fundacja na Rzecz Nauki Polskiej, Instytut Archeologii i Etnologii PAN, Wydawnictwo TRIO 2007 (Origines Polonorum 2). 347 S. ISBN 978-83-7436-055-5.

Die Reihe „Origines Polonorum", deren zweiter Band Kolberg/Kołobrzeg gewidmet ist, hat zum Ziel, die wichtigsten Orte Polens im frühen Mittelalter vorzustellen. Kolberg war zu jener Zeit eine der bedeutendsten Städte des südlichen Ostseeraums, seit dem Jahr 1000 Bischofssitz, ein Machtzentrum, dessen Grundlagen Tauschhandel und handwerkliche Produktion bildeten. Einem historischen Abriss folgen Ausführungen zur Methodik der Grabungsforschung sowie die Beschreibung der archäologischen Quellen, die bei den Ausgrabungen der altstädtischen Burg in den Jahren 1954–1958 und 1997 sowie 1957 in der Unterburg entdeckt wurden. Die anschließenden Abschnitte behandeln Fragen der Befestigung und Bebauung des frühmittelalterlichen Kolberg, die wirtschaftlichen Grundlagen der Entwicklung dieses Siedlungszentrums und die Chronologie der Keramikfunde. Ausführlich diskutiert werden Aspekte der Lederverarbeitung und der Wirtschaftszweig „Tierhaltung". In ihren Abschlussbetrachtungen heben die Autoren hervor, dass die bisherigen archäologischen Befunde den Ausgangspunkt weiterer intensiver Forschungen zur Geschichte des frühmittelalterlichen Kolberg bilden sollten.

Anna Bogumiła Kowalska

Lech Leciejewicz: Opera selecta. Z dziejów kultury średniowiecznej Polski i Europy [Opera selecta. Aus der mittelalterlichen Kulturgeschichte Polens und Europas]. Hg. v. Marian Rębkowski, Sławomir Moździoch. Wrocław: Instytut Archeologii i Etnologii PAN 2006 (Collectio archaeologica, historica et ethnologica, 1). 429 S., Abb. ISBN 83-89499-33-9, ISSN 1869-8899.

Der Band vereint wissenschaftliche Beiträge von Prof. Dr. Lech Leciejewicz, die in verschiedenen Zeitschriften und Sammelbänden erschienen sind. Themen sind die Herkunft der Slawen, das piastische Polen, das frühmittelalterliche Pommern und das Gebiet der Elbslawen sowie die Kultur Europas im Mittelalter. Die Sammlung gibt einen Einblick in den wissenschaftlichen Ertrag des Autors, die Fortentwicklung seiner Ansichten und Konzeptionen. Im letzten Kapitel finden sich Anmerkungen des Autors zur Archäologie des Mittelalters in Osteuropa, zu polnischen archäologischen Forschungen in Alt-Lübeck sowie zur Formung Europas aus polnischer Perspektive. Der Band bildet den Auftakt zu einer neuen Reihe, die das (Lebens-)Werk bedeutender polnischer Wissenschaftler präsentieren will.

Anna Bogumiła Kowalska

Wojciech Łopuch: Nowe Warpno [Neuwarp]. Szczecin: Stowarzyszenie Czas Przestrzeń Tożsamość 2007 (Czas przestrzeń tożsamość [Zeit, Raum, Identität] 5). 306 S., s.-w. Abb., poln. u. dt. Text. ISBN 978-83-923059-2-7.

Der fünfte Band der Reihe „Zeit, Raum, Identität" befasst sich mit der Geschichte des am Stettiner Haff gelegenen Neuwarp/Nowe Warpno. In der Einführung wird vor allem die Atmosphäre des kleinen Fischer- und Ferienortes geschildert. Der Band setzt sich aus sieben Kapiteln zusammen, in denen die geschichtliche Entwicklung Neuwarps beschrieben wird. Der Autor geht auf die Zeit der Fürsten aus der Greifendynastie, die Rolle der Mönche aus dem Zisterzienser- und dem Prämonstratenser-Orden bei der Evangelisierung der slawischen Welt, die Reformationszeit und die schwedische Herrschaft ein; er charakterisiert Neuwarp als Festungsstadt im 17. Jahrhundert und beschreibt die Entwicklung des Fischereihafens und der Werften in der ersten Hälfte des 19. Jahrhunderts. Auch die mit dem Bau der Eisenbahnlinie verbundene Entwicklung zum Kurort wird geschildert. Der Verfasser beschäftigt sich zudem mit den sehenswerten Gebäuden des Ortes und seiner Umgebung (Rathaus, Kirche, Gasthäuser, Bahnhöfe, Herrenhaus in Albrechtsdorf/Karszno) sowie den touristischen Attraktionen (Denkmäler, Stadtbad, Reha- und Erholungszentrum). Aufmerksamkeit wird auch den mit dem Ort verbundenen Künstlern wie dem englischen Maler Henry Enfield und dem Berliner Landschaftsmaler Hans Hartig gewidmet. Die beiden letzten Kapitel reflektieren die Nachkriegsveränderungen in Neuwarp bis zur Zollfreiheit nach 1989. Den reich illustrierten Band beschließen eine polnisch-deutsche Konkordanz der geographischen Namen und ein Straßenverzeichnis.

Ewelina Kamińska

Marek Łuczak: Szczecin Gumieńce [Stettin-Scheune]. Szczecin: Verlag PPH Zapol Dmochowski, Sobczyk Spółka Jawna 2006. 128 S., s.-w. Abb., poln. u. dt. Text. ISBN 978-83-60140-68-0, 83-60140-68-5.

Die zweisprachige Monographie des heutigen Stettiner Stadtteils Scheune/Gumieńce befasst sich mit der Geschichte der Siedlung seit dem Mittelalter, als das Dorf in kirchlichem Besitz war, über das Jahr 1300, als es als Teil der Pfarrei St. Jakob in Stettin zum Eigentum der Bischöfe von Cammin/Kamień zählte, bis in das 20. Jahrhundert, als der Ort ein Stadtteil Stettins wurde. Beschrieben werden die Sakralbauten und die Industriearchitektur. Breiten Raum räumt der Autor der Entstehungsgeschichte des 1901 eröffneten Hauptfriedhofs in Scheune ein – mit 64 ha ist er eine der größten Friedhofsanlagen Europas. Planungsgrundsatz war für den Architekten Wilhelm Meyer, dass die Grabsteine und -bauten mit den natürlichen Gegebenheiten der Landschaft in Einklang zu bringen waren. Die Beschreibung der Anlage wird von reichem dokumentarischem Material begleitet. Der Autor schildert auch die Geschichte des Stadtviertels nach 1945 bis in das Jahr 2006.

Maciej Szukała

Marek Łuczak: Szczecin Warszewo [Stettin-Warsow]. Szczecin: Verlag PPH Zapol Dmochowski, Sobczyk Spółka Jawna 2007. 96 S., s.-w. Abb., poln. u. dt. Text. ISBN 978-83-7518-007-7.

Die anzuzeigende Monographie befasst sich mit der Geschichte und der Entwicklung des nördlichen Stettiner Stadtteils Warsow/Warszewo. Die Ortschaft entstand bereits im 13. Jahrhunderts als Angerdorf. Der Autor stellt Kirchen, Friedhöfe, Schulen, Kinderheime, Betriebe, Denkmäler sowie die ehemaligen Siedlungen Alt Buchholz/Stare Bukowo, Neu Buchholz/Nowe Bukowo und Seidel's Ruh/Podbórz vor. Ergänzend wird auf die Gegenwart des Stadtteils eingegangen. Der Anhang enthält eine Karte mit 29 markierten sehenswerten Objekten in Warsow (1936), ein Verzeichnis der Straßen- und der geographischen Namen sowie Abbildungen einiger Dokumente aus den Jahren 1867, 1920 und 1945, die den Stadtteil betreffen. Eine Bibliographie mit Verweisen auf deutsch- und polnischsprachige Quellen beschließt die Monographie.

Ewelina Kamińska

Wojciech Łysiak (Hg.): III Konferencja Naukowa Życie dawnych Pomorzan, Muzeum Zachodnio-Kaszubskie, Bytów, 14–15 października 2004. Materiały z konferencji [III. Wissenschaftliche Tagung: Das Leben der Pomoranen, Westkaschubisches Museum, Bütow, 14.–15. Oktober 2004. Tagungsband]. Poznań: Wydawnictwo „Eco" 2006. 242 S., s.-w. Abb. ISBN 83-87437-11-5.

Der Band beinhaltet 19 Aufsätze pommerscher Historiker, Ethnologen, Sprachwissenschaftler und Kunsthistoriker, die einen breit gefächerten Einblick in verschiedene Aspekte der pommerschen Dorflandschaft vom Mittelalter bis in die 1940er Jahre vermitteln. Eröffnet wird der Band mit Beiträgen zu sprachwissenschaftlichen Fragestellungen: zur Herkunft der alteingesessenen Bevölkerung und ihrer Sprache (Jerzy Duma) und zu von den Begriffen Polak (Pole) und pan (Herr) hergeleiteten Flurnamen (Ewa Rzetelska-Feleszko). Die Beiträge zu historischen Fragestellungen sind in chronologischer Reihenfolge angeordnet. Einige Artikel widmen sich religiösen Themen. Die Bedeutung der Zisterzienserinnenklöster beleuchtet Barbara Popielas-Szultka, die Rolle von Sakralbauten im Leben des Dorfes Marek Ober. Ewa Gwiazdowska schildert die Geschichte und Formgebung der protestantischen Elisabethkirche in Bütow/Bytów. Katarzyna Krüger legt die Bedeutung von Turm- und Messglocken in der Volkstradition im 19. und 20. Jahrhundert dar. Politische und ideengeschichtliche Aspekte greifen folgende Arbeiten auf: Den Einfluss der Reformation auf das Bildungswesen thematisiert Sylwia Wesołowska; Bogusław Polak liefert eine Interpretation der Politik Bismarcks aus pommerscher Sicht. Kacper Pencarski schildert die Geschichte der Schmalspurbahn im Regierungsbezirk Köslin/Koszalin. Der Bevölkerungsstruktur in der Region nach dem Zweiten Weltkrieg widmen sich die Beiträge von Wojciech Skóra, Roman Drozda (über ukrainische Siedler in Pommern) und Maciej Hejger (über die in Pommern verbliebene deutsche Bevölkerung). Genowefa Horoszko beschäftigt sich mit dem mittelalterlichen Münzwesen in Pommern, Agnieszka Tomaszewska mit Wappenkunde am Beispiel des Wappens von Bütow. Im Bereich Ethnologie untersucht Wojciech Łysiak volkstümliche Vorstellungen von der pommerschen Landschaft. Tomasz Siemiński stellt die Gestalt von Hans Lange aus Lanzig/Łącko vor, der Erzieher des Herzogs Bogislaw X. gewesen sein soll. Nach der Bedeutung des Brots im Bewusstsein der einfachen Menschen fragt Magdalena Bonowska. Marcin Majewski befasst sich mit der pommerschen Glocken- und Kanonengießerkunst im 14.–15. Jahrhundert. Thema von Janusz Nekanda-Trepka ist die naturgegebene und historische Landschaft Pommerns unter dem Gesichtspunkt Schutz und Erhalt. Bereichert wird der Band durch eine entsprechend den Problemstellungen und Objekten ausgewählte fotografische Dokumentation sowie durch ein Personen- und Ortsregister.

Ewa Gwiazdowska

Marcin Majewski: Ludwisarstwo stargardzkie XV–XVII wieku [Der Glockenguß in Stargard im 15.–17. Jahrhundert]. Stargard: Muzeum w Stargardzie 2005. 418 S., 241 s.-w. Abb., dt. Zusammenfassung. ISBN 83-920332-0-5.

Die Doktorarbeit des Archäologen und Kunsthistorikers Marcin Majewski basiert auf jahrelanger intensiver Forschung und umfassenden Archivstudien. Sie enthält reich erläuterte technische Zeichnungen, Inventarisierungen, Tabellen mit Bildern, einen Katalog von 246 Glocken und eine umfangreiche Bibliographie. In der Einführung werden der territoriale und zeitliche Rahmen, die Quellenlage und der Forschungsstand umrissen sowie der Zustand der Sammlung dargestellt. Im ersten Kapitel wird der Glockenguss vom 15. bis zur Mitte des 17. Jahrhunderts unter Berücksichtigung von Material, Form, Gusstechnik und Produktion beschrieben. Das zweite Kapitel zeigt die Geschichte des Stargarder Glockengusses in vorreformatorischer Zeit bis 1653, dem Ende des Herzogtums Pommern. Das dritte Kapitel ist den Inschriften und Dekorationen der Glocken gewidmet. Im vierten Kapitel werden die Stifter und Auftraggeber unter den Fürsten, den Adligen und der Geistlichkeit aus Stadt und Land vorgestellt. In der Zusammenfassung sind die pommerschen Kirchen erwähnt, für die Glocken in den Stargarder Glockengießereien in Auftrag gegeben wurden. Der Kataloganhang umfasst Ortsnamen und -daten, die Namen der Kirchen, Beschreibungen der Glocken, ihrer Dekoration und Beschriftung sowie ein Überblick über ihre Geschichte.

Ewa Gwiazdowska

Nasze Pomorze. Rocznik Muzeum Zachodnio-Kaszubskiego w Bytowie [Unser Pommern. Jahrbuch des Westkaschubischen Museums in Bütow]. Nr. 7, 2005. Bytów: Muzeum Zachodnio-Kaszubskie w Bytowie 2006. 266 S., Abb. ISSN 1640-1239.

Das Jahrbuch wird mit einem Beitrag von Maciej Szukała eröffnet, der die Bedeutung der Historischen Kommission für Pommern für die Weiterentwicklung historischer Forschungen in den Jahren 1910–1945 erörtert. Drei Beiträge gelten verschiedenen Aspekten des Schaffens von Szymon Krofej, einem kaschubischen Dichter des 16. Jahrhunderts (Jarosław Szuta, Violetta Kostka, Adela Kuik-Kalinowska). Daniel Kalinowski beschäftigt sich mit Michael Pontanus, der als Übersetzer der Lutherschen Katechismen ins Kaschubische gilt. Es folgt ein Beitrag zum Schulwesen in Bütow/Bytów bis zum 17. Jahrhundert (Sylwia Wesołowska). Dem Bütower Land sind folgende Artikel gewidmet: Tomasz Rembalski schreibt über die nicht mehr existierende Kapelle im Dorf Kathkow/Chotkowo, Zbigniew Sobisz über die historischen Parks von Barnow/Barnowo, Klein Gansen/Gałążnia Mała, Gustkow/Gostkowo, Jassen/Jasień, Kosemühl/Kozin und Groß Tuchen/Tuchomie. Sprachwissenschaftlicher Natur ist der Beitrag von Andrzej Chludziński zu Ortsnamen, die mit Hinrichtungsstätten in Zusammenhang stehen. Eine Beschreibung der feierlichen Eröffnung des Hindenburg-Stadions in Stolp/Słupsk am 15. August 1926 liefert Krzysztof Skrzypiec; zur Geschichte der Sparkasse in Stolp in den Jahren 1929–1939 schreibt Kacper Pencarski. Der Band schließt mit dem Tätigkeitsbericht des Westkaschubischen Museums in Bütow für das Jahr 2005.

Maciej Szukała

Roman Nowicki: Podjuchy. Osiedla Szczecina [Podejuch. Wohnsiedlungen von Stettin]. Szczecin: Rada Miasta 2006. 95 S., s.-w. Abb. Ohne ISBN.

Die Veröffentlichung widmet sich der wechselvollen Vergangenheit des ehemaligen Dorfes Podejuch/Podjuchy, das sich an der Oder südlich von Stettin/Szczecin befindet. Auf der Grundlage einer breit angelegten Quellenrecherche und einer vielseitigen, in jahrelanger Arbeit erstellten Dokumentation zeichnet der Autor die Geschichte des Ortes nach – vom Mittelalter bis in die 70er Jahre des 20. Jahrhunderts. Ausgeführt wird, dass bei der Entstehung der Siedlung zunächst, dank der natürlichen Gegebenheiten, die Landwirtschaft eine entscheidende Rolle spielte. Im 19. und 20. Jahrhundert wandelte sich das Dorf zum Industrievorort, zugleich aber auch zur Erholungszone unweit der Stadt. Des Weiteren wird die politische und wirtschaftlich-soziale Situation von Podejuch in den 1930er Jahren analysiert. Hingewiesen wird auf das Schicksal der Siedlung in den letzten Tagen des Zweiten Weltkriegs. Ein Schwerpunkt der Darstellung liegt auf der Zeit nach 1945, als Podejuch zu einem Stadtviertel von Stettin wurde. Hervorgehoben wird das Entwicklungspotential des Ortes. Außerdem werden die politische und administrative Situation des Stadtteils, seine architektonisch-stadtplanerische sowie wirtschaftliche, soziale, kulturelle und bildungspolitische Entwicklung beschrieben. Im Anhang finden sich eine polnisch-deutsche Konkordanz der Straßennamen sowie Ansichten des Ortes und der Umgebung auf Fotografien der Vor- und der Nachkriegszeit, wobei der Wandel des Äußeren, aber auch der Funktionen einzelner Gebäude verdeutlicht wird.

Ewa Gwiazdowska

Cezary Obracht-Prondzyński (Red.): Muzea Pomorskie. Twórcy, zbiory i funkcje kulturowe. VIII Konferencja Kaszubsko-Pomorska [Pommersche Museen. Gründer, Sammlungen und kulturelle Funktion. VIII. Kaschubisch-Pommersche Konferenz]. Słupsk, Gdańsk 2005. 272 S., Abb. ISBN 83-89329-23-9, 83-89079-39-9.

Herausgeber dieses illustrierten Bandes sind das Muzeum Pomorza Środkowego (Museum Zentralpommerns) in Stolp/Słupsk und das Instytut Kaszubski (Kaschubisches Institut) in Danzig/Gdańsk. Er enthält die Ergebnisse einer wissenschaftlichen Tagung vom 19./20. November 2004 in Stolp zur Bedeutung der pommerschen Museen für den Erhalt des Kulturerbes. Ignacy Skrzypek skizziert die Geschichte des Heimatmuseums für Stadt und Land Stolp in den Jahren 1908–1945, während sich Wanda Szpilewska der Nachkriegsgeschichte des Museums zuwendet. Zygmunt Szultka stellt den in Vergessenheit geratenen Greifswalder Professor, Slawisten und Gründer des ersten Museums in Pommern, Peter Kanngieser (1774–1832), vor. In die Sammlungen der Kunstabteilung des Museums in Stolp führen Lucjan Hanak und Beata Zgodzińska ein. Violetta Tkacz-Laskowska befasst sich mit der slawischen Bevölkerung. Weiterhin werden folgende Themen behandelt: die Geschichte des Museums von Stargard (Sławomir Preiss), die Geschichte des Museums von Kolberg/Kołobrzeg und seine Militaria-Sammlung (Barbara Zadel und Barbara Skomiał), das kaschubische Museumswesen (Mirosław Kuklik), die Meeresmuseen (Jerzy Litwin), die Museen in Lauenburg/Lębork (Joanna Schodzińska), in Bütow/Bytow (Janusz Kopydłowski), in Konitz/Chojnice (Janina Cherek), in Berent/Kościerzyna (Jerzy Knyba), in Danzig-Oliva/Gdańsk-Oliwa (Wiktoria Blacharska) und in Gdingen/Gdynia (Barbara Mikołajczuk, Dagmara Płaza-Opacka und Tomasz Rembalski). Mit dem ethnographischen Museum in Wdzydze befasst sich Tadeusz Sadkowski, mit jenem in Neustadt/Wejherowo Bogusław Breza.

Maciej Szukała

Mirosław Opęchowski (Hg.): 60 lat polskich służb konserwatorskich na Pomorzu Zachodnim [60 Jahre staatliche Denkmalpflege im westlichen Hinterpommern]. Szczecin: Zachodniopomorski Wojewódzki Konserwator Zabytków 2006. 255 S., farb. u. s.-w. Abb. Ohne ISBN.

Thema des reich illustrierten Buches ist der Umgang mit dem deutschen Kulturerbe in Hinterpommern nach 1945. Zur Einführung gibt Barbara Ochendowska-Grzelak einen Überblick über die Geschichte der Denkmalpflege in der preußischen Provinz Pommern von der Einrichtung des Amts des Provinzialkonservators im Jahre 1894 bis 1945. Die Geschichte der institutionalisierten Denkmalpflege von 1945 bis 2005 stellt Ewa Stanecka dar. Denkmalpflegerische Aspekte der Raumplanung von Stettin/Szczecin und des polnischen Teils von Pommern bringt Janusz Nekanda-Trepka zur Sprache. Über die Anfänge der Bodendenkmalpflege unterrichtet Władysław Filipowiak, über den Denkmalschutz in Bezug auf ethnographische Objekte, d. h. ländliche Baukunst, schreiben Alicja Gerlach-Jósewicz, Cezary Nowakowski und Lidia Walasek. Das Schicksal der im Zweiten Weltkrieg zerstörten Baudenkmäler Stettins thematisieren Stanisław Latour (Jakobikirche) und Bogdana Kozińska (Altstädtisches Rathaus). Kazimiera Skwirzyńska-Kalita beschreibt an den Wehrmauern Pommerns im Zeitraum 1975–2005 vorgenommene denkmalpflegerische Maßnahmen, Olga Kulesza-Szerniewicz beschäftigt sich mit dem Schutz von Technikdenkmälern. Jadwiga Kochanowska behandelt ausgewählte Aspekte des Denkmalschutzes bei der Innenausstattung ehemaliger evangelischer Kirchen. Ryszard Rogosz berichtet über die Geschichte der Staatlichen Werkstätten für Denkmalpflege (Przedsiębiorstwo Państwowe Pracownie

Konserwacji Zabytków), Abteilung Stettin, in den Jahren 1960–1992, Małgorzata Jankowska über die Anfänge des Denkmalpflegeamtes in Stettin. Beata Makowska hat die Biographien der Leiter des Denkmalpflegeamtes für die Jahre 1946–2006 zusammengestellt.

Maciej Szukała

Piękno architektury ceglanej. Ginące technologie przemysłu ceramicznego. Praca zbiorowa [Die Schönheit der Backsteinarchitektur. Aussterbende Technologien der Baukeramik. Sammelband]. Szczecin: Książnica Pomorska i. St. Staszica 2004. 92 S., s.-w. Abb. ISBN 83-87879-46-0.

Der Band enthält die Beiträge einer Tagung, die am 18. September 2004 im Rahmen der „Europäischen Tage des kulturellen Erbes in der Woiwodschaft Westpommern" stattfand. Sie wurde vom Regionalen Forschungs- und Dokumentationszentrum für Denkmäler in Stettin/Szczecin und dem Stadtmuseum Stettin, Abteilung Nationalmuseum, veranstaltet. In neun Beiträgen nähern sich Historiker, Archäologen, Kunsthistoriker und Denkmalpfleger verschiedenen Fragestellungen des historischen Backsteinbaus in der Region Pommern. Den Auftakt des Bandes bilden ein historischer Abriss der Produktion von Baukeramik bis zum Jahre 1939 (Małgorzata Płoszczyńska) und ein Überblick über die entsprechenden Technologien zur Herstellung von Keramikprodukten (Aleksandra Hamberg-Fedorowicz). Außerdem werden einzelne Bauten analysiert: die Wehrmauern Stettins (Roman Kamiński, Sławomir Słowiński), die Wehrmauern kleinerer Städte – Köslin/Koszalin, Bärwalde/Mieszkowice und Greifenberg/Gryfice (Stefan Nowaczyk, Maciej Płotkowiak) –, Backstein und Bautechnik der Marienkirche in Königsberg in der Neumark/Chojna (Maciej Płotkowiak), die keramischen Dekorationselemente des 1874 entstandenen Stettiner Postgebäudes (Beata Makowska), die Verwendung von Backstein in der modernistischen Architektur von Stettin (Robert Dawidowski). Abgerundet wird der Band durch Beiträge, die sich den denkmalpflegerischen Maßnahmen im Bereich der Backsteinarchitektur am Beispiel des Neuen Rathauses in Stettin (Ewa Palacz) und des Fragments eines gotischen Hauses in Stettin (Henryk Zyzik) widmen.

Ewa Gwiazdowska

Jan M. Piskorski: Kolonizacja wiejska Pomorza Zachodniego w XIII i w początkach XIV wieku na tle procesów osadniczych w średniowiecznej Europie. The rural colonization of Western Pomerania in the 13th century and at the beginning of the 14th century on the background of settlement processes in Mediaeval Europe. Poznań: Wydawnictwo Poznańskiego Towarzystwa Przyjaciół Nauk 2005. 301 S., dt. Zusammenfassung. ISBN 83-7063-466-4, ISSN 1425-1280.

Dies ist die Neuauflage eines erstmals 1990 erschienenen Buches. In der Einleitung legt Piskorski dar, wie sich die historiographische Sicht auf das Thema der mittelalterlichen deutschen Kolonisation unter deutschem Recht in Mitteleuropa entwickelte; ferner befasst er sich mit den Kolonisationsprozessen in Europa in der Spätantike und im frühen Mittelalter. Im ersten Kapitel beschreibt der Autor die holländisch-flämische, die deutsche und die niederländische Kolonisation in Norddeutschland. Im zweiten Kapitel analysiert er die ländliche Kolonisation Pommerns unter historischen, juristischen und sozialen Aspekten sowie unter Berücksichtigung ihrer zivilisatorischen Wirkungen. Piskorski unterstreicht die Pionierfunktion und die positive Rolle der Kolonisation im Mitteleuropa des 13. und

14. Jahrhunderts. Der Band enthält eine Bibliographie, ein Namens-, ein Sach- und ein Ortsregister.

Maciej Szukała

Barbara Popielas-Szultka: Klasztory cysterek na Pomorzu Zachodnim w średniowieczu [Mittelalterliche Zisterzienserinnenklöster im westlichen Hinterpommern]. Słupsk: Pomorska Akademia Pedagogiczna w Słupsku 2006. 168 S., Abb. ISBN 83-7467-031-2.

Der Band behandelt die Geschichte der pommerschen Zisterzienserinnenklöster in Bergen auf Rügen, Krummin auf Usedom, auf der Insel Wollin/Wolin, in Marienfließ/Marianów und in Köslin/Koszalin. In sechs Kapiteln werden die Gründung und die ursprüngliche Anlage der jeweiligen Klöster, die Erweiterung der Klosterdomänen und die Privilegien der Klöster, die Leitung und die Zusammensetzung des Konvents, das Mäzenatentum und die karitative Tätigkeit der Äbtissinnen und Priorinnen, die Entwicklung der Klöster in der Frühen Neuzeit sowie die Säkularisierung der Klöster untersucht. Der Betrachtungszeitraum beginnt mit der Gründung des ersten Zisterzienserinnenklosters in Bergen 1193.

Anna Bogumiła Kowalska

Antoni Porzeziński: Wczesnośredniowieczne cmentarzysko szkieletowe na stanowisku 2a w Cedyni, województwo zachodniopomorskie [Das frühmittelalterliche Skelettgräberfeld 2a in Zehden/Cedynia, Woiwodschaft westliches Hinterpommern]. Szczecin: Muzeum Narodowe w Szczecinie (Biblioteka Naukowa Muzeum Narodowego w Szczecinie: Seria Archeologiczna) 2006. 436 S., Abb., dt. Zusammenfassung. ISBN 83-86136-61-8.

Der anzuzeigende Band fasst die Ergebnisse der langjährigen archäologischen Grabungen auf dem frühmittelalterlichen Gräberfeld in Zehden/Cedynia zusammen. Auf eine Zusammenstellung der Quellen folgt im zweiten Kapitel eine genaue Beschreibung des Gräberfeldes mit Angaben zu den verschiedenen Grabtypen und ihrer Ausstattung bis hin zur demographischen Struktur der Bestatteten. Einen wesentlichen Teil der Arbeit macht Teil III aus: Hier finden sich detaillierte Informationen zu den Grabbeigaben, zu denen Werkzeuge und Alltagsgegenstände, Militaria, Kleidungsteile, Kultgegenstände, Spielzeug, Münzen und Schmuck gehören. In einem eigenen Abschnitt (IV) werden die Objekte aus den Grenzgräben und weiteren Fundstätten behandelt. In den Kapiteln V bis VII unternimmt der Autor eine funktionale und chronologische Analyse der Objekte, stellt die Chronologie des Gräberfeldes auf und vergleicht es mit den übrigen Gräberfeldern in Zehden.

Krzysztof Kowalski

Joanna Przytarska, Wiesław Przytarski: 700 lat Kalisza Pomorskiego 1303–2003 [700 Jahre Kallies 1303–2003]. Kalisz Pomorski: Miejsko-Gminny Ośrodek Kultury 2003. 56 S., dt. u. poln. Text. ISBN 83-917628-6-6.

Der zweisprachige Bildband wurde von einem Ehepaar, Sammler historischer Postkarten, zusammengestellt. Er ist die erste Publikation dieser Art zu Kallies/Kalisz Pomorski und seiner Umgebung. In der Einführung skizzieren die Autoren die Geschichte der Stadt und ihres Wappens. Der Bildteil zeigt Postkarten aus der Zeit des späten 19. Jahrhunderts bis in die Gegenwart. Die Bildunterschriften informieren über das Motiv und das Datum der Drucklegung der Karten. Abbildungen einzelner Straßen und Gebäude sowie Panoramen und Ansichten aus der Vogelperspektive dokumentieren die bauliche Entwicklung des Städtchens in der ersten Hälfte des 20. Jahrhunderts. Besonders betont wird der Charakter des zwischen drei Seen gelegenen Kallies mit seinen Badeanstalten, Restaurants und Parkanlagen als Erholungsort. Die Postkarten aus der zweiten Hälfte des 20. Jahrhunderts bilden Neubauten sowie restaurierte historische Bauten ab. Aus der Umgebung werden das Schloss Wedel, Herrenhäuser, Kirchen und andere Baudenkmäler gezeigt.

Ewa Gwiazdowska

Włodzimierz Rączkowski, Jan Sroka (Hg.): Historia i Kultura Ziemi Sławieńskiej. T. 5: Studia nad dziejami wsi [Geschichte und Kultur des Schlawer Landes. Bd. 5: Studien zur Geschichte des Dorfes]. Sławno: Fundacja „Dziedzictwo" 2006. 401 S., Abb., dt. u. poln. Texte, dt. Zusammenfassung. ISBN 83-924286-5-X.

Der nunmehr fünfte Band aus der Reihe „Studien zur Geschichte des Dorfes" der seit 2002 jährlich stattfindenden Tagungen zur Geschichte des Kreises Schlawe/Sławno (Powiat Sławieński) enthält die Beiträge der Konferenz, die im Oktober 2005 von der Stiftung „Dziedzictwo" („Erbe") in Zusammenarbeit mit dem „Pommerschen Greif" in Jershöft/Jarosławiec veranstaltet wurde. Der Band umfasst folgende Artikel: „Die Geschichte des Zeitungswesens im Kreis Schlawe" (Margret Ott); „Personennamen der Bewohner der Gemeinde Pustamin/Postomino im *Liber beneficiorum domus Corone Marie prope Rugenwold* aus den Jahren 1406–1528" (Andrzej Chludziński); „Dörsenthin/Dzierżęcin – das jahrhundertealte Erbe der Familie Vanselow" (Jolanta Poprawska); „Jershöft – vom Fischerdorf zum Kurort" (Adam Drapała); „Karzin/Karsino – ein kleines Dorf" und „Körlin/Korlino – im Schatten des geheimnisvollen Klosters und der Mönchskutten" (Zbigniew Mielczarski); „Aus der Geschichte des Dorfes Krolow/Królewo" (Paweł Jędruszczak); „Die Kulturgüter des Dorfes Marsow/Marszewo" und „Aspekte der Geschichte des Dorfes Peest/Pieszcz" (Margareta Sadowska); „Schule und Gesellschaft im Marsower Kirchspiel im 19. Jahrhundert" (Gerlinde Sirker-Wicklaus); „Aus der Geschichte des Dorfes Pennekow/Pieńkowo" und „Neu Pennekow/Pieńkówko bis 1945" (Michał Adam Kuc); „Aus der Geschichte des Dorfes Rützenhagen/Rusinowo. Geschichte der deutschen Siedler" (Tomasz Drzazga); „Von der Schwalm nach Ristow/Rzyszczewo: auf Spurensuche und Spurensicherung" (Uwe Christian Parpart); „Stemnitz/Staniewice – Geschichte und Gegenwart" (Jadwiga Kowalczyk-Kontowska, Konstanty Kontowski); „Die Pfälzer Kolonisation im Allgemeinen sowie die Pfälzer Kolonistendörfer Wilhelmine/Wilkowice und Coccejendorf/Radosław Sławieński und deren archivalische Überlieferung im Geheimen Staatsarchiv Preußischer Kulturbesitz Berlin-Dahlem" (Constanze Krause). Der Band enthält zahlreiche Illustrationen, Personen-, Sach- und Ortsregister sowie ein Autorenverzeichnis.

Maciej Szukała

Włodzimierz Rączkowski, Jan Sroka (Hg.): Historia i Kultura Ziemi Sławieńskiej. T. 6: Gmina Darłowo [Geschichte und Kultur des Schlawer Landes. Bd. 6: Gemeinde Rügenwalde]. Sławno: Fundacja „Dziedzictwo" 2007. 374 S., Abb., dt. Zusammenfassung. ISBN 978-83-60437-66-7.

Der sechste Tagungsband zur Geschichte des Kreises Schlawe/Sławno (Powiat Sławieński) ist der Gemeinde Rügenwalde/Darłowo gewidmet. Er enthält folgende 15 Beiträge: „Das

Landschaftsbild der Gemeinde Rügenwalde als Ergebnis der Umweltevolution" (Wacław Florek); „Der Strandsee in Vitte/Wicie" (Tomasz Drzazga); „Archäologische Untersuchungen an der spätmesolithischen Fundstelle Neuwasser/Dąbki" (Jacek Kabaciński, Thomas Terberger, Jolanta Ilkiewicz); „Ortsnamen in der Gemeinde Rügenwalde" (Andrzej Chludziński); „Die Rügenwalder Domäne" (Leszek Walkiewicz); „Rittertum in der Umgebung von Rügenwalde bis Anfang des 15. Jahrhunderts" (Bronisław Nowak); „Gotische Dorfkirchen um Rügenwalde" (Marek Ober); „Altertümliche Holzkonstruktionen und das Datieren monumentaler Bauwerke – zur Genese und der historischen Schichtenbildung der architektonischen Struktur der Kirche in Buckow/Bukowo" (Aleksander Jankowski); „Kirchen aus dem 19. Jahrhundert in der Gemeinde Rügenwalde" (Jadwiga Kowalczyk-Kontowska); „Die Landschaft der Landgemeinde Rügenwalde und Bilder aus dem kulturellen Leben, dargestellt anhand von Archivbildern" (Ewa Gwiazdowska); „Aus der Geschichte des Fischerdorfes und Ostseebades Neuwasser" (Margareta Sadowska); „Friedhöfe in der Gemeinde Rügenwalde" (Konstanty Kontowski); „Die Pflanzenwelt in den herrschaftlichen Grünanlagen und auf den Friedhöfen der Gemeinde Rügenwalde" (Zbigniew Sobisz); „Vorstellung des Projektes ‚Lebendes Freilichtmuseum' in Schlawin/Słowino" (Maria Witek, Waldemar Witek); „Gefährdungen des archäologischen Erbes in der Gemeinde Rügenwalde" (Jacek Kabaciński, Włodzimierz Rączkowski). Der Band enthält ein Personen- und Ortsregister.

Maciej Szukała

Marian Rębkowski: Chrystianizacja Pomorza Zachodniego. Studium archeologiczne [Die Christianisierung des westlichen Hinterpommern. Archäologische Studien]. Szczecin: Instytut Archeologii i Etnologii PAN, Oddział w Szczecinie 2007. 278 S. ISBN 978-83-89499-39-4.

Diese Abhandlung ist das Ergebnis mehrjähriger Forschungsarbeit zu Fragen der Christianisierung Hinterpommerns. Sie besteht aus einer Einführung und vier Abschnitten, die unterschiedliche Arten von Kultstätten – *ecclesia, basilica, capella,* frühmittelalterliche Friedhöfe – sowie Kultgegenstände behandeln. Im ersten Abschnitt werden christliche Sakralbauten untersucht: die älteste Kirche Pommerns in Kolberg/Kołobrzeg, von Bischof Otto von Bamberg geweihte Kirchen, Klosterkirchen, Typen der ältesten pommerschen Kirchen; ein weiteres Thema ist die Einbindung christlicher Kultstätten in den Siedlungskontext. Im zweiten Abschnitt wird der Frage nachgegangen, wie die Christianisierung frühmittelalterlicher Friedhöfe in Pommern erfolgte. Analysiert werden z. B. Gräber aus dem 9. Jahrhundert sowie Beisetzungen in Kirchen. Im dritten Teil werden Kultobjekte und -symbole, unter anderem liturgische Attribute, Bronzeschalen, Reliquienschreine, Kreuze, Ringe, Anhänger oder Agraffen, untersucht. Im letzten Abschnitt, in dem die Forschungsergebnisse zusammengefasst werden, beschreibt der Verfasser die Christianisierung Pommerns als kulturelles Phänomen.

Anna Bogumiła Kowalska

Edward Rymar: Der Heilige Brunnen oder Die Missionsreise Ottos von Bamberg, des Schutzheiligen von Pyritz und das Andenken an ihn im Lauf der Jahrhunderte. Pyrzyce: Biblioteka Publiczna w Pyrzycach 2006. 159 S., farb. u. s.-w. Abb., poln. u. dt. Text. ISBN 83-60065-67-5.

Die Publikation des Stettiner Historikers und Mediävisten wurde anlässlich der 880-Jahr-Feier der Massentaufe der Pomoranen (1124–2004) vorgelegt. Der reich illustrierte zweisprachige Band widmet sich dem Leben des hl. Otto, der die Taufe an einer nahe der alten Stadt Pyritz/Pyrzyce gelegenen Quelle vornahm, sowie der Anlage des Ottobrunnens, der nach Plänen Karl Friedrich Schinkels im Jahre 1824 anlässlich der 700-Jahr-Feier der Taufe entstand. Im ersten Kapitel beschreibt Edward Rymar chronologisch die Geschichte des Christentums in Pommern und rekonstruiert auf Grundlage der Überlieferungen von Chronisten die Gestalt Ottos, sein Leben und ein Bild seiner Familie. Beschrieben wird die Mission selbst und ihre Aufnahme seitens der Pomoranen, wobei der Autor die zugrunde gelegten Aufzeichnungen Wolfgers von Prüfening, Ebos und Herbords kommentiert. Im zweiten Kapitel in Form eines ausführlichen Kalendariums wird nachvollzogen, wie die Erinnerung an jene Taufe seit dem 12. Jahrhundert bis ins Jahr 2006 fortbesteht. Der Verfasser geht auf die Geschichte der einzelnen Brunnen ein, die am Taufort über die Jahrhunderte hinweg errichtet wurden, und thematisiert zudem das Schicksal des Ottobrunnens nach dem Zweiten Weltkrieg. Dokumentiert werden somit auch die Sanierung des Brunnens und die in diesem Zusammenhang stehenden Feierlichkeiten im Gedenken an die Taufe. Im Anhang findet sich ein Plan von Pyritz mit eingezeichnetem Ottobrunnen. Abschließend wird nach der möglichen Zukunft der Anlage gefragt. Das Buch enthält eine umfangreiche Bibliographie.

Ewa Gwiazdowska

Sedina.pl magazyn. Rocznik Miłośników Dawnego Szczecina [Sedina.pl Magazin. Jahrbuch für die Freunde des alten Stettin]. Nr. 2. Szczecin: Walkowska Wydawnictwo 2007. 124 S., s.-w. Abb., dt. Zusammenfassungen. ISBN 978-83-924983-1-5, ISSN 1895-989X.

Mit diesem Band halten die Herausgeber des Magazins zum zweiten Mal den Inhalt der Webseite „www.sedina.pl“ in traditioneller Form fest. (Zur ersten Ausgabe siehe „Berichte und Forschungen“ 14 [2006], S. 308.) Thematisiert werden unter anderem die ältesten Straßennamen der Stadt, die Oderburg in Grabow/Grabowo, die nicht verwirklichten Projekte des Landesfinanzamtes zum Bau eines Turms an der Hakenterrasse, den Einsatz der Stettiner Schiffe im „Seedienst Ostpreußen“, das ehemalige Gemeinschaftslager „Tiergarten“ für Zwangsarbeiter, das Schicksal der Moses-Skulptur aus der Residenz der Familie Toepffer und die Überreste der Brauereien Tivoli und Elysium. Der Band enthält zudem eine genaue Auflistung der Stettiner Gemeindeschulen mit kurzen Informationen zu ihrer Geschichte bis 1945. Sehr ausführlich ist die Beschäftigung mit Persönlichkeiten, die sich um die Stadt und ihre Umgebung verdient gemacht haben, wie dem Oberpräsidenten der Provinz Pommern Johann August Sack, dem Professor des Marienstiftsgymnasiums Friedrich Ferdinand Georg Calo, dem Kunstmäzen und Sammler Heinrich Stolting, dem Chirurgen Carl Ludwig Schleich, dem Naturschützer und Ornithologen Paul Robien sowie dem ersten Bischof nach 1945 Teodor Bensch und dem Alpinisten Stanisław Groński. Das Magazin enthält außerdem Artikel zur Nachkriegsgeschichte der Stadt. Im Anhang sind deutsche Zusammenfassungen aller Beiträge und ein Kalendarium für das Jahr 2006 zu finden.

Ewelina Kamińska

Maciej Słomiński: Cmentarz centralny w Szczecinie. Ogromny park pochował umarłych … [Der Hauptfriedhof in Stettin. Ein riesiger Park umfängt die Toten …]. Szczecin: Wydawnictwo „Dokument“ Oficyna Archiwum Państwowego w Szczecinie 2005. 288 S., farb. u. s.-w. Abb. ISBN 83-89341-27-1.

Die populärwissenschaftliche Publikation erzählt die über hundertjährige Geschichte des größten Stettiner Friedhofs, der in der Form eines englischen Gartens angelegt wurde. Der erste Teil umfasst die Geschichte des Hauptfriedhofs bis 1945. Am Anfang steht hier ein Beitrag zu den älteren Stettiner Friedhöfen. Im zweiten Teil wird der Zeitraum von 1945 bis in die Gegenwart behandelt. In Teil drei werden Grabmäler berühmter Stettiner Persönlichkeiten vorgestellt. Teil vier widmet sich der zweiten Funktion des Friedhofs als Park. Im Anhang finden sich eine polnisch-deutsche Konkordanz der topographischen Namen, ein Wörterbuch zur kunsthistorischen Terminologie und ein Literaturverzeichnis.

Ewa Gwiazdowska

Maciej Słomiński: Wśród zabytków wśród zieleni. Praca zbiorowa [Kunstdenkmäler und Landschaftsdenkmäler. Sammelband]. Szczecin: P. P. H. ZAPOL Dmochowski, Sobczyk 2006. 121 S., s.-w. Abb. ISBN 83-60140-09-X, 978 83-60140-09-3.

Es handelt sich um den Ergebnisband der im Rahmen der „Europäischen Tage des kulturellen Erbes in der Woiwodschaft Westpommern 2006“ vom Regionalen Forschungs- und Dokumentationszentrum für Denkmäler in Stettin/Szczecin und dem Büro für Denkmaldokumentation in Stettin organisierten Konferenz. Er enthält 12 Beiträge von Kunsthistorikern, Botanikern, Landschaftsarchitekten und Denkmalpflegern über natürliche oder künstlich geschaffene Landschaftsdenkmäler. Die Aufsätze von Maria Jolanta Syczewska und Anna Małgorzata Walkiewicz stellen Gutsanlagen (Prillwitz/Przelewice bzw. Reichenbach/Radaczewo) in ihrer historischen Funktion und den Formen moderner Bewirtschaftung vor. Maria Witek befasst sich mit ländlichen Hausgärten; städtische Gärten untersuchen Magdalena Palicka und Grzegorz Przybylski (Berlinchen/Barlinek – im Kontext der historischen Bebauung), Marcin Kubus (Stettin – die Vielfältigkeit von Raumstrukturen), Małgorzata Haas-Nogal (Stettin – der Garten der Rosenausstellung), Maciej Słomiński (Stettin – Parkdenkmäler). Małgorzata Jakubik widmet ihren Artikel dem Zusammenspiel von städtischem Grün und Kleinarchitektur (Stettin – der „Schifffahrt-Brunnen“ von Manzel). Einige Autoren präsentieren Untersuchungen zur Nutzung von Landschaftsdenkmälern für Zwecke der Naherholung und des Tourismus. Krystyna Bastowska stellt den Entwurf für den „Kulturpark der drei Heiligen Berge Pommerns“ (Park kulturowy Świętych Gór Pomorza) vor, eine Region, in der vermutlich bereits in der Steinzeit religiöse Rituale stattfanden. Małgorzata Cyklewicz informiert über das Flusstal der Plöne/Płonia und Stanisław Kmiecik über den Komplex der Stettiner Heide als Naherholungsziel. Alojzy Kowalczyk behandelt Baumdenkmäler in Parks. Die vielschichtige Darstellung macht den Band zu einem wichtigen Beitrag zu Fragen der historischen und aktuellen Landschaftsnutzung und -gestaltung.

Ewa Gwiazdowska

Maciej Słomiński (Hg.): Wszyscy jesteśmy tułaczami. Materiały opracowane z okazji obchodów Europejskich Dni Dziedzictwa 2007 w Województwie Zachodniopomorskim [Wir alle sind Reisende. Beiträge zu den Europäischen Tagen des Kulturerbes in der Woiwodschaft westliches Hinterpommern 2007]. Szczecin: Regionalny Ośrodek Badań i Dokumentacji Zabytków w Szczecinie, Biuro Dokumentacji Zabytków w Szczecinie 2007. 139 S., s.-w. Abb. ISBN 978-83-751803-4-3.

Der Band enthält 14 Beiträge von Historikern und Kunsthistorikern aus Pommern. Im ersten Teil werden verschiedene Aspekte von Pilgerfahrten vom Mittelalter bis ins 20. Jahrhundert behandelt. Gegenstand des zweiten Teils sind öffentliche Bauten des 19. und 20. Jahrhunderts in Pommern. Marian Rębkowski betrachtet die Devotionalien der Pilger, die nach Pommern kamen, Marcin Majewski die Zeichen, die sich auf mittelalterlichen Kirchenglocken befinden und von Pilgerfahrten zeugen; January Żelawski berichtet von der sogenannten Madonna von Brzesko, einer mittelalterlichen Gestalt. Anna Bartczak widmet sich dem Schicksal der polnischen Siedler, die sich nach dem Zweiten Weltkrieg in Pommern niederließen. Jan Sroka geht auf das Phänomen der modernen Wanderbildhauer ein. Władysław Chrostowski informiert über die Geschichte von Neudamm/Dębno und dessen Baudenkmäler, die um 1900 im Zuge der städtebaulichen Entwicklung des Ortes entstanden; Janina Tylman beschreibt das Gebäude, in dem die öffentliche Bibliothek von Neudamm einst ihren Sitz hatte. Edward Rymar wendet sich der Geschichte des Ortes Pyritz/Pyrzyce zu, wobei er sich auf die mittelalterlichen Stadtmauern sowie Denkmäler und Gedenktafeln konzentriert. Ewa Kowalska stellt die Geschichte des Postgebäudes von Köslin/Koszalin aus dem 19. Jahrhundert dar. Öffentliche Bauten in Stettin/Szczecin behandeln Rafał Makała (Anlage der Hakenterrasse), Jerzy Grzelak (Staatsarchiv), Małgorzata Jankowska (Gebäude der Woiwodschaftskommandantur der Polizei), Maciej Słomiński und Radosław Walkiewicz (Gebäude der Eisenbahndirektion). Übergreifend zu den bildlichen Quellen öffentlicher Bauten in Stettin äußert sich Ewa Gwiazdowska. Ergänzt werden die Aufsätze durch zahlreiche Fotografien der vorgestellten Objekte.

Ewa Gwiazdowska

Słupsk i Pomorze w rysunku i grafice Rudolfa Hardowa. Katalog wystawy. Kluki maj–czerwiec 2006 [Stolp und Hinterpommern in den Zeichnungen Rudolf Hardows. Katalog der Ausstellung, Klucken, Mai–Juni 2006]. Tekst katalogu [Text des Katalogs]: Isabel Sellheim. Opracowanie [Bearbeitung des Katalogs]: Gabriela Włodarska. Słupsk: Muzeum Pomorza Środkowego w Słupsku 2006. 53 S., Abb., poln. u. dt. Text. ISBN 83-89329-30-1.

Die zweisprachige Publikation ist dem am 9. Februar 1878 in Mecklenburg geborenen und am 21. Februar 1946 im Stammlager Fünfeichen bei Neubrandenburg verstorbenen Maler Rudolf Hardow gewidmet. Seine Werke wurden im späten Frühjahr des Jahres 2006 in Klucken/Kluki präsentiert. Das Begleitbuch ist in drei Teile gegliedert. Der erste Teil ist dem Leben und Schaffen des Künstlers, der in seinen Werken in realistischer Weise die Architektur und landschaftliche Schönheit der Region Stolp/Słupsk darstellte, gewidmet. Der zweite Teil enthält ein Verzeichnis aller in der Ausstellung präsentierter Arbeiten, der dritte Teil zeigt eine Auswahl von 51 Reproduktionen der Werke des Künstlers, zumeist in Sepiatechnik.

Maciej Szukała

Stargardia. Rocznik Muzeum w Stargardzie poświęcony przeszłości i kulturze Pomorza [Stargardia. Jahrbuch des Museums für Geschichte und Kultur Pommerns in Stargard]. T. [Bd.] IV. Stargard: Muzeum w Stargardzie 2006. 433 S., Abb., dt. Zusammenfasungen. ISSN 1641-7747.

Das Jahrbuch 2006 enthält Artikel, Kurzbeiträge, Rezensionen und Berichte zur Geschichte Pommerns. Am Beginn steht der Text „Die ‚Sax-Schwerter' in den Sammlungen des Nationalmuseums in Stettin/Szczecin" von Antoni Porzeziński sowie ein zweiter Aufsatz desselben Autors über landwirtschaftliche Geräte als Grabbeigaben aus Zehden/Cedynia. Weitere

Beiträge lauten: „Ausgewählte Flurnamen und Namen der Gewässer in den heutigen Kreisen Stargard und Labes/Łobez“ (Bożena Stramek); „Der Feldzug der pommerschen Herzöge unter der Führung Wedegon von Wedels in den Jahren 1320–1321 im Zuge des Kampfes um die Macht in Brandenburg“ (Grzegorz Jacek Brzustowicz); „Nautische Elemente und maritime Motive auf pommerschen Landkarten des 16. und 18. Jahrhunderts“ (Radosław Skrycki); „Gützlaffshagen/Gosław bei Treptow a. d. Rega/Trzebiatów – eine unbekannte Kulturinsel?“ (Magdalena Bonowska); „Museen in Pyritz/Pyrzyce und ihre Sammlungen“ (Ignacy Skrzypek); „Die Stargarder Kleinbahn 1895–2000“ (Sebastian Szwajlik); „Das politische Leben in Köslin/Koszalin in den Jahren 1918–1933“ (Kacper Pencarski); „Die Stettiner Episode in der Archivtätigkeit von Gerhard Zimmermann. Ein Beitrag zur Geschichte des Staatsarchivs in Stettin während des Zweiten Weltkriegs“ (Maciej Szukała); „Małgorzata Doliwa-Dobrowolska (1908–1990). Porträt einer Klavierlehrerin“ (Mikołaj Szczęsny); „Die deutsche Bevölkerung in Hinterpommern – ein Problem für die polnische Verwaltung oder ein wichtiger Faktor für die Bewirtschaftung der sog. Wiedergewonnenen Gebiete?“ (Rafał Marciniak). Unter den kleineren Beiträgen verdienen Paweł Guts Miszelle über Typen von Stadt- und Gerichtssiegeln mit Stadtwappen in den Beständen des Stettiner Staatsarchivs sowie Kristian Humbschs Anmerkungen zu pommerschen Glashütten und ihren Marken besondere Aufmerksamkeit. Der Band enthält auch Materialien zum Stargarder Biographischen Wörterbuch, Rezensionen neuer Publikationen zu Pommern sowie Berichte über die Tätigkeit des Stargarder Museums.

Maciej Szukała

Szczeciński Informator Archiwalny [Informationen des Stettiner Archivs] 19 (2006). Szczecin: Wydawnictwo „Dokument“, Oficyna Archiwum Państwowego w Szczecinie 2006. 206 S., Abb. ISBN 83-89341-50-6.

Band 19 der Stettiner Archivblätter in neuer grafischer Gestalt ist Frau Prof. Lucyna Turek-Kwiatkowska anlässlich ihres 80. Geburtstags gewidmet. Ihren Lebensweg und ihre Tätigkeit als Historikerin, Erforscherin der Kulturgeschichte Pommerns im 19. Jahrhundert, beleuchtet Radosław Gaziński. Ewa Gwiazdowska beschäftigt sich mit Hans Hartig (1873–1936), einem Maler, in dessen künstlerischer Biographie Stettin eine wesentliche Rolle spielte. Der Beitrag ist mit einigen Reproduktionen von Gemälden des Künstlers illustriert. Maciej Szukała beschreibt die Geschichte und Bedeutung der Historischen Kommission für Pommern bei der Aufarbeitung nichtstaatlicher Archivbestände, also städtischer, kirchlicher und privater Archivalien. Paweł Gut behandelt die Akten des SS-Gerichts und der Polizei in Stettin für die Jahre 1943–1945 in den Beständen des Stettiner Archivs. In einem weiteren Beitrag analysiert Gut die Amtsstempel des Staatsarchivs in Stettin aus den Jahren 1831–1945. Jan Macholak spricht auf der Grundlage der Unterlagen des Militärarchivs in Moskau/Moskva die Problematik der in Nord- und Westpolen bis Mitte 1945 stationierten Roten Armee an. Auf der Basis von Unterlagen im Bundesarchiv Berlin-Lichterfelde beschäftigt sich Witold Mijal mit der Umsetzung des Programms INDEX (zum Andenken an die von den Nazis mit Repressalien belegten Polen, die Juden geholfen haben). Karolina Sobańska beschreibt die Genese der Bestände des Staatsarchivs Stettin in den Jahren 1945–1955. Iga Bańkowska beschäftigt sich mit von der Polnischen Vereinigten Arbeiterpartei (PZPR) produzierten Drucken, Flugblättern, Plakaten und Propagandabroschüren. Im Anhang findet sich ein Gesamtverzeichnis der Beiträge der Stettiner Archivblätter für die Jahre 1978–2005, das von Maria Frankel und Jerzy Grzelak erstellt wurde.

Maciej Szukała

Adam M. Szymski, Magdalena Rzeszotalska-Pałka, Jadwiga Ignaczak-Felińska, Wojciech Pawłowski: Wieś pomorska wczoraj i dziś. Monografia wybranych wsi Pomorza Zachodniego [Das pommersche Dorf gestern und heute. Monographie ausgewählter Dörfer der Region westliches Hinterpommern]. Szczecin: Walkowska Wydawnictwo 2006. 418 S., 411 s.-w. Abb., 1 CD. ISBN 83-91855-85-6, 978-83-91855-85-0.

Der umfangreiche Band, der sich einem wesentlichen Bereich der Geschichte der materiellen Kultur Pommerns widmet, ist in vier Abschnitte untergliedert. Der erste Teil führt in die Geschichte der Region ein, dabei wird das Problem des gemeinsamen – deutsch-polnischen – Kulturerbes angesprochen, ein kurzer Abriss der politisch-administrativen Strukturen gegeben und der Prozess der mentalen Aneignung des historischen Hinterpommern nach 1945 durch die polnischen Neubürger beschrieben. Der zweite Teil behandelt die topographischen Gegebenheiten, das Siedlungswesen in prähistorischen Zeiten und im Mittelalter mit dem Fokus auf das slawische Siedlungswesen. Im dritten Teil wird der Zustand der Kulturlandschaft in chronologischer Abfolge vom 10. bis zur Mitte des 20. Jahrhunderts erörtert, anschließend werden die Typen von Bauerngehöften, die Wohn- und Wirtschaftsbebauung der Bauernhöfe sowie Vorwerke und Landgüter vorgestellt. Der vierte Teil ist gleichsam eine Inventarliste der heutigen dörflichen Landschaft: Es werden der Erhaltungszustand des überkommenen Erbes nach 1945 angegeben, die Veränderungen durch Neubauten und die Entwicklung der dörflichen Strukturen dokumentiert sowie Reflexionen zur gegenwärtigen Rolle des Dorfes in der Siedlungsstruktur der Region des westlichen Hinterpommern angestellt. Etwa ein Viertel des Bandes besteht aus morphogenetischen Tabellen ausgewählter pommerscher Dörfer. Im Anhang finden sich Bibliographie, Abbildungsverzeichnis und eine typologische Karte des pommerschen Dorfes. Der Band ist reich illustriert mit Fotos, Dokumentationszeichnungen und Plänen. Der Veröffentlichung liegt eine CD-ROM mit interaktiven Tafeln ausgewählter Dörfer bei.

Ewa Gwiazdowska

Tomasz Urbaniak, Andrzej Szkudniewski: Powiat Słupski na starych pocztówkach. Der Landkreis Stolp auf alten Ansichtskarten. Słupsk: „Grawipol" 2006. 288 S. ISBN 83-60101-65-5.

Diese zweisprachige Publikation der Stolper Sammler präsentiert fast 280 Ansichtskarten aus dem Landkreis Stolp/Słupsk, die zwischen dem späten 19. Jahrhundert und den 1940er Jahren herausgegeben wurden. Zwei kurze Einführungstexte stellen den Landkreis in seiner geographischen Ausdehnung vor und behandeln die Geschichte vom Mittelalter bis zur Gegenwart sowie die Besonderheiten der regionalen Postkartenproduktion. Der Bildteil ist alphabetisch nach den Namen der zehn Gemeinden des Landkreises geordnet. Die Karten zeigen typische Motive: Gutshäuser, Kirchen, wichtige Dorfbauten wie Schulen, Gasthäuser, Geschäfte, Bahnhöfe etc., ebenso Gesamtansichten oder Landschaftsimpressionen. Die Motivbeschreibung gibt auch Informationen über den gegenwärtigen Erhaltungszustand des jeweiligen Objektes. Im Anhang findet sich ein Verzeichnis der Postkartenverleger, im Innendeckel eine historische Messtischblatt-Karte des Kreises.

Ewa Gwiazdowska

Marcin Wisłocki: Sztuka protestancka na Pomorzu 1535–1684 [Protestantische Kunst in Pommern 1535–1684]. Szczecin: Muzeum Narodowe w Szczecinie 2005. 544 S., 168 s.-w. Abb., engl. Zusammenfassung. ISBN 83-86136-20-0.

Die Publikation entstand als Dissertation an der Universität Breslau/Wrocław. Der Verfasser präsentiert die für den protestantischen Kult bestimmte Kunst im historischen Kontext der Reformationsbewegungen und analysiert Architektur und Innenausstattung der Kirchen. Die Arbeit folgt in ihrer Einteilung neun wesentlichen Fragestellungen. Nach einem einführenden kommentierten Forschungsüberblick beschreibt Kapitel I die Kirchengeschichte Pommerns im 16. und 17. Jahrhundert. In Kapitel II wird die Position der pommerschen protestantischen Theologen in Bezug auf die Kirchenkunst dargelegt. Gegenstand von Kapitel III ist die Architektur: Schlosskapellen, mittelalterliche adaptierte Bauten, Neubauten sowie die Ikonographie der Bauten. In Kapitel IV werden nach dem Schema „Beschreibung, Typus, Analyse der ikonographischen Programme, Funktionen“ die einzelnen Ausstattungs- und Dekorationselemente behandelt, z. B. Altäre, Kanzeln, Taufbecken, Bänke, Emporen, Malereidekor, Beichtstühle, Orgeln und Bilder. Kapitel V ist den Epitaphen gewidmet, denen eine wichtige Rolle im protestantischen Kirchenraum zukam. Kapitel VI stellt die protestantische Kunst Pommerns in den Kontext der damals herrschenden theologischen Kontroversen, Kapitel VII beleuchtet die Position der pommerschen protestantischen Kunst im Vergleich zu den Traditionen mittelalterlicher Kunst. Im Kapitel VIII wird das Verhältnis der protestantischen Kunst in Pommern zu Individuum, Gesellschaft und Region analysiert. Kapitel IX zeigt die protestantische Kunst Pommerns im Vergleich mit anderen europäischen Regionen, die von der protestantischen Bewegung erfasst wurden. Die Veröffentlichung enthält eine umfassende Bibliographie, die auch unpublizierte Quellen mit einschließt (denkmalpflegerische Akten, Visitationen, Liste der Kunstobjekte von 1839), außerdem veröffentlichte Quellen des 17. und 18. Jahrhunderts sowie Arbeiten zum Thema aus dem Zeitraum 1818–2004 aufführt, ferner ein Abbildungsverzeichnis, ein Register der geographischen Namen und Personen und ein Sachregister der ikonographischen Motive, Verse und Bibelstellen. Die reichhaltige und repräsentative Bildauswahl bringt dem Leser die Thematik in anschaulicher Weise nahe.

Ewa Gwiazdowska

Z dziejów Polic [Aus der Geschichte von Pölitz]. Szczecin-Police: Wydawnictwo „Dokument“, Oficyna Archiwum Państwowego w Szczecinie 2007. 138 S., farb. u. s.-w. Abb. ISBN 978-83-89341-52-5.

Der reich illustrierte Sammelband der „Szczecińskie Towarzystwo Pogranicze“ [Stettiner Grenzland-Gesellschaft] stellt die Vergangenheit und Gegenwart der unweit von Stettin/Szczecin gelegenen Stadt Pölitz/Police vor. Jan Matura geht in seinem Beitrag auf die Stadtgeschichte in folgenden Phasen ein: die Anfänge der prähistorischen Besiedlung, die Verleihung des Stadtrechts 1260 durch den Herzog von Pommern, die schwedische und die preußische Zeit und schließlich den Zweiten Weltkrieg. Der Autor befasst sich in seinem Aufsatz zudem mit der Zeit zwischen 1945 und 1989. Paweł Szulc stellt die in Pölitz errichteten Lager für Zwangsarbeiter aus den von Deutschland besetzten Ländern vor. Gleiches unternimmt Bernd Aischmann für das Lager der deutschen Zwangsarbeiter, das sich im Benzin- und Raffineriewerk befand und gemeinsam mit der Stadt bis Oktober 1946 unter sowjetischer Militäraufsicht stand. Das religiöse Leben in Pölitz nach 1945 beschreibt Robert Włodkowski. Aneta Soprych widmet sich der Geschichte der Stadt, insbesondere ihrer chemischen Betriebe nach 1989.

Maciej Szukała

Jan Zenkner: Stargard. Klejnot na pomorskim szlaku [Stargard. Ein Kleinod auf den Wegen Pommerns]. Stargard: Towarzystwo Przyjaciół Stargardu 2006. 217 S., farb. Abb. ISBN 83-9163325-6-3.

Die als Reiseführer gedachte Publikation enthält Informationen zu Geschichte und Gegenwart der wichtigsten Sehenswürdigkeiten und Bauwerke der Stadt Stargard im polnischen Teil Pommerns. Der Kommentar zur Geschichte umfasst die Zeit vom 8. Jahrhundert bis zum ersten Jahrzehnt des 21. Jahrhunderts. Der Autor verweist auf Sagen und Besonderheiten aus den einzelnen Epochen, wie beispielsweise aus dem 14. Jahrhundert, als Stargard Mitglied der Hanse war. Er geht außerdem auf wichtige Persönlichkeiten ein, die Stargard besucht oder dort gelebt haben (u. a. Ottavio Pieri Piccolomini, die Architekten Heinrich Deneke, Heinrich Brunsberg sowie David und Friedrich Gilly, den Wissenschaftler Johannes Bartholomäus Trommsdorff oder den Komponisten Otto Nicolai). Der Band enthält mehrere Karten und ein umfangreiches Literaturverzeichnis mit deutschen und polnischen Titeln.

Ewelina Kamińska

5. Schlesien, Lausitz

Bernd Balzer, Marek Hałub (Hg.): Wrocław–Berlin. Germanistischer Brückenschlag im deutsch-polnischen Dialog. II. Kongress der Breslauer Germanistik. 4 Bde. Wrocław: Oficyna Wydawnicza ATUT 2006.

Bd. 1: Sprachwissenschaft. Hg. v. Franz Simmler, Eugeniusz Tomiczek. 306 S. ISBN 83-7432-156-3, 83-7432-157-1, 3-934038-74-3, 978-83-7432-156-3, 978-83-7432-157-0, 978-3-934038-74-5.

Bd. 2: Literaturgeschichte im 17. Jahrhundert. Hg. v. Mirosława Czarnecka, Wolfgang Neuber. 132 S. ISBN 83-7432-156-3, 83-7432-158-X, 3-934038-75-1, 978-83-7432-156-3, 978-83-7432-158-7, 978-3-934038-75-2.

Bd. 3: Literaturgeschichte im 18.–20. Jahrhundert. Hg. v. Bernd Balzer, Wojciech Kunicki. 290 S. ISBN 83-7432-156-3, 83-7432-159-8, 3-934038-76-X, 978-83-7432-156-3, 978-83-7432-159-4, 978-3-934038-76-9.

Bd. 4: Kulturwissenschaft. Hg. v. Marek Hałub, Franz Stucke. 304 S. ISBN 83-7432-156-3, 83-7432-160-1, 3-934038-77-8, 978-83-7432-156-3, 978-83-7432-160-0, 978-3-934038-77-6.

Das vierbändige Werk umfasst unter anderem folgende Beiträge: Band 1: Ulrich Engel: *Der Weg nach Polen. Bericht über die kontrastive Grammatik und anderes*; Peter Wiesinger: *Der schlesische Dialekt im Scherzspiel „Die geliebte Dornrose" von Andreas Gryphius*; Alina Jurasz: *Das Wortspiel im Deutschen und im Polnischen – eine Anomalie?*; Ryszard Lipczuk: *Deutsches Wortgut in polnischen Fremdwörterbüchern*; Christoph Schatte: *Stelle und Funktion neuerer Germanismen im Polnischen*; Antoni Dębski: *Interkulturelle Kommunikation zwischen Polen und Deutschen?*; Artur Tworek: *Deutsch und Polnisch im Lichte der Sprachpolitik*. – Band 2: Knut Kiesant: *Johann Christian Günthers Gelegenheitsdichtung (1719–1723)*; Tomasz Jabłecki: *„Und wenn ich gleich liebe, so ist es nur spiel" – zur galanten Metaphorik und literari-*

schen Fiktion in der deutschen Dichtung zwischen 1680 und 1730; Marcin Cieński: *Polnisch-deutsche Beziehungen im 17. Jahrhundert: gemeinsame Räume. Versuch einer Neubewertung*; Mirosława Czarnecka: *Schönheitspflege und Mode im Barock – der Schmink- und Modediskurs der Frühen Neuzeit in den Beständen der UB Wrocław*; Edward Białek: *Die Bibliothek als europäischer Gedächtnisort. Anmerkungen zu einigen Stammbüchern des 17. Jahrhunderts in der UB Wrocław*. – Band 3: Urszula Kawalec: *Zum Polenbild im Werk von Max Waldau*; Jan Pacholski: *Der Archetypus des Polen in Fontanes Kriegsbüchern und den „Wanderungen durch die Mark Brandenburg"*; Anna Stroka: *Das Fremde in Theodor Fontanes Werk am Beispiel der Polenthematik*; Wojciech Kunicki: *Wozu erstürmte man die Sobotenburg um 1900?*; Rolf-Peter Janz: *Joseph Roth: Annäherungen an Polen*; Krzysztof Żarski: *Der Katyń-Diskurs in den „Strahlungen" Ernst Jüngers*; Anna Gajdis: *Die Rezeption von Arno Holz in Polen*; Ewa Szymani: *Die Funktion der weiblichen Figuren in den Texten von Novalis, Hölderlin und Mickiewicz*. – Band 4: Stefan Kiedroń: *Einige Worte über das Wort ‚Breslau'*; Anna Mańko-Matysiak: *Zur Religions- und Nationalitätenfrage im Schlesien der Habsburgerzeit. Polnische Gesangbücher als Quelle kulturgeschichtlicher Forschungen*; Detlef Haberland: *„Denn ich sammle jetzt alles und gebe nur etwas großes heraus." Die Entwicklung der Wissensorganisation Alexander von Humboldts am Beispiel seiner schlesisch-polnischen und sibirischen Reisen*; Eugeniusz Klin: *Karl von Holtei und der Grünberger Wein – Randglossen zum schlesisch-berlinerischen Dialog*; Leszek Dziemianko: *Zur Polenpräsenz im Breslau der Restaurationszeit*; Irmela von der Lühe: *„Besuch im Hades": Günther Anders' Reise nach Auschwitz und Breslau 1966*.

Grzegorz Kowal

Edward Białek, Jan Krucina, Eugeniusz Tomiczek (Hg.): Ad mundum poëtarum et doctorum cum Deo. Festschrift für Bonifacy Miązek zum 70. Geburtstag. Wrocław: Oficyna Wydawnicza ATUT 2005 (Beihefte zum Orbis Linguarum 39). 430 S., 3 Abb. ISBN 83-7432-036-2, ISSN 1426-7241.

Die Festschrift für den Polonisten Bonifacy Miązek setzt sich aus sechs Teilen zusammen. Der erste Teil umfasst Gedichte von Ewa Lipska, Tadeusz Różewicz und Urszula Kozioł. Im zweiten Teil kreisen die Beiträge von Krzysztof A. Kuczyński, Katharina Weisswasser, Eva Hüttl-Hubert, Jan Krucina, Józef Pater und Max Stebler um die Themen polnische Sprache und Literatur in Wien und in der Schweiz sowie Annäherungen zwischen Politik (auch Kirchenpolitik) und Ethik. In weiteren drei Teilen werden unter anderem einige auf Schlesien bezogene Texte präsentiert: Janina Bach: *Deutsch-polnische Geschichte(n) in Olga Tokarczuks Schlesienroman „Taghaus, Nachthaus"*; Zbigniew Kadłubek: *Spes altera vitae. Zur religiösen Dichtung von Tobias Aleutner (1574–1633)*; Cezary Lipiński: *Schlesiens vergessener Romantiker. Zur schlesischen Dominante bei Carl Wilhelm Salice-Contessa*. Der Band schließt mit einer Bibliographie der Publikationen von Bonifacy Miązek.

Grzegorz Kowal

Edward Białek, Mirosława Czarnecka (Hg.): Carl und Gerhart Hauptmann. Zwischen regionaler Vereinnahmung und europäischer Perspektivierung. Wrocław: Oficyna Wydawnicza ATUT, Dresden: Neisse-Verlag 2006 (Hauptmanniana. Beiträge zur Carl-und-Gerhart-Hauptmann-Forschung 1). 434 S. ISBN 978-83-7432-166-2, 978-3-934038-79-0.

Der Sammelband ist das Ergebnis eines internationalen Symposiums, das vom 19. bis 22. April 2006 (im Hauptmann-Gedenkjahr) in Breslau/Wrocław stattgefunden hat. Während der Tagung kamen die Wissenschaftler überein, dass „die dominante Vereinnahmung Hauptmanns als schlesischer Dichter, also als eine regionale Größe, und die davon gesteuerte Rezeption überwunden werden müssten." Das Buch mit insgesamt 26 Beiträgen ist in 4 Teile gegliedert: Gerhart-Hauptmann-Forschung, Carl-Hauptmann-Forschung, Gerhart- und Carl-Hauptmann-Forschung sowie Edition. Dem Band wurde zudem das Referat *Zwischen regionaler Vereinnahmung und europäischer Perspektivierung, oder wie kann Gerhart Hauptmann heute in Polen gelesen werden?* von Mirosława Czarnecka beigefügt, das während einer anderen Tagung zu Gerhart Hauptmann vorgetragen wurde. Von den zahlreichen Aufsätzen seien hier folgende genannt: Hans-Gert Roloff: *Carl Hauptmanns Napoleon-Dramen*; Monika Mańczyk-Krygiel: *Das Bild der Stadt in Carl Hauptmanns Roman „Mathilde"*; Urszula Kawalec: *Bilder des Anderen – Zigeuner im Werk von Carl Hauptmann*; Detlef Haberland: *Zwischen ‚regionalem Wissen' und ‚Weltdichtung'. Gerhart Hauptmanns Werk um 1900*; Dirk Dalberg: *Kultur- versus Realpolitik. Gerhart Hauptmanns Politikbegriffe in politik- und demokratietheoretischer Analyse*; Grażyna Barbara Szewczyk: *Gerhart Hauptmann und Oberschlesien*; Knut Kiesant: *Wilhelm Bölsche – „Kreuziget den Naturalismus!"*; Edward Białek: *Zwischen regionaler Vereinnahmung und europäischer Perspektivierung. Carl und Gerhart Hauptmann im Urteil Liegnitzer Literaturkritiker (1918–1922)*; Krzysztof A. Kuczyński: *Zwischen Neid und Begabung. Zu Carl und Gerhart Hauptmann*; Gerd-Hermann Susen: *Christian von Ehrenfels und die „Freie Bühne". Ein Fund im Nachlaß Carl Hauptmanns*; Karolina Mijas: *Zum Briefwechsel zwischen Carl Hauptmann und Richard Avenarius.*

Grzegorz Kowal

Edward Białek, Detlef Haberland (Hg.): Zwischen Verlust und Fülle. Studien zur Literatur und Kultur. Festschrift für Louis Ferdinand Helbig. Wrocław: Oficyna Wydawnicza ATUT, Dresden: Neisse-Verlag 2006 (Beihefte zum Orbis Linguarum 50). 463 S., 1 Abb. ISBN 83-7432-170-9, 978-83-7432-170-9, 3-934038-70-0, 978-3-934038-70-7, ISSN 1426-7241.

Der anzuzeigende Band, eine Festgabe für den lange Zeit in Grünberg/Zielona Góra tätigen Germanisten, umfasst unter anderem die Beiträge von Paweł Zimniak: *Interpret des Geistes. Louis Ferdinand Helbig zum 70. Geburtstag*; Lech Kolago: *„Christkindleins Wiegenlied" aus der Sammlung „Des Knaben Wunderhorn", gesammelt von Ludwig Achim von Arnim und Clemens Brentano, in der Vertonung Karol Szymanowskis*; Cezary Lipiński: *Angelus Silesius. Im Spannungsfeld zwischen ‚GOtt leben' und ‚Selbst=vernichtigung'*; Edyta Falkowska: *Der Atriden-Mythos: intertextuelle Kommunikation von Gerhart Hauptmann und Ilse Langner?*; Agnieszka Ciołek-Jóźwiak: *Lessing in Breslau*; Michał Skop: *Das Bild der Stadt Kattowitz im deutschen Schrifttum 1865–1945*; Monika Mańczyk-Krygiel: *Das Bild der Stadt in der Prosa von Bruno Arndt („Der Ruf der Felder" und „Missa solemnis")*; Eugeniusz Klin: *Was die Oder rauscht. Zu Walter Meckauers Erinnerungen an Schlesien*; Klaus Hildebrandt: *Horst Lange (1904–1971). Zur Erinnerung an einen Dichter aus Schlesien*; Wojciech Kunicki: *Biographisches zu Hans Lipinsky-Gottersdorf*; Emil Feilert: *Auf den Buddenbrocker Spuren Heinz Pionteks*; Zbigniew Kadłubek: *Auf dem Weg zur Identität der (Ober-)Schlesier*; Wolfgang Bittner: *Aufgewachsen in Ostfriesland. Eine Rückbesinnung*; Ernst Josef Krzywon: *Schlesische Aussiedlerliteratur. Der oberschlesische Lyriker Bernhard Brommer*; Edward Białek und Wojciech Mrozowicz: *Ein unbekannter Brief Alexander von Blombergs an Friedrich de la Motte Fouqué aus den Beständen der Universitätsbibliothek Breslau.* Den Band beschließen eine Liste der Veröffentlichungen und Mitgliedschaften Louis Ferdinand Helbigs sowie ein Personenregister.

Grzegorz Kowal

Rafał Brzeziński: Gospody u stóp Gór Sowich. Studia z dziejów gastronomii Bielawy do 1945 roku [Gasthäuser am Fuße des Eulengebirges. Studien zur Geschichte der Gastronomie in Langenbielau bis 1945]. Wrocław: Oficyna Wydawnicza ATUT 2007. 237 S., Abb., dt. Zusammenfassung. ISBN 978-83-7432-253-9.

Das Buch ist ein gutes Beispiel für die Zunahme des Interesses an neuen Forschungsthemen innerhalb der schlesischen Geschichte bei der jüngsten Generation polnischer Historiker. Der Autor befasst sich mit der Geschichte der Gasthäuser in einer mittelgroßen Stadt Niederschlesiens, Langenbielau/Bielawa, wobei er sich auf das 19. und die erste Hälfte des 20. Jahrhunderts konzentriert. Die Quellengrundlage stellen Archivmaterialien, Zeitzeugenberichte und gedruckte Quellen (wie Adressbücher, Presseberichte und Reiseführer) dar. Das Buch besteht aus vier Teilen. Im ersten Abschnitt wird die Tätigkeit der Gasthäuser Ende des 19. Jahrhunderts beschrieben, indem ihre Funktion in der Gesellschaft, ihre Kultur, Architektur und Ausstattung behandelt werden. In den nächsten Kapiteln beschäftigt sich der Verfasser mit der Geschichte der Stadt. Vor diesem Hintergrund beschreibt er unterschiedliche Typen von Gasthäusern, die Bedingungen ihrer Arbeit, ihre Unterhaltungsfunktion sowie die Art des Konsums. Das Buch schließt eine detaillierte Studie über eines der Gasthäuser, den Karolinenhof, ein, wobei der Autor sich auf die Zeit des Zweiten Weltkriegs beschränkt. Die Ausführungen werden durch Tabellen, Diagramme, eine Auflistung der Gasthäuser sowie einen umfangreichen Bilderanhang ergänzt.

Małgorzata Ruchniewicz

Marek Burak, Halina Okólska: Cmentarze dawnego Wrocławia [Friedhöfe des alten Breslau]. Wrocław: Muzeum Architektury i Via Nova 2007. 270 S., Abb. ISBN 978-83-89262-38-7.

Die mit zahlreichen Fotografien, Stichen und Plänen reich illustrierte Publikation ist die erste polnischsprachige Darstellung der größtenteils nicht mehr existierenden Friedhöfe in der Hauptstadt Niederschlesiens. Es gab im Laufe der Geschichte der Stadt ca. 120 Friedhöfe. Das Buch stellt einen Versuch dar, die Erinnerung an die gezielte Vernichtung der Friedhöfe in der kommunistischen Zeit wachzuhalten. Die Friedhöfe sind in dem Band nach ihrem Status (katholische, protestantische, jüdische, städtische, militärische Friedhöfe) geordnet. Diese verschiedenen Typen werden mit einer kurzen Einführung dargestellt, bevor die einzelnen Friedhöfe lexikonartig beschrieben werden, wobei jeweils folgende Merkmale angegeben sind: Name des Friedhofs, Lage, Zeit des Bestehens, Aussehen der Friedhofskapelle, erhalten gebliebene Grabplatten und Epitaphien, kurze Geschichte, Biographien auf dem jeweiligen Friedhof begrabener Personen, Quellenangaben und weiterführende Literatur. Eine deutsche Fassung dieses interessanten Buches ist für das Jahr 2008 geplant.

Krzysztof Ruchniewicz

Joanna Bzdok: Der „schwierige Schlesier". Hans Niekrawietz' Anteil am oberschlesischen Literaturbetrieb im bundesdeutschen „Exil". Eine kritische Standortbestimmung anhand seiner Korrespondenz und anderer Quellen. Wrocław: Oficyna Wydawnicza

ATUT, Dresden: Neisse-Verlag 2006 (Dissertationes inaugurales selectae 15). 390 S., 12 Abb. ISBN 83-7432-084-2, 3-934038-51-4.

Die Autorin der Studie bemüht sich, anhand der Korrespondenz und des nicht veröffentlichten Nachlasses (biographische Notizen, das Romanfragment *Der Vorhang fiel* sowie Gedichte und Dokumente) sowohl die literarische als auch die kulturpolitische Tätigkeit von Hans Niekrawietz genau zu rekonstruieren. Keine leichte Aufgabe, zumal der deutsche Autor oberschlesischer Herkunft mit dem Nationalsozialismus sympathisierte. Die Verfasserin ergründet auch, inwieweit die Vertreibung Niekrawietz' dichterisches Schaffen nach 1945 beeinflusste. Gleichzeitig untersucht sie sein aktives Mitwirken in den beiden eng mit Schlesien verbundenen literarischen Verbänden „Kulturwerk Schlesien" und „Wangener Kreis".

Grzegorz Kowal

Mieczysława Chmielewska, Danuta Eysymontt, Rafał Eysymontt: 100 lat Toru Wyścigów Konnych Wrocław-Partynice 1907–2007 [100 Jahre Pferderennbahn in Breslau-Hartlieb 1907–2007]. Wrocław: Wydawnictwo i Drukarnia SEMATA 2007. 158 S., Abb., dt. u. engl. Zusammenfassung. ISBN 978-83-914291-5-0.

Diese Publikation stellt die erste Monographie zu einer der wichtigsten Unterhaltungsstätten in Breslau/Wrocław im 20. Jahrhundert, der Pferderennbahn in Breslau-Hartlieb/Wrocław-Partynice, dar. Es wurden Dokumente des Unternehmens, Presse- und Zeitzeugenberichte analysiert. In 12 kurzen Kapiteln werden die Geschichte der Siedlung Hartlieb/Partynice, die Entwicklung der Pferderennen, die Gründung und Arbeit der Breslauer Pferderennbahn, eine architektonische Analyse der Rennplatzanlagen, die komplizierte Geschichte der Pferderennen zur kommunistischen Zeit und ihre Wiederaufnahme nach 1990 dargestellt. Das Buch wird durch interessantes Bildmaterial und ein Kalendarium abgerundet.

Małgorzata Ruchniewicz

Agnieszka Chodorowska: Przywracanie kulturze dolnośląskiej jej regionalnej specyfiki [Die Wiederkehr der Regionalspezifik in der niederschlesischen Kultur]. Wrocław: Oficyna Wydawnicza ATUT 2006. 167 S., Abb. ISBN 978-83-7432-090-0, 83-7432-090-7.

Das Thema dieses Buches ist das zeitgenössische Interesse für die kulturelle Vergangenheit Niederschlesiens, wie es von den heutigen Bewohnern dieser Region aufgebracht wird. Das erste Kapitel führt in die Geschichte Niederschlesiens und seiner Kultur ein. Im zweiten Kapitel konzentriert sich die Verfasserin auf die bewusste Anknüpfung an die nicht-polnische Vergangenheit der Region und den Wunsch nach Akzeptanz einiger ihrer Aspekte. Dies hängt mit der Verbreitung des Bewusstseins über den multiethnischen Charakter der Region zusammen. Konkrete Beispiele der ehemaligen Tradition, wie zum Beispiel der Schweidnitzer Keller in Breslau/Wrocław oder auch die Restaurierung des Klosterkomplexes in Leubus/Lubiąż werden im dritten Kapitel behandelt. Das letzte Kapitel beschäftigt sich mit der praktischen Realisierung des lokalen Patriotismus, unter anderem den Aktionen zur Rückgabe von Kulturgütern. Im Anhang ist ein von den Breslauer Kunsthistorikern geschriebenes Gutachten über die Sehenswürdigkeiten, die nach 1944 aus der Region fortgeschafft wurden, veröffentlicht.

Krzysztof Ruchniewicz

Leszek Dziemianko: Der junge Karl von Holtei. Leben und Werk. Wrocław: Oficyna Wydawnicza ATUT, Dresden: Neisse-Verlag 2007 (Dissertationes inaugurales selectae 39). 509 S. ISBN 978-3-940310-04-0, 3-940310-04-2.

Leszek Dziemianko setzt sich das Ziel, das gesamte vielfältige Werk Karl von Holteis (Drama, Epik, Lyrik, theoretische Schriften, Publizistik, Memoiren und Korrespondenz) zu untersuchen. Diesem Hauptteil der Monographie gehen zwei Abschnitte voraus, die dem Leser das Leben des jungen Breslauer Schauspielers und Dramatikers näherbringen. Das besondere Interesse Dziemiankos gilt der Frage nach der Rezeption eines „der bekanntesten Vertreter der schlesischen Literatur des 19. Jahrhunderts" sowie auch den Parallelen zu seinen Zeitgenossen, von denen unter anderem Goethe, Tieck und Eichendorff zu nennen sind. In der umfangreichen Einleitung wird der Leser mit der Forschung zum Leben und Werk Holteis von ihren Anfängen bis zu den jüngsten Publikationen vertraut gemacht. Einen bedeutenden Beitrag dazu haben polnische Wissenschaftler, unter ihnen Edyta Połczyńska und Andrzej Zieliński, geleistet.

Grzegorz Kowal

Anna Fastnacht-Stupnicka: Od św. Jadwigi do Marka Hłaski. Niezwykłe losy wybitnych ludzi na Dolnym Śląsku [Von der hl. Hedwig bis Marek Hłasko. Ungewöhnliche Schicksale herausragender Menschen aus Niederschlesien]. Wrocław: Oficyna Wydawnicza ATUT 2007. 166 S., Abb. ISBN 83-7432-189-X, 978-83-7432-189-1.

Anna Fastnacht-Stupnicka zeichnet in ihrem Buch zahlreiche, teilweise literarische, Porträts von herausragenden Polen und Deutschen, deren Schicksale auf irgendeine Art und Weise mit der Region Niederschlesien verbunden sind. Folgende deutsche Persönlichkeiten lassen sich hier unter anderem finden: die heilige Hedwig von Schlesien (von Andechs), Karl Daniel Bach, Marianne von Oranien-Nassau, Alois Alzheimer, Feodora Sachsen-Meiningen von Reuss sowie Hanna Reitsch.

Grzegorz Kowal

Iwona Gołaj, Grzegorz Wojturski: Muzeum Narodowe we Wrocławiu. Przewodnik [Das Breslauer Nationalmuseum. Ein Führer]. Wrocław: Muzeum Narodowe we Wrocławiu 2006. 334 S., 354 farb. u. s.-w. Abb. ISBN 83-86766-48-4.

Der neue, sehr detaillierte Führer durch die Dauerausstellungen befasst sich mit den vier Abteilungen des Breslauer Nationalmuseums: Schlesische Kunst des 12.–16. Jahrhunderts, Schlesische Kunst des 16.–19. Jahrhunderts, Polnische Kunst des 17.–19. Jahrhunderts und Zeitgenössische Kunst in Polen. In jede Abteilung wird durch eine Überblicksdarstellung eingeführt, darauf folgen die Beschreibungen der einzelnen Exponate. Sie enthalten Angaben zum Künstler und Titel, zur Entstehungszeit, Technik und Herkunft, die Inventarnummer sowie eine Abbildung des Objekts. Die Abteilung für Schlesische Kunst des 12.–16. Jahrhunderts präsentiert Kunstwerke der Romanik und Gotik, wobei die Eigenarten der mittelalterlichen Kunst in Schlesien und die Entwicklungen in der gotischen Holzskulptur und der Tafelmalerei gut nachvollziehbar sind. Die Ausstellung zur schlesischen Kunst des 16.–19. Jahrhunderts setzt mit der Renaissance ein und reicht bis zum Aufbruch in die Moderne zu Beginn des 20. Jahrhunderts. Der thematische Reichtum und die künstlerischen Werte sowie die formale und technische Variabilität zeugen von der kulturellen Vielfalt Schlesiens. Die 1948 eröffnete Abteilung für polnische Kunst des 17.–19. Jahrhunderts besteht überwiegend aus Objekten, die 1946 von der Sowjetunion an das Museum übergeben wurden. Die Sammlung umfasst 287 Bilder und Zeichnungen aus Lemberg/L'viv/Lwów sowie 180 Arbeiten polnischer Künstler, die sich in Kiew befunden haben. Die Sammlung zeitgenössischer polnischer Kunst ist eine der größten ihrer Art im Land. Sie enthält Werke von Künstlern, welche die polnische Kunstszene des 20. Jahrhunderts entscheidend prägten, beispielsweise Magdalena Abakanowicz, Waldemar Cwenarski, Władysław Hasior, Jan Lebenstein oder Józef Szajna.

Maria Zwierz

Hans-Joachim Hahn (Hg.): Gerhart Hauptmann und „die Juden". Konstellationen und Konstruktionen in Leben und Werk. Wrocław: Oficyna Wydawnicza ATUT, Görlitz: Neisse-Verlag 2005 (Beihefte zum Orbis Linguarum 40, Publikationen des Gerhart-Hauptmann-Hauses 1). 171 S., 6 Abb. ISBN 83-7432-054-0, 3-934038 -40-9, ISSN 1426-7241.

Der Sammelband wurde infolge einer internationalen Konferenz, die vom 18. bis 20. Juni 2004 im Gerhart-Hauptmann-Haus in Agnetendorf/Jagniątków stattgefunden hat, herausgegeben. Thema der Tagung war der Zusammenhang zwischen Leben und Werk Gerhart Hauptmanns unter dem Aspekt seiner Beziehung zum Judentum. Der Band umfasst acht Beiträge: Peter Sprengel: *Grenzen der Immunität: Gerhart Hauptmann, das Judentum und der Antisemitismus*; Antje Johanning: *Gerhart Hauptmann – ein Philosemit? Anmerkungen zur Rezeption Gerhart Hauptmanns und seinem Verhältnis zum Judentum*; Hans-Joachim Hahn: *Herr von Herdberg und die Schuld der Juden. Gerhart Hauptmanns Einakter „Die Finsternisse" (1937)*; Arkadiusz Baron: *Die Herkunft und Jugend von Max Pinkus*; Dieter Heimböckel: *Muster-Freundschaft: Gerhart Hauptmann und Walther Rathenau*; Anna Stroka: *Gerhart Hauptmanns Beziehung zu Samuel Fischer und seinem Verlag*; Deborah Vietor-Engländer: *„Die Gegenwart dieses Parasiten, der immer einen Giftstachel verbarg, war mir lebenslang mehr peinlich als lieb." Gerhart Hauptmann und Alfred Kerr*; Albrecht Scholz: *„Ihr Porträt grüßt uns bei jedem Eintritt in unser Heim." Albert und Toni Neissers Verehrung für Gerhart Hauptmann.*

Grzegorz Kowal

Tomasz Jabłecki: Benjamin Neukirch (1665–1729) – śląski poeta przełomu wieków XVII i XVIII [Benjamin Neukirch (1665–1729) – ein schlesischer Poet an der Wende vom 17. zum 18. Jahrhundert]. Wrocław: Oficyna Wydawnicza ATUT 2006 (Dissertationes inaugurales selectae 19). 274 S. ISBN 83-7432-110-5.

Für Tomasz Jabłecki gehören geschichtliche Ereignisse und der Wechsel der kulturellen und weltanschaulichen Paradigmen zu den entscheidenden Faktoren, die es ermöglichen, bestimmte Autoren bestimmten Epochen zuzuordnen. Er geht somit der Klassifikationsfrage nach, ob Neukirch ein Epigone der großen schlesischen Dichter des 17. Jahrhunderts und ihrer, zu seinen Lebzeiten schon wieder abgeklungenen, Ideen war – oder aber Vorläufer des aufklärerischen Rationalismus, dessen Konzeptionen sich in der Dichtung der nächsten Jahrzehnte als wegweisend erweisen sollten. Beides ist bei Neukirch der Fall, denn mit der Wandlung der Formen seines poetischen Ausdrucks vollzieht sich sein Übergang vom Barock zur Aufklärung, wobei er beide Epochen und die ihnen eigenen Gattungen und Motive vertritt.

Grzegorz Kowal

Tomasz Jaworski (Hg.): Bibersteinowie w dziejach pogranicza śląsko-łużyckiego [Die Bibersteins in der Geschichte des schlesisch-lausitzischen Grenzgebietes]. Zielona Góra: Oficyna Wydawnicza Uniwersytetu Zielonogórskiego 2006. 246 S., Abb., dt. u. engl. Zusammenfassung. ISBN 83-7481-044-0.

Der Band widmet sich einer der wichtigsten Adelsfamilien an der Grenze Schlesiens und der Lausitz. Er besteht aus Materialien einer Konferenz zu diesem Thema, an der die noch lebenden Familienmitglieder teilgenommen haben. Der erste Teil beschäftigt sich mit der Familiengeschichte. Dort finden sich Aufsätze über die Abstammung der Familie von Biberstein und ihre Rolle in der internationalen Politik des Mittelalters. Im zweiten Teil wird die wirtschaftliche Bedeutung der Familiengüter besonders behandelt. Im dritten Teil geht es um die Kirchenstiftungen der Familie und deren Verhältnis gegenüber der Reformation. Der vierte Teil ist den Denkmälern vorbehalten, welche die Bibersteins hinterlassen haben. Die literarischen Zeugnisse über die Familie machen den letzten Teil aus.

Małgorzata Ruchniewicz

Zbigniew Kapała (Hg.): W 85. rocznicę [Zum 85. Jahrestag]. Bytom: Muzeum Górnośląskie w Bytomiu 2007. 299 S., dt. Zusammenfassungen. ISBN 83-88880 -51-9.

Der anzuzeigende Band ist das Ergebnis einer Konferenz über die Aufstände und die Volksabstimmung in Oberschlesien von 1921, an der hauptsächlich polnische Historiker teilgenommen haben. Sie wiesen auf die Marginalisierung dieser Themen in der gegenwärtigen Forschung und der staatlichen Geschichtspolitik hin. Die 17 Artikel des Bandes befassen sich vor allem mit politischen Fragen: mit dem Verhältnis der politischen Kräfte in Polen und einigen polnischen Regionen gegenüber den oberschlesischen Aufständen und der Integration des Landes, mit den Stimmungen in der Bevölkerung und der zeitgenössischen Wahrnehmung dieser Ereignisse. Darüber hinaus werden der Forschungsstand über die Biographien einer Gruppe von Teilnehmern des Aufstandes, der Lehrer, dargestellt und das Schicksal der Kombattanten während der Zwischenkriegszeit und nach 1939 behandelt. Ein gewisses Novum bei der Erforschung des Aufstandes ist der Aufsatz von zwei Historikerinnen aus Polen und Deutschland über Verhältnisse zwischen einheimischen Frauen und den Soldaten der Interalliierten Kommission und über das Thema der Prostitution.

Krzysztof Ruchniewicz

Aleksandra Klich: Bez mitów. Portrety ze Śląska [Ohne Mythen. Porträts aus (Ober-) Schlesien]. Racibórz: WAW 2007. 250 S., Abb. ISBN 978-83-89802-29-3.

In dem anzuzeigenden Buch von Aleksandra Klich wird das Thema Oberschlesien anhand von 13 biographischen Skizzen aus dem kulturellen und literarischen Raum behandelt. Der Region Oberschlesien haften viele Legenden bzw. Vorurteile an – z. B., dass sie eine „schmutzige Provinz“ Preußens oder Polens sei oder dass dort „nur Dialekt“ gesprochen werde –, die von der Autorin revidiert werden. Unter den hier porträtierten Persönlichkeiten aus Oberschlesien befinden sich unter anderem Wojciech Korfanty, August Hlond, Joseph von Eichendorff, Oskar Troplowitz, Horst Bienek und Bolesław Kominek.

Grzegorz Kowal

Marta Kopij, Wojciech Kunicki, Thomas Schulz (Hg.): Wrocław literacki [Das literarische Breslau]. Wrocław: Oficyna Wydawnicza ATUT 2007. 517 S., 75 Abb. ISBN 978-83-7432-224-9.

Für die Herausgeber und die Autoren der Beiträge bildet die niederschlesische Hauptstadt Breslau/Wrocław, eine multikulturelle Metropole, den Ausgangspunkt zu folgenden Themenkomplexen: „Literatur in Breslau", „Wrocław sowie auch Breslau", „Breslau in der Literatur, die Stadt als Text, die Stadt als innerer und äußerer Raum". Der Sammelband ist das Ergebnis einer Konferenz, die vom 22. bis 25. April 2004 in Breslau stattgefunden hat. Er umfasst zahlreiche, von Wissenschaftlern wie auch von zeitgenössischen polnischen Schriftstellern und Dichtern verfasste Texte zu Breslau, z. B.: Jörg-Ulrich Fechner: *„... podczas niedawnej katastrofy we Wrocławiu". Realia w komedii Lessinga Żydzi* („... während der nicht weit zurückliegenden Katastrophe in Breslau". Realia in Lessings Komödie ‚Die Juden'"); Lucjan Puchalski: *Wrocławskie listy Lessinga* („Lessings Breslauer Briefe"); Tomasz Małyszek: *Christian Garve i jego rola w kulturze Wrocławia* („Christian Garve und seine Rolle in der Kultur Breslaus"); Edward Białek: *Żydzi w kulturze literackiej dziewiętnastowiecznego Wrocławia* („Juden in der literarischen Kultur im Breslau des 19. Jahrhunderts"); Marta Kopij: *Literatura piękna w głównych niemieckich czasopismach Wrocławia* („Schöne Literatur in den wichtigsten deutschen Zeitschriften Breslaus"); Ewa Szymani: *Obraz miasta – lub brak obrazu – w dziennikach Josepha von Eichendorffa* („Das Bild der Stadt – oder kein Bild – in den Tagebüchern Joseph von Eichendorffs"); Jürgen Joachimsthaler: *Dworzec kolejowy z gabinetami rozkoszy. Wrocław jako motyw górnośląskiej literatury od przełomu wieków* („Der Hauptbahnhof als Oase der Genüsse. Breslau als Motiv der oberschlesischen Literatur seit Beginn der Jahrhundertwende"); Krzysztof Żarski: *Kornowie* („Korns"); Andrzej Regner: *Obraz Wrocławia w powieści Brunona Arndta Zabłąkany ptak* („Das Bild Breslaus im Roman ‚Der verirrte Vogel' von Bruno Arndt"); Karol Maliszewski: *Liryka we Wrocławiu, Wrocław w liryce (1980–2000)* („Lyrik in Breslau, Breslau in der Lyrik [1980–2000]"); Urszula Kozioł: *Ucieczka z Egiptu* („Flucht aus Ägypten").

Grzegorz Kowal

Elżbieta Kościk, Tomasz Głowiński (Hg.): Społeczeństwo i gospodarka w badaniach historycznych – dokonania i perspektywy. W 60-lecie polskich badań statystycznych i gospodarczych na Dolnym Śląsku [Gesellschaft und Wirtschaft in der historischen Forschung – Ergebnisse und Perspektiven. Zum 60-jährigen Bestehen polnischer statistischer und ökonomischer Forschungen in Niederschlesien]. Wrocław: GAJT 2006. 287 S. ISBN 83-88178-40-7.

Der Band ist das Ergebnis einer Konferenz vom 23./24.11.2006 von zwei Breslauer Hochschuleinrichtungen, die sich seit Jahren intensiv mit Statistik- und Wirtschaftsgeschichte beschäftigen: dem Historischen Institut der Universität Breslau/Wrocław und der Breslauer Wirtschaftsakademie. Das Hauptziel dieser Publikation ist ein Resümee der polnischen Forschung zur Wirtschaftsgeschichte und die Konsolidierung dieser in den letzten Jahren an Popularität verlierenden Forschungsdisziplin. Der Band besteht aus 26 Aufsätzen, die unterschiedliche Aspekte der Statistik- und Wirtschaftsgeschichte behandeln. Neben Texten über ausgewählte Forschungszentren (auch außerhalb Breslaus) und bedeutende Forscher wird der Vorstellung konkreter wissenschaftlicher Projekte, die momentan realisiert werden, viel Platz eingeräumt.

Krzysztof Ruchniewicz

Andrzej Kozieł: Angelus Silesius, Bernhard Rosa i Michael Willmann, czyli sztuka i mistyka na Śląsku w czasach baroku [Angelus Silesius, Bernhard Rosa und Michael Willmann – Kunst und Mystik in der Barockzeit in Schlesien]. Wrocław: Wydawnictwo Uniwersytetu Wrocławskiego 2006 (Acta Universitatis Wratislaviensis 2872). 526 S., 175 Abb., dt. Zusammenfassung. ISBN 83-229-2737-1.

Der vorzustellende Band entstand als Habilitationsschrift am Kunsthistorischen Institut der Universität in Breslau/Wrocław. Die kulturelle Bedeutung der schlesischen Mystik und ihre breite Wirkung auf Religion, Theologie und Philosophie wurden schon mehrfach behandelt. Nun untersucht Andrzej Kozieł die Rezeption der Schriften der Mystiker in der schlesischen Kunst des Barock. Im ersten Kapitel stellt er allgemein die Zusammenhänge zwischen Mystik und Kunst her und versucht zu klären, welche Wirkung bildliche Darstellungen auf das mystische Erleben ausüben können. Das zweite Kapitel gilt der Vorstellung der verschiedenen künstlerischen Initiativen, die im Umkreis von Angelus Silesius, dem Grüssauer Abt Bernhard Rosa und dem Maler Michael Willmann entstanden. Der Autor beschreibt die Kooperation der beiden Mystiker Silesius und Rosa bei der Entwicklung eines neuen Modells spiritueller Gotteserfahrung im Kontext der Gegenreformation, die eine massenhafte Anteilnahme der Gläubigen und den Einsatz von Kunstwerken als Devotionalien vorsah. Die folgenden Kapitel erläutern, wie diese Konzeption mit Hilfe von Michael Willmann und anderen Malern lokaler und überregionaler Herkunft umgesetzt wurde. Ein Schwerpunkt liegt auf der Analyse des *Grüssauer Passionsbuchs* mit 32 Passionsdarstellungen. Eine wichtige Rolle spielen auch die Grüssauer Mariendarstellungen und die damit verbundene „Brautmystik“ sowie die Graphikserie von Zisterzienserheiligen und ihren mystischen Visionen. Der Autor untersucht die Rezeption der Devotionalien aus Grüssau/Krzeszów in Schlesien, Böhmen, Mähren und Polen und kann dadurch die große Wirkung dieses spirituellen Konzepts innerhalb der religiösen und künstlerischen Phänomene der Barockzeit in Mitteleuropa nachweisen. Der Band enthält eine Zusammenfassung in deutscher Sprache, eine umfassende Bibliographie sowie ein Personen- und ikonographisches Register.

Maria Zwierz

Sylwia Krzyżanowska, Wojciech Trębacz: Sprawa Operacyjnego Rozpracowania „Kaskader“ [Die Frage des Operativvorgangs „Kaskadeur“]. Wrocław: Oddział Instytutu Pamięci Narodowej 2007. 213 S., Abb. ISBN 978-83-924-281-69.

Das Buch thematisiert die Tätigkeit der niederschlesischen antikommunistischen Opposition der 70er und 80er Jahre des 20. Jahrhunderts. Es hat die Gegenüberstellung von Zeugnissen eines Oppositionellen, den Erinnerungen von Krzysztof Grzelczyk, mit dem Inhalt der vom Sicherheitsdienst über diese Person erstellten Akten, hauptsächlich des Operativvorgangs mit dem Decknamen „Kaskadeur“, zum Ziel. Der Band stellt also zwei Typen von Quellen vor, die nach wie vor kontrovers beurteilt werden. Das Buch besteht aus vier chronologischen Kapiteln. Das erste Kapitel umfasst die Zeit von 1977 bis zu den ersten Monaten des Jahres 1980, als es zur Aufnahme des Operativvorgangs „Kaskadeur“ kam. Das zweite Kapitel betrifft die Zeit unmittelbar vor der Gründung der „Solidarność“, das dritte Kapitel schließt mit der Einführung des Kriegsrechts ab. Das vierte und letzte Kapitel behandelt die Ereignisse zwischen der Emigration von Krzysztof Grzelczyk und dem Abschluss des Vorgangs „Kaskadeur“.

Krzysztof Ruchniewicz

Bożena Kubit (Red.): Żydzi gliwiccy. The Jews of Gliwice. Juden in Gleiwitz. Materiały z konferencji, Muzeum w Gliwicach, 17–18 listopada 2005 [Tagungsband, Museum in Gleiwitz, 17.–18. November 2005]. Gliwice: Muzeum w Gliwicach 2006 (Seria Monograficzna [Monographien-Reihe] 11). 325 S., Abb., dt. u. engl. Zusammenfassungen. ISBN 83-89856-08-5.

Der Band geht auf eine Tagung zurück, die der Rolle der Gleiwitzer Juden in der Geschichte der Stadt und der Region gewidmet war. Er besteht aus 18 Beiträgen, die auf einer breiten Quellengrundlage fußen. Der Teil über das 19. und die erste Hälfte des 20. Jahrhunderts behandelt die jüdische Siedlung in Gleiwitz/Gliwice, die Rolle der jüdischen Industriellen, das kulturelle und gesellschaftliche Leben der Juden sowie die Bildung. In den nächsten Teilen werden Texte über das religiöse Leben der Minderheit – die Synagoge, die jüdischen Friedhöfe und die Rabbiner – abgedruckt. Vier weitere Texte betreffen das Schicksal der Gleiwitzer Juden in den Jahren 1933–1945, insbesondere Verfolgung und Vernichtung, sowie wenig bekannte Protestversuche in Form einer Infragestellung der Legalität der Einführung der Rassengesetzgebung auf dem von der Oberschlesischen Konvention umfassten Gebiet. Die Situation der jüdischen Bevölkerung in der Stadt nach 1945 wird in einem gesonderten Aufsatz dargestellt. Schließlich findet man in dem Band eine Auflistung von Judaica im Gleiwitzer Museum und ein Kalendarium zur Geschichte dieser Minderheit in der Stadt.

Krzysztof Ruchniewicz

Wojciech Kunicki: Hans Lipinsky-Gottersdorf. Leben und Werk. Wrocław: Oficyna Wydawnicza ATUT, Dresden: Neisse-Verlag 2006 (Beihefte zum Orbis Linguarum 46). 361 S., 2 Faksimiles. ISBN 83-7432-135-0, 3-934038-65-4, ISSN 1426-7241.

In der Studie von Wojciech Kunicki wird der in den Nachkriegsjahren populäre, dann aber in Vergessenheit geratene Autor Hans Lipinsky-Gottersdorf vorgestellt. Der Verfasser bemüht sich, methodologisch gesehen zwei Verfahrensweisen zu kombinieren: Einerseits sollen das Werk Lipinsky-Gottersdorfs im Prisma seines Lebens interpretiert und rekonstruiert und die gerade in seinem Falle offensichtlichen Zusammenhänge zwischen Leben und Werk hervorgehoben werden, andererseits soll vom Biographischen abgesehen und die Souveränität seines Werkes anerkannt werden. Kunicki konzentriert sich auf zwei Fragen: ob das allgemeine Vergessen des Schriftstellers nicht auf die Kulturpolitik der Vertriebenenverbände zurückzuführen ist und ob die Selbstaussagen, also die Selbststilisierung, Lipinsky-Gottersdorfs nicht dazu führten, sein Bild zu entstellen. Auf die Frage hingegen, inwieweit sich die private Lebenssphäre auf das Werk des Autors auswirkte, was Kunicki selbst andeutet, wird in der Studie nicht eingegangen.

Grzegorz Kowal

Sebastian Ligarski: W zwierciadle ogłoszeń drobnych. Życie codzienne na Śląsku w latach 1945–1949 [Im Spiegel der Kleinanzeigen. Der Alltag in Schlesien in den Jahren 1945–1949]. Wrocław: Oddział Instytutu Pamięci Narodowej 2007. 270 S., Abb. ISBN 978-83-9242-819-0.

Das Buch beruht auf fast 195.000 Kleinanzeigen, die in den schlesischen Tageszeitungen *Pionier* („Der Pionier"), *Słowo Polskie* („Das Polnische Wort") und *Dziennik Zachodni*

(„Westrundschau") in den Jahren 1945–1949 veröffentlicht wurden. Auf der Grundlage einer statistischen Analyse der „Massenquelle Kleininserat" wird der Alltag der unmittelbaren Nachkriegszeit dargestellt. Das erste Kapitel beschäftigt sich mit der Geschichte der polnischen Presse in der zweiten Hälfte der 40er Jahre. Die nachfolgenden sechs Kapitel rücken unterschiedliche Aspekte des Alltagslebens in Schlesien in den ersten Nachkriegsjahren in den Mittelpunkt, wie Arbeit, Familie (Folgen des Krieges, Lebensstandard), Freizeitbeschäftigung, Wohnung (Wohnbedingungen, Ausstattung), Versorgung mit Lebensmitteln und Dienstleistungen, Gesundheitswesen (Organisation des Gesundheitswesens, alternative Therapiemethoden).

Małgorzata Ruchniewicz

Julita Makaro: Gubin – miasto graniczne. Studium socjologiczne [Gubin – eine Grenzstadt. Eine soziologische Studie]. Wrocław: Wydawnictwo Uniwersytetu Wrocławskiego 2007 (Acta Universitatis Wratislaviensis 2917, Socjologia [Soziologie] [N. F.] 39). 243 S., dt. u. engl. Zusammenfassung. ISBN 978-83-229-2790-8.

Die Publikation der Breslauer Soziologin handelt vom gesellschaftlichen Leben der Stadt an der Lausitzer Neiße, die von ihrem Grenzcharakter geprägt ist, sowie von den Beziehungen zwischen den beiden Hälften der 1945 geteilten Stadt Guben. Die Struktur des Buches entspricht den historischen Zäsuren, die auf den Status der Grenze einen großen Einfluss ausübten: 1945 – 1971/1972 – 1989/1990. Nachgezeichnet wird Gubins Wandlung von einer isolierten zu einer die nachbarlichen Kontakte fördernden und offenen Stadt. Im ersten Kapitel werden neben der Entstehung des polnischen Gubin der Verlauf der Integration der polnischen Gesellschaft thematisiert. Im zweiten Teil analysiert die Autorin die Folgen der Grenzöffnung zur ehemaligen DDR, die Geschichte der offiziellen Zusammenarbeit mit dem deutschen Teil der Stadt und den Charakter der gesellschaftlichen Kontakte zwischen Deutschen und Polen. Das dritte Kapitel beschäftigt sich mit der Entwicklung der Zusammenarbeit zwischen Gubin und Guben nach 1989, der Realisierung der Konzeption „Europastadt" und den gesellschaftlichen Folgen der Grenzöffnung. Das letzte Kapitel zeigt die Wahrnehmung der deutschen Nachbarschaft durch die Bewohner Gubins. Das Buch ist eine wichtige Bereicherung des Wissens über das polnisch-deutsche Grenzgebiet, das bisher nur in historischen Studien behandelt wurde.

Krzysztof Ruchniewicz

Witold Marcoń: Unifikacja województwa śląskiego z II Rzecząpospolitą [Die Vereinigung der Woiwodschaft Schlesien mit der Zweiten Polnischen Republik]. Toruń: Wydawnictwo Adam Marszałek 2007. 334 S. ISBN 978-83-7441-629-0.

Gegenstand dieser Arbeit ist die Durchdringung der allgemeinpolitischen Gesetzgebung im Gebiet der Woiwodschaft Schlesien in den Jahren 1929–1939, zur Zeit des Bestehens der Autonomie in diesem Gebiet im Rahmen des Systems des polnischen Staates. Das Buch besteht aus vier Kapiteln. Im ersten Kapitel werden die in der Woiwodschaft Schlesien geltenden Systemgrundsätze (Organisches Statut, Wirtschaftskonvention, juristische Systeme) behandelt. In den folgenden Kapiteln wird der Prozess der Vereinigung während der ersten, zweiten und dritten Legislaturperiode des Woiwodschaftsparlaments thematisiert. Im letzten Kapitel konzentriert sich der Verfasser auf die beiden letzten Jahre vor dem Ausbruch des Zweiten Weltkriegs, als das Ende der Oberschlesischen Konvention eine neue Situation in der Woiwodschaft schuf. Die Quellengrundlage der Arbeit bilden die von schlesischen autonomen Institutionen erstellten Archivalien und die Regionalpresse.

Małgorzata Ruchniewicz

Józef Marecki, Filip Musiał (Hg.): Nigdy przeciw Bogu. Komunistyczna bezpieka wobec biskupów polskich [Niemals gegen Gott. Der kommunistische Sicherheitsdienst gegenüber den polnischen Bischöfen]. Warszawa, Kraków: Instytut Pamięci Narodowej, Wydawnictwo WAM 2007 (Niezłomni [Die Ungebrochenen] 1). 815 S., Abb. ISBN 978-83-7318-992-8.

Dieses Buch ist der erste Band einer neuen Reihe des Instituts für Nationales Gedenken in Warschau/Warszawa, die sich mit Personen befasst, die sich unterschiedlichen Maßnahmen des Sicherheitsdienstes widersetzt haben. Der Band widmet sich vier polnischen Bischöfen, unter anderem dem Metropoliten der Diözese Breslau/Wrocław Kardinal Henryk Gulbinowicz, in den Jahren 1976–2004. Die Haltung dieser Bischöfe und die Tätigkeit des Sicherheitsapparates werden im Lichte der Akten dieser Organisation dargestellt. Über Kardinal Gulbinowicz sind in dem Band 70 mit umfangreichen Fußnoten versehene Dokumente aus den Jahren 1968–1990 veröffentlicht. Die Dokumente werden durch eine biographische Skizze und eine knappe Beschreibung der Tätigkeit des Sicherheitsdienstes ihm gegenüber eingeleitet. Dieser Teil des Buches ist eine wichtige Ergänzung der Geschichte der Katholischen Kirche in Niederschlesien.

Małgorzata Ruchniewicz

Wojciech Mrozowicz, Przemysław Wiszewski: Oleśnica od czasów najdawniejszych po współczesność [Oels von den ältesten Zeiten bis zur Gegenwart]. Wrocław: Oficyna Wydawnicza ATUT 2006. 287 S., Abb. ISBN 978-83-7432-164-8, 83-7432-164-4.

Das populärwissenschaftlich verfasste Buch ist die erste umfangreiche Monographie über die niederschlesische Stadt Oels nach Aufhebung der Zensur in Polen (eine frühere Monographie erschien Anfang der 80er Jahre). Es wurde von zwei Historikern der Universität Breslau/Wrocław geschrieben. Die über 700jährige Geschichte der Stadt wird in zehn Kapiteln dargestellt. Ihre Zäsuren wurden von den politischen Ereignissen geprägt. Neben der politischen Geschichte behandeln die Autoren die kulturelle Entwicklung, demographische Fragen, Wirtschaftsgeschichte und Alltag. Das elfte und damit letzte Kapitel bilden die Kurzbiographien bedeutender Persönlichkeiten der Stadt. Im Anhang findet man genealogische Tafeln der dortigen Herzöge.

Małgorzata Ruchniewicz

Orbis Linguarum. Vol. 31. Festgabe für Prof. Dr. Ilpo Tapani Piirainen. Hg. v. Edward Białek, Eugeniusz Tomiczek. Wrocław: Oficyna Wydawnicza ATUT 2007. 527 S., 9 Abb. ISBN 978-83-7432-260-7, ISSN 1426-7241.

Der vorzustellende Band umfasst außer einer Liste der Veröffentlichungen von Ilpo Tapani Piirainen zahlreiche Beiträge zur Schlesienforschung sowie Aufsätze zur Sprach- und Literaturwissenschaft. Unter anderem sind hier zu nennen: Marek Biszczanik: *Zu einigen Aspekten der Graphematik der Stadtbücher aus Schweidnitz im Mittelalter und in der Frühen Neuzeit*; Gero

Lietz: *Von Burgundenau via Posenbrück nach Gotenhafen. Das Nachleben der NS-Zeit in deutschen Benennungen polnischer Orte*; Rudolf Lenz: *„Von der Kinder Gottes leben / Glück und Zeitlicher abfoderung". Zur Geschichte eines untergegangenen schlesischen Adelsgeschlechts*; Joachim Bahlcke: *Sozialpolitik als Kulturaufgabe. Zu Leben und Wirken des schlesischen Politikers Arthur Graf Posadowsky-Wehner (1845–1932)*; Agnieszka Włodarczyk: *Johannes Hönig und seine Stellung im niederschlesischen Literaturbetrieb nach dem Ersten Weltkrieg. Mit einem Schriftenverzeichnis*; Ewa Jarosz-Sienkiewicz: *Das Bild Breslaus in ausgewählten Texten von Traud Gravenhorst*; Janina Bach: *Kollektive Erinnerungsbilder in literarischen Holocaust-Darstellungen von Autoren der ‚inneren Emigration'*; Sebastian Mrożek: *Das Verführerische der romantischen Kunst. Zur Kritik der romantischen Kunstauffassung in Joseph von Eichendorffs Novelle „Das Marmorbild"*.

Grzegorz Kowal

Tomasz Przerwa, Grzegorz Podruczny (Hg.): Twierdza srebrnogórska [Die Silberberger Festung]. Srebrna Góra: Srebrnogórska Oficyna Wydawnicza Jacek Grużlewski 2006. 152 S., Abb. ISBN 83-914-176-2-X.

Das Buch stellt die Ergebnisse einer Tagung vor, die sich mit der Geschichte des niederschlesischen Ortes Silberberg/Srebrna Góra und vor allem seiner Festung befasste. Es enthält 18 Beiträge, von denen einige die militärischen Aspekte in der Geschichte Silberbergs betreffen, vor allem die Kämpfe um die Festung im 18. und Anfang des 19. Jahrhunderts. Außerdem sind alte Ansichten der Festung sowie Beschreibungen von unterschiedlichen Besuchern mit aufgenommen worden. Auch die Ereignisse des Zweiten Weltkriegs, vor allem der Aufenthalt polnischer und finnischer Kriegsgefangener in der Festung, werden behandelt. Aktuell sind die Beschreibung ihrer Rettung vor weiterem Verfall und die Vorstellung der Pläne für ihre touristische Nutzung von großer Bedeutung.

Krzysztof Ruchniewicz

Rocznik Muzeum Papiernictwa [Jahrbuch des Museums für Papierindustrie]. Bd. 1. Duszniki Zdrój: Muzeum Papiernictwa w Dusznikach Zdroju 2007. 185 S., Abb., dt. Zusammenfassungen. ISSN 1897-7685.

Auch das Museum für Papierindustrie in Bad Reinerz/Duszniki Zdrój kann seit 2007 mit einer eigenen wissenschaftlichen Zeitschrift aufwarten. Das erste Jahrbuch besteht aus mehreren Teilen. Im Hauptteil „Artikel und Abhandlungen" werden sechs Texte, hauptsächlich zur Geschichte der Papierindustrie und zum Schutz der mit ihr verbundenen Wirtschaftsobjekte, veröffentlicht. Der Band enthält zudem einen umfangreichen biographischen Index schlesischer Papierhersteller bis 1945. Darüber hinaus ist ein Aufsatz zur Geschichte von Bad Reinerz in der zweiten Hälfte des 18. Jahrhunderts abgedruckt. Schließlich bietet das Jahrbuch unveröffentlichte Quellenmaterialien, Rezensionen sowie eine Chronik von Aktivitäten des Museums für Papierindustrie.

Małgorzata Ruchniewicz

Silesia Nova. Vierteljahresschrift für Kultur und Geschichte. Hg. vom Institut für Germanische Philologie der Universität Breslau/Wrocław, Edward Białek, Detlef Krell, Thomas Maruck, Rainer Sachs, Rościsław Żerelik. Wrocław: Oficyna Wydawnicza ATUT, Dresden: Neisse-Verlag 2007. [H.] 1, [H.] 2, [H.] 3, [H.] 4, jew. 161 S. ISSN 1614-7111.

In den vier Heften des Jahrgangs 2007 der deutschsprachigen Zeitschrift „Silesia Nova" lassen sich zahlreiche Beiträge, Berichte, Interviews, Rezensionen und Bilder zur Geschichte, Kultur, Literatur und Politik Schlesiens finden. Von den vielen interessanten Essays aller Hefte sollen an dieser Stelle folgende erwähnt werden: Aus Heft 1: Christian Büllow: *„Nationalsozialismus und Widerstand in Breslau". Projekt und Ausstellung*; Dorota Błaszczyk und Rainer Sachs: *Mehr Licht! Mehr Lichtenfels: Nicht zwei, sondern mindestens sechs Maler waren in Niederschlesien unter diesem Namen tätig*; Anke Fröhlich: *„... dann will ich auch noch ein Buch Pappier hier voll zeichnen ..." Der Landschaftszeichner Christoph Nathe (1753–1806) als künstlerischer Entdecker des Riesengebirges*; Anna Jezierska und Jan Pacholski: *Caspar David Friedrich und das Riesengebirge*; Tobias Weger: *Die Schlacht von Leuthen – Mythos und Erinnerungsort*; Martin Kügler: *Handwerker und Gelehrter, Sammler und Mäzen. Wenceslaus Buhlen (1619–1685) aus Breslau im Spiegel seiner Leichenpredigt*. – Aus Heft 2: Jacek Grębowiec: *Das Willkommen auf der Schwelle. Ein epigraphischer Spaziergang durch Breslau*; Romuald Łuczyński: *Jäger, Durchlaucht und Wohltäter. Hans Heinrich XI., Herzog von Pless aus Fürstenstein*; Edward Białek: *Die Bibliothek als europäischer Gedächtnisort. Anmerkungen zu einigen Stammbüchern des 17. Jahrhunderts in der Universitätsbibliothek Wrocław*; Rainer Sachs: *Ich weil deins lieb / Du phist mein won. Minnesang und Liebesamulette in Schlesien*; Karoline Gil und Grzegorz Borowski: *Transfer! Ein deutsch-polnisches Theaterprojekt über Vertreibung und die Frage nach der Heimat*. – Aus Heft 3: Michał Skop: *Vom Dorf zur oberschlesischen Metropole. Kattowitz/ Katowice 1865–1945* und *Polnische Moderne und die Klassiker. Im Gespräch mit Ewa Michnik, Direktorin der Breslauer Oper*; Hubert Unverricht: *Emil Postel (1813–1875)*; Martin Hollender: *„... was halt so ein Mensch kann ..." Ein Archivfund: Die Bewerbung von Max Herrmann [-Neisse] bei der Königlichen Bibliothek in Berlin im Jahr 1917*; Roman Macioszek: *Schlesische Mundart in guten Händen. Zur Geschichte des Schweidnitzer Verlages L. Heege*; Andrzej Dębski: *Vom Ladenkino zu den Kinopalästen. Breslauer Kinos vor dem ersten Weltkrieg – Wissenschaftliche Konferenz des Willy-Brandt-Zentrums: „111 Jahre Kino in Breslau"*. – Aus Heft 4: Joachim Köhler: *„Ohnmächtige kleine Esther". Die jüdische Spiritualität der Karmelitin Edith Stein war den deutschen Katholiken, Theologen und Bischöfen fremd*; Kurt G. P. Schuster: *Hoffmann von Fallersleben als deutscher Erinnerungsort*; Marek Hałub: *Hoffmann von Fallersleben und Joseph von Eichendorff im Breslauer Oratorium Marianum*; Detlef Haberland: *„Ach, wer da mitreisen könnte". Joseph von Eichendorff zum 150. Todestag*; Justyna Kubocz: *Ein Land entsteigt der Erinnerung. Schlesische Bilder in der Lyrik von Monika Taubitz*; Grzegorz Kowal: *In Wolfgang Bittners „Niemandsland" brodelt das Leben*; Rainer Sachs: *Die Orgeln der ev. Friedenskirche in Jauer und ihre Geschichte*; Jacek Grębowiec: *Epigraphik als Werkzeug der Gegenreformation. Über Inschriften an Breslauer Nepomukfiguren*; Joseph Garncarz: *Wanderkinos in Schlesien vor dem Ersten Weltkrieg*; Margarete Wach: *Die deutsche Rezeption der im Breslauer Spielfilmstudio (WFF) entstandenen Filme*.

Grzegorz Kowal

Ksenia Stanicka-Brzezicka: Artystki śląskie ok. 1880–1945 [Die schlesischen Künstlerinnen ca. 1880–1945]. Toruń: Wydawnictwo Adam Marszałek 2006. 561 S., Abb., dt. Zusammenfassung. ISBN 978-83-7441-377-0, 83-7441-377-8.

Die Arbeit gehört zu den sogenannten „gender studies" in der Kunstgeschichte und hat einen Pioniercharakter in der Schlesienforschung. Die Quellengrundlage bilden Tagespresse, Kunstzeitschriften, Ausstellungskataloge und Erinnerungen. Das Buch besteht aus zwei Teilen: einer Monographie über die künstlerische Tätigkeit der Schlesierinnen und einem Katalog. Im ersten Teil beschäftigt sich die Verfasserin mit dem Wirken schlesischer Künstlerinnen an der

Wende vom 19. zum 20. Jahrhundert. Sie stellt unter anderem die Tätigkeit der „Vereinigung Schlesischer Künstlerinnen", das Leben und Werk der Malerin Gertrud Staats und schließlich Künstlerpaare vor. Im Lexikonteil veröffentlicht sie 600 Kurzbiographien zusammen mit entsprechenden Literaturverweisen. Die Darstellung wird durch Reproduktionen von ausgewählten Werken der schlesischen Künstlerinnen ergänzt.

Małgorzata Ruchniewicz

Bożena Steinborn (Bearb.): Katalog zbiorów malarstwa niderlandzkiego. Catalogue of the collection of Netherlandish painting [Katalog der Sammlung niederländischer Malerei]. Wrocław: Muzeum Narodowe we Wrocławiu 2006. 403 S., 101 Abb., poln. u. engl. Text. ISBN 83-86766-28-X.

Bereits 1973 gab die Kunsthistorikerin und Kuratorin Bożena Steinborn einen „Katalog der flämischen und holländischen Gemälde" heraus, der mit 52 Werken den damaligen Bestand des Breslauer Nationalmuseums dokumentierte. 31 Bilder daraus stammten aus historischen Breslauer Privatsammlungen (Thomas Rehdiger, Carl Daniel Bach, Albrecht von Säbisch, August Fischer) und aus verschiedenen Museen der Zeit vor 1945. Seit 1973 wurden 17 weitere Gemälde angekauft, zwei wurden aus anderen Abteilungen des Museums übernommen, 27 Bilder wurden dem Museum von Ämtern oder Regionalmuseen übertragen. Auch Kopien sowie aufgrund ihres schlechten Erhaltungszustands oder unzureichender Forschungslage bislang nicht einzuordnende Gemälde gelangten in die Sammlung. Der Katalog berücksichtigt alle diese Neuzugänge, sodass nunmehr 101 Gemälde verzeichnet sind. Die Katalogeinträge 1–74 erfassen die namentlich bekannten Maler, die übrigen Einträge dokumentieren nicht signierte Gemälde sowie Werke unbekannter Maler in holländischer oder flämischer Manier. Jeder Katalogeintrag enthält neben Informationen zum Künstler (soweit bekannt), Titel und Technik auch eine genaue Bildbeschreibung, einen Abriss der Sammlungsgeschichte, Informationen über Restaurierungen und ein Literaturverzeichnis zum jeweiligen Werk. Alle Gemälde sind durch Abbildungen dokumentiert, einige davon werden erstmals publiziert. Im Anhang lassen sich ein Signaturverzeichnis, ein Register der Maler und Zeichner, eine Aufstellung der Bildthemen sowie Hinweise auf gewandelte Zuschreibungen finden. Der Katalogteil ist zweisprachig (englisch, deutsch).

Maria Zwierz

Jarosław Syrnyk: Ludność ukraińska na Dolnym Śląsku 1945–1989 [Die ukrainische Bevölkerung in Niederschlesien in den Jahren 1945–1989]. Wrocław: Oddział Instytutu Pamięci Narodowej 2007. 304 S., Abb. ISBN 978–83-9242-81-76.

Das Thema dieser Monographie ist die Geschichte der ukrainischen Minderheit in Niederschlesien vom Ende des Zweiten Weltkriegs bis zum Fall des Kommunismus in Polen. Die Ukrainer kamen hauptsächlich infolge der Zwangsumsiedlungen 1947 aus dem Südosten Polens nach Niederschlesien. Die Quellengrundlage dieses Buches bilden vor allem verschiedene Archivmaterialien. Der Verfasser widmet seine Aufmerksamkeit der Beschreibung der ukrainischen Ansiedlung im Rahmen der sogenannten Repatriierung. Ferner analysiert er die Politik der polnischen Machthaber, der unterschiedlichen Verwaltungsinstanzen sowie des Sicherheitsdienstes gegenüber den Ukrainern, spricht die Beziehungen zwischen polnischer und ukrainischer Bevölkerung an und befasst sich schließlich mit der Gründung der „Ukrainischen Sozio-Kulturellen Gesellschaft", dem Schulwesen in ukrainischer Sprache, religiösen Aspekten sowie Fragen der Umwandlung des nationalen Bewusstseins der Ukrainer in Niederschlesien zur Zeit der Volksrepublik Polen, also den Grad der Entukrainisierung.

Krzysztof Ruchniewicz

Piotr Szalsza, Romuald Kaczmarek (Hg.): Max Kalbeck (1850–1921). Wiedeńczyk z Wrocławia. Ein Wiener aus Breslau. Wrocław: Oficyna Wydawnicza ATUT, Dresden: Neisse-Verlag 2006 (Biblioteka Austriacka [Österreichische Bibliothek] 26). 191 S., dt. u. poln. Texte, dt. Zusammenfassung. ISBN 83-7432-174-1, 978-83-7432-174-7, 3-934038-68-9, 978-3-934038-68-4.

Es wäre leichter, Bereiche zu nennen, in denen der berühmte Breslauer *nicht* gewirkt hat. Max Kalbeck hat sich auf vielen Gebieten erfolgreich betätigt, unter anderem auf dem der Musik (als Musiker und Musikwissenschaftler), der Kunstgeschichte, der Theatergeschichte, der Journalistik und der Übersetzung. Sein größtes Werk bleibt wohl die vielbändige Biographie des Komponisten Johannes Brahms, mit dem er befreundet war. Der zweisprachige Sammelband mit Beiträgen zu Kalbecks Leben und Werk ist das Ergebnis eines ihm gewidmeten Symposiums am 17. November 2001 in Breslau/Wrocław. Enthalten sind folgende Texte: Max Kalbeck: *Aus alter und neuer Zeit*; Uwe Harten: *Max Kalbeck – eine Mehrfach-Begabung*; Piotr Szalsza: *Max Kalbeck in Breslau*; Elisabeth Großegger: *„Soufflierbuch" des Burgtheatermythos. Max Kalbecks Feuilletons im „Neuen Wiener Tagblatt"*; Thomas Aigner: *Die vergebene Chance. Max Kalbeck als Librettist von Johann Strauß*; Karol Bula: *Johannes Brahms und Max Kalbeck*; Romuald Kaczmarek: *Die kulturelle Vielfalt Wiens in der Zeit des Fin de Siècle.*

Grzegorz Kowal

Grażyna Barbara Szewczyk (Hg.): Gerhart Hauptmann. W sześćdziesiątą rocznicę śmierci [Gerhart Hauptmann. Zum sechzigsten Todestag]. Katowice: Wydawnictwo Uniwersytetu Śląskiego 2006 (Prace Naukowe Uniwersytetu Śląskiego w Katowicach [Wissenschaftliche Arbeiten der Schlesischen Universität Kattowitz/Katowice] 2479). 150 S., dt. u. russ. Zusammenfassung. ISBN 978-83-226-1634-5.

Dieser Sammelband bringt polnischsprachige Aufsätze, die 2004 in Kattowitz/Katowice auf der Konferenz „Gerhart Hauptmanns Leben und Werk" präsentiert wurden. Folgende Beiträge sind enthalten: Ewa Aleksandra Tobiasz: „Gerhart Hauptmann in den Untersuchungen polnischer Germanisten"; Grażyna Mucharska: „Gerhart Hauptmann in den polnischen Kulturzeitschriften 1945–1990"; Grażyna Barbara Szewczyk: „Gerhart Hauptmann in Oberschlesien"; Krzysztof A. Kuczyński: „Leben und Werk Gerhart Hauptmanns in den Untersuchungen von Wilhelm Szewczyk"; Zbigniew Feliszewski: „Gerhart Hauptmann und Konstanty Stanisławski"; Grażyna Krupińska: „Frauenfiguren im Drama von Gerhart Hauptmann"; Ewa Jurczyk: „Im Bann der Leidenschaft. Gerhart Hauptmanns Drama ‚Elga'"; Nina Nowara: „Das Motiv der femme fatale in ausgewählten Werken von Gerhart Hauptmann"; Renata Dampc-Jarosz: „Das Problem der Religion in ausgewählten Prosawerken Gerhart Hauptmanns"; Ewa Mazurkiewicz: „Bilder im Hintergrund. Die Stadt in ausgewählten Werken von Gerhart Hauptmann".

Robert Rduch

Grażyna Barbara Szewczyk (Hg.): Henryk Bereska. Poeta, tłumacz, popularyzator literatury polskiej w Niemczech [Henryk Bereska. Dichter, Übersetzer, Popularisator polnischer Literatur in Deutschland]. Katowice: Biblioteka Śląska 2006. 73 S., Abb. ISBN 8883-60209-05-7.

Der vorzustellende Band beinhaltet Referate, die 2006 auf einer Konferenz über das Werk von Henryk Bereska (1926–2005) in Kattowitz/Katowice vorgetragen wurden. Folgende Vorträge sind zu finden: Jan Malicki: „Der feierliche Charakter des Alltags. Über das schriftstellerische Werk von Henryk Bereska"; Krzysztof A. Kuczyński: „Henryk Bereska und Karl Dedecius. Ähnlichkeiten und Unterschiede in der übersetzerischen Arbeit"; Grażyna Barbara Szewczyk: „Henryk Bereska und Schlesien"; Ewa Jurczyk: „‚Wesele' von Stanisław Wyspiański in der Übersetzung von Henryk Bereska"; Agata Paluszek: „Die literarische Arbeit von Henryk Bereska vor dem Hintergrund der Kulturpolitik in der DDR, vorgestellt am Beispiel der Prosa von Jerzy Andrzejewski"; Błażej Kaźmierczak: „Der Nachlass von Henryk Bereska im Collegium Polonicum in Słubice".

Robert Rduch

Grażyna Barbara Szewczyk (Hg.): Katowice. Polsko-niemiecka przestrzeń kulturowa 1865–1939 [Kattowitz als deutsch-polnischer Kulturraum in den Jahren 1865–1939]. Katowice: Uniwersytet Śląski 2006. 238 S. ISBN 83-226-1446-2.

Der Band enthält folgende polnischsprachige Beiträge, die im Jahre 2005 auf der Konferenz zum 140-jährigen Jubiläum der Stadt Kattowitz/Katowice präsentiert wurden: Piotr Chmiel: „Kattowitz in ausgewählten deutschen und polnischen Stadtmonographien"; Michał Skop: „Kattowitz in den deutschsprachigen literarischen Zeitschriften ‚Kattowitzer Zeitung', ‚Oberschlesien', ‚Der Oberschlesier'"; Grażyna Barbara Szewczyk: „Kattowitz in dem Roman ‚Der große Janja' von Arnold Ulitz"; Monika Mańczyk-Krygiel: „Das Bild von Kattowitz in der Prosa von Bruno Arndt ‚Der Ruf der Felder' und ‚Missa solemnis'"; Tobias Weger: „Deutsche, Juden und Polen in Kattowitz. Erinnerungen von Walter Grünfeld"; Józef Śliwiok: „Die Gesellschaft der Freunde der Wissenschaften (Towarzystwo Przyjaciół Nauk) in Schlesien – Wissenschaft und Bildung (1920–1942)"; Marek Kryś: „Deutsche Verlage in Kattowitz"; Robert Rduch: „‚Die Gäste' – Vorboten der Moderne in Kattowitz"; Tobiasz Janikowski: „Die kulturbildende Rolle der polnisch-deutschen Wochenzeitschrift ‚Most'"; Urszula Biel: „Filmthematik in der Kattowitzer Presse in den Jahren 1922–1939"; Jan F. Lewandowski: „Filme von Jan Skarbek-Malczewski"; Elżbieta Nawrat: „Die Etablierung des Polnischen Theaters in Kattowitz in den Jahren 1922–1939"; Ilza Kowol: „Der Polnische Rundfunk Kattowitz in der Grenzlandkultur in den Jahren 1927–1939"; Andrzej Nowicki: „Erich Przywara als Theologe des Grenzlandes und des Dialogs"; Tadeusz Szurmann: „Protestanten im Kulturleben von Kattowitz"; Irma Kozina: „Die Architektur von Kattowitz in der Zeit zwischen den Weltkriegen"; Ewa Aleksandra Tobiasz: „Bedeutende Persönlichkeiten in den Kattowitzer Straßennamen in den Jahren 1900–1939"; Małgorzata Płomińska, Wacław Miodek: „Straßennamen von Kattowitz in den Jahren 1865–1939. Eine semantische Analyse"; Dirk Schneider: „Private Aufzeichnungen und Erinnerungen des Geheimrates August Schneider über die Wahl des Bürgermeisters von Kattowitz 1890"; Bernd Skiba: „Casimir Skiba und seine Familie aus der Perspektive des Urenkels Bernd Skiba betrachtet".

Robert Rduch

Grażyna Trzaskowska: Polski cmentarz wojenny na Grabiszynie we Wrocławiu [Der polnische Kriegsgräberfriedhof in Breslau-Gräbschen]. Wrocław: Stowarzyszenie na Rzecz Promocji Dolnego Śląska 2006. 48 S., Abb. ISBN 83-923255-1-6.

Es handelt sich hierbei um die erste polnische Monographie über den Kriegsgräberfriedhof in Breslau-Gräbschen/Wrocław-Grabiszyn. Nach einer kurzen Einführung zum Thema des Kriegsgräberfriedhofswesens stellt die Verfasserin die Umstände der Gründung des Kriegsgräberfriedhofes in Breslau-Gräbschen dar. Sie erwähnt in diesem Teil das Schicksal der polnischen Kriegsgefangenen in Schlesien während des Zweiten Weltkriegs, die provisorischen Soldatenfriedhöfe, die bis 1950 in Breslau und anderen Städten durchgeführten Exhumierungen und schließlich die Schaffung einer Konzeption für einen Sammelfriedhof. Die Autorin beschäftigt sich zudem mit der wenig bekannten Entstehungsgeschichte des Grabhügels mit dem Denkmal. Die Arbeit wird um eine Auflistung der in drei Quartieren begrabenen polnischen Kriegsgefangenen und Zwangsarbeiter ergänzt.

Krzysztof Ruchniewicz

Rudolf Urban: Friederike Kempner (1828–1904). Leben und Werk einer schlesischen Dichterin. Wrocław: Oficyna Wydawnicza ATUT 2005. 71 S., 1 Abb. ISBN 83-7432-071-0.

Rudolf Urban bemüht sich, ein möglichst umfassendes Bild der schlesischen Dichterin Friederike Kempner, „der schlesische Schwan" und „die schlesische Nachtigall" genannt, zu zeichnen. Neben ihrer literarischen Tätigkeit (Lyrik, Drama und Epik) hat sich Friederike Kempner auch überaus stark für soziale Fragen engagiert, was bei Urban eine entsprechende Würdigung findet. Einen weiteren großen Themenkomplex des hier anzuzeigenden Bandes bildet die Rekonstruktion des geschichtlichen Kontextes, in dem die Autorin wirkte, samt der Rezeption ihres Werkes.

Grzegorz Kowal

Rościsław Żerelik (Hg.): Dziedzictwo kulturowe Złotoryi na tle dziejów Śląska i Europy [Das Kulturerbe Goldbergs vor dem Hintergrund der Geschichte Schlesiens und Europas]. Złotoryja: Towarzystwo Miłośników Ziemi Złotoryjskiej 2007 (Biblioteczka Miłośników Ziemi Złotoryjskiej [Kleine Bibliothek der Freunde des Goldberger Landes] 5). 254 S., Abb., dt. Zusammenfassungen. ISBN 978-83-906976-2-8.

In diesem Band sind Referate aus zwei internationalen Konferenzen zur Geschichte Goldbergs, jeweils in der Originalsprache (Polnisch, Deutsch, Tschechisch), abgedruckt. 17 Texte beschäftigen sich mit unterschiedlichen Aspekten der Vergangenheit und Gegenwart der Stadt. Es werden die neuesten archäologischen Forschungsergebnisse über die Urgeschichte und das frühe Mittelalter vorgestellt. Näher beleuchtet werden die geographische Lage, die Entwicklung der Ansiedlung, die Folgen der Hussitenüberfälle und die Tätigkeit der Johanniterkommenden. Darüber hinaus gilt das Interesse der Forscher dem Dreißigjährigen Krieg und den Leistungen Wallensteins. Die Autoren schenken ihre Aufmerksamkeit auch kulturellen Themen, vor allem den Bildungsreisen von Goldbergern in der Frühen Neuzeit sowie Künstlern und Kunstdenkmälern. Im Buch werden schließlich Beschreibungen der Stadt während des Ersten Weltkriegs und der Migration nach 1945 veröffentlicht.

Krzysztof Ruchniewicz

Rościsław Żerelik (Hg.): Dzieje Parafii Św. Maurycego na Przedmieściu Oławskim we Wrocławiu. Od początków osady walońskiej – poprzez czas Festung Breslau – do współczesności [Die Geschichte der Pfarrei St. Mauritius in der Ohlauer Vorstadt in Breslau. Von den Anfängen der wallonischen Siedlung über die Zeit der Festung Breslau bis zur Gegenwart]. Wrocław: GAJT 2007. 200 S., Abb., dt. Zusammenfassung. ISBN 83-88178-43-1.

Der Band besteht aus den Materialien einer Konferenz, die von dem verstorbenen Breslauer Kunsthistoriker Jakub Kostowski konzipiert wurde. Er enthält 18 Beiträge über den Stadtteil von seinen Anfängen bis heute. Es werden archäologische Forschungen über die wallonische Siedlung, Untersuchungen zum Prozess der Wandlung von einer Handwerkersiedlung zur Gartenvorstadt und Forschungen über die Pfarrer im Mittelalter vorgestellt. Außerdem werden die Arbeit des St.-Lazarus-Hospitals und der Pfarreifriedhof behandelt. Der architektonischen Entwicklung des Stadtteils im 19. und 20. Jahrhundert wird viel Aufmerksamkeit geschenkt. Zwei Texte befassen sich mit den Folgen des Bevölkerungsaustausches nach dem Zweiten Weltkrieg und der Degradierung des Stadtteiles während der kommunistischen Zeit. Schließlich lassen sich im Band Informationen über die Archiv- und Bildbestände zur Geschichte der Pfarrei finden.

Krzysztof Ruchniewicz

Rościsław Żerelik (Hg.): Środa Śląska. Dzieje miasta wina i skarbów [Neumarkt. Geschichte einer Stadt des Weins und der Schätze]. Wrocław: Wydawnictwo GAJT 2006. 430 S., Abb. ISBN 83-88178-39-3, 978-83-88178-39-9.

Dies ist die erste polnischsprachige Monographie über Neumarkt in Schlesien/Środa Śląska. Sie wurde von einer Gruppe von Forschern der Universität Breslau/Wrocław verfasst. Quellengrundlage sind Bestände des Staatsarchivs in Breslau, gedruckte Materialien sowie die polnische und deutsche Fachliteratur. Das Buch besteht aus sechs Teilen, welche die Hauptepochen in der Geschichte der Stadt beschreiben. Es beginnt mit der Darstellung der Siedlung in vorgeschichtlicher Zeit bis zum Frühen Mittelalter. Im nächsten Teil werden die Anfänge der Siedlung und ihre Stellung zu deutschem Recht analysiert. Fragen der Konfession sowie der Alltag der Stadtbewohner werden ausführlich dargestellt. Im Teil über den Zeitraum von 1742 bis 1914 fehlt es nicht an einer Vorstellung der bekanntesten Bürger Neumarkts, auch Aspekten der Bildung und der Kultur wird viel Platz eingeräumt. Der nächste Teil widmet sich der Zwischenkriegszeit. Der Nationalsozialismus erfährt besondere Aufmerksamkeit, da die Akten zu seiner Geschichte in dieser Stadt fast vollständig erhalten geblieben sind. Der letzte Teil behandelt die Nachkriegszeit, wobei die Zwangsaussiedlung der deutschen Bevölkerung und die negativen Erscheinungen der kommunistischen Zeit sehr ausführlich behandelt werden. Eine umfangreiche Bibliographie, interessantes Bildmaterial und zahlreiche Tabellen und Diagramme vervollständigen den Band.

Małgorzata Ruchniewicz

Leszek Ziątkowski: Między niemożliwym a koniecznym. Reformy państwa pruskiego w końcu XVIII i na początku XIX wieku a proces równouprawnienia Żydów ze szczególnym uwzględnieniem sytuacji na Śląsku [Zwischen dem Unmöglichen und dem Notwendigen. Die Reformen des preußischen Staates Ende des 18. und Anfang des 19. Jahrhunderts und der Prozess der Gleichberechtigung der Juden unter besonderer Berücksichtigung der Situation in Schlesien]. Wrocław: Via Nova 2007. 239 S., Abb. ISBN 978-83-60544-22-8.

Das Thema des Buches ist eine der Reformen des preußischen Staates, die Anfang des 19. Jahrhunderts durchgeführt wurden: die Emanzipierung der jüdischen Bevölkerung. Der Verlauf der Gleichberechtigung wird am Beispiel Schlesiens dargestellt. Ihre Einführung beschreibt der Verfasser vor dem Hintergrund der früheren preußischen Politik gegenüber dieser Gruppe. Die Arbeit, die auf umfangreichen Archivrecherchen – hauptsächlich auf städtischen Akten – fußt, besteht aus vier Teilen. Im ersten Teil wird der Beginn des Umbaus Preußens bis zu den Napoleonischen Kriegen beschrieben. In diesem Teil wird auch der Entstehungsprozess des Emanzipationsedikts vorgestellt. Die nächsten drei Kapitel fokussieren die Situation in Schlesien. Der Autor beschäftigt sich mit der Lage der jüdischen Bevölkerung dieser Provinz im 18. Jahrhundert, der Bekanntgabe des Edikts und den Problemen seiner Umsetzung. Das letzte Kapitel analysiert die Anwendung des Edikts auf konkrete gesellschaftliche Lebensbereiche: Nutzung von Bürgerrechten, Namensgebung, Aufkauf von Ländereien, Niederlassungsrecht, Bildung. Am Anfang des Bandes findet man eine Abbildung des Emanzipationsedikts.

Małgorzata Ruchniewicz

Paweł Zimniak: Niederschlesien als Erinnerungsraum nach 1945. Literarische Fallstudien. Wroclaw: Oficyna Wydawnicza ATUT, Dresden: Neisse-Verlag 2007 (Beihefte zum Orbis Linguarum 58). 495 S. ISBN 978-83-7432-249-2, 978-3-934038-97-4, ISSN 1426-7241.

Der Ansatz Siegfried J. Schmidts, literarische Texte nicht losgelöst „von ihrem kulturellen Kontext", „einem Netzwerk von interagierenden Faktoren", auszulegen, wird für diese Gießener Habilitationsschrift relevant, denn es ist unmöglich, jene Texte, die an Schlesien erinnern, von den Kontexten der Entstehung zu trennen sowie die Aspekte von (literarischer) Gruppenbildung zu ignorieren. Die Arbeit beruht konzeptionell und diskurstheoretisch auf einer besonderen Fokussierung auf die Referentialität literarischer Texte im Kontext der vergangenen und ‚verlorenen' Provinz Niederschlesien. Gegenstand der Erörterung im kulturwissenschaftlichen, historischen und politisch-sozialen Zusammenhang sind Texte von acht deutschen Gegenwartsautoren niederschlesischer Herkunft: Friedrich Bischoff, Ernst Günther Bleisch, Bodo Heimann, Jochen Hoffbauer, Dagmar Nick, Christian Saalberg, Dietmar Scholz und Monika Taubitz. Vor dem Hintergrund aktueller Konzeptionen von Erinnerung, Vergangenheit und Gedächtnis wurde auf Gewicht und Stellenwert erinnerter Vergangenheit – die Heimat als vergangenes (Lebens-)Zentrum – hingewiesen. Die analysierten Texte erschienen als sinnstiftende Versuche einer Ästhetisierung vergangener Wirklichkeiten, die bei der geistigen Verortung behilflich waren. Die Autoren schrieben gegen einen Vergangenheitsverlust und einen individuellen Bewusstseinsschwund an, der zugleich einen Verlust der individuellen und kollektiven Geschichte bedeuten müsste. Die raumzeitlichen Sinnzuschreibungen trugen zur Entstehung und Ausformung eines spezifischen Gruppenbewusstseins bei. Sie bestätigten das Phänomen der Regionalität von Menschen im Allgemeinen und jener Gruppe von Autoren im Besonderen, für welche die frühere Provinz Niederschlesien ihre Bedeutung als geistiger und emotionaler Bezugspunkt nicht verloren hatte, wobei auch traumatische Geschichtserfahrungen der Flucht und Vertreibung wichtige Bestandteile der personalen und kollektiven Identität darstellten.

Paweł Zimniak

6. Großpolen, Zentralpolen, Kleinpolen

Antoni Czubiński: Poznań w latach 1918–1939 [Posen in den Jahren 1918–1939]. Poznań: Wydawnictwo Poznańskie 2004 (Wielkopolska [Großpolen] 17). 299 S. ISBN 83-7177-338-2.

Eine der sich in der Zwischenkriegszeit am schnellsten entwickelnden Städte Polens war Posen/Poznań. Aus einer kleinen preußischen Grenzstadt wurde bald eine offene und dynamische polnische Stadt. Diesen raschen Aufstieg verdankte sie ihren fleißigen und gut wirtschaftenden Bewohnern. In den Jahren 1918–1939 avancierte Posen zu einem bedeutenden wirtschaftlichen, kulturellen und wissenschaftlichen Zentrum. Der Ausbruch des Zweiten Weltkriegs und die deutsche Okkupation unterbrachen diese Entwicklung. Der Verfasser stellt in einem kurzen Abriss die Zeit vor dem Beginn des großpolnischen Aufstandes (1918) und dem Ende der preußischen Herrschaft dar; weiterhin behandelt er die gesellschaftlichen und politischen Verhältnisse in der Stadt in den Jahren 1919–1921 und schildert die Situation der Stadtbewohner angesichts des Staatsstreichs im Jahre 1926, nach dem Tode von Józef Piłsudski.

Maria Wojtczak

Grzegorz Jaśkiewicz, Zygmunt Tęcza (Hg.): Neophilologica Sandeciensia 1. Nowy Sącz: Państwowa Wyższa Szkoła Zawodowa, Instytut Języków Obcych 2006. 187 S. ISBN 83-88887-83-1.

Vorzustellen ist das erste Heft eines Periodikums, in dem ein breites Spektrum neuphilologischer Themen präsentiert werden soll. In dem Beitrag von Rachel Pazdan, *Herr Thaddäus und Neu Sandez. Eine einführende Analyse des Beitrags Alexander Pechniks zur deutschen Rezeption des ‚Pan Tadeusz' von Adam Mickiewicz*, steht zwar die Rezeption des polnischen Nationalepos *Pan Tadeusz* im Mittelpunkt, doch die Autorin stellt auch den eher unbekannten Übersetzer dieses Werkes (der eigentlich nur einzelne Fragmente ins Deutsche übertragen hat), Alexander Pechnik, vor, der im 19. Jahrhundert in Neu Sandez/Nowy Sącz als Lehrer tätig war. Pazdan referiert nicht nur über Pechnik, sondern setzt sich auch kritisch mit dessen Übersetzungsversuchen des *Pan Tadeusz* auseinander.

Grzegorz Jaśkiewicz

Krzysztof A. Kuczyński: Wizerunek Łodzi w literaturze, kulturze i historii Niemiec i Austrii [Das Bild von Lodz in der Literatur, Kultur und Geschichte Deutschlands und Österreichs]. Łódź: Urząd Miasta Łodzi – Biuro Promocji, Turystyki i Współpracy z Zagranicą 2005. 219 S., Abb. Ohne ISBN.

Dieses Buch ist das Ergebnis einer Konferenz, die 2005 anlässlich des „Jahres der deutschsprachigen Länder" in Lodz/Łódź stattgefunden hat. Der mit mehreren Graphiken versehene Sammelband bietet einen Überblick über die polnisch-deutschen Beziehungen in Lodz. Das Spektrum der Themen ist breit: Einzelne Aufsätze thematisieren die Situation der Arbeiter in der polnischen Stadt, andere befassen sich mit dem deutschen Theater und der deutschen Presse in Lodz oder widmen sich dem Bild des „Manchester des Ostens" in der deutschsprachigen Literatur des 20. Jahrhunderts. Hervorzuheben sind die Beiträge von Ernest

Kuczyński und Irena Bartoszewska: Während sich Kuczyński mit dem Leben und Werk von Karl Dedecius befasst, beschäftigt sich Bartoszewska mit Joseph Roths Texten und untersucht Lodzer Bezüge in seinem Schaffen.

Anna Byczkiewicz

Agnieszka Kutzlak, Magdalena Fryźlewicz (Hg.): Krakowianie. Wybitni Żydzi krakowscy XIV–XX w. [Krakauer. Bedeutende Krakauer Juden des 14.–20. Jahrhunderts]. Kraków: Muzeum Historyczne Miasta Krakowa (Stara Synagoga) 2006. 189 S., Abb. ISBN 83-89599-87-2, 978-83-89599-87-2.

Es handelt sich hierbei um den Katalog zu der vom 2.7. bis 31.10.2006 im Historischen Museum (Alte Synagoge) in Krakau/Kraków veranstalteten gleichnamigen Ausstellung, in der die bedeutendsten Krakauer Persönlichkeiten jüdischer Abstammung (Rabbiner, Politiker und politisch aktive Bürger, Kaufleute, Industrielle, Ärzte, Wissenschaftler, Künstler, Drucker und Herausgeber) vorgestellt wurden. Unter ihnen befinden sich nicht nur gebürtige Krakauer oder Bewohner der Stadt, sondern auch diejenigen Juden, die sich auf eine besondere Art und Weise um Krakau verdient gemacht haben. Die einzelnen ausführlichen Biographien sind mit zahlreichen Abbildungen versehen. Zudem enthält der Ausstellungskatalog ein Abkürzungs- und ein Abbildungsverzeichnis.

Agnieszka Palej

Roman Macyra: Prasa konspiracyjna w Kraju Warty w latach 1939–1945 [Die konspirative Presse im Wartheland in den Jahren 1939–1945]. Poznań: Wydawnictwo Poznańskie 2006. 328 S. ISBN 83-7177-287-4, 978-83-7177-287-0.

Roman Macyra liefert in diesem Buch eine ausführliche Darstellung verschiedenster Verlage, die in den Jahren 1939–1945 im Wartheland tätig waren und konspirative Zeitungen und Literatur veröffentlichten. Oft waren es Verlage, die keinen konkreten Namen hatten und die manchmal auch Texte ohne Titel veröffentlichten, sowie Verlage, die hauptsächlich mit verschiedenen politischen Parteien verbunden waren. Berücksichtigt wurden auch jüdische Verlage, Verlage der Pfadfinder und Verlage, die im Dienste der Volksbewegung standen. Der Verfasser schildert auch die organisatorische Seite des Verlagswesens: die Finanzierung, die technische Ausstattung und das Personal (Redakteure, Drucker u. a.). Im Anhang befindet sich ein wertvolles Verzeichnis der gesamten konspirativen Presse im Wartheland.

Maria Wojtczak

Regina Pacanowska: Samorząd powiatowy w Wielkopolsce w latach 1919–1939 [Kommunale Selbstverwaltung in Großpolen in den Jahren 1919–1939]. Poznań: Wydawnictwo Poznańskie 2006. 285 S., Abb. ISBN 83-7177-390-0.

In der Zwischenkriegszeit war die kommunale Selbstverwaltung in Polen das wichtigste Glied in der Kette der gesamten lokalen Verwaltung. Gerade in Großpolen gab es eine besonders gute Basis für diese Tradition, denn schon seit der Zeit der Teilungen Polens, im Laufe des 18. Jahrhunderts, bildete sich hier eine perfekt organisierte Selbstverwaltung heraus. Die Autorin konzentriert sich in ihrer Studie auf die rechtlichen Grundlagen der Selbstverwaltung und berücksichtigt auch die finanziellen, wirtschaftlichen und sozialen Aspekte. In einem gesonderten Kapitel werden Bildung und Kultur im Rahmen der Tätigkeit der Selbstverwaltung geschildert. Der Band enthält mehrere Karten, Tabellen und Bilder.

Maria Wojtczak

7. Böhmen, Mähren, Slowakei

Lukáš Fasora, Jiří Hanuš, Jiří Malíř (Hg.): Moravské vyrovnání z roku 1905: možnosti a limity národnostního smíru ve střední Evropě: sborník příspěvků ze stejnojmenné mezinárodní konference konané ve dnech 10.–11. listopadu 2005 v Brně. Der Mährische Ausgleich von 1905: Möglichkeiten und Grenzen für einen nationalen Ausgleich in Mitteleuropa. Brno: Matice moravská 2006. 387 S., dt. u. engl. Zusammenfassungen. ISBN 80-86488-36-5.

Dieser Sammelband vereint die Vorträge der gleichnamigen internationalen Tagung vom 10./11. November 2005 in Brünn/Brno. Die Referate beschäftigen sich mit den verschiedenen Faktoren und Mechanismen, die bei der Überwindung der nationalen Konflikte in den einzelnen Teilen der Habsburgermonarchie zum Tragen kamen. Die Verfasser möchten mit ihren Beiträgen zu einem intensiveren und weiterführenden Durchdenken der Formen, Grenzen und Realisierungsmöglichkeiten des nationalen Friedens in den Vielvölkerregionen anregen.

Kristina Kaiserová

Katarzyna Jedynakiewicz: Intelektualista a polityka. Działalność emigracyjna Klausa Manna (1933–1949) [Der Intellektuelle und die Politik. Die Tätigkeit Klaus Manns in der Emigration (1933–1949)]. Łódź: Wydawnictwo Uniwersytetu Łódzkiego 2002. 265 S. ISBN 83-7171-559-5.

In ihrer Habilitationsschrift befasst sich die Lodzer Historikerin Katarzyna Jedynakiewicz mit dem Leben und der politischen Tätigkeit Klaus Manns im Exil. Mann emigrierte im März 1933; weitere Stationen seiner Biographie waren Amsterdam, Zürich, Prag, Paris und ab 1936 die USA. Am 25. März 1937 erhielt er die tschechische Staatsbürgerschaft. Leben und Werk Manns können gewissermaßen als paradigmatisch für die gesamte antifaschistisch gesinnte Emigration bezeichnet werden. Die in der Studie geschilderten Wendepunkte seines Lebens werden im Kontext der fortschreitenden Krise in Europa dargestellt und kommentiert. Die Reihenfolge der Kapitel entspricht zugleich den wichtigsten Ereignissen aus seinem Leben in der Emigration. In einzelnen Kapiteln wird auch auf seinen Dienst in der amerikanischen Armee sowie auf seine problematische Beziehung zum Kommunismus ausführlich eingegangen. Den Band beschließen eine umfangreiche Bibliographie und ein Namensregister.

Anna Byczkiewicz

Soňa Kovačevičová: Človek a jeho svet na obrazoch od stredoveku až na prah súčasnosti. Ikonografia Slovenska [Der Mensch und seine Welt in Bildern vom Mittelalter bis zur Schwelle der Gegenwart. Ikonographie der Slowakei]. Budmerice: RAK 2006. 141 S., Abb. ISBN 80-85501-35-X, 978-80-8550135-3.

Das vorzustellende Buch befasst sich mit den verschiedenen Facetten des alltäglichen Lebens im Gebiet der heutigen Slowakei vor allem im Mittelalter. Themen sind das Familienleben, das Leben in Schulen und anderen Bildungseinrichtungen, das öffentliche Leben, Burgen und Städte (Straßen, Häuser, Kirchen), die Welt der Kunst und Kultur. Im 15. und 16. Jahrhundert gehörte das Handelshaus Fugger aus Augsburg zu den wichtigsten Unternehmen in Europa. Auch das ist in den Bildern des späten Mittelalters dokumentiert. Zudem enthält das Buch Abbildungen von Kupferstichen und Holzschnitten deutscher Künstler wie beispielsweise Hans Sebald Beham (1500–1550).

Igor Zmeták

Rostislav Krušinský (Hg.): Problematika historických a vzácných knižních fondu Čech, Moravy a Slezska 2006. Sborník z 15. odborné konference [Die historischen und wertvollen Bücherbestände Böhmens, Mährens und Schlesiens 2006. Sammelband der 15. wissenschaftlichen Tagung]. Olomouc: Vědecká knihovna v Olomouci, Sdružení knihoven ČR 2007. 247 S., Abb. ISBN 978-80-7053-272-0, 978-80-86249-42-1.

Dieser Band vereint die Vorträge der 15. internationalen Tagung zur Geschichte der Buchkultur vom 22./23. November 2006 in Olmütz/Olomouc. Im Beitrag über die bedeutende Entdeckung des geographischen Atlasses von Jaume Olives aus dem Jahre 1563 in Olmütz wird auch an den deutschen Wissenschaftler Bernhard Brandt erinnert, der im Jahre 1931 über diesen Atlas eine grundlegende Studie verfasst hat. Im Aufsatz über die graphisch außergewöhnliche Enzyklopädie *Habitus praecipuorum populorum* oder *Trachtenbuch*, 1577 in Nürnberg gedruckt, wird an den deutschen Verfasser Hans Weigel Formschneider und an den Schweizer Graphiker und Illustrator Jost Amman erinnert. In dieser Enzyklopädie wurden alle deutschen Kulturzentren des 16. Jahrhunderts und deren Hauptstädte vorgestellt.

Igor Zmeták

Alena Míšková: Die Deutsche (Karls-)Universität vom Münchener Abkommen bis zum Ende des Zweiten Weltkrieges. Universitätsleitung und Wandel des Professorenkollegiums. Praha: Verlag Karolinum 2007. 346 S. ISBN 978-80-246-1208-9.

Bei der vorliegenden Publikation handelt es sich um die erweiterte Ausgabe jenes Buches, das bereits im Jahre 2002 im Verlag Karolinum erschienen ist und das nun von Stefan Lehr ins Deutsche übersetzt wurde. Die Autorin beschäftigt sich detailliert mit der schrittweise vollzogenen „Arisierung" und „Gleichschaltung" der Prager Universität im Sinne der nationalsozialistischen Ideologie. Sie beschreibt den radikalen Wandel der Universitätsleitung und des gesamten Professorenkollegiums und die Tätigkeit der Reinhard Heydrich-Stiftung. Zudem befasst sie sich mit spezifischen Aktivitäten im Rahmen der damaligen Ostforschung sowie der sogenannten Rassenkunde.

Kristina Kaiserová

István H. Németh: Kassa város archontológiája. Bírák, belső és külső tanács, 1500–1700 [Archontologie der Stadt Kaschau. Richter, innerer und äußerer Rat,

1500–1700]. Budapest: Szentpétery Imre Történettudományi Alapítvány 2006 (Fons könyvek [Quellenbücher] 3). 326 S. ISBN 963-06-0062-5, ISSN 1588-4457.

Archontologien sind außer für die Verwaltungsgeschichte einer Stadt auch für die Gesellschaftsgeschichte sehr wichtig – Quellen können, um nur einige zu nennen, Protokolle, Zunftbriefe, Steuerlisten oder Testamente sein. Der ungarische Historiker György Granasztói wurde während einer Untersuchung der Beamtenlisten der Stadt Kaschau/Košice/Kassa aus dem 16. Jahrhundert darauf aufmerksam, dass sich die aus 4–5 Personen bestehende Führungsgruppe der Stadt in den wichtigsten Ämtern abwechselte. Die kontinuierliche Aufrechterhaltung dieses Systems kann auch der Autor dieser Studie durch die Archontologie der Stadt Kaschau zwischen 1500 und 1700 bestätigen. Die Mitglieder der führenden Gruppe der Stadt in der Mitte des 17. Jahrhunderts, einer stürmischen Zeit für die städtische Politik, waren dieselben Personen, die vom Komitatsadel auf den Landtagen der Jahre 1647 und 1649 verurteilt worden sind. Aufgrund der Archontologie können in einer Epoche kleinere Zeitspannen unterschieden werden, die als Zeichen von Veränderungen in der Stadtgeschichte gelten können. Im Fall von Kaschau bilden die Jahre von 1536 bis 1552 eine deutliche Epochengrenze: Die Stadt wurde von den Soldaten Johannes Szapolyais durch List eingenommen und die sie führende Elite mit deutscher Mehrheit in Marktflecken des von den Türken eroberten Landesteils deportiert, während ein anderer Teil der früheren Amtsträger in die unter der Herrschaft der Habsburger befindlichen Nachbarstädte (Leutschau/Levoča/Lőcse, Preschau/Prešov/Eperjes) floh.

Edina Zvara

Jaroslav Otčenášek: Němci v Čechách po roce 1945. Na příkladu západního Podještědí [Die Deutschen in Böhmen nach 1945. Das Beispiel der westlichen Jeschken-Region]. Praha: Etnologický ústav AV ČR a Skriptorium 2006. 208 S., 45 Abb., dt. u. engl. Zusammenfassung. ISBN 80-85010-92-5, 80-86197-82-4.

Die hier vorzustellende ethnologisch orientierte Studie von Jaroslav Otčenášek beschäftigt sich mit der deutschen Minderheit in Böhmen nach dem Zweiten Weltkrieg. Die Arbeit ist auf eine konkrete Region in Nordböhmen, das westliche Jeschken-Gebiet (das Jeschkengebirge ist ein Teil der Sudeten und grenzt an das Lausitzer Gebirge), ausgerichtet. Es wurden aber auch Fakten aus vielen anderen böhmischen Regionen in die Studie miteinbezogen.

Kristina Kaiserová

8. Ungarn, Rumänien

Alexandru Avram: Topografia monumentelor din Transilvania. Municipiul Mediaş. Centrul istoric [Siebenbürgische Denkmaltopographie. Mediasch. Die Altstadt]. Sibiu, Alba Iulia: Editura Altip 2006. 201 S. ISBN 973-117-035-9, 978-973-117-035-0.

Das Werk ist eine rumänische Fassung der umfassenden „Denkmaltopographie Siebenbürgens", die in den 1990er Jahren in enger deutsch-rumänischer Kooperation erarbeitet worden ist und alle Gemeinden und Städte mit siebenbürgisch-sächsischen Bewohnern erfasst hat. Einleitend stellt der Verfasser die architektonische und städtebauliche Entwicklung des mittelalterlichen

Marktfleckens und der neuzeitlichen Stadt Mediasch/Mediaş vor. Es folgt ein akribisch erstelltes Repertoire der Baudenkmäler, geordnet nach Kirchen, Befestigungen und Wohnungen. Architektur, technische Ausstattung und Geschichte des Gebäudes werden jeweils beschrieben. Skizzen, Baupläne und Fotografien sowie ein umfangreiches Literaturverzeichnis runden den auch graphisch sehr gelungenen Band ab.

Stelian Mândruţ

András F. Balogh, László Tarnói (Hg.): Deutsche Presse aus Ungarn in der ersten Hälfte des 19. Jahrhunderts. Literatur, Theater, Sprache und Aspekte der Identität. Auswahl und Nachwort von Rozália Bódy-Márkus. Budapest: Argumentum 2007 (Deutschsprachige Texte aus Ungarn 6). 404 S., Abb. ISBN 978-963-446-423-5.

Der sechste Band der Reihe „Deutschsprachige Texte aus Ungarn" ist Pressetexten aus der Zeit zwischen 1810 und 1847 gewidmet. Die ersten fünf der insgesamt sechs Kapitel befassen sich mit den Beiblättern einiger Zeitschriften aus Pressburg/Bratislava/Pozsony und Pest-Ofen/Buda. Neben programmatischen Äußerungen der Redakteure, Rezeptionszeugnissen ungarischer, deutscher bzw. österreichischer Literatur, Rezensionen, Kritiken, Adaptionen und Zitaten sind auch Berichte und Memoiren zu lesen. Die Texte lassen ein nuancenreiches Bild der Zeit entstehen und beleuchten unter anderem die interethnischen Beziehungen. So wird nicht nur das Thema der Juden in der Monarchie angesprochen (*Das jüdische Stadtviertel in Krakau* von Theodor Mundt), auch der Magyarisierungsdruck stellt den thematischen Kern mehrerer Schriften. Das letzte Kapitel erweitert die Presseschau um acht deutschsprachige Zeitungen aus Pest-Ofen, Kaschau/Košice/Kassa und Raab/Győr. Im Nachwort wird die deutschsprachige Presselandschaft der ungarischen Reformzeit samt ihrem historischen und sozialen Kontext präsentiert, wobei sie in Anbetracht der Vielschichtigkeit der angesprochenen Thematik notwendigerweise skizzenhaft bleibt. Außerdem enthält der Band die Geschichte der verschiedenen Zeitungen, denen die veröffentlichten Texte entstammen.

Enikő Dácz

András F. Balogh, László Tarnói (Hg.): „Ihr Männer auf, jetzt ruft die Zeit". Deutsche Texte aus Ungarn zur Revolution und zum Freiheitskampf 1848/49. Auswahl, Einleitung und Nachwort von Mária Rózsa. Budapest: Argumentum 2006 (Deutschsprachige Texte aus Ungarn 5). 401 S., Abb. ISBN 963-446-350-9.

Die an dieser Stelle vorzustellende Sammlung von Artikeln, Flugblättern und belletristischen Texten versucht die Atmosphäre der Zeit und die Haltung der deutschsprachigen Bevölkerung gegenüber der Revolution von 1848/49 zu veranschaulichen. Mit dieser Publikation wird eine Emendation der Texte angestrebt; in einigen Fällen werden die bisher unbekannten Verfasser der Flugblätter identifiziert. Die Schriften, in chronologischer Reihenfolge präsentiert, sind vier thematischen Blöcken zugeordnet. Im ersten Abschnitt sind die Märzereignisse zu verfolgen, in denen Sándor Petőfis „Nationallied" eine symbolische Bedeutung erlangte. Das Gedicht wird dem Leser in mehreren zeitgenössischen Übersetzungen angeboten. Der zweite und ausführlichste Teil der Sammlung behandelt die Zeit der Unabhängigkeit, während das dritte und vierte Kapitel den Kampf und das Ende der Revolution fokussieren. Neben den Publikationen deutschsprachiger Autoren aus Ungarn sind ebenso Schriften österreichischer Verfasser abgedruckt. Besondere Aufmerksamkeit wird drei deutschsprachigen Zeitungen geschenkt: der *Preßburger Zeitung*, der *Pester Zeitung* und dem *Siebenbürger Boten*. Gemäß der kulturwissenschaftlichen Zielsetzung der Reihe „Deutschsprachige Texte aus Ungarn" enthält der Band auch einige soziologisch-historische Artikel. Das Nachwort ist eine synthetisierende Studie, welche die deutschsprachige Presse der Revolution international kontextualisiert. Die Verfasserin vertritt die These, dass der ungarische Freiheitskampf zur „Magyarisierung und Assimilation des ungarnländischen Deutschtums wesentlich beitrug und diese beschleunigte". Die Veröffentlichung verfügt über einen ausführlichen Anhang.

Enikő Dácz

Horea Balomiri, Irene Etzersdorfer (Hg.): Imperiul la periferie. Urme austriece în Transilvania. Imperium an der Peripherie. Österreichische Spuren in Siebenbürgen. Hermannstadt: Honterus Verlag 2007. 200 S. Ohne ISBN.

Dieser Katalog erschien als Begleitbuch zu einer Ausstellung im Brukenthalmuseum, als Teil eines rumänisch-österreichischen Kooperationsprojektes über Hermannstadt/Sibiu als europäische Kulturhauptstadt 2007. Der auf zwei parallel laufenden Spalten wiedergegebene rumänische bzw. deutsche Text geht auf wichtige Aspekte des Modernisierungsprozesses in Siebenbürgen in habsburgischer Zeit ein. Für diese Annotation besonders relevant sind die Beiträge von Anton E. Dörner über „Die Errichtung der habsburgischen Herrschaft in Siebenbürgen (1683–1691)" und von Edit Szegedi über „Die Kirchen in Siebenbürgen vom Leopoldinum bis zum Toleranzedikt (1691–1781)". Die Haltung der sächsischen Bewohner von Hermannstadt gegenüber den Habsburgern wird von Harald Roth geschildert, während Irmgard Sedler auf die Deportation österreichischer Protestanten, der sogenannten Landler, eingeht. Die soziale und politische Lage Siebenbürgens im 18. und 19. Jahrhundert beschreiben Hubert Weitensfelder und Pál Judit. Die Verbindungen zur europäischen Kunstentwicklung zeigt Marius Jachim Tătaru am Beispiel der Hermannstädter Kunst des 20. Jahrhunderts auf. Hervorragende Abbildungen ergänzen und bereichern den graphisch außerordentlich gut gestalteten Band.

Stelian Mândruț

Réka Bányai (Hg.): Könyves műveltség Erdélyben [Buchkultur in Siebenbürgen]. Marosvásárhely: Mentor Kiadó 2006. 265 S. ISBN 973-599-217-5, 978-973-599-217-0.

Im September 2004 hat die Werkstatt der im Jahre 1802 eröffneten Telelei-Bibliothek in Neumarkt am Mieresch/Târgu Mureş/Marosvásárhely, eine der ersten ungarischen öffentlichen Bibliotheken, unter dem Titel „Buchkultur in Siebenbürgen" eine wissenschaftliche Tagung veranstaltet. Im anzuzeigenden Band sind die schriftlichen Versionen der gehaltenen Vorträge veröffentlicht. Attila Verók beschäftigt sich mit dem Leseverhalten des siebenbürgisch-sächsischen Bürgertums anhand von Bücherverzeichnissen des 16. bis 18. Jahrhunderts. Drei Beiträge stellen den Bestand der bedeutendsten Bibliothek in Hermannstadt/Sibiu/Nagyszeben unter verschiedenen Aspekten vor: Dana Doltu: *Studii de ornitologie în ediții bibliofile din secolul al XVIII-lea prezente în patrimoniul Bibliotecii Brukenthal: Brisson și Buffon* („Ornithologische Studien in bibliophilen Ausgaben des 18. Jahrhunderts in der Brukenthal-Bibliothek: Brisson und Buffon"); Gabriella Zsigmond: *Tipărituri englezești din secolul al XVIII-lea în colecția baronului Samuel von Brukenthal* („Englische Drucke des 18. Jahrhunderts in der Bibliothek des Barons Samuel von Brukenthal"); Olga Şerbănescu:

Tipărituri „Froben" în Biblioteca Muzeului Brukenthal din Sibiu („‚Froben'-Drucke in der Bibliothek des Brukenthal-Museums in Hermannstadt").

Edina Zvara

Györgyi Bindorffer (Hg.): Változatok a kettős identitásra. Kisebbségi léthelyzetek és identitásalakzatok a magyarországi horvátok, németek, szerbek, szlovákok, szlovének körében [Wandlungen der Doppelidentität. Lebenssituationen und Identitätsformen der Minderheiten im Umfeld der ungarnländischen Kroaten, Deutschen, Serben, Slowaken, Slowenen]. Budapest: Gondolat – MTA Etnikai-nemzeti Kisebbségkutató Intézet 2007. 300 S. ISBN 978-963-9610-85-9.

Das Forschungsprojekt, auf dem dieser Band basiert, setzte sich zum Ziel, die Inhalte der Doppelidentitäten bei den zahlenmäßig stärksten Minderheiten Ungarns zu erforschen. Es wurden gleichzeitig Assimilations- und Dissimilationsprozesse, diachrone und synchrone Prozesse der Überlebensstrategien, die Verwendungsmuster des Sprachgebrauchs, die Bilingualität, die Vergangenheit und Gegenwart ethnischer Kulturen sowie die Wirkung der Veränderungsprozesse auf die Identität untersucht. Für die Analysen wurden Ortschaften ausgewählt, in denen die Minderheitensprache auch heute noch als Muttersprache verwendet wird. Im Falle der Erforschung der deutschen Identität in Ungarn fiel die Wahl auf die Ortschaften Tscholnik/Csolnok und Wehmend/Véménd. Die Analysen ergaben, dass eine Doppelidentität bei allen Minderheiten festzustellen ist. Die Identität wird heute jedoch in erster Linie durch die bewahrte Kultur geprägt – weniger durch die Muttersprache, die überall an Bedeutung verliert.

Zsolt Vitári

Arsenie Boar, Erwin Josef Ţigla: Istorie ilustrată a Banatului Montan, 1890–1948. Volumul I. Illustrierte Geschichte des Banater Berglands, 1890–1945. Band I. Illustrated history of the Mountainous Banat, 1890–1945. Book I. Reşiţa: Editura Banatul Montan 2007. 152 S., Abb. ISBN 978-973-88077-7-8.

Der Band setzt ein Projekt zur umfassenden Sammlung alter Ansichtskarten aus der Bergregion des rumänischen Banats um. Es handelt sich nicht um eine Monographie oder Geschichte des Banater Berglands, sondern um ein Album mit zeitgenössischen Ansichten und historischen Zeugnissen, die zu sentimentaler Betrachtung einladen. Ein umfassender Teil ist der Stadt Reschitza/Reşiţa und deren Veränderungen im Laufe der Geschichte gewidmet. Der kurze wohldokumentierte Textteil ist dreisprachig (rumänisch, deutsch und englisch) gehalten.

Stelian Mândruţ

Sorina Paula Bolovan, Ioan Bolovan, Rudolf Gräf, Corneliu Pădurean (Hg.): Mişcări de populaţie şi aspecte demografice în România în prima jumătate a secolului XX. Lucrările conferinţei internaţionale „Mişcări de populaţie în Transilvania în timpul celor două războaie mondiale", Cluj-Napoca, 24–27 mai 2006 [Bevölkerungsbewegungen und demographische Aspekte in Rumänien in der ersten Hälfte des 20. Jahrhunderts. Arbeiten der internationalen Konferenz „Bevölkerungsbewegungen in Siebenbürgen in der Zwischenkriegszeit", Klausenburg, 24.–27. Mai 2006]. Cluj-Napoca: Presa Universitară Clujeană 2007 (Supliment al masteratului de socio-antropologie istorică

[Ergänzungsband des Masterstudiengangs für historische Sozio-Anthropologie] 8). 322 S., Abb., rumän., dt. u. engl. Texte. ISBN 978-973-610-530-2.

Der Band vereint Aufsätze von Historikern, Bevölkerungswissenschaftlern, Soziologen, Politologen und anderen Fachwissenschaftlern, die aus multi- und interdisziplinärer Perspektive die ethnisch-konfessionelle Struktur Siebenbürgens sowie die Politik gegenüber der Bevölkerung und ihrer demographischen Entwicklung allgemein, gegenüber den Minderheiten im Besonderen untersucht haben. Sie dokumentieren die Ergebnisse einer internationalen Konferenz zu diesem Thema, die 2006 in Klausenburg/Cluj-Napoca veranstaltet wurde. Die Kriegseinwirkungen und der damit einhergehende Bevölkerungstransfer werden nicht ausgeklammert, die Folgen für die spätere Bevölkerungsstruktur dieser Region analysiert. Zu den wichtigsten Beiträgen dieses Bandes zählen: Deák Ernő: *Siedlungs- und Bevölkerungswesen Siebenbürgens vor dem Ersten Weltkrieg*; Egry Gábor: *Debates on colonisation plans among the Transsylvanian Saxons during the First World War*; Sorina Paula Bolovan, Ioan Bolovan: *Mutații demografice în Transilvania primului război mondial* („Demographischer Wandel in Siebenbürgen während des Ersten Weltkriegs"); Franz Gschwandter: *Siebenbürgen in der Zwischenkriegszeit. Demographie und Modernisierung.*

Stelian Mândruț

Sorina Paula Bolovan, Ioan Bolovan, Corneliu Pădurean (Hg.): Om şi societate. Studii de istoria populației României (secolele XVII–XXI) [Mensch und Gesellschaft. Studien zur Bevölkerungsgeschichte Rumäniens (17.–21. Jahrhundert)]. Cluj-Napoca: Presa Universitară Clujeană 2007. 539 S. ISBN 978-973-610-587-6.

Eine von den Herausgebern koordinierte Gruppe von Soziologen, Demographen, Historikern und Geographen hat sich vorgenommen, die demographische Entwicklung der Gebiete des heutigen Rumäniens seit dem 17. Jahrhundert in ihrer historischen und zeitgeschichtlichen Dimension zu untersuchen und darzustellen. Ihre in diesem Band vereinten Studien zeigen das bivalente Verhältnis zwischen Bevölkerung und sozio-ökonomischer Entwicklung auf, das sich in Raum und Zeit unterschiedlich entfaltet hat, in der Neuzeit anders als in der Gegenwart, in Siebenbürgen anders als in der Moldau und in der Walachei, später im Königreich bzw. der Republik Rumänien. Unterschiedliche politische Einwirkungen auf die demographische Entwicklung, auf das Familienleben, aber auch auf den Zusammenhalt innerhalb der Familien werden dabei herausgestrichen. Unter anderen befasst sich Ladislaus Gyémánt mit Fragen der ethnischen und sozialen Zugehörigkeit siebenbürgischer Siedlungen im Lichte von zwei unbekannten Tabellen, die die Ergebnisse der Fiskalkonskription von 1750 zusammengefasst haben. Traian Rotariu und Mezei Elemér gehen auf Bevölkerungsbewegungen in Siebenbürgen im ersten Jahrzehnt des 20. Jahrhunderts ein. Sorina Paula Bolovan und Ioan Bolovan befassen sich mit der Familie und dem Verhalten innerhalb der Familien in Siebenbürgen zwischen 1850 und 1914. Bogdan Crăciun schließlich legt eine Fallstudie zur Zwei-Kinder-Familie in den evangelisch-lutherischen Gemeinden Siebenbürgens vor.

Stelian Mândruț

Corina Cranciova: Trecut şi prezent în satul bănățean. Istoria Gottlobului. O altfel de monografie. Vergangenheit und Gegenwart im Banater Dorf. Die Geschichte Gottlobs. Eine Monographie der anderen Art. Temeswar: Editura Brumar 2007. 150 S. ISBN 973-602-234-X, 978-973-602-234-0.

Die Arbeit wurde anlässlich des 235. Gründungsjubiläums der Banater Gemeinde Gottlob herausgebracht, die merkwürdigerweise ihren Namen sogar in kommunistisch-atheistischer Zeit sowohl in rumänischer als auch in deutscher Sprache führen durfte. Die Verfasserin hat ihren zweisprachigen Band auf Feldforschungen, Interviews mit den ältesten Bewohnern von Gottlob und Lokalaugenschein gestützt. In neun Kapiteln wird die Gemeinde aus der Banater Heide geographisch, geschichtlich, demographisch, wirtschaftlich, sozial und kulturell aufgefächert. Der großzügig gestaltete Anhang (Fotos, Tafeln, Urkunden) ist informativ und hilfreich.

Stelian Mândruţ

Traian Dordea: Monografia satului Haşag, judeţul Sibiu [Ortsmonographie Haschagen, Kreis Hermannstadt]. Sibiu 2005. 172 S. Ohne ISBN.

Aufgrund edierter und unedierter Urkunden zeichnet der Autor ein umfassendes Bild der Ortsgeschichte von der ersten urkundlichen Erwähnung (1261) bis heute. In einzelnen Kapiteln werden die politische, wirtschaftliche und soziale Entwicklung sowie die aktuelle Lage, die demographischen Veränderungen, Kirche und Schule, Überlieferungen und Bräuche, Volkskunst und Volkslied geschildert. Ein besonderes Augenmerk wird den siebenbürgisch-sächsischen Bewohnern geschenkt, die über Jahrhunderte alle Arbeits- und Lebensbereiche des Ortes geprägt haben.

Stelian Mândruţ

Nicolae Edroiu, Susana Andea, Şerban Turcuş (Hg.): Naţiune şi europenitate. Studii istorice. In honorem Magistri Camilli Mureşanu [Nation und Europa. Historische Studien]. Bucureşti: Editura Academiei Române 2007. 467 S. ISBN 978-973-27-1517-8.

Die Festschrift ist dem Klausenburger Neuzeithistoriker Prof. Camil Mureşanu, Mitglied der Rumänischen Akademie, zum 80. Geburtstag von Kollegen und Schülern aus den großen rumänischen Hochschulzentren Bukarest/Bucureşti, Jassy/Iaşi und Klausenburg/Cluj-Napoca sowie aus dem Ausland gewidmet. Thematisch orientieren sie sich an der Interferenz von Tradition und Erneuerung in der rumänischen Entwicklung, an Neuerungen dank auswärtiger Einflüsse und an der Modernisierung, insbesondere im kulturellen und wissenschaftlichen Bereich. Zu den Beiträgen, die sich auch mit deutscher Geschichte und Kultur auf dem Gebiet des heutigen Rumänien, vor allem mit jener der Siebenbürger Sachsen, auseinandersetzen, gehören: Lidia Gross: *‚Pro refrigerio anime sue'. Donaţia făcută de Nicolae de Bethlen conventului dominican din Sighişoara* („Die Schenkung Nikolaus' von Bethlen an den Dominikanerkonvent von Schäßburg"); Konrad G. Gündisch: *Antreprenori străini în rândurile patriciatului din Sibiu* („Fremde Unternehmer im Hermannstädter Patriziat"); Anton E. Dörner: *Între Creştinătate şi Semilună. Transilvania în a doua jumătate a secolului al XVII-lea* („Zwischen Christentum und Halbmond. Siebenbürgen in der zweiten Hälfte des 17. Jahrhunderts"); Ludovic Báthory, István Csucsuja: *Recatolicizarea Transilvaniei în secolul al XVIII-lea* („Gegenreformation in Siebenbürgen im 18. Jahrhundert"); Paul Niedermaier: *Modernizarea centrelor istorice ale oraşelor transilvane* („Die Modernisierung der historischen Zentren siebenbürgischer Städte"); Hilde Mureşanu: *Războiul de Independenţă (1877–1878) în presa germană* („Der Unabhängigkeitskrieg von 1877/78 in der deutschen Presse").

Stelian Mândruţ

András Emődi: Kapucinusok és könyvtáruk Nagyváradon a 18. században (1727–1785) [Kapuzinermönche und ihre Bibliothek zu Großwardein im 18. Jahrhundert (1727–1785)]. Nagyvárad, Budapest: Egyházmegyei Könyvtár, Országos Széchényi Könyvtár, Partiumi Keresztény Egyetem 2006. XCII, 131 S., Abb., ungar. u. dt. Text. ISBN 973-86394-5-X, 978-973-86394-5-4.

Die Geschichte der Bibliothek zu Großwardein/Oradea/Nagyvárad beginnt im Jahre 1727, als Bischof Imre drei Mitglieder des Kapuzinerordens in die Stadt beorderte. Anfangs kamen die meisten Ordensmitglieder aus österreichischen, teilweise auch aus böhmischen, deutschen und westungarischen, Klöstern nach Großwardein. Die Zahl der Ordensmitglieder ungarischer Abstammung sowie derjenigen, die – mit deutscher oder slowakischer Muttersprache – aus ungarischen Klöstern nach Großwardein beordert worden waren, nahm erst gegen Ende des 18. Jahrhunderts zu. Ein Grund für die Ansiedlung des Ordens in Großwardein mag gewesen sein, die geistliche Betreuung der – zu damaliger Zeit noch sehr wichtigen – deutschsprachigen Bevölkerung der Stadt und der in der Stadt stationierten Armee zu übernehmen. Die Quellen lassen vermuten, dass die Predigten im 18. Jahrhundert auf Deutsch und auf Ungarisch gehalten wurden. Auf den Stadtfesten hielt beispielsweise oft ein Kapuzinermönch Predigten in deutscher Sprache, so z. B. Magnus Straskirchensis im Jahre 1780 bei der Einweihung des neuen Domgebäudes. Primäres Ziel dieser Studie ist die Publikation des Bücherverzeichnisses aus dem 18. Jahrhundert, versehen mit einem Verfasser- und Druckortregister. Der veröffentlichte Katalog wurde 1758 von P. Rudericus Viennensis nach den für die Klöster der Provinz Österreich-Ungarn geltenden Vorschriften sorgfältig zusammengestellt, wobei er die Bücher in 26 Fachgruppen einteilte und alphabetisch ordnete.

Edina Zvara

Alexandru-Toma Firescu, Ionuţ Pătularu: Filarmonica de Stat din Sibiu (file de arhivă istorică şi sentimentală) [Die Hermannstädter Philharmonie. Historische und sentimentale Archivblätter]. Craiova: Editura Stech 2007. 22 S., Abb. ISBN 978-973-74-614-3.

Die Broschüre widmet sich der Musikentwicklung in Hermannstadt/Sibiu vom Mittelalter bis zur Gegenwart. Vorgestellt werden Musikvereine, Chöre, Konzerte und bedeutende Musikerpersönlichkeiten wie Gheorghe Dima, Timotei Popovici, Paul Richter oder Franz Xaver Dressler. Auch werden herausragende Interpreten und Dirigenten genannt, die in Hermannstadt aufgetreten sind. Ausführlicher wird die Geschichte der Staatsphilharmonie Hermannstadt präsentiert, die 1949 gegründet wurde und bis heute besteht, wobei auf von ihr gestaltete bedeutende musikalische Ereignisse besonders hingewiesen wird. Der Anhang enthält Abbildungen, ein Literaturverzeichnis und fremdsprachige Zusammenfassungen.

Stelian Mândruţ

Miklós Füzes (Hg.): Nemzetiségi ügyek dokumentumai Baranyában 1950–1990 [Dokumente zu Minderheitenangelegenheiten in der Baranya 1950–1990]. Pécs: Baranya Megyei Levéltár 2003 (Tanulmányok és források Baranya megye történetéből [Studien und Quellen aus der Geschichte des Komitats Branau/Baranya] 10). 278 S., Abb. ISBN 963-8100-47-8, ISSN 1218-9561.

Der zehnte und gleichzeitig letzte Band der Serie behandelt den Zeitraum seit der Etablierung des kommunistischen Einparteiensystems bis zur Wende 1990. Mit den ausgewählten Dokumenten versucht der Herausgeber, den Prozess der allmählichen Entwicklung der ungarischen Nationalitätenpolitik nachzuzeichnen. Die Grundlage der unkommentierten Quellenedition bilden die Materialien des Komitatsrates Branau/Baranya und dessen Exekutivkomitees sowie der Minderheitenkommission des Komitatsrates, ferner auch die Akten der Fachverwaltungsorgane (Bildungsabteilung, Organisations- und Rechtsabteilung, Verwaltungsabteilung und Sekretariat). Der Band umfasst von diesen Organen 116 Akten und ihre Anhänge.

Zsolt Vitári

Jenőné Gálosfai: Német földről gyalogszerrel, tutajjal ... Braunhaxlerek 300 éve Óbudán [Aus Deutschland zu Wasser und zu Lande ... 300 Jahre Geschichte der Braunhaxler in Altofen] (Budapest III. kerület Óbuda-Békásmegyer. Helytörténeti füzetek 2003. VIII évfolyam. I. szám [Budapest, III. Bezirk Óbuda-Békásmegyer. Ortshistorische Hefte 2003. 8. Jg. Nr. 1]). Budapest: Óbudai Múzeum 2003. 123 S. ISSN 1416-583X.

Altofen/Óbuda ist die älteste und bekannteste Siedlung Budapests. Nach der Rückeroberung der Stadt von den Türken wurde sie abermals für viele Siedler zu einer neuen Heimat. Dieses Buch, das eine Familiengeschichte zur Grundlage hat, gewährt einen tiefen Einblick in das Alltagsleben der Deutschen dieser Stadt. Die reich illustrierte zweisprachige Monographie beruht auf umfangreichen Archivrecherchen. Die Abstammung der Familie wird in die Geschichte der deutschen Emigration im 18. Jahrhundert eingebettet, worauf die Integration der Neuankömmlinge in Altofen folgte. Die Familiengeschichte gibt Auskunft über Festgebräuche (zu Weihnachten, Fasching, Ostern, Kirmes, Weinlese) der Altofener Deutschen, über ihre Hochzeits- und Bestattungssitten sowie über ihre Ess- und Wohnkultur. Im Kapitel „Schicksalsjahre“ werden das Hochwasser und die sowjetische Belagerung im Jahr 1945 geschildert.

Zsolt Vitári

Wendelin Hambuch (Red.): Deutsche in der Innenstadt-Leopoldstadt. Németek a Belváros-Lipótvárosban. Budapest: Die Deutsche Selbstverwaltung in der Innenstadt-Leopoldstadt 2002. 248 S., Abb., dt. u. ungar. Text. ISBN 963-202-656-X.

Der zweisprachige Sammelband präsentiert die Geschichte des V. Bezirks von Budapest, Innenstadt-Leopoldstadt/Belváros-Lipótváros, und seiner deutschen Einwohner von den Anfängen bis zur Gegenwart. Die Beiträge befassen sich hauptsächlich mit den wichtigsten Baudenkmälern, die überwiegend von Architekten aus Deutschland und Österreich entworfen und gebaut worden sind. Diese werden am Ende des Buches durch zeitgenössische Fotos veranschaulicht. Zudem wird ein kurzer Einblick in das wirtschaftliche, kulturelle, wissenschaftliche und kirchliche Leben gewährt. Der Studienband schließt mit einer Auswahlbibliographie zur Geschichte der Deutschen im Bezirk Innenstadt-Leopoldstadt.

Zsolt Vitári

Ioan Haţegan, Gabriel Zănescu: Biblioteca Klapka [Die Klapka-Bibliothek]. Timişoara: Editura Graphite/Banatul 2007. 215 S., Abb. ISBN 878-973-87965-5-3, 978-973-87485-9-3.

Das Buch bringt wichtige neue Angaben über die Temeswarer Familie Klapka, die der Stadt mit Georg Klapka (1786–1863) eine ihrer herausragenden Persönlichkeiten geschenkt hat. Als Inhaber einer Druckerei, Buchbinderei und Buchhandlung, als Bürgermeister (1819–1833) und als Abgeordneter im Pester Parlament (1825, 1832) hat er vielfältig gewirkt. Mitgeteilt werden auch die Aufbau- und Benutzerregeln sowie der Katalog seiner Bibliothek. Illustriert wird dieses interessante Kapitel der Kulturgeschichte der Banater Deutschen durch einen reichhaltigen Anhang, bestehend aus Skizzen, Karten und Fotos.

Stelian Mândruţ

Jenő Házi, János Németh (Hg.): Gerichtsbuch, 1423–1531. Bírósági könyv, 1423–1531. Sopron: Győr-Moson-Sopron Megye Soproni Levéltár 2005 (Sopron város történeti forrásai, Sorozat A [Quellen zur Geschichte der Stadt Ödenburg, Reihe A] 2). 434 S., dt., ungar. u. lat. Text. ISBN 963-9495-75-1, ISSN 1217–6125.

Der vorliegende Band präsentiert ein mittelalterliches Stadtbuch. Er ist das Ergebnis einer Zusammenarbeit des Archivs in Ödenburg/Sopron und des Germanistischen Instituts der Universität in Wesprim/Veszprém, die sich zum Ziel setzten, die sowohl in historischer als auch in sprachlicher Hinsicht bedeutsame Quelle der Forschung zugänglich zu machen. Die mehrheitlich deutsch- und wenigen lateinischsprachigen Einträge des Gerichtsbuches enthalten Angaben zu den – im heutigen Verständnis unter Notariats- und gerichtliche Tätigkeiten fallenden – Zuständigkeiten der Stadt Ödenburg. Diese Einträge und die von Jenő Házi edierten Urkunden, Ratssitzungsprotokolle, Testamente und anderen Quellen spiegeln die mittelalterlichen Rechtsgewohnheiten und den Rechtsgebrauch Ödenburgs wider. Die Einträge des Gerichtsbuches ermöglichen einerseits eine ziemlich vollständige Rekonstruktion der Entscheidungsprozesse in mehreren Rechtsfällen, andererseits berichten sie über Rechtsfälle, die in den edierten Quellen nicht erwähnt sind. Zwei Register und ein Glossar erleichtern die Benutzung des Textes. Die Möglichkeiten seiner rechtsgeschichtlichen und sprachwissenschaftlichen Erforschung werden in je einer einführenden Studie vorgestellt: *Die Stadtbücher und das Ödenburger Gerichtsbuch* von László Blazovich und *Die Sprache des Ödenburger Gerichtsbuches* von János Németh.

Edina Zvara

Käthe Hienz, Bernhard Heigl, Thomas Şindilariu (Hg.): Hermannstadt und Siebenbürgen. Die Protokolle des Hermannstädter Rates und der Sächsischen Nationsuniversität 1391–1705. Hermannstadt: Honterus Verlag, Heidelberg: Arbeitskreis für Siebenbürgische Landeskunde 2007. 223 S., Abb., 1 DVD. ISBN 978-3-929848-66-3, 3-929848-66-X, 978-973-1725-20-8.

Die Einleitung von Thomas Şindilariu stellt kurz die Sächsische Nationaluniversität, die oberste Verwaltungs- und Repräsentationsinstanz der Siebenbürger Sachsen, in ihrer geschichtlichen Entwicklung vor. Sie hatte ihren Sitz in Hermannstadt/Sibiu und wurde zwischen den „Konfluxen" (Generalversammlungen) vom Hermannstädter Rat und dem Sachsengrafen geleitet, der zugleich oberster Würdenträger der Stadt war. Daraus ergibt sich die Verknüpfung zwischen den Protokollen der beiden Institutionen. Vorgestellt wird der Inhalt dieser Protokolle, die nach dem im Archiv der Honterus-Gemeinde von Kronstadt/Braşov erhalten gebliebenen Exemplar ediert worden sind. Die Edition selbst liegt in digitaler Form dem Buch bei, das ein grundlegendes Arbeitsinstrument für künftige Forschungen sein wird.

Stelian Mândruţ

Nicuşor Dănuţ Ivănuş: Sibiul de altădată în colecţia Emil Fischer. Das ehemalige Hermannstadt in Emil Fischers Sammlung. Sibiu, Alba Iulia: Editura Altip 2006. 79 S., Abb. ISBN 973-117-032-4, 978-973-117-032-9.

Die wertvolle Sammlung der im bekannten Atelier der Fotografenfamilie entstandenen Fotografien von Alt-Hermannstadt wird hier anlässlich des Kulturhauptstadtjahres ausgewertet und einem breiteren Publikum vorgestellt. Das Atelier befand sich in den Jahren 1900–1959 im Gebäude der Transsylvania-Versicherung in der Heltauer Gasse/str. Bălcescu in Hermannstadt/Sibiu. Die ausgewählten Bilder halten die architektonische Entwicklung, aber auch die Bewohner der Stadt im jeweiligen Raum und zu einer gewissen Zeit fest. Bauten und Interieurs werden ebenso gezeigt wie Porträts von herausragenden Persönlichkeiten und einfachen Menschen, Volkstrachten ebenso wie „städtische" Kleidung. Die Bilder fangen die Atmosphäre und die Farbenpracht in dieser von mehreren Völkern und Kulturen geprägten Stadt ein, aber auch die Patina an den alten Bauten. Gleichzeitig wird die hohe Kunst des Fotografen Emil Fischer augenscheinlich, der mehr als nur Bilder geschaffen, sondern das Werden und Gedeihen einer Stadt in ihrer Vielfalt für die Nachwelt nachvollziehbar gemacht hat. Künstlerischer und dokumentarischer Wert der Abbildungen begeistern gleichermaßen.

Stelian Mândruţ

Lajos Kis-Tóth, Edit Tamás (Hg.): Volt egyszer egy Józseffalva [Es gab einmal ein Josefsdorf]. Sárospatak: Eszterházy Károly Főiskola Líceum 2006. 346 S., Abb. Ohne ISBN.

Die Nachbarorte Patak am Bodrog/Sárospatak und Josefsdorf/Józseffalva waren sehr lange selbständige Siedlungen, bis sie 1913 vereinigt wurden. Anhand von Quellen aus den Jahren 1790 und 1794 kann angenommen werden, dass Josefsdorf von 32 Leibeigenenfamilien gegründet wurde. In Patak am Bodrog galten die Mitglieder der Familie Trautson als erste fremde Großgrundbesitzer. Josefsdorf ist seit seiner Gründung Teil der römisch-katholischen Kirchengemeinde von Patak am Bodrog. In dieser gab es immer auch einen deutschsprachigen Kaplan, der als Seelsorger in den Schwabendörfern fungierte. Im Jahre 1785, als das Dorf gegründet wurde, war Michael Pfleger in diesem Amt. In den 60er Jahren des 19. Jahrhunderts begann die Magyarisierung der Siedlung. Die älteren Menschen und Personen mittleren Alters geben heute noch an, dass sie schwäbischer Herkunft seien. Bei der Generation, die in den 50er Jahren geboren wurde, spielt die schwäbische Abstammung für die Identität jedoch keine Rolle mehr.

Edina Zvara

Zoltán Klamár (Red.): Etnikai kontaktzónák a Kárpát-medencében a 20. század második felében. Nemzetközi Tudományos Konferencia, 2004. augusztus 26–28 [Ethnische Kontaktzonen im Karpatenbecken in der zweiten Hälfte des 20.

Jahrhunderts. Internationale wissenschaftliche Konferenz, 26.–28. August 2004]. Azsód: Pest Megyei Múzeumok Igazgatóságának Petőfi Múzeuma 2005 (Múzeumi Füzetek [Museums-Hefte] 53). 296 S. ISBN 963-9590-12-6, ISSN 0580-3705.

Die ethnographisch orientierte internationale Konferenz widmete sich dem wissenschaftlichen Erfahrungsaustausch über die Funktionen von Kontaktzonen im Karpatenbecken. Untersucht wurden die mit ethnischer Vielfalt einhergehenden religiösen Formen, die traditionsgebundenen Lebenswelten und ihre wechselseitige Ausstrahlung, durch die der Austausch zwischen Kulturen zustande kommen kann, sowie Migrationsprozesse, die zur Entstehung und Veränderung von Kontaktzonen beitragen. Die erste Hälfte des Bandes befasst sich mit der Situation in Ungarn, wobei auch auf die Vorgeschichte zurückgegriffen wird; darauf folgt die Darstellung ethnischer Kontaktzonen in den benachbarten Nachfolgestaaten der k. u. k. Monarchie, so im österreichischen Burgenland.

Zsolt Vitári

Christoph Klein: Valori încredințate. Gustav Adolf Klein. Banca Generală de Economii din Sibiu [Anvertraute Pfunde. Gustav Adolf Klein. Hermannstädter allgemeine Sparkassa]. Sibiu: Forumul Democratic al Germanilor din România 2006 ([Reihe] Convergențe [Konvergenzen]). 110 S. Ohne ISBN.

Es handelt sich um eine rumänische Zusammenfassung des 1995 bei Kriterion (Bukarest) und Böhlau (Köln u. a.) erschienenen Werkes von Bischof Dr. Christoph Klein über seinen Vater Gustav Adolf Klein, den Direktor der Hermannstädter allgemeinen Sparkassa. Es soll, wie die gesamte Publikationsreihe, zum besseren Kennenlernen der Leistungen der deutschen Minderheit durch die rumänische Mehrheitsbevölkerung beitragen, hier am Beispiel des herausragenden Wirtschaftsmannes G. A. Klein sowie am Beispiel der wirtschaftlichen Aktivitäten und des kulturellen Engagements des Hermannstädter Geldinstituts.

Stelian Mândruț

Erwin Köber: Hinter den Kulissen. Bilder aus der siebenbürgisch-deutschen Unterhaltungsmusikszene. Hermannstadt: Honterus Verlag 2006. 56 S., Abb. ISBN 973-87782-8-X, 978-973-87782-8-3.

In dem Büchlein wird nicht nur der historische Rahmen dargestellt, sondern auch der Begriff der Unterhaltungsmusik allgemein, ihr Spezifikum und ihre Entwicklung in Siebenbürgen im Besonderen erklärt. Der Verfasser stellt dann zwei Musikgruppen vor, die in den 1970er Jahren in Hermannstadt/Sibiu und dessen Umgebung bekannt geworden sind: „Brevis“ und „Olymp-Sextett“. Aufgezählt werden auch die Orte, in denen die Musiker auftraten. Zudem werden das Repertoire und das Management dieser Gruppen vorgestellt, und es wird auf die unterschiedlichen Arten von Veranstaltungen hingewiesen.

Stelian Mândruț

András Krisch: A soproni németek kitelepítése, 1946 [Die Aussiedlung der Deutschen aus Ödenburg, 1946]. Sopron: Escort 2006. 159 S., 1 CD. ISBN 963-7034-48-X, 978-963-7034-48-0.

Das zu präsentierende Buch über die Geschichte der Zwangsaussiedlung der Deutschen aus Ödenburg/Sopron basiert auf umfassenden Archivforschungen. Die gewaltsamen Vertreibungen aus Ödenburg im Jahre 1946 konnten nicht verhindert werden, obwohl die Prominenz der Stadt sogar eine „Schwabenretter-Gruppe", geleitet vom Oberarchivar Jenő Házi, ins Leben gerufen hatte, der sich auch die evangelische und die katholische Kirche sowie die örtliche Organisation der „Partei der Kleinen Landwirte" anschlossen. Die Zwangsaussiedlung dauerte zwei Monate – von April bis Ende Mai 1946. Genaue Zahlen konnten schon gleich nach der Vertreibung nicht ohne Probleme festgestellt werden, weil die Listen wegen der vielen Kopien bzw. Durchschläge oft in sehr schlechtem Zustand waren. Der Autor stellt aber fest, dass etwa 6.500–6.800 Personen aus Ödenburg vertrieben wurden – nach Angaben des Zentralamtes für Statistik wurden in ganz Ungarn nur noch aus Wudersch/Budaörs mit 8.000 Personen mehr Deutsche vertrieben.

Edina Zvara

Mádly Lajos-Loránd (Hg.): Vierhundertfünfzehn Tage in Wien. Das Tagebuch der Siebenbürgisch-Sächsischen Nationaldeputation (1850–1851). Cluj-Napoca: Presa Universitară Clujeană 2007 (Veröffentlichungen des Deutschen Instituts der Babeş-Bolyai Universität Klausenburg/Cluj-Napoca. Reihe Urkunden und Quellen 1). 463 S. ISBN 978-973-610-521-0.

Von der Geschichte Siebenbürgens im Zeitalter des Neoabsolutismus und dem Schicksal der Siebenbürger Sachsen nach der Revolution der Jahre 1848/49 erzählt dieses Tagebuch, das im Hermannstädter Staatsarchiv aufbewahrt wird und nun ediert wurde. Neben anderen zeitgenössischen Quellen, meist offiziellen Schriften oder Korrespondenzen, die eher ein statistisches Bild der Epoche bieten und über Beschlüsse, Haltungen und Tatsachen informieren, ermöglicht das Tagebuch mehrere Blicke hinter die Kulissen, beschreibt Wiener Minister und Beamte, Verhandlungen (auch in Worten, Gesten und Formen des Meinungsaustausches), nicht zuletzt den Empfang der Deputation durch Kaiser Franz Joseph I. Der Herausgeber macht aufmerksam auf die dynamische und lebhafte Beschreibung einiger Begegnungen und Kontakte der sächsischen Delegation in Wien, auf die eindringlichen Porträts einiger Persönlichkeiten, denen die Repräsentanten begegneten und die man so besser verstehen kann. Die historiographische Bedeutung dieses Buches verdeutlicht auch die Einleitung, die auf zwei Leitlinien der Untersuchung hinweist: erstens auf die politische Lage in Siebenbürgen und die Bestrebungen der Siebenbürger Sachsen nach den Ereignissen der Jahre 1848/49 und zweitens auf die Geschichte der Sächsischen Nationaldeputation. Die Edition belässt den Text wortgetreu in seiner Originalform. Die notwendigen Erklärungen und Ergänzungen des Herausgebers befinden sich in den Anmerkungen. Der Band enthält auch ein Verzeichnis der heutigen Ortsnamensformen.

Stelian Mândruţ

Hans Liebhardt: In Bukarest und Altrumänien. Deutsche Spuren noch und noch. Bukarest: ADZ Verlag 2006. 224 S., Abb. ISBN 973-8384-32-X, 978-973-8384-32-3.

Das Buch versteht sich als Fortsetzung des im Jahre 2003 erschienenen Bandes *Deutsche in Bukarest* (siehe „Berichte und Forschungen" 12 [2004], S. 364). Gleichsam als Chronist der Deutschen im rumänischen Altreich (den Gebieten jenseits der Karpaten, die bereits vor dem Ersten Weltkrieg zum Königreich Rumänien gehört haben) bringt der Verfasser neben Geschichten aus dem Leben der hier wirkenden Deutschen und Porträts einiger markanter Persönlichkeiten auch Beschreibungen ihrer Baudenkmäler. Der Autor erzählt aber auch eine Vielzahl persönlicher Erinnerungen, vor allem an seine Tätigkeit als Kulturredakteur der Tageszeitung *Neuer Weg* sowie an die Lebenswege von Menschen, deren Schicksale für die Geschichte der Deutschen im rumänischen Altreich und vor allem in Bukarest/Bucureşti kennzeichnend sind.

Stelian Mândruţ

Daniela Marcu Istrate, Angel Istrate, Victor Moraru (Hg.): Sacru şi profan într-un oraş european (1150–2007). Piaţa Huet – o punte peste timp. Sacred and profane in an european city. Huet Square – a bridge beyond time. Braşov: Editura Hieronymus 2007. 127 S., Abb. ISBN 978-973-88327-0-1.

Auf der Grundlage archäologischer Grabungen, über deren Anlass und Durchführung einleitend berichtet wird, schildern die Verfasser die Entwicklung dieses zentralen Ortes siebenbürgisch-sächsischer Geschichte im Laufe der Jahrhunderte. Am Huet-Platz in Kronstadt/Braşov befindet sich die Stadtpfarrkirche, hier wurden die Grundmauern der Kapellen des hl. Jakob, des hl. Johann und des hl. Ladislaus freigelegt, hier befand sich vermutlich auch der Sitz der seit 1191 exemten Propstei der Siebenbürger Sachsen. Daneben wurden Reste der ersten Verteidigungsmauer sowie zwei Kalköfen und zahlreiche Grabstätten mit Beigaben entdeckt. Im zweiten Teil schildert der Architekt Victor Moraru die urbanistisch-architektonische Bedeutung des Huet-Platzes und geht dann auf (inzwischen zum Teil auch umgesetzte) Pläne zur Neugestaltung und Nutzung des Platzes ein.

Stelian Mândruţ

Sorin Mitu, Rudolf Gräf, Ana Sima, Ion Cârja (Hg.): Biserică, societate, identitate. In honorem Nicolae Bocşan [Kirche, Gesellschaft, Identität. In honorem Nicolae Bocşan]. Cluj-Napoca: Presa Universitară Clujeană 2007. 920 S., rumän., dt. u. ital. Texte. ISBN 978-973-610-592-0.

Der Band ist dem Neuzeit- und Kirchenhistoriker Nicolae Bocşan, der als Prorektor und Rektor der Babeş-Bolyai-Universität Klausenburg/Cluj-Napoca gewirkt hat und wirkt, zum 60. Geburtstag gewidmet. Er ist in sechs Teile gegliedert, unter denen hier das umfangreiche und gehaltvolle letzte Kapitel herausgegriffen wird, weil es die „deutsche und österreichische Perspektive auf Geschichte, Wirtschaft und Kultur“ behandelt. Rudolf Gräf befasst sich mit der bewahrten und der angenommenen Identität am Beispiel des Kulturlebens der Deutschen im Banat und in Siebenbürgen im 19. Jahrhundert. Loránd Mádly greift eine Episode aus den Beziehungen der Siebenbürger Sachsen zum Wiener Hof heraus und beschreibt deren Verhältnis zum Kultus- und Unterrichtsminister Leo Thun. Judit Pál thematisiert die Einstellung der Nationalitäten Siebenbürgens zu der Staatssprache um die Mitte des 19. Jahrhunderts. Adrian Ivan und Paula Ivan befassen sich mit der Haltung rumänischer Historiker und Juristen zur Frage der ethnischen, sprachlichen und religiösen Minderheiten im Rumänien der Zwischenkriegszeit. Konrad Gündisch stellt die „geistliche Universität“ der Siebenbürger Sachsen im 16. und 17. Jahrhundert vor. Krista Zach schreibt zum Thema „Migration und Konfession im Türkischen Ungarn und Siebenbürgen des 17. Jahrhunderts“, Horst Fassel über „Franz Rheter und das siebenbürgisch-sächsische Schauspiel des 17. Jahrhunderts". Marionela Wolf beleuchtet aufgrund archivalischer Zeugnisse bürokratische Abläufe am Beispiel der Auswandererin Dorothea Schäfer. Harald Roth beschreibt die Entwicklung von der mittelalterlichen zur modernen „Nation". Ulrich A. Wien fragt nach der „Religiosität des Politikers und evangelisch-lutherischen Landeskirchenkurators Dr. Hans Otto Roth", und Günther H. Tontsch analysiert das Minderheitenstatut von 1945 und dessen Schicksal im Stalinismus und Poststalinismus.

Stelian Mândruț

Gizella T. Molnár: Kollektív bűnösség? A német nemzetiség a Duna-Tisza közén a második világháború után [Kollektivschuld? Die deutsche Nationalität nach dem Zweiten Weltkrieg im Donau-Theiß-Zwischenstromland]. Szeged: JGYF K. 2005 (SZTE Juhász Gyula Tanárképző Főiskolai Kar / PhD dolgozatok [Lehrerbildungszentrum Gyula Juhász – Abteilung Gymnasium / Philosophische Dissertationen]). 179 S., Abb., engl. Zusammenfassung. ISBN 963-7356-10-X, 978-963-7356-10-0.

Die auf einer Dissertation basierende Publikation beschäftigt sich mit einigen Kapiteln aus der Geschichte der Nationalitätensiedlung Hajasch/Hajós im Komitat Bács-Kiskun, welche die jüngste Vergangenheit der ungarndeutschen Nationalität widerspiegeln. Die aktuelle Identitätsforschung und die Statistik dokumentieren für diese Siedlung einen hohen Identitätsverlust. Nach Angaben aus den Jahren 1990 und 2001 empfinden 14–15% der Bevölkerung Deutsch als ihre Muttersprache, was 1941 noch für 80% galt. Nach Schätzung der örtlichen Minderheitenselbstverwaltung sind etwa 70–75% der Einwohner von Hajasch deutscher Nationalität oder haben mindestens eine deutsche Abstammung – die letzte Volkszählung ergab jedoch nur 27%. Die von der Autorin erschlossenen Wurzeln der sehr widersprüchlichen gegenwärtigen Situation sind in der Vergangenheit des Dorfes zu suchen.

Edina Zvara

István Monok (Hg.): A zirci Reguly Antal Műemlékkönyvtár [Die Antal-Reguly-Denkmalbibliothek in Zirtz]. Budapest: Országos Széchényi Könyvtár, Reguly Antal Műemlékkönyvtár 2006. 32 S. ISBN 963-87213-0-8.

Dokumentarbibliotheken in Baudenkmälern haben die wichtige Aufgabe, wertvolle Büchersammlungen an ihrem angestammten Ort und möglichst auch in ihrer ursprünglichen Ordnung zu erhalten und dem Publikum zu präsentieren. Auch für die Antal-Reguly-Bibliothek in Zirtz/Zirc ist dies das oberste Ziel. Das im 12. Jahrhundert gegründete Kloster stand wegen der Türkenherrschaft und der Kriege um die Grenzfestung im 16. Jahrhundert für über 150 Jahre völlig leer. Die Landbesitze der Abtei Zirtz wurden 1659 von der Abtei Lilienfeld in Niederösterreich erworben, bis ihr Abt Zirtz im Jahre 1701 dem Abt von Heinrichau/Henryków in Niederschlesien verkaufte. Die ersten Häuser wurden zwischen 1701 und 1704 von deutschen Ansiedlern aus Schlesien gebaut, brannten jedoch im Freiheitskampf von Franz Rákóczi II. nieder. Das neue Ordenshaus wurde zwischen 1727 und 1733 nach Plänen des Karmelitermönchs und Architekten Athanasius Witwer errichtet. Das Kloster hatte ab 1814 mit Antal Dréta einen eigenen Abt. Die Geschichte der Bibliothek verlief parallel zur Geschichte der Abtei. Die Grundlage des Bestandes bildeten aus Schlesien mitgebrachte Bücher. Der erste Katalog aus dem Jahre 1815 verzeichnet 3.800 Titel. Dank eifriger Bibliothekare (hervorzuheben ist Ottmár Szabó) wuchs der Bestand zu Beginn des

20. Jahrhunderts auf 60.000 Bände. 1950 wurde die Tätigkeit des Zisterzienserordens von der Staatsmacht verboten. Seit 1989 ist das Gebäude wieder im Besitz der Zisterzienserabtei. Seit 1953 untersteht die Bibliothek, die 1955 nach dem in Zirtz geborenen Sprachforscher und Ethnographen Antal Reguly (1819–1858) benannt wurde, der Széchényi-Nationalbibliothek in Budapest.

Edina Zvara

István Monok (Red.): Kék vér, fekete tinta: Arisztokrata könyvgyűjtemények, 1500–1700. Nemzeti vándorkiállítás. Zagreb, Bratislava, Martin, Budapest, Burg Forchtenstein, 2005 ősz – 2007 ősz [Blaues Blut, schwarze Tinte: Aristokratische Büchersammlungen, 1500–1700. Internationale Wanderausstellung. Agram, Pressburg, Sankt Martin, Budapest, Burg Forchtenstein, Herbst 2005 – Herbst 2007]. Budapest: Országos Széchényi Könyvtár 2005. 179 S. ISBN 963-200-497-3.

Die Bedrohung durch das Osmanische Reich führte in der Frühen Neuzeit zu einer permanenten Kriegsbereitschaft in Österreich, Ungarn und Kroatien. Kulturgeschichtliche Werke über diese Periode erwähnen meist den Ausspruch „Inter arma silent Musae". Doch die Geschichte der aristokratischen Familien dieser Region im Herzen Europas widerlegt diese Aussage: Die großen Magnatendynastien im Karpatenbecken sorgten für die moderne Erziehung ihrer Nachfolger und Untertanen, sie entwickelten ein reiches Hofleben und begründeten bedeutende Sammlungen von Kunstwerken und Büchern, deren Bestände bis in unsere Tage erhalten geblieben oder Grundstock wichtiger Bibliotheken in Österreich, Ungarn, Kroatien und der Slowakei geworden sind. Die internationale Wanderausstellung „kék vér, fekete tinta" („Blaues Blut & Druckerschwärze") präsentiert erstmals dieses reiche kulturelle Erbe. Der Band enthält Beiträge über die Büchersammlungen der Familien Frángepan, Zrínyi, Valvasor, Bánffy, Nádasdy, Batthyány, Esterházy, Pálffy, Thúrzo, Illésházy, Révay, verfasst von István Monok, Ivan Kosić, Vladimir Magić, Stefan Körner, Eva Frimmová, Helena Saktorová und Klára Komorová. Das Buch ist neben der ungarischen auch in einer kroatischen (siehe „Berichte und Forschungen" 14 [2006], S. 369), einer deutschen (*Blaues Blut & Druckerschwärze,* Eisenstadt 2006), einer slowakischen und einer englischen Ausgabe erhältlich.

Edina Zvara

Ioan Munteanu: Banatul istoric (1867–1918). Aşezările. Populaţia [Das historische Banat (1867–1918). Ortschaften, Bevölkerung]. Timişoara: Editura Excelsior Art 2006. 428 S. ISBN 973-592-166-9.

Der gut strukturierte Band durchleuchtet die Wohnverhältnisse des Siedlungsraumes und die demographische Dynamik von Stadt und Land im Banat in der Zeit des österreichisch-ungarischen Ausgleichs. Erfasst wurden 800 Ortschaften (792 Dörfer und acht Städte), wobei den deutschen Siedlungen die besondere Aufmerksamkeit des Verfassers gilt. Sie entstanden im 18. Jahrhundert aufgrund von merkantilistischen Überlegungen des Wiener Hofes und zielten auf wirtschaftliche Erschließung sowie politische Absicherung der nach den Türkenkriegen an Österreich gefallenen Gebiete. Dabei werden auch die Einwirkungen auf die bestehende ethnische Struktur der Banater Bevölkerung und auf die Systematisierung der Ortschaften berücksichtigt. Kontinuität und Diversität, Stabilität und Wandlungen im Bevölkerungsgefüge des Banats im 19. und zu Beginn des 20. Jahrhunderts werden in diesem Band besonders deutlich herausgestellt. Vor allem in den Städten kam das multiethnische und plurikonfessionelle Charakteristikum der Region zum Tragen.

Stelian Mândruț

Ildikó Nagyné Körmendi (Hg.): 50 éves a német nyelvű gimnázium. 50 Jahre deutschsprachiges Gymnasium. Baja: MNÁMK 2006. 295 S. ISBN 963-229-315-0.

Das hier vorzustellende Buch entstand anlässlich des 50. Jubiläums des Ungarndeutschen Bildungszentrums (UBZ) in Frankenstadt/Baja bzw. seines Vorgängers, des Leó-Frankel-Gymnasiums. In Frankenstadt war es möglich, in der Mittelstufe Deutsch als Muttersprache öffentlich und legal zu unterrichten. Bei der Entstehung des Bildungszentrums spielten die ungarische und die deutsche Regierung, die Regierung des Landes Baden-Württemberg, die politische Leitung des Komitats Bács-Kiskun, die Landes- und örtliche Selbstverwaltung der ungarndeutschen Minderheit, die Selbstverwaltung Frankenstadts und ihr Rechtsvorgänger eine bedeutende Rolle. Der Jubiläumsband enthält unter anderem Grußworte, Erinnerungen, Schülerlisten sowie Beschreibungen der Tätigkeiten des Chors und der Ballettgruppe.

Edina Zvara

Dorina Negulici, Nicușor Dănuț Ivănuș: Brașovul de altădată în colecția Emil Fischer: ediție bilingvă. Das ehemalige Kronstadt in Emil Fischers Sammlung: zweisprachige Ausgabe. Kronstadt: Editura Ecran Magazin 2005. 88 S., Abb., 1 CD. ISBN 973-8281-40-7.

Der bekannte Fotograf Emil Fischer aus Hermannstadt/Sibiu hat im Laufe mehrerer Jahrzehnte die wirtschaftlichen, sozialen und politischen Ereignisse in Kronstadt/Brașov festgehalten. Außerdem hat er Persönlichkeiten der Stadt, aber auch Alltagsszenen fotografiert, zudem die architektonisch-urbanistische Entwicklung in dieser Zeit dokumentiert. Die beiden Verfasser ordnen zunächst das Werk des Fotografen in den historiographischen, künstlerischen und dokumentarischen Kontext seiner Entstehungszeit ein. Dann wird eine Auswahl der Fotografien wiedergegeben, die das alte Kronstadt in seiner Vielfalt zeigen. So ist ein plastisches und zugleich echtes Zeitdokument entstanden.

Stelian Mândruț

Gernot Nussbächer, Peter Simon (Hg.): Plastiken an der Schwarzen Kirche in Kronstadt. Sculpturile Bisericii Negre din Brașov. Kronstadt: Editura Foton 2007. 32 S., Abb., dt. u. rumän. Text. ISBN 978-973-7641-11-3.

Dieses Heft kommt zu den zahlreichen Veröffentlichungen über die Schwarze Kirche in Kronstadt/Brașov hinzu. Das Büchlein reproduziert Fotos von Peter Simon. Sie zeigen die Steinskulpturen, die die Kirche von außen schmücken. Zweisprachige Informationen dazu verfasste der bekannte Kronstädter Historiker und Archivar Gernot Nussbächer.

Stelian Mândruț

Candit Opriș: Însemnări din viață trăită alături de sașii din Hermannstadt [Aufzeichnungen aus dem Leben neben den Siebenbürger Sachsen in Hermannstadt].

Sibiu: Editura Universităţii „Lucian Blaga" 2007. 151 S. ISBN 973-739-332-5, 978-973-739-332-6.

Die Erinnerungen von Dipl.-Ing. Candit Opriş sind chronologisch in vier Kapitel gegliedert und befassen sich am Beispiel persönlichen Erlebens mit den Beziehungen zu den Siebenbürger Sachsen von Hermannstadt/Sibiu. Der Verfasser bringt dabei seine herzlichen Bindungen und seinen Respekt zum Ausdruck. Er schildert sieben Jahrzehnte des Zusammen-, aber auch Nebeneinanderlebens, geleitet von der Hoffnung, dass der alte Geist der Toleranz in der modernen und europäischen Stadt wieder auflebe. Die Erneuerung der Altstadt und der Aufschwung des städtischen Lebens in all seinen Facetten stärken das Vertrauen des Ingenieurs in eine Zukunft, die von einer jungen Generation getragen wird, welche die alten Traditionen einer vom sächsischen Element geprägten Stadt weiterführen wird.

Stelian Mândruţ

Ştefan Orth: Qui tempus habet vitam habet. Sau Portretele timpului desenate în Cetatea Sibiului în Anul Domnului 2006. Oder Zeitporträts, gezeichnet in Hermannstadt Anno Domini 2006. Avagy Időnek arcai melyeket Nagyszeben várában vázolt az Urnak 2006 évben. Hermannstadt/Sibiu/Nagyszeben: Honterus Verlag 2006. 86 S., rumän., dt. u. ungar. Text. ISBN 973-87782-7-1, 978-973-87782-7-6.

Das Album gleicht einer illustrierten Chronik der wichtigsten Momente im Leben der von mehreren Völkern und unterschiedlichen Konfessionen geprägten Gemeinschaft der Bewohner von Hermannstadt/Sibiu. Eigenwillige Charaktere und ausdrucksvolle Gesichter werden künstlerisch festgehalten und vermitteln ein Bild von der Vielfalt der hier lebenden Menschen. Doch auch die Gebäude, Gassen, Straßen und Stadtviertel, in denen sich dieses Leben entfaltet hat, werden mit dem sicheren Blick eines Künstlers wiedergegeben.

Stelian Mândruţ

Ştefan Orth: Sibiu – Hermannstadt. Radierungen, Zeichnungen, Gemälde, Plakate. Gravuri, Desene, Picturi, Afişe. Hermannstadt: Editura Universităţii „Lucian Blaga" 2006. 76 S., Abb., dt. u. rumän. Text. ISBN 973-739-275-2, 978-973-739-275-6.

Die vom Rektor der Lucian-Blaga-Universität in Hermannstadt/Sibiu geförderte zweisprachige Publikation will die Europäische Kulturhauptstadt 2007 in Wort und Bild vorstellen. Eine kurze, aber passende Einleitung des Oberbürgermeisters Klaus Johannis und ein Essay des Schriftstellers Joachim Wittstock, das feinfühlig und suggestiv das Besondere von „Hermannstadt im Widerschein" herausstreicht, eine nur in rumänischer Sprache angefügte „Ergänzende Anmerkung" von Józsa István sowie ein kurzer Lebenslauf des Künstlers fassen das Wesentliche über die Stadt und ihren Zeichner in Worte. Stefan Orth selbst zeigt seine Sicht und sein Erleben der Stadt in gut reproduzierten Radierungen, Zeichnungen, Gemälden und Plakaten. Wort, Bild, Zeit und Raum ergänzen einander und machen auf diese Kulturhauptstadt neugierig.

Stelian Mândruţ

Corneliu Pădurean, Ioan Bolovan (Hg.): Căsătorii mixte în Transilvania. Secolul al XIX-lea şi începutul secolului XX [Mischehen in Siebenbürgen. Das 19. Jahrhundert und der Beginn des 20. Jahrhunderts]. Arad: Editura Universităţii Aurel Vlaicu 2005. 302 S., engl. u. franz. Zusammenfassung. ISBN 973-8363-99-3.

Das Thema wurde im Rahmen eines Forschungsprojektes aus drei Blickwinkeln angegangen, dem historischen, dem demographischen und dem konfessionellen. Im Fokus stand die Akzeptanz bzw. Ablehnung von Mischehen im multiethnischen und plurikonfessionellen Siebenbürgen. Dabei wurden um die Wende vom 19. zum 20. Jahrhundert Veränderungen festgestellt, die auch Auswirkungen auf das Identitätsbewusstsein der einzelnen ethnischen und konfessionellen Gruppen gehabt haben. Statistisch konnten Unterschiede zwischen dem ländlichen und dem städtischen Raum nachgewiesen werden, die sowohl historisch als auch mentalitätsbedingt waren. Zu den wichtigsten, auch die Deutschen behandelnden Beiträgen dieses Bandes gehören: Sorina Paula Bolovan und Ioan Bolovan über demographische Aspekte von Mischehen in Siebenbürgen am Ende der Neuzeit; Paula Virag über Mischehen im Komitat Sathmar/Satu Mare am Ende des 19. Jahrhunderts; Corneliu Pădurean über konfessionelle Mischehen in einigen Ortschaften des Kreises Arad im 19. Jahrhundert; Bogdan Crăciun über interkonfessionelle Ehen in lutherischen Gemeinden Siebenbürgens in der Neuzeit; Adrian Bucur über Mischehen in Jenő/Ineu (Kreis Arad) in der zweiten Hälfte des 19. Jahrhunderts; Felicia-Aneta Oarcea über Mischehen in Moneasa, Buteni und Galşa, Kreis Arad, im 19. Jahrhundert.

Stelian Mândruţ

Nicolae Pepene, Gernot Nussbächer, Bogdan-Florin Popovici, Daniel Paşcu: Hălchiu, o istorie în imagini. Heldsdorf, eine Geschichte in Bildern. Kronstadt/Braşov: Editura Suveran 2007. 100 S., Abb. ISBN 978-973-88054-4-6.

Das Büchlein fasst die wichtigsten Angaben zur Geschichte von Heldsdorf/Hălchiu/Höltövény in Siebenbürgen zusammen. Das ehemalige und das heutige Dorf werden mit Archiv- und aktuellen Fotos in zwei getrennten Kapiteln vorgestellt. Aussagen von Persönlichkeiten über die Gemeinde und deren Bewohner ergänzen den ansprechend illustrierten Band. Anlass dieser kleinen Ortsmonographie waren zwei Jubiläen: 630 Jahre sind vergangen seit der ersten urkundlichen Erwähnung des Dorfes und 200 Jahre, seitdem die Heldsdorfer evangelische Kirche wiedererrichtet wurde.

Stelian Mândruţ

Paul Philippi: Kirche und Politik. Bd. 1: Zwischen 1956 und 1991. Hermannstadt: Hora Verlag 2006. 293 S. ISBN 973-8226-54-6, 987-973-8226-54-8.

Paul Philippi: Kirche und Politik. Bd. 2: Siebenbürgische Anamnesen und Diagnosen aus fünf Jahrzehnten. Hermannstadt: Hora Verlag 2006. 476 S. ISBN 973-8226-52-X, 978-973-8226-52-4.

Der medizinisch anmutende Untertitel weist den Verfasser als Analysten der politischen und kirchlichen Entwicklungen in Siebenbürgen in den Jahren 1956–1991 aus. In der Tradition der siebenbürgischen Pfarrer stehend, die seit jeher nicht nur die geistliche, sondern auch die kulturelle und politische Elite der Siebenbürger Sachsen gebildet haben, hat der Verfasser selbst aktiv am Leben der Kirche und – nach 1989 – am politischen Leben in der Region teilgenommen, es an vielen Stellen durch seine Persönlichkeit mit geprägt. Seine in zwei Bände aufgenommenen Reden, Zeitungsbeiträge, Analysen und Standortbestimmungen erzählen, zusammengenommen, ein spannendes Kapitel siebenbürgischer Zeitgeschichte. Es sind Zeitzeugenberichte und Reflexionen gleichermaßen, die therapeutisch wirken sollen und auch aus dem Wunsch heraus publiziert wurden, den nachfolgenden Generationen authentische Schilderungen einer Zeit des Wandels der siebenbürgisch-sächsischen Gemeinschaft zu hinterlassen, aber auch deutlich zu machen, dass die lebende Generation an die Zukunft gedacht hat. Abgeschlossen werden die Bände mit fünf der „Birthälmer Reden", die seit 1990 regelmäßig bei den Sachsentreffen in Birthälm/Biertan gehalten wurden, gleichzeitig Momentaufnahmen wie Zukunftsperspektiven aufzeigen und von den Veränderungen in den letzten fünfzehn Jahren zeugen.

Stelian Mândruţ

Annemarie Podlipny-Hehn (Hg.): 35 Jahre Volkshochschule in deutscher Sprache in Temeswar. Hg. vom Demokratischen Forum der Deutschen in Temeswar (DFDT). Temeswar: Cosmopolitan Art Verlag 2005. 196 S., Abb. ISBN 973-87539-1-0.

Unter der Ägide des Ortsverbandes Temeswar/Timişoara des Demokratischen Forums der Deutschen in Rumänien wurden die Beiträge zur Geschichte der deutschsprachigen Erwachsenenbildungsanstalt dieser Stadt veröffentlicht. Neben einer Retrospektive handelt es sich um eine Würdigung dieser Einrichtung, die wesentlich zur Wahrung und Weiterentwicklung der Kultur in der Muttersprache in ihren unterschiedlichen Manifestationsformen beigetragen hat. Sowohl vor 1989 als auch nach den Dezemberereignissen jenes Jahres hat die Volkshochschule der Wahrung der Eigenständigkeit der deutschen Bewohner im multiethnischen und plurikonfessionellen Banat gedient. Der umfangreiche Anhang, der einen Überblick über die Veranstaltungen gibt, weist die thematische Vielfalt und die unterschiedlichsten Ausdrucksformen aus, die die Autoren, Referenten und Mitarbeiter der Hochschule in der Hauptstadt des Banats vorgetragen haben, die auch von beeindruckendem zivilem Engagement zeugen.

Stelian Mândruţ

Tünde Radek, Anikó Szilágyi (Hg.): Hausgeschichten. Studien zur ungarndeutschen Kultur in Transdanubien. Veszprém: Museumsdirektion des Komitates Veszprém 2006. 363 S., Abb. ISBN 963-7208-90-9.

Zwischen 2002 und 2004 veranstaltete das Donauschwäbische Zentralmuseum in Ulm mit Partnern aus Südosteuropa die groß angelegte Wanderausstellung „Hausgeschichten. Deutsche Spuren in den Donauländern". Ziel der Ausstellung war es, einem interessierten Publikum Geschichte und Kultur der Donauschwaben anhand von 12 deutschen Wohnhäusern entlang der Donau zu präsentieren. An der Schicksalsgemeinschaft „Haus und Bewohner" wurde exemplarisch veranschaulicht, wie Migrationsprozesse, politische Ereignisse und das Zusammenleben unterschiedlicher Ethnien diese Region Europas geprägt haben. Letzte Station der Ausstellung war das Dezső-Lackó-Museum zu Wesprim/Veszprém. Im Anschluss daran wurde vom Museum, dem Komitatsarchiv sowie der Regionalen Arbeitskommission für Ethnographie der Ungarischen Akademie der Wissenschaften eine Konferenz veranstaltet (12./13. Oktober 2004), die sich unter anderem folgenden Themen widmete: Spezifika und Möglichkeiten der Erforschung der ungarndeutschen Dörfer, Siedlungsprozesse im 20. Jahrhundert und ihr Einfluss auf die Beziehung von Mensch und Haus, sakrale Stätten ungarndeutscher Häuser und Grundstücke, Alltag und Feste, Wohnkultur und Lebensweise der

Ungarndeutschen in Transdanubien. Dieser Sammelband umfasst 19 Konferenzvorträge von Historikern, Ethnographen, Archivaren und Lehrern.

Zsolt Vitári

Mátyás Schmidt: Éptem a hídat. Beilleszkedés és megbékélés [Matthias Schmidt: Ich baue die Brücke. Integration und Versöhnung]. Hg.: Vertreterschaft der Stadt Wudersch/Budaörs, Franz-Riedl-Heimatmuseum. Budaörs: Városi Képviselőtestület Budaörs 2002 (Regélő múlt [Erzählte Vergangenheit] 2). 284 S., Abb., dt. u. ungar. Text. ISBN 963-204-751-6.

Der am Ende des Zweiten Weltkriegs aus Wudersch/Budaörs geflüchtete Matthias Schmidt begann ein neues Leben in Deutschland, wo er bei der *Heilbronner Stimme* und später, als freier Reporter, bei der Heimatzeitung *Unsere Post* tätig war. Als Sprecher der aus Wudersch vertriebenen Deutschen und unter dem Einfluss des Wissenschaftlers Franz Riedl verschrieb er sich der ungarndeutschen Heimatkunde. Seine Schriften thematisieren die Vergangenheit und Gegenwart. Sie sind getreue Widerspiegelungen des Lebens der gewaltsam in Heimatvertriebene und Heimatverbliebene geteilten deutschen Minderheit und dokumentieren die Bindung der vertriebenen Deutschen an die alte Heimat. Schmidt war engagierter Wegbereiter der Beziehungen zwischen der Bundesrepublik Deutschland und der damaligen Volksrepublik Ungarn. Einer der Höhepunkte dieser Bemühungen war die Unterzeichnung der Städtepartnerschaft zwischen Wudersch und Bretzfeld. Schmidt ist heute Ehrenbürger der Stadt Wudersch. Der zweisprachige Sammelband ehrt den Verfasser mit einer Auswahl seiner Schriften aus dem Zeitraum von 1963 bis 2001, die den Themenkreisen „Meine unvergessene Heimat", „Meine Tätigkeit unter den Budaörsern in Deutschland", „Landsmannschaft der Deutschen aus Ungarn", „Reisen" und „Portraits bekannter Landsleute" zugeordnet wurden.

Zsolt Vitári

Erika Schneider, Hansgeorg v. Killyen, Eckbert Schneider (Hg.): Naturforscher in Hermannstadt. Vorläufer, Gründer und Förderer des Siebenbürgischen Vereins für Naturwissenschaften. Hermannstadt: Honterus Verlag, Heidelberg: Arbeitskreis für Siebenbürgische Landeskunde 2007. 108 S., farb. u. s.-w. Abb. ISBN 978-3-929848-65-6, 978-973-1725-18-5, 3-929848-65-1.

Der Band erinnert an die Existenz, die Geschichte, die Bedeutung und die Aktualität der Zielsetzungen dieses naturwissenschaftlichen Vereins, der um die Mitte des 19. Jahrhunderts in Hermannstadt/Sibiu gegründet wurde. Nach einem ersten Kapitel, das eine kurze Geschichte des Vereins und des von ihm in Hermannstadt gegründeten Museums darstellt, werden in 18 biographischen Medaillons bedeutende siebenbürgisch-sächsische Naturwissenschaftler porträtiert: Joseph Raditschnig v. Lerchenfeld, Johann Christian Gottlob Baumgarten, Johann Michael Ackner, Michael Bielz, Daniel Joseph Leonhard, Johann Ludwig Neugeboren, Eduard Albert Bielz, Karl Fuss, Michael Fuss, Johann Ferdinand Schur, Franz Friedrich Fronius, Gustav Adolph Kayser, Johann Daniel Czekelius, Johann Samuel Jickeli, Moritz Guist, Ignatz Schlauf, Franz Binder, Ludwig Reissenberger. Zudem wird an den Architekten Carl Wilhelm Friedrich Maetz und den Dekorationsmaler Nikolaus Voik erinnert. Illustrative Bilder und Zeichnungen ergänzen den Band.

Stelian Mândruţ

Else von Schuster: Fahrt in die Vergangenheit der Temeswarer Stadtteile. Temeswar: Cosmopolitan Art Verlag 2006. 102 S., Abb. ISBN 978-973-6228-35-7.

Die Verfasserin geleitet den Leser durch sieben der zehn Stadtbezirke von Temeswar/Timişoara. Ihr Weg führt von der seit Beginn des 14. Jahrhunderts entstandenen und danach ausgebauten mittelalterlichen Stadtbefestigung bis zu der heutigen, in 700 Jahren zusammengewachsenen Großstadt. Gewiss liegt hier keine geschichtliche Studie über Temeswar vor, denn das gesamte Buch ist bewusst im populärwissenschaftlichen, lockeren Ton eines Reiseführers gehalten. Mit zahlreichen Zitaten und Hinweisen bringt die Autorin eine Hommage für ihre Stadt und für ihre jeweils auch ein Eigenleben entfaltenden Teile. Dieses zweite Temeswar-Buch der Autorin ist reichhaltig mit Archivfotos bebildert.

Stelian Mândruţ

Gudrun Schuster: Leben mit und gegen Ideologien. Aufsätze, Erfahrungsberichte, Rezensionen. Kronstadt: Aldus Verlag 2006. 398 S. ISBN 973-7822-18-8, 978-3-00-019106-0, 978-973-7822-18-5.

Die Essaysammlung einer der besonders engagierten Lehrerinnen für Deutsch als Muttersprache in der dramatischen Zeit der kommunistischen Herrschaft enthält Aufsätze, Erfahrungsberichte und Rezensionen, die einen Überblick über das Lebenswerk der Verfasserin bieten und die Lage des Minderheitenunterrichts im damaligen Rumänien widerspiegeln. Die Deutschlehrerin am Honterus-Gymnasium in Kronstadt/Braşov schildert die Zwänge des Systems ebenso wie die Möglichkeiten, die ein pflichtbewusster Lehrer wahrnehmen konnte, um seinen Schülern Wissen, Muttersprachenkenntnisse und ethische Haltung zu vermitteln. Von dokumentarischem Wert ist die Studie *Zur neueren Geschichte der Schülerolympiade in Rumänien*, die die vielfältigen Erfahrungen bündelt, welche man als Deutschlehrer in Rumänien sammeln konnte.

Stelian Mândruţ

Johann Schuth, Horst Lambrecht, Robert Becker (Hg.): Erkenntnisse 2000. Ungarndeutsche Anthologie. Budapest: VudAK 2005 (Veröffentlichungen des Verbandes Ungarndeutscher Autoren und Künstler. Reihe Literatur 9). 215 S., Abb. ISBN 963-8333-11-1.

Die Anthologie bietet eine Übersicht über die zeitgenössische ungarndeutsche Literatur, der es seit 1984 an einer ähnlich groß angelegten Überblicksdarstellung mangelte. Der Titel knüpft, darauf weisen die Herausgeber im Nachwort hin, bewusst an die Anthologie „Bekenntnisse – Erkenntnisse“ (1979) an, da im neuen Band, der alten Sammlung ähnlich, eine Standortbestimmung angestrebt wird. Die publizierten Gedichte und Erzählungen belegen, dass die ungarndeutsche Nachkriegsliteratur um die Jahrtausendwende trotz der Skepsis mancher Kritiker nach wie vor lebendig ist. Das Buch bietet mehr als 100 Texte von 22 Autoren, die unterschiedlichen Generationen angehören. Einige, die „74er“, zählen zu den „Gründern“ der ungarndeutschen Literatur (Ludwig Fischer, Josef Mikonya oder Engelbert Rittinger), während andere die junge Generation repräsentieren (Mónika Szeifert, Laura Kohlbach oder Andrea Czövek). Der überwiegende Teil der Texte entstand zwischen 1990 und 2004, eine Ausnahme ist in dieser Hinsicht das hier vollständig publizierte Lebenswerk von Claus Klotz. Zudem sind von der bekannten ungarndeutschen Dichterin Valeria Koch einige Gedichte aus den 1980er Jahren eingefügt. Obwohl der

Inhalt ein breites Spektrum an Themen aufweist, bleibt die Suche nach der eigenen Identität im Minderheitendasein das zentrale Motiv, das sich als roter Faden durch die Texte zieht. Der Dialekt, dem bei der älteren Generation eine maßgebende Rolle zukommt, verliert für die jüngere Generation seine zentrale Relevanz. Auffallend ist, dass die Vergangenheit in den Schriften der jungen Generation neu bewertet wird und aktuelle Themen wie Identitätssuche oder Umweltschutz in den Vordergrund rücken. Das Leben zwischen den Kulturen bietet Möglichkeiten, die literarisch auszuschöpfen die junge Generation als ihre Aufgabe betrachtet.

Enikő Dácz

Zoltán Seebergi Sasváry: Egy konszolidálási kísérlet a 18. században. A Seeberg-bizottság tevékenysége [Ein Konsolidierungsversuch im 18. Jahrhundert. Die Tätigkeit des Seeberg-Ausschusses]. Budapest 2006. 51 S., Abb. Ohne ISBN.

Wer sich mit der Geschichte der Siebenbürger Sachsen im 18. Jahrhundert beschäftigt, befasst sich auch mit dem wirtschaftsgeschichtlichen Prozess, der durch die Verordnungen des Wiener Hofes im Frühjahr 1735 in Gang kam. Hauptfigur dieser Studie ist Hofrat Martin Zacharias Wanckel von Seeberg, der von Maria Theresia als bevollmächtigter königlicher Kommissar nach Hermannstadt/Sibiu beordert wurde. Das Hauptziel des Wiener Hofes war der Wiederaufbau der Wirtschaft durch von den Munizipialbehörden aufgebrachte öffentliche Gelder und die Konsolidierung der widerrechtlich angehäuften Schulden der sächsischen Siedlungen. Schon während seiner Forschungen zur Geschichte der Familie Seeberg, insbesondere zur Biographie des Hofrates, bemerkte der Autor, dass Seebergs Tätigkeit erst in Wien und dann in Hermannstadt von den sächsischen Geschichtsschreibern ganz anders eingeschätzt wird als von den ungarischen. Das leitende Motiv seiner Forschungen bestand fortan darin, die kritische Meinung der siebenbürgisch-sächsischen Gemeinschaft über die Tätigkeit Seebergs, seines Vorfahren, zurechtzurücken.

Edina Zvara

Beáta Somogyi: Németek betelepítése Somogy megyébe a XVIII. században [Die Ansiedlung der Deutschen im Komitat Schomodj im 18. Jahrhundert]. Diplomarbeit. Pécs 2006. 56 S., Abb. Ohne ISBN.

Die Geschichte der Deutschen im Komitat Schomodj/Somogy ist wissenschaftlich bislang kaum untersucht worden. Der Grund ist wahrscheinlich die nur sehr geringe Zahl von Deutschen, die sich in diesem Teil Transdanubiens, im westlichen Randgebiet der Schwäbischen Türkei, niedergelassen haben. Diese Diplomarbeit versucht, anhand von Quellen aus dem 18. Jahrhundert den Prozess der Migration und der Ansiedlung darzustellen. Die Autorin behandelt alle wichtigen Konskriptionen des Jahrhunderts und informiert über die von Deutschen bewohnten Dörfer jenes Gebiets. Die Arbeit enthält zudem diverses Kartenmaterial und einen umfangreichen Anhang.

Zsolt Vitári

Ferenc Szabó (Hg.): Kalászi svábok krónikásai [Chronisten der Schwaben von Kalász]. Budakalász: Budakalászi Német Nemzetiségi Egyesület 2006. 216 S., Abb. ISBN 963-229-802-0.

Der Herausgeber dieses Bandes hat bewusst auf die Benutzung wissenschaftlicher Materialien verzichtet. Mit Hilfe von Erinnerungen skizziert er die vor dem Zweiten Weltkrieg und – vor allem – nach der erzwungenen Aussiedlung vorhandene Situation der vor 1945 von mehreren nationalen Minderheiten, hauptsächlich von Schwaben, bewohnten Siedlung Budakalász in der direkten Nachbarschaft Budapests. Das Dorf mit seinen ca. 3.000 Einwohnern galt nicht als typisch schwäbisches Dorf. Neben den 1.570 Deutschen lebten dort noch 140 Ungarn, 260 Serben, 30 Slowaken und einige Roma friedlich zusammen. Viele Schwaben haben wegen ihrer Arbeitsplätze in der Industrie sehr gut die ungarische Sprache erlernt. In der Schule gab es keinen intensiven Sprachunterricht, und auch die Kirche kümmerte sich nicht sonderlich um das religiöse Erbe in deutscher Sprache wie z. B. in einem Schwabendorf in Branau/Baranya oder Tolnau/Tolna. Das Buch stellt Chronisten sowie ihre Erinnerungen vor und enthält Erzählungen und Bilddokumente, welche die historischen Ereignisse lebendig machen.

Edina Zvara

Ioan Marian Ţiplic: Organizarea defensivă a Transilvaniei în Evul Mediu (secolele X–XIV) [Die Verteidigungsorganisation Siebenbürgens im Mittelalter (10.–14. Jahrhundert)]. Bucureşti: Editura Militară 2006. 332 S., Abb. ISBN 973-32-0723-3, 978-973-32-0723-8.

Das System der Grenzverteidigung Siebenbürgens zwischen dem 10. und 14. Jahrhundert wurde bislang in der Historiographie nur unzureichend behandelt, sieht man von der Untersuchung einzelner Befestigungen ab. Der Autor analysiert die im Laufe des Mittelalters wechselnden Verteidigungsstrategien der ungarischen Krone genauso wie jene der lokalen Machthaber, wendet sich dem Zusammenspiel ständischer und gesellschaftlicher Gruppen ebenso zu wie den Zusammenhängen mit den Nachbarländern und mit den gesamteuropäischen Entwicklungen. Dabei werden Gemeinsamkeiten und Unterschiede deutlich, die in Mittel- und Südosteuropa bei der Anlage von Befestigungen und ihrer Integration in ein zusammenhängendes Verteidigungssystem bestanden haben. Auf dieser Grundlage kann man die Rolle Siebenbürgens in der Mongolen- und später der Türkenabwehr besser verstehen und auch das im südöstlichen Mitteleuropa vorhandene Selbstbild vom „antemurale Christianitatis“ (von der „Vormauer der Christenheit“) besser einordnen. Dr. Ioan Marian Ţiplic leitet die Abteilung für Alte und mittlere Geschichte der Fakultät für Geschichte der Lucian-Blaga-Universität Hermannstadt/Sibiu.

Stelian Mândruţ

Noémi Viskolcz: Reformációs könyvek. Tervek az evangélikus egyház megújítására [Reformationsbücher. Pläne für die Erneuerung der evangelischen Kirche]. Budapest: Országos Széchényi Könyvtár, Universitas Kiadó 2006 (Res libraria 1). 376 S., dt. Zusammenfassung. ISBN 963-200-517-1.

Die Autorin stellt das intellektuelle Leben einer interessanten Gruppe vor, die in der ersten Hälfte des 17. Jahrhunderts den durch die Kirche stark beeinflussten Zivilisationsnormen widersprach, diese kritisierte bzw. übertrat und versuchte, ihre Kritik in Form von Flugblättern und Traktaten zu verbreiten. Noémi Viskolcz untersucht für die 1630er und 1640er Jahre das Ideengut und die Texte einer marginal erscheinenden, aber auf die protestantische Kirchengeschichte eine starke Wirkung ausübenden radikalen Schicht. Diese Erscheinung muss im Kontext der Krise der evangelischen Kirche in der ersten Hälfte des 17. Jahrhunderts gesehen werden. Die Verfasserin beschäftigt sich detailliert mit Johann Permeier, seinen Werken und den Handschriften, die mit ihm in Verbindung stehen und reichhaltige Informationen über Lektüre und Bücher beinhalten. Geboten wird ein Überblick über die damaligen Techniken der protestantischen Zensur und darüber, wie sich die Bücher trotz Verbots verbreitet haben. In diesem Zusammenhang spielt der Verleger Matthaeus Merian eine bedeutende Rolle. In der Arbeit wird die von Permeier dirigierte und aus Pressburg/Bratislava/Pozsony finanzierte Publikationsgeschichte des Werkes *Postilla* (1642/43) von Johann Arndt dargestellt. Der den ungarischen Adel gewinnende und aus der Kaiserstadt vermutlich wegen seiner evangelischen Konfession verdrängte deutschstämmige Melchior Beringer von Königshofen wurde für Permeier zu einer Schlüsselfigur. Beringer besaß Verbindungen nach Oberungarn; in den dortigen Bergstädten hatte er viele Anhänger. Siebenbürgen war daher für die groß angelegten literarischen Pläne Permeiers von besonderer Bedeutung.

Edina Zvara

9. Ehemaliges Jugoslawien

Mile S. Bjelajac: General Dragiša Pandurović. Život i svedočenja [General Dragiša Pandurović. Leben und Zeugnis]. Beograd: Institut za noviju istoriju Srbije, Altera 2007 (Biblioteka „Studije i monografije“ / Institut za noviju istoriju Srbije [Bibliothek „Monographische Studien“ / Institut für Zeitgeschichte Serbiens] 37). 511 S., Abb. ISBN 978-86-7005-051-8.

In der Veröffentlichung des Belgrader Instituts für neuere serbische Geschichte berichtet der Autor Mile S. Bjelajac von den Erinnerungen der serbischen Kriegsgefangenen, die sich von 1941 bis 1945 im Deutschen Reich befanden. Den Erinnerungen folgt ein Beitrag über das Leben des Generals Dragiša Pandurović (1886–1951), belegt anhand von Tagebüchern, die während des Zweiten Weltkriegs verfasst wurden.

Miodrag Vukčević

Olga Elermajer-Životić: Stvaraoci i posrednici. Studije o srpskoj književnosti i srpsko-nemačkim književnim vezama [Schöpfer und Vermittler. Studien zur serbischen Literatur und zu den serbisch-deutschen Beziehungen]. Beograd: Čigoja Štampa 2007 (Seminarium Serbicum 1). 266 S., Abb. ISBN 978-86-7558-483-4.

Der erste Band der neuen Belgrader Buchreihe „Seminarium Serbicum“ von Olga Elermajer-Životić stellt dem Leser Schriftsteller und ihre Werke als wesentliche Bestandteile des Kulturtransfers zwischen Deutschland und Serbien vor. Die mit zahlreichen Graphiken und Tabellen versehene Studie befasst sich mit der serbischen Literatur des 19. und 20. Jahrhunderts und der Rezeption der deutschen Literatur in der zeitgenössischen serbischen Literatur.

Miodrag Vukčević

Fenster. Poverenje, pomirenje, poštenje [Fenster. Vertrauen, Versöhnung, Achtung]. Hg. v. Nemačko udruženje za dobrosusedske odnose, Sremski Karlovci [Deutscher

Verein für gute nachbarliche Beziehungen, Karlowitz]. Nr. 2. Dezember 2004. 56 S. ISBN 86-83523-03-9.

Heft Nr. 2 der Zeitschrift „Fenster" (zum ersten Band siehe „Berichte und Forschungen" 13 [2005], S. 375), die das deutsch-serbische Verhältnis zum Thema hat, enthält ein Interview mit Hans Supritz, dem Vorsitzenden des Donauschwäbischen Verbandes in Deutschland und Mitglied des Donauschwäbischen Weltverbandes, mit dem Titel: „Die Zeit ist gekommen, die Brücken zwischen Deutschland und der Wojwodina wieder aufzustellen". Weiterhin sind folgende Beiräge zu finden: Stjepan A. Seder: „60 Jahre nach dem Verlassen der Heimat"; Markus Gerhard Freilinger: *Eine Feier in Gakowa/Gakova*; Vesela Laloš: „Die Rückkehr nach Filipowa/Bački Gračac – die Sehnsucht nach dem Heim der Rita Prost". Sodann findet man einen Artikel von Stefan Barth über eine Ausstellung der Donauschwaben im September 2004 in Neusatz/Novi Sad sowie zwei Interviews unter dem Titel: „Ich wünsche mir, dass man die Wahrheit auch der anderen Seite hört" und „Die Ausstellung ist wichtig sowohl für Deutsche als auch für Serben". Im Abschnitt „Lebende Geschichte" ist Nadežda Radović mit Beiträgen über Anton Distl, geboren 1937 in Karlowitz/Sremski Karlovci, und in memoriam Marija Horvat, geb. Distl, vertreten. Die Rubrik „Polemik" enthält Reaktionen auf ein Interview mit Prof. Dr. em. Zoran Žiletić, das unter dem Titel „Das Verschwinden der Donauschwaben" in der Tageszeitung *Danas* erschienen war (mit Beiträgen unter anderem von Teodor Kovač, Zoran Žiletić, Nadežda Radović, Aleksandar Lebl). Eine Rubrik beschäftigt sich ausschließlich mit der humanitären Hilfe für Deutschstämmige in der Wojwodina. Martin Kundl schreibt in „Besuche" über eine *Denkwürdige Reise in die alte Heimat nach Parabutsch/Ratkovo*; mit der Arbeit deutscher Vereine befassen sich Stjepan A. Seder („Wissenschaftliche Tagung: Die Wahrheit zu den Ereignissen in der Autonomen Provinz Wojwodina von 1941 bis 1945") und S. A. Weißkopf („Eröffnung des deutschen Kulturzentrums in Subotica").

Miodrag Vukčević

Fenster. Poverenje, pomirenje, poštenje [Fenster. Vertrauen, Versöhnung, Achtung]. Hg. v. Nemačko udruženje za dobrosusedske odnose, Sremski Karlovci [Deutscher Verein für gute nachbarliche Beziehungen, Karlowitz]. Nr. 3. August 2005. 56 S. ISSN 1451-5202.

Das dritte Heft der Zeitschrift beinhaltet in der Rubrik „Literatur der Donauschwaben" ein Interview mit Tomislav Bekić (Universität Neusatz/Novi Sad) über seine Bekanntschaft und Zusammenarbeit mit dem Schriftsteller Johannes Weidenheim sowie den Aufsatz *„Das Banat", ein neues serbisches Schauspiel über die Donauschwaben* von Stefan Teppert. In der Rubrik „Lebende Geschichte" geht es unter anderem um die Erinnerungen von Matthias Hügel an Karlowitz/Sremski Karlovci. In der Rubrik „Bekannte Persönlichkeiten" schreibt Milan Vojnović über Ferenc Ajzenhut und dessen Gemälde „Bitka kod Sente" („Die Schlacht bei Zenta"). Die nächste Rubrik befasst sich mit der Auseinandersetzung um das Buch *Genocid nad nemačkom manjinom u Jugoslaviji 1944–1948* („Der Genozid an der deutschen Minderheit in Jugoslawien 1944–1948"). Man findet unter anderem ein Interview mit Prof. Dr. Zoran Žiletić („Wir müssen erklären, warum es keine Deutschen mehr unter uns gibt") von Nadežda Radović, die Artikel „Eine Gelegenheit für uns, sich mit den Leiden unserer Deutschen zu befassen" (Nadežda Radović), „Mit dem Genozid gegen den Antifaschismus" (Olivera Milosavljević) und „Das Leiden der deutschen Minderheit in Jugoslawien 1944–1948. Die dunkle Seite der Befreiungsmedaille" (Denis Kolundžija) sowie ein Gespräch mit Prof. Dr. Olivera Milosavljević. Der Abschnitt „Deutsche in Serbien und Montenegro" beinhaltet unter anderem die Beiträge „Die Deutschen in Serbien und Montenegro haben immer noch keinen eigenen Nationalrat" (Stjepan A. Seder), *Versöhnungsstunde in Kragujevac und Rudolfsgnad/Knićanin anlässlich des Europatages und des Endes des Zweiten Weltkrieges* (Zoran Žiletić) und „Runder Tisch: Multikulturelles und Interkulturelles im Raum der Wojwodina. Die Zukunft der Wojwodina" (Mirko Sebić). Es folgt eine Vorstellung einiger deutscher Vereine, unter anderem in Groß-Betschkerek/Zrenjanin und in Syrmisch-Mitrowitz/Sremska Mitrovica. Die Rubrik „Spuren" befasst sich schließlich mit Weißkirchen/Bela Crkva, einem „kleinen Ort mit vier Namen und deutschem Erbe"; Vesela Laloš verfolgt hier „Spuren des barocken Glanzes eines pannonischen Provinzstädtchens".

Miodrag Vukčević

Fenster. Poverenje, pomirenje, poštenje [Fenster. Vertrauen, Versöhnung, Achtung]. Hg. v. Nemačko udruženje za dobrosusedske odnose, Sremski Karlovci [Deutscher Verein für gute nachbarliche Beziehungen, Karlowitz]. Nr. 4. Mai 2006. 56 S. – Nr. 5. September 2006. 28 S. – Nr. 6. Dezember 2006. 36 S. ISSN 1451-5202.

Heft Nr. 4 der Zeitschrift beinhaltet in der Rubrik „Kulturelles Gedächtnis" drei Interviews: mit Josef Jäger, dem Vorsitzenden des Donauschwäbischen Weltverbandes („Die Wojwodina lebt nach europäischen Prinzipien"), mit Tamas Korhec, dem stellvertretenden Vorsitzenden (*Die Wojwodina wird bestehen, solange ihr reiches Sprach- und Kulturerbe lebt*) und mit Dragoljub Živković, dem Vorsitzenden des Enquete-Ausschusses für Wahrheitsfindung über die Ereignisse in der Wojwodina 1941–1945 (*Dank der Leidenschaft der Mörder ihre Spuren zu hinterlassen*). Oskar Feldtänzer schreibt über *Donauschwäbische Maler der Zwischenkriegszeit*, während sich in der Rubrik „Lebende Geschichte" gleich sechs Beiträge von Nadežda Radović finden lassen, darunter biographische Artikel über Johanna Fett, geb. Fetzner (geboren 1937 in Neu-Schowe/Ravo selo), Magdalena Seidl, geb. Unteralzinger (geboren 1933 in Filipowa/Bački Gračac) und Anna Binder, geb. Rot (geboren 1925 in Čeminac/Laschkafeld). Die Rubrik „Abhandlungen" enthält den Artikel *Genozid an der deutschen Minderheit in Jugoslawien?* von Stjepan A. Seder. Der Abschnitt „Deutsche in Serbien und Montenegro" beinhaltet neben der Rede „Die Wortgewandtheit der Leiden – 60 Jahre Schweigen über das Schicksal der Donauschwaben" von Nadežda Radović mehrere Artikel von Stjepan A. Seder, darunter über die Wahl des Nationalrates der deutschen nationalen Minderheit und über die Bewahrung der Tradition und Kultur als Aufgabe jedes Volkes, auch der Donauschwaben – ein Gespräch mit dem Leiter des Donauschwäbischen Zentralmuseums in Ulm. Die Rubriken „Deutsche in der Welt" und „Spuren", Anekdoten und Rezepte beschließen das Heft. – Heft Nr. 5 enthält den Vortrag *Die europäische Perspektive Serbiens und des Balkans*, gehalten vom deutschen Botschafter Andreas Zobel vor dem Humboldt-Club in Neusatz/Novi Sad, sowie seine Rede *Menschen und Bücher* anlässlich der Übergabe von Büchern und Urkunden an den Kulturverein Matica Srpska. Heft 5 beinhaltet unter anderem noch folgende Beiträge: Miro Đorđević: „Serbisch-deutsche Kulturbeziehungen – zu kulturellen Schemata"; „Runder Tisch beim Gugelhupffest zum Thema: ‚Der Einfluss der deutschen Kultur auf die Kultur der Wojwodina'" (ohne Verfasser); Zoran Žiletic: „Grundsätzliches zum deutschen Kultureinfluss in der Wojwodina"; Zlatoje Martinov: „Österreichisch-deutscher Kultureinfluss auf die Serben im heutigen Banat mit Blick auf die Ernährung" und Dejan Đurdev: „Deutscher Kultureinfluss auf die Entwicklung des Bildungssystems am Karlowitzer Gymnasium." – Das Heft 6 enthält ein Interview mit dem Belgrader Erzbischof Stanislav Hočevar und ein Gespräch mit Zoltan Jeges, dem Provinzsekretär für Bildung und Kultur (*Die Spur der deutschen Kultur ist fun-*

damental gegenwärtig), außerdem Beiträge über das ehemalige Lager Jarek/Bački Jarak und dortige Gedenkstätten von Stjepan A. Seder, der im Abschnitt „Lebendige Geschichte" auch über das Leben der Ana Kovačević, geb. Hirsch schreibt. Die Rubrik „Die Deutschen in der Wojwodina" umfasst Beiträge von Stjepan A. Seder (*Gibt es eine deutsche nationale Minderheit in Serbien?*), Zoran Žiletić (*Anerkennung der Bemühungen um gegenseitige Annäherung von Serben und Donauschwaben*), Dragana Boos (*Ein Mahnmal auch in Syrmisch-Mitrowitz/Sremska Mitrovica*) sowie von Zlatoje Martinov und Tomislav Bekić. In der Rubrik „Aus der Geschichte" informiert Oskar Feldtänzer über die *Grenzziehung nach dem Friedensvertrag von Karlowitz/Sremski Karlovci 1699*.

Miodrag Vukčević

Ranka Gašić: Beograd u hodu ka Evropi. Kulturni uticaji Britanije i Nemačke na beogradsku elitu 1918–1941 [Belgrad auf dem Weg nach Europa. Kultureinflüsse aus Großbritannien und Deutschland auf die Belgrader Elite 1918–1941]. Beograd: Institut za savremenu istoriju 2005 (Biblioteka „Studije i monografije" / Institut za noviju istoriju Srbije [Bibliothek „Monographische Studien" / Institut für Zeitgeschichte Serbiens]). 289 S., engl. Zusammenfassung. ISBN 86-7403-085-8.

Belgrad/Beograd dient hier als Fallbeispiel, an dem die kulturellen Beziehungen zwischen Serbien und Deutschland ab dem Zeitpunkt des Entstehens der Idee ‚Jugoslawien' aufgezeigt werden sollen. Für den Zeitraum von 1918 bis 1941 werden zudem die kulturellen Beziehungen zu Großbritannien kontrastiv herangezogen. Die Beziehungen auf kultureller Ebene zu Deutschland im Zeitraum von 1918 bis 1941 sind ein wichtiger Faktor in der jüngeren Kulturgeschichte Belgrads.

Miodrag Vukčević

Zoran Janjetović: Deca careva, patorčad kraljeva. Nacionalne manjine u Jugoslaviji 1918–1941 [Kinder der Kaiser, Stiefkinder von Königen. Nationale Minderheiten in Jugoslawien 1918–1941]. Beograd: Institut za noviju istoriju Srbije 2005 (Biblioteka „Studije i monografije" / Institut za noviju istoriju Srbije [Bibliothek „Monographische Studien" / Institut für Zeitgeschichte Serbiens] 29). 457 S., engl. Zusammenfassung. ISBN 86-7005-043-9.

Das Buch von Zoran Janjetović, wissenschaftlicher Mitarbeiter am Belgrader Institut für neuere serbische Geschichte, stellt eine überarbeitete Fassung seiner Dissertation dar, die bereits publiziert wurde. Eine englische Fassung ist gerade in Arbeit. Zwar wird der deutschen Minderheit kein eigenes Kapitel eingeräumt, dennoch ist sie ein wesentlicher Bestandteil aller hier behandelter Untersuchungsfelder. Die Studie widmet sich verschiedenen Aspekten der Minderheitenproblematik – beispielsweise Rechtslage, Schulwesen, Teilnahme am politischen und wirtschaftlichen Leben, soziale Struktur, Kultur- und sonstige Vereine, Druck- und Verlagswesen, Religionsgemeinschaften, die Minderheitenfrage in den diplomatischen Beziehungen mit den Stammländern der Minderheiten. Der Autor untersucht die Art und Weise der Besiedlung des jugoslawischen Gebiets durch die Minderheiten und deren Verhältnis zu den staatsbildenden Völkern bis 1918 sowie ihre Integration in den jugoslawischen Staat. Das Buch bietet den ersten umfassenden Überblick über die Lage der nationalen Minderheiten im Zwischenkriegs-Jugoslawien. Es versucht, viele Vorurteile aufzulösen, die in der alten, aber auch in der zeitgenössischen Historiographie über diese Thematik bestehen. Die Arbeit beschreibt die Minderheitensituation deskriptiv und stellt sie gleichzeitig in einen weiter gefassten regionalen und europäischen Kontext.

Miodrag Vukčević

Božidar Marjanović: Osovina Beograd – Berlin. Ekonomski odnosi Srbija (Jugoslavija) – Nemačka [Achse Belgrad – Berlin. Wirtschaftsbeziehungen Serbien (Jugoslawien) – Deutschland]. Red.: Ljubivoje Prvulović. Beograd: Fond „Dr Zoran Đinđić" 2007. 232 S., dt. Zusammenfassung. ISBN 978-86-909999-0-3.

Božidar Marjanović befasst sich mit dem serbisch-deutschen Wirtschaftsverhältnis, das später zur Grundlage der Wirtschaftsbeziehungen zwischen dem jugoslawischen Vielvölkerstaat und Deutschland werden sollte. Im redaktionellen Rahmentext geht Ljubivoje Prvulović auf die Bemühungen des im Jahre 2003 ermordeten serbischen Premiers Dr. Zoran Đinđić ein, der versucht hatte, die historischen Kontinuitäten zwischen Serbien und Deutschland wiederherzustellen. Das Buch enthält eine tabellarische Darstellung der Wirtschaftsbeziehungen zwischen Serbien und Deutschland von 1878 bis 1991, vergleichend aufgeteilt einerseits in die Phasen der bilateralen Beziehungen Jugoslawien – Deutschland mit dem serbischen Anteil und andererseits gesondert in das serbisch-deutsche Verhältnis.

Miodrag Vukčević

Slobodan D. Milošević: Prisloničani, ratni zarobljenici u Nemačkoj 1941–1945 [Kriegsgefangene und Zwangsarbeiter in Deutschland 1941–1945]. Čačak: Jel-Mil, Štamparija Bajić 2006. 209 S., Abb. ISBN 86-84383-48-6.

Das Thema des Zweiten Weltkriegs, vornehmlich aus der Perspektive serbischer Kriegsgefangener, die in deutschen Gefangenenlagern inhaftiert waren, scheint, den Neuerscheinungen nach zu urteilen, noch nicht vollständig aufgearbeitet zu sein. Das hier anzuzeigende Buch behandelt das Schicksal serbischer Kriegshäftlinge während der Jahre 1939–1945, ihren Weg und ihr Leben in Deutschland 1941–1945 sowie die verschiedenen Lager im Deutschen Reich während des Zweiten Weltkrieges.

Miodrag Vukčević

Branko Pavlica: Spoljnopolitički odnosi SCG [Die außenpolitischen Beziehungen des Staatenbundes Serbien und Montenegro]. Beograd 2005. 282 S. ISBN 86-903139-9-0.

Branko Pavlica schildert in dem hier vorzustellenden Buch die außenpolitischen Beziehungen des kurzlebigen Staatenbundes Serbien und Montenegro (2003–2006), der die bis dahin bestehende Bundesrepublik Jugoslawien ablöste. Die Fragen der Minderheitenrechte der Deutschstämmigen, der sogenannten „Volksdeutschen", werden im Zusammenhang mit den jugoslawischen Migrationen, wie der Emigration der Gastarbeiter aus dem ehemaligen Jugoslawien nach Deutschland, betrachtet. Daran anschließend werden die internationalen Abkommen zwischen Jugoslawien und Deutschland behandelt.

Miodrag Vukčević

Ivan Pederin: Časopis Vienac i književna Europa. Njemačka, austrijska i ostale književnosti u hrvatskome časopisu Vienac 1869–1903 [Die Zeitschrift „Vienac" und das literarische Europa. Deutsche, österreichische und andere Literatur in der kroatischen Zeitschrift „Vienac" 1869–1903]. Zagreb: Matica hrvatska 2006. 348 S. ISBN 953-150-767-8.

In diesem Band wird im kulturgeschichtlichen und -politischen Rahmen die enge Verflechtung Kroatiens mit dem deutschsprachigen Raum anhand der Entwicklung der einflussreichen kroatischen Zeitschrift *Vienac* nachgezeichnet. Der Autor geht besonders auf die Rezeption jener deutschen und österreichischen Schriftsteller ein, die am Ende des 19. Jahrhunderts in Kroatien lebten und arbeiteten, es besuchten und bereisten. Im letzten Drittel des 19. Jahrhunderts orientierte sich die kroatische Öffentlichkeit am Vorbild Deutschlands, dessen Institutionen und kulturelle Strömungen der kroatischen Kultur wichtige Impulse gaben.

Rikard Puh

Nadežda Radović: Švapčići iz poslednjeg transporta [Die Schwäblein aus dem letzten Transport]. Sremski Karlovci: Nemačko udruženje za dobrosusetske odnose Karlowitz 2006. 87 S., Abb. ISBN 86-904645-4-9.

Das vorzustellende Buch befasst sich mit dem Schicksal der Donauschwaben aus Jugoslawien. Die Autorin führte im Rahmen ihrer Studie Gespräche mit einer Gruppe älterer Deutscher (Geburtsjahre zwischen 1927 und 1937) aus der Gegend um Syrmisch-Karlowitz/Sremski Karlovci. Sie hält in diesem Band einerseits die dramatischen Kindheitserinnerungen der Zeitzeugen an die Jahre des Zweiten Weltkrieges fest, andererseits auch deren Erfahrungen aus der Nachkriegszeit, als sie ihrer Herkunft wegen gegen Vorurteile in beiden Gesellschaften – in der deutschen wie auch in der jugoslawischen – zu kämpfen hatten. Diese Arbeit kann als ein wesentliches Dokument der Vergangenheitsbewältigung bezeichnet werden.

Rikard Puh

Nives Rittig-Beljak (Hg.): Heimatmuseum. Zavičajni muzej – osnovati ili spaliti? Izbor tekstova [Heimatmuseum – gründen oder verbrennen? Textauswahl]. Zagreb: Zajednica Nijemaca u Hrvatskoj 2006. 165 S., Abb., slowen., kroat. u. dt. Text. ISBN 953-99941-2-8.

Dieser Sammelband enthält die Beiträge einer vom Bund der Deutschen in Kroatien und dem Institut für Ethnologie und Folkloristik der Universität Agram/Zagreb vom 19. bis 21. Juni 2005 in der kroatischen Hauptstadt organisierten internationalen Konferenz. Die Referenten aus Wien, Eisenstadt, Ulm, Laibach/Ljubljana und Agram/Zagreb (Nives Rittig-Beljak, Renee Pennanen, Konrad Koestlin, Henrike Hampe, Maja Godina, Jadranka Grbić, Renata Jambrešić Kirin, Zorica Vitez, Naila Ceribašić und Henrietta Lidchi) befassen sich in ihren Aufsätzen mit Aspekten der deutschen, österreichischen oder kroatischen Minderheitenproblematik. Zudem wird die theoretische Frage der Identität in den Mittelpunkt gerückt.

Rikard Puh

10. Russland und andere GUS-Staaten

[Vladimir A. Auman u. a. (Red.):] Nemcy v istorii Rossii. Dokumenty vysšich organov vlasti i voennogo komandovanija 1652–1917 [Die Deutschen in der Geschichte Russlands. Dokumente der höheren Machtorgane 1652–1917]. Sost. [Zusammengestellt v.] Viktor F. Dizendorf. Moskva: „Materik" 2006 (Rossija XX vek: Dokumenty). 784 S., engl. Zusammenfassung. ISBN 5-85646-165-7.

Der Sammelband, der von der Öffentlichen Akademie der Russlanddeutschen herausgebracht wurde, spiegelt das Leben und die Tätigkeit der deutschen Bevölkerung im Russischen Reich wider. Er beinhaltet Dokumente, die von den höheren Machtorganen sowie von Oberbefehlshabenden erlassen wurden. Die Dokumente betreffen den Zeitraum von 1652 bis 1917, also die Zeit, in der die deutsche Bevölkerung eine wichtige Rolle im Leben des Russischen Reiches spielte. Das Buch verfügt unter anderem über Biographien einiger berühmter deutscher Persönlichkeiten und ein Namensregister. Es eignet sich besonders gut als Nachschlagewerk, wenn es um einzelne Entscheidungen der russischen Regierung zu ethnischen Deutschen in Russland geht.

Nadja Wulff

Irina V. Čerkaz'janova: Škol'noe obrazovanie rossijskich nemcev (problemy razvitija i sochranenija nemeckoj školy v Sibiri v XVIII–XX vv). Die Schulbildung der Russlanddeutschen (Probleme der Entwicklung und Erhaltung der deutschen Schulen in Sibirien im 18. bis 20. Jh.). Sankt-Peterburg: Obščestvennaja Akademija Nauk Rossijskich Nemcev 2004. 366 S., Abb., dt. Zusammenfassung. ISBN 5-932270-01-2.

Die Monographie stellt eine umfassende Untersuchung der Geschichte der deutschen allgemeinbildenden Schulen in Russland dar. Besondere Aufmerksamkeit wird dabei Sibirien gewidmet. Erforscht werden die Etappen und Probleme der Entwicklung der deutschen Schulen vom 18. Jahrhundert bis in die Gegenwart. Zu den im Buch erörterten Problemkreisen gehören auch die Konfrontationen der deutschen Bevölkerung mit den Behörden in Fragen der Schulbildung in verschiedenen zeitlichen Abschnitten, Fragen der materiellen und finanziellen Lage der Schulen, die Lehrerausbildung und die Ausstattung mit Lehrbüchern. Es werden die Gründe für das Verbot der nationalen Schule Ende der 1930er Jahre aufgedeckt. Außerdem werden Schwierigkeiten der Schulbildung von Sowjet- und später Russlanddeutschen in der Zeit nach dem Zweiten Weltkrieg und heute diskutiert. Das Buch verfügt über ein russisches und ein deutsches Inhaltsverzeichnis, zahlreiche Illustrationen sowie ein Namenregister. Zudem sind das Vor- und das Schlusswort auch in deutscher Sprache verfasst. Das Buch ist für Fachhistoriker, Lehrer und überhaupt für alle Leser bestimmt, die sich für die Geschichte der Russlanddeutschen interessieren.

Nadja Wulff

Mamed Džafarli: Politischer Terror und das Schicksal der aserbaidschanischen Deutschen. Političeskij terror i sud'by azerbajdžanskich nemcev. 2. Aufl. Baku 2003. 319 S., Abb., dt. Zusammenfassung. ISBN 5-7225-0074-7.

Auf der Basis bislang unbekannter Materialien und zum ersten Mal veröffentlichter Dokumente berichtet der Autor dieses in russischer Sprache verfassten Buches über das Leben der vor 180 Jahren nach Aserbaidschan ausgewanderten Deutschen und deren Deportation im 20. Jahrhundert. Erst 1972 wurde es den ethnischen Deutschen erlaubt, in ihre ehemaligen Wohnorte in Aserbaidschan zurückzukehren, was allerdings kaum zu realisieren war, da ihre Häuser mittlerweile von anderen Menschen bewohnt wurden. Aus diesem Grund ist nur eine geringe Zahl deutscher Familien zurückgekehrt. Erstmals werden Dokumente aus Geheimarchiven publiziert, die nicht nur die Mechanismen des politischen Terrors gegen die aserbaidschanischen Deutschen zur Zeit Stalins zeigen, sondern dies auch mit Namen und Fotos belegen. Die Namenslisten sollen Überlebenden jener Zeit dabei helfen, mehr über das Schicksal ihrer verschollenen Familienangehörigen zu erfahren.

Nadja Wulff

Tamara Gumbatova: Žizn' nemcev-kolonistov za Kavkazom [Das Leben der deutschen Kolonisten hinter dem Kaukasus]. Baku 2005. 267 S., Abb. Ohne ISBN.

Die Autorin, Vorsitzende des Kirchenrates der evangelisch-lutherischen Gemeinde der Stadt Baku, verfasste bereits viele wissenschaftliche Arbeiten zur Geschichte der ethnischen Deutschen und der evangelisch-lutherischen Kirche in Aserbaidschan. Das vorliegende Buch ist nun der Geschichte des religiösen Lebens der deutschen Kolonisten jenseits des Kaukasus von der Zeit ihrer Ansiedlung bis zu ihrer Deportation aus dieser Region (1818–1941) gewidmet. Es handelt sich dabei um die Länder Georgien, Aserbaidschan und Armenien. Erstmals wird der Versuch unternommen, die Schicksale der Pastoren der evangelisch-lutherischen Gemeinden und das Zusammenleben der deutschen Kolonisten mit der einheimischen Bevölkerung zu schildern. Das Buch wendet sich an Historiker, Geistliche und an alle, die sich für die Geschichte der Deutschen in den GUS-Staaten interessieren.

Nadja Wulff

[Gisela Knappe (Hg.):] 300 let vmeste. Sankt-Peterburg i nemcy v tečenie trech stoletij. 300 Jahre St. Petersburg und die Deutschen. Sost. [Zusammengestellt v.] G. Knappe. Sankt-Peterburg: Akademičeskij Proekt 2002. 267 S. ISBN 5-7331-0248-9.

Das vorzustellende Buch beinhaltet Werke von Autoren aus Sankt Petersburg/Sankt-Peterburg und Hamburg, die eben diesen beiden Städten, die 1957 eine Städtepartnerschaft schlossen, gewidmet sind. Es handelt sich dabei um Texte verschiedener Genres: Essays, Erzählungen und Szenarios. Das Buch erschien zum 300. Jubiläum der früheren russischen Hauptstadt und soll zeigen, dass die beiden heutigen Partnerstädte während der gesamten 300-jährigen Geschichte der Stadt an der Newa miteinander verbunden waren.

Nadja Wulff

M. P. Larina (Red.): Jazyk i kul'tura rossijskich nemcev. Sbornik naunych trudov. Sprache und Kultur der Russlanddeutschen. Vyp. [Teil] 4. Saratov: Izdat. Saratovskogo univ. u. a. 2003. 136 S. ISBN 5-292-03053-8.

Dieser Sammelband beinhaltet Beiträge von Wissenschaftlern aus Saratov, Kirov und Essen und wurde mit Unterstützung des Deutschen Akademischen Austauschdienstes und der Universität/Gesamthochschule Essen erstellt. Die Verfasser der Aufsätze beschäftigen sich mit

Fachgebieten wie Sprachtheorie, Sprachkontakte und bilingualer Unterricht in der Schule. Das Buch wendet sich vor allem an Studenten und Deutschlehrer, die sich für sprachwissenschaftliche sowie kulturhistorische Aspekte der Sprache der Russlanddeutschen interessieren.

Nadja Wulff

[Evgenija E. Lykova (Hg.):] Nemcy-kolonisty v vek Ekateriny: sbornik dokumentov Rossijskogo Gosudarstvennogo Archiva Drevnich Aktov po istorii organizacii nemeckich kolonij v Povolž'e. Deutsche Kolonisten und Katharinas Jahrhundert. Sammlung von Dokumenten aus dem Russischen Staatsarchiv für alte Akten zur Geschichte der Organisation deutscher Kolonien an der Wolga. Sost. [Zusammengestellt v.] E. E. Lykova. Moskva: Drevlechranilišče 2004. 340 S., Abb. ISBN 5-932270-09-8.

Diese Publikation bildet den Auftakt zu einer ganzen Reihe von Veröffentlichungen solcher Dokumente aus dem Russischen Staatsarchiv für alte Akten, welche die Organisation der Aufnahme ausländischer Siedler in Russland zu Beginn der 60er Jahre des 18. Jahrhunderts betreffen. Der Sammelband enthält Materialien, die in den Akten „Vormundschaftskanzlei für Ausländer", „Senat", „Kabinett Katharinas II." usw. enthalten sind. Er umfasst alle legislativen Akten der Kaiserin Katharina II., des Zaren Paul I. und des Regierungssenats sowie Dokumente aus den ersten Jahren der Tätigkeit der Vormundschaftskanzlei für Ausländer zur Aufnahme und Ansiedlung der deutschen Kolonisten an der Wolga. So gut wie alle Dokumente des Archivs werden zum ersten Mal veröffentlicht.

Nadja Wulff

[Irina Šipova (Red.):] Iz istorii nemcev v Moskve. Architekturnyj putevoditel'. Deutsche Spuren in Moskau. Ein Architekturführer. Moskva: Gileja 2003. 245 S., Abb., dt. u. russ. Text. ISBN 5-87987-023-5.

Das Buch ist das Ergebnis eines gemeinsamen Projektes des Staatlichen Aleksej Viktorovič Ščusev-Architekturmuseums und der Deutschen Botschaft in Moskau/Moskva. Viele Jahrhunderte lang verbanden stabile politische, wirtschaftliche und kulturelle Brücken die heutige Hauptstadt Russlands mit Deutschland. Deutsche Architekten planten und errichteten zahlreiche Gebäude in Moskau, die zu Architekturdenkmälern wurden. Mit diesem besonderen Stadtführer entdeckt der Leser aber weit mehr als die vielen architektonischen Verbindungen zwischen Deutschen und Russen. Das Buch enthält abschließend ein Inhaltsverzeichnis auf Russisch und Deutsch sowie einen Namensindex.

Nadja Wulff

[Tat'jana B. Smirnova (Red.):] Nemcy Sibiri. Istorija i kul'tura. Sbornik režjume dokladov četvertoj meždunarodnoj naučno-praktičeskoj konferencii (29–31 maja 2002 g.) [Die Deutschen Sibiriens. Geschichte und Kultur. Tagungsband der vierten internationalen wissenschaftlich-praktischen Konferenz, 29.–31. Mai 2002]. Omsk: Omskij gosudarstvennyj pedagogičeskij universitet 2002. 85 S. Ohne ISBN.

Der hier anzuzeigende Sammelband wurde als Ergebnis der vierten internationalen wissenschaftlich-praktischen Konferenz im Jahre 2002 in Omsk veröffentlicht und enthält eine

Zusammenfassung der Vorträge, die auf dieser Tagung gehalten wurden. Die Autoren befassen sich in ihren Beiträgen mit den unterschiedlichen Lebensbereichen der ethnischen Deutschen in Sibirien, mit der Geschichte der deutschen Bevölkerung sowie mit demographischen und kulturellen Aspekten.

Nadja Wulff

Tat'jana A. Šrader: Nemcy v Sankt-Peterburge (XVIII–XX veka). Biografičeskij aspekt. Vypusk 2 [Deutsche in Sankt Petersburg (18.–20. Jh.). Der biographische Aspekt. Ausgabe 2]. Sankt-Peterburg: Muzej Antropologii i Ėtnografii RAN 2002. 203 S. ISBN 5-88431-074-9.

Dieser Sammelband präsentiert Arbeitsergebnisse wissenschaftlicher Konferenzen eines Jahres, die dem Leben und der Tätigkeit der Petersburger Deutschen gewidmet sind. Behandelt werden die Schicksale jener deutschen Familien, die einen wichtigen Beitrag zur Entwicklung Russlands geleistet haben, deren Namen allerdings in Vergessenheit geraten sind. Der Band ist in drei Abschnitte unterteilt, die sich mit dem 18., dem 19. und dem 20. Jahrhundert beschäftigen. In jedem Abschnitt werden herausragende Deutsche vorgestellt, die in ihrer Zeit zur Wissenschaft und Kultur in Russland beigetragen haben. Darunter befinden sich Verleger und Archäologen, Chirurgen und Maler, Seefahrer und Professoren.

Nadja Wulff

[Nikolaj A. Tomilov (Red.):] Nemcy Sibiri. Istorija i kul'tura. Materialy četvertoj meždunarodnoj naučno-praktičeskoj konferencii, Omsk, 29–31 maja, 2002 g. [Die Deutschen Sibiriens. Geschichte und Kultur. Beiträge der 4. internationalen wissenschaftlich-praktischen Konferenz, Omsk, 29.–31. Mai 2002]. Novosibirsk: Izdat. Instituta Archeologii i Ėtnografii SO RAN 2003. 199 S., russ. u. dt. Texte. ISBN 5-7803-0100-X.

Der vorliegende Sammelband enthält Vorträge der vierten internationalen wissenschaftlich-praktischen Konferenz „Die Deutschen Sibiriens: Geschichte und Kultur". Es handelt sich dabei um Beiträge nicht nur von Historikern, Ethnographen, Sprach- und Kulturwissenschaftlern, sondern auch von Fachleuten aus der Praxis – aus dem Bereich Kultur und Bildung. Das Buch ist in drei Abschnitte gegliedert. Im ersten Abschnitt wird die politische und wirtschaftliche Geschichte der Deutschen in Sibirien behandelt. Der zweite Abschnitt ist der Geschichte und der Kultur der Russlanddeutschen gewidmet. Im dritten Abschnitt setzen sich die Autoren mit den Problemen der deutschen Sprache und der Bildung in Sibirien auseinander.

Nadja Wulff

Adam F. Vil'gel'm, Kurt A. Vil'gel'm: Nemcy v istorii Rossii. Ljudi i sobytija [Die Deutschen in der Geschichte Russlands. Menschen und Ereignisse]. [Red.:] Viktor F. Dizendorf. Moskva: Obščestvennaja Akademija Nauk Rossijskich Nemcev 2003. 873 S. ISBN 5-932270-10-1.

Das Buch aus der Feder zweier Autoren stellt den ersten Teil einer zweibändigen Studie dar. Es beschäftigt sich mit der Teilnahme der Deutschen an allen Bereichen des russischen

Lebens – Wirtschaft, Politik, Gesellschaft, Wissenschaft und Kultur – in der Zeit bis zur Oktoberrevolution 1917. Die Arbeit basiert auf einer umfangreichen Quellengrundlage. Das Buch wendet sich nicht nur an Wissenschaftler, sondern an eine breite Leserschaft, die sich für die Geschichte der ethnischen Deutschen im Russischen Reich interessiert.

Nadja Wulff

Mitarbeiterinnen und Mitarbeiter

Doc. Dr. Sigita Barniškienė, Vytauto Didžiojo universitetas, Vokiečių ir prancūzų filologijos katedra, Donelaičio g. 52, 44244 Kaunas, Litauen.

Dr. Hans Beelen, Carl von Ossietzky Universität, Seminar für Niederlandistik, Postfach, 26111 Oldenburg.

Michaela Bentz, Steinickeweg 7, 80798 München.

Dr. Burkhard Bittrich, Ahrallee 30, 53747 Bad Neuenahr-Ahrweiler.

Anna Byczkiewicz, Uniwersytet Łódzki, Katedra Literatury i Kultury Niemiec, Austrii i Szwajcarii, ul. Sienkiewicza 21, 90-114 Łódź, Polen.

Prof. Dr. Gertrude Cepl-Kaufmann, Heinrich-Heine-Universität, Germanistisches Seminar, Universitätsstr. 1, 40225 Düsseldorf.

Prof. Dr. Norbert Conrads, Hoffmannstr. 209, 71229 Leonberg.

Enikő Dácz, Szegedi Tudományegyetem, Germanisztika Intézet, Egyetem u. 2. II. em., 6722 Szeged, Ungarn.

Prof. Dr. Sabine Doering, Carl von Ossietzky Universität, Institut für Germanistik, Postfach, 26111 Oldenburg.

Prof. Dr. Dr. h. c. Klaus Garber, Universität Osnabrück, Forschungsstelle Literatur der Frühen Neuzeit, Neuer Graben 40, 49069 Osnabrück.

Dr. Nikolaus Gussone, Besselweg 27, 48149 Münster.

Dr. Ewa Gwiazdowska, Muzeum Narodowe w Szczecinie, ul. Staromłyńska 27, 70-561 Szczecin, Polen.

Prof. Dr. Detlef Haberland, Bundesinstitut für Kultur und Geschichte der Deutschen im östlichen Europa, Johann-Justus-Weg 147a, 26127 Oldenburg.

Dr. Grzegorz Jaśkiewicz, Uniwersytet Rzeszowski, Instytut Filologii Germańskiej, al. Rejtana 16B, 35-959 Rzeszów, Polen.

PhDr. Kristina Kaiserová, Ústav slovansko-germánských studií Univerzity J. E. Purkyně, Brněnská 2, 400 96 Ústí nad Labem, Tschechische Republik.

Dr. Ewelina Kamińska, Uniwersytet Szczeciński, Instytut Filologii Germańskiej, ul. Rycerska 3, 70-537 Szczecin, Polen.

Márkus Keller, Szász Károly u. 2, 1027 Budapest, Ungarn.

Prof. Dr. Lech Kolago, Uniwersytet Warszawski, Instytut Germanistyki, ul. Browarna 8–10, 00-311 Warszawa, Polen.

Dr. Grzegorz Kowal, Uniwersytet Wrocławski, Instytut Filologii Germańskiej, pl. Nankiera 15, 50-140 Wrocław, Polen.

Anna Bogumiła Kowalska, Mgr., Instytut Archeologii i Etnologii Polskiej Akademii Nauk, Oddział w Szczecinie, ul. Kuśnierska 12/12a, 70-536 Szczecin, Polen.

Krzysztof Kowalski, Mgr., Muzeum Narodowe w Szczecinie, ul. Staromłyńska 27, 70-561 Szczecin, Polen.

Dorota Kozłowska-Skoczka, Mgr., Muzeum Narodowe w Szczecinie, ul. Staromłyńska 27, 70-561 Szczecin, Polen.

Dr. Alina Kuzborska, Uniwersytet Warmińsko-Mazurski, Zespół Filologii Germańskiej, ul. Ks. Feliksa Szrajbera 11, 10-007 Olsztyn, Polen.

Dr. Carsten Lange, Lindenstr. 23, 26123 Oldenburg.

Andrea Lehmann, Max-Brauer-Allee 54, 22765 Hamburg.

Kathrin Laine Lehtma, Steinweg 36, 26122 Oldenburg.

Dr. Andris Levāns, Latvijas Universitāte, Vēstures un filozofijas fakultāte, Latvijas vēstures katedra, Brīvības bulv. 32, 1054 Rīga, Lettland.

Nina Lohmann, Merkurstr. 12, 40223 Düsseldorf.

Dr. Stelian Mândruţ, Institutul de Istorie „George Bariţ“, Str. Napoca 11, 400088 Cluj-Napoca, Rumänien.

Prof. Dr. Uwe Meves, Carl von Ossietzky Universität Oldenburg, Institut für Germanistik, Uhlhornsweg, 26129 Oldenburg.

Prof. Dr. Mirosław Ossowski, Uniwersytet Gdański, Instytut Filologii Germańskiej, ul. Wita Stwosza 55, 80-952 Gdańsk, Polen.

Dr. Ralf G. Päsler, Universität Marburg, Institut für Deutsche Philologie des Mittelalters, Wilhelm-Röpke-Str. 6a, 35039 Marburg/L.

Dr. Agnieszka Palej, Uniwersytet Jagielloński, Instytut Filologii Germańskiej, al. Mickiewicza 9–11, 31-320 Kraków, Polen.

Rikard Puh, Sveučilište u Zagrebu, Filozofski fakultet, Odsjek za germanistiku, Ivana Lučića 3, 10000 Zagreb, Kroatien.

Dr. Robert Rduch, Uniwersytet Śląski, Instytut Filologii Germańskiej, ul. Pułaskiego 6, 41-205 Sosnowiec, Polen.

Karoline Riener, Windscheidstr. 20, 40239 Düsseldorf.

Dr. hab. Krzysztof Ruchniewicz, Uniwersytet Wrocławski, Instytut Historyczny, ul. Szewska 49, 50-139 Wroclaw, Polen.

Dr. Małgorzata Ruchniewicz, Uniwersytet Wrocławski, Instytut Historyczny, Zakład historii gospodarczej, ul. Szewska 49, 50-139 Wrocław, Polen.

Prof. h. c. Dr. Stefan Sienerth, Institut für deutsche Kultur und Geschichte Südosteuropas e. V. an der Ludwig-Maximilians-Universität München, Halskestr. 15, 81379 München.

Prof. Dr. Helēna Šimkuva, Nīcgales iela 20-53, 1035 Rīga, Lettland.

Dr. Jens Stüben, Bundesinstitut für Kultur und Geschichte der Deutschen im östlichen Europa, Johann-Justus-Weg 147a, 26127 Oldenburg.

Dr. Maciej Szukała, Archiwum Państwowe w Szczecinie, ul. Św. Wojciecha 13, 70-410 Szczecin, Polen.

Kersti Taal, Tartu Ülikooli Raamatukogu, Struve 1, 51003 Tartu, Estland.

Lea Teedema, Ajalooarhiiv, J. Liivi 4, 50409 Tartu, Estland.

Dr. Zsolt Vitári, Pécsi Tudományegyetem, Bölcsészettudományi Kar, Modernkori Történeti Tanszék, Rókus u. 2, 7624 Pécs, Ungarn.

Dr. Miodrag Vukčević, M. A., Univerzitet u Beogradu, Filološki fakultet, Katedra za nemački jezik i književnost, Studentski trg 3, 11000 Beograd, Serbien.

Prof. Dr. Matthias Weber, Bundesinstitut für Kultur und Geschichte der Deutschen im östlichen Europa, Johann-Justus-Weg 147a, 26127 Oldenburg.

Dr. Tobias Weger, Bundesinstitut für Kultur und Geschichte der Deutschen im östlichen Europa, Johann-Justus-Weg 147a, 26127 Oldenburg.

Dr. hab. Maria Wojtczak, Uniwersytet im. Adama Mickiewicza, Instytut Filologii Germańskiej, al. Niepodległości 4, 61-874 Poznań, Polen.

Dr. Nadja Wulff, Ėntuziastov 40-II-276, 195279 Sankt-Peterburg, Russland.

Dr. Piotr Zariczny, Uniwersytet im. Mikołaja Kopernika, Katedra Filologii Germańskiej, Fosa Staromiejska 3, 87-100 Toruń, Polen.

Dr. hab. Paweł Zimniak, Uniwersytet Zielonogorski, Instytut Filologii Germańskiej, al. Wojska Polskiego 71A, 65-625 Zielona Góra, Polen.

Mgr. Igor Zmeták, PhD., Slovenská národná knižnica, Odbor správy historických knižničných dokumentov a fondov SR, Nám. J. C. Hronského 1, 036 01 Martin, Slowakische Republik.

PhD. Edina Zvara, Szegedi Tudományegyetem Juhász Gyula Pedagógusképző Kar Könyvtártudományi Tanszék, Szilléri sgt. 12, 6723 Szeged, Ungarn.

Maria Zwierz, Muzeum Architektury we Wrocławiu, ul. Bernardyńska 5, 50-156 Wrocław, Polen.